AF833267

Frank M. Marks

IT Service Continuity Management

Prävention, IT-Notfallvorsorge, Resilienz

Rheinwerk
Computing

Liebe Leserin, lieber Leser,

wenn Sie sich schon einmal darüber geärgert haben, dass Sie nach einem Absturz eine wichtige E-Mail erneut verfassen mussten, kennen Sie bereits den Wert einer soliden IT-Notfallvorsorge. Was jedoch am eigenen Schreibtisch lediglich lästig ist, gewinnt in einem Rechenzentrum eine ganz andere Bedeutung. Wenn Dienste nicht mehr erreichbar sind, Transaktionen verschwinden oder Daten inkonsistent werden, ist der Geschäftserfolg Ihres Unternehmens oder sogar die Sicherheit kritischer Infrastrukturen gefährdet.

Um die Zuverlässigkeit von IT-Diensten zu gewährleisten, müssen Sie nicht nur die Technik beherrschen. Sie müssen außerdem sinnvolle Prozesse etablieren, eine gesunde Fehlerkultur schaffen, sich mit verschiedenen Teams innerhalb Ihrer Organisation vernetzen und sich mit Übungen und Tests auf den Ernstfall vorbereiten. Sie werden schnell sehen, dass viel dazu gehört, wenn Sie gut gegen IT-Notfälle gerüstet sein wollen.

Wie Sie den Aufbau eines IT Service Continuity Managements angehen, zeigt Ihnen Frank M. Marks in diesem Ratgeber. Er begleitet Sie vom Aufbau des Teams über die Umsetzung der ersten Maßnahmen bis hin zu den ersten erfolgreichen Übungen für den Ernstfall. So lernen Sie alle Herausforderungen kennen, die in den ersten zwei bis drei Jahren im IT-SCM auf Sie zukommen.

Abschließend noch ein persönliches Wort: Dieses Werk wurde mit großer Sorgfalt verfasst, geprüft und produziert. Doch wo Menschen arbeiten, können Fehler passieren. Wenn einmal etwas nicht wie erwartet funktioniert, würde ich mich freuen, wenn Sie sich mit mir in Verbindung setzen. Ihre Kritik und konstruktiven Anregungen sind jederzeit willkommen.

Ihr Dr. Christoph Meister
Lektorat Rheinwerk Computing

christoph.meister@rheinwerk-verlag.de
www.rheinwerk-verlag.de
Rheinwerk Verlag • Rheinwerkallee 4 • 53227 Bonn

Auf einen Blick

Wir hoffen, dass Sie Freude an diesem Buch haben und sich Ihre Erwartungen erfüllen. Falls Sie Anregungen, Wünsche und Kommentare haben, lassen Sie es uns wissen: **service@rheinwerk-verlag.de**.

Informationen zu unserem Verlag und Kontaktmöglichkeiten finden Sie auf unserer Verlagswebsite **www.rheinwerk-verlag.de**. Dort können Sie sich auch umfassend über unser aktuelles Programm informieren und unsere Bücher und E-Books bestellen.

Autor Frank M. Marks
Lektorat Christoph Meister, Anne Scheibe
Copy-Editing Friederike Daenecke, Zülpich
Typografie & Layout Vera Brauner
Satz III-satz, Kiel
Herstellung Stefanie Häb, Norbert Englert
Covergestaltung Mai Loan Nguyen Duy
Coverbild iStock: 2187192650 © sankai, 1911521695 © VioletaStoimenova, 468362866 © aleksandarvelasevic
Druck Beltz Grafische Betriebe, Bad Langensalza

FSC www.fsc.org MIX Papier | Fördert gute Waldnutzung FSC® C089473

Dieses Buch wurde mit mineralölfreien Farben auf FSC©-zertifiziertem Papier aus nachhaltiger Waldwirtschaft gedruckt. Hergestellt in Deutschland.

Das vorliegende Werk ist in all seinen Teilen urheberrechtlich geschützt. Alle Rechte vorbehalten, insbesondere das Recht der Übersetzung, des Vortrags, der Reproduktion, der Vervielfältigung auf fotomechanischen oder anderen Wegen und der Speicherung in elektronischen Medien.

Ungeachtet der Sorgfalt, die auf die Erstellung von Text, Abbildungen und Programmen verwendet wurde, können weder Verlag noch Autor*innen, Herausgeber*innen oder Übersetzer*innen für mögliche Fehler und deren Folgen eine juristische Verantwortung oder irgendeine Haftung übernehmen.

Die automatisierte Analyse des Werkes, um daraus Informationen insbesondere über Muster, Trends und Korrelationen gemäß § 44b UrhG (»Text und Data Mining«) zu gewinnen, ist untersagt.

Bibliografische Information der Deutschen Nationalbibliothek:
Die Deutsche Nationalbibliothek verzeichnet diese Publikation in der Deutschen Nationalbibliografie; detaillierte bibliografische Daten sind im Internet über *http://dnb.dnb.de* abrufbar.

ISBN 978-3-367-11682-9

1. Auflage 2026
© Rheinwerk Verlag, Bonn 2026

Rheinwerk Verlag GmbH • Rheinwerkallee 4 • 53227 Bonn
service@rheinwerk-verlag.de

Inhalt

Anhang

Materialien zum Buch

Auf der Webseite zu diesem Buch stehen folgende Materialien für Sie zum Download bereit:

Dokument	Beschreibung
Check-Up	Checkliste: Ist alles da?
Koordinationsplan	Template für einen Koordinationsplan
Policy	Template für eine Policy, der Arbeitsauftrag des ITSCM
Reaktionsplan	Template für einen Reaktionsplan
Rollenbeschreibung	Template für Rollenbeschreibungen
Self-Assessement	Template für die erste IST-Aufnahme
Übungsdrehbuch	Template für ein Übungsdrehbuch
Übungsprotokoll/Bericht	Template für ein Übungsprotokoll
WAP/WHP	Template vom BSI (mit Beispielen)
WAP/WHP	Template vom BSI (blanko)
Was ist kein ITSCM	Checkliste zur internen Abgrenzung
Worst-Case-Szenarien	Template für die fünf Worst-Case-Szenarien des ITSCM

Ich habe die Templates mit Beispieltexten vorausgefüllt, damit sie einfacher verständlich und besser anwendbar werden. Ihre Aufgabe ist es nun, diese Vorlagen an Ihre Arbeit und Ihre Organisation anzupassen.

Gehen Sie auf *www.rheinwerk-verlag.de/6345*. Klicken Sie auf den Reiter **Materialien**. Sie sehen die herunterladbaren Dateien samt einer Kurzbeschreibung des Dateiinhalts. Klicken Sie auf den Button **Herunterladen**, um den Download zu starten. Je nach Größe der Datei (und Ihrer Internetverbindung) kann es einige Zeit dauern, bis der Download abgeschlossen ist.

Kapitel 1
Einführung: Ihr Weg durch dieses Buch

Sie werden sich bestimmt fragen, warum jemand ein Buch über das Thema *IT Service Continuity Management (ITSCM)* schreibt? Die Antwort ist einfach:

Die Zuverlässigkeit von Diensten, die von IT-Systemen bereitgestellt werden, ist heute wichtiger denn je. Die Zeiten sind vorbei, in denen man es einfach schulterzuckend hinnehmen konnte, wenn irgendein System nicht wie gewünscht funktionierte. Wenn heute IT-Services nicht zuverlässig arbeiten, fällt die Bahn aus und es leeren sich die Regale im Supermarkt.

Hinzu kommt, dass es im deutschsprachigen Raum noch kein Buch über das ITSCM und seine Anwendung in der Praxis gibt! Meist wird das ITSCM nur in einem Nebensatz im Umfeld des *Business Continuity Managements (BCM)*, im *Informationssicherheitsmanagement (ISM)* oder im deutschen BSI-Standard 200-4 angesprochen. Auch der ISO-Standard 27031, aus dem das ITSCM maßgeblich entstanden ist, ist für Unerfahrene[1] recht kryptisch und sehr offen formuliert.

Wenn Sie ein ITSCM in Ihrer Organisation einführen wollen oder müssen, waren Sie bis jetzt auf der Suche nach detaillierteren Informationen, an denen Sie sich entlanghangeln können, auf sich allein gestellt. Genau diese Informationen, mit praktischen Beispielen verknüpft und durch Tipps und Tricks ergänzt, möchte ich Ihnen mit auf Ihren interessanten Weg geben.

Hinweis

Betrachten Sie diesen Ratgeber als eine Art »Kaufhaus«: Es gibt viele Regale, aus denen Sie sehr interessante oder aktuell notwendige Artikel nehmen können. Vielleicht wollen Sie auch einfach mal kurz die Produktbeschreibung durchlesen.

Es wird aber auch Artikel geben, die Sie aktuell nicht brauchen, die Sie schon kennen oder die jetzt nicht interessant für Sie sind. In dem Fall lassen Sie diese Sachen einfach im Regal liegen. Aber eines kann ich Ihnen versprechen: Bei jedem Besuch dieses »Kaufhauses«, werden Sie weitere interessante Artikel aus den Regalen nehmen oder auch mal etwas Neues ausprobieren. Sie werden sehen, es wird sich lohnen.

1 Zugegeben, oftmals auch für Erfahrene ...

Aber was ist überhaupt ein ITSCM? Welchen Nutzen hat eine Organisation davon, es einzuführen und dauerhaft zu betreiben? Was ist sein Mehrwert? Wo ist es organisatorisch optimal anzusiedeln bzw. anzugliedern? Was sind die Kernaufgaben eines ITSCM? Welche Schnittstellen hat es? Was muss schon alles vorhanden sein? Welche Ressourcen werden überhaupt dafür benötigt? Was kostet das eine Organisation?

Fragen über Fragen! Die sollten Sie aber nicht abschrecken, dieses neue und hochkomplexe, aber immer wichtiger werdende Thema anzugehen.

Denn all das (und vieles mehr) werde ich Ihnen in diesem praxisorientierten Ratgeber anhand von vielen Beispielen erklären.

An dieser Stelle möchte ich noch kurz erklären, warum ich kein reines Fachbuch geschrieben habe, sondern die Form eines Ratgebers gewählt habe: In vielen Fachbüchern werden die Themen sehr sachlich, nüchtern, ja geradezu staubtrocken analytisch, akademisch und auf pures Fachwissen hin fokussiert vermittelt. Oft finden Sie dort eine qualitativ hochwertige und logische Aneinanderreihung von reinen Fakten – das ist auch gut so. Ich habe in meiner fast 40-jährigen beruflichen Laufbahn weit über 300 Fachbücher gelesen. Einige ihrer Autoren haben sich aber wie in einem Wettbewerb darin überboten, den kompliziertesten Text mit den »fancysten« Buzzwords zu schreiben, um damit das Publikum und die Mitbewerber zu beeindrucken. Das entspricht absolut nicht meiner Art.

Zudem müssen die meisten Fachbücher eine ganze Reihe an Fachbegriffen und auch Basiswissen voraussetzen, um den Stoff in einer angemessenen Dichte zu behandeln. Viel zu selten wird auf Anfänger oder interessierte Menschen eingegangen, die sich einem Thema ohne Vorwissen nähern wollen. In meinem Erstlingswerk (und das ist es nun mal) möchte ich mich »meinem« Thema aber ohne »gedankliches Korsett« nähern und es von Beginn an beschreiben. Das führt (hoffentlich) dazu, dass es Ihnen Spaß macht, mein Buch zu lesen – es hat mir auch beim Schreiben Spaß gemacht. Mein Ziel ist es also, dass nichts vorausgesetzt wird und dass alles sehr lesefreundlich und verständlich erklärt wird.

[»]

Hinweis

Ich habe das Buch so konzipiert, das es als Nachschlagewerk, als eine Art Kompendium funktioniert. Mein primäres Ziel war es aber, in ihm ergänzende und praktische Informationen zu vorangegangenen Schulungen, Fort- und Weiterbildungen anzubieten. Diese Schulungen haben einen engen zeitlichen Rahmen, in dem viele Themen besprochen werden, und natürlich können dann nicht alle Themen vollumfänglich erläutert werden. Das ist auch nicht das Ziel solcher Schulungen, denn in ihnen geht es mehr um eine theoretische (Grund-)Wissensvermittlung.

Nach der Vermittlung der Grundlagen möchte ich in diesem Ratgeber da weitermachen, wo Schulungen meistens enden. Das Buch soll also eine optimale Ergänzung zu Schulungen sein oder Ihnen als Vorbereitung auf sie dienen. Diese Art der Vermittlung kann und möchte ich aber nicht durch dieses Buch ersetzen.

Besonders wichtig ist mir, dass Sie dieses Buch in Ihrem Berufsalltag nutzen können und es Ihnen bei der Arbeit weiterhilft. Dazu finden Sie einige *Templates* (also Vorlagen) zum Download, die Sie für Ihre Organisation anpassen und frei nutzen können.

Ich werde dort, wo es passt, Grafiken einfügen, um die Informationen visuell zu unterstützen. Denn manchmal sagt ein Bild doch mehr als 1000 Worte.

Ab und zu nutze ich die Form des Storytellings, um einige Inhalte in Beispielgeschichten zu verpacken. Oft lässt sich so etwas noch besser im Gedächtnis abspeichern. Das Storytelling (auf Deutsch »Geschichten erzählen«) ist eine anerkannte Methode, bei der durch den Einsatz von kurzen Geschichten Informationen vermittelt werden. Sie wird vor allem im Wissensmanagement verwendet.

Sie müssen diesen Ratgeber nicht stur von vorn bis hinten komplett durchlesen, obwohl ich das allen empfehlen möchte, die sich neu mit dem Thema ITSCM beschäftigen. Für sie habe ich einen roten Faden erarbeitet. Dieser gibt eine (für mich) optimale Reihenfolge der Tätigkeiten vor, wenn Sie wirklich bei null anfangen müssen. Somit können Sie sich langsam und Ihren Ressourcen (Zeit, Personal, Budget etc.) entsprechend zu einem praxisorientierten und funktionierenden ITSCM entwickeln.

Falls Sie jedoch schon Erfahrungen im ITSCM gesammelt haben oder dort aktiv arbeiten, können Sie diesen Ratgeber natürlich gerne als Nachschlagwerk nutzen, um diejenigen Kapitel zu lesen, die Sie aktuell interessieren.

[!]

Viele Wege führen nach Rom!

Der hier beschriebene Weg ist eine Möglichkeit, ein ITSCM zu planen, aufzubauen, zu betreiben und zu optimieren. Es gibt aber noch zig andere Variationen. Zu unterschiedlich sind die Organisationen, ihre Einsatzzwecke, ihre Erwartungshaltungen, ihr Budget, ihr Umfeld, ihre Kritikalität, ihre Anforderungen, ihre Ziele und natürlich die Menschen, die dort arbeiten. Das bedeutet, es kann nicht den einen wahren Weg geben. Es wäre unseriös, diesen Eindruck zu vermitteln. Stattdessen müssen Sie einen Ansatz finden, der für Sie und Ihre Organisation funktioniert. Ich bin mir ganz sicher, dass das klappt. ☺

Die Inhalte und Aussagen dieses Buchs basieren auf meiner langjährigen und persönlichen beruflichen Erfahrung. Sie spiegeln jedoch nicht unbedingt die Ansichten, Einschätzungen und Arbeitsweisen meiner ehemaligen und aktuellen Arbeitgeber wider. Ich habe die Beispiele, Szenarien und Hinweise so gewählt, dass sie sich an meiner Berufspraxis orientieren und Ihnen einen optimalen Mehrwert bringen. Inhaltlich sind sie oft fiktiv und müssen an Ihre Anforderungen und Umstände angepasst werden.

Wenn Sie einmal mit einem ITSCM angefangen haben, gibt es kein Zurück mehr. Also legen Sie das Buch entweder jetzt sofort zur Seite, lassen das Thema ruhen und nutzen das Buch als Briefbeschwerer. Oder wir fangen gemeinsam an! Damit Sie und Ihre Organisation bestmöglich auf IT-Notfälle und (IT-)Krisen vorbereitet sind.

1.1 Besonderheiten dieses Ratgebers

Ich habe mir für Sie ein paar Besonderheiten einfallen lassen, die ich Ihnen jetzt kurz vorstellen möchte. Und zwar wären das:

- **Zusammenfassungen an jedem Kapitelanfang**

  Wenn Sie nur wenig Zeit haben und einen Überblick suchen, finden Sie vor jedem Kapitel eine kurze Zusammenfassung, in der ich in ein paar Sätzen und Stichwörtern erkläre, worum es in dem folgenden Kapitel geht. Somit können Sie sehr schnell entscheiden, ob das Kapitel für Sie aktuell interessant ist oder nicht. Damit möchte ich allen Leserinnen und Lesern, die wenig Zeit haben, entgegenkommen und Ihre Ressourcen schonen, dabei aber den Spaß am Lesen (so lange wie möglich) aufrechterhalten. Diese Zusammenfassung wird dann so aussehen:

  Den Überblick zu dem kommenden Kapitel erkennen Sie an der Einrückung und der kursiven Schrift. In wenigen Sätzen bzw. Stichwörter fasse ich hier den Inhalt kurz und prägnant zusammen.

  »Und dann folgt noch ein schickes Zitat mit einem Motivationsspruch einer weisen Person.«

- **Vorschlag für eine weitere Vorgehensweise an jedem Kapitelende**

  Am Ende eines jeden Kapitels finden Sie einen Hinweis, wie Sie weitermachen könnten. Das ist der schon von mir erwähnte rote Faden für alle, die ein ITSCM von null aufbauen müssen. Dieser Vorschlag ist eine Empfehlung von mir, aber kein Muss. Ich kann aber bestätigen, dass es so bei uns in der Organisation mit dem Aufbau, der Umsetzung und dem dauerhaften Betrieb eines ITSCM funktioniert hat. Dieser Hinweis am Ende des Kapitels ist also meine Empfehlung, was Sie nun machen sollten. Wie geht es weiter? Und vor allem, *warum* sollten Sie das so in dieser Reihenfolge machen?

- **Verständnisfragen zu jedem Kapitel**

  Damit Sie das Thema besser verinnerlichen, stelle ich nach jedem Kapitel drei einfache Verständisfragen. Sie können diese Herausforderung (*Challenge*) gerne annehmen und mitmachen, um Ihr bisheriges Wissen zum ITSCM zu überprüfen. Das ist also keine Pflicht, sondern ein Angebot, selbst aktiv zu werden. Indem Sie sich mit der Frage beschäftigen, festigt sich das eine oder andere Thema noch mal. Und wenn Sie total danebenlagen, wissen Sie, was Sie sich vielleicht noch mal anschauen sollten. Pro Frage gibt es immer nur eine richtige Antwort, und die Lösungen finden Sie im Anhang.

- **Verlinkungen**

  Heutzutage findet man fast alle Informationen im Internet. Sie werden daher oftmals Links »*nach außen, also ins Internet*« finden, die entweder in den Fußnoten oder im Text ausgeschrieben werden. Falls sich der Link ändert, was leider durchaus vorkommt, finden Sie mit dieser URL trotzdem noch die Website des Anbieters können dort nach weiterführenden Informationen suchen.

- **Abkürzungen**
  Ich werde neue Begriffe einmal im Text voll ausschreiben und dann in Klammern dahinter die Abkürzung nennen. Beispiel: *IT Service Continuity Management (ITSCM).* Im weiteren Textverlauf werde ich dann nur noch die Abkürzung ITSCM nutzen. Es gibt am Ende des Ratgebers zusätzlich ein Glossar zum Nachschlagen, das alle wichtigen Abkürzungen aus diesem Ratgeber enthält und diese in komprimierter Form erklärt.

1.2 Ich möchte mich kurz vorstellen: Wer schreibt dieses Buch?

Jetzt werden Sie sich bestimmt fragen: Wer schreibt denn so ein Buch? Ist die Person überhaupt befähigt dazu? Hat sie fundiertes Fachwissen? Ist sie eher ein Theoretiker, ein Praktiker oder ein Mix aus beidem (also ein Hybrid – ich liebe dieses Wort). Daher kommt jetzt eine kurze Vorstellung. Machen Sie sich bitte selbst ein Bild von mir.

Abbildung 1.1: Ihr Autor

Ich heiße Frank M. Marks, bin verheiratet, habe zwei erwachsene Söhne und lebe (sehr ländlich) am schönen Niederrhein.

Seit fast 40 Jahren bin ich im IT-Umfeld tätig. In dieser Zeit habe ich verschiedene Stationen in der Arbeitswelt durchlaufen. Nach meiner Arbeit in zwei Systemhäusern war ich lange bei IBM und Siemens beschäftigt. Inzwischen bin ich aber schon über 20 Jahren im Öffentlichen Dienst angestellt, aktuell bei einem großen IT-Dienstleister in NRW. Dort arbeite ich als verantwortlicher Referent im ITSCM-Bereich. Da sind jetzt auch schon wieder fast sechs Jahre – Mann, wie die Zeit rennt.

Da ich schon immer sehr gerne Fortbildungen, Schulungen, Messen und Workshops besucht habe, um über den Tellerrand zu schauen, um mich zu vernetzen und um Wissen aufzubauen, zu vertiefen, zu erweitern und an die Praxis anzupassen, kamen im Laufe der Jahrzehnte einige Schulungen und Zertifizierungen zusammen. Dabei habe ich folgende Zertifizierungen erlangt und mich unter anderem zu diesen Themen ausführlicher weitergebildet. Die folgende Liste ist nur ein kleiner Auszug inklusive einiger Tätigkeiten:

- International zertifizierter IT Service Continuity Manager (CITSCM)
- International zertifizierter Business Continuity Manager (CBCM)
- International zertifizierter Krisenmanager (CCM)
- International zertifizierter Resilienz-Manager (CReM)
- National zertifizierter Notfall- und Krisenmanager (TÜV Nord)
- Anti Terrorism Officer (ATO)
- Informationssicherheitsbeauftragter (ISB)
- einige Schulungen im Kontext von (IT-)Notfallmanagement und Krisenmanagement
- ITIL Foundation V2, V3 und V4
- verschiedene KRITIS-Schulungen, -Seminare und -Workshops
- zusätzliche Prüfverfahrens-Kompetenz gemäß § 8a Absatz 3 BSIG – IT-Sicherheitsaudits bei KRITIS-Betreibern (KRITIS-Auditor)
- PRINCE2 Foundation, Practitioner und Agile
- Cisco Certified Network Associate (CCNA)
- Cisco Certified Design Associate (CCDA)
- Junior-Level Administration (LPIC1)
- mehrere KI-Schulungen und Workshops im KI-Umfeld
- mehrere Krisenstabsübungen
- Aufbau und Betrieb einer landesweiten Hotline (Service-Desk) (> 2500 Mitarbeiter)
- Aufbau und Betrieb eines organisationsweiten Change-Managements (> 3000 Mitarbeiter)
- Weiterentwicklung und Betrieb einer zentralen Leitstelle (> 3300 Mitarbeiter)

Neben diesen ganzen (Fach-)Themen ist mein Steckenpferd der gesamte Organisationsbereich (z. B. die Selbstorganisation, das Zeitmanagement oder die Arbeitsoptimierung), das Projektmanagement (von Großprojekten und das Multiprojektmanagement) sowie das Prozessmanagement, also das Prozessdesign, die Prozessmodellierung und -optimierung und der kontinuierliche Verbesserungsprozess. Aus diesem Bereich stammt auch eines meiner Lieblingszitate:

> *»Mit komplizierten Prozessen muss man kurzen Prozess machen.«*
> *(Georg Wilhelm Exler, Aphoristiker)*

Ein Schwerpunkt meiner Arbeit ist die Integration von künstlicher Intelligenz (KI) im IT-SCM. Ich arbeite derzeit an ersten Use Cases (siehe Abschnitt 27.3.3) und koordiniere meine Ideen mit unseren internen KI-Laboren:

- **IT-Notfallprognosen:** Ich möchte Vorhersagen über potenzielle IT-Notfälle automatisiert erstellen lassen (*Predictive Analytics*).
- **Abhängigkeitsanalyse:** Wir haben so viele Dokumente, in denen Abhängigkeiten und Strukturen erklärt werden. Kann eine KI die Inhalte aller IT-Notfalldokumente auswerten und Probleme identifizieren?
- **Dynamische Übungs- und Testgenerierung:** Damit unsere Übungen und Tests nicht langweilig werden, möchte ich KI-gestützt neue Szenarien für Mitarbeiterschulungen erstellen lassen. Hierbei sollen Szenarien auf vorherigen Übungen basieren, aber ständig angepasst und erweitert werden, z. B. durch erhöhte Komplexität oder zusätzliche Störungen.

Ein anderes wichtiges Thema ist und bleibt das aktive Networking – oder übersetzt: das Vernetzen mit anderen Menschen aus verschiedenen Organisationen aus dem aktiven Berufsleben.

Mein größter Wunsch und gleichzeitig mein größtes Ziel ist es, als eine Art menschlicher »Universal-Übersetzer« zu fungieren: Ich möchte komplexe technische Zusammenhänge den Nicht-Technikern (z. B. den verschiedenen Managementebenen und den Stakeholdern[2]) erklären und eher abstrakte Orga- und Prozessthemen, Strategie und Wünsche des Top-Managements von der strategischen Ebene den Technikern auf der operativen Ebene näherbringen.

Es ist natürlich nicht immer einfach, diese sehr unterschiedlichen »Flughöhen«, Sichtweisen, Wissensstände, Anforderungen und Ziele auf einen Nenner zu bringen. Mir macht es aber enorm viel Spaß und fordert mich immer wieder aufs Neue heraus. So bleibe ich wach und aufmerksam, denn es ist ein permanentes Arbeiten an sich selbst, inklusive einer sehr guten Selbstreflektion.

So, das war es erst mal zu meiner Person. Ich hoffe, das passt für Sie? 😉

1.3 Was Sie schon wissen sollten und was Sie lernen werden

Diese Frage ist einfach zu beantworten. Sie müssen keinerlei Vorwissen mitbringen, Punkt! Ich möchte mit diesem Ratgeber alle neugierigen und interessierten Menschen erreichen, die ein ITSCM einführen wollen. (Natürlich möchte ich aber auch alle Profis auf eine gemeinsame und interessante Reise mitnehmen.) Sie werden alles Wichtige rund um

---

2 Stakeholder sind Personen, Gruppen oder Organisationen, die ein direktes Interesse an einem Projekt, einer Organisation, einem Aufgabengebiet oder einer Tätigkeit haben. Sie können durch die Ergebnisse auf direkte oder indirekte Weise profitieren und/oder von ihnen betroffen sein.

das Thema ITSCM kennenlernen. Zusätzlich werde ich einige angrenzende Bereiche und wichtige Schnittstellen genauer beschreiben, mit denen ein ITSCM sehr eng zusammenarbeitet. Denn das ITSCM ist kein Einzelkampf. Sie werden (hoffentlich) eine Menge dazulernen und Kontakte zu anderen Bereichen knüpfen.

Ich bemühe mich dabei, alles in einem eher lockeren Umgangston zu beschreiben: Man trifft sich in der Kaffeeküche zum kurzen Plausch. Sollte trotzdem mal einer dieser meterlangen, verschachtelten Endlossätze auftauchen, die Sie an Fachbüchern fürchten, sehen Sie es mir bitte nach: Dann bin ich wohl doch schon zu lange in diesem akademisch belasteten Umfeld tätig. 😉

F-01-1: Wer schrieb dieses Buch? (Nur eine Antwort ist richtig.)

a) Frank M. Max

b) Frank M. Marks

c) Frank M. Merks

d) Franko M. Marko

F-01-2: Was ist ein CITSCM?

a) Certified IT System Manager

b) Certified IT Service Manager

c) Certified IT Service Fachmann

d) Certified IT Service Continuity Manager

F-01-3: Was müssen Sie für dieses Buch an Vorwissen mitbringen?

a) IT-Studium

b) Abitur

c) Nichts

d) Spickzettel

Kapitel 2

Motivation, Vorgaben und Anforderungen an ein ITSCM

Was ist überhaupt ein ITSCM? Müssen Sie ein ITSCM einsetzen und betreiben? Wie schnell soll oder muss Ihr ITSCM funktionieren? Welche Ergebnisse erwarten Sie? Welche Anforderungen gibt es für Ihr ITSCM? Was unterscheidet ein reguliertes von einem unregulierten Umfeld? Was sind typische Ziele eines ITSCM? Was ist der Mehrwert? Woran orientiert sich ein ITSCM?

> *»Beginne mit dem Notwendigen, dann tue das Mögliche und plötzlich wirst du das Unmögliche tun.« (Franz von Assisi)*

In diesem Kapitel geht es um die Theorie: Ich möchte mit Ihnen alles besprechen, was Sie beachten sollten, bevor Sie mit der Umsetzung des ITSCMs anfangen. Lesen Sie dieses Kapitel unbedingt, denn hier geht es (zumindest kurz) um Dinge, die Ihnen später auf die Füße fallen können, wenn sie nicht bereits zu Beginn bedacht werden.

Fangen wir mit der einfachsten und offensichtlichsten Frage an: Was ist überhaupt IT-SCM?

Wenn man mich das fragt, antworte ich immer folgendermaßen:

> *»ITSCM ist mit einer IT-Notfallvorsorge gleichzusetzen: Was kann man alles im Vorfeld (also proaktiv) tun, um sich als Organisation bestmöglich auf IT-Notfälle und (IT-)Krisen vorzubereiten?«*

Wenn man ein ITSCM richtig und vollumfänglich betreibt, steigt dadurch automatisch die *Resilienz* (also die Widerstandsfähigkeit) der eigenen Organisation gegenüber *IT-Notfällen* und/oder *(IT-)Krisen*.

Das sind die Hauptthemen, mit denen wir uns in diesem Buch beschäftigen werden: *IT-SCM = IT-Notfallvorsorge + Resilienzerhöhung*

Definition: Was ist ITSCM?

Ich möchte nun versuchen, das ITSCM ein bisschen formaler zu definieren:

IT Service Continuity ist die Fähigkeit einer Organisation, trotz eines kritischen IT-Vorfalls (z. B. eines IT-Notfalls) oder einer (IT-)Krise die IT-Services auf einem akzeptablen, vom BCM vordefinierten Level (dem MBCO = Notbetriebsniveau) liefern zu können.

Keine Angst, ich werde solche Sätze zukünftig immer erklären! Diesen Satz lasse ich als »abschreckendes Beispiel« so stehen und wirken. Verstehen wird ihn ein Laie wohl eher nicht, denn es stellen sich folgende Fragen:

- Was ist ein kritischer Vorfall? – *Keine Ahnung.*
- Was ist ein IT-Service? – *Weiß ich doch nicht!*
- Was ist ein BCM? – *Habe ich schon mal was von gehört …*
- Was ist ein MBCO? – *Ui, mit Abkürzungen habe ich es nicht so.*
- Was ist ein Notbetriebsniveau? – *Jetzt bin ich komplett raus!*

Wer so einen Satz als Erklärung oder Definition nutzt, hängt gut 90 bis 95 % der interessierten Leserinnen und Leser direkt ab! Genau das möchte ich vermeiden. Wenn Sie dieses Buch gelesen haben, werden Sie über diese Definition lachen und sie 100%ig verstehen. Vielleicht werden Sie sogar Ideen haben, wie man das viel einfacher und besser hätte erklären können.

Fangen wir vorne an: Der Begriff *ITSCM* kommt ursprünglich aus der *Information Technology Infrastructure Library (ITIL)*. ITIL ist ein Rahmenwerk (*Framework*) mit Best Practices[1] für die Erbringung von IT-Services und ist aktuell der De-facto-Standard für das *IT-Service Management* (*ITSM*). Entwickelt wurde ITIL 1980 von den Regierungsbehörden in England.

Ein ITSCM wird auch *IT Readiness for Business Continuity (IRBC)* oder schlicht *IT-Notfallvorsorge* genannt.

Dieser letzte Begriff ist hilfreich, denn er zeigt uns, was ITSCM definitiv nicht ist: *Notfallmanagement*. Ich werde Ihnen später noch erklären, warum das nicht passt. Vorab nur dazu: Das ITSCM managt keine Notfälle. Das macht ein BCM oder ein Krisenstab.

[»]

Namensänderung

Bei der Bezeichnung *ITSCM* gab es eine kleine Änderung von ITIL V3 zu ITIL 4: *IT Service Continuity Management* heißt jetzt *Service Continuity Management*. Aber in den meisten Organisationen wird immer noch der bekannte Begriff ITSCM genutzt, und ich werde ihn ebenfalls weiterhin verwenden.

Das ITSCM wird aktuell in ITIL 4 dem Bereich *Service Design* zugeordnet (siehe Abbildung 2.1).

1 Der Begriff *Best Practice* (auch *Erfolgsmethode*, *Erfolgsmodell* oder *Erfolgsrezept* genannt) stammt aus der angloamerikanischen Betriebswirtschaftslehre und bezeichnet bewährte, optimale bzw. vorbildliche Methoden, Praktiken oder Vorgehensweisen in Organisationen. Der Begriff wird heute auch allgemeiner für die Erfolgsmethode bzw. bestmögliche Methode verwendet.

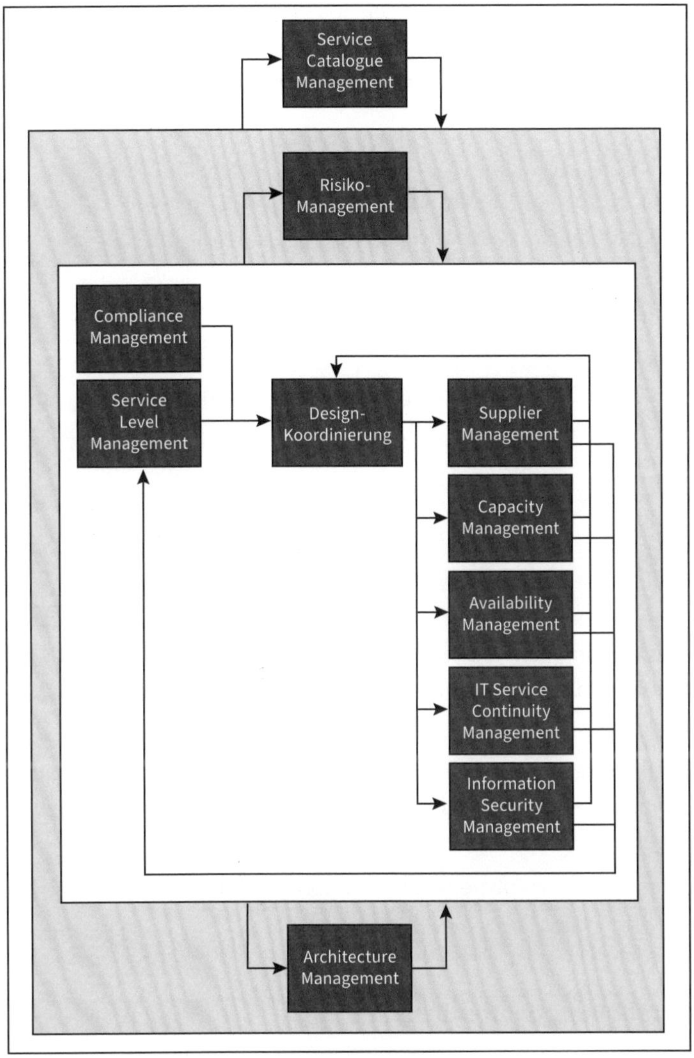

Abbildung 2.1: ITSCM im Service Design (Quelle: Prozess Wiki, https://wiki.de.it-process-maps.com/index.php/ITIL_Service_Design)

Der nächste wichtige Punkt: Es gibt aktuell in Deutschland für das ITSCM kein gültiges Gesetz bzw. Umsetzungsgesetz. Ich habe dieses Buch daher hauptsächlich in Anlehnung an die alte ISO-Norm 27031:2011-03 und die neue Version 27031-2025-5 entwickelt, mit einem kleinen Seitenblick auf den BSI-Standard *200-4*.[2]

2 Das ist reines *Business Continuity Management* mit einer Prise Krisenmanagement und damit sicherlich kein ITSCM-Standard. Ich habe den BSI-Standard jedoch aufgenommen, weil ihn viele deutsche Behörden und Ministerien nutzen und manchmal versuchen, mit ihm ein ITSCM in einer Organisation unterzubringen. Daher möchte ich Sie auch mit den dort genutzten BSI-Begriffen bekannt machen.

Ebenso habe ich Aspekte und mögliche Anforderungen aus NIS2, ISO 27001, KRITIS, IT-SIG 2.0 und ITIL betrachtet und sie, wenn anwendbar, eingebaut und mit Wissen aus der Praxis unterfüttert. Einen kurzen Überblick zu diesen Standards finden Sie in Abschnitt 2.7.

[»]

Empfehlung

Daher der gut gemeinte Rat: Schauen Sie sich die ISO-Norm 27031 (in der aktuell gültigen Fassung) etwas genauer an. Das kann nicht schaden. Passen die Inhalte für Sie? Können Sie diese Art der Informationen verstehen und für Ihre Organisation so adaptieren?

Wenn ja, alles klar.

Wenn nicht, dann lesen Sie bitte einfach weiter. Ich werde Ihnen das alles noch genauer übersetzen.

2.1 Was ist ITSCM?

Ein *ITSCM* befasst sich (per ISO-Definition) mit der *»Planung, Organisation und Koordination von IT-Notfallvorsorgemaßnahmen, die im Vorfeld (also rein proaktiv) ergriffen werden, um bestmöglich auf IT-Notfälle und/oder (IT-)Krisen vorbereitet zu sein und entsprechend reagieren zu können.«*

ITSCM ist also eine Vorgehensweise, die darauf abzielt, Auswirkungen von IT-Notfällen und/oder (IT-)Krisen zu minimieren und die Fähigkeit einer Organisation zur Bewältigung von Gefahren, Bedrohungen und IT-Risiken zu verbessern.

Kurz gesagt geht es um die beiden Hauptthemen *Prävention* (IT-Notfallvorsorge) und *Erhöhung der Resilienz.*

2.1.1 Prävention und Erhöhung der Resilienz

Prävention bezeichnet alle proaktiven Maßnahmen, die darauf abzielen, IT-Risiken zu verringern bzw. zu vermeiden oder deren schädlichen Folgen oder andere unerwünschte Situationen abzuschwächen. Der Begriff der *Vorbeugung* wird dabei synonym verwendet. Durch ein ITSCM werden die gesamte IT und die Betreiber dieser IT (eigenes und externes Personal) dauerhaft resilienter.

In technischen, ingenieurwissenschaftlichen Zusammenhängen meint *Resilienz* die Fähigkeit von Systemen, bei Teilausfällen oder Störungen nicht vollständig zu versagen, sondern wesentliche Systemdienstleistungen (IT-Basisdienste und IT-Infrastrukturen) weiter aufrechtzuerhalten. Ausführlicher werde ich darauf in Kapitel 17 zu sprechen kommen. Dies passiert z. B. durch die Erarbeitung von aktuellen und durch die Praxis erprobten Plänen (IT-Notfallplänen, Notfalldokumentationen, Vorgehensweisen und Routinen), durch einen robusten Aufbau der IT, unterstützt durch technische Redundanzen, durch permanente Übungen und Tests sowie durch Awareness-Maßnahmen bei den Mitarbeitern.

2.1.2 Proaktives Arbeiten

Ein ITSCM-Team arbeitet immer nur *proaktiv* (d. h. *vor* einer Störung, einem IT-Notfall oder einer (IT-)Krise). *Reaktiv* (also *während* einer Störung) wird man den ITSC-Manager höchstens als temporären Wissensträger in ein (IT-)Lagezentrum oder bei Bedarf in einen erweiterten Krisenstab einladen.

Ein ITSCM ist per ISO-Definition kein aktiver Teil des reaktiven Bereichs einer IT-Notfall- oder (IT-)Krisen-Organisation (z. B. einer BAO[3]). Daher kann ein ITSCM auch kein Notfallmanagement leisten oder koordinierend tätig sein. Ein ITSCM arbeitet höchstens auf Wunsch zu.

Das ITSCM-Team stellt jedoch wichtige Entscheidungsvorlagen, Handlungsempfehlungen, IT-Notfallpläne etc. für solche Ausnahmesituationen zur Verfügung. Das ITSCM wird durch eine effektive und fokussierte Nachbearbeitung (z. B. nach einer Großstörung, einem Major-Incident, einem IT-Notfall, einer (IT-)Krise) per *Lessons Learned* und IT-Notfallvorsorgemaßnahmen und deren Verfolgung abgerundet und bildet somit einen dauerhaften, iterativen und sich (im Idealfall) immer weiter verbessernden Kreislauf. Diese ganzen Nacharbeiten sind für das ITSCM als Vorarbeiten auf die nächste größere Störung oder Unterbrechung zu betrachten, damit also wieder rein proaktiv ausgelegt.

Erst nach mehrmaligem komplettem Durchlauf dieses Kreislaufs ergibt sich ein an die Praxis angepasstes, funktionierendes und gut aufgestelltes ITSCM. Dann ist Ihre Organisation sozusagen »IT-Notfall- und (IT-)Krisen-ready!«

[!]

Achtung!

Das ITSCM ist vom Gedanken her eine Organisationseinheit, die bewusst »den Finger in die Wunde« legen soll und auch muss! Das ITSCM soll Schwachstellen, IT-Risiken, fehlende Redundanzen und sonstige Missstände finden, diese dokumentieren und an die entsprechenden Stellen melden, um dann Abhilfe schaffen zu lassen. Das ist der ganz klare Auftrag eines ITSCM.

Damit macht man sich nicht nur Freunde!

Das muss allen klar sein, und alle Mitarbeiter im ITSCM müssen danach handeln. Wer damit nicht klarkommt oder lieber nur ein »Melonen-Reporting« betreiben möchte (nach außen hin ist alles »grün«, innen drin aber alles im roten Bereich), ist definitiv falsch am Platz. Solch eine Person sollte sich eine andere Beschäftigung suchen oder von Beginn an einen großen Bogen um das ITSCM machen.

3 Die *Besondere Aufbau- oder Ablauforganisation* (BAO) wird definiert als »zeitlich begrenzte Organisationsform für umfangreiche und komplexe Aufgaben, mit besonderen Befugnissen, insbesondere für Maßnahmen aus besonderen Anlässen, die im Rahmen einer Allgemeine Aufbau- oder Ablauforganisation (AAO), der normalen Organisationsform im Tagesgeschäft, nicht bewältigt werden können«.

Das BCM (*Business Continuity Management*) und das ISM (*Information Security Management*) sind zwei weitere Bereiche, die ähnlich agieren müssen. Daher sollten Sie für diese Tätigkeiten schon ein echt hohes Durchhaltevermögen und eine gewisse Leidensfähigkeit bzw. eine hohe Frustrationstoleranz von Haus aus mitbringen. Sie werden im Laufe der Jahre »dicke Bretter« bohren müssen, d. h., (jahre-)lang und intensiv an Ergebnissen arbeiten müssen. Dafür ist aber die Freunde umso größer, wenn Sie es dann endlich geschafft haben. 😊

2.2 Ziele und Zweck eines ITSCM: Der Nutzen

Ich glaube, über eine Sache müssen wir nicht lange diskutieren: Die *Informationstechnologie (IT)* ist heutzutage der zentrale Bestandteil in der modernen, prozessualen, digitalen und immer schneller werdenden Arbeitswelt. Ohne IT läuft praktisch nichts mehr.

Daher ist die IT, natürlich nach der Ressource »Mensch«, der mit Abstand wichtigste Bestandteil im aktuellen Arbeitsumfeld. Und dieser Bereich sollte so gut es geht abgesichert und robust aufgebaut sein (inklusive technischer und personeller Redundanzen) und möglichst ausfallsicher geplant und auch betrieben werden. Weil mittlerweile so gut wie alle von der IT abhängig sind, wirken sich Ausfälle von IT-Services oftmals auch direkt auf die Kontinuität der Geschäftstätigkeit einer gesamten Organisation aus.

IT umfasst im engeren Sinn alle technischen Ressourcen, die der Generierung, Speicherung, Archivierung und Verwendung digitaler Informationen dienen. Im weiteren Sinne gehört auch die Übertragung der Informationen mittels Kommunikationstechnologie dazu. Sie umfasst eine Vielzahl von Technologien, die sowohl Hardware als auch Software einschließen und für die effiziente und effektive Verwaltung von Daten und Informationen sorgen. Die IT ist heutzutage in fast allen Bereichen des täglichen Lebens und der Wirtschaft von zentraler Bedeutung: von der Unterhaltung über das Gesundheitswesen bis hin zur Finanzwelt und darüber hinaus. Sie ermöglicht die schnelle Kommunikation, die Speicherung riesiger Datenmengen, die Automatisierung von Prozessen und das Angebot innovativer Dienste.

Durch Nichtabsicherung dieser IT entstehen jährlich Schäden in dreistelliger Milliardenhöhe. Ich möchte nur ein Beispiel aus 2024 nennen: *CrowdStrike*. Bei dieser weltweiten Störung kam es zu Schäden im sehr hohen zweistelligen Milliardenbereich. Einige Organisationen mussten dabei ihren Betrieb komplett einstellen, andere konnten nur sehr reduziert arbeiten. Die Dunkelziffer (schätzt man) wird aber noch wesentlich höher liegen, weil viele Organisationen derartige Probleme nicht öffentlich machen, um nicht Ihrem guten Ruf zu schaden oder sich nicht lächerlich zu machen.

> *»Bei Cyberangriffen entsteht sogar ein Rekordschaden von über 267 Milliarden im Jahr!«*[4]

Das Internet ist voll von Statistiken und Berichten zu großen und schwerwiegenden IT-Störungen und deren Auswirklungen. Informieren Sie sich gerne darüber, um Ihre Argumentation für ein ITSCM (und dessen Kosten) gegenüber dem Top-Management zu untermauern.

Als gute Anlaufstelle kann ich Ihnen die Webseite des *Bundesamtes für Sicherheit in der Informationstechnik* (*BSI*, *www.bsi.de*) empfehlen. Suchen Sie dort z. B. mit den Stichwörtern »Weltweite IT-Ausfälle«. Sie werden erstaunt sein, was da alles zum Vorschein kommt!

Daher sind der Aufbau und der dauerhafte Betrieb eines ITSCM definitiv der richtige Weg, um sich als Organisation bestmöglich zu schützen – natürlich neben einem vorhandenen ISM und einem BCM. Denn ein ITSCM im Alleingang wird das definitiv nicht können. Aber es wird entscheidend dazu beitragen, dass Ihre Organisation IT-Notfälle und (IT-)Krisen überstehen kann.

2.2.1 Ziele eines ITSCM

Die Kernaufgaben und damit die Ziele eines ITSCM sind:

- Menschenleben zu schützen
- schnell, effektiv und koordiniert auf IT-Notfälle und/oder (IT-)Krisen zu reagieren
- notwendige und aktuelle Dokumente, Pläne, Templates, Checklisten, AUs etc. vorzuhalten
- festzustellen, welche IT-Dienste für die Organisation (zeit-)kritisch sind und besonders geschützt werden müssen
- Organisationswerte (Assets) aktiv zu schützen. *Organisationswerte* sind z. B. Vermögen, Anlagevermögen, Kapitalanlagen, Immobilien, Güter sowie Kompetenzen (Wissen der Mitarbeiter) der Organisation
- ein aktuelles Inventar aller Hardware- und Software-Assets zu pflegen (idealerweise automatisiert per *Configuration Management Database,* CMDB)
- die Ausfallzeiten, Kosten und geschäftlichen Auswirkungen zu reduzieren
- Wiederherstellungsziele für jeden kritischen IT-Service festzulegen
- mögliche Schäden zu minimieren
- eine organisationsweite (IT-)Resilienz aufzubauen und diese stetig zu erhöhen
- für verbesserte Reaktionszeiten zu sorgen: Ein gut konzipierter IT-Notfallplan hilft Organisationen, schneller auf Vorfälle zu reagieren und die Auswirkungen auf den Geschäftsbetrieb zu reduzieren.

4 Zitat von Bitkom (Quelle: Bitkom, 2024, *https://www.behoerden-spiegel.de/2024/08/28/267-milliarden-euro-schaden-durch-cyber-angriffe/*)

- bestmöglich auf das Unbekannte vorbereitet zu sein
- ein Bewusstsein (*Awareness*) bei allen Mitarbeitern aufzubauen
- Mitarbeiter zu schulen und weiterzuentwickeln
- Kundenanforderungen (SLAs) zu erfüllen und sogar zu übertreffen: *Service Level Agreements* (SLAs) sind Kundenvereinbarungen zwischen Dienstleister und Kunde, die die Qualität und den Umfang einer Dienstleistung oder eines (IT-)Service detailliert beschreiben.
- für erhöhte Kundenzufriedenheit zu sorgen, indem kritische IT-Services (inklusive deren IT-Ressourcen) während Störungen und Unterbrechungen aufrechterhalten werden
- normative Vorgaben (aus dem BCM oder ISM) oder eigene Vorgaben umzusetzen
- proaktiv mit IT-Risiken und deren möglichen Auswirkungen umzugehen
- mögliche Wettbewerbsvorteile zu schaffen
- die Geschäftskontinuität, in *allen* (IT-Störungs-)Situationen aufrechtzuerhalten – z. B. auf einem vorab definierten Notbetriebsniveau (*MBCO, Minimum Business Continuity Objective*, d. h. einem reduzierten und verminderten Service)

[»]

Weitere Ziele

Haben Sie zusätzliche oder andere Ziele, die hier nicht aufgeführt, aber für Sie wichtig sind? Dann nehmen Sie diese Ziele unbedingt mit in Ihre Policy (den eigentlichen Arbeitsauftrag eines ITSCM) auf und beschreiben Sie sie kurz und allgemeinverständlich. Wie Sie dabei am besten vorgehen, zeige ich in Kapitel 4, »Die Policy schreiben: Der Arbeitsauftrag«, noch genauer.

2.2.2 Was sind (kritische) IT-Services?

Es sollte auf der Hand liegen, dass sich das ITSCM mit IT-Services beschäftigt, die für den Geschäftsablauf kritisch sind. Ich werde darauf in Kapitel 9 näher eingehen, wenn wir uns näher mit den Prozessen beschäftigen. Um die Frage zu beantworten, warum ein ITSCM wichtig ist, müssen Sie aber natürlich wissen, womit wir überhaupt arbeiten.

Per Definition der ISO-Norm 27031 (in Punkt 7.2.2) geht es um sogenannte *kritische Informations- und Kommunikationstechnik-Dienste (IKT-Dienste)*:

> *»Eine Reihe von IKT-Diensten kann als kritisch angesehen werden und muss eine Wiederherstellung ermöglichen. Jeder dieser kritischen IKT-Dienste sollte über seine eigenen dokumentierten RTO-, RPO- und MBCO-Werte verfügen. Aufgrund der gegenseitigen Abhängigkeiten zwischen IKT-Diensten ist der RTO kritischer IKT-Dienste ausnahmslos niedriger als der RTO der Geschäftsaktivität. Für jeden kritischen IKT-Dienst, der im Rah-*

men des BCM-Prozesses identifiziert und vereinbart wurde, müssen alle IKT-Komponenten des End-to-End-Dienstes beschrieben und dokumentiert werden.

Dabei muss gezeigt werden, wie sie konfiguriert oder verknüpft sind, um den jeweiligen Dienst bereitzustellen. Sowohl die Konfiguration der normalen IKT-Dienstbereitstellungsumgebung als auch die der IKT-Kontinuitätsdienstbereitstellungsumgebung müssen dokumentiert werden.«[5]

Übersetzt heißt das: *IT-Services* (zu Deutsch *Informationstechnologiedienstleistungen*) bezeichnen eine Vielzahl von Dienstleistungen, die im Bereich der IT angeboten werden. Sie unterstützen Organisationen bei der Verwaltung, dem Betrieb und der Optimierung ihrer IT-Infrastruktur, Softwarelösungen und digitalen Prozesse.

IT-Services können sowohl für den internen Gebrauch einer Organisation als auch für externe Kunden erbracht werden. IT-Services sind in der heutigen digitalen Welt unverzichtbar, da sie Organisationen helfen, ihre IT-Bedürfnisse effizient zu erfüllen, die Betriebskosten zu senken und ihre Sicherheit zu gewährleisten.

Als kritische bzw. zeitkritische IT-Services kann man diejenigen IT-Services bezeichnen, die die zeitkritischen Geschäftsprozesse unterstützen. Und diese IT-Services müssen natürlich besonders abgesichert und geschützt werden. Jeder dieser IT-Services muss seinen eigenen RTP-, RPO- und MBCO-Wert haben. Was diese Werte genau sind, erkläre ich in Abschnitt 11.2.

[!]

Achtung!
Ich möchte eine sehr wichtige Sache deutlich sagen: Das ITSCM ist nicht für die IT-Services verantwortlich!

Weder definiert es sie noch koordiniert es irgendwelche Arbeiten rund um diese IT-Services. Diese IT-Services müssen von den entsprechenden technischen Bereichen, den (IT-)Serviceverantwortlichen, den Produktverantwortlichen, den Servicemanagern (oder wie diese Rolle sonst) in Ihrer Organisation heißt, zur Verfügung gestellt werden! Idealerweise ist der Umfang der Services genau in einer CMDB (siehe Abschnitt 11.3.1) oder einem ähnlichen Tool definiert.

Diese Arbeit kann ein ITSCM nicht leisten, weil sehr tiefes, fachliches Wissen aus zig unterschiedlichen technischen Bereichen vorhanden sein müsste. Dies ist also definitiv nicht unsere ITSCM-Baustelle!

Das ITSCM wirkt nur darauf hin, dass diese IT-Services besonders betrachtet, abgesichert und möglichst redundant betrieben werden. Hier kann man sich das ITSCM als eine Art übergeordnete »IT-Kontrollinstanz« vorstellen.

5 (Quelle: DIN Media GmbH, ISO/IEC FDIS 27031:2024-06-Entwurf, *https://www.dinmedia.de/de/norm-entwurf/iso-iec-fdis-27031/382142021*)

2.2.3 Gründe für ein ITSCM

Die Gründe für die Einführung und den Betrieb eines ITSCM können sehr vielfältig sein. Sie können von (Muss-)Anforderungen ausgehen, wie z. B.

- Vorgaben vom Mutterkonzern
- Vorgaben von der Firmenzentrale
- Vorgaben durch ein Ministerium
- Vorgaben einer Fachaufsicht
- Kundenwünsche
- Zertifizierungsanforderungen
- KRITIS-Vorgaben
- NIS2-Vorgaben
- Lieferantenvorgaben
- Vorgaben eines internen BCM
- Vorgaben eines internen ISM
- etc.

... bis hin zur eigenen, intrinsisch motivierten und freiwilligen Eigenabsicherung reichen. Es gibt aber bestimmt auch noch andere wichtige Gründe, die dafür sprechen, ein ITSCM in einer Organisation einzuführen.

Lassen Sie mich diese Auflistung noch ein wenig ausführen und mit Leben füllen.

Vorgaben »von oben«

Es ist eine gängige Praxis, dass Konzernzentralen, Muttergesellschaften, Headquarter oder auch Ministerien ihren nachgeordneten oder untergeordneten Bereichen zentrale Vorgaben auferlegen bzw. diese vorgeben. Diese müssen dann, wenn nötig (z. B. bei einer Konzernspitze im Ausland), nur noch angepasst werden, also durch einen Abgleich mit länderspezifischen Regelungen und geltenden Gesetzen etc. Mit dieser Vorgehensweise sorgen Sie dafür, dass organisationsweit überall die gleichen Werte, Vorgaben und Ergebnisse (Resilienz und Prävention) erreicht werden.

Stellen Sie sich vor, jedes Tochterunternehmen, jede Auslandsniederlassung oder Zweigstelle würde ihr »eigenes Süppchen kochen« und ihre eigenen Werte definieren und umsetzen. Das kann nicht funktionieren und würde Ihnen bei einem Audit sehr wahrscheinlich um die Ohren fliegen.

Sie können bei der Neueinführung eines ITSCM mit einer Stelle (einer Niederlassung oder einem definierten Bereich) anfangen (meist in der Konzernzentrale, bei der Muttergesellschaft oder im Headquarter) und dann sukzessive weitere Orte hinzunehmen und das dann immer weiterführen, bis alle notwendigen Bereiche mit einem ITSCM versorgt sind. Das ist praktikabel und sehr ressourcenschonend. Sie können ein ITSCM aber auch von vornerein auf einen bestimmten Bereich fokussieren und es beispielsweise auf die Zentrale oder alle Rechenzentren beschränken.

Sie müssen auch nicht in allen Niederlassungen ITSC-Manager installieren. Es reicht, wenn dort Ansprechpartner (z. B. die ITSC-Koordinatoren) für den ITSC-Manager zur Verfügung stehen. Vor allem können Sie Erfahrungen (positive und negative), die Sie bei der Einführung in einer Lokation gesammelt haben, nutzen und alles Erforderliche modifizieren, um es dann angepasst an alle weiteren Niederlassungen zu verteilen. Sie haben auf diese Weise praktisch einen *kontinuierlichen Verbesserungsprozess* (KVP) zur Qualitätssicherung und möglichen Qualitätssteigerung installiert und durchgeführt und sich damit eine Art »Blaupause« (Vorlage) für Ihre Organisation erarbeitet.

Vorgaben von Lieferanten und Dienstleistern

Auch Lieferanten und/oder Dienstleister können spezifische Anforderungen an Ihre Organisation stellen und in den Supportverträgen vorschreiben, also z. B., dass ein ISM, BCM oder ITSCM vorhanden sein muss, um auch in einem IT-Notfall oder einer (IT-)Krise eine funktionierende Lieferkette zu ermöglichen.

Ist dies der Fall, sollten Sie die Lieferanten und Dienstleister auch in die erweiterten Übungen und Tests aufnehmen. Das kommt allen Beteiligten zugute. Das würde ich aber erst empfehlen, wenn Ihre Übungen und Tests organisationsintern schon einen recht hohen Reifegrad erreicht haben – d. h., wenn Sie alle Szenarien mindesten einmal komplett durchgeübt haben. Von einem sehr hohen Reifegrad spreche ich, wenn außerdem alle Szenarien auch mit unterschiedlichem Personal (per Rotationsverfahren) in verschiedenen Teams durchgeübt wurden.

Wenn Sie zu früh mit den Lieferanten/Dienstleistern üben, könnte das ins Auge gehen. Binden Sie sie lieber etwas später als zu früh ein. Meine Empfehlung: Üben und testen Sie die ersten zwei bis drei Jahre erst mal nur für sich. Dann sind Sie (hoffentlich) fit und können sich nach außen hin öffnen.

Schutz der Organisation und Eigeninitiative

Natürlich können Sie auch für Ihre Organisation eigene Werte aufstellen – im unregulierten Umfeld ist das oft sogar die einzige Lösung, denn dort gibt es noch keine Vorgaben, an denen man sich orientieren kann. Auch bei neuen, kleinen bzw. mittleren Unternehmen ist es sinnvoll, sich eigene Regeln zu überlegen und nicht die oftmals bürokratischen Vorgaben der Großen zu kopieren.

Wichtig ist nur, dass Sie sich aktiv um den Schutz Ihrer IT-Systeme, IT-Infrastrukturen, IT-Ressourcen, IT-Basisdienste und IT-Services kümmern. Im Laufe der Zeit können Sie sich dann immer noch an Standards und Normen orientieren. Allein um Ihr unternehmerisches Risiko so gering wie möglich zu halten, sollten Sie sich hiermit frühzeitig und intensiv beschäftigen.

Wenn Sie das nicht tun, wird es Ihnen wie den vielen Organisationen gehen, die nicht mehr am Markt sind, weil sie Zuverlässigkeit, Robustheit und Sicherheit einfach verschlafen oder für unnötig gehalten haben. Das ist dann »Lernen durch Schmerzen«, was es zu vermeiden gilt.

2.3 Was ist kein ITSCM?

Da es immer wieder zu Verwechslungen kommt oder man dem ITSCM gerne die eine oder andere unbeliebte Aufgabe zuschieben möchte, will ich Ihnen einige Beispiele dafür geben, was definitiv kein ITSCM ist.

Die Aufgaben, die in Tabelle 2.1 aufgelistet sind, kann das ITSCM aufgrund seines Zuschnitts und seiner Ausrichtung (die in der *ITSCM-Policy* festgelegt werden, siehe Kapitel 4) definitiv nicht leisten. Sorgen Sie für eine klare und sehr deutliche Abgrenzung. Je transparenter dies kommuniziert und eingehalten wird, desto »sauberer«, übersichtlicher und funktionaler bleibt Ihr ITSCM.

Gerade beim Neuaufbau eines ITSCMs lauern hier viele und meist versteckte Gefahren, die Sie im Blick behalten müssen. Orientieren Sie sich an Tabelle 2.1 und grenzen Sie Ihren Arbeitsbereich gegen andere Aufgabenfelder ab.

Was	Wer ist zuständig?	Informationen
Schutz von Informationen	ISM	Das *Informationssicherheitsmanagement (ISM)* ist primär für den Schutz aller Informationen zuständig: Informationen in den Köpfen der Mitarbeiter, in allen Dokumenten und in den eingesetzten IT-Systemen (z. B. Datenbanken etc.) der Organisation.
Verhinderung von Cyber Security Incidents	ISM/SOC/CERT	Auch hier ist meist das Informationssicherheitsmanagement zuständig, eventuell aber auch das *Security Operations Center (SOC)* oder *Computer Emergency Response Team (CERT)* – je nachdem, wie Sie das für Ihre Organisation definiert und festgelegt haben bzw. was vorhanden ist. SOC und CERT werden in Abschnitt 10.1 beschrieben.
Bewältigung von Cyberangriffen	CRP/SOC/CERT/ISM	Auch hier könnten mehrere Bereiche aktiv werden. Oft ist es das *Cyber Response Planning Team* (bzw. *Cyber Response Team*) oder das SOC bzw. das CERT, das die Federführung hat. Meist ist das ISM auch mit involviert.

Tabelle 2.1: Aufgaben außerhalb des ITSCM

Was	Wer ist zuständig?	Informationen
Bewältigung von Cyberangriffen (Forts.)	CRP/SOC/CERT/ISM	Daher ganz wichtig: Legen Sie vorab unbedingt fest, wer was wann macht! Wer koordiniert die Aktionen, wer hat die Leitung und wer trägt die Verantwortung? Klären Sie das, bevor es zu einem Vorfall kommt. Denn sonst ist es definitiv zu spät und kostet Ihnen nur unnötig, wertvolle Zeit!
Proaktive Verhinderung von IT-Störungen oder IT-Ausfällen bei eingesetzten IT-Infrastrukturen, IT-Systemen und Anwendungen im Tagesbetrieb	Availability Management	Dies ist eine klare Aufgabe des *Verfügbarkeitsmanagements*. (engl. *Availability Management*) Wenn das nicht vorhanden ist, könnten Sie diese Aufgabe den verschiedenen technischen Bereichen zuweisen. Das heißt, jeder technische Bereich schützt sich selbst so gut es geht. Denken Sie auch an die Schnittstellen zu den angrenzenden Bereichen. Hier muss kooperiert und koordiniert werden, sonst funktioniert das Ganze nicht. Man könnte aber auch eine übergeordnete technische Abteilung als Koordinationsstelle benennen, um einen zentralen Ein- und Ausgangskanal zu haben. Sehr gut fürs Top-Management und einen Krisenstab bzw. ein (IT-)Lagezentrum.
Behebung von IT-Störungen oder IT-Ausfällen von Einzelsystemen und Endgeräten	Incident Management	Dies ist eine Aufgabe (im Tagesgeschäft) für das zentrale *Störungs-* oder *Incident-Management*. Klären Sie, wie weit das Störungsmanagement zuständig ist (Thema »IT-Notfall und (IT)-Krise«). Das heißt, klären Sie, ab wann aus einer Störung (Incident) ein Fall für den Krisenstab oder die Notfallorganisation wird. Oft ist diese Grenze sehr fließend; sie sollte aber vorab (so gut es geht) definiert und mit allen Beteiligten abgestimmt und dokumentiert werden. Nur so können Sie im Störungsfall sehr schnell reagieren und agieren. Und alle wissen, was zu tun ist.

Tabelle 2.1: Aufgaben außerhalb des ITSCM (Forts.)

Was	Wer ist zuständig?	Informationen
Störungen durch fehlerhafte Requests for Change (RfC)	Change-Management	Alle Störungen, die aus den RfCs resultieren, sind vom *Change-Management* zu koordinieren und durch das *Incident-Management* bzw. das *Problem-Management* und den entsprechenden technischen Bereich zu beheben. Das ITSCM wäre nur bei den späteren Lessons Learned mit dabei, das heißt, wenn ein RfC eine größere Störung verursacht hat – aber auch in diesem Fall erst bei größeren Problemen ab Major-Incident aufwärts.
Störungen bei IT-Services bzw. (IT-) Verfahren oder Fachverfahren	Verfahrensbetrieb/ Incident Management/Servicemanagement	Vorrangig kümmert sich der *Verfahrensbetrieb* bzw. ein *Servicemanagement* oder ein *IT-Servicemanagement* um Störungen innerhalb der Bereiche. Das Störungsmanagement (Incident-Management) ist hier eher als Nachweisstelle zu sehen, d. h., es wird so gut es geht alles dokumentiert und revisionssicher festgehalten.
Störungen bei Personal, Gebäuden, Produktion, Lieferanten und Dienstleistern	BCM	Es ist eine typische Aufgabe des *Business Continuity Managements (BCM)*, Überbrückungsmaßnahmen per *Business Continuity Plan (BCP)* oder per *Geschäftsfortführungsplan (GFP)* zu definieren und diese auch vorab auf Funktionalität zu überprüfen. Danach müssen diese Pläne im Störungsfall nur noch von einem Krisenstab aktiviert werden.
SLA-Verletzungen	SLM	Alle Störungen oder Unterbrechungen, die nicht in den SLAs festgelegt wurden (z. B. durch definierte Wartungsfenster), werden vom *Service Level Management (SLM)* bearbeitet. Es muss eine Aufarbeitung stattfinden, da diese Störungen/Unterbrechungen unmittelbare Auswirkungen auf die dem Kunden zugesicherten Verfügbarkeiten haben (Stichwort »mögliche Konventionalstrafen oder Regressansprüche«). Es muss geklärt werden, was genau die Ursache für die SLA-Verletzung war. Hier könnte auch ein *Problem-Management* unterstützen. Und das Endergebnis muss natürlich dem Kunden mitgeteilt werden.

Tabelle 2.1: Aufgaben außerhalb des ITSCM (Forts.)

Was	Wer ist zuständig?	Informationen
Auftreten von IT-Risiken	(Z)RM	Es ist eine Aufgabe des *zentralen Risikomanagements (ZRM)* oder des *Risikomanagements (RM)* in Ihrer Organisation, zu reagieren, zu koordinieren oder an das Top-Management zu eskalieren. Das ITSCM ist hier nur IT-Risiko-Melder, Zulieferer oder Vorbereiter, aber In diesem Umfeld definitiv keine aktive und koordinierende Kontrollinstanz.
...	...	...

Tabelle 2.1: Aufgaben außerhalb des ITSCM (Forts.)

Es gibt noch weitere Beispiele. Wichtig für Sie ist es, sich hier als ITSCM sehr deutlich, für alle verständlich und dauerhaft abzugrenzen. Ich habe Ihnen dazu bei den Templates auch diese Liste mit dem Namen »Was ist kein ITSCM« abgelegt. Füllen Sie sie bitte mit Ihren Erkenntnissen und Informationen aus. Prüfen Sie diese Liste einmal pro Jahr auf Aktualität.

Das Wort »Abgrenzung« bedeutet in diesem Fall *Transparenz* und nicht, dass man sich vor einer Aufgabe drücken möchte. Je klarer alle Bereiche ihre Aufgaben kennen und leben, desto besser und reibungsloser werden sie in einem IT-Notfall und/oder einer (IT-)Krise auch zusammenarbeiten.

[«]

Transparenz

Der Begriff *Transparenz* bezeichnet die *Offenheit, Klarheit und Nachvollziehbarkeit* von Prozessen, Entscheidungen und Informationen.

Der Begriff wird in verschiedenen Kontexten verwendet, darunter in der Politik, Wirtschaft, Verwaltung, Wissenschaft und im Alltag. Im Allgemeinen bedeutet Transparenz auch, dass relevante Informationen für alle Beteiligten zugänglich sind und die zugrunde liegenden Abläufe oder Entscheidungen nachvollzogen werden können.

Transparenz fördert Vertrauen und Verantwortlichkeit, da Menschen sehen können, wie Entscheidungen getroffen werden, welche Kriterien dabei eine Rolle spielen und wie Ressourcen eingesetzt werden.

Kurz gesagt: Transparenz ist ein grundlegendes Prinzip für eine offene, verantwortungsbewusste und faire Kommunikation und Handlungsweise in der eigenen Organisation. Durch so eine gelebte Transparenz sorgen Sie dafür, dass Mitarbeiter mehr und meist auch aktiver mitmachen.

Man könnte die Idee noch wie folgt ergänzen: Alle wissen,

- was ihre genauen Aufgaben sind und was nicht,
- wer ihre direkten Schnittstellen (andere Bereiche) sind und wer nicht,
- was man vom anderen Bereich erwarten kann und was man selbst zu liefern hat,
- was das gemeinsame Ziel ist und
- wie bei Störungen zu eskalieren ist.

Ich weiß, dass einige Menschen Transparenz mit Überwachung oder Kontrolle gleichsetzen. Das ist aber in meinen Augen totaler Quatsch! Man muss bei großen Störungen absolut offen und ehrlich zusammenarbeiten. In solchen Situationen haben Einstellungen wie »Ich lasse mir doch nicht in die Karten schauen« oder »Das braucht nicht jeder zu wissen« keinen Platz.

Ich muss zugeben, dass solche Aussagen bei mir stets für erhöhten Puls sorgen. Wir arbeiten in einem hochprofessionellen Umfeld und unser Ziel ist es, die gesamte Organisation wieder funktionsfähig zu machen. Solche Einstellungen sind dabei hinderlich. Eine echte und gelebte Fehlerkultur in Ihrer Organisation könnte derartige Verhaltensweisen frühzeitig verhindern.

Wenn Sie so einem Fehlverhalten nachgeben, wird es Ihrer Organisation sehr viel Zeit und natürlich auch sehr viel Geld kosten. Vom Image- und Reputationsschaden möchte ich hier erst gar nicht anfangen. Leider erlebt man diese Intransparenz im Arbeitsumfeld immer wieder. Agieren Sie bitte anders!

2.4 ITSCM und ITSCMS

Ich möchte noch den Unterschied zwischen den Abkürzungen ITSCM und ITSCMS erklären und beide Begriffe voneinander abgrenzen:

- **ITSCM** – Das *IT Service Continuity Management* ist das Verwalten der IT-Service-Continuity durch den oder die ITSC-Manager bzw. das ITSCM-Team. Übersetzt heißt das: Es ist das Tagesgeschäft mit allen anfallenden Aufgaben und Tätigkeiten, die die Resilienz der eigenen Organisation verbessern, etwa durch Präventionen, Awareness-Maßnahmen, durch umgesetzte IT-Notfallvorsorgemaßnahmen oder durch Übungen und Tests und deren Nachbearbeitungen.
- **ITSCMS** – Hingegen ist ein *IT Service Continuity Management System* ein systematischer Ansatz (ein Art Rahmenwerk), um sicherzustellen, dass eine Organisation in der Lage ist, ihre IT-Services selbst unter widrigen Bedingungen zu schützen und aufrechtzuerhalten. Dies ist besonders wichtig für Organisationen, deren zeitkritische Geschäftsprozesse sehr stark von der IT abhängen. Übersetzt heißt das: Das ITSCMS ist als Managementsystem die große Klammer um alles.

  Dabei geht es um den strategischen Blick: Ein Managementsystem beschreibt die Art und Weise, wie sich eine Organisation in ihren Strukturen und Prozessen organisiert, um systematisch zu handeln, reibungslose Abläufe zu gewährleisten und geplante Ergebnisse zu erreichen. Das umfasst alle Rollen, alle beteiligten Personen, alle Stakeholder, alle Pläne, Notfalldokumentationen, Strategien, Konzepte, Checklisten, Prozesse (auch Teilprozesse), Tools, Übungen und Tests im ITSCM-Umfeld. Dies impliziert, dass es sich nicht um eine einmalige Prozedur handelt, sondern um einer dauerhaften und iterativen Prozess. Das ITSCMS ist ein Bestandteil des allgemeinen Managementsystems einer Organisation und sollte sich dort perfekt einfügen.

2.5 Der Zeitfaktor für die Umsetzung eines ITSCM

Grundsätzlich müssen Sie sich die Frage stellen, ob ein ITSCM zwingend eingeführt und betrieben werden muss. Wenn Sie hier ohne Druck sind, haben Sie natürlich alle Zeit der Welt und können diese Implementierung ressourcenschonend durchführen, dabei das ITSCM Stück für Stück anpassen und wenn nötig erweitern.

Wenn Sie aber eine Frist haben, können Sie diese oft nur mit einem immensen Kraftakt einhalten: Sie müssen teures Personal einkaufen (wenn es heutzutage am Markt überhaupt noch verfügbar ist), massiv finanzielle Mittel freigeben und alle Mitarbeiter der Organisation, dazu verpflichten, das ITSCM 100%ig und zu jeder Zeit zu unterstützen. Und das natürlich hochpriorisiert.

Sie merken schon beim Lesen: Das wird eine sehr schwierige, fordernde und fast unmögliche Aufgabe werden, und zwar für alle Beteiligten. Hierbei ist erfahrungsgemäß auch noch mit großen Widerständen in der eigenen Organisation zu rechnen, weil zusätzliche Arbeiten oft »on top« auf die schon vorhandenen Aufgaben und Arbeiten kommen werden, was dann wiederum den Erfolg bzw. Misserfolg eines ITSCM zwangsläufig mitbestimmt.

Ich werde in Kapitel 7 noch genauer auf die zeitliche Planung für einen Neuaufbau eines ITSCM zu sprechen kommen.

2.6 Anforderungen und Erwartungen an ein ITSCM

Bevor Sie sich an die Umsetzung des ITSCM geben, müssen Sie genau klären, welche *Anforderungen* Sie haben. Orientieren Sie sich dabei an den allgemeinen Zielen, die ich in Abschnitt 2.2 aufgelistet habe.

Sind diese Anforderungen allen Personen im Top-Management bewusst? Sind diese Anforderungen abgestimmt, freigegeben und vor allem verständlich dokumentiert worden? Möchten Sie z. B. ITSCM-Personal haben, das den IT-Bereichen oder technischen Bereichen eher »auf die Finger schaut«? Oder sollen die ITSC-Manager alle IT-Systeme auf das Vorhandensein von technischen Redundanzen überprüfen? Sollen die ITSC-Manager Übungen und Tests für den IT-Notfall vorplanen und die Durchführung koordinieren? Sollen die ITSC-Manager die Resilienz der Organisation spürbar erhöhen? Soll ein ITSCM nur pro forma, also für eine bestimmte Zertifizierung vorhanden sein (als eine Art »Feigenblattlösung«)? Soll ein ITSCM das schon vorhandene BCM tatkräftig unterstützen?

Sie sehen, die Anforderungen an ein ITSCM sind sehr vielfältig – und das hier sind bei Weitem noch nicht alle Anforderungen. Ich werde Ihnen bei der Erstellung der ITSCM-Policy in Kapitel 4 sagen, wo genau Sie Ihre Anforderungen am besten einbringen und fixieren sollten. Denn dann sind sie für das ganze ITSCM und natürlich für den Rest Ihrer Organisation verpflichtend. Dazu muss Ihre Policy dann nur noch vom Top-Management unterschrieben und somit offiziell freigegeben werden.

Genauso geht es mit der *Erwartungshaltung* weiter: Welche Rolle spielen die Soll-Werte des Business Continuity Managements (BCM) bei der Verifizierung? Beispielsweise in Bezug auf die *Recovery Time Objective (RTO)* und *Recovery Point Objective (RPO)* im Vergleich zu den Ist-Werten der Praxis, wie der *Recovery Time Actual (RTA)* und dem *Recovery Point Actual (RPA)*? Werden durch Gap-Analysen technische Lücken aufgedeckt? Ist sichergestellt, dass alle IT-Notfallpläne, wie der *Wiederanlaufplan (WAP)*, der *Wiederherstellungsplan (WHP)* und der *Disaster Recovery Plan (DRP)*, überprüft werden? Führt die Verifizierung zu einer messbaren Steigerung der Resilienz? Trägt die Verifizierung zu einem stabileren und störungsfreieren IT-Betrieb bei?

Wichtig ist, diese Erwartungshaltungen mit dem Top-Management abzustimmen und daraufhin ein ITSCM genauso aufzubauen und zu betreiben, dass diese Erwartungshaltungen auch bestmöglich erfüllt werden können. Kleinere Nachjustierungen sind dabei natürlich immer möglich.

Schreiben Sie diese Erwartungshaltungen unbedingt in die ITSCM-Policy (siehe Kapitel 4). Dann arbeiten alle auf der gleichen Grundlage und die ITSC-Manager wissen, woran sie sich orientieren müssen und woran sie gemessen werden.

2.7 Regularien und Vorgaben aus Normen und Gesetzen

Für die Ziele, die Bedeutung und die Rolle des ITSCM ist es wichtig, ob Sie Ihre Arbeit an Regularien wie Gesetzen oder Normen ausrichten müssen oder ob Sie solche Vorgaben ignorieren können.

Als einfache Faustformel können Sie sich Folgendes merken: Im regulierten Umfeld müssen Vorgaben aus Gesetzen, Normen oder Standards zwingend eingehalten und erfüllt werden. Verpflichtend ist ein ITSCM lediglich für Banken, Versicherungen und für Betreiber kritischer Infrastrukturen.

Der Vorteil dabei ist, dass diese Vorgaben meist sehr konkret sind, wie etwa der *Digital Operational Resilience Act (DORA)*[6] und dass man sich sehr gut an ihnen orientieren kann.

6 Siehe: *https://www.bafin.de/DE/Aufsicht/DORA/DORA_node.html*

Der Nachteil ist, dass man sie dann aber auch genauso umsetzen muss, meist 1:1, denn das wird durch zyklische Audits von (internen und) externen Auditoren überprüft und bewertet. Dabei können sogenannten *Findings* (Abweichung von einer Norm) auffallen, die für eine Organisation weitreichende Folgen haben, die bis zum Entzug einer Zertifizierung führen können.

Was ein Entzug einer bestimmten Zertifizierung für Folgen hat, können nur Sie für sich und Ihre Organisation bewerten. Oft bedeutet dies massive Unruhe in der eigenen Organisation, die durch erhebliche und dazu kurzfristige immense Arbeitsaufwände entsteht, sowie enorme Irritationen bei allen Kunden und weiteren Stakeholdern. Vor allem wird man darüber im eigenen Top-Management »not amused« sein.

In Abbildung 2.2 finden Sie eine Übersicht aller relevanten Normen.

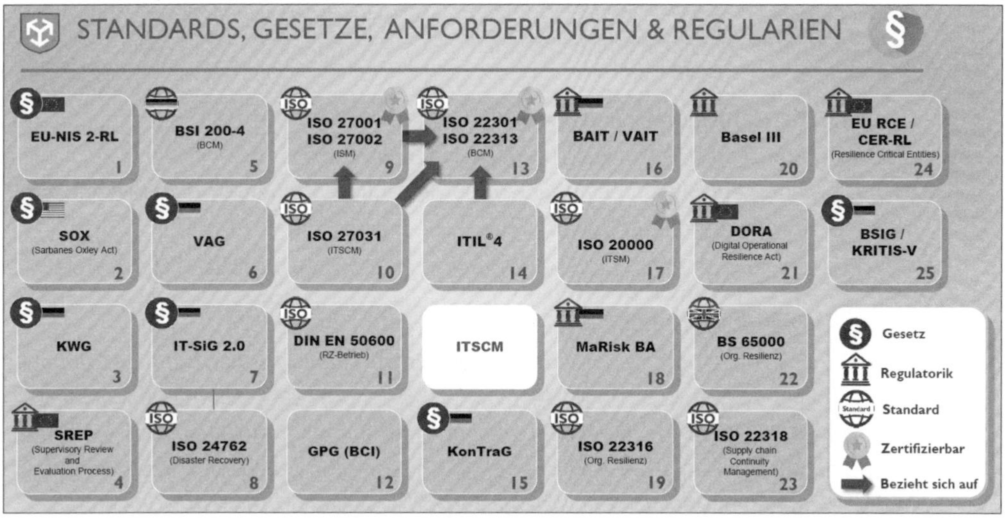

Abbildung 2.2: Übersicht aller Standards, Gesetze und Normen rund um das ITSCM (Quelle: BCM Academy GmbH, Lehrgang Certified Business Continuity Manager, CBCM: https://www.bcmacademy.de/de/cbcm)

2.7.1 ISO 27031 (Norm)

Die ISO-Norm 27031 aus dem Jahr 2011 könnte man als Ursprung des ITSCM bezeichnen. Ihre genaue Bezeichnung ist ISO/IEC 27031:2011-03[7]. Die meisten der heute eingesetzten ITSCM-Schulungen und -Unterlagen in der EU basieren auf dieser Norm. In keiner anderen Quellen finden Sie so viele Informationen für ein ITSCM.

Wie ich schon angedeutet habe, ist dort (meiner Meinung nach) alles etwas sperrig und übermäßig kompliziert formuliert. Das heißt, es nicht sofort für den Laien erkennbar, was das Normierungsgremium dort eigentlich ausdrücken will. Aber mit etwas Fleißarbeit

7 Siehe: *https://www.dinmedia.de/de/norm/iso-iec-27031/140332996*

kommen Sie schon dahinter. Zur Not können Sie auch die angebotenen Schulungen zum ITSCM (z. B. *CITSCM*) besuchen.

Aufgrund der stetig wachsenden Zahl der zertifizierten ITSC-Manager und der immer weiter steigenden Anforderungen an die IT wird sich dieses Umfeld in nächster Zeit sehr stark verändern und vergrößern.

Die Norm liegt wie erwähnt in einer Version von 2011 vor, sie ist daher schon etwas in die Jahre gekommen. Lange wurde an der Version *ISO/IEC FDIS 27031:2024-06-Entwurf*[8] gearbeitet, die nun als ISO/IEC 27031:2025-05 vorliegt[9].

[»]

Empfehlung

Für den Aufbau und die Umsetzung eines ITSCMS sollten Sie sich an irgendetwas orientieren, da Sie sonst in dem großen und komplexen Umfeld sehr schnell den Überblick verlieren würden. Ich fasse diesen Punkt in Abschnitt 2.10 zusammen.

Da meine ITSCM-Ausbildung und -Zertifizierung an der ISO-Norm 27031 ausgerichtet war, möchte ich Ihnen diese Norm auch (immer wieder) wärmstens ans Herz legen. Auch wenn ich mich wiederhole: Sie finden nirgendwo so viele Informationen, Grundlagen und Ideen zu einem ITSCM wie in dieser Norm.

2.7.2 BSI 200-4 (Standard)

Der BSI-Standard 200-4[10] ist der aktuelle deutsche Standard für das *Business Continuity Management* und damit der Nachfolger vom *BSI-Standard 100-4 - Notfallmanagement*. Er ist also kein Standard für das ITSCM – es wird nur auf einer einzigen Seite explizit erwähnt, nämlich in Punkt 2.4.2. auf Seite 35. Ich habe den Standard kommentiert (also mitbearbeitet) und hoffe, in der nächsten Version etwas mehr zum ITSCM zu sehen.

Im BSI-Standard wird aufgeführt, dass sich das ITSCM nur um die IT und die Datensicherungskonzepte kümmert. Das wird aber in meinen Augen einem echten und ausgewachsenen ITSCM bei Weitem nicht gerecht. ITSCM ist nämlich so viel mehr!

Nehmen Sie als Beispiel mich: Ich bin bei einem großen IT-Dienstleister angestellt, für den ITSCM aufgrund der Komplexität und der Menge der IT-Systeme und IT-Infrastrukturen viel wichtiger als »reines« BCM ist; das ITSCM wird viel mehr Mitarbeiter als der BCM-Bereich beschäftigen. Der BSI-Standard funktioniert also nur in kleineren Organisationen, in denen die IT-Abteilung aus drei bis fünf Mitarbeitern besteht und die IT-Systeme wenig komplex sind. Bei einem großen IT-Dienstleister oder in anderen Firmen, die sich vorrangig über die IT definieren, ist dieser Standard für ein ITSCM nicht anwendbar.

---

8 Siehe: *https://www.dinmedia.de/de/norm-entwurf/iso-iec-fdis-27031/382142021*

9 Siehe: *https://www.dinmedia.de/de/norm/iso-iec-27031/392502272*

10 Siehe: *https://www.bsi.bund.de/DE/Themen/Unternehmen-und-Organisationen/Standards-und-Zertifizierung/IT-Grundschutz/BSI-Standards/BSI-Standard-200-4-Business-Continuity-Management/bsi-standard-200-4_Business_Continuity_Management_node.html*

Hinweis

Sie sollten sich hier nur eines aus dem 200-4-Standard zum ITSCM merken:

- **Dinge mit IT-Bezug**: Zuständigkeit liegt beim **ITSCM**.
- **Dinge ohne IT-Bezug**: Zuständigkeit liegt beim **BCM**.

So sollten Sie dies auch in Ihrer Organisation aufteilen. Dann gibt es klare Spielregeln und Abgrenzungen.

Ich möchte Ihnen diesen Standard trotzdem ans Herz legen, weil viele deutsche BCMs sich auf diesen Standard konzentrieren, an ihm ausrichten und ihr BCM nach ihm aufbauen und betreiben. Und da Sie als ITSCMler sehr gut mit den BCM-Kollegen zusammenarbeiten sollten, kann eine gemeinsame Lektüre nie schaden. Auch den Sprachgebrauch sollten Sie kennen. Hier ist das BSI einen großen Schritt in die richtige Richtung gegangen, wenn man den Vergleich zum alten *BSI Standard 100-4 (Notfallmanagement)*[11] zieht.

2.7.3 NIS 2 (Gesetz)

Die NIS-2-Richtlinie[12] ist eine EU-weite Gesetzgebung zur Netzwerk- und Informationssicherheit, die am 16. Januar 2023 in Kraft getreten ist. Die Mitgliedstaaten mussten die Richtlinie bis zum 17. Oktober 2024 in nationales Recht umsetzen. Für Deutschland wird es ein NIS-2-Umsetzungsgesetz (NIS2UmsuCG[13]) geben. Dieses sollte im März 2025 erscheinen, war aber im Frühjahr 2025 noch nicht in Sicht und wird sich weiter verschieben.[14]

Die NIS-2-Richtlinie erweitert die Cybersicherheitsanforderungen und die Sanktionen, um das Sicherheitsniveau in den Mitgliedsstaaten zu harmonisieren und zu verbessern, und enthält strengere Anforderungen für verschiedene Sektoren. Organisationen müssen sich unter anderem mit den Themen Cyber-Risikomanagement, Kontrolle und Überwachung sowie Umgang mit Zwischenfällen und Geschäftskontinuität befassen. Darüber hinaus erweitert die Richtlinie die Zahl der Organisationen, die in ihren Anwendungsbereich fallen. Für die Geschäftsleitung der betroffenen Organisationen werden strengere Haftungsregeln gelten.

NIS betrifft hauptsächlich den Bereich der Informationssicherheit, des Cyber Response Teams, des SOC oder eventuell des CERT. Das ITSCM ist von diesem Gesetz also nicht direkt betroffen, aber natürlich wird sich die eine oder andere Anforderung dieser Berei-

11 Siehe: *https://www.bsi.bund.de/DE/Themen/Unternehmen-und-Organisationen/Standards-und-Zertifizierung/IT-Grundschutz/BSI-Standards/BSI-Standard-100-4-Notfallmanagement/bsi-standard-100-4-notfallmanagement_node.html*

12 Siehe: *https://eur-lex.europa.eu/legal-content/DE/TXT/PDF/?uri=CELEX:32022L2555*

13 Siehe: *https://www.bgbl.de/xaver/bgbl/start.xav?startbk=Bundesanzeiger_BGBl&jumpTo=bgbl117s1885.pdf#__bgbl__%2F%2F*%5B%40attr_id%3D%27bgbl117s1885.pdf%27%5D__1736339486320*

14 Siehe: *https://www.openkritis.de/it-sicherheitsgesetz/nis2-umsetzung-gesetz-cybersicherheit.html*

che bis auf das ITSCM auswirken. Bewahren Sie aber erst mal Ruhe und verfallen Sie nicht in einen unnötigen und ressourcenfressenden Aktionismus.

2.7.4 KRITIS (Gesetz)

Kritische Infrastrukturen (KRITIS) sind Organisationen und Einrichtungen mit hoher oder besonders hoher Bedeutung für das staatliche Gemeinwesen, bei deren Ausfall oder Beeinträchtigung nachhaltig wirkende Versorgungsengpässe, erhebliche Störungen der öffentlichen Sicherheit oder andere dramatische Folgen eintreten würden.

Das *KRITIS-Dachgesetz* (KRITIS-DachG[15]) macht Vorgaben für alle Organisationen, die im Bereich der kritischen Infrastrukturen arbeiten. Wenn Ihre Organisation dazugehört, werden Sie sehr wahrscheinlich schon ausgiebig mit den KRITIS-Vorschriften Bekanntschaft gemacht haben. Stand heute (08.05.2025) wird sich auch das KRITIS-DachG zeitlich weiter nach hinten verschieben.

[»]

Bleiben Sie auch hier Up-to-date!

Aber auch wenn Sie nicht im KRITIS-Bereich arbeiten, sollten Sie bei diesem Thema unbedingt auf dem Laufenden bleiben. Hier tut sich gerade einiges. Und eventuell fallen Sie in der Zukunft in einen der KRITIS-Bereiche.

Informieren können Sie z. B. durch Veranstaltungen zum Thema, durch Schulungen, Newsletter, Fachzeitschriften und durch das Lesen der Referentenentwürfe. Überfliegen Sie zumindest auch einmal die KRITIS-Verordnung unter:

https://www.gesetze-im-internet.de/bsi-kritisv/BJNR095800016.html

Eines der Hauptziele von KRITIS ist die Verbesserung der Resilienz einer Organisation, und das ist ein Punkt, der für das ITSCM relevant ist. Auch wenn Sie keine kritische Infrastruktur betreuen, können Sie die aktuellen KRITIS-Anforderungen durchaus »vorsichtig« beim Aufbau und Betrieb eines ITSCM nutzen und so zukunftssicher gestalten – das geht so natürlich viel einfacher, als wenn Sie später Ihr ganzes ITSCM nachträglich anpassen müssten. Aber auch hier gilt: Denken Sie an Ihre personellen Ressourcen und an das Personal Ihrer Organisation.

[!]

Achtung

Etwas, das viele Menschen nicht »auf dem Schirm haben«, ist die Tatsache, dass man Sie und Ihre Organisation auch von außen als KRITIS einstufen lassen kann: Ein Anruf beim BSI, eine Beschwerde eines Bürgers, ein Hinweis eines Ex-Mitarbeiters beim BSI, und das BSI selbst könnte Sie als KRITIS einstufen bzw. Sie bitten, darzulegen, warum Sie nicht KRITIS sind.

15 *https://www.openkritis.de/it-sicherheitsgesetz/kritis-dachgesetz-sicherheitsgesetz-3-0.html*

Sie können sich vorstellen, dass so etwas für schlechte Stimmung in Ihrer Organisation sorgt! Darauf würde ich es (an Ihrer Stelle) nicht ankommen lassen.

Für ausführlichere Informationen verweisen ich Sie auf die Webseite von OpenKritis: *https://www.openkritis.de/*. Dort bekommen Sie einen guten Überblick, um was es sich bei KRITIS überhaupt handelt. Schulungen werden dort (noch) nicht angeboten. Dazu gibt es aber Angebote vom z. B. *TÜV Nord* oder von der *Bitkom Akademie*. Diese Schulungen dauern von einigen Stunden (online) bis zu mehreren Tagen (in Präsenz und/oder online).

2.7.5 IT-SiG 2.0 (Gesetz)

Das IT-Sicherheitsgesetz 2.0[16] fordert organisatorische und technische Maßnahmen, die den »Stand der Technik«[17] berücksichtigen. Das Ziel des IT-SiG 2.0 ist es, die Informationssicherheit von Organisationen, Verwaltungen und Institutionen sowie die digitalen Infrastrukturen besser zu sichern und zu schützen, ebenso wie die Bürger im Internet.

Weiterführende Informationen zum Begriff »Stand der Technik« finden Sie hier:

- *https://www.bsi.bund.de/DE/Themen/Regulierte-Wirtschaft/Kritische-Infrastrukturen/Allgemeine-Infos-zu-KRITIS/Stand-der-Technik-umsetzen/stand-der-technik-umsetzen_node.html*
- *https://www.teletrust.de/publikationen/broschueren/stand-der-technik/*

2.7.6 Zusätzliche regulative und normative Vorgaben

Haben Sie noch weitere oder andere Vorgaben, die Ihre Organisation betreffen? Dann betrachten Sie diese genauer und nehmen Sie sie ebenfalls in die ITSCM-Policy auf. Das kann beispielsweise der *Digital Operational Resilience Act (DORA)* sein, der sehr genaue Anforderungen an das ITSCM stellt.[18]

---

16 Siehe: *https://www.bsi.bund.de/DE/Das-BSI/Auftrag/Gesetze-und-Verordnungen/IT-SiG/2-0/it_sig-2-0_node.html*

17 Unter *Stand der Technik* werden hier die technischen Möglichkeiten zusammengefasst, die zum aktuellen Zeitpunkt gewährleistet sind und die sich ihrerseits auf wissenschaftliche und technische Erkenntnisse stützen. Durch die Klausel »Stand der Technik«, etwa in Verträgen, soll sichergestellt werden, dass es zum Einsatz der besten verfügbaren Technik kommt. Es muss sich dabei nicht immer um die allerneuste Technik handeln. Sie muss aber dem Einsatzzweck optimal angepasst sein. Lesen Sie dazu auch Abschnitt 17.1.15.

18 Mit *DORA*, der Verordnung (EU) 2022/2554 über die digitale operationale Resilienz im Finanzsektor, hat die Europäische Union eine Regulierung für den Finanzsektor geschaffen, die die Themen Cybersicherheit, IKT-Risiken und digitale operationale Resilienz abdeckt. Unter *IKT* versteht man *Informations- und Kommunikationstechnologien*. In Deutschland wird die Umsetzung durch die *Bundesanstalt für Finanzdienstleistungsaufsicht (BaFin)* vorgegeben.

Des Weiteren können die *Mindestanforderungen an das Risikomanagement*, abgekürzt *MaRisk*[19], für Sie relevant sein. Das sind Verwaltungsanweisungen, die mit einem Rundschreiben der BaFin für die Ausgestaltung des Risikomanagements in deutschen Kreditinstituten veröffentlicht wurden.[20]

Es gibt noch weitere Vorgaben- bzw. Anforderungsquellen:

- **BAIT** (Bankaufsichtliche Anforderungen an die IT)[21]
- **KWG** (Kreditwesengesetz) § 25 a (I)[22]
- **AktG** (Aktiengesetz) § 91 (2)[23]
- **VAIT** (Versicherungsaufsichtliche Anforderungen an die IT)[24]
- **VAG** (Versicherungsaufsichtsgesetz)[25]
- etc.

2.7.7 ITIL

Die *Information Technology Infrastructure Library (ITIL)* ist ein Framework, das auf Best Practices basiert. ITIL beschreibt also, *was* getan werden soll, jedoch nicht, *wie* es umgesetzt werden soll.

In den letzten Jahren hat sich ITIL weltweit zum De-facto-Standard für Prozesse in der IT entwickelt. ITIL 4 bietet Ansätze, wie Organisationen die Herausforderungen durch neue Technologien und digitale Services bewältigen können. Es dient als Hilfestellung zur Standardisierung der Auswahl, Planung, Bereitstellung, Wartung und des gesamten Lebenszyklus von IT-Services in einer Organisation. ITIL unterstützt Sie dabei, Ihre IT-Services effizient zu managen, indem es eine strukturierte und standardisierte Herangehensweise bietet. Es fördert nicht nur die Verbesserung der IT-Servicequalität und der Kundenzufriedenheit, sondern trägt auch zu einer langfristigen Effizienzsteigerung und Kostenkontrolle bei. Die Kernkomponenten von ITIL sind aktuell das *Vier-Dimensionen-Modell* und das *Service-Wert-System*.

---

19 Siehe: *https://www.bafin.de/SharedDocs/Downloads/DE/Rundschreiben/dl_rs_06_2024_MaRisk_pdf_BA.html*

20 Die *MaRisk* fordern eine deutliche Verbesserung des Notfallmanagements und der Notfallkonzepte sowie des BCM und des ITSCM der Institute und Dienstleister, um wesentliche Risiken und Bedrohungen frühzeitig zu erkennen und Maßnahmen dagegen zu etablieren.

21 Siehe: *https://www.bafin.de/SharedDocs/Downloads/DE/Rundschreiben/dl_rs_1710_ba_BAIT.pdf?__blob=publicationFile&v=6*

22 Siehe: *https://www.gesetze-im-internet.de/kredwg/*

23 Siehe: *https://www.gesetze-im-internet.de/aktg/*

24 Siehe: *https://www.bafin.de/SharedDocs/Downloads/DE/Rundschreiben/dl_rs_1810_vait_va_Aktualisierung_2022.pdf?__blob=publicationFile&v=2*

25 Siehe: *https://www.gesetze-im-internet.de/vag_2016/*

Das Vier-Dimensionen-Modell

ITIL 4 definiert vier Dimensionen, die zu berücksichtigen sind, um einen ganzheitlichen Ansatz für das Service-Management sicherzustellen. Diese Dimensionen sind:

- Organisationen und Personen
- Informationen und Technologien
- Partner und Lieferanten
- Wertströme und Prozesse

Diese Dimensionen betreffen sowohl das Service-Wert-System im Allgemeinen als auch einzelne Services.

Das Service-Wert-System

Das ITIL-4-*Service-Wert-System* beschreibt, »wie alle Komponenten und Aktivitäten in der Organisation zusammenwirken, um Wertschöpfung (einen echten Mehrwert) zu ermöglichen«. Es besteht dabei aus den folgenden Komponenten:

- Leitprinzipien
- Steuerung
- Service-Wertschöpfungskette
- Kontinuierliche Verbesserung
- Praktiken

Es dient dabei der

- Verbesserung der (IT-)Servicequalität,
- Bereitstellung effektiver und effizienter IT-Services,
- strukturierten Umsetzung von Anpassungen oder Veränderungen der IT-Landschaft,
- Senkung von Risiken und Minderung von Ausfallzeiten der IT und der
- Steigerung der Kundenzufriedenheit.

Weiterführende Informationen finden Sie reichlich im Internet. Eine erste Anlaufstelle ist *https://www.atlassian.com/de/itsm/itil.*

2.8 Meldepflichten

Müssen bei Ihnen rechtliche Auflagen – z. B. Meldepflichten – beachtet werden?

- Wenn Ihre zeitkritischen Geschäftsprozesse (oder auch IT-Services) längere Zeit ausfallen, sind dann für Ihre Organisation rechtliche Konsequenzen zu erwarten? Das können z. B. Klagen von Bürgern, Firmen, Lieferanten, Dienstleistern oder anderen Organisationen sein, die durch den Ausfall geschädigt wurden.

- Oder sind Sie bereits meldepflichtig, als z. B. als KRITIS eingestufte Organisation? Dann müssen Sie einen Ausfall unbedingt detailliert und mit Zeitangaben dokumentieren!

  Bis wann muss Ihre Meldung wo vorliegen? Ein Melde-Template müssen Sie vorab erstellen, mit dem Top-Management abstimmen und in der Organisation verteilen. Im Ernstfall darf auch nur dieses Template genutzt werden.
- Muss Ihre Dienstaufsicht, Fachaufsicht, Konzernspitze, Muttergesellschaft, Headquarter etc. informiert werden? Wenn ja, wie schnell, über welche Kanäle und an wen berichten Sie? (Dokumentieren Sie auch dies unbedingt detailliert und nachvollziehbar!)

Im regulierten Umfeld stellen sich diese Fragen nicht. Dort ist sehr klar definiert, wann, wie und wo gemeldet werden muss. Bitte beachten Sie auch die entsprechenden Hinweise der gesetzlichen und normativen Vorgaben. Im unregulierten Umfeld sind Sie (aktuell) noch viel freier unterwegs. Hier muss meist nur intern, d. h. innerhalb der eigenen Organisation, gemeldet werden, und zwar meist an ausgewählte Stakeholder im Top-Management oder an eine zentrale Meldestelle. Von dort aus wird dann alles Weitere veranlasst und koordiniert.

2.9 Zertifizierung im ITSCM

Ich möchte Ihnen jetzt eine Zertifizierung vorstellen, die sich bis zum ITSCM auswirken kann:

- **Die ISO 27001-Zertifizierung auf Basis von IT-Grundschutz:** Diese Zertifizierung schreibt ein *Business Continuity Management System (BCMS)* zwingend vor. Und wo ein BCMS vorhanden ist, ist auch meist ein *IT Service Continuity Management System (IT-SCMS)* nicht weit weg, denn die Personen, die ein BCMS aufbauen, betreiben und weiterentwickeln, kommen meist aus den verschiedensten (oft Non-IT) Berufen.

  Für das ITSCM ist es aber zwingend erforderlich, eine gute bis sehr gute IT-Basis zu haben (sprich, Mitarbeiter mit langjähriger praktischer Berufserfahrung in der IT). Das heißt, ein ITSC-Manager kommt fast immer aus der Technik oder sehr techniknahen Berufen. Das sollte er auch, um die ganzen technischen Anforderungen, Pläne, Maßnahmen, IT-Technologien, IT-Infrastrukturen, IT-Basisdienste, Werte etc. verstehen zu können – und auch, um Anforderungen aus dem Top-Management besser übersetzen zu können. Außerdem wird jemand mit einem IT-Background bei Kollegen aus den technischen Bereichen viel besser und schneller akzeptiert: Man spricht und versteht die gleiche Sprache und kennt die verschiedenen Menschentypen in der IT.

  Die größten Auswirkungen auf das ITSCM haben die Anforderungen an WAP- und WHP-Pläne (Wiederanlauf- und Wiederherstellungspläne), die laut der ISO-Norm 27001 vorhanden sein müssen. Diese Pläne fallen in den Bereich des ITSCM, weil sie technische Systeme und deren Anlaufverhalten betreffen. Diese Verantwortung wird vom BCM meist direkt dem ITSCM übergeben. Stimmen Sie sich also gut mit dem BCM ab!

- Im regulierten Umfeld werden durch DORA und MaRisk weitere spezifische Anforderungen an ein ITSCM gestellt. Diese entnehmen Sie bitte den aktuell gültigen (und vor allem für Sie zutreffenden) Dokumenten.

2.10 Woran können Sie sich grundsätzlich orientieren?

Wenn Sie eine Orientierung suchen, gibt es (aus meiner Sicht) aktuell nur drei praxiserprobte Möglichkeiten:

1. **Lehnen Sie sich an die ISO-Norm 27031 (die einzige echte ITSCM-Norm) an.**

   Wenn man ein ITSCM selbst aufbauen und betreiben möchte, bietet diese Norm die meisten Informationen. Es gibt eine offizielle und gültige ISO-Norm namens *ISO 27031:2011-03* und eine Aktualisierung der Norm in der Version *ISO 27031:2024-06-Entwurf*. Dieser Entwurf war im Frühjahr 2025 bereits als Draft[26] verfügbar. Die Norm 27031-2025-5 wurde dann im Mai 2025 offiziell veröffentlicht und setzt nun die alte Version von 2011 außer Kraft.

   Die ISO-Norm 27031 ist meine ganz klare Empfehlung für Sie, denn sie ist die einzige echte Orientierungshilfe!

2. Sie kaufen sich kompetente **Beratungsleistung**, also Consulting, extern ein und lassen mit dieser Unterstützung ein ITSCM in ihrer Organisation aufsetzen und betreiben. Eigenes ITSCM-Personal sollte aber bei Ihnen trotzdem schon vorhanden sein: wenigstens ein ITSC-Manager.

   Consulting ist eine gute, aber oft sehr teure Alternative! Der Dienstleister muss sich erst zeitintensiv auf den Kunden »einschwingen« und den Kunden, dessen Kunden, seine Struktur, seine Organisation, seine Dienstleistungen sowie sein Personal kennen und verstehen lernen. Der Dienstleister sollte hierbei die vorhandenen ITSCM-Mitarbeiter unterstützen und schulen (*Training on the Job*), sodass das interne Personal später selbst in der Lage ist, das ITSCM eigenständig zu betreiben und weiterzuentwickeln.

   Das ist meiner Meinung nach als (Zwischen-)Lösung okay.

3. Sie kaufen sich ein **komplettes ITSCM als Outsourcing-Dienstleistung** ein, d. h., Sie lassen Ihr komplettes ITSCM von einer externen Firma betreiben (siehe Kapitel 23). Aktuell ist das Angebot noch recht überschaubar, aber auch dieser Markt wird in den nächsten Jahren dank NIS-2- und KRITIS-Anforderungen deutlich anwachsen, denn nicht jede kleine oder mittlere Organisation (KMU) hat die notwendigen Ressourcen (Geld, Zeit, Personal, Räumlichkeiten etc.) zur Verfügung.

   Nur muss Ihnen hier aber ganz klar sein, dass Sie sich in eine absolute Abhängigkeit begeben. Das Outsourcing ist in meinen Augen die definitiv schlechteste Lösung – ich

---

26 Ein *Draft* ist eine vorläufige Version eines Dokuments, einer Norm, eines Konzepts oder Projekts, die erstellt wird, um eine Grundlage für die spätere endgültige Fassung zu schaffen.

werde dies in Kapitel 23 genauer ausführen. Das liegt daran, dass ich der Meinung bin, dass solches Expertenwissen unbedingt in die eigene Organisation gehört. Denn eigene Mitarbeiter bekommen einfach wesentlich mehr mit, z. B. durch das Tagesgeschäft oder durch interne (offene und ehrliche) Flur-Gespräche untereinander, durch Infos von Kollegen, durch erlebte Störungen etc. Sie sind als interner Mitarbeiter einfach näher am »Puls der Organisation«, also am Geschehen, und dazu meist auch noch wesentlich besser intern vernetzt.

2.11 Weitere Vorgehensweise und Übungen

Jetzt wird es praktischer: Wie soll man jetzt den Aufbau eines ITSCM angehen? Das erkläre ich Ihnen im folgenden Kapitel. Sie haben in diesem Kapitel schon einige erste Basics (Grundlagen) kennengelernt; im nächsten Kapitel geht es darum, dem ITSCM Leben einzuhauchen und es seine ersten Schritte machen zu lassen. Es wird so ganz langsam »flügge«.

[/]

F-02-1: Was sind die zwei Hauptziele vom ITSCM?

a) IT-Notfallvorsorge und Erhöhung der Resilienz
b) Resilienz-Verringerung und Notfallmanagement
c) Notfallmanagement und Krisenmanagement
d) Business Continuity Management und Notfallmanagement

[/]

F-02-2: Was heißt ITIL?

a) IT-Informations-Library
b) Informationssicherheit-Library
c) Information Technology Infrastructure Library
d) Inhouse Terminus Infrastructure Library

[/]

F-02-3: Woran sollten Sie sich beim ITSCM orientieren?

a) IST-Norm 4711
b) BSI-Standard 200-4
c) ISO-Norm 27031
d) ISO-Norm 27001

Kapitel 3

Auf in die Praxis: Wie wird das ITSCM umgesetzt?

Jetzt geht es richtig los. Wie geht man den Aufbau eines ITSCM sinnvoll an? Welche Personen kommen als ITSC-Manager infrage? Welche als ITSCM-Mitarbeiter? Welche Schulungen sollten sie dafür besuchen? Wo sollte man ein ITSCM in der Organisation verorten bzw. optimalerweise ansiedeln?

> *»Eine Reise von tausend Meilen beginnt mit dem ersten Schritt.« (Laozi)*

Wir starten mit dem ersten und – meiner Meinung nach – mit Abstand wichtigsten Schritt: mit der offiziellen Benennung einer verantwortlichen Person für das ITSCM oder eines ITSC-Managers.

3.1 Offizielle Benennung einer verantwortlichen Person

Ihnen muss klar sein, dass dieser Mitarbeiter bzw. diese Mitarbeiterin für den Aufbau, den Betrieb, die permanente Weiterentwicklung, die Vernetzung, die Awareness und letztendlich auch für den Erfolg eines ITSCM in Ihrer Organisation maßgeblich verantwortlich ist.

Es ist die (mit Abstand) wichtigste und zentrale Schlüsselposition im ITSCM!

Mit der richtigen Auswahl dieser Person werden *Prävention* und *Resilienz* fast schon ein Kinderspiel werden, und Ihre Organisation wird spürbar stabiler und ausfallsicherer. Mit der falschen Auswahl wird Ihr ITSCM in kürzester Zeit zu Grabe getragen und zu einer belanglosen, aber teuren Nebensache verkümmern.

Daher ist hier sehr viel Fingerspitzengefühl bei der Personalwahl gefordert. Der ITSC-Manager ist der Dreh- und Angelpunkt und daher eine sehr wichtige Rolle, die immer wieder auf sogenannte »Wespennester« stoßen wird, also auf Missstände, Schwachstellen, Risiken oder Arbeitsrückstände im technischen Umfeld, die eigentlich schon lange behoben sein sollten bzw. müssten, es aber aus den verschiedensten Gründen nicht sind.

Daher ist der ITSC-Manager eine Rolle oder Funktion, mit der man sich nicht nur »Freunde« in der Organisation macht. Um hier mögliche Kollateralschäden so gering wie möglich zu halten, muss der ITSC-Manager umsichtig, sehr empathisch, vermittelnd und kooperativ sein.

Die Aufgabe eines ITSC-Managers oder eines ITSCM ist es unter anderem, genau solche *Gaps* (dt. »Lücken«) zu finden, sauber zu dokumentieren und (wenn möglich) abstellen zu lassen (siehe Kapitel 11). Das sorgt für eine permanente Erhöhung der Resilienz.

Aber er sollte es sich nicht durch eine zu forsche oder fordernde Art mit den technischen Bereichen und deren Mitarbeitern verscherzen. Denn bei einem neu aufgebauten ITSCM kommen viele zusätzliche Aufgaben, Dokumentationen und Termine auf alle technischen Bereiche zu. Das heißt, diesen Personenkreis wird man noch öfter brauchen – eigentlich solange es Ihr ITSCM gibt. Daher begegnen Sie diesen Personen behutsam und mit viel Wertschätzung.

Im Folgenden möchte ich Ihnen ein paar Tipps und Anregungen zur Auswahl der richtigen Person für die überaus wichtige Rolle des ITSC-Managers mit auf den Weg geben.

Was sollte ein ITSC-Manager mitbringen?

Folgende Skills (Fähigkeiten) sind sehr wichtig und werden Ihnen die Arbeit im ITSCM und in Ihrer Organisation enorm erleichtern:

- **Empathie** (ganz wichtig!)
- Flexibilität
- Kompromissbereitschaft
- **Kommunikationsstärke** (in Wort und Schrift)
- Team-Player sein
- Kreativität
- »Out-of-the-box«-Denken (unkonventionelles Denken)
- kooperativ sein
- **Übersetzungsfähigkeit** besitzen (Technik ↔ Management)
- sehr gutes **technisches Verständnis**
- Organisationsstärke
- **Durchhaltevermögen**
- Durchsetzungsvermögen
- die Fähigkeit, über den Tellerrand hinausschauen zu können
- Begeisterungsfähigkeit
- **Belastbarkeit**
- »First Mover«-Mentalität
- Neugier und Offenheit
- transparente Arbeitsweise vorleben
- Trends und Megatrends erkennen und (wenn möglich) nutzen
- gut vernetzt sein

- lösungsorientiert arbeiten
- selbstkritisch sein
- ein **Motivator** sein

Welche Eigenschaften sollte die Person auf keinen Fall mitbringen?

- Egoismus
- Intoleranz
- Sturheit
- Arroganz
- Narzissmus
- Intransparenz
- Überheblichkeit
- die Mentalität, Aufgaben den anderen über den »Zaun zu werfen«
- Profilierungsdrang
- Einzelkämpfergeist
- akademisches Gehabe

Sie merken schon, es sind sehr viele *Soft-Skills* gefordert. Ein ITSC-Manager muss aber auch einen fundierten technischen Background besitzen. Ohne diesen Hintergrund wird ein ITSC-Manager definitiv scheitern: Wenn eine Person ein gutes technisches Grundlagenwissen mitbringt, können Sie ihm oder ihr das fehlende Organisations-, Projektmanagement- bzw. Prozesswissen durch Schulungen beibringen. Umgekehrt wird es wesentlich schwieriger. Es ist viel schwerer, in die oft sehr komplexe Technik einzutauchen, und man muss schon eine große Affinität zur Technik mitbringen, um sich dort wohlzufühlen. Ihr Gegenüber aus der Technik merkt sofort, wenn Sie dort fremdeln oder fehlendes Fachwissen durch inhaltslose Buzzwords ersetzen wollen.

Und Akzeptanz ist eine der wichtigsten Voraussetzungen für eine gute Zusammenarbeit eines ITSC-Managers mit den technischen Bereichen. Hier geht es sehr oft um Vertrauensbildung und Beziehungsarbeit – etwas, was in meinen Augen oft unterschätzt wird. Denn gute Zusammenarbeit ist und bleibt Beziehungsarbeit. Und als Techniker möchte man ja auch spüren, dass das Gegenüber (also der ITSC-Manager) weiß und versteht, worüber man überhaupt spricht. Je besser das klappt, desto besser werden die Ergebnisse sein. Ich erlebe das bei uns in der Organisation selbst live und fast tagtäglich.

3.2 Aufbau und Schulung des verantwortlichen Mitarbeiters

Bei der Personalwahl stellt sich für Sie die Frage, ob Sie einen geeigneten Mitarbeiter bzw. eine geeignete Mitarbeiterin aufbauen oder eine erfahrene Person neu einstellen möchten. Beides hat seine Vor- und Nachteile. Bei meiner Betrachtung in diesem Ratgeber gehe ich vom Aufbau eines vorhandenen und willigen Mitarbeiters aus. Ich werde dazu aber auch anmerken, welche Schulungen ein neu eingestellter Kollege mindestens mitbringen sollte. Ohne entsprechendes theoretisches Wissen wird eine Umsetzung eines ITSCMS schlichtweg nicht möglich sein!

[!] **Konzentration auf eine Rolle!**

Ich möchte dringend davon abraten, eine Person mit mehreren Rollen zu beauftragen und sie dadurch zu überlasten. Das wird Ihnen früher oder später auf die Füße fallen und kann bis zur Kündigung des betroffenen Mitarbeiters gehen.

In der Praxis wird häufig ein *Informationssicherheitsbeauftrager (ISB)* zusätzlich zum BC-Manager oder der BC-Manager auch »nebenbei« zum ITSC-Manager ernannt. Dadurch kommt es aber in der Praxis immer wieder zu *Rollenkonflikten*.

Ich persönlich kenne niemanden, bei dem das in der Praxis wirklich dauerhaft funktioniert hat. Das klappt – wenn überhaupt – nur, wenn diese Rollen niemals zur gleichen Zeit parallel aktiv sind und zeitgleich arbeiten müssen.

[!] **Rollenkonflikt**

Sie haben einen IT-Notfall. Ihr BC-Manager, der nebenbei auch ITSC-Manager ist, ist nun gefordert. Soll er jetzt als BC-Manager im erweiterten Krisenstab oder Lagezentrum mitarbeiten – oder soll er doch lieber als ITSC-Manager an den ersten und sehr wichtigen technischen Sitzungen inklusive Lessons Learned im IT-Lagezentrum teilnehmen?

Beides geht nicht! Schon gibt es also einen Rollenkonflikt. Und in der Realität wird dann von zwei Seiten an dieser Person gezerrt – eine unangenehme und unbefriedigende Situation für alle. Und daher zum Scheitern verurteilt!

Denn eines muss man wissen: Jede Rolle hat ihre spezifische Vorbildung, Ausbildung, Ausrichtung, Tätigkeiten und Ziele innerhalb einer Organisation. Bedenken Sie das unbedingt. Indem Sie einer Person zwei Rollen zuweisen, sparen Sie definitiv an der falschen Stelle!

Der Mitarbeiter ist auch mal im wohlverdienten Urlaub, auf Weiterbildungen oder gelegentlich krank – man soll es kaum glauben. Dann ist es schon grob fahrlässig, wenn Sie beide Rollen auf einer Person konzentriert haben. Damit haben Sie schon den ersten menschlichen *Single-Point-of-Failure* (SPoF) geschaffen.[1] Und da jeder Mensch klare Präferenzen hat, sollten Sie ihn auch optimal und auf Grundlage seiner Skills einsetzen. Sonst fehlen Ihnen unter Umständen der BC-Manager und ein ITSC-Manager gleichzeitig.

---

1 Ein SPoF ist eine Komponente, Software oder ein beliebiges Element (auch Menschen) innerhalb eines Systems (auch Organisation), dessen Ausfall zu einem katastrophalen Zusammenbruch des gesamten Systems führen kann.

Eine *kurzfristige* Übernahme zweier Rollen halte ich nicht für dramatisch. Unter »kurzfristig« verstehe ich einen Zeitraum von unter drei Monaten – mehr nicht! Und das geht wie gesagt auch nur dann, wenn diese Rollen nie parallel aktiv sind.

Ich schüttle immer den Kopf, wenn gerade junge Menschen voller Stolz erzählen, dass sie in ihrer Organisation drei bis fünf Hüte aufhaben oder zig Rollen besetzen. Das ist billig für den Arbeitgeber, aber für den Mitarbeiter eine absolute Zumutung. Man nennt es auch »Lernen durch Schmerzen«. Machen Sie es besser, das kann so nicht funktionieren!

3.2.1 Welche Schulungen sind wichtig?

Ich möchte Ihnen nicht nur die in meinen Augen absolut notwendigen Schulungen auflisten, sondern auch Schulungen vorstellen, die die Arbeit eines ITSC-Managers spürbar vereinfachen und auch verbessern werden. Auch wenn das vielleicht etwas schräg oder unkonventionell wirkt, aber ich erkläre Ihnen das *Warum* an entsprechender Stelle.

Ich weiß nicht, ob alle benötigten Bereiche in Ihrer Organisation vorhanden sind, etwa ein BCM, CM, ISM, SLM, SD, SOC etc. (Diese Abkürzungen werden alle noch genauer in Kapitel 10 erklärt.) Ich werde mich aber daran orientieren. Das hilft Ihnen, ein Gesamtverständnis aufzubauen.

Im ITSCM-Umfeld (gerade durch die sich immer wieder verändernde IT) gibt es einen permanenten Anpassungsbedarf, d. h., der ITSC-Manager und sein Team werden eigentlich nie mit ihrer Arbeit fertig und werden daher auch nie einen Reifegrad von 100 % in der eigenen Organisation erreichen können. Aber jede Information, die hilft, ein ITSCM optimal an die Praxis anzupassen, um auf das Unbekannte vorbereitet zu sein, sorgt für ein gutes ITSCM.

ITSCM: Die Vollausbildung (definitiv ein Muss!)

Hier müssen wir, glaube ich, nicht lange diskutieren: Ohne eine gründliche theoretische und praxisnahe Schulung der hauptverantwortlichen Person, des ITSC-Managers (oder wie Sie diese Rolle in Ihrer Organisation benennen), ist ein Aufbau, die Umsetzung, der Betrieb und die Optimierung eines ITSCMS nicht möglich. Wer hier spart, legt damit den Grundstein für sein Scheitern.

Es wird auch nicht so sein, dass die ernannte Person zur Schulung geht und danach sofort der hundertprozentig praxiserprobte ITSC-Manager ist. Gehen Sie von einer Zeitspanne von gut einem Jahr bis zu drei Jahren aus, bis jemand, der bei null anfängt, in diesem Bereich sattelfest agieren kann und in der Organisation gut vernetzt ist. Dies ist natürlich abhängig von den Ressourcen, die Ihnen zur Verfügung stehen. Betreibt man das ITSCM z. B. als Fulltime-Job mit einem kleinen Team oder eher nebenbei und allein als eine Art »Hobbyprojekt«? Hier steuern Sie mit Ihren Ressourcen die Qualität und Quantität Ihres ITSCM und natürlich dessen Ergebnisse.

Sie können die ITSCM-Ausbildung zweistufig angehen:

- **ITSCM Essentials**: Dies ist eine *Grundlagenschulung* (meist zwei Tage, Präsenzveranstaltung oder Online). In ihr werden alle wichtigen Themen rund um das ITSCM sehr kurz angeschnitten und besprochen. Dadurch bekommt die fürs ITSCM vorgesehene Person einen schnellen und groben Überblick, kann sich vernetzen und weiß in etwa, was auf sie zukommt. Der ITSCM-Grundstein wäre damit gelegt und es kann mit den ersten Vorarbeiten begonnen werden.
- **Certified ITSC-Manager** (CITSCM): Dies ist eine sehr gründliche und intensive Zertifizierungsschulung, die EU-weit anerkannt wird. Je nach Anbieter dauert sie etwa acht Tage und wird wegen den vertiefenden Gruppenübungen meist als Präsenzveranstaltung angeboten. In ihr wird jeder Teilbereich des ITSCM sehr gründlich beleuchtet, theoretisch erläutert und durch praktische und sehr intensive Gruppenarbeiten zusätzlich vertieft. Die enge Zusammenarbeit in der Gruppe ist optimal für eine gute Vernetzung unter den Teilnehmern. Dort werden verschiedene Wissensstände aufeinandertreffen und Erfahrungen ausgetauscht – und das aus vielen unterschiedlichen Branchen und Bereichen. Es entstehen auch oft lockere Lerngruppen oder Austauschgruppen, die weit über die Kursdauer hinweg bestehen. Ich bin z. B. mit vielen meiner Mitstreiter immer noch per LinkedIn, E-Mail oder regelmäßigem Videokonferenztermin im engen und regen Kontakt. Auf diese Weise findet ein sehr guter und praxisbezogener Austausch statt. Dabei werden auch unterschiedliche Anforderungen, aktuelle Arbeiten, Probleme und mögliche Chancen besprochen.

  Das Bestehen der abschließenden ITSCM-Prüfung ist sowohl für den Mitarbeiter als auch für Ihre Organisation ein Gütesiegel und gutes Aushängeschild für Ihre Kunden. Das schafft zusätzlich Vertrauen, weil Sie sich aktiv Ihrer Verantwortung für die IT-Notfallvorsorge stellen.

  Wenn Sie daran denken, jemanden fürs ITSCM neu einzustellen, sollte Ihr möglicher neuer Mitarbeiter diese Zertifizierung auf jeden Fall schon mitbringen.

Fazit: Die *ITSCM Essentials*-Grundlagenschulung deckt meiner Erfahrung nach einfach zu wenig ab. Sie bietet einen guten Schnelleinstieg, ist aber eher für einen groben Überblick zu nutzen. Zu ihr schickt man meist diejenigen Mitarbeiter und Mitarbeiterinnen, die später im ITSCM-Team mitarbeiten und die ITSC-Manager unterstützen, wie z. B. das ITSCM-Backoffice. Das weitere Wissen wird dann per Training-on-the-Job, also bei der täglichen Arbeit, vermittelt und weiter vertieft. Das heißt, hier schult später der ITSC-Manager alle anderen ITSCM-Mitarbeiter.

ITIL Foundation (eine notwendige und sehr gute Ergänzung)

Eine Schulung in den ITIL Foundations ist eine nützliche Ergänzung zu den ITSCM-Schulungen, weil das ITSCM (jetzt *IT-Service Management*) eine ITIL-Disziplin ist und dort dem *Service Design* entsprungen ist. Und da irgendwann der Punkt kommt, an dem man seinen ITSCM-Teil- oder Gesamtprozess designen und dokumentieren soll (z. B. für die Policy oder das ITSCM-Handbuch), ist eine Schulung, in der man Prozessthemen kennenlernt, definitiv von Vorteil. Außerdem hilft eine ITIL-Schulung ungemein bei Terminen mit externen Beratern und Consultants: Man versteht sie direkt besser und verwendet das gleiche Wording.

Diese Schulungen gibt es aktuell in drei Ausführungen:

- **ITIL Foundation – Fast Track** (zwei Tage, Präsenzveranstaltung oder Online): Während dieser Schulung werden in sehr kurzer Zeit sehr komprimiert die ITIL-Inhalte vorgestellt. Als Abschluss kann man eine Foundation-Prüfung ablegen. Ich persönlich bin kein Fan dieser komprimierten Druckbetankung, denn dabei geht mir zu viel wichtiges und tieferes Wissen verloren. Die Zeit für den Austausch (im Kurs) ist auf ein Minimum reduziert. Aber einige, meist jüngere Mitarbeiter, möchten ja nur so wenig Zeit wie möglich dafür opfern.
- **ITIL Foundation** (drei bis vier Tage, Präsenzveranstaltung oder online): Bei dieser Schulung hat man wesentlich mehr Zeit für die Inhalte, für alle praktischen Parts und den Austausch untereinander, inklusive Rückfragen beim Trainer oder Dozenten. Das ist die normale Schulungsdauer. Mein persönlicher Favorit und nur zu empfehlen.
- **ITIL Bridge-Kurse** (ein bis zwei Tage, Präsenzveranstaltung oder online). Das sind Brückenkurse, die nur die eigentlichen Neuerungen vorstellen. Wenn Sie eine *ITIL Foundation Schulung V3* abgelegt haben, werden im Brückenkurs *ITIL Foundation 4* nur die Änderungen zur Version 3 besprochen. Diese Kurse eignen sich für alle, die am Ball bleiben möchten und wenig Zeit haben. Aber auch sie sind meist eine Schulung mit enormer Druckbetankung. Auch danach könnte man im Anschluss eine *ITIL 4 Foundation*-Prüfung ablegen. Diese Schulungsform wird gerne (nach drei Jahren) zur Rezertifizierung genutzt.

BCM Essentials (nice-to-have)

Ich empfehle angehenden ITSC-Managern, später noch eine *BCM Essentials*-Schulung zu besuchen (2 bis 3 Tage Präsenzveranstaltung oder online), und zwar um

- die Aufgaben eines BCM zu kennen und zu verstehen
- ein gemeinsames Verständnis (BCM und ITSCM) aufzubauen
- die Schnittstellen und Überschneidungen zu erkennen und optimal zu nutzen
- Policys, Dokumente, Pläne, Strategien etc. besser abzustimmen
- die Abgrenzung zwischen BCM und ITSCM genauer zu verstehen (Transparenz)
- Vorgaben des BCM richtig verstehen und umsetzen zu können
- gemeinsame Awareness-Maßnahmen zu planen und zu durchführen
- gemeinsame Übungen und Tests zu planen und zu durchführen
- etc.

Ich persönlich habe eine internationale Zertifizierung zum BC-Manager gemacht (*Certified Business Continuity Manger, CBCM*), um ganz genau zu wissen, was die Aufgaben eines ITSCM sind und was nicht. Das Wissen half mir aber auch bei der Schärfung und Konkretisierung von ITSCM-Aufgaben: Bei Arbeiten im ITSCM habe ich immer im Hinterkopf, wie unser ITSCM-Output dem BCM oder unseren anderen Schnittstellen nützen kann, z. B. dem ISM, Krisenmanagement, Resilienz-Management, SLM etc. Und zwar so, dass unser Output nicht noch mal groß überarbeitet werden muss und dass wir unnötige Termine oder doppelte Arbeiten vermeiden.

Auch weiß man nach so einer Schulung, was man als ITSCMler vom BCM zu erwarten hat. Man kennt nicht nur das Wording, sondern auch die Herausforderungen des anderen Bereichs, und das trägt zu einer besseren und intensiveren Zusammenarbeit bei. Eine spätere Vollzertifizierung für Sie oder Ihren Mitarbeiter ist natürlich auch jederzeit möglich. Das ist abhängig vom vorhandenen Budget und dem Wissensdrang Ihres ITSC-Managers oder aller ITSC-Manager. Für alle anderen ITSCM-Mitarbeiter (inklusive Backoffice) ist diese Schulung nicht unbedingt nötig.

CM Essentials (nice-to-have)

Bei einer *Crisis Management Essentials*-Schulung (»Krisen-Management-Grundlagen«, 2 bis 3 Tage, Präsenzveranstaltung oder online) geht es darum, die Grundlagen des Krisenmanagements zu verstehen: Was ist überhaupt Krisenmanagement? Wo hat das ITSCM Berührungspunkte? Was kann/muss das ITSCM vorbereiten? Was ist keine ITSCM-Aufgabe?

Auch diese Schulung würde ich zu einem späteren Zeitpunkt empfehlen. Sie hilft Ihnen als ITSC-Manager, Ihr Gesamtverständnis auszubauen, sich optimal einzubringen, sich aber auch deutlich abzugrenzen und Ihre Rolle im Gesamtkonstrukt der Organisation zu finden und zu schärfen.

Dazu wissen Sie, was mit den proaktiv erstellten Dokumenten im Krisenstab passiert. Wofür sie genutzt werden und welchen Mehrwert sie für den Krisenstab und die Bearbeitung von IT-Notfällen und (IT-)Krisen haben. Die (Krisen-)Kommunikation (intern und extern) ist hierbei sehr wichtig. Man kann auf diese Weise sehr gut Synergien aufbauen und sie effektiv nutzen. Ich habe z. B. den ITSCM-Reaktionsplan und die ITSCM-Koordinationspläne von einem Krisenstabsmitglied in Hinblick darauf gegenlesen lassen, ob sie in dieser Version überhaupt nützlich sind. Nach ein paar minimalen Veränderungen waren sie es dann auch. Und auch das gehört für mich zum aktiven Vernetzen dazu: proaktiv auf seine Schnittstellen zugehen, sich kennenlernen und sich mit diesen Schnittstellen abstimmen. Nur so entstehen IT-Notfalldokumente, die auch in IT-Notfallsituationen und (IT-) Krisen hilfreich sind.

Ich werde auch nach dem nächsten IT-Notfall wieder aktiv auf den Krisenstab zugehen und fragen, ob es Änderungswünsche an unseren ITSCM-Dokumenten gibt. Das ist mein Anspruch ans ITSCM: Wir wollen immer up-to-date und praxisnah sein und es auch dauerhaft bleiben.

Schulungen im IT-Notfallmanagement (nice-to-have)

Diese optionalen Schulungen, Kurse und Workshops sind ein sinnvolles »Nice-to-have«. In ihnen wird, je nach Anbieter und Themenschwerpunkten, Material angeboten, das Ihr vorhandenes ITSCM sinnvoll ergänzen und erweitern kann: Mal wird der psychologische Aspekt vertieft, mal geht es mehr um Krisen- bzw. Notfallkommunikation oder um Übungen und Tests.

So haben Sie eine gute Chance, auf dem Laufenden zu bleiben und nicht den Anschluss zu verpassen. Diese Schulungen werden mit einer Dauer von einigen Stunden (online) bis zu mehreren Tagen (als Online- und Präsenzveranstaltungen) angeboten. Stimmen Sie sich mit Ihren ITSC-Mitarbeitern (und dem ITSCM-Owner) am besten intern dazu ab.

Schulungen zu NIS 2, IT-SiG 2.0, KRITIS (nice-to-have)

Das sind Abkürzungen von Richtlinien und Gesetzen, die im regulierten Umfeld schon ein fester Bestandteil sind und umgesetzt werden müssen. Aber auch im unregulierten Umfeld können sie einen Einfluss auf Ihre Organisation und die Arbeit im ITSCM haben.

Sollten Sie im unregulierten Umfeld tätig sein, empfiehlt es sich trotzdem, »das Ohr permanent an der Schiene zu haben«. Denn es kann durchaus sein, dass Sie früher oder später in eines dieser Themenfelder geraten.

Von Ihrer Organisation wird erwartet, selbstständig aktiv zu werden und immer informiert zu bleiben. Dazu gehört, dass Sie sich selbstständig beim BSI als KRITIS-Organisation melden, wenn die Kriterien für eine kritische Infrastruktur auf Ihre Organisation zutreffen. Niemand wird auf Sie zukommen und Sie dazu auffordern. Trotzdem können bei Nichteinhaltung Strafzahlungen in zweistelliger Millionenhöhe auf Ihre Organisation zukommen. Daher sollten Sie am Ball bleiben, denn es gibt genug Informationsmöglichkeiten. Einige Links dazu habe ich Ihnen in Anhang A, »Wichtige Links«, zusammengefasst.

Ich habe Ihnen in Abschnitt 2.7.4 bereits eine kurze und übersichtliche Einführung gegeben. Detaillierte und weiterführende Informationen zu KRITIS recherchieren Sie bitte selbst, und zwar bezogen auf Ihre Organisation.

Cyber Response Planning (nice-to-have oder must-have)

Das Thema *Cyber Response Planning* ist für ein ITSCM wichtig, weil es Einfluss auf die Arbeit im ITSCM haben kann. Man kann das komplette Thema *IT-Sicherheit* über die ITSCM-Policy ein- oder ausschließen.

Aber egal, wofür Sie sich entscheiden: Sie müssen vorher wissen, was alles unter diesen Begriff fällt, z. B. ab wann ein *Security Operation Center* (SOC)[2], ein *CERT* oder das *ISM* in einen Vorfall involviert ist: Wo fängt die Unterstützungsleistung des ITSCM an und wo hört sie auf?

---

2 Ein SOC ist ein organisationsinternes oder externes Team von IT-Sicherheitsexperten, das die gesamte IT-Infrastruktur einer Organisation rund um die Uhr überwacht, um Cybersicherheitsereignisse in Echtzeit zu erkennen und diesen so schnell und effektiv wie möglich entgegenzutreten.

[»]

Tipp aus der Praxis

Wir haben für den Aufbau unseres ITSCMS seinerzeit alle Themen, die man in der IT-Sicherheit verorten könnte, in der Policy des ITSCMs ausgeschlossen, damit wir mit der damals geringeren Personalstärke unseren Hauptaufgaben nachgehen konnten.

Dazu haben wir einige typische Cyber-Themen benannt, die nicht in unser Aufgabengebiet fallen. Diesen Passus werde ich aber später (in etwa zwei Jahren) rausnehmen, um auch im Bereich der Cyber-Security eine optimale Vorsorge aufbauen zu können und damit die anderen Bereiche (BCM, ISM, SOC, CERT etc.) zu unterstützen und die eigene Organisation weiter zu stärken. Spätestens dann ist auch diese Schulung ein »Must-have«!

3.2.2 Internes Schulungsprogramm aufbauen

Sobald Sie einen Überblick über die Weiterbildungsmaßnahmen haben, geht es darum, zu überlegen, welche Schulungen die gesamte ITSCM-Organisation mit all ihren Rollen braucht. Das geht vom ITSCM-Sponsor über den ITSCM-Owner, ITSC-Manager, ITSC-Koordinator, Abteilungsleiter, Bereichsleiter bis hin zum IT-Notfallteam und den IT-Spezialisten (intern und extern). Und natürlich inkludiert das auch das eigene ITSCM-Team (mit einem möglichen Backoffice).

3.2.3 Schulungsstrategie (Ziele) erstellen

Beschreiben Sie, wie das ITSCM die Personen schulen möchte. Auch das wird wieder als grobe und mehrjährige Vorplanung ausgelegt. Wichtig dabei ist, dass Sie ein Ziel vor Augen haben. Die übergeordneten Vorgaben kommen meist aus dem Top-Management, vom z. B. ITSCM-Owner, und diese Vorgaben sind meist so etwas Abstraktes wie »die Resilienz der Organisation in den nächsten drei Jahren um 15 % erhöhen«. Als ITSC-Manager müssen Sie dieses Endziel in kleine und möglichst messbare jährliche Unterziele herunterbrechen und sinnvoll organisieren.

3.2.4 Schulungskonzept (»Wie?«)

In einem Schulungskonzept werden die einzelnen Inhalte der Schulungsstrategie etwas genauer beschrieben, inklusive mögliche Lernziele. Dort wird auch die Reihenfolge der einzelnen Schulungen angegeben. Das heißt, wie möchte man die Anforderung erreichen, »die Resilienz der eigenen Organisation in drei Jahren um 15 % zu erhöhen«? Wie könnte man frühzeitige Lernzielkontrollen einbauen? Wie könnte man gegensteuern, wenn die geplanten Ziele nicht erreicht werden? Was wären hierzu wichtige Meilensteine?

Meilensteine sind Punkte im Verlauf des Gesamtvorhabens, an denen bestimmte Ziele erreicht werden sollen. An diesen Punkten kann ein abgeschlossener Teil des Projekts bzw. des Vorhabens kontrolliert werden und über die Herangehensweise an einen neuen Abschnitt diskutiert werden. Meilensteine sind also Zwischenziele bzw. bildlich gesprochen »Hürden« , die genommen werden müssen. Ist man über diese Hürde drüber, wird nur noch nach vorne geschaut und nicht mehr zurück. Es wird also auch nicht mehr »zurückgesprungen«.

3.2.5 Schulungsplan (»Was?«)

Im Schulungsplan wird das Schulungskonzept noch weiter detailliert und die Planung auf ein Jahr begrenzt. Jetzt geht es darum, die Inhalte so genau wie möglich zu beschreiben, Termine abzustimmen und die Schulungsunterlagen zusammenzustellen. Hier werden die Schulungsthemen, die zu schulenden Personen und der Aufwand so genau wie möglich vorgeplant.

Tipp aus der Praxis

Planen Sie ruhig zwei oder drei Schulungen als Reserve oder Backup zusätzlich ein. Denn es kann trotz genauer und intensiver Vorplanung immer mal passieren, dass eine Schulung aus den verschiedensten Gründen kurzfristig abgesagt werden muss – zum Beispiel, weil gerade eine Großstörung (*Major Incident*) vorliegt oder eine zentrale und wichtige Person kurzfristig ausgefallen ist.

Zielgruppe/Rollen	Schulungsinhalt	Frequenz	Methode/Workshops
ITSCM-Sponsor	- Überblick zum ITSCM - Resilienz - Erfolge	1× pro Jahr	Präsentation (max. 1 Stunde)
ITSCM-Owner	- Bericht zum aktuellen Stand des ITSCM - Auftragsklärungen - neue Anforderungen - Ziele	2× pro Jahr	Präsentation (je 2 Stunden)
ITSC-Manager (wenn mehrere vorhanden sind)	- Verbesserung des ITSCM - KVP	2× pro Jahr	Interner Workshop (8 Stunden)

Tabelle 3.1: Beispielplanung für Schulungen und Workshops im ITSCM-Umfeld

Zielgruppe/Rollen	Schulungsinhalt	Frequenz	Methode/Workshops
ITSCM-Mitarbeiter	- Verbesserung des ITSCM - Aufgabenzuschnitt - Schulungsstand - KVP	2× pro Jahr	Interner Workshop (8 Stunden)
ITSCM-Backoffice	- Aufgabenzuschnitt - Fragen und Antworten - Templates	2× pro Jahr	Interner Workshop (8 Stunden)
ITSC-Koordinator	- Überblick zum ITSCM-Prozess, ggf. tiefergehende Schulungen - Ihre Aufgaben im ITSCM (neue hinzufügen/unnötige fallen weg) - Rollenklärung	2× pro Jahr	Tagesschulung (8 Stunden)
IT-Notfallteams	- Überblick zum ITSCM-Prozess - Ihre Aufgaben im ITSCM - Schnittstellen zu anderen IT-Bereichen	1× pro Jahr	Halbtagesschulung (4 Stunden)
IT-Spezialisten	- Überblick zum ITSCM-Prozess - Ihre Aufgaben im ITSCM - Schnittstellen zu anderen IT-Bereichen	1× pro Jahr	Halbtagesschulung (4 Stunden)
Externe Spezialisten	- Nach Absprache	bei Bedarf	Präsentation/Workshop (4 Stunden)

Tabelle 3.1: Beispielplanung für Schulungen und Workshops im ITSCM-Umfeld (Forts.)

Ich möchte Ihnen Tabelle 3.1 kurz erklären:

- Bei den beiden Rollen *ITSCM-Sponsor* und *ITSCM-Owner* geht es nicht um eine richtige Schulung, sondern eher um eine Präsentation des aktuellen Stands und Status des IT-SCM, inklusive eines offenen Austauschs. Hier kann das Top-Management seine Fragen stellen und der ITSC-Manager einen Ausblick in die Zukunft des ITSCM geben. Auch Probleme und/oder Chancen können kurz besprochen werden. Hier kann der ITSC-Manager aktiv Unterstützung einfordern, und das Top-Management kann (wenn nötig) nachjustieren. Diese Termine müssen gut vorbereitet sein und dürfen nicht zu lange dauern. Wenn Sie schon mal einen CIO für ein bis zwei Stunden blocken wollten, wissen Sie, wovon ich rede.

- Bei der Rolle des *ITSC-Managers* geht es in einem Workshop darum, das gesamte IT-SCMS sehr kritisch auf den Prüfstand zu stellen, neue Ideen oder Aufgaben abzusprechen und das ITSCMS weiter zu optimieren, d. h., weiter an die Praxis anzupassen. Das können Sie aber natürlich nur dann machen, wenn mehr als ein ITSC-Manager vorhanden ist bzw. wenn ein ITSC-Manager und eine externe Unterstützung (Berater/Consultant) da sind. In diesem Workshop könnten auch Strategien und taktische Neuausrichtungen besprochen werden – und natürlich alles, was die typischen Aufgaben eines ITSC-Managers betrifft.
- Bei dem Workshop mit den *ITSCM-Mitarbeitern* geht es darum, Feedback von allen internen Mitarbeitenden einzuholen: Passt der Aufgabenzuschnitt? Reichen oder fehlen Ressourcen? Gibt es Probleme? Bestehen externe Schulungswünsche? Wo brauchen die Kollegen mehr Unterstützung vom ITSC-Manager? Können weitere Aufgaben im Team übernommen werden? Welche Templates können erstellt oder umgebaut werden? Welche Awareness-Maßnahmen können angestoßen werden? Sind alle wichtigen Dokumente auf dem aktuellen Stand?
- Bei den Schulungen für das *ITSCM-Backoffice* geht es um folgende Fragen: Passt der Aufgabenzuschnitt? Gibt es Fragen? Gibt es Anregungen oder Änderungsideen zu den Templates? Müssen Protokolle geändert werden? Hierunter fallen alle administrativen Unterstützungsangebote.
- Die Schulungen für die *ITSC-Koordinatoren* sind die mit Abstand umfangreichsten und aufwendigsten Schulungen. Warum? Hier wird z. B. die Rollenbeschreibung für den ITSC-Koordinator Punkt für Punkt und Aufgabe für Aufgabe durchgegangen, um sich mit allen Beteiligten gemeinsam darüber zu verständigen. Die ITSC-Koordinatoren wissen danach genau, was ihre Aufgaben sind (und was nicht), welchen Output sie leisten müssen und was man von ihnen als dem zentralen Eingangs-/Ausgangskanal zur technischen Fachabteilung erwartet. Ebenso bekommen die ITSC-Manager eine direkte Rückmeldung, ob die Planung der Rolle *ITSC-Koordinator* so in der Praxis funktioniert oder nicht. Auch kann geklärt werden, ob vormals geplante Aufgaben aus der Rollenbeschreibung herausfallen und ob andere wichtige Tätigkeiten hinzukommen müssen. Da die IT ein sehr dynamisches und sich permanent änderndes Umfeld ist, sind diese jährlichen Abstimmungen und Korrekturmöglichkeiten immens wichtig für alle Seiten. Während dieser Treffen wird nämlich Ihre ITSCM-Theorie mit der Praxis der Kollegen »verheiratet«.
- Bei den Schulungen für die Rolle *IT-Notfallteam* stimmt der ITSC-Manager mit dem zuständigen ITSC-Koordinator alle wichtigen Inhalte ab und lässt dann durch den ITSC-Koordinator die eigentliche Schulung durchführen. Natürlich kann der ITSC-Manager ihn unterstützen, wenn es seine Zeitplanung zulässt. Bei diesen Schulungen geht es darum, die internen Kollegen fit für einen IT-Notfall bzw. eine (IT-)Krise zu machen und zu schauen, ob alle dazu benötigen Dokumente zugänglich sind und ob alle notwendi-

gen Rechte/Zugänge (z. B. Notfall-Accounts, Notfallrechte, Notfallzugriffswege) vorhanden sind und auch in der Realität funktionieren.

- Bei der Schulung der *IT-Spezialisten* und *externen Spezialisten* sind mehr die ITSC-Koordinatoren gefordert. Sie müssen überlegen, wie diese Personen optimal in Übungen und Tests und in die IT-Notfallbewältigung einzubinden sind. Auch hier geht es darum, ob alle benötigten Dokumente zugänglich sind und ob alle notwendigen Rechte/Zugänge (z. B. Notfall-Accounts) vorhanden sind und auch funktionieren.

  Nutzt der Spezialist dabei eigenes Equipment oder das Ihrer Organisation? Auch das muss festgelegt, genehmigt und getestet werden. Nichts ist peinlicher, als einen teuren IT-Spezialisten einfliegen zu lassen, der dann vor Ort nicht mit seinem Equipment supporten kann, weil er nicht an die entsprechenden Systeme kommt. Das wird teuer und hilft Ihnen nicht weiter. Stimmen Sie auch das mit dem ISM vorher ab und dokumentieren Sie diese Entscheidung.

3.2.6 Hospitationen

Interne Hospitationen werden leider viel zu selten in Organisationen genutzt. Der Begriff *Hospitation* stammt aus dem Lateinischen und bezeichnet die Möglichkeit, Einblick in ein bestimmtes Arbeitsumfeld zu nehmen. Als Hospitant sind Sie Gast und lernen Mitarbeiter eines »fremden« Bereichs an ihren Arbeitsplätzen und bei ihren Tätigkeiten kennen. Dabei geht es darum, stundenweise, tageweise, für Wochen oder auch situationsbezogen in einem anderen Bereich aktiv mitzuarbeiten. Dieser Austausch hilft allen, ein besseres gegenseitiges und auch gemeinsames Verständnis aufzubauen. Das kann z. B. dem ITSCM helfen, sich besser auf technische Zustände, Anforderungen und Arbeiten einzustellen. Den technischen Bereichen hilft es, die Resilienz- und Präventionsmaßnahmen zu verstehen.

Denn letztendlich kann alles nur funktionieren, wenn mögliche Hürden und Denkblockaden überwunden werden, ein gemeinsames Ziel verfolgt wird und man als Team zusammenwächst und funktioniert.

In der Hospitation könnten Sie einfache Aufgaben übernehmen oder den Profis über die Schulter schauen. Sie können an Sitzungen teilnehmen oder in Projekten mitarbeiten. Die Möglichkeiten, die sich bieten, sind fast unbegrenzt. Aber natürlich hat auch eine Hospitation ihre Grenzen. An hochsensiblen Systemen und/oder wichtigen IT-Infrastrukturen wird man Sie nicht allein arbeiten lassen, genauso wenig an IT-Systemen, die eine Zertifizierung voraussetzen (z. B. SAP-Systeme). Aber um einen groben Überblick zu bekommen und um die Kollegen »live« in Aktion zu erleben, ist eine Hospitation eine optimale Möglichkeit.

Als ITSCM-Verantwortlicher werde ich demnächst in die Planung der Erweiterung eines Rechenzentrumsverbunds eingebunden, was für das ITSCM von großem Interesse ist. Im Bereich »Überwachung und Monitoring« habe ich bereits einige Tage hospitiert und dabei die Idee einer speziellen ITSCM-Ansicht entwickelt, die anschließend von den Kollegen umgesetzt wurde. Dadurch haben wir im ITSCM alle relevanten Informationen stets im Blick. Ich schätze den Wert von Hospitationen sehr.

3.3 Wo sollte das ITSCM organisatorisch verortet werden?

Eine sehr wichtige Frage ist, wo man ein ITSCM idealerweise organisatorisch verorten sollte. Dazu gibt es mehrere Möglichkeiten. Ich möchte Ihnen hier die gängigsten Versionen vorstellen.

[!]

Keine verbindlichen Vorgaben für das ITSCM

Wichtig für Sie: Es gibt aktuell kein Gesetz, keine Norm oder keinen Standard, der dies verbindlich vorschreibt oder vorgibt. Sie müssen den besten Weg für Ihre Organisation finden.

Auch die ISO-Norm 27031 ist bei dieser Frage absolut offen. Hier sind Sie also noch frei in der Auswahl. Das heißt, es gibt hier kein Richtig oder Falsch, und Sie können dieses Aufgabengebiet bzw. die Abteilung später immer noch organisatorisch verschieben, wenn es nötig sein sollte.

3.3.1 ITSCM in einer Stabsstelle (hohe Sichtbarkeit und Durchschlagskraft)

Eine Möglichkeit wäre, ein ITSCM, ein BCM, ein ISM und ein *Resilienz-Management* (RM) in einer Stabsstelle oder einer Organisationseinheit »Resilienz« zusammenzufassen.

Alle Bereiche zahlen auf ihre Weise in das übergeordnete Organisationsziel »Resilienz« ein und arbeiten im Tagesgeschäft schon sehr eng zusammen. Alle Bereiche arbeiten organisationsweit und auf gleicher Augenhöhe. Ihre einzelnen Policys und Richtlinien dürfen sich nicht widersprechen, sondern sollten sich im Idealfall ergänzen. Wir haben z. B. in unseren Policys kurz die anderen Bereiche in einem Abschnitt beschrieben (also aktuell das BCM und das ISM).

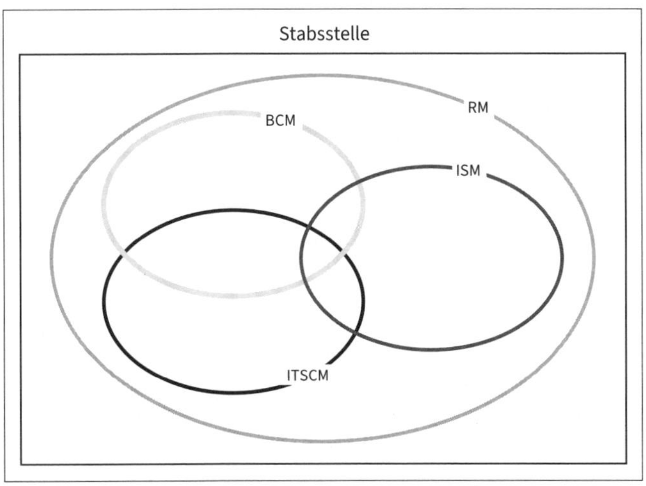

Abbildung 3.1: Diese Übersichtsgrafik zeigt, wie eine Stabsstelle mit den verschiedenen Bereichen in der Praxis aussehen könnte.

Am besten kann man sich diese verschiedenen Bereiche als einzelne Puzzleteile vorstellen. Sie habe klare Abgrenzungen und Ausmaße, müssen aber am Ende ein in sich stimmiges Gesamtbild ergeben. Man könnte ein RM als große Klammer um alles betrachten und diesem die Leitung der Stabsstelle übertragen. Oder man setzt eine neutrale Person als Leitung ein. Diese Stabsstelle sollte dabei direkt dem Top-Management (CIO, Geschäftsführer, Präsident, Vorstand etc.) unterstellt sein und das Recht haben, dort jederzeit vorzusprechen.

- **Vorteile**
  - abgestimmte Strategien und Vorgehensweisen
  - abgestimmte Dokumente, Pläne, Policys (Richtlinien). Es wäre auch nur eine Gesamt-Policy (inklusive ITSCM-, BCM-, RM- und ISM-Unterkapiteln) möglich.
  - gegenseitiger Zugriff auf alle Dokumente dieser Bereiche
  - perfekt abgestimmte Übungen und Tests
  - Doppelte Datenhaltung (auch von Dokumenten) und deren Pflege wird aktiv vermieden.
  - Synergien werden schneller sichtbar und könnten besser genutzt werden.
  - Durch die »Nähe« entsteht eine wesentlich bessere und schnelle Zusammenarbeit.
  - besseres (Gesamt-)Verständnis untereinander
  - gemeinsame Awareness-Maßnahmen entwickeln und durchführen
  - Nutzung eines gemeinsamen Tools
  - gemeinsame Risikobetrachtung und Behandlung
  - gegenseitiges Qualitätsmanagement (QM)
  - Ein Gesamt-Reporting an die Managementebene ist möglich.
  - höhere Durchschlagskraft als Team
  - **als eingespieltes Gesamtpaket unschlagbar!** 😉
- **Nachteile**
  - Das Über-den-Zaun-Werfen von Aufgaben, auch bekannt als »*Hey-Joe-Effekt*«: Der Hey-Joe-Effekt beschreibt die Auswirkungen von problematischer »Nachbarschaftshilfe«, die den vorgesehenen Arbeitsablauf stört. Dies geschieht, indem auf inoffizielle Weise um Hilfe für eine Problemlösung gebeten wird, etwa mit einer Formulierung wie: »Kannst du das mal eben machen?«
  - Kompetenzgerangel, denn einer muss die Stabsstelle ja leiten – aber wer? Hierbei könnte es zu unnötigen internen Spannungen kommen. Klären Sie dies vor Gründung der Stabsstelle und legen Sie verbindlich fest, wer die Leitung innehat.
  - Es wäre auch eine Doppelspitze möglich oder man könnte die Stabsstelle als gemeinsames Gremium leiten. Jeder Bereich bekäme in dem Fall z. B. eine Stimme bei Abstimmungen. Es wäre dann ein selbstorganisiertes und selbstbestimmendes Team. Das hört sich schon sehr nach agilem Arbeiten an, oder? Im Grunde bedeutet

agiles Arbeiten, dass man sich auf den ständigen Wandel einlässt und proaktiv auf Veränderungen reagiert, anstatt strikt einem vorab festgelegten Plan zu folgen. Das wäre dann sehr schnell, effektiv und effizient – und würde uns im ITSCM nur zugute kommen.

3.3.2 Im BCM (meine Empfehlung!)

Eine weitere Möglichkeit wäre, ein ITSCM unter bzw. in einem vorhandenen BCM zu betreiben. Das ist ebenfalls sinnvoll, da das BCM Vorgaben (nämlich Soll-Werte aus der *BIA* und Ergebnisse der *Bedrohungsanalyse (BA)* an das ITSCM weitergibt und diese für das ITSCM eine wichtige Arbeitsgrundlage bilden. Die Rückmeldungen aus den Gap-Analyse (des ITSCM) fließen dann wieder zurück in die BIA des BCM.

Die Ergebnisse der BA helfen dem ITSCM bei den IT-Risiken und den ITSCM-Lösungsoptionen. Hier sollte man sich nur vorher überlegen,

- ob man das ITSCM in dem Bereich, der Abteilung bzw. in dem Geschäftsbereich des BCM ansiedelt oder
- ob man es eher in einem technischen Bereich belässt, um die Nähe zu der Technik und den Mitarbeitenden dort zu gewährleisten und diese nicht zu verlieren.

Bei einigen Organisationen ist das so geregelt, dass ein BCM im übergeordneten und organisationsweiten Bereich angesiedelt ist (in der ORGA) und ein ITSCM in der Technik bzw. in Techniknähe. Für diese beiden Bereiche heißt das dann: sich gründlich und oft abstimmen und den anderen Bereich bei allen Themen immer wieder zu involvieren. Nur so schafft man es, dass alle auf dem gleichen Informationsstand sind und auch dauerhaft bleiben.

Die beiden Bereiche BCM und ITSCM sind miteinander verzahnt und bedingen sich gegenseitig. Eine enge Verzahnung der Ziele, Methoden und Verfahren ist ein kritischer Erfolgsfaktor für das Gelingen dieses Zusammenspiels und damit für die Fähigkeit der Organisation, auf IT-Notfälle und/oder (IT-)Krisen angemessen vorbereitet zu sein. Zwei getrennte Managementsysteme für BCM und ITSCM aufzubauen, ist aufwendig, erzeugt Reibungsverluste und birgt das Risiko von Missverständnissen und Fehlern an den Schnittstellen beider Bereiche. Es ist entscheidend, dass die Mitarbeiter ein gemeinsames Verständnis vom Vorgehen haben, dass die Schnittstellen, Kompetenzen und Verantwortlichkeiten eindeutig definiert sind und dass vor allem eine gemeinsame Sprache gesprochen wird.

Die zahlreichen unterschiedlichen Normen und Standards für BCM (ISO 22301, BSI 200-4) und ITSCM (ISO 27031) mit ihrem unterschiedlichen Vokabular erleichtern das Verständnis und die Zusammenarbeit zwischen BCM und ITSCM nicht gerade. Hier müssen das BCM und ITSCM sehr gut aufpassen, damit sie sich nicht in dieser Gemengelage »verlieren«.

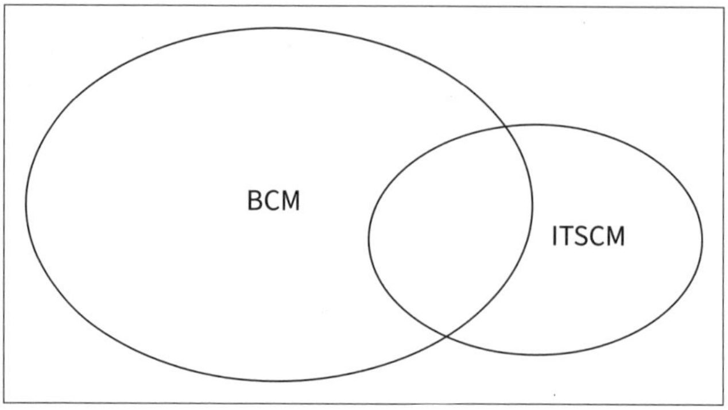

Abbildung 3.2: Der Normalfall: In vielen Organisationen inkludiert das BCM ein ITSCM.

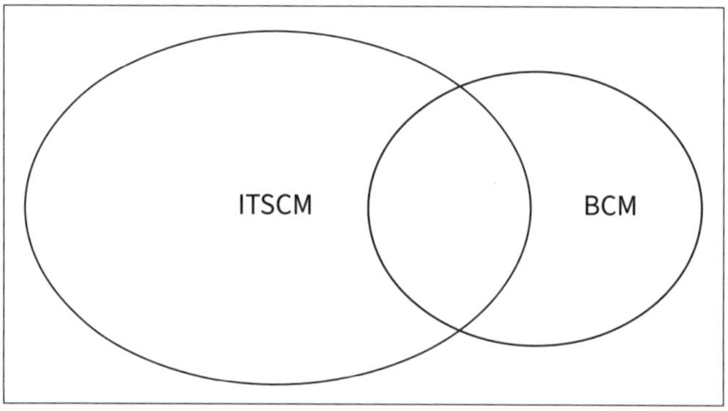

Abbildung 3.3: Sonderfall: Bei einem IT-Dienstleister kann das ITSCM durchaus wesentlich größer als das BCM werden und die übergeordnete Rolle einnehmen.

- **Vorteile**
  - enge Verzahnung der Überbrückungsmaßnahmen (z. B. BC-Pläne oder GFP-Pläne des BCM) mit den IT-Notfallvorsorgemaßnahmen (des ITSCM)
  - direkte Abstimmung in allen gemeinsamen Themen
  - besseres Verständnis untereinander durch die tägliche Nähe
  - kurze (Dienst-)Wege
  - weniger Abstimmungsbedarf
  - klare Aufteilung:
    - IT-Bezug → ITSCM
    - Nicht-IT-Bezug → BCM
  - Nutzung eines gemeinsamen Tools
  - gemeinsame Awareness-Maßnahmen, Workshops und Sprechstunden
  - Zugriff auf alle Dokumente des anderen Bereichs
  - perfekt abgestimmte Übungen und Tests

  - Doppelte Datenhaltung (auch von Dokumenten) und Pflege wird vermieden.
  - Synergien werden schneller sichtbar und könnten sofort genutzt werden.
  - Ausgeklügelte Awareness-Maßnahmen wären möglich.
  - Gegenseitiges Reviewen von Dokumenten ist möglich.
- **Nachteile**
  - War das BCM vor dem ITSCM da, muss es meist einige Aufgaben abgeben (z. B. den ganzen IT-Part inklusive Worst-Case-Szenarien »Ausfall IT« und die Hoheit über die WAP- und WHP-Pläne).
  - Das BCM muss aufgebaut und in der Praxis angekommen sein. Ein nur dem Namen nach vorhandenes und theoretisches BCM nützt niemanden etwas. Das ist oft der Fall, wenn ein BCM nur aufgrund einer notwendigen Zertifizierung eingeführt wurde (pro forma für z. B. eine ISO-27001-Zertifizierung).

Meine ganz klare Empfehlung lautet: Verorten Sie das ITSCM im oder beim BCM. Das ist auch, soweit ich von meinen ITSCM-Kollegen weiß, die gängigste Variante in der EU.

3.3.3 In der Technik

Man könnte ein ITSCM aber auch ohne ein BCM, ISM oder RM betreiben. Das ist allerdings eher unüblich, da dem ITSCM dann wichtige Vorgaben (also die Soll-Werte wie RTO, RPO, MBCO) und Angaben aus der BA fehlen.

Machbar wäre es aber. Dann muss es aber unbedingt in der Technik verortet sein, da das ITSCM eng mit dem technischen Bereich zusammenarbeitet. Diese Nähe bedeutet Verständnis und ein gemeinsames Miteinander. Das ITSCM wird im Idealfall als Teil der Technik angesehen und bekommt daher vieles mit. In Abbildung 3.4 sehen Sie ein Beispiel, das natürlich davon abhängig ist, welche technischen Bereiche in Ihrer Organisation vorhanden sind.

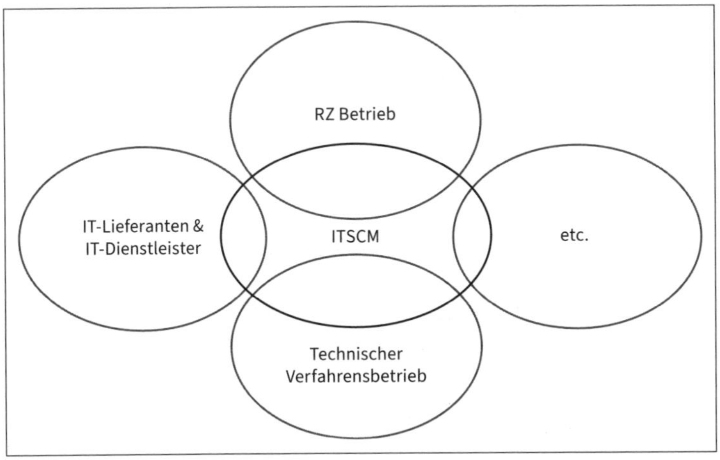

Abbildung 3.4: ITSCM in der Technik, mit möglichen Schnittstellen

- **Vorteile**
  - sehr praxisnahe Arbeit, Dokumente, Übungen und Tests
  - sehr tiefes Verständnis von der Technik
  - schnelle Akzeptanz des ITSCM bei den Kollegen aus den technischen Bereichen
  - Das ITSCM kann sehr schnell auf alle möglichen technischen Änderungen reagieren, weil es diese sofort mitbekommt.
  - Das ITSCM ist mittendrin und immer dabei!
  - Das ITSCM bekommt alle Schwachstellen, Missstände und Probleme sofort mit.
- **Nachteile**
  - Es fehlen alle Vorgaben aus der BIA (RTO, RPO, MBCO), der BA (Risiken inklusive IT-Risiken) und dem Business Continuity Management.
  - Es drohen ein Einzelkämpfer-Dasein und der »Kampf gegen Windmühlen«.
  - Fehlender Kontakt zum Top-Management (z. B. durch die Managementberichte)

In Abbildung 3.5 sehen Sie ein optimales Zusammenspiel zwischen allen Akteuren des BCM, ISM, ITSCM, Krisenmanagements und des Resilienz-Managements.

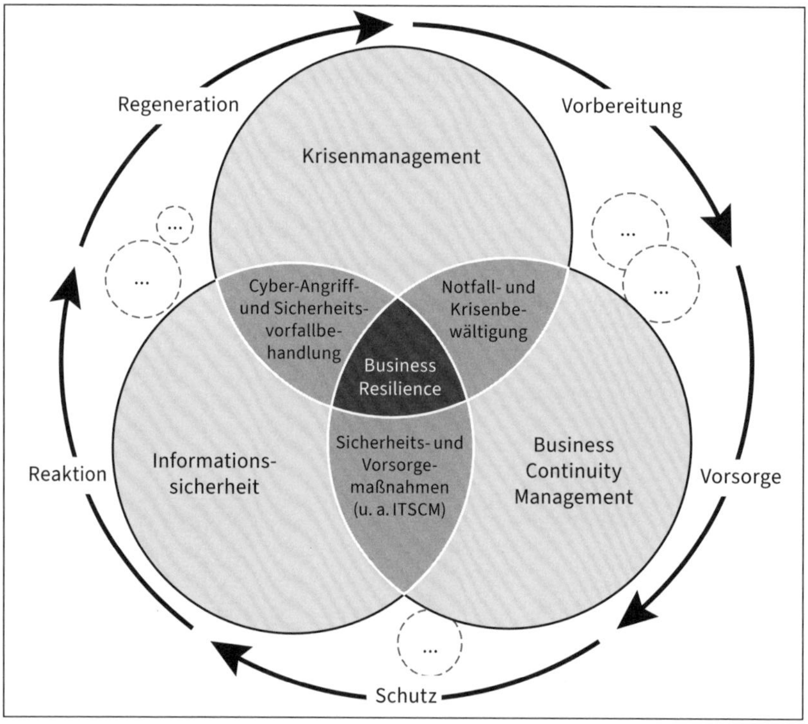

Abbildung 3.5: Optimales Zusammenspiel aller wichtigen Disziplinen. Hier ist nach meinem Dafürhalten das Optimum dargestellt. (Quelle: AVENIQ, https://aveniq.ch/insights/erfolg-durch-proaktive-business-resilience/)

Das sind die gängigsten Vorgehensmodelle. Es wird bestimmt auch noch Mischformen geben. Die endgültige Form hängt immer von dem ab, was da ist und was aufgebaut werden oder erreicht werden soll – und natürlich vom Aufbau Ihrer Organisation (mehrere Standorte, Länder, Größe, Mitarbeiteranzahl, Budget, Komplexität der Organisation, eingesetzte IT-Systeme und IT-Infrastrukturen etc.).

3.4 Weitere Vorgehensweise und Übungen

In Kapitel 4 geht es weiter mit der *Policy* (dem eigentlichen und sehr wichtigen *Arbeitsauftrag*) des ITSCM. Daher werden wir eine Policy schreiben, die ich detailliert erkläre. Die Policy müssen Sie dann später unbedingt vom Top-Management offiziell freigeben und unterzeichnen lassen.

F-03-1: Wer sollte idealweise der erste feste Mitarbeiter im ITSCM sein?

a) ITSC-Manager

b) ITSC-Koordinator

c) ITSCM-Sponsor

d) ITSCM-Backoffice

F-03-2: Welche Zertifizierung sollte der ITSC-Manager vorweisen?

a) Zertifizierter Business Continuity Manager

b) Zertifizierter ISB (Informationssicherheitsbeauftragter)

c) Zertifizierter Krisenmanager

d) Zertifizierter ITSC-Manager

F-03-3: Wo sollte man das ITSCM idealweise verorten?

a) In der Technik

b) Im BCM (Business Continuity Management)

c) Im ISM (Informationssicherheitsmanagement)

d) Im SLM (Service Level Management)

Kapitel 4

Die Policy schreiben: Der Arbeitsauftrag

Mit der Policy (auch »Richtlinie«, »Leitlinie« oder »Strategie« genannt) werden der eigentliche Arbeitsauftrag, die Organisation, die Rollen und der Nutzen/Zweck eines ITSCM definiert, beschrieben und durch das Top-Management freigegeben. Diese Policy muss unbedingt mit der BCM- und der ISM-Policy abgestimmt sein (sofern diese existieren). Sie dürfen sich nicht widersprechen und müssen sich idealerweise ergänzen.

»Freude an der Arbeit lässt das Werk trefflich geraten.« (Aristoteles)

In einer Policy wird der eigentliche Arbeitsauftrag des ITSCM definiert. *Und nur dort!*

In der Policy haben Sie die Möglichkeit, *Inhalte zu definieren* und für *Transparenz* und *Abgrenzung* zu sorgen. Daher sollten Sie unbedingt die notwendige Zeit investieren und diese Richtlinie klar ausarbeiten. Ein unklarer Arbeitsauftrag ist nämlich kein Arbeitsauftrag! Und ohne klaren Auftrag machen Sie nichts im ITSCM. 😉

Das ist etwas, was ich aus über 30 Jahren praktischer Erfahrung im Projektmanagement gelernt und für das ITSCM adaptiert habe. Oft wird nämlich aus Unwissenheit vieles wild durcheinandergeworfen. Das geschieht, weil Ihr Gegenüber nicht so tief in der Materie steckt und die Gedankengänge, die Ihnen offensichtlich erscheinen, nicht so einfach nachvollziehen kann.

Legen Sie in der Policy also den Grundstein für ein gemeinsames Verständnis und für den Sinn, Zweck und Mehrwert eines ITSCM. In diesem Dokument grenzen Sie sich deutlich ab. Hier werden Erwartungshaltungen dokumentiert und die Ergebnisse vordefiniert.

Sie sehen: Die Policy ist das mit Abstand wichtigste Dokument für Ihr ITSCM.

Tipp aus der Praxis

Fangen Sie bei der ersten Policy mit wenigen konkreten Vorgaben an und erweitern Sie diese sukzessive im Laufe der nächsten Jahre. Es nützt nichts, eine erste Policy von 45 Seiten zu haben, die Vorgaben und Erwartungshaltungen beinhaltet, die sich zum gegebenen Zeitpunkt unmöglich realisieren lassen.

Das sorgt nur für Frust auf ganzer Linie und auf allen Seiten. Hier ist weniger definitiv mehr. Sonst »verbrennen« Sie sich Ihr ITSCM (inklusive dessen Mitarbeiter), noch bevor es richtig losgeht. Und eine unnötige Fluktuation von Mitarbeitern verzögert Ihren ITSCM-Aufbau und -Betrieb noch weiter.

Damit fokussieren Sie sich und sichern sich gleichzeitig gegen falsche Erwartungshaltungen ab. Nutzen Sie eine Policy daher zum offenen Informationsaustausch und auch als Diskussionsgrundlage.

Die Policy sollte definitiv kein Geheimpapier sein, das im Hochsicherheitstresor unter Verschluss liegt und nur mit einer 128-stelligen Zahlenkombination am Montagmittag um 12.12 Uhr zugängig ist. Dann macht man etwas falsch.

Ich habe das Schreiben der Policy daher bewusst an dieser frühen Stelle platziert. Jetzt haben Sie schon die ersten Erfahrungen gesammelt, und die Mitarbeiter oder wenigstens der ITSC-Manager wurde geschult. Sie haben angefangen, sich zu vernetzen; die ersten Überlegungen, wie das ITSCM weiter aufgebaut werden soll, wurden ausgetauscht etc. Nun sollten Sie unbedingt genau festlegen, worum es in »Ihrem« ITSCM gehen soll.

[»]

Vorgabe oder selbst aktiv werden?

Natürlich kann es sein, dass Sie die Policy vorab vom ITSCM-Owner erstellen lassen oder sie vom Mutterkonzern oder von der Firmenzentrale vorgegeben bekommen. Ich gehe hier aber davon aus, dass es noch keine fertige Policy oder Vorgaben gibt und dass Sie alles neu aufbauen müssen. So wissen Sie auch, wie man das Ganze aufbaut, was in eine Policy gehört und wie der spätere Weg zur Offizialisierung aussieht.

Mit den Templates beim Downloadmaterial stelle ich Ihnen eine Policy mit Beispieltexten zur Verfügung. Vielleicht können Sie dort die eine oder andere Anregung für Ihre Organisation mitnehmen.

Policys sollten in etwa 10 bis 15 Seiten umfassen. Auf ihnen wird alles nur sehr grob und oberflächlich beschrieben. Eine detailliertere Beschreibung findet in anderen Dokumenten statt. Schreiben Sie diese Policy in einfacher Sprache. Hier müssen Sie niemandem etwas beweisen, niemanden mit Fachvokabular oder fancy Buzzwords beeindrucken. Je einfacher, desto verständlicher. Das sollte Ihr Ziel sein.

4.1 Den Zweck und die Ziele eines ITSCM definieren

Als Erstes geht es darum, den Arbeitsauftrag und die strategischen Vorgaben für das IT-SCM so genau wie möglich zu beschreiben. Planen Sie genügend Zeit ein. Denn oft ist es gar nicht mal so einfach, alles auf den Punkt zu bringen, detailliert und verständlich zu beschreiben – vor allem, wenn Sie gerade erst mit dem ITSCM anfangen und Ihnen noch der Gesamtüberblick fehlt.

Stellen Sie sich folgende Fragen: Was erwartet man von einem ITSCM? Nur die Erhöhung der Resilienz einer Organisation ist wohl etwas zu wenig. Sollen z. B. IT-Notfallvorsorgemaßnahmen mit den technischen Bereichen erarbeitet und umgesetzt werden? Sollen technische Übungen und Tests stattfinden, die vom ITSCM koordiniert werden? Soll eine organisationsweite Awareness-Kampagne geplant und durchgeführt werden? Soll ein ITSCM die IT auf »Herz und Nieren« prüfen? Das heißt, soll das ITSCM auf Schwachstellen- und Fehlersuche gehen? Soll ein ITSCM das vorhandene BCM intensiv unterstützen? Soll ein ITSCM IT-Risiken definieren und bewerten? Soll das ITSCM nützliche KPIs erzeugen?

[!]

Vermeiden Sie Unklarheiten und Blackboxes!

In der Policy sollten Sie die ganzen Anforderungen an ein ITSCM detailliert aufführen. Achten Sie bei allen Inhalten auf eine einfache Sprache bzw. einfache Formulierungen, denn schließlich wird diese Policy auch von allen Mitarbeitern der Organisation gelesen. Und Sie möchten ja alle Mitarbeiter bestmöglich mit auf die gemeinsame Reise nehmen und ihnen keine Blackbox vorsetzen.

Eine *Blackbox* ist etwas, bei dem man nur sieht, was hineingeht und was herauskommt – aber nicht, was drinnen passiert. Das ist für viele Menschen sehr ungewöhnlich, und viele bauen angesichts dessen spontan eine innere Abwehrhaltung auf.

Schrecken Sie auch niemanden mit unnötigem Fachchinesisch oder akademischer Prosa und unverständlichen Schachtelsätzen ab. Sie suchen Verbündete und keine Gegner! 😉

4.2 Den Geltungsbereich bestimmen

Wenn Sie festgelegt haben, was vom ITSCM erwartet wird, geht es an den Geltungsbereich. Mit einem Geltungsbereich definieren Sie genau, wofür Ihr ITSCM zuständig sein soll und wofür nicht. Das bedeutet, hier setzen Sie einen örtlichen Fokus für das ITSCM. Sie können es z. B. organisationsweit definieren oder auch nur lokal bzw. sehr eingegrenzt einsetzen, also beispielsweise:

- für einen Kontinent
- für ein Land
- für ein Bundesland
- für eine Stadt
- für einen Standort (oder Teile des Standortes)
- für einen festgelegten Bereich innerhalb Ihrer Organisation
- für alle RZ-Standorte
- für einen RZ-Standort
- für einen Teil des RZ (z. B. für den hochsicheren Bereich)
- etc.

Dabei sind Sie vollkommen frei. Oft gibt es auch eine (Konzern-)Zentrale oder einen Mutterkonzern bzw. ein Headquarter, das für alle angeschlossenen oder nachgeordneten Bereiche Vorgaben erstellt, die dann nur noch lokal angepasst werden müssen (an andere Gesetze, Normen, Vorschriften etc.).

Ein solcher Aufbau könnte wie folgt aussehen:

> Diese ITSCM-Policy ist für »Name der Organisation« in:
>
> - »alle Standorte« (Länder)
> - »Name der Standorte« (Land)
> - »Name der Lokation« (Ort)
> - »Name der Abteilung« (Ort)
> - »nur ein bestimmter Bereich« (Ort) gültig.
>
> Das ITSCM bezieht sich auf alle **Prozesse, (IT-)Services** sowie auf die gesamte **IT-Infrastruktur** mit allen **Informationen**, **Anwendungen** und **Systemen**. Sie gilt für alle Mitarbeiter sowie für alle Personen, die
>
> - Zugang zur IT-Infrastruktur,
> - Zugriff auf Informationen,
> - Zugang zu IT-Anwendungen oder IT-Systemen haben, die für die Aufgabenerfüllung genutzt werden.
>
> Diese Policy muss von allen Mitarbeitern wie auch von allen externen Dienstleistern beachtet werden. Alle Verträge mit Dienstleistern, die Dienstleistungen mit Relevanz für das ITSCM betreffen, müssen mögliche Vorgaben aus dieser Policy berücksichtigen und erfüllen …

4.3 Allgemeine Definitionen

4.3.1 Das »Big Picture« (Vorgehensmodell)

In Abbildung 4.1 sehen Sie das »Big-Picture« zum ITSCM mit allen wichtigen Stationen und deren Abhängigkeiten. Es ist quasi das ganze ITSCM auf einen Blick.[1]

So ein »Big Picture« können Sie in die Policy aufnehmen, denn so sehen alle Beteiligten sofort, wie hochkomplex ein ITSCM ist und dass man ein ITSCM nicht mit einer Person mal so »nebenbei« machen kann. Gehen Sie ruhig ein wenig taktisch vor und präsentieren Sie Ihren Arbeitsbereich auch entsprechend. Dann kann niemand sagen, er hätte nicht gewusst, wie zeitaufwendig der Aufbau und Betrieb eines ITSCM sein kann.

1 Ich habe die Grafik vom Team der *BCM Academy GmbH* erhalten und finde, dass es Bände spricht. Es ist in meinen Augen die beste grafische Zusammenfassung eines ITSCM, die ich gefunden habe. Sie finden die Grafik beim Downloadmaterial zum Buch. Danke, Birthe! 😊

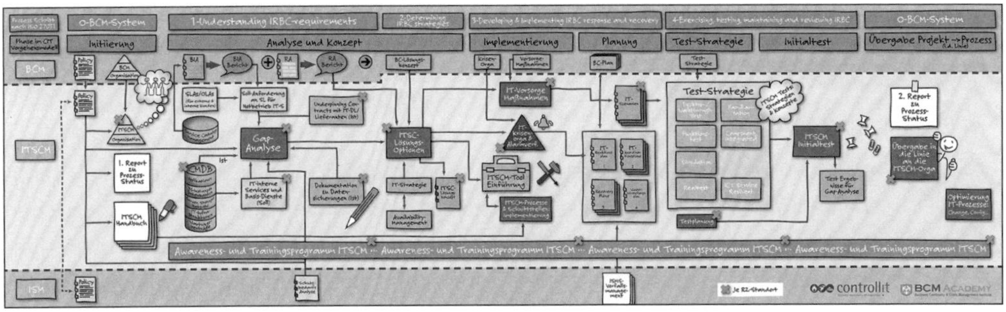

Abbildung 4.1: ITSCM-»Big Picture« (Quelle: BCM Academy GmbH, Lehrgang »Certified IT Service Continuity Manager, CITSCM«, https://www.bcmacademy.de/de/citscm)

In Abbildung 4.1 können Sie schon sehen, wie viel Fleißarbeit notwendig ist und dass eine sehr gute Vernetzung, Verzahnung und viel Durchhaltevermögen in der eigenen Organisation unumgänglich ist.

4.3.2 Rollenbeschreibungen in Kurzform

Als Nächstes werden in der Policy die ITSCM-Rollen erklärt. Dazu möchte ich die Rollen kurz beschreiben, die im direkten ITSCM-Umfeld zu finden sind und die maßgeblich das ITSCMS steuern bzw. beeinflussen. Eine ausführliche Beschreibung folgt später in Kapitel 7. Wichtig ist, dass nicht alle Rollen zwingend vorhanden sein müssen.

Betrachten Sie diese Liste und ihre Visualisierung in Abbildung 4.2 daher als mögliche und optimale Gesamtaufstellung. Dazu müssen Ihre Organisation und das ITSCM aber schon einen sehr hohen Reifegrad aufweisen. Auch haben manche Organisationen diese ITIL-Rollenbezeichnungen oder das entsprechende Wording nicht. Es ist wieder ein *Kann* und kein *Muss*. Daher sehen Sie es als unverbindlichen Vorschlag an.

Beschreiben Sie in Ihrer Policy kurz und knapp alle Rollen, am besten mit namentlicher Nennung der aktuellen Rolleninhaber (wenn es schon welche gibt):

- **ITSCM-Sponsor**

  Der ITSC-Sponsor ist für die dauerhafte Finanzierung eines ITSCMS verantwortlich. »Aktuell ist *Herr/Frau NN, (Vorstand),* aus dem Top-Management dazu benannt.«

- **ITSCM-Owner**

  Der ITSCM-Owner ist der Gesamtverantwortliche für das ITSCM. Diese Verantwortung kann nicht delegiert werden. Der ITSCM-Owner untersteht dem ITSCM-Sponsor und gibt Anforderungen an den oder die ITSC-Manager weiter. Er entwickelt eine ITSCM-Strategie. »Aktuell ist *Herr/Frau NN* dazu benannt.«

- **ITSC-Manager**

  Der ITSC-Manager ist umsetzungsverantwortlich für den Aufbau, Betrieb und die permanente Weiterentwicklung eines ITSCMS. Er untersteht direkt dem ITSCM-Owner. Er gibt taktische Anforderungen (die aus dem Top-Management kommen) an die ITSC-Koordinatoren (operative Ebene) weiter. »Aktuell ist *Herr Frank M. Marks* dazu benannt.«

- **ITSC-Koordinator**

  Die ITSC-Koordinatoren unterstützen den oder die ITSC-Manager. Sie setzen die taktischen Anforderungen in ihren technischen und operativen Bereichen, Fachbereichen oder Arbeitseinheiten um. Der ITSC-Koordinator fungiert dabei als der zentrale Eingangs- und Ausgangskanal zu seinem Bereich und gleichzeitig als Multiplikator für das ITSCM. »Aktuell sind *[Liste mit Namen einfügen]* dazu benannt.« Hier werden meist mehrere ITSC-Koordinatoren benannt – je nach Größe Ihrer Organisation. Man kann aber auch hier erst mal mit einem ITSC-Koordinator anfangen und dann sukzessive erweitern. Die ITSC-Koordinatoren sind für ihren Bereich umsetzungsverantwortlich. Sie koordinieren und kontrollieren sämtliche Arbeiten in dem direkten Arbeitsumfeld, für das sie zuständig sind.

- **IT-Notfallteam(s) oder Reaktionsteam(s)**

  IT-Notfallteams bzw. Reaktionsteams unterstützen mit ihrem technischen Fachwissen den oder die ITSC-Koordinatoren z. B. bei:

  - Übungen und Tests
  - Vorbereitungen, Durchführungen, Nachbearbeitungen
  - IT-Notfällen und (IT-)Krisen, während der gesamten Dauer
  - der Umsetzung von IT-Notfallvorsorgemaßnahmen

  »Aktuell sind hier folgende Personen der Organisation benannt: *[Hier eine vollständige Liste aller Rolleninhaber anhängen]*.«

- **IT-Spezialist oder externe Spezialisten**

  IT-Spezialisten oder externe Spezialisten sind Fachkräfte mit außergewöhnlichem theoretischen und langjährigem praktischen Wissen. Diese Personen werden nur in wichtigen Situationen hinzugezogen, in denen das eigene Fachpersonal nicht mehr weiterkommt und Unterstützung braucht. Sie unterstützen den ITSC-Koordinator mit ihrem technischen Fachwissen bei z. B.:

  - Übungen und Tests
  - Vorbereitungen, Durchführungen, Nachbearbeitungen
  - bei IT-Notfällen und (IT-)Krisen während der gesamten Dauer
  - bei der Umsetzung von IT-Notfallvorsorgemaßnahmen

  »Aktuell sind hier folgende Personen/Firmen benannt *[Hier eine vollständige Liste aller Rolleninhaber anhängen]*.«

- **ITSCM-Team**

  Das ITSCM-Team unterstützt den oder die ITSC-Manager bei allen anfallenden Tätigkeiten im Tagesgeschäft. Die Größe des Teams sollte sich an der Anzahl der ITSC-Manager orientieren. Als Standardwert würde ich pro ITSC-Manager einen ITSCM-Mitarbeiter ansetzen. Bei größeren Organisationen, in denen es etwa zwei ITSC-Manager und zwei ITSCM-Mitarbeiter gibt, könnte zudem ein kleines Backoffice mit einer oder zwei Personen als administrative Unterstützung durchaus sinnvoll sein. Aber dies ist natürlich auch von Ihrem verfügbaren Budget und Ihren personellen Rahmenbedingungen abhängig.

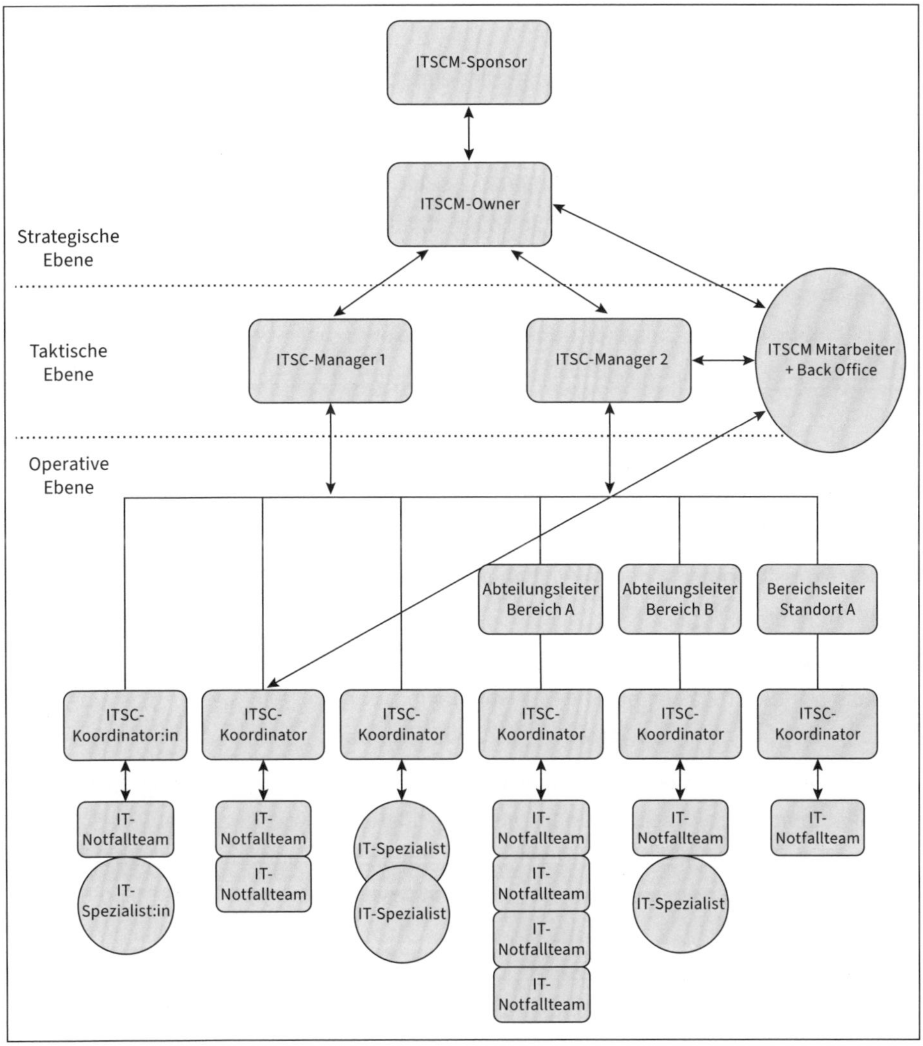

Abbildung 4.2: Übersicht der Rollen im voll ausgebauten ITSCM-Umfeld

4.3.3 Störungskategorien definieren

Um zu verdeutlichen, welche Schadensereignisse im Rahmen eines ITSCM betrachtet werden, folgt in der Policy eine kurze allgemeine Erläuterung der Ereignisse, die organisationsweit bei Ihnen vorab definiert werden muss.

Unter »notfallrelevanten Ereignissen« sind nur die Eskalationsstufen »IT-Notfall«, und »(IT-)Krise« zu verstehen. »Incidents« und »Major-Incidents« zählen dagegen zum allgemeinen Tagesgeschäft und werden durch die *Allgemeine Aufbauorganisation (AAO)* bearbeitet. Die AAO wird später noch genauer in Abschnitt 4.5 erklärt. Abbildung 4.3 bietet Ihnen einen Überblick über diese Stufen. Passen Sie diese Tabelle für Ihre Organisation an.

Incident (oder Minor-Incident)

Ein *Incident* (also eine interne Störung oder einfache Störung) ist eine Situation, in der Prozesse oder IT-Services (inklusive IT-Ressourcen) nicht wie vorgesehen funktionieren oder zur Verfügung stehen. Die dadurch entstehenden Schäden sind als gering einzustufen: Ein *geringer Schaden* ist ein Schaden, der im Verhältnis zum gesamten Haushaltsbudget zu vernachlässigen ist oder der die Aufgabenerfüllung nur unwesentlich beeinträchtigt. Eine *Störung* liegt vor, wenn unabhängig von der Ursache eine Größe sich nicht innerhalb des Sollbereichs bewegt bzw. wenn eine Abweichung vom Sollzustand auftritt. (Zur Definition des Soll-Zustands unbedingt die SLA-Vorgaben beachten!)

Incidents werden durch die im Tagesgeschäft integrierte Störungsbehebung beseitigt. Störungen können sich jedoch zu einem IT-Notfall oder einer (IT-)Krise ausweiten und sind deshalb genau zu beobachten, sorgfältig zu dokumentieren und zeitnah zu beheben. Dies ist jedoch nicht die Aufgabe eines ITSCM, sondern eines Störungsmanagements (*Incident-Managements*).

Incidents passieren bei der heutigen hochkomplexen IT jeden Tag zigfach, sind also kein Grund zur Panik. 😉

Bei einem IT-Dienstleister können sogar einige Hundert kleinere Incidents an der Tagesordnung sein. Auch das ist normal und abhängig davon, wie fein Sie ihre (Störungs-)Detektion oder ihre Schwellenwerte eingestellt bzw. definiert haben.

Beispiel: Ein kurzes Timeout (ein »Ruckler« oder eine zeitliche Verzögerung) kann schon ein vollautomatisiertes Incident-Ticket auslösen, das später wieder automatisiert auf »gelöst« gesetzt wird, wenn die Antwortzeit wieder stimmt. Das kann innerhalb von Sekunden oder Minuten passieren. Der Anwender bekommt davon normalerweise nichts mit.

Major-Incident (oder Großstörung)

Ein *Major-Incident* ist ein schwerwiegender und ungeplanter Incident, der gravierende Unterbrechungen der Geschäftstätigkeiten (auch beim Kunden) verursacht und mit höherer Dringlichkeit von der AAO gelöst werden muss.

IT-Notfall (oder auch kritischer Vorfall)

Ein kritischer Vorfall bzw. ein IT-Notfall ist ein Schadensereignis, bei dem (Geschäfts-) Prozesse oder (IT-)Ressourcen nicht wie vorgesehen funktionieren oder zur Verfügung stehen. Der Geschäftsbetrieb ist sehr stark beeinträchtigt. Es entstehen hohe bis sehr hohe Schäden, die sich signifikant und in nicht akzeptablem Rahmen auf die Aufgabenerfüllung der Organisation auswirken. Der Schwerpunkt des IT-Notfalls liegt zwar auf der Verfügbarkeit, jedoch muss auch der Verlust der Integrität oder der Vertraulichkeit von schutzbedürftigen Daten als IT-Notfall angesehen werden. IT-Notfälle können nicht mehr im normalem Tagesgeschäft abgewickelt werden, sondern erfordern eine besondere Notfallbewältigungsorganisation, mit entsprechenden Sonderberechtigungen, z. B. eine *Besondere Aufbauorganisation (BAO)* mit einem Krisenstab und einem (IT-)Lagezentrum.

Definitionen anpassen

Sie können den IT-Notfall auch mit Ihren zeitkritischen Geschäftsprozessen bzw. zeitkritischen IT-Services verbinden. Das heißt, ist z. B. einer dieser zeitkritischen Geschäftsprozesse bzw. zeitkritischen IT-Services gestört, wird das automatisch als IT-Notfall deklariert und ausgerufen.

Ein IT-Notfall ist:

- ein Ereignis, das den Geschäftsbetrieb stark beeinträchtigt und somit einen länger andauernden Ausfall von (Geschäfts-)Prozessen und/oder IT-Ressourcen verursacht
- eine eskalierte Störung, die von der AAO nicht gelöst werden kann
- eine massive Störung wichtiger (IT-)Anwendungen bzw. des Geschäftsbetriebs oder ein Sicherheitsvorfall mit massiven Auswirkungen auf die Sicherheitsziele (Hier könnte aber auch schon die Informationssicherheit aktiv werden.)
- die Störung eines zeitkritischen Geschäftsprozesses oder eines zeitkritischen IT-Service
- *[Ihre Definition von IT-Notfall]*

Für die IT-Notfallbewältigung liegen idealerweise aktuelle und in der Praxis geprobte IT-Notfallpläne vor. Ein IT-Notfall, der mehr als 14 Wochentage andauert, wird automatisch zu einer (IT-)Krise hochgestuft. Auch dies können Sie anhand Ihrer Organisationsvorgaben natürlich ganz anders definieren oder regeln.

Beispiele für IT-Notfälle sind:

- **Ein Brand im Serverraum**, der eine aufwendige Sanierung wesentlicher Bereiche der Nutzfläche im Rechenzentrum sowie IT-Ersatzbeschaffungen erfordert
- **Mehrere IT-Systeme** sind aufgrund von Brand, Wasser, Vandalismus, Sabotage oder technischen Defekten ausgefallen. Dieser Ausfall kann mehrere Wochen dauern.
- Das **Kühlsystem für den Serverraum** fällt voraussichtlich für mehrere Wochen aus.
- **Massiver Ausfall des IT-Fachpersonals** für mehrere Monate wegen Pandemie, Unfall o. Ä. – insbesondere vor wichtigen Meilensteinen mit Außenwirkung
- Ein Defekt von mehr als der Hälfte der zentralen IT-Systeme durch z. B. **fehlerhafte Stromversorgung (Spannung/Frequenz)**

- Die **Vertraulichkeit** von Daten, IT-Anwendungen und IT-Systemen mit **hohem Schutzbedarf** bezüglich ihrer Vertraulichkeit ist nicht sicher gegeben. Das heißt, es liegen Hinweise auf einen unbefugten Zugriff vor.
- Die **Integrität** von Daten, IT-Anwendungen und IT-Systemen mit hohem Schutzbedarf ist nicht sicher gegeben. Das heißt, es liegen Hinweise auf Manipulation(en) vor. Die Integrität kann innerhalb der durch den Schutzbedarf vorgegebenen *maximal tolerierbaren Ausfallzeit (MTPD)* nicht wiederhergestellt bzw. verifiziert werden.
- Durch **Virenbefall** müssen IT-Systeme im größeren Umfang erneut installiert oder sogar ausgetauscht werden (für forensische Untersuchungen).

(IT-)Krise (beinhaltet auch Katastrophe)

Eine IT-Krise ist entweder:

- ein **eskalierter IT-Notfall oder mehrere parallele IT-Notfälle**
- ein Fall, für den **keine IT-Notfallpläne** vorhanden sind oder in dem vorhandene Pläne **nicht funktionieren**
- ein IT-Notfall, der mehr als **14 Wochentage** andauert (Er wird »automatisch« zu einer **(IT-)Krise hochgestuft.**)
- oder die Störung mehrerer (mehr als 2) zeitkritischer Geschäftsprozesse bzw. zeitkritischer IT-Services

Diese vom Normalzustand extrem abweichende und über die IT-Notfälle hinausgehende Situation kann – trotz vorbeugender Maßnahmen – jederzeit eintreten. Die (IT-) Krise konzentriert sich auf die eigene Organisation und beeinträchtigt nicht breitflächig die Umgebung oder das öffentliche Leben. Sie kann, zumindest größtenteils, innerhalb der eigenen Organisation selbst behoben werden.

Ein typisches Merkmal einer (IT-)Krise ist die Einmaligkeit des Ereignisses. Für die Bewältigung einer (IT-)Krise existieren keine Pläne, sondern lediglich Rahmenanweisungen und -bedingungen bzw. Leitlinien und Empfehlungen auf Basis eines etablierten BCM, ITSCM oder ISM (siehe BCPs/GFPs des BCM oder den Reaktionsplan und die Koordinationspläne des ITSCM).

[»] **Definitionen anpassen**

Sie können die Definition der (IT-)Krise auch mit Ihren zeitkritischen Geschäftsprozessen bzw. zeitkritischen IT-Services verbinden. Sind z. B. zwei oder mehr zeitkritische Geschäftsprozesse oder zeitkritische IT-Services gestört, wird automatisch die (IT-)Krise ausgerufen.

Es werden nur IT-Notfälle und (IT-)Krisen betrachtet. Nicht betrachtet werden »allgemeine« *Katastrophen*, da diese nicht planbar sind und die eigene Organisation hier oft nicht federführend und verantwortlich tätig ist.

Man ist sozusagen nicht mehr »Herr des Geschehens«, da im Katastrophenfall beispielsweise das *Bundesamt für Bevölkerungsschutz und Katastrophenhilfe (BBK)* und andere Organisationen (THW, Feuerwehr, Polizei, Bundeswehr etc.) vorrangig die Leitung und Koordination übernehmen.

Katastrophe (wird hier nicht betrachtet!)

Eine Katastrophe ist im Sinne von §1 des BHKG (*Gesetz über den Brandschutz, die Hilfeleistung und den Katastrophenschutz*) ein räumlich und zeitlich nicht begrenztes Großschadensereignis, zum Beispiel als Folge von Überschwemmungen, Erdbeben oder Flugzeugabstürzen. Aus der Sicht der eigenen Organisation stellt sich eine Katastrophe intern als Krise dar und wird durch die Krisenstabsarbeit im Zusammenspiel mit den externen Hilfsorganisationen (z. B. Katastrophenschutz, THW, Bundeswehr etc.) bewältigt.

Eine besondere Vorbereitung gibt es hierfür nicht.

Abbildung 4.3 zeigt Ihnen (wie angekündigt) die vier Stufen noch einmal im Überblick. Sie können sich an diesen Beschreibungen und Definitionen orientieren, aber natürlich müssen Sie für Ihre Organisation individuell festlegen, wie Sie die Unterteilung vornehmen wollen:

Bezeichnung	**Minor-Incident**	**Major-Incident**	**IT-Notfall**	**(IT-)Krise**
Störungsart	Kleinere Störungen von internen Prozessen, IT-Ressourcen oder IT-Basiskomponenten, ohne jeglichen Kundenbezug und ohne größere Auswirkungen. Keine SLA-Verletzung.	Größere Störungen von internen Prozessen, IT-Ressourcen oder IT-Basiskomponenten, mit geringem bis mittlerem Kundenbezug (einzelne IT-Services oder einzelne Kunden-Services) mit spürbaren Auswirkungen. Mögliche SLA-Verletzung.	Größere Störungen von internen Prozessen, IT-Ressourcen oder IT-Basiskomponenten, mit großem Kundenbezug (sehr wichtige oder viele IT-Services und/oder wichtige IT-Infrastrukturen). Praxiserprobte Notfallpläne sind vorhanden und nutzbar. SLA-Verletzung sehr wahrscheinlich.	Sehr große Störung von vielen internen wichtigen oder zeitkritischen Geschäftsprozessen und/oder IT-Infrastrukturen, es sind nahezu alle Kunden betroffen. Notfallpläne fehlen, funktionieren nicht oder es sind mehrere parallele IT-Notfälle zeitgleich vorhanden. Mehrere SLA-Verletzungen sehr wahrscheinlich.

Abbildung 4.3: Mögliche Definition von Incidents, Störungen und Unterbrechungen

Besonderheit (Verknüpfung mit zeitkritischen Geschäftsprozessen möglich)	kein zeitkritischer Geschäftsprozess betroffen	kein zeitkritischer Geschäftsprozess betroffen	ein zeitkritischer Geschäftsprozess betroffen	mehr als ein zeitkritischer Geschäftsprozess betroffen
Wer ist betroffen?	nur intern	intern/ wenige Kunden	intern/ viele Kunden	intern/ alle Kunden
Priorität	niedrig	mittel	hoch	kritisch
Reputationsverlust	nein	eventuell	höchstwahrscheinlich	ja
SLA-Verletzung	nein	nein/ja	ja	ja
OLA-Verletzung	nein/ja	nein/ja	nein/ja	nein/ja
Datenverlust	ja/nein	ja/nein	ja/nein	ja/nein
Auswirkungen	nur lokal und kurzfristig	mit Kundenbezug und kurz- bis mittelfristig	größerer Kundenbezug und mittelfristig bis längerfristig	weitreichend (alle) und andauernder Ausfall (z. B. Totalausfall)
Sicherheitsvorfall	ja/nein	ja/nein	ja/nein	ja/nein
AAO/BAO Beteiligung	nur AAO	nur AAO	AAO, mögliche Übergabe an BAO	nur BAO
Zeitfaktor	im Stundenbereich	bis zu einem Tag	mehrere Tage bis Wochen	nicht bezifferbar
Notfallplan nötig	nein	nein	ja	ja
WAP/WHP nötig	ja/nein	ja/nein	ja/nein	ja

Abbildung 4.3: Mögliche Definition von Incidents, Störungen und Unterbrechungen (Forts.)

4.4 Prozesse beschreiben

Im nächsten Abschnitt haben Sie die Möglichkeit, den Gesamtprozess Ihres ITSCM oder nur einen oder mehrere Teilprozesse kurz zu beschreiben – je nachdem, was Sie schon aufgebaut haben. Denn erfahrungsgemäß kommen die Prozessarbeiten meist erst später, wenn sich das ITSCM in den Vorgängen Ihrer Organisation etabliert hat. (Es sei denn, es gibt in Ihrer Organisation dazu klare Regelungen, die besagen, dass Prozesse schon vor dem Start eines Projekts definiert werden müssen. Dann haben Sie es allerdings mit einem Henne-Ei-Problem zu tun und müssten zunächst sehr theoretisch vorgehen und Prozesse im luftleeren Raum beschreiben und später an die Praxis anpassen.)

Die Übersicht über die Prozesse soll dafür sorgen, dass die Adressaten der Policy schnell die Vorgänge und Wege in Ihrem ITSCM erfassen können. Achten Sie daher darauf, dass Sie sich an einen allgemein gültigen Standard halten, z. B. an die Spezifikationssprache *Business Process Model and Notation (BPMN)*.

Üblicher ist es, dass Sie in der ersten Version der Policy noch keine Prozesse definieren können oder zumindest Teilprozesse offen lassen müssen. Dann sollten Sie einen Verweis in die Policy aufnehmen, dass dies bis zur nächsten Überarbeitung passieren wird. Mit diesem Platzhalter in der Policy verschaffen Sie sich Zeit, alle sind informiert und Sie vergessen diesen Punkt nicht, da er präsent ist.

Wichtig ist: Sie müssen den (Teil-)Prozess wirklich nur benennen und grob beschreiben und nicht für ihn werben.

Wie Sie Ihren ITSCM-Prozess definieren und beschreiben, erläutere ich in Kapitel 9.

4.5 Die Organisation für den Normal- und den Notbetrieb beschreiben

Im nächsten Schritt der Policy-Erstellung geht es darum, die Organisationsformen zu beschreiben. Es wäre aber auch ein Part, den Sie in der ITSCM-Policy streichen könnten, wenn er bereits in der BCM-Policy auftaucht. Dort passt er thematisch eigentlich besser hin.

Ich orientiere mich an den Begriffen *Allgemeine Aufbauorganisation (AAO)* und *Besondere Aufbauorganisation (BAO)*, die im BSI-Standard 200-4 verwendet werden[2], denn in der ISO 27031 finden Sie so etwas nicht.

Die gesamte Organisation muss alle Belange eines (IT-)Notfallmanagements strategisch, taktisch und operativ abdecken. Da sich eine Organisation in zwei grundlegende Bereiche einteilen lässt – die *Vorsorge* (arbeitet proaktiv) und die *Bewältigung* (arbeitet reak-

2 Siehe: *https://www.bsi.bund.de/DE/Themen/Unternehmen-und-Organisationen/Standards-und-Zertifizierung/IT-Grundschutz/BSI-Standards/BSI-Standard-200-4-Business-Continuity-Management/bsi-standard-200-4_Business_Continuity_Management_node.html*

tiv) von IT-Notfällen und (IT-)Krisen –, teilt sich auch die Organisationsstruktur in zwei Bereiche auf:

- in die *(IT-)Notfallvorsorgeorganisation* und
- in die *(IT-)Notfallbewältigungsorganisation*.

Die Organisationsstruktur besteht im Bereich der Notfallvorsorgeorganisation im Normalbetrieb durch die *AAO* aus:

- der Betriebsleitung, der Geschäftsleitung, dem Vorstand usw.
- dem BC-Manager (inklusive Team)
- dem ITSC-Manager (inklusive Team)
- den ITSC-Koordinatoren (inklusive Team)
- den IT-Notfallteams oder Reaktionsteams
- dem Resilienz-Manager (wenn vorhanden)

Im Rahmen der *Bewältigung* (Notfallbewältigungsorganisation) durch die *BAO* besteht die Organisationsstruktur aus:

- dem Krisenstab
- dem (IT-)Lagezentrum/Assistenz und Serviceteam (AST)
- den IT-Notfallteams, Reaktionsteams, A-Teams, Spezialisten etc.

Die AAO ist also für den Normalbetrieb (das Tagesgeschäft) zuständig und die BAO für den Notbetrieb bzw. für die aktive Bewältigung von IT-Notfällen und (IT-)Krisen.

4.6 Die wichtigsten Schnittstellen im Tagesgeschäft in Kurzform vorstellen

Nachdem Sie die Organisation für den Normal- und den Notbetrieb definiert haben, sollten Sie die direkten und wichtigsten Schnittstellen in der Policy vorstellen. Aber nur kurz und knapp! Lang, ausführlich und sehr detailliert wird das Ganze im ITSCM-Handbuch beschrieben.

[»]

Tipp aus der Praxis

Da meist das ISM, BCM und das ITSCM ein Dreigestirn bilden, kann ein ITSCM-Team die beiden anderen Bereiche mit je zwei bis drei Sätzen in die ITSCM-Policy einfügen. Die anderen beiden Policys können dann ihrerseits einen ITSCM-Zweizeiler einpflegen. Damit kann das Top-Management genau die Abgrenzungen und Hauptaufgaben der drei Bereiche auf einen Blick sehen und nachvollziehen. Das erleichtert ihnen die Einschätzung zu dem jeweiligen Aufgabengebiet, und die Policy wird schneller freigegeben.

In der Praxis kann ein solches Zusammenspiel in der Policy wie folgt beschrieben werden:

- »**ISM:** Das Informationssicherheitsmanagement ist für den Schutz aller Informationen der Organisation verantwortlich. Dabei gelten die Schutzziele *Vertraulichkeit*, *Integrität* und *Verfügbarkeit*.«[3]
- »**BCM:** Das Business Continuity Management sorgt mit Überbrückungsmaßnahmen für einen reibungslosen Weiterbetrieb der zeitkritischen Geschäftsprozesse. Dies wird in den sogenannten BCPs oder GFP dokumentiert.«
- »**ITSCM:** Das IT Service Continuity Management sorgt mit IT-Notfallvorsorgemaßnahmen dafür, dass die IT-Services und deren IT-Ressourcen, die die zeitkritischen Geschäftsprozesse unterstützen, optimal abgesichert sind und störungsfrei funktionieren.«

Natürlich können Sie diese Sätze in Ihrer Organisation noch wesentlich detaillierter ausschmücken, ganz umformulieren oder auch weglassen. Es wird aber einem Top-Management sehr helfen, zu rekapitulieren, was die anderen Bereiche machen bzw. was diese drei Bereiche eigentlich unterscheidet, wenn die Policy alle zwei Jahre neu unterschrieben werden muss.

4.7 Die fünf Standard-Worst-Case-Szenarien kurz benennen

Im nächsten Schritt werden die fünf *Worst-Case-Szenarien (WCS)* (siehe Kapitel 14) des IT-SCM grob beschrieben, mit denen standardmäßig zu rechnen ist. Detaillierter werden sie entweder im ITSC-Lösungskonzept und/oder im ITSCM-Handbuch erläutert.

Als Oberbegriff oder als Begriff aus dem BCM wird nur von einem Worst-Case-Szenario »Ausfall IT« gesprochen. Damit fasst das BCM die fünf WCS des ITSCM zusammen.

Mit einem WCS meint man immer den Totalausfall einer Ressource, der Grund dafür ist egal. Bei den Standard-Worst-Case-Szenarien des ITSCM handelt es sich um:

- **Ausfall eines Rechenzentrums**
  Das komplette RZ ist ausgefallen.
- **Nichtzugänglichkeit eines Rechenzentrums**
  Es kann nicht mehr per Remoteeinwahl auf das RZ zugegriffen werden oder vor Ort kommt man nicht mehr in die RZ-Räumlichkeiten.
- **Ausfall der WAN/RZ-Kopplung**
  Hier kommt es zu einem Ausfall der WAN-Kopplung. Das bedeutet, die Verbindung zwischen zwei RZ oder mehreren RZ ist ausgefallen.
- **Ausfall durch kompromittierte IT-Infrastruktur**
  Damit ist vereinfacht gemeint, dass Ihre gesamte IT-Infrastruktur nicht mehr zu nutzen ist. Sie sind praktisch handlungsunfähig.

---

3 Dies ist das »klassische« Dreigestirn der IT-Sicherheit, bei dem leider die *Authentizität* als viertes Schutzziel vergessen wird, die aber besonders in modernen IT-Umgebungen eine sehr wichtige Rolle spielt.

- **Ausfall Cloud**
  Hier geht man davon aus, dass Ihre genutzte Cloud-Umgebung nicht mehr zur Verfügung steht.

4.8 Scoping: den Umfang eines ITSCM definieren

In der Policy haben Sie die Möglichkeit, ganz klar und deutlich zu beschreiben, was vom ITSCM betrachtet werden soll und was ausgeschlossen wird. Das nennt man *Scoping*. Sie sollten also praktisch den Umfang eines ITSCM definieren oder einen klaren Fokus setzen. Das dient zur Abgrenzung zu anderen Organisations- und Aufgabenbereichen.

Scoping kann gut genutzt werden, um den Umfang einzugrenzen, wenn Sie erst mit einem sehr kleinen Team oder als »Einzelkämpfer« anfangen, ein ITSCM aufzubauen. Das Scoping kann dann bei der nächsten Policy-Version erweitert werden. Diese Vorgehensweise ist sinnvoll, damit Sie erst mal ans Arbeiten kommen, das Tagesgeschäft organisieren, sich in die Praxis einfinden. Auf Grundlage der Erfahrungen, die Sie in der Praxis sammeln werden, können Sie dann den Scope optimieren. Ein zu großer Scope am Anfang sorgt sonst schnell für Frust und Stagnation.

Das heißt also, dass sich ein Scope dynamisch ändern kann – besser gesagt, dass er sich sogar ändern muss. Es kommen neue Dinge dazu und andere fallen im Laufe der Zeit wieder heraus. Das ist Normalität im ITSCM.

Im Scope

Beispielsweise könnten folgende Aufgaben und Anforderungen im Scope sein:

- sämtliche IT-Notfallvorsorgemaßnahmen, die die IT-Services und deren IT-Ressourcen zur Unterstützung der zeitkritischen Geschäftsprozesse absichern
- Es werden alle IT-Services und IT-Ressourcen, die die zeitkritischen Geschäftsprozesse unterstützen, auf wirksame technische Redundanzen hin überprüft (auf ihr Vorhandensein und ihre Funktion).
- Durch Übungen und Tests werden sämtliche IT-Notfalldokumentationen (z. B. Pläne, Arbeitsanweisungen, Checklisten etc.) auf ihre Wirksamkeit überprüft und gegebenenfalls überarbeitet bzw. wenn nötig dynamisch angepasst.
- Durch geeignete Awareness-Maßnahmen werden das allgemeine Verständnis und die IT-Resilinez in der gesamten Organisation stetig erhöht.

Nicht im Scope (Out-of-Scope)

Ein Beispiel für Aufgaben oder Anforderungen, die Out-of-Scope sind bzw. sein können:

- Jegliche Cyberthematiken (IT-Sicherheit) werden vom ITSCM aktuell *nicht* betrachtet. Diese werden durch das ISM oder das CERT (inklusive SOC) federführend bearbeitet. Diese Bereiche haben dafür eine eigene Organisationsstruktur, eigene Prozesse, Vernetzung und Vorgehensweisen (inklusive Forensik). Darunter fallen z. B.:

- Ransomware-Angriffe
- Denial-of-Service-Angriffe (DoS)
- Distributed-Denial-of-Service-Angriffe (DDoS)
- Man-in-the-Middle-Angriffe (MitM)
- Phishing- und Spear-Phishing-Angriffe
- Advanced Persistent Threats (APT)
- Drive-by-Downloads
- Kennwortangriffe
- SQL-Injection
- Cross-Site-Scripting (XSS)
- Schadsoftware (Malware)
- Social Engineering
- Credential Stuffing
- Zero-Day-Angriff
- Malware (Schadsoftware)
- Botnets
- *[Platz für weitere definierte Szenarien, Angriffsarten etc.]*

4.9 Awareness-Maßnahmen und -Ziele kurz beschreiben

Bei Awareness-Maßnahmen handelt es sich um Aktivitäten, die dafür sorgen, dass in einer Organisation Kenntnisse bzw. ein Bewusstsein für ein bestimmtes Thema oder oder einen bestimmten Themenkomplex aufgebaut wird.

Awareness-Maßnahmen helfen dabei, Menschen für ein bestimmtes Thema zu sensibilisieren, also sie darauf aufmerksam zu machen und ihr Verhalten zu verbessern. Awareness-Maßnahmen sind wichtig, um Mitarbeiter gezielt für Risiken und Best Practices zu sensibilisieren. Sie tragen dazu bei, dass Menschen Fehler und Gefahren erkennen und vermeiden, sei es in der IT, im Datenschutz oder in anderen sicherheitskritischen Bereichen.

Das ITSCM kann dazu folgende Möglichkeiten nutzen:

- Informationsveranstaltungen (online und in Präsenz)
- Workshops (online und in Präsenz)
- Schulungen (online und in Präsenz)
- Hausmessen (in Präsenz)
- Intranet-Meldungen (online)
- Intranet-Seite (online)
- öffentliche Confluence-Seite oder Website (online)

- Gremienarbeit (online und in Präsenz)
- offene Sprechstunden (online und in Präsenz)
- E-Learning-Videos (online)
- White Papers (online/per E-Mail)
- Gamification (online und in Präsenz)
- Aufsteller (vor Ort)
- Flyer (online und in Präsenz)
- etc.

Den Erfolg der Awareness-Maßnahmen wird das ITSCM durch anonyme und freiwillige Umfragen und Feedbacks ermitteln. Echte Lernkontrollen sind durch einen Personalrat (PR) oder einen Betriebsrat (BR) in Deutschland nicht erlaubt.

Hier müssen Sie also etwas kreativ werden, wenn Ihr Top-Management echte Beweise für erfolgreiche Awareness-Maßnahmen haben möchte. Ich werde Ihnen einige Ideen nennen, wenn wir uns in Kapitel 25 um das Thema KPIs (Kennzahlen) kümmern.

4.10 Die Ressourcenfrage klären: Personal, Schulungen, Budget

Die Organisation muss den Rollen und Personen, die dem ITSCM zugeordnet sind, ausreichende finanzielle Mittel sowie zeitliche und personelle Ressourcen zur Verfügung stellen, damit ebendiese Rollen und Personen ihre Aufgaben ordnungsgemäß durchführen können.

Ohne eine verbindliche Zusage dieser Mittel und Ressourcen wird ein ITSCM nur eine Feigenblattlösung werden. Ich würde die Anforderungen sogar (aufgrund meiner bisherigen Erfahrung) noch weiter detaillieren. In Ihrer Policy sollte auf jeden Fall so etwas stehen wie:

- Für den Aufbau eines ITSCM wird ein ITSC-Manager eingestellt bzw. aufgebaut.
- Dafür stehen insgesamt 120.000 € (pro Jahr) zur Verfügung (inklusive Personal-, Schulungs- und Reisekosten, Hardwareanschaffungen etc.).
- Als Zeitrahmen wird dafür ein Jahr festgelegt (vom 01.01.2026 bis 31.12.2026).
- Die Finanzierung wird in der Zeit über die Allgemeinkosten (Umlage) oder einen anderen Etat erfolgen.
- Wird das ITSCM in 2027 weiterbetrieben, werden dem ITSC-Manager ein bis zwei IT-SCM-Mitarbeiter zur Seite gestellt. Die Finanzierung wird dann vom Bereich *T* (Technik) oder per Allgemeinkosten (Umlage) übernommen. Das Budget erhöht sich dann auf 300.000€ pro Jahr.
- *[Weitere Regelungen]*

Werden Sie hier also ruhig konkreter. Das gibt Ihnen Sicherheit und einen fest umrissenen Rahmen. Man könnte das noch weiter ausgestalten und mit dem Top-Management vorab abstimmen (siehe das Beispiel in Tabelle 4.1.):

Was?	Zeitraum	Personal
Aufbau des ITSCM	01.01.2026 bis 31.12.2026	1 ITSC-Manager
Betrieb des ITSCM	01.01.2027 bis 31.12.2027	+ 1 ITSCM-Mitarbeiter
Weiterentwicklung und Optimierung des ITSCM	01.01.2028 bis 31.12.2028	+ 1 ITSC-Manager + 1 ITSCM-Mitarbeiter

Tabelle 4.1: Mögliche Ressourcenangaben für ein ITSCM

In diesem Beispiel fangen wir im ersten Jahr mit einer Person an (idealerweise mit dem ITSC-Manager) und würden durch ihn die ersten Strategien, Konzepte, Dokumente und den weiteren Aufbau der ITSCM-Organisation planen und realisieren lassen. Im zweiten Jahr kommt dann ein ITSCM-Mitarbeiter als Unterstützung dazu, und im dritten Jahr könnte man sich personell noch größer aufstellen.

Da die Policy eigentlich nur alle 2 bis 3 Jahre überarbeitet werden sollte, müssen Sie für diesen Zeitraum vorausplanen. Natürlich könnten Sie hier auch schon eine Budgetplanung hinterlegen; das sieht man aber in der eher groben und oberflächlichen Policy selten und höchstens als Ergänzung oder als mitgeltendes Dokument. Aber auch dazu möchte ich Ihnen in Tabelle 4.2 ein Beispiel zeigen.

Jahr	Personalkosten	Sonstige Kosten	Gesamt
2026	90.000 €	10.000 €	100.000 €
2027	90.000 € 70.000 €	10.000 €	170.000 €
2028	90.000 € 90.000 € 70.000 € 70.000 €	20.000 €	340.000 €

Tabelle 4.2: Mögliche Kostenaufstellung pro Jahr

In 2026 wird im Beispiel ein ITSC-Manager beschäftigt, und es fallen etwa 10.000 € an Schulungskosten, Reisekosten und zusätzlicher Büroausstattung an. In 2027 kommt ein ITSCM-Mitarbeiter dazu. Dadurch erhöht sich der Jahresbetrag. In 2028 kommen noch ein

ITSC-Manager und ein ITSCM-Mitarbeiter dazu, was wiederum eine Erhöhung der Kosten mit sich bringt.

Das sind natürlich ganz grobe Mittelwerte. Sie können Personal günstiger oder auch wesentlich teurer einkaufen. Sie können dem ITSC-Manager im ersten Jahr auch einen »Sparringspartner« in Form eines externen Consultants oder Beraters an die Seite stellen. Ich habe z. B. einen Berater im ersten Jahr dazu genutzt, die ersten Versionen aller Notfall-Dokumente und Konzepte/Strategien sehr kritisch zu prüfen. Das hat mir einige interessante »Aha-Effekte« beschert.

Fazit: Sie können mit den zur Verfügung stehenden Ressourcen Ihr ITSCM und dessen Erfolg aktiv steuern.

4.11 Die Sicherheit der Dokumentationen beschreiben

Nun sollten Sie klar darauf hinweisen, dass alle Dokumente des ITSCM besonders schützenswert sind und dementsprechend nur einem begrenzten Kreis von Mitarbeitern (Need-to-know-Prinzip[4]) zur Verfügung gestellt werden.

Die ITSCM-Dokumente sollten in einem internen und geschützten Bereich (passwortverschlüsselt) abgelegt werden. Diese Dokumente werden hochsensible Angriffsziele und/oder Pläne der gesamten (IT-)Infrastruktur einer Organisation enthalten, wie IP-Adressen, Kommunikationswege, Netze, Router- und Switch-Namen, WAN-Leitungsnamen der Telekom etc. – und das mit den realen Bezeichnungen und Namen. Für jeden Hacker wären diese Informationen ein gefundenes Fressen!

[»]

Sicherheitsüberprüfungen im ITSCM

Es wäre sinnvoll, als ITSC-Manager eine SÜ2-Überprüfung zu haben (siehe Abschnitt 17.2.7). Diese erweiterte *Sicherheitsüberprüfung (SÜ)* umfasst im Vergleich zur SÜ1 einige zusätzliche Schritte. Insbesondere sollten Sie beachten, dass auch Ermittlungen über Ihren (Lebens- oder Ehe-)Partner erfolgen können.

Es empfiehlt sich natürlich auch, alle anderen ITSCM-Mitarbeiter SÜ2-überprüfen zu lassen. Denn die ITSC-Manager werden die Dokumente und Informationen etc. im Team besprechen und auch zur weiteren Verarbeitung austauschen. Daher ist eine SÜ2 nur dann sinnvoll, wenn auch alle anderen Beteiligten entsprechend überprüft wurden. Somit haben Sie ein Maximum an Sicherheit in diesem Bereich. Das ist auf jeden Fall eine sehr gute Investition, die sich auszahlt. Denn diese Überprüfung ist nicht kostenlos.

---

4 Das *Need-to-know-Prinzip* (»Kenntnis nur, wenn nötig«), das auch *Erforderlichkeitsprinzip* genannt wird, beschreibt ein Sicherheitsziel für geheime und/oder schützenswerte Informationen. Auch wenn eine Person grundsätzlich Zugriff auf Daten oder Informationen dieser Sicherheitsebene hat, verbietet das Need-to-know-Prinzip ihr den Zugriff, wenn die Informationen nicht unmittelbar für die Erfüllung einer konkreten Aufgabe von dieser Person benötigt werden.

Beachten Sie aber, dass dieser Schritt nur optional und nicht zwingend notwendig ist! Richten Sie sich nach den Sicherheitsstandards in Ihrer Organisation, und denken Sie auch an das Backoffice des ITSCM. Auch diese Kollegen brauchen dann eine SÜ2-Überprüfung, denn dort werden ja die schützenswerten Dokumente und Protokolle ausgetauscht und abgelegt. Ohne die SÜ2 können Sie Ihr ITSCM-Backoffice sonst direkt wieder dichtmachen.

4.12 Unterschrift und Commitment

Die Policy sollten Sie durch die höchstmögliche Position in der Organisation (Präsident, CIO, Vorstand, Geschäftsführer, Top-Management etc.) unterschreiben und dadurch offiziell freigeben lassen. Das ist ein klares *Commitment* an alle Mitarbeiter der Organisation.

Zusätzlich erspart man sich im ITSCM mit so einer offiziellen Policy viele Diskussionen mit den anderen Bereichen innerhalb der Organisation. In so einem Fall brauchen Sie dann nur cool die Policy zücken und den störrischen Kollegen (oder dem Blockierer, Bremsklotz oder Berufsverweigerer) vor die Nase halten. Das schont Ihre Nerven und bringt Sie schneller ans Ziel. Denn sollte der Blockierer Einwände haben, kann er sich gern ans Top-Management wenden. Aus Erfahrung kann ich berichten: Das machen die wenigsten.

4.12.1 Aktualisierung der Policy

Schreiben Sie die Policy nie zu detailliert. Sie werden in der kommenden praktischen Arbeit fast täglich etwas Neues dazulernen. Dabei werden Sie merken, dass Ihre ersten (oft noch sehr) theoretischen Vorüberlegungen und Vorplanungen nicht immer 1:1 in die Praxis umzusetzen sind. Wenn Sie eine Policy anfangs zu genau, also zu feingranular, schreiben, kann es sein, dass Ihre neuen Erkenntnisse Sie praktisch dazu zwingen, häufiger eine Überarbeitung der Policy vorzunehmen. Und das sollte (wenn möglich) vermieden werden.

Im Normalfall sollte man eine Policy alle zwei bis drei Jahre überprüfen und (wenn nötig) anpassen. Es sein denn, es gibt zwingende neue Vorgaben durch Gesetze, Normen, Standards, Organisationsstrategien, Änderungen an Prozessen oder in der Organisation, Änderungen im BCM, ISM etc., die ein kurzfristiges Update erforderlich machen.

Weil die neue Policy wieder an allen wichtigen Stellen einer Organisation zur Freigabe vorgelegt werden muss, sollten Sie den Arbeitsaufwand für alle Beteiligten so gering wie möglich halten. Man möchte sich sein Top-Management nicht mit zu vielen Anfragen nach Unterschriften verärgern, und es wirkt auch nicht gerade professionell, wenn Sie jedes Quartal mit einer überarbeiteten Policy um die Ecke kommen. Wählen Sie alle Änderungen mit Bedacht aus. Man wird es Ihnen danken.

Es ist aber auch ganz normal, dass Aufgaben aus der Policy herausfallen und durch andere ersetzt werden oder dass zusätzliche Aufgaben in die Policy aufgenommen werden. Die IT ist das mit Abstand dynamischste Umfeld der Arbeitswelt. In ihr gibt es fast monatlich Neuigkeiten oder Änderungen (Cloud, KI, Quanten-Computing etc.). Daher wird sich auch Ihre Policy immer wieder ändern. Sie werden nicht die 100-%-Lösung erreichen. Also kommunizieren Sie auch ans Top-Management, dass sich die Policy immer wieder dynamisch den Gegebenheiten anpassen muss und dass das auch gut für die Organisation ist.

4.12.2 Laufweg einer Policy zur Offizialisierung

Ich möchte Ihnen zwei typische Laufwege für eine Offizialisierung einer ITSCM-Policy vorstellen. Eventuell weichen diese etwas von Ihren Laufwegen ab, weil Sie andere Bezeichnungen, Rollen oder Vorgaben innerhalb Ihrer Organisation haben. Das Schema wird aber ähnlich sein. Betrachten Sie es daher bitte wieder als unverbindlichen Vorschlag.

- **Kleiner Laufweg innerhalb der eigenen ITSCM-Organisation**

  ITSC-Manager (Policy-Erstellung) → **ITSCM-Owner** (Gesamtverantwortung) → **ITSCM-Sponsor** (Finanzierung) → genehmigt = zurück an den **ITSC-Manager** (zur Ablage oder Archivierung)

- **Großer Laufweg in der gesamten Organisation**

  ITSC-Manager (Policy-Erstellung) → **BC-Manager** (Abgleich mit BCM-Policy) → Informationssicherheitsbeauftragter (**ISB**) (Abgleich mit ISM-Policy) → **ITSCM-Owner** (Gesamtverantwortung) → **ITSCM-Sponsor** (Finanzierung) → höchstmögliche Position im **Top-Management** (Präsident, CIO, Vorstand, Geschäftsführer etc.) → genehmigt und zurück an den **ITSC-Manager** (zur Ablage oder Archivierung)

Eventuell ist bei Ihnen noch ein Personalrat, Betriebsrat, die Gleichstellungsbeauftragte oder der Compliance-Bereich etc. in diesen Laufweg involviert. Sie können sich bestimmt gut vorstellen, wie lange der Laufweg im großen Verteilerkreis dauert.

[»]

Empfehlung

Ich empfehle Ihnen, diese Policy (als Awareness- und Werbungsmaßnahme) im Intranet der Organisation oder am Schwarzen Brett zu veröffentlichen und dadurch allen Mitarbeitern frei zugängig zu machen. Sie werden als ITSCM dadurch sichtbar, und Stakeholder bzw. Interessierte können so auf Sie aufmerksam werden und Sie direkt persönlich ansprechen.

Sie werden sehen: Nach so einer Veröffentlichung wird Ihr Postfach oder Telefon definitiv lebhaft werden. Sie können diese Policy auch in internen (Info-)Veranstaltungen oder Workshops als Nebenthema platzieren. Da sind Ihnen keine Grenzen gesetzt.

Auch hier wieder der Hinweis: Je besser die Mitarbeiter Ihre Policy (und den Mehrwert eines ITSCM) verstehen, desto eher haben Sie diese potenziellen Unterstützer auf Ihrer Seite. Durch so eine Veröffentlichung sind Sie transparent und nahbar. Denn alles, was für die Mitarbeiter eine »Blackbox« darstellt, also mysteriös oder unbekannt ist, stößt fast immer auf eine innere Abwehrhaltung und Distanzierung. Sie möchten aber mit dem IT-SCM Verbündete finden und keine Gegner oder gar Blockierer.

Daher wäre für mich das leise und stille Ablegen einer Policy nach der Offizialisierung ein Fehler. Gehen Sie offensiv und stolz mit diesem tollen Arbeitsauftrag in der Organisation hausieren.

4.13 Mitgeltende Dokumente aufführen

Abschließend sollten Sie Ihre wichtigen zusätzlichen Dokumente mit anhängen oder auf sie verweisen. Das gilt aber nur für Dokumente, die auch einen direkten Bezug zu dieser ITSCM-Policy haben. Das kann eine andere Policy sein, eine hausweite Resilienz-Strategie, konzernweite Vorgaben etc.

Typische Kandidaten sind:

- BCM-Policy
- ISM-Policy
- ReM-Policy
- das Sicherheitskonzept und die Freigabe von Dokumenten
- Vorgaben zum Dokumentenmanagement (Benamung, Ablageort, Reviews, Archivierung etc.)
- die Strategie Ihrer Organisation zum Thema »Resilienz«
- Vorgaben zur Dokumentensicherheit, zum Qualitätsmanagement (QM)
- DSGVO-Vorgaben
- BSI Standard 200-4
- ISO 27031-2025-5
- *[weitere Dokumente]*

4.14 Weitere Vorgehensweise und Übungsaufgaben

Jetzt, nach der Policy, geht es zur ersten Ist-Aufnahme: Welche Informationen sind schon da, und was kann davon genutzt werden? Dies spart Ihnen viel Zeit und Arbeit. Synergien werden erkannt, und es ergibt sich ein (hoffentlich) schlüssiges Gesamtbild für Sie und das ITSCM. Nun gilt es, genau diese Informationen zu sammeln, zu sichten und optimal zu nutzen.

[/] **F-04-1: Was ist eine Policy?**

a) Ein Kooperationsvertrag zwischen BCM und ITSCM
b) Eine detaillierte Rollenbeschreibung für das ITSCM
c) Der Arbeitsauftrag für das ITSCM
d) Der Schulungsplan für alle ITSCM-Rollen und -Mitarbeiter

[/] **F-04-2: Sollte ein Geltungsbereich in der Policy definiert werden?**

a) Nein, es ist immer alles organisationsweit ausgelegt.
b) Ja, damit fokussiert man sein ITSCM und gibt den Rahmen vor.
c) Nein, er wird in der übergeordneten BCM-Policy mit angegeben.
d) Ist überflüssig, da man die Policy immer kurz und knapp halten will.

[/] **F-04-3: Was sind typische ITSCM-Rollen?**

a) ITSC-Manager, ITSC-Koordinator, ITSCM-Owner, ITSCM-Mitarbeiter
b) BC-Manager, BC-Koordinator, BC-Mitarbeiter
c) Servicebüro, Assistenz, Backoffice
d) Vorstand, CIO, Präsident, Geschäftsführer

Kapitel 5

Das ITSCM in Ihrer Organisation: Die Ist-Aufnahme

Starten Sie die Ist-Aufnahme: Was ist schon vorhanden und was kann von dem Vorhandenen genutzt werden? Dabei werden folgende Bereiche auf Informationen überprüft: BCM, ISM, CM, SLM, RM, ITSCM, ReM, Skill- und Kapazitätsmanagement, Netzwerkpläne, Infrastrukturpläne, Lieferanten- und Dienstleistermanagement etc.

> *»Es gibt nur zwei Dinge, die du falsch machen kannst: aufhören oder gar nicht erst anfangen!« (unbekannt)*

Ich habe schon mehrfach erwähnt, dass Sie sich nicht als Solo-Rockstar verstehen dürfen, sondern das ITSCM als ein Bestandteil einer großen Band betrachten müssen: Erst im Zusammenspiel funktioniert es. Bevor Sie loslegen, sollten Sie also schauen, was es bereits gibt, und prüfen, wie Sie mit den Kollegen zusammenarbeiten können.

Bei einer Ist-Aufnahme geht es dann darum, zu sammeln, zu analysieren, zusammenzufassen und zu dokumentieren, was schon alles in Ihrer Organisation vorhanden ist. Auch wenn z. B. ein Aufgabengebiet wie ein BCM, ISM, SLM, ITSCM, ReM und RM noch nicht vollumfänglich aufgebaut und etabliert ist, wird es bestimmt schon nutzbare Informationen geben. Diese gilt es nun zusammenzutragen und zu sichten. Sollte eines dieser Aufgabengebiete nicht vorhanden sein, ist auch das eine wichtige Information für das ITSCM. So strapazieren Sie das vorhandene Personal nicht zusätzlich mit Fragen oder Aufgaben.

Danach können Sie mit einem ersten Ist/Soll-Abgleich beginnen. Dabei überprüfen Sie, was noch aufzubauen und was zu aktualisieren ist. In den folgenden Punkten werden diese (eventuell) schon vorhandenen Orga-Einheiten genauer betrachtet. Sollten Sie in Ihrer Organisation schon alles aufgebaut haben, können Sie direkt zu Kapitel 6, »Das ITSCM planen: Der Soll-Zustand«, weiterblättern.

Ist-Stand immer wieder betrachten [!]

In der ersten Ist-Aufnahme werden Sie noch nicht alles bekommen, was Sie für Ihre Planung verwerten könnten. Sie müssen neue Kontakte knüpfen, die Kollegen müssen Sie kennenlernen und Ihnen erst mal vertrauen. Manchmal gibt es auch noch zusätzliche interne Hürden (Berechtigungen, Freigaben, Zugriffe etc.), die Sie erst nehmen müssen, damit Sie überhaupt die Informationen aus den Bereichen bekommen.

Gehen Sie daher auch hier von einem iterativen Prozess aus und wiederholen Sie die Ist-Aufnahme einmal jährlich. Wenn es gut läuft, haben Sie im ersten Jahr etwa 30 bis 40 % nutzbare Informationen, im zweiten Jahr schon etwa 60 bis 70 % und im dritten Jahr hoffentlich 80 bis 90 %. Und auch erst dann ergibt sich ein schlüssiges Gesamtbild für das ITSCM.

Sollten Informationen vollständig fehlen, müssen Sie das dokumentieren und bei den zuständigen Bereichen nachfragen, ob und wann diese Informationen vorliegen werden. Mehr können Sie vonseiten des ITSCM (aus meiner Sicht) nicht machen. Eventuell könnten Sie mit dem ITSCM-Owner eine Strategie überlegen, wie Sie an die fehlenden Informationen kommen oder wie Sie die Bereiche sanft dazu animiert.

Sollte ein Bereich noch nicht aufgebaut oder überhaupt geplant sein, können Sie das nur dokumentieren und dem ITSCM-Owner berichten.

5.1 Die Bestandsaufnahme: Der Ist-Stand

Zunächst geht es darum, selbst eine erste Einschätzung der Ist-Situation vorzunehmen. Sie können dazu einen Fragebogen (z. B. in Excel) erstellen. Dazu müssen Sie die entsprechenden Bereiche (wenn vorhanden) kurz interviewen. Die Tabelle zum Self-Assessment stelle ich Ihnen als Vorlage zur Verfügung. Sie finden Sie beim Downloadmaterial.

Ihre Version könnte wie folgt aussehen:

Frage	Aktueller Stand	Dokumente	Verantwortung	Personal	Einschätzung
Gibt es ein **BCM**?	Ja, es ist etwa bei 80 % des Solls.	- Policy - Worst-Case-Szenarien - BCPs - BIA - BA	Ist klar geregelt (Herr Müller).	1× Leitung 2× Mitarbeiter 1× externe Unterstützung	Kann für das ITSCM genutzt werden.
Gibt es ein **ISM**?	Ja, es ist aber noch im Aufbau.	Noch nichts vorhanden	Ist klar geregelt (Frau Meier).	1× ISB (ohne weiteres Personal)	Kann noch nicht genutzt werden. Unbedingt damit vernetzen.

Tabelle 5.1: Beispiel für eine Self-Assessement-Auswertung per Tabelle

Frage	Aktueller Stand	Dokumente	Verantwortung	Personal	Einschätzung
Gibt es ein **ReM**?	Nein, es ist auch nicht geplant.	Keine	Niemand	Nicht vorhanden	Entwicklung im Auge behalten
Gibt es ein **CM**?	Ja, zu 100 %.	Keine; alles ist in einem CM-Tool hinterlegt.	Ist klar geregelt (Herr Peters).	5× Change-Manager und CAB bei Bedarf	Kann genutzt werden, mit CM vernetzen.
Gibt es ein **SLM**?	Ja, zu 100 %.	SLAs und OLAs sind vorhanden.	Ist klar geregelt (Frau Joost).	1× Leitung und 5× Mitarbeiter	Kann genutzt werden + mit SLM vernetzen.
…	…	…	…	…	…

Tabelle 5.1: Beispiel für eine Self-Assessement-Auswertung per Tabelle (Forts.)

Mit so einer Tabelle können Sie die bekannten Ansprechpartner sammeln, Verlinkungen zu den entsprechenden Bereichen aufbauen und sich einen Überblick über Vorhandenes und Geplantes schaffen. Diese Tabelle müssen Sie mit Ihren Rollen, Ihren Benamungen und Ihren Orga-Einheiten bestücken.

Sie können das natürlich auch mit Word, Confluence oder vielen anderen Hilfsmitteln aufbauen. Wichtig ist nur, dass Sie einen ersten groben Überblick über den Ist-Stand bekommen.

Nun möchte ich die einzelnen Bereiche etwas genauer unter die Lupe nehmen und Ihnen detaillierter erklären, um was es sich dort handelt. Wenn Sie diese Bereiche bereits gut kennen oder sogar Ihre berufliche Vergangenheit dort haben, können Sie diese Abschnitte natürlich überspringen. Wenn Sie allerdings noch ratlos vor Abkürzungen wie BIA, RfC oder SiKo stehen, sollten Sie unbedingt weiterlesen. Ohne zumindest eine grobe Kenntnis dieser Konzepte und Ideen werden Sie ständig bei den Kollegen anecken. Lesen Sie dann auch unbedingt Kapitel 10, in dem ich ausführlich auf die Schnittstellen zu anderen Teams zu sprechen kommen werde. (Und wenn Sie mit einer Abkürzung oder einem Fachbegriff gar nichts anfangen können, hilft Ihnen vielleicht das Glossar.)

5.2 Ist ein Business Continuity Management (BCM) vorhanden?

Die Hauptaufgabe eines BCM ist es, sogenannte Überbrückungsmaßnahmen für eine Organisation zu entwickeln. Diese werden auch *Business-Continuity-Pläne* (*BCPs*) oder

Geschäftsfortführungspläne (*GFPs*) genannt. Mit diesen Plänen werden die zeitkritischen Geschäftsprozesse optimal abgesichert.

5.2.1 Sind »Zeitkritische Geschäftsprozesse« vorhanden

Ein Geschäftsprozess wird dann als »kritisch« bzw. »zeitkritisch« eingestuft, wenn der Ausfall oder die Unterbrechung dieses Prozesses eine nicht akzeptable Wirkung für die eigene Organisation zur Folge hat.

Für diese eingestuften zeitkritischen Geschäftsprozesse und den unterstützenden IT-Service (inklusive IT-Ressourcen) muss eine erhöhte IT-Notfallvorsorge vorgesehen und implementiert werden.

Diese IT-Ressourcen müssen also unbedingt besser abgesichert sein und beobachtet werden als die unkritischen IT-Ressourcen einer Organisation. Damit legen Sie einen ganz klaren Fokus auf diese wichtigen Ressourcen. Wie man zeitkritische Geschäftsprozesse erkennt, wird in der BIA des BCM definiert (siehe Abschnitt 5.2.2).

[»]

Definition »IT-Services«

Was ist eigentlich ein IT-Service bezogen auf die IT-Notfallvorsoge?

Dafür gibt es keine klaren Regelungen. Im Wesentlichen dürften aber folgende Leistungsarten als IT-Service anzusehen sein:

- Betrieb von Applikationen einschließlich Verwaltung ihrer Daten
- Bereitstellung und Betrieb von Endgeräten (wie PCs, Notebooks, Tablets, Smartphones und andere mobile Geräte)
- Bereitstellung und Betrieb anderer Geräte, mit denen Nutzer direkt arbeiten (zum Beispiel Drucker oder Geräte der Haustechnik)
- Bereitstellung und Betrieb von Plattformen (wie Server, Netzwerke und Speicher). Eine *Plattform* ist ein System, das für die Erbringung eines IT-Service nötig ist, mit dem ein Nutzer aber nicht unmittelbar in Berührung kommt und das deswegen oft gar nicht von ihm wahrgenommen wird.
- IT-Dienstleistungen – das können Dienste sein, die als integrierter Bestandteil der vorgenannten Services angesehen werden könnten, zum Beispiel Backup für Speichersysteme oder die Reparatur von Endgeräten. Hinzu kommen eigenständige IT-Services wie der User Help Desk oder der Projekt-Support.

Beispiele für kritische und zeitkritische IT-Services

Kritische IT-Services sind IT-Dienste, die für den Betrieb einer Organisation von entscheidender Bedeutung sind. Diese IT-Services unterstützen grundlegende Geschäftsprozesse, und ein Ausfall oder eine Beeinträchtigung solcher Dienste kann erhebliche finanzielle, rechtliche oder reputationsbezogene Konsequenzen haben. Kritische IT-Services sind somit die Lebensadern moderner Organisationen, und ihr Schutz sowie die Sicherstellung ihrer Verfügbarkeit sind zentrale Aufgaben von IT- und Sicherheitsabteilungen, BCM und ITSCM.

Kritische IT-Services

Kritische IT-Services zeichnen sich also durch folgende Merkmale aus:

- **Geschäftsrelevanz:** Diese Services sind eng mit den Kernprozessen einer Organisation verbunden (z. B. Produktion, Vertrieb, Kundenservice).
- **Hohe Verfügbarkeit erforderlich:** Kritische IT-Services müssen nahezu unterbrechungsfrei verfügbar sein (z. B. 99,9 % Verfügbarkeit oder höher).
- **Abhängigkeit von Daten:** Sie verarbeiten oder speichern sensible oder geschäftskritische Daten.
- **Folgen eines Ausfalls:** Der Ausfall führt zu Produktionsstopps, Umsatzverlusten, Rechtsstreitigkeiten oder Reputationsschäden.

Beispiele für kritische IT-Services sind ERP-Systeme (*Enterprise Ressource Planning*), CRM-Systeme (*Customer-Relationship-Management*), E-Mail-Dienste, Webshops und Zahlungsdienste, Cloud-Dienste zur Datenspeicherung und -verarbeitung in SaaS-Anwendungen, Dienste der IT-Sicherheitsinfrastruktur wie Firewalls, Intrusion-Detection-Systeme und andere Schutzmechanismen und schließlich Netzwerkdienste: DNS-Server, VPN-Verbindungen und andere grundlegende Netzwerkinfrastrukturen.

Wenn einer dieser Dienste ausfällt, riskieren Sie:

- **finanzielle Schäden** durch Umsatzverlust, Vertragsstrafen sowie zusätzliche Kosten durch Notfallmaßnahmen
- **Produktionsausfälle** durch Stillstand in der Fertigung oder Lieferkette
- **Reputationsschäden** durch Verlust des Kundenvertrauens oder negative Publicity
- **rechtliche Konsequenzen** durch Verletzung von Compliance-Anforderungen, Datenschutzverletzungen (z. B. DSGVO)

Zeitkritische IT-Services

Zeitkritische IT-Services sind IT-Dienste, deren rechtzeitige Verfügbarkeit und schnelle Verarbeitung entscheidend für den Erfolg von Prozessen oder Geschäftsabläufen ist. Jede Verzögerung oder Unterbrechung kann schwerwiegende Folgen haben, da diese IT-Services in Echtzeit oder innerhalb eines sehr kurzen Zeitfensters reagieren und funktionieren müssen. Bei der Arbeit mit Ihnen werden Sie auf folgende Begriffe stoßen:

- **Strenge Zeitfenster:** Die Ausführung muss innerhalb eines genau definierten Zeitraums erfolgen (z. B. Sekunden, Minuten oder maximal Stunden).
- **Hohe Verfügbarkeit:** Der Service muss kontinuierlich oder mit minimalen Ausfallzeiten verfügbar sein, da Verzögerungen den Geschäftsbetrieb beeinträchtigen.

- **Echtzeitverarbeitung:** Oft müssen Daten in Echtzeit oder nahezu in Echtzeit verarbeitet werden.
- **Abhängigkeit von Geschwindigkeit:** Die Leistungsfähigkeit des IT-Service ist eng mit seiner Reaktionszeit verbunden.
- **Auswirkung von Verzögerungen:** Selbst kurze Verzögerungen können schwerwiegende Folgen haben, wie Umsatzeinbußen, Reputationsverlust oder sogar Sicherheitsrisiken.

Zeitkritische IT-Services spielen eine zentrale Rolle in Branchen, in denen Geschwindigkeit und Zuverlässigkeit essenziell sind. Ihre Verfügbarkeit und Leistungsfähigkeit müssen durch technische Optimierungen, Überwachung und durchdachte (IT-) Notfallkonzepte sichergestellt werden. In der Praxis werden Sie es mit zeitkritischen IT-Services zu tun haben, wenn folgende Bereiche in Ihren Verantwortungsbereich fallen:

- **Zahlungsverkehr:** Kreditkartentransaktionen, Überweisungen oder Echtzeitzahlungen (z. B. *SEPA Instant Payment*)
- **Handelssysteme:** Börsen- und Handelssysteme, bei denen Millisekunden den Unterschied zwischen Gewinn und Verlust ausmachen können
- **Telekommunikationsdienste:** Telefonie, VoIP und Videokonferenzen, bei denen geringe Latenzen entscheidend für die Gesprächsqualität sind
- **Logistik und Transport:** Systeme zur Routenplanung, zum Echtzeit-Tracking von Lieferungen oder für Just-in-Time-Produktionen
- **Medizinische IT-Systeme:** Systeme, die in der Notfallmedizin oder bei Operationen verwendet werden, z. B. zur Überwachung von Patienten oder zur Steuerung von medizinischen Geräten
- **IT-Sicherheitsdienste:** Intrusion-Detection-Systeme, die Bedrohungen in Echtzeit erkennen und abwehren müssen
- **Energie- und Versorgungsnetze:** Systeme zur Überwachung und Steuerung von Strom-, Wasser- oder Gasnetzen in Echtzeit
- **Content Delivery Networks (CDN):** Dienste, die Inhalte (z. B. Videos, Webseiten) schnell an Benutzer ausliefern müssen

[»]

Technik der IT-Services

Um die technische Umsetzung der (zeit-)kritischen IT-Services müssen Sie sich natürlich nicht kümmern, denn das ist Aufgabe der Admin-Teams. Im Dialog mit den Kolleginnen und Kollegen wird es um folgende Themen gehen, die Sie nicht im Detail kennen müssen, deren Bedeutung Sie aber sicherlich erahnen können. Meistens schlagen sich die Kollegen aus dem Rechenzentrum (RZ) mit diesen Herausforderungen herum:

- **Latenz:** Verzögerungen in der Datenübertragung oder -verarbeitung können die Funktion des IT-Service beeinträchtigen.

- **Skalierbarkeit:** Der IT-Service muss auch bei hohen Lastspitzen (z. B. »Black Friday« für Onlineshops) ohne Verzögerungen arbeiten.
- **Fehlertoleranz:** Ein Systemausfall oder eine Verzögerung muss durch redundante technische Mechanismen verhindert werden.
- **Sicherheitsanforderungen:** Sicherheit darf nicht die Leistung beeinträchtigen, sollte aber trotzdem gewährleistet sein.

Wenn es um kritische IT-Services geht, fallen folgende Begriffe für Maßnahmen, die für mehr Zuverlässigkeit sorgen sollen:

- **Echtzeit-Monitoring:** permanente Überwachung der Performance und sofortige Alarmierung bei Abweichungen
- **Latenzoptimierung:** Optimierung der Netzwerkverbindungen, Datenbanken und Anwendungen, um die Reaktionszeit zu minimieren
- **Redundanz und Lastverteilung:** Einsatz von redundanten Systemen, Clustern und Load-Balancern
- **Edge-Computing:** Verarbeitung von Daten näher am Nutzer, um Latenzen zu reduzieren
- **Service Level Agreements (SLAs):** Vereinbarungen mit klar definierten Reaktions- und Bearbeitungszeiten
- **Disaster-Recovery:** Pläne zur Wiederherstellung, falls der IT-Service ausfällt

5.2.2 Business-Impact-Analysen (BIAs)

Sie können versuchen, sich selbst einen Überblick über die zeitkritischen Geschäftsprozesse zu verschaffen, besser ist es aber, wenn schon Ergebnisse aus einer oder mehreren *Business-Impact-Analysen (BIAs)* vorliegen. Lassen Sie sich die diese Ergebnisse vom BCM geben, denn diese Informationen sind für Ihre Arbeit immens wichtig.

Bei einer BIA werden alle zeitkritischen Geschäftsprozesse oder (IT-)Services identifiziert, inklusive deren Abhängigkeiten und unterstützenden (IT-)Ressourcen (z. B. Infrastrukturen und IT-Basisdienste). In der BIA werden Soll-Werte wie *Recovery Time Objective (RTO)*, *Recovery Point Objective (RPO)*, *Maximum Tolerable Period of Disruption (MTPD)* und *Minimum Business Continuity Objective (MBCO)* betrachtet und mit Zeitangaben versehen. (Die Erklärung dieser Begriffe finden Sie in Abschnitt 11.2.)

Nach Durchführung einer BIA wissen Sie nicht nur, was überaus wichtig und zeitkritisch ist und in Ihrer Organisation besonders abgesichert werden muss, sondern Sie wissen auch, was bei einem IT-Notfall und/oder einer (IT-)Krise vernachlässigt werden kann.

Sie wissen also genau, auf was man dann (hoffentlich kurzfristig) verzichten könnte, um somit die wichtigen und zeitkritischen Geschäftsprozesse und zeitkritischen IT-Services länger betreiben zu können. Wenn Sie erst bei einem IT-Notfall oder während einer (IT-)

Krise anfangen, diese Einschätzung, Einteilung und Priorisierung vorzunehmen, wird das zu viel Zeit kosten, Sie teilweise handlungsunfähig machen, Ressourcen verschwenden, möglicherweise Kunden verärgern und dazu Ihr eigenes Image massiv schädigen.

[»]

Arten von BIAs

Nach ISO/TS 22317:2021[1], einem Standard für *Business-Impact-Analysen*, werden BIAs noch weiter unterteilt. Es gibt dort drei Arten von möglichen BIAs. Wir nutzen für unsere BIA hier die nur taktische Variante, weil bei ihr die Prozesse (zeitkritische Geschäftsprozesse) betrachtet werden.

BIA-Name	Wofür?
Strategische BIA	Produkte und Dienstleistungen einer Organisation
Taktische BIA	Prozesse für die Produkte und Dienstleistungen
Operative BIA	Aktivitäten und Ressourcen für die Prozesse für die Produkte und Dienstleistungen

Tabelle 5.2: Die drei BIA-Arten

Zeitkritische Geschäftsprozesse und die IT-Services, die diese Prozesse unterstützen (inklusive der IT-Ressourcen), sind in der Regel nicht zu jedem Zeitpunkt gleich kritisch.

Dies gilt für die IT-Services, die für die Erstellung z. B. des Jahresabschlusses erforderlich sind. Diese werden von den technischen Bereichen zum Jahreswechsel mit hoher Kritikalität benötigt. Außerhalb dieses Zeitraums ist ein Ausfall über einen längeren Zeitraum (auch Monate) verkraftbar.

IT-Services können auch nur zu bestimmten Tageszeiten oder in festen Rhythmen kritisch sein (z. B. Rechnungsläufe, Berichtswesen, Controlling etc.). Diese kritischen Termine und Zeiträume können ebenfalls in der BIA informativ erhoben werden. Da man aber nie genau weiß, wann eine Störung eintritt, wäre es sinnvoller, das ganze Jahr als (kompletten) zeitkritischen Zeitraum auszuwählen.

[!]

Als (IT-)Dienstleister ohne eine eigene BIA arbeiten

Eine BIA betrachtet immer nur die eigene Organisation! Wenn Sie als IT-Dienstleister, Hoster oder Cloudanbieter etc. arbeiten, brauchen Sie aber im Grunde genommen zwei BIAs: Ihre eigene BIA (rein interne Sicht) und die BIA des Kunden (rein externe Sicht). Erst beim Übereinanderlegen dieser beiden BIAs werden Sie erkennen, ob die vom Kunden geforderten Werte (RTO, PRO, MBCO) überhaupt technisch realisierbar sind und in den SLAs verbindlich aufgenommen werden können.

1 Siehe: *https://www.dinmedia.de/de/vornorm/iso-ts-22317/348364351*

Oft muss Technik entsprechend aufgebaut oder optimiert werden, was enorme Kosten mit sich bringen kann. Darüber muss sich dann der IT-Dienstleister mit dem Kunden vorab abstimmen und einigen.

Einige pfiffige IT-Dienstleister gehen allerdings hin und sagen, eine eigene (interne) BIA sei nicht nötig und nur Verschwendung von internen Ressourcen. Sie sind der Meinung, dass der Kunde letztendlich entscheiden müsse, was für ihn wichtig und kritisch ist. Das könne der IT-Dienstleister nicht. Das heißt, die Anforderungen müssen aus Sicht dieser Dienstleister immer vom Kunden kommen.

Der IT-Dienstleister schaut nur noch, wie er diese Anforderungen technisch umsetzen und ermöglichen kann. Möchte der Kunde dann z. B. eine Verfügbarkeit von 99,99 % und einen 24×7-Support an 365 Tagen im Jahr haben, muss er letztendlich auch dafür entsprechend bezahlen. Das ist in meinen Augen eine absolut legitime Vorgehensweise.

5.2.3 Business-Continuity-Pläne (BCP)

Sind *Business-Continuity-Pläne (BCP)* vorhanden? Lassen Sie sich diese fürs ITSCM aushändigen!

In BC-Plänen (oder *Geschäftsfortführungsplänen (GFP)*) werden verschiedene *Worst-Case-Szenarien (WCS)* beschrieben und deren mögliche Lösungsoptionen vorgegeben. Ein WCS bedeutet, dass die Annahme zugrunde liegt, dass der schlimmste aller denkbaren Fälle eintreten wird – ein Totalausfall! Das heißt: Wenn Sie diese Pläne im Vorfeld (also im störungsfreien Normalbetrieb) erarbeiten lassen, müssten die Pläne im Idealfall nur noch durch einen Krisenstab aktiviert werden.

Diese BCP- und GFP-Pläne beziehen sich nur auf die zeitkritischen Geschäftsprozesse und die WC-Szenarien. Alles andere wird dabei nicht betrachtet und daher vernachlässigt.

5.2.4 Risk Assessment (RA) oder Bedrohungsanalyse (BA)

Wurde ein *Risk Assessment (RA)*, auch *Bedrohungsanalyse (BA)* genannt, durchgeführt und welche Ergebnisse liegen vor? Lassen Sie sich diese ebenfalls fürs ITSCM aushändigen, und kontrollieren Sie dann mit der ITSCM-Brille, ob dort schon die ersten IT-Risiken aufgeführt wurden. Bei einem *Risk Assessment* oder einer *Risikoanalyse* (nach z. B. BSI-Standard 200-3) geht es darum, alle für Ihre Organisation zutreffenden Risiken zu ermitteln, sie zu bewerten und eine Strategie zu entwickeln, um diese Risiken und ihre potenziellen Auswirkungen zu minimieren oder zu kontrollieren.

Risiken werden üblicherweise nach zwei Kriterien bewertet: nach ihrer *Eintrittswahrscheinlichkeit* (in Prozent) und nach ihrer *Tragweite/Auswirkung* (in Euro). Das Produkt dieser beiden Werte bildet den *Risikowert*, und der ist ein Maß für die Schwere eines Risikos. Aber auch hier steht es Ihnen frei, für sich und Ihre Organisation ein eigenes Risikomanagement mit anderen (für Sie besser passenden) Bewertungsgrundlagen aufzubauen und zu betreiben.

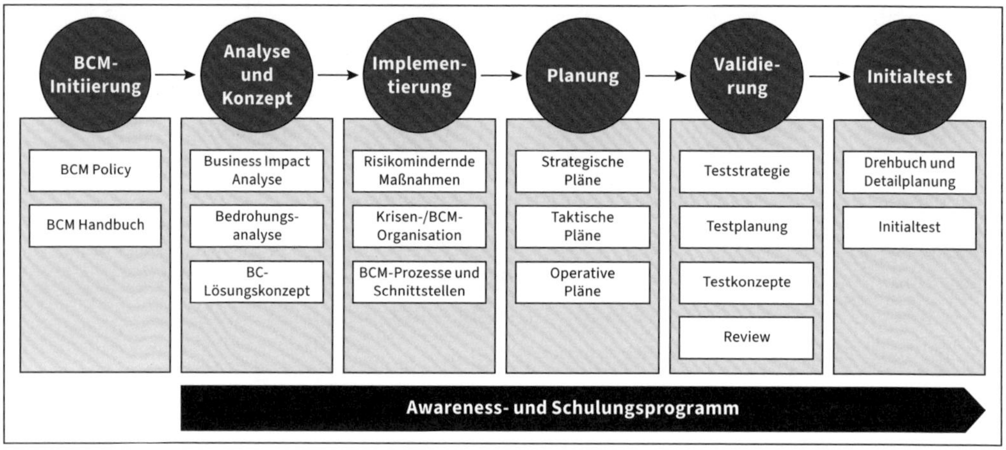

Abbildung 5.1: Schematische Darstellung eines voll ausgebauten BCM (Quelle: BCM Academy GmbH, »Lehrgang Certified Business Continuity Manager, CBCM«, https://www.bcmacademy.de/de/cbcm)

Im Business-Continuity-Management bezeichnet eine RA/BA den systematischen Prozess zur Identifikation und Bewertung potenzieller Bedrohungen und Risiken, die die Geschäftskontinuität einer Organisation beeinträchtigen könnten. Das Ziel dieser Analyse ist es, die Wahrscheinlichkeit und die potenziellen Auswirkungen solcher Bedrohungen auf die Organisationsprozesse zu verstehen und Maßnahmen zu entwickeln, um diese Risiken zu minimieren oder auf sie zu reagieren.

Die RA/BA bildet die Grundlage für die *Business-Continuity-Planung (BCP)*, um sicherzustellen, dass im Falle von Störungen die wichtigsten zeitkritischen Geschäftsprozesse schnell wiederhergestellt werden können. Das Ziel der RA/BA ist es, ein fundiertes Verständnis von den Risiken zu erlangen, damit die Organisation nicht nur auf unerwartete Ereignisse vorbereitet ist, sondern auch die Widerstandsfähigkeit und Flexibilität besitzt, um den Geschäftsbetrieb auch im Falle eines Störereignisses fortzusetzen oder schnell wiederherzustellen. Durch eine umfassende RA/BA können Organisationen gezielt ihre BC-Strategien entwickeln, die Resilienz stärken und im Fall einer Krise besser reagieren.

Auch hier konzentriert sich ein BCM wieder nur auf die zeitkritischen Geschäftsprozesse und die Risiken, die diese betreffen könnten. Und genau diese Informationen sind für das ITSCM sehr wichtig, um daraus die entsprechenden IT-Risiken abzuleiten.

Zusätzlich wird es im BCM-Umfeld noch weitere Dokumentationen geben. Je nach Ausbau und Reifegrad des BCMs könnten das folgende sein:

- BCM-Policy (der Arbeitsauftrag)
- BCM-Handbuch (eine Art Kompendium)
- BCM-Rollenkonzept (alle Rollen im BCM-Umfeld)

- BCM Übungs- und Teststrategie inklusive Übungsplänen
- BCM-Krisenreaktionsplan (für den Krisenstab)
- BCM-Krisenkommunikationsplan (für den Krisenstab)
- BCM-Krisenorganisationsplan (für den Krisenstab)

5.3 Ist ein Informationssicherheitsmanagement (ISM) vorhanden?

Die Hauptaufgabe eines ISM ist der Schutz von Daten und Informationen. Wurden hier schon *Schutzbedarfsfeststellungen* vorgenommen?

Bei der Schutzbedarfsfeststellung wird das Ziel vorgegeben, den Schutzbedarf der Informationstechnik (Anwendungen, IT-Systeme, Kommunikationsverbindungen und Räume) zu ermitteln, damit angemessene IT-Sicherheitsmaßnahmen im Hinblick auf die Grundwerte *Vertraulichkeit*, *Integrität* und *Verfügbarkeit* umgesetzt werden können. Hierbei geht es vorrangig um den Schutz der Informationen in den Köpfen aller Mitarbeiter, in allen Dokumenten und in allen IT-Systemen (z. B. Datenbanken). Von einer Schutzbedarfsfeststellung ist für das ITSCM nur der Bereich Verfügbarkeit interessant. Lassen Sie sich diese Informationen vom ISM geben.

Der Aufbau eines Informationssicherheitsmanagements nach ISO 27001 ist eine Wissenschaft für sich. Einen ersten Überblick liefert Ihnen Abbildung 5.2.

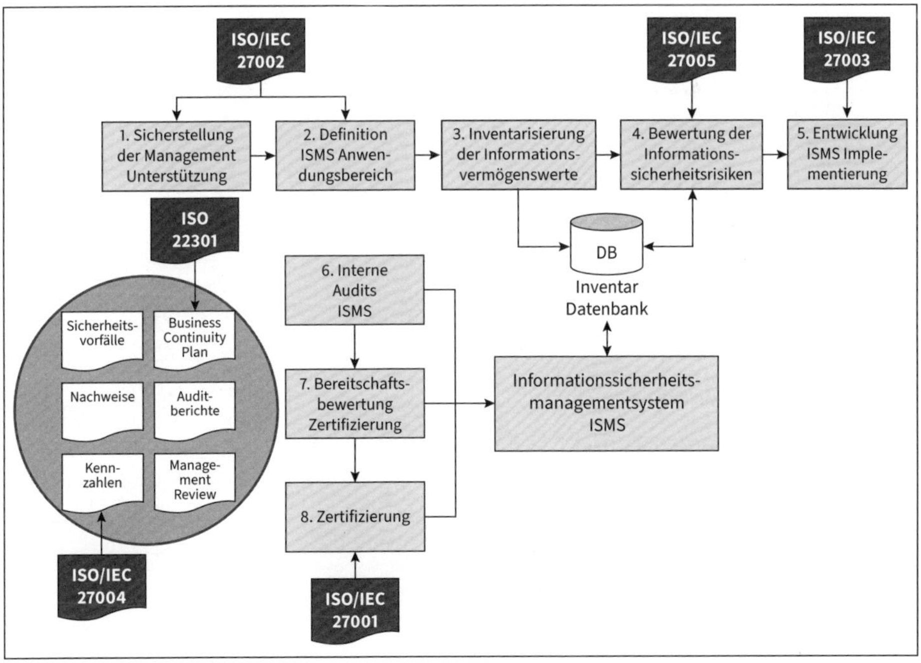

Abbildung 5.2: Aufbau eines ISMS nach ISO 27001 (Quelle: SMCT, https://smct-management.de/iso-27001-informationssicherheit/)

5.3.1 Sicherheitskonzepte (SiKos)

Gibt es schon ein oder mehrere *Sicherheitskonzept(e)* (kurz *SiKo(s)*)? Dann lassen Sie sich diese vom ISM aushändigen!

Ein SiKo stellt im Allgemeinen eine Analyse möglicher Angriffs- und Schadensszenarien dar und hat zum Ziel, ein definiertes Schutzniveau zu erreichen. Dabei wird zwischen der Sicherheit gegenüber böswilligen Angriffen und der Sicherheit gegenüber menschlichem und technischem Versagen unterschieden.

Ein SiKo ist eine schriftliche Festlegung von Maßnahmen zum Schutz der IT-Infrastruktur einer Organisation. SiKos umfassen die Planung, Implementierung und Überwachung von Maßnahmen zur Informationssicherheit. Es besteht dabei aus mehreren Teilen, die je nach Organisation individuell anzupassen sind:

- **Bestandsaufnahme:** Gefährdungslage und Sicherheitsniveau aufführen
- **Analyse:** Risikofaktoren einschätzen
- **Strategie:** Sicherheitsstrategie entwickeln
- **Maßnahmenplanung:** Sicherheitsvorkehrungen planen
- **Einsatzplanung:** Umsetzung der Maßnahmen planen

[»]

Informationen aus den SiKos

Diese SiKos sind für das ITSCM sehr wichtig, denn in ihnen werden (unter anderem) die folgenden Inhalte dokumentiert:

- Infrastruktursicherheitskonzept
- Architekturen
- Prozesse
- IT-Systeme
- Netzwerke und Kommunikationsverbindungen
- Abhängigkeiten von Schnittstellen
- zentrale Dienste (IT-Services) und Systemkomponenten (IT-Ressourcen)
- etc.

Das BSI macht dazu folgenden Vorschlag:

»Ein solches Sicherheitskonzept (SiKo) hat immer einen festgelegten Geltungsbereich. Dieser wird in der IT-Grundschutz-Methodik als Informationsverbund bezeichnet. Folgende Informationen und Detailangaben müssen dabei strukturiert zusammengetragen werden:

- Geschäftsprozesse im Informationsverbund (Name, Beschreibung, fachverantwortliche Stelle),
- Anwendungen in diesen Prozessen (Name und Beschreibungen),

- IT-Systeme und ICS-Komponenten (Name, Systemplattform und eventuell Aufstellungsort),
- für den Informationsverbund wichtige Räume wie Rechenzentrum oder Serverräume (Art, Raumnummer und Gebäude) sowie
- virtuelle Systeme (entsprechend gekennzeichnet und benannt).
- Ein grafischer Netzplan ist eine hilfreiche Ergänzung zur Zusammenstellung der IT-Systeme.«

Weiterführende Informationen finden Sie unter:

https://www.bsi.bund.de/DE/Themen/Unternehmen-und-Organisationen/Standards-und-Zertifizierung/IT-Grundschutz/Zertifizierte-Informationssicherheit/IT-Grundschutzschulung/Online-Kurs-IT-Grundschutz/Lektion_2_Sicherheitsmanagement/Lektion_2_08/Lektion_2_08_node.html

Um nicht mit SiKos unnötig Zeit zu verschwenden, sollten Sie sich als ITSCMler nur die SiKos anschauen, die die zeitkritischen Geschäftsprozesse und/oder kritischen IT-Services betreffen (inklusive den wichtigen IT-Ressourcen).

5.3.2 Risk Assessment (RA)

Wurde ein *Risk Assessment (RA)* durchgeführt? Das Konzept kennen Sie schon vom BCM; in diesem Fall wird der Fokus aber auf die Sicherheit der Informationen gelegt. Dabei wird die gesamte Organisation betrachtet – nicht nur die IT!

Ein RA in der Informationssicherheit ist der Prozess, bei dem potenzielle Sicherheitsrisiken für Informationssysteme und -daten identifiziert, bewertet und priorisiert werden. Das Ziel dieses Prozesses ist es, die Risiken zu verstehen, die durch Bedrohungen und Schwachstellen entstehen können, und Maßnahmen zu ergreifen, um diese Risiken zu minimieren oder zu managen.

Ein gründliches Risk Assessment hilft dabei, die Informationssicherheit zu gewährleisten, indem es potenzielle Gefährdungen rechtzeitig erkennt und Schutzmaßnahmen zur Risikominimierung entwickelt. Ein RA ist ein unverzichtbares Werkzeug, um die Sicherheitslage einer Organisation zu bewerten und fundierte Entscheidungen über die Notwendigkeit von Sicherheitsmaßnahmen treffen zu können. Es trägt dazu bei, die Wahrscheinlichkeit von Sicherheitsvorfällen zu verringern und die Resilienz der Organisation im Umgang mit Bedrohungen zu erhöhen.

5.4 Ist ein Change-Management (CM oder ChM) vorhanden?

Gibt es ein *Change-Management*? Ist ein zentraler Change-Kalender (für alle Mitarbeitenden sichtbar) mit allen geplanten *Requests for Change (RfC)* inklusive *Change-Freeze*-Zeiträumen und Wartungsfenstern vorhanden? Dann lassen Sie sich dort für das ITSCM einen lesenden Zugriff einrichten (siehe Abschnitt 10.1.12), um als ITSCM einen detaillierten Blick auf die einzelnen RfCs zu werfen.

Denn oft wird im Eifer des Gefechts vergessen, über Aktualisierungen zu informieren, weil andere Aufgaben mal wieder wichtiger sind. Und erfahrungsgemäß sind Dokumentationen in allen Bereichen ein sehr unbeliebtes und oft zeitraubendes Thema. Es kann also passieren, dass Ihre IT stillsteht, weil »überraschenderweise« ein Update installiert wird, für das ein Dienst vom Netz genommen werden muss.

[»]

Tipp aus der Praxis

Ich nutze das RfC-Formular, um deutlich auf die Aktualisierung aller vorhandenen (IT-Notfall-)Pläne, (IT-Notfall-)Dokumentationen, Arbeitsanweisungen und Checklisten hinzuweisen, die durch einen Change erforderlich werden. Dieser Punkt muss vom Antragsteller aktiv im Formular abgehakt werden.

Denn genau dieses Problem wird Ihnen in einem IT-Notfall auf die Füße fallen: veraltete, falsche, fehlerhafte, lückenhafte oder gar fehlende IT-Notfalldokumentation. Allen Fachbereichen muss klar sein, dass dies vermeidbare Risiken sind und dass es ihre Aufgabe ist, entsprechende Dokumente zu pflegen. Diese Zeit muss man sich nehmen, und das Change-Management kann dafür sorgen, dass durch diese Maßnahme immer an die Dokumentations- und Aktualisierungspflicht erinnert wird. Sie können schnell ein gutes Resultat ohne großen Aufwand erzielen.

5.5 Ist ein Service-Level-Management (SLM) vorhanden?

Gibt es ein SLM? Sind dort schon *Service Level Agreements (SLAs)* und *Operational Level Agreements (OLAs)* definiert worden?

Lassen Sie sich für das ITSCM einen lesenden Zugriff auf die entsprechenden Ablagesysteme einrichten oder aber die SLAs/OLAs vorlegen. Schauen Sie auf die hinterlegten Werte für RTO, RPO und MBCO. Gerade die OLAs sind sehr wertvoll für das ITSCM, da man dort die Abhängigkeiten und die eingesetzten IT-Infrastrukturen und IT-Ressourcen erkennen kann.

5.6 Gab es schon mal ein ITSCM?

Die Hauptaufgabe eines ITSCM sind ja die Erstellung von IT-Notfallvorsorgemaßnahmen und die Steigerung der Resilienz der eingesetzten IT. Wurden diese Themen bereits betrachtet? Dann schauen Sie sich auch hier bitte die vorliegenden Unterlagen an.

5.6.1 Gap-Analysen

Wurden durch das ehemalige ITSCM schon *Gap-Analysen* erstellt? Eine Organisation benötigt Ziele, um planvoll zu handeln. Damit die Zielzahlen mit den realen Zahlen verglichen werden können, gibt es die Gap-Analyse. Anhand der Gaps (dt. »Lücken«) werden Abweichungen bestimmt und es besteht die Möglichkeit gegenzusteuern. Schauen Sie sich alle vorhandenen Gap-Analysen an. Überprüfen Sie, ob die damaligen Werte aktuell noch Bestand haben und ob mittlerweile die damals gefundenen Gaps geschlossen wurden. Damit haben Sie schon ein paar Aufgaben, denen Sie nachgehen könnten.

5.6.2 IT-Notfallvorsorgekonzept, IT-Notfallhandbuch, ITSCM-Handbuch

Gibt es bereits ein *IT-Notfallvorsorgekonzept*, ein *IT-Notfallhandbuch* oder ein *ITSCM-Handbuch*?

In diesen wichtigen Dokumenten werden alle notwendigen Informationen zu IT-Notfällen und (IT-)Krisen und zu dem gesamten ITSCM dokumentiert. Dabei beschreibt ein *IT-Notfallvorsorgekonzept* eher grob, *was* zu machen ist, um sich bestmöglich auf IT-Notfälle und (IT-)Krisen vorzubereiten. Das *IT-Notfallhandbuch* beschreibt hingegen detailliert, *wie* in einem IT-Notfall und einer (IT-)Krise zu agieren ist. Ein gutes und vollständige IT-SCM-Handbuch ist das Kompendium für den ITSC-Manager bzw. für das gesamte ITSCM-Team. Dieses Handbuch kann leicht mehr als 200 Seiten umfassen (siehe Kapitel 19).

Überprüfen Sie, ob diese Informationen noch gültig sind oder modifiziert werden müssten. Das Gleiche gilt für die WAP-, WHP- und DRP-Pläne.

5.6.3 Anforderungsanalyse

Wurde bereits eine umfassende Anforderungsanalyse durchgeführt? Ausgehend von den Anforderungen an den einzelnen IT-Service wird dabei die gesamte IT-Architektur »unterhalb« betrachtet, die zur Erstellung eines IT-Service erforderlich ist. Dazu gehören z. B.:

- vor- und nachgelagerte IT-Services
- Hintergrundverarbeitungsprogramme
- interne und externe Datenversorgungen für den IT-Service
- Schnittstellen vom und zum IT-Service
- IT-Middleware, die für den IT-Service erforderlich ist
- Datenspeichersysteme für den IT-Service
- IT-Systeme (Hardware) für den IT-Service
- Netzwerke und Kommunikationsarchitektur

Wichtig bei der Anforderungsanalyse ist es, alle Abhängigkeiten zu berücksichtigen. Einige Basisdienste bedingen sich beispielsweise gegenseitig. In einer typischen IT-Infrastruktur bestehen zahlreiche Abhängigkeiten zwischen Diensten wie *Active Directory (AD)*,

Domain Name System (DNS), Network Time Protocol (NTP), Dynamic Host Configuration Protocol (DHCP) und anderen Netzwerkdiensten. Diese Abhängigkeiten müssen sorgfältig analysiert und berücksichtigt werden, um einen reibungslosen Betrieb der IT-Umgebung sicherzustellen. Tabelle 5.3 listet Ihnen beispielhaft auf, durch welchen Wust an Abhängigkeiten Sie sich schlagen müssen:

Dienst	Abhängig von	Wird benötigt von
AD	DNS, Netzwerk, NTP	Authentifizierung, Gruppenrichtlinien, Exchange, SharePoint
DNS	AD (für SRV-Records), DHCP (optional)	AD, Web, E-Mail, Netzwerkdienste
DHCP	AD (optional), Netzwerk	Clients, DNS (optional für dynamische Updates)
NTP	externer Zeitquelle	AD, Kerberos, Server-Synchronisation
...	...	...

Tabelle 5.3: Mögliche Abhängigkeiten

5.7 Ist ein Risikomanagement (RM) vorhanden?

Im *Risikomanagement* (*RM*; auch *zentrales Risikomanagement (ZRM)* genannt) werden alle Ihre Organisation betreffenden Risiken identifiziert, bewertet, priorisiert, angemessen behandelt und dokumentiert (siehe Abbildung 5.3).

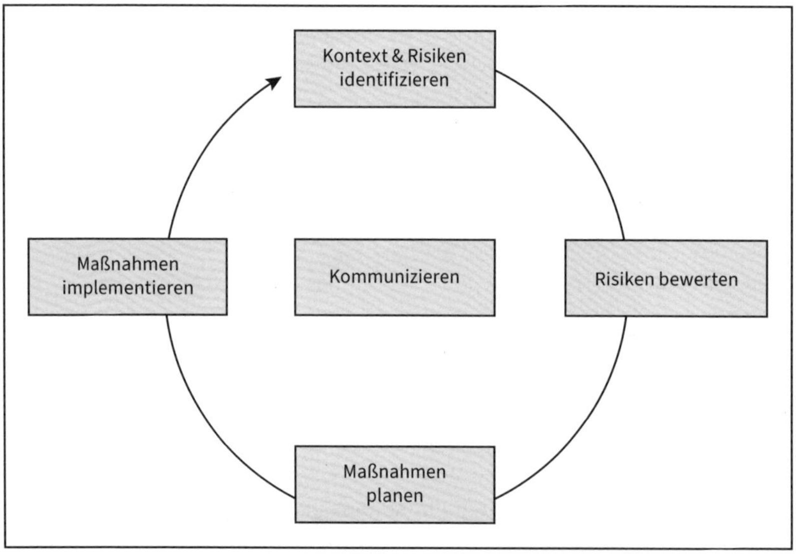

Abbildung 5.3: Schematischer Aufbau eines Risikomanagements

Die Ergebnisse einer (IT-)Risikoanalyse sind zur Erarbeitung von organisationsweiten (IT-) Notfallvorsorgemaßnahmen unerlässlich. Eine Risikoanalyse ist in der Betriebswirtschaftslehre die Identifikation und Quantifizierung von Risiken durch Abschätzung der Eintrittswahrscheinlichkeit und der möglichen, meist unsicheren Auswirkungen. Lassen Sie sich hier die Risiken zeigen, insbesondere die bisher bekannten IT-Risiken. Dann haben Sie einen aktuellen Stand und können sich überlegen, welche IT-Risiken aus Ihrer Sicht noch fehlen. Diese müssen Sie dokumentieren, ausarbeiten und über die etablierten Wege oder den ITSCM-Owner an das RM melden.

5.8 Ist ein Resilienz-Management (ReM) vorhanden?

Ein *Resilienz-Management (ReM)* umfasst alle Maßnahmen mit dem Ziel, die Belastbarkeit eines organisatorischen oder betriebswirtschaftlichen Systems, z. B. einer Organisation, gegenüber äußeren Einflüssen zu stärken.

Unter *Resilienz* wird die systemische Widerstandsfähigkeit gegenüber Störungen und Veränderungen verstanden – dazu komme ich ausführlich in Kapitel 17. Lassen Sie sich die aktuelle Resilienzstrategie aushändigen. Eventuell gibt es auch schon eine Maßnahmenliste, in der aktuelle oder geplante Maßnahmen zur Erhöhung der Resilienz dokumentiert wurden. Diese müssen Sie ebenfalls anschauen und auswerten.

5.9 Ist ein Lieferanten- bzw. Dienstleistermanagement vorhanden?

Hat Ihre Organisation einen guten Überblick über alle Lieferanten und Dienstleister? Das ist aus drei Gründen für die Resilienz wichtig:

- Sie wissen, wer Sie beliefert und unterstützt, und haben damit Ihre *Supply Chain* im Blick. Die Menge der Zulieferer kann bei einer großen Organisation (z. B. Autohersteller, Flugzeugbau) sehr schnell in den drei-, vier- oder sogar fünfstelligen Bereich gehen. Es ist dann sehr schwer, noch einen Gesamtüberblick zu haben und diesen aktuell zu halten, denn es wird marktübliche Schwankungen geben. Sie brauchen diesen Überblick aber, um Risiken und Abhängigkeiten richtig einschätzen zu können.

  Wenn Sie Ihre Supply Chain nicht kennen, ist ein gutes Risikomanagement fast unmöglich: Wenn beispielsweise eine Sicherheitslücke in einer Software-Bibliothek bekannt wird, müssen Sie sofort einschätzen können, ob dies für Sie relevant ist. Erfahrungsgemäß lässt sich aber sagen: In den allermeisten Fällen weiß gerade in großen Softwareprojekten kaum jemand, welche Bibliotheken und Module in welcher Version genutzt werden.
- Sie können zu jedem wichtigen Lieferanten mögliche Alternativen (Alternativlieferanten) hinterlegen. Das ist wichtig, um sich nicht von einem Lieferanten oder Dienstleister abhängig zu machen. Stellen Sie sich vor, dass ein Lieferant nicht mehr liefern kann. Wenn Sie dann nicht mindestens eine Alternative haben, kann das verheerende

Auswirkungen auf Ihre Organisation und Ihr Geschäft haben. Daher sollten Sie immer mindestens einen Plan B in der Hinterhand haben. Besser wäre sogar, auch noch einen Plan C zu haben. Das Gleiche gilt für alle externen Dienstleister.

- Sie können in Zusatzinformationen dokumentieren, ob Ihr Lieferant ein BCM oder IT-SCM hat. Auch das ist eine wichtige Information: Kann Ihr Lieferant oder Dienstleister Sie überhaupt noch weiter beliefern, wenn bei ihm ein IT-Notfall eintritt?

  Sie können mit Lieferanten, die ein BCM und/oder ITSCM haben, später auch gemeinsame (erweiterte) Übungen planen und durchführen. Das erhöht die Resilienz beider Organisationen, fördert die Zusammenarbeit und unterstützt das gemeinsame Verständnis für den anderen. Denn nur zusammen wird man die eine oder andere IT-Notfall-Situation oder (IT-)Krise bewältigen können.

Lassen Sie sich hierzu eine Aufstellung durch das Lieferanten- und Dienstleistermanagement erstellen und für das ITSCM aushändigen.

5.10 Ist eine Configuration Management Database (CMDB) vorhanden?

Wenn eine CMDB vorhanden ist, lassen Sie sich für das ITSCM einen lesenden Zugriff einrichten, denn dort werden die für das ITSCM sehr wichtigen (kritischen) IT-Service definiert und deren IT-Ressourcen zusammengefasst. Schauen Sie sich unbedingt an, wie der Zugriff und die Reporterstellung funktionieren, denn dies ist eine sehr wichtige Datenquelle für alle weiteren Arbeiten (siehe Abschnitt 11.3). Damit können Sie für Ihre erste Ist-Aufnahme nützliche Berichte bzw. Reports erstellen. Wenn das zu zeitaufwendig ist, lassen Sie sich von dem CMDB-Bereich einen Bericht nach Ihren ITSCM-Vorgaben erstellen.

5.11 Ist ein Skill- und Kapazitätsmanagement vorhanden?

Sind die Skills und die Kapazitäten der Mitarbeiter dokumentiert? Wenn ja, lassen Sie sich auch hier einen entsprechenden lesenden Zugriff auf die Systeme oder Datenbank einrichten. Dann können Sie dort gezielt nach wichtigen Schlüssel-Skills suchen und eventuelle Lücken aufdecken. Gibt es Single Points of Knowledge (SPoK) (siehe Abschnitt 10.1.9)?

5.12 Ist ein IT-Architektur-Management (IT-AM) vorhanden?

Gab oder gibt es bei Ihnen ein IT-Architektur-Management? Dann lassen Sie sich von diesem Team sämtliche genehmigten, aktiv genutzten und geplanten IT-Architekturen (inklusive Pläne) vorlegen und wenn nötig erklären.

5.13 Vorhandene IT-Infrastrukturpläne sammeln und sichten

Vorhandene IT-Infrastrukturpläne sind eine sehr wichtige Informationsquelle für das IT-SCM. Sie sollten sich als ITSC-Manager alle vorhandenen Pläne rund um das Rechenzentrum bzw. die Rechenzentren und den RZ-Verbund besorgen und anschauen. Lassen Sie sich diese Pläne zusätzlich von den zuständigen technischen Fachbereichen auch gründlich erklären. Denn schließlich ist das RZ-Umfeld das Arbeitsumfeld für den ITSC-Manager (siehe dazu auch ITSCM-Worst-Case-Szenarien in Kapitel 14).

Achten Sie darauf, ob die gezeigten Pläne aktuell sind oder aktualisiert werden müssten und wo sie abgelegt werden. Es kann nämlich in einem IT-Notfall oder einer (IT-) Krise sehr wichtig sein, dass das entsprechende Fachpersonal jederzeit auf solche extrem wichtigen Pläne zugreifen kann.

Tipp aus der Praxis

Besorgen Sie sich die für Sie nützlichen Pläne (z. B. Übersichtspläne, den IT-Gesamtstrukturplan, Netzwerkpläne, interne und externe Verbindungen etc.) und legen Sie diese in einem internen Bereich des ITSCM sicher ab, wenn nötig verschlüsselt. Das kann z. B. ein Confluence-Bereich, ein SharePoint-Ordner oder ein Gruppenlaufwerk sein.

Fragen Sie dabei bei den technischen Bereichen nach, wo diese ihre Pläne im Normalfall ablegen und wer wie im IT-Notfall auf sie zugreifen kann (Stichwort: Redundanz bei Notfalldokumenten). Fragen Sie auch, ob auch Notfallzugriffe (Accounts) und Wege eingerichtet sind und ob diese auch getestet wurden und funktionieren.

Es wäre nicht das erste Mal, dass man gepflegte, aktuelle und wunderschöne bunte Pläne hat, aber im IT-Notfall nicht auf sie zugreifen kann.

5.13.1 Netzwerkübersicht (Netzwerkplan)

Eine *Netzwerkübersicht* oder ein *Netzwerkplan* ist die systematische Darstellung und Dokumentation eines gesamten Netzwerks, einschließlich aller darin enthaltenen Geräte, Verbindungen und IT-Ressourcen. Die Netzwerkübersicht bietet eine klare Übersicht über die Struktur, Topologie und Funktionsweise des Netzwerks und wird oft genutzt, um die Verwaltung, Analyse und Fehlersuche im Netzwerk zu erleichtern. Auch hier gibt es zig verschiedene Möglichkeiten, ein Netzwerk zu visualisieren und zu dokumentieren.

- **Typische Inhalte einer Netzwerkübersicht**
  - **Netzwerkgeräte:** Router, Switches, Firewalls, Server, Computer, Drucker und andere Endgeräte
  - **Netzwerkstruktur:** Topologie (z. B. Stern-, Ring-, Mesh- oder Baumtopologie) und die logischen und physischen Verbindungen zwischen den Geräten
  - **IP-Adressen und Subnetze:** Verteilung der IP-Adressen (IPv4/IPv6) und Konfiguration der Subnetze

- **Protokolle und Dienste:** verwendete Protokolle (z. B. TCP/IP, DNS, DHCP)
- **Netzwerkdienste:** wie File Sharing, Datenbanken oder Cloud-Dienste
- **Zugriffsrechte und Sicherheit:** Firewall-Regeln, Zugriffskontrollen, VPN-Verbindungen, Authentifizierungsmethoden
- **Performance und Monitoring:** Bandbreitennutzung, Latenzzeiten und Geräteauslastung

- **Zweck einer Netzwerkübersicht**
  - **Verwaltung:** IT-Administratoren können das Netzwerk einfacher konfigurieren und verwalten.
  - **Fehlersuche:** Probleme wie Verbindungsabbrüche oder Überlastungen lassen sich leichter lokalisieren.
  - **Optimierung:** Netzwerkressourcen können effizienter verteilt und optimiert werden.
  - **Dokumentation:** Organisationen benötigen oft eine aktuelle Übersicht für Sicherheitsaudits oder für die Einhaltung von Compliance-Anforderungen.
  - **Planung:** Beim Ausbau oder bei der Umstrukturierung des Netzwerks dient die Übersicht als Grundlage.

Oft wird eine Netzwerkübersicht grafisch dargestellt, z. B. in Form eines Netzwerkdiagramms oder Netzwerkplans, um die Verbindungen und Geräte visuell verständlich zu machen. Abbildung 5.4 bis Abbildung 5.6 zeigen Ihnen drei Beispiele.

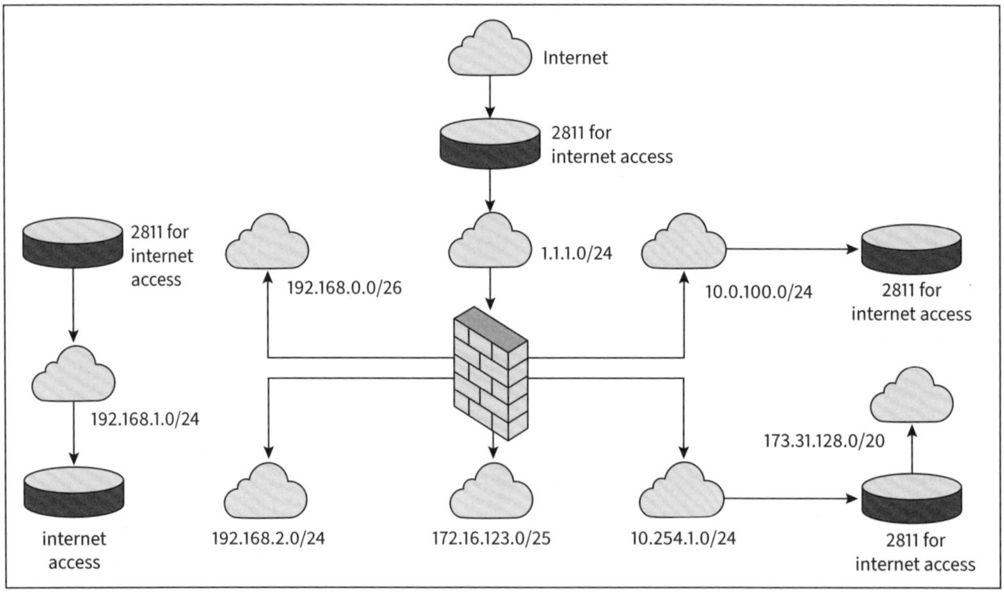

Abbildung 5.4: Ein grobes Netzwerkdiagramm mit IP-Adressen und Netzadressen (Quelle: EdrawMax Online)

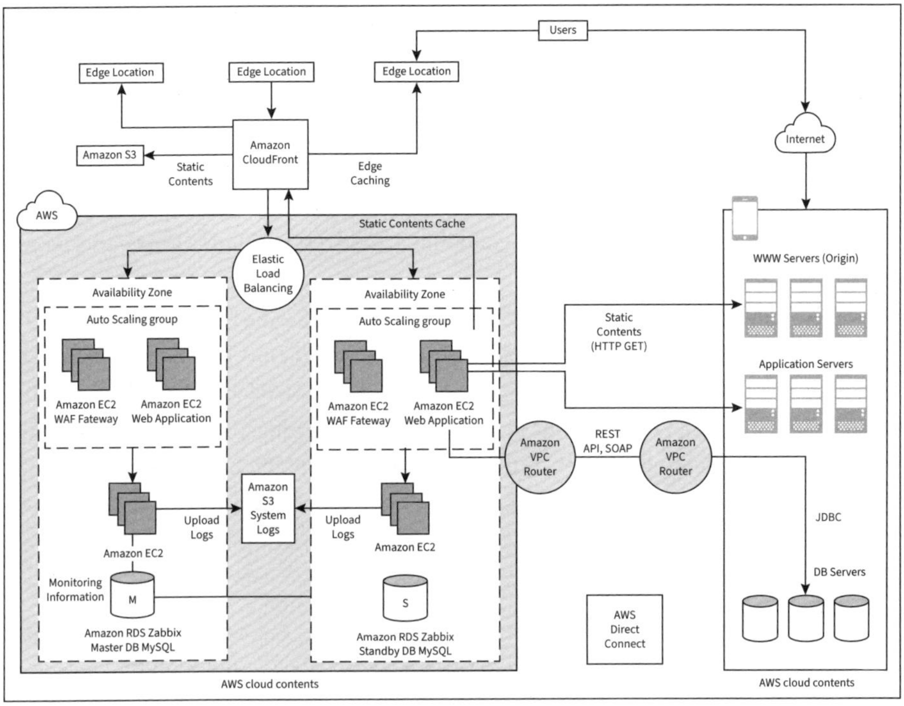

Abbildung 5.5: Übersicht einer Infrastruktur, die die AWS-Cloud nutzt (Quelle: EdrawMax Online)

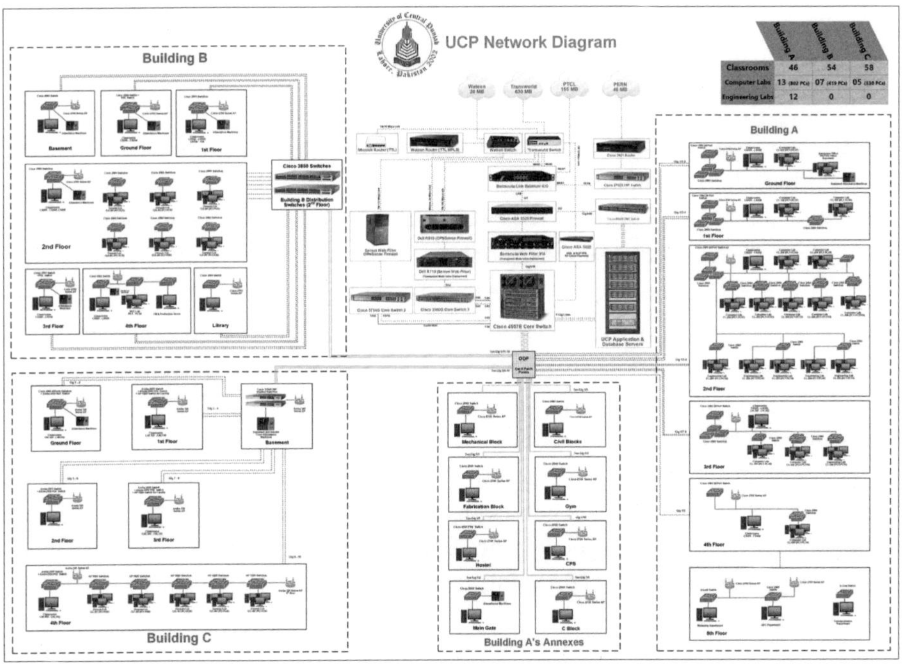

Abbildung 5.6: Eine sehr detaillierte Übersicht mit Gebäuden, IT-Ressourcen und Netzwerkgeräten (Quelle: fiverr)

5.13.2 Netzstrukturplan

Ein *Netzstrukturplan* ist in der IT ein Diagramm, das die physische und/oder logische Struktur eines IT-Netzwerks visualisiert. Der Netzstrukturplan stellt dar, wie verschiedene Komponenten (wie Server, Router, Switches, Firewalls, Workstations und andere Netzwerkgeräte) miteinander verbunden sind. Hier sind einige wichtige Aspekte:

- **Visualisierung der Infrastruktur:** Der Plan zeigt die Anordnung der Netzwerkkomponenten und deren Verbindungen. Das hilft Ihnen, die Architektur des Netzwerks zu verstehen und zu dokumentieren.
- **Planung und Optimierung**: Der Plan dient als Grundlage für die Planung von Netzwerkänderungen, Erweiterungen oder Verbesserungen. Probleme wie Engpässe, Sicherheitslücken oder nicht redundante Verbindungen lassen sich so frühzeitig erkennen.
- **Fehlerdiagnose und Wartung:** Im Fehlerfall oder bei Wartungsarbeiten kann der Netzstrukturplan als Referenz dienen, um die Ursache von Problemen zu identifizieren.
- **Dokumentation:** Der Netzstrukturplan bietet eine klare Übersicht über die aktuelle Netzwerkstruktur, was gerade in größeren Unternehmen für die IT-Abteilung und externe Dienstleister wichtig ist.

Ein Netzstrukturplan hilft Ihnen, die Komplexität moderner Netzwerke zu beherrschen, die Übersicht zu behalten und eine solide Grundlage für die Verwaltung und Weiterentwicklung der IT-Infrastruktur zu schaffen. Lassen Sie sich diesen Plan unbedingt aushändigen oder einen lesenden Zugriff einrichten.

5.14 Technikbereiche zu wichtigen IT-Services und IT-Infrastrukturen befragen

Eine weitere Informationsquelle sind die technischen Bereiche, wenn Sie z. B. IT-Dienstleister, Hoster oder Provider etc. sind. Hier spreche ich von dem Bereich, der in Ihrer Organisation die *IT-Services* (auch »IT-Ressourcen«, »IT-Verfahren«, »IT-Infrastrukturen«, »IT-Systeme«, »IT-Basisdienste«, »Anwendungen« etc. genannt) sowie die IT-Infrastruktur und/oder die IT-Fachverfahren[2] zur Verfügung stellt.

Wenn Sie noch keine CMDB oder kein BCM haben (und dadurch auch keine Soll-Werte aus einer BIA), könnten Sie dort wichtige Informationen einsammeln. Die technischen Fachkollegen wissen nämlich sehr genau (aus ihrer täglichen Praxis), welche Störungen welche Auswirkungen beim Kunden haben. Sie werden bestimmt schon den einen oder anderen Störfall, IT-Notfall oder die eine oder andere (IT-)Krise und die entsprechende Kommunikation mit den Kunden erlebt und das im Idealfall auch dokumentiert haben. Nutzen Sie unbedingt diese vielfältigen und praktischen Erfahrungswerte. Denn dort wollen Sie Ihr IT-SCM ja auch positionieren und permanent abgleichen – in der gelebten Praxis!

2 Ein *IT-Fachverfahren* ist eine IT-Anwendung, die speziell für die öffentliche Verwaltung entwickelt wird. Es bildet Geschäftsprozesse innerhalb einer Verwaltung ganzheitlich oder in wesentlichen Teilen IT-gestützt ab.

5.15 Service-Desk (SD), Help-Desk (HD) und Hotline befragen

Ein *Service-Desk (SD)*, der als *First-Point-of-Contact (FPoC)* in machen Organisationen auch *Single-Point-of Contact (SPoC)* genannt wird, kann Ihnen als ITSC-Manager gute Erfahrungswerte zur Verfügung stellen. Sie können kurze Interviews mit den SD-Mitarbeitern führen, sich die vorhandenen *Frequently Asked Questions (FAQ)*[3] oder die Auswertungen der Kollegen anschauen.

Idealerweise finden Sie hier dann einige Parallelen zu den Informationen und Werten der Mitarbeiter aus den technischen Bereichen. Und schon haben Sie als ITSC-Manager eine sehr gute Basis und Grundlage.

Zusätzlich machen Sie sich auf diese Weise beim SD als ITSC-Manager bekannt – Thema »Aktive Vernetzung« und »Awareness«. Diese persönlichen Vernetzungen werden Sie in Ihrem (ITSCM-)Berufsleben immer wieder aktiv nutzen.

5.16 Weitere Informationsquellen (Presse, Fachzeitschriften, Newsletter)

Sie können sich natürlich auch durch andere Informationsquellen arbeiten und dann schauen, was in Ihrer Organisation vorhanden ist und was nicht. Diese Informationen werden aber in der Regel eher abstrakt sein.

Für den Aufbau eines ITSCM wäre das wirklich die absolut allerletzte Option. Eine solche Recherche ist sehr, sehr zeitintensiv und ihre Ergebnisse sind oft nicht zu 100 % adaptierbar. Diese Option würde ich eventuell später nutzen, um mit dem ITSCM *up to date* zu bleiben.

5.17 Konsolidierung der Informationen

Wenn Sie diese ganzen Daten und Informationen aus den verschiedenen Bereichen zusammengeführt haben, geht die Arbeit natürlich weiter. Sie müssen alles sichten und konsolidieren, Ungereimtheiten und Fragen klären und das Material für sich selbst als ITSC-Manager in eine brauchbare Form bringen.

Überlegen Sie genau, mit welchem Tool Sie das machen möchten. Egal, ob Sie Excel, Word, Confluence oder SharePoint oder eine andere Software nutzen: Das Tool muss für Sie einfach zu bedienen sein, und Sie müssen alle Daten und Informationen schnell hinein und auch schnell wieder heraus bekommen.

---

3 FAQs sind eine Zusammenstellung von Informationen zu häufig gestellten Fragen bzw. häufig auftretenden Problemen.

Ich nutze gerne *Confluence*. Dort kann ich Daten in den Formaten Excel, Word, PowerPoint, Projekt, Draw.io, Visio, PDF etc. ablegen und sie auch (durch entsprechende Plugins) direkt bearbeiten und auch wieder abspeichern – und das inklusive einer internen revisionssicheren Historie.

Das Rechtesystem erlaubt mir, dazu den Zugriff definiert einzuschränken. Mit der Weboberfläche kommt man sehr schnell klar, kann Dokumente indizieren und findet so alles sehr schnell wieder.

Passen Sie nur auf, dass Sie nicht zu viel Zeit in die Gestaltung investieren. Schließlich geht es Ihnen um die Informationen in den Unterlagen, nicht darum, dass alles »hübsch« ist.

Vielleicht gibt es bei Ihnen in der Organisation ein Backoffice, dessen Hilfe Sie sich günstig »einkaufen« können. Oder Sie installieren ein Backoffice im ITSCM-Bereich, das solche administrativen Aufgaben übernehmen könnte.

5.18 Weitere Vorgehensweise und Übungen

Im nächsten Kapitel geht es weiter mit dem Soll-Zustand Ihres ITSCMs: Was sollte alles da sein? Dabei werden wir den Ist-Zustand mit dem Soll-Zustand vergleichen und versuchen, die erkannten Lücken zu schließen.

F-05-1: Ist eine Ist-Aufnahme für das ITSCM sinnvoll?

a) Nein, der ITSC-Manager muss sowieso alles noch mal neu erarbeiten.

b) Nein, die Daten und Information ändern sich doch viel zu schnell.

c) Ja, aber immer nur mit Daten oder Informationen aus der CMDB.

d) Ja, damit kann man sich im ITSCM einen ersten groben Überblick verschaffen.

F-05-2: Welche Ist-Daten aus dem BCM kann das ITSCM nutzen?

a) Informationen aus der BCM-Rollenbeschreibung

b) Informationen aus dem BCM-Handbuch

c) Informationen aus der BIA und BA

d) Informationen aus dem letzten Managementbericht

F-05-3: Welche Ist-Daten aus dem CM kann das ITSCM nutzen?

a) Informationen aus der Change-Manager-Rollenbeschreibung

b) Informationen aus dem RfC-Kalender

c) Informationen aus dem CAB

d) Informationen aus Störungen nach RfCs

Kapitel 6
Das ITSCM planen: Der Soll-Zustand

Was ist der Soll-Zustand? Und wie kommt man zum Ist/Soll-Abgleich?
In diesem Kapitel geht es darum, das ITSCM in der Kultur zu verankern.

»Entweder werden wir einen Weg finden oder wir machen einen!« (Hannibal)

Den Soll-Zustand können Sie im Grunde schon grob aus der ITSCM-Policy ableiten, denn er ist der offizielle Arbeitsauftrag für das ITSCM.

Jetzt verstehen Sie auch, warum ich gesagt habe, dass man sich für das Erstellen der Policy genügend Zeit einräumen muss, um alles eindeutig zu beschreiben. Denn je deutlicher und klarer der eigentliche Arbeitsauftrag abgestimmt und dokumentiert wurde, desto einfacher fällt Ihnen der jetzt anstehende Schritt. Alles, was nicht in der Policy aufgeführt ist, ist aktuell auch nicht Ihr Arbeitsauftrag. Natürlich wird meist die erste Policy sehr generisch und noch sehr oberflächlich sein. Aber spätestens ab der zweiten Policy, wenn Sie ja schon gut zwei bis drei Jahre das ITSCM im Tagesgeschäft betreiben, wird es genauer und spezifischer.

Die folgenden Punkte könnten daher Ihre Basis bilden (Beispiele in *kursiver Schrift*):

- Was soll das geplante ITSCM genau machen?

  Eine IT-Notfallvorsorge aufbauen und betreiben, dabei die Resilienz der Organisation in den nächsten drei Jahren um 15 % erhöhen

- Was wurde dabei verbindlich festgelegt?

  IT-Notfallvorsorge und Resilienzerhöhung betreiben und Anforderungen von BaFin, Dora, MaRisk oder BAIT erfüllen

- Welche Bereiche sollen fokussiert betrachtet werden?

  Die ganze Organisation

- Was ist im Scope? Und was nicht?

  Cyberthematiken (bzw. IT-Sicherheitsthemen) sind komplett Out-of-Scope. Im Scope sind die fünf ITSCM-Worst-Case-Szenarien und alle zeitkritischen IT-Services und deren unterstützenden IT-Ressourcen für die zeitkritischen Geschäftsprozesse.

- Gibt es zeitkritische Geschäftsprozesse?

  Ja, diese werden aktuell vom BCM durch eine neuen BIA (in 2026) noch weiter »geschärft«. Aktuell sind wir bei 13 zeitkritischen Geschäftsprozessen, die organisationsweit bekannt sind.

- Können die IT-Services (inklusive der notwendigen IT-Ressourcen) für diese zeitkritischen Geschäftsprozesse jetzt schon erkannt werden?

  Nur zum Teil, siehe CMDB. Es muss daher die BIA des BCM in 2026 abgewartet werden. Die CMDB muss weiter gefüllt werden.
- Gibt es zeitkritische IT-Services?

  Ja, es sind neun Stück. Diese werden durch die neue BIA des BCM (in 2026) noch weiter ergänzt.
- Und so weiter: Führen Sie noch weiteren Punkte bzw. festgelegte Aufgaben auf.

6.1 Der Ist/Soll-Abgleich

Der Ist/Soll-Abgleich ergibt sich dann praktisch wie von selbst. Sie nutzen die Anforderungen und die Aufträge aus der Policy und Sie haben einen aktuellen Ist-Stand Ihrer Organisation zusammengetragen. Diese gilt es nun abzugleichen. Daraus ergeben sich dann Aktualisierungsaufträge und Aufgaben, etwas ganz neu aufzubauen.

Zuerst geht es aber darum, herauszufinden, was alles (sofern es vorhanden ist) nur aktualisiert werden muss. Beispiele sind:

- alle (IT-Notfall-)Pläne wie WAP, WHP, DRP
- alle (Notfall-)Dokumentationen (inklusive Handbücher)
- alle Anweisungen und Workarounds
- alle Checklisten und alle AUs
- Übungen und Teststrategien und Planungen
- Resilienzmaßnahmen (technische Redundanzen und organisatorische Redundanz)

Und dann geht es noch um die Sachen, die komplett neu aufgebaut werden müssen, wie:

- die gesamte Organisation des ITSCM
- die ITSCM-Rollenbeschreibungen inklusive deren Schulungen
- IT-Notfalldokumentationen (inklusive Notfallplänen wie WAP, WHP, DRP)
- IT-Notfallvorsorgemaßnahmen (aus Übungen und Tests) inklusive Tracking
- alle IT-Notfallvorsorgeplanungen im ITSCM-Umfeld
- alle ITSCM-Awareness-Maßnahmen
- alle ITSCM-Worst-Case-Szenarien
- ITSCM-KPIs (Steuerungs- und Informations-KPIs)
- Controlling und Berichtswesen
- wichtige Vernetzungen

6.2 Erste Vorsorgemaßnahmen dokumentieren

Jetzt sollten Sie schon die ersten Vorsorgemaßnahmen – genauer gesagt IT-Notfallvorsorgemaßnahmen – entwickeln. Vorsorgemaßnahmen können dabei auf vier Ebenen stattfinden:

- **Organisatorisch:** Dazu gehören die Erstellung von Notfallhandbüchern, die Festlegung von Notfallprozessen und die Schulung der Mitarbeiter, um im Ernstfall schnell und effektiv reagieren zu können.
- **Personell:** Hierunter fallen die Benennung von Notfallbeauftragten, die Bildung von Notfallteams und die Festlegung von Zuständigkeiten, um eine klare Verantwortlichkeit im Krisenfall zu gewährleisten.
- **Infrastrukturell:** Dazu zählen die Bereitstellung von Ausweichstandorten, die Sicherstellung der Kommunikationswege und die Ausstattung mit Notfallmaterialien, um die Handlungsfähigkeit auch bei einem Ausfall der Hauptinfrastruktur zu erhalten.
- **Technisch:** Hierzu zählen die Implementierung von Redundanzen, regelmäßige Datensicherungen und die Nutzung von Notstromversorgungen, um die Verfügbarkeit und Integrität der IT-Systeme sicherzustellen.

Die Maßnahmen kann man dabei in zwei Gruppen aufteilen. (Hieran erkennen Sie auch schon die Ähnlichkeit zum Risikomanagement.) Diese Gruppen sind:

- Minderung der Eintrittswahrscheinlichkeit
- Minderung des Schadensausmaßes

6.2.1 Allgemeines Vorgehen

IT-Notfallvorsorgemaßnahmen müssen geplant werden. Hierzu fließen Informationen aus der Bedrohungsanalyse (BA) des BCM und aus dem ITSC-Lösungskonzept (siehe Abschnitt 7.6.4) ein:

- **Elemente aus dem ITSC-Lösungskonzept nutzen**

  Dokumentieren Sie Lösungsoptionen, die sich aus Gaps zwischen den Soll-Anforderungen aus der BIA und der Ist-Absicherung ergeben, und stellen Sie sie möglichst ab.
- **Dazu Elemente aus der Risikoanalyse nutzen**

  Betrachten und beachten Sie IT-Risiken, Standortrisiken, den Risikoappetit, Risikobehandlungsstrategien etc.
- **Machbarkeits- und Kosten-Nutzen-Analyse durchführen und auswerten**
- **Die geplanten Vorsorgemaßnahmen prüfen und entsprechend implementieren**

  Die Implementierung wird von den technischen Bereichen durchgeführt.

Lassen Sie jetzt schon, wenn möglich eine Abhängigkeitsanalyse der technischen Bereiche durchführen und bestimmen, welche IT-Services und IT-Ressourcen voneinander abhängig sind.

In der IT bezeichnet eine *Abhängigkeitsanalyse* den Prozess, bei dem die Beziehungen und Abhängigkeiten zwischen verschiedenen IT-Systemen, IT-Komponenten, Softwareteilen oder Prozessen innerhalb einer IT-Infrastruktur untersucht werden. Ziel ist es, zu verstehen, wie einzelne Teile eines IT-Systems miteinander interagieren und wie Änderungen (und auch Störungen) an einem Teil das gesamte IT-System beeinflussen könnten. Aus diesen Abhängigkeitsanalysen ergibt sich später ein Gesamtbild der Organisation.

Das kann auf verschiedene Weisen nützlich sein:

- **Fehlerbehebung:** Wenn ein Problem auftritt, hilft die Abhängigkeitsanalyse Ihnen, schnell zu identifizieren, welche anderen Komponenten davon betroffen sein könnten.
- **Optimierung und Planung:** Die Abhängigkeitsanalyse kann dazu beitragen, Engpässe zu erkennen oder die Auswirkungen von Änderungen besser abzuschätzen.
- **Risikomanagement:** Die Analyse hilft dabei, Risiken zu identifizieren, die durch die Abhängigkeit von bestimmten Systemen oder Prozessen entstehen könnten.

Beispielsweise könnte bei einer Softwareentwicklung eine Abhängigkeitsanalyse zeigen, welche Bibliotheken oder Module miteinander in Verbindung stehen, sodass man bei Änderungen an einem Modul wissen kann, welche anderen Module potenziell angepasst werden müssen. Insgesamt trägt eine Abhängigkeitsanalyse dazu bei, Komplexität zu reduzieren, die IT-Umgebung besser zu managen und die Qualität der Systeme zu erhöhen. Sie ist also ein wertvolles Werkzeug in vielen Bereichen in der IT.

[»]

Hinweis

Die *IT-Notfallvorsorge* ist eine sehr komplexe Aufgabe. Sie besteht aus vielen Teildisziplinen und Teilaufgaben, die jeweils ganz unterschiedliche Arbeitsergebnisse liefern sollen.

Die IT-Notfallvorsorge durch das ITSCM kann nicht alle Defizite und Probleme einer Organisation beseitigen. Sie kann und will nicht alle Analysen durchführen, die längst hätten durchgeführt werden müssen, und alle Dokumente liefern, die längst hätten geliefert werden müssen.

Das sollte allen von vornherein klar sein!

Die erste Aufgabe der IT-Notfallvorsorge und somit auch das Erste, was bei der IT-Notfallvorsorge überwacht werden muss, ist die Pflege des Servicekatalogs der IT. Das ist eine Liste derjenigen Leistungen, die der Bereich IT für seine internen und externen Kunden, also die Nutzer der IT-Services, erbringt oder zur Verfügung stellt.

Zu den absoluten Grundregeln aller Aktivitäten wird nämlich ab sofort gehören: Was immer es ist – wenn es nicht auf der Liste der IT-Services erscheint, wird es dafür auch keine IT-Notfallvorsorge geben, denn es ist auch nicht wichtig!

Die Liste der IT-Services ergibt sich aus den zeitkritischen Geschäftsprozessen einer Organisation. Alle IT-Services, die von zeitkritischen Geschäftsprozessen genutzt werden, sind Bestandteil der IT-Notfallvorsorge (auch die dazugehörigen IT-Ressourcen). Man kann entweder direkt eine Liste der zeitkritischen Geschäftsprozesse erstellen oder aber auf der Ebene von Produkten und Dienstleistungen beginnen und sich die Frage stellen, welche Geschäftsprozesse und IT-Services benötigt werden, um das Produkt bzw. die Dienstleistung anzubieten.

Hinweis

Ist kein (IT-)Servicekatalog vorhanden, nutzen Sie wieder die zeitkritischen Geschäftsprozesse des BCM als Grundlage für das ITSCM.

6.3 ITSCM in der Kultur Ihrer Organisation etablieren

Wissen Sie, wann Sie es geschafft haben, ein ITSCM richtig zu implementieren?

- Wenn das ITSCM in die Kultur der Organisation aufgenommen wurde.
- Wenn es nicht mehr als Fremdkörper oder als störend angesehen wird, wenn es praktisch in die DNA der Organisation aufgenommen wurde.
- Wenn es normal ist, sich um IT-Notfallvorsorge und Resilienz zu kümmern.
- Wenn das ITSCM als integraler Bestandteil des normalen Alltags betrachtet wird (nicht als gesonderte Aktivität).
- Wenn die Unterstützeranzahl größer ist als die Anzahl der Gegner oder Blockierer.
- Wenn man Sie im ITSCM automatisch zu wichtigen Terminen und/oder Projekten einlädt.
- Wenn Sie auf dem »Schirm« sind.

Dann und erst dann haben Sie es wirklich geschafft! 😊

6.4 Weitere Vorgehensweise und Übungen

Im nächsten Kapitel geht es um den Aufbau einer ITSCM-Organisation, damit Sie endlich mit der Arbeit weiterkommen. Sie haben sich vorab einen Überblick verschafft, das Wichtigste konsolidiert, mit der Policy abgeglichen, erste Lücken entdeckt und müssen jetzt den Übergang ins Tagesgeschäft gestalten. Und das geht nur mit einer anständigen Organisation des ITSCM und dessen gelebten Rollen und Verantwortlichkeiten.

[/] **F-06-1: Woraus ergibt sich im Grunde der Soll-Zustand des ITSCM?**

a) Er muss vom ITSCM-Owner definiert werden.
b) Aus der ISM-Policy
c) Aus der BCM-Policy
d) Aus der ITSCM-Policy

[/] **F-06-2: Was ist ein Ist/Soll-Abgleich im ITSCM?**

a) ITSCM-Ist-Personal mit dem Policy-Soll-Zustand vergleichen und fehlendes Personal einstellen
b) Die Soll-Vorgaben aus der BIA mit den Ist-Vorgaben aus der SLA abgleichen
c) Dabei wird der aktuellen Ist-Stand der Organisation mit dem geplanten Soll-Zustand verglichen. Fehlende Sachen müssen dann schnellstmöglich aufgebaut und vorhandene Sachen (wenn nötig) aktualisiert werden.
d) Der Ist/Soll-Abgleich wurde in der neuen ISO ISO/IEC 27031:2025-05 abgeschafft.

[/] **F-06-3: Warum sollte das ITSCM in der Organisationskultur verankert sein?**

a) Weil es dann günstiger für die Kunden wird.
b) Weil es für Kultur ein nutzbares Sonderbudget gibt.
c) Weil Kultur ein wichtiges Gut einer Organisation ist.
d) Weil es dann nicht mehr als Fremdkörper wahrgenommen wird. Es ist dann selbstverständlich und ein Teil der Organisations-DNA geworden.

Kapitel 7
Die ITSCM-Organisation aufbauen

In diesem Kapitel geht es um den Aufbau einer ITSCM-Organisation: um den Zeitfaktor für den Aufbau, alle Rollen, die Kosten für das ITSCM sowie um alle wichtigen Dokumente für den Normalbetrieb und den Notbetrieb.

»Wer hohe Türme bauen will, muss lange beim Fundament verweilen.«
(Anton Bruckner)

In Abbildung 7.1 sehen Sie ein Schaubild mit den einzelnen Phasen im ITSCM und den dazugehörigen Komponenten bzw. Tätigkeiten. All dies gilt es jetzt mit Ihrem ITSCM-Team in Ihrer Organisation aufzubauen, anzupassen und dauerhaft zu betreiben.

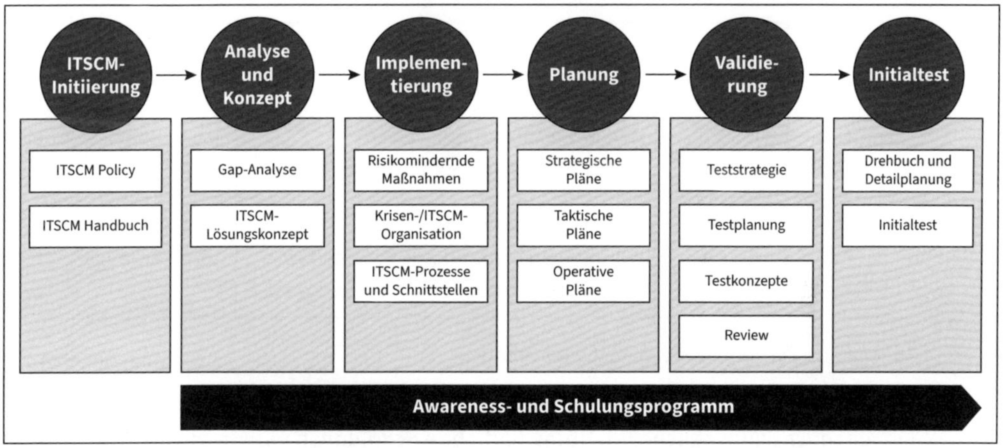

Abbildung 7.1: Aufbau eines ITSCM (Quelle: BCM Academy GmbH, Lehrgang »Certified Business Continuity Manager, CBCM«, https://www.bcmacademy.de/de/cbcm)

7.1 Der Zeitfaktor für den Aufbau

Die wichtigste Information direkt zu Beginn: Wie schnell eine ITSCM-Organisation aufgebaut und betrieben werden kann, können Sie mit entsprechenden Ressourcen und Vorgaben (finanziell, personell, Ziel, Umfang etc.) steuern.

Sie können sich sogar ein ITSCM als externe Dienstleistung über Berater oder Consulting komplett einkaufen. Eines ist dabei ganz klar: Je mehr Zeit Sie investieren, je besser ausgebildet Ihr Personal ist und je mehr Ressourcen zur Verfügung stehen, desto spürbarer, nachhaltiger und größer wird der Mehrwert für Ihre Organisation sein.

Und auch einen weiteren Punkt möchte ich bereits hier kurz anmerken: »Quick Wins« wird man nicht erreichen.

Ein ITSC-Manager muss sich erst mal tief in das komplette RZ-Umfeld, die Basis-Techniken und die vorhandenen IT-Infrastrukturen einarbeiten, Kontakte knüpfen, sich vernetzen, Vertrauen und Awareness aufbauen und sich selbst immer wieder auf den Prüfstand stellen und gegebenenfalls dynamisch nachjustieren.

Beantworten Sie daher vorher für sich die Frage, ob es irgendeinen Zeitdruck gibt. Wenn ja, müssen Sie alle weiteren Schritte davon abhängig planen. Als groben Anhaltspunkt habe ich Ihnen Tabelle 7.1 vorbereitet, in der Sie in etwa den zeitlichen Rahmen erkennen können. Das sind meine Erfahrungswerte, die aber von Organisation zu Organisation und von Personal zu Personal natürlich etwas variieren können.

Personal	Erfahrung	Schulungen	Zeit für den Aufbau
Anfänger	0 %	Noch keine	1,5–2 Jahre
Erfahrener	40–70 %	ITSCM-Zertifizierung	ungefähr 1 Jahr Einarbeitung
Experte	80–95 %	ITSCM-Zertifizierung, weitere Schulungen + Praxiserfahrung	3–6 Monate Einarbeitung
Spezialist	95–100 %	ITSCM-Zertifizierung, weitere Schulungen + jahrelange Praxiserfahrung in verschiedenen Organisationen	Kann sofort mit der Arbeit anfangen.

Tabelle 7.1: Zeitrahmen für Mitarbeiter-Aufbau

Ein *Anfänger* ohne jegliche Erfahrung und ohne Schulungen wird in etwa anderthalb bis zwei Jahre brauchen, um einigermaßen sattelfest im ITSCM-Umfeld agieren zu können.

Ein neu eingestellter *Experte* mit einer ITSCM-Zertifizierung, Praxiserfahrung und zusätzlichen Schulungen (BCM, Krisenmanagement, Notfallmanagement etc.), der etwa 80–95 % des ITSCM-Umfelds abdeckt, wird in etwa drei bis sechs Monaten sehr gute Ergebnisse liefern. Für ihn geht es mehr um eine Eingewöhnungszeit in die neue Organisation und das Kennenlernen von Vorgaben, Schnittstellen, Formalismen, Laufwegen etc.

Der *Spezialist* wird meist nur für besondere Sachlagen, Aufgaben, Probleme oder Arbeiten hinzugezogen, z. B. als Unterstützung bei der ersten Durchführung einer Gap-Analyse oder bei der ersten Planung und Durchführung eines kompletten RZ-Schwenks.

Diese hier genannten Zeiten können natürlich je nach Persönlichkeit sowohl unter- als auch überschritten werden. Es sind aber gut nutzbare und praxisnahe Mittelwerte.

7.2 Kosten und Ressourcen

Es ist schwer, die Frage zu den Kosten einer kompletten ITSCM-Organisation erschöpfend und umfassend zu beantworten. Hier spielen sehr viele Einflussfaktoren eine entscheidende Rolle (z. B. die Größe Ihrer Organisation, der Aufbau und die Struktur Ihrer Organisation, die Komplexität Ihrer IT, vorhandenes Personal, Einsatzzweck, unreguliertes Umfeld oder reguliertes Umfeld etc.). Folgende Faktoren sind jedoch wesentlich:

- Haben Sie für den Aufbau des ITSCM eigenes Personal oder muss neues Personal eingestellt werden?
- Kaufen Sie sich ein ITSCM als externe Dienstleistung komplett ein oder bauen Sie jemanden neu auf?
- Welches Budget haben Sie für den Aufbau und den dauerhaften Betrieb zur Verfügung?
- Wie viel Zeit haben Sie für den Aufbau eines ITSCM?
- Soll das ITSCM erst mit einem Teilbereich anfangen oder direkt mit der ganzen Organisation?
- Was ist schon vorhanden (BCM, ISM, RM ...)?
- Gibt es klare Vorgaben vom Top-Management?
- etc.

Aus den Antworten auf diese Fragen müssen Sie ableiten, wie sich Ihr Team zusammensetzen soll. Mein Vorschlag für ein (ideales) ITSCM-Team sieht so aus:

- Der **ITSC-Manager** sollte ein zertifizierter ITSC-Manager mit ersten Praxiserfahrungen sein.
- Die **ITSCM-Mitarbeiter** und -**Mitarbeiterinnen** sollten die ITSCM-Essential-Schulung besucht haben oder sehr zeitnah besuchen. Die weitere Einarbeitung findet als »Training-on-the-Job« durch den ITSC-Manager statt.
- Das **ITSCM-Backoffice** kann bei großen ITSCM-Organisationen als Unterstützung sehr sinnvoll sein, etwa für alle administrativen Tätigkeiten, für die Erstellung von Protokollen, für die Terminkoordination, für Planungsaufgaben, für alle Arten von Dokumentationen etc.
- **Externe Unterstützung** sollte ein zertifizierter und langjährig praxiserprobter ITSC-Manager sein.
- **ITSC-Koordinatoren** sollten langjährige Gruppenleiter oder Teamleiter mit sehr fundiertem Praxiswissen aus einem technischen Bereich sein.

Die genaue Zusammensetzung und damit auch die Kosten werden sich von Organisation zu Organisation unterscheiden. Ich möchte Ihnen hier aber trotzdem eine ganz grobe Orientierung (mit marktüblichen Mittelwerten, Stand 2024/2025) an die Hand geben, die Sie in Tabelle 7.2 finden.

Rolle	Personalkosten (Jahr)	Schulungskosten (Jahr)	Gesamt (Jahr)
ITSC-Manager	~ 80.000 € bis 90.000 €	~ 5.000 €	90.000 €
ITSCM-Mitarbeiter	~ 65.000 € bis 75.000 €	~ 1.000 bis 3.000 €	72.000 €
Externe Unterstützung	~ 120.000 €	–	120.000 €
ITSCM-Backoffice	~ 50.000 € bis 60.000 €	~ 2000 €	57.000 €
ITSCM-Sponsor	Zusätzliche Aufgabe im Top-Management; wird mit dem Gehalt vergütet. Minimaler Zeitaufwand pro Jahr.		
ITSCM-Owner	Zusätzliche Aufgabe im Management; wird mit dem Gehalt vergütet. Geringer Zeitaufwand pro Jahr.		
ITSC-Koordinatoren	Aufgaben im Tagesgeschäft; werden mit dem Gehalt vergütet. Es sind koordinierende Stellen wie Sachgebietsleitungen, Teamleitungen oder Gruppenleitungen. Hier kommen wenige zusätzliche Aufgaben dazu, maximal 3 bis 5 % der Wochenarbeitszeit.		

Tabelle 7.2: Kostenschätzung für das Personal des ITSCM

7.3 Stellen besetzen (aber wen zuerst?)

Nun geht es darum, die Stellen auch zu besetzen. Aber wie? Und wen zuerst?

Meine Empfehlung lautet: Fangen Sie mit dem ITSC-Manager an.

Der ITSC-Manager

Jetzt kommt also der Punkt, an dem es für Sie ernst wird: Die Stellen müssen besetzt werden. Sinnvoll ist es, mit dem Kopf der ganzen Organisation anzufangen, also mit dem ITSC-Manager. (Der ITSC-Manager wird in einigen internationalen Organisationen auch *Service Continuity Manager* genannt.)

Diese Stelle sollte mit einer Person besetzt werden, die das Thema schon gut kennt oder aber gewillt ist, sich dort intensiv einzuarbeiten. Hierbei ist es völlig egal, ob Sie jemanden neu einstellen oder zum ITSC-Manager aufbauen lassen. Die Person muss in Ihre Organisation passen.

Je kommunikationsstärker diese Person ist, desto leichter werden ihr die wichtigen Vernetzungen in der Organisation fallen. Diese Vernetzungen sind im ITSCM-Tagesgeschäft extrem wichtig: Da ein ITSC-Manager und sein Team nicht überall mit dabei sein können, sind sie auch auf Informationen angewiesen, die ihnen zugetragen werden.

Und super wäre es, wenn diese Person für ihren Job »brennt«. Dieses Für-etwas-Brennen kann nämlich sehr schnell und überaus positiv auf alle anderen überspringen. Eine menschliche »Schlaftablette« als ITSC-Manager wird Ihnen die ITSCM-Organisation zu Grabe tragen.

Der ITSC-Manager könnte dann mit folgenden (Vor-)Arbeiten anfangen:

- die ITSCM-Policy erstellen
- die Organisation des ITSCM vorplanen und anfangen, sie aufzubauen
- ITSCM-Rollenbeschreibungen erstellen
- die Ist-Aufnahme starten und Informationen einsammeln
- den Soll-Zustand mit dem ITSCM-Owner und der ITSCM-Policy festlegen
- Awareness-Maßnahmen ganz grob vorplanen und weitere Ideen dazu sammeln
- aktiv anfangen, sich zu vernetzen
- die Grundzüge für eine Schulungsstrategie erstellen (für alle ITSCM-Rollen)
- ein Berichtswesen und/oder Controlling mit dem ITSCM-Owner abstimmen und vorbereiten (Wann soll wie an wen und wie oft berichtet werden?)
- anfangen, die ersten IT-Risiken zu betrachten
- anfangen, die notwendigen IT-Notfalldokumente zu erstellen
- erste IT-Notfallvorsorgemaßnahmen definieren
- erste Ideen zum ITSCM-Handbuch zusammentragen
- etc.

Die Mitarbeiter des ITSCM

Nun geht es darum, zu überlegen, wie viele Mitarbeiter den ITSC-Manager in der täglichen Arbeit unterstützen sollen. Denn eines ist klar: Bei einer *One-Man-Show* (also einem ITSC-Manager) gibt es auch nur *Einzelkämpfer*-Output.

Orientieren Sie sich an der Größe Ihrer Organisation und der eigenen IT: Wenig IT braucht wenig Unterstützung, viel IT benötigt natürlich wesentlich mehr Unterstützung.

Außer von der Größe und Komplexität Ihrer IT und Ihrer Organisation hängt die Größe des Teams auch davon ab, ob Sie im regulierten oder im unregulierten Umfeld arbeiten und welche Aufgaben in den Dokumentationen anliegen. Und natürlich hängt die Teamgröße von den qualitativen und quantitativen Ergebnissen ab, die vom ITSCM erwartet werden. Und schließlich gilt: Je schneller Ergebnisse erwartet werden, desto größer muss auch das Team sein.

Neben dem ITSC-Manager sollte es mindestens eine weitere Person im ITSCM-Team geben, damit man die Möglichkeit hat, sich bei parallelen Terminen oder Themen aufzuteilen.

Bei einer Organisation von 3000 bis 4000 Mitarbeitern (im unregulierten Umfeld) könnte man mit zwei ITSC-Manager, einem ITSCM-Mitarbeiter und ggfs. einer externen Unterstützung anfangen. Bei Übungen und Tests sollte dann immer jemand vom ITSCM anwesend sein.

Das würde ich als »Mindestausstattung« definieren. Um bei der Größe aber alles optimal abzudecken und auch noch Reserven zu haben, bräuchten Sie eigentlich drei ITSC-Manager und drei ITSCM-Mitarbeiter sowie ein kleines ITSCM-Backoffice. Externe Unterstützung wäre dann nur in besonderen Fällen nötig (z. B. bei der Übung eines kompletten RZ-Schwenks). Nach vielen intensiven Gesprächen mit anderen ITSC-Managern aus Deutschland ist dies mein grober, aber praxisnaher Erfahrungswert.

Sie können das ITSCM natürlich jederzeit sukzessive erweitern: Erst stellen Sie den ITSC-Manager ein, dann einen ITSCM-Mitarbeiter, und sollte das nicht reichen, stellen Sie einen zweiten ITSCM-Mitarbeiter ein.

Danach können Sie überlegen, einen zweiten ITSC-Manager einzustellen. Und spätestens dann sollten Sie auch für weitere Unterstützung durch ein kleines Backoffice sorgen.

7.4 Mitarbeiter schulen

Für den Aufbau und Betrieb eines professionellen ITSCMs ist es wichtig, dass das ganze ITSCM-Team entsprechend geschult wird, um eine gemeinsame (Wissens-)Basis zu haben. Die Schulungen unterscheiden sich dabei meist wie folgt:

- **ITSC-Manager:** Zertifizierungsschulung mit Abschuss und Prüfung (~ 8 Tage)
- **ITSCM-Mitarbeiter:** Grundlagenschulung (~ 2 bis 3 Tage)
- **ITSCM-Backoffice:** Arbeitsplatzorganisation, Zeitmanagement, Microsoft Office, Confluence, SharePoint etc. (~ 3 bis 5 Tage im Jahr)

Außerdem gibt es sehr sinnvolle Zusatzschulungen, die an das ITSCM angrenzen. Sie sollten daher dafür sorgen, dass die ITSC-Manager und eventuell auch die ITSCM-Mitarbeiter immer *up to date* bleiben. Workshops, Infoveranstaltungen, Messen, Summits, Fachbücher und Newsletter runden das Bild dann für alle ab.

Natürlich stellen die ITSC-Manager ihre Schulungsunterlagen den anderen ITSCM-Mitarbeitenden zur Verfügung und sollten für Fragen ansprechbar sein. Das hilft ihnen selbst, ihr Wissen weiter zu zementieren und ihre direkten Kollegen fitter zu machen.

7.5 Rollen definieren und detailliert beschreiben (Langfassung)

Spätestens dann, wenn Ihr Team wächst, ist es sinnvoll, die Rollen detaillierter zu beschreiben. (Vielleicht hat der ITSC-Manager das schon im Vorfeld getan; falls nicht, dann ist jetzt die perfekte Zeit dafür.)

Eventuell gibt es in Ihrer Organisation schon Templates für Rollenbeschreibungen, dann nutzen Sie diese. Wenn es so etwas nicht gibt, muss der ITSC-Manager selbst tätig werden.

Das Format ist dabei völlig egal. Wichtig ist nur, dass jede Rolle verständlich und vollumfänglich definiert wird, dass sie also vom Top-Management, der Personalabteilung und dem Personal- oder Betriebsrat, aber auch von allen Rolleninhabern verstanden wird. Fangen Sie lieber mit etwas weniger Inhalten an und erweitern Sie die Beschreibungen in den nächsten Jahren, als gleich alle Beteiligten mit meterlangen Rollenbeschreibungen zu überfordern.

Eine Rollenbeschreibung könnte dabei die Inhalte haben, die Sie in Tabelle 7.3 sehen. Ein Template dazu finden Sie beim Downloadmaterial.

Name der Rolle	*ITSC-Manager*
Ebene	*taktisch*
Aufgabenumfeld	*Technik*
Rollenbeschreibung	*Hier beschreibt man in ein paar Sätzen oder Stichworten, was die Rolle beinhaltet.*
Aufgaben der Rolle	*Hier werden die Aufgaben der Rolle aufgelistet.*
Verantwortung des Rolleninhabers	*Hier beschreibt man die Verantwortung bzw. den Verantwortungsbereich.*
Benötigte Kompetenzen/ Voraussetzungen	*Hier zählt man die benötigten Kompetenzen und Mindestvoraussetzungen auf.*
Zeitaufwände	*Fulltime (100 %) oder eine entsprechende Prozentzahl (z. B. 50 % bei einer Halbtagsstelle)*

Tabelle 7.3: Template-Übersicht für ITSCM-Rollen

In Abbildung 7.2 sehen Sie ein Beispiel, wie ein komplett aufgebautes ITSCM mit allen Ebenen und allen wichtigen Rollen aussehen könnte.

Ich kann Ihnen nur empfehlen, für sich selbst solch eine (an Ihre Organisation angepasste) Übersichtsgrafik anzufertigen und sie aktuell zu halten. Diese Grafik habe ich bei mir am Büro-Whiteboard hängen und sie dient als Erklärung für interessierte Besucher, Kollegen, Gäste und Hospitanten.

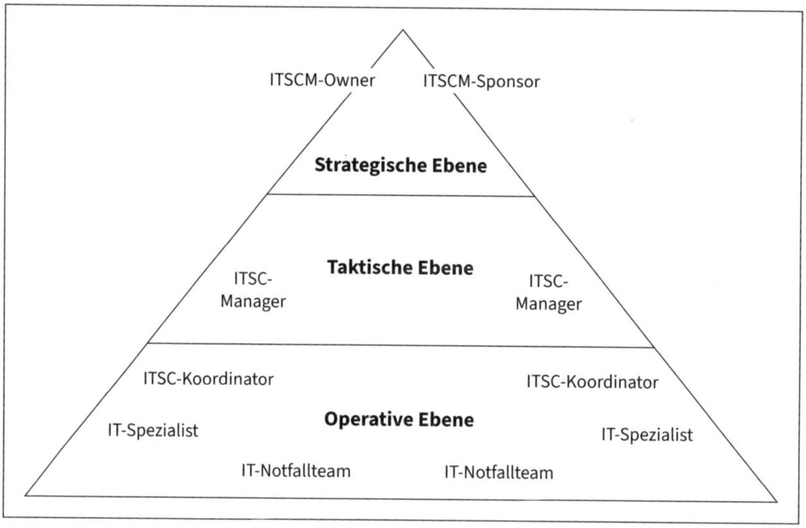

Abbildung 7.2: Möglicher Rollenaufbau eines kompletten ITSCM innerhalb einer Organisation

7.5.1 Die strategische Ebene (Strategien, Vorgaben, Entscheidungen)

Die strategische Ebene ist die höchste Ebene in einer ITSCM-Organisation. Dort werden oft auf einem »High Level« (d. h. auf einer eher hohen »Flughöhe« und meist abstrakt) Vorgaben, Strategien, Ideen, Entscheidungen und Arbeitsaufträge für ein ITSCM vorgegeben. Diese sind dann von der darunterliegenden ITSCM-Organisation umzusetzen.

Der ITSCM-Sponsor (Finanzierung)

Der *ITSCM-Sponsor* ist auf der strategischen Ebene einer Organisation angesiedelt. Er ist dafür verantwortlich, dass die Finanzierung des ITSCM dauerhaft sichergestellt ist. Er benennt den ITSCM-Owner. Typischerweise wird die Sponsorenrolle in der Betriebsleitung (BL), der Geschäftsführung (GF), dem Vorstand, beim CIO/CEO bzw. generell im Top-Management einer Organisation verortet.

Sie kann aber auch von einem organisatorisch hoch angesiedelten Board, Gremium oder einer Stabsstelle übernommen werden. Diese Rolle benötigt weitreichende Entscheidungskompetenzen und ein starkes Standing innerhalb der eigenen Organisation. Sie ist innerhalb der ITSCM-Hierarchie die höchste Entscheidungsinstanz. Tabelle 7.4 zeigt eine exemplarische Rollenbeschreibung.

Name der Rolle	*ITSCM-Sponsor, Prozess-Sponsor, Sponsor (Finanzierung)*
Ebene	*strategisch*
Aufgabenumfeld	*Geschäftsbereich, Lokation, Niederlassung, Land etc.*

Tabelle 7.4: Rollenbeschreibung des ITSCM-Sponsors

Rollenbeschreibung	*Der ITSCM-Sponsor ist für die Finanzierung des ITSCM verantwortlich. Er gibt Anforderungen der Fachaufsicht, des Ministeriums, des Mutterkonzerns, der Konzernzentrale, des Headquarters, des CIO, der Kunden und weiterer Stakeholder (intern/extern) an den ITSCM-Owner zur Bearbeitung und Umsetzung weiter.*
Aufgaben der Rolle	- *Sicherstellung der dauerhaften Finanzierung des ITSCM* - *Freigabe von zusätzlichem Budget* - *Budget-Controlling* - *Benennung eines ITSCM-Owners* - *Aktiv für Awareness auf oberster Führungsebene (Top-Management) sorgen*
Verantwortung des Rolleninhabers	- *Budget-Verantwortung,* - *Personalverantwortung → ITSCM-Owner*
Benötigte Kompetenzen/ Voraussetzungen	*Diese Rolle muss im Top-Management, d. h. auf der obersten Führungsebene einer Organisation, angesiedelt sein. Bei der »IT-Hybrid AG« ist das die Geschäftsleitung für den Geschäftsbereich Technik.* *Aktuell ist »Hr. Dr. Müller« dazu ernannt worden.*
Zeitaufwände	*< 8 Stunden pro Jahr*

Tabelle 7.4: Rollenbeschreibung des ITSCM-Sponsors (Forts.)

Der ITSCM-Owner (Gesamtverantwortung)

Der *ITSCM-Owner* ist der Gesamtverantwortliche für das ITSCM. Meist ist diese Rolle auf der strategischen Ebene einer Organisation angesiedelt. Diese Person ist dafür zuständig, dass alle Aufgabenbereiche des ITSCM zielgerichtet und ordnungsgemäß funktionieren, dass IT-Risiken erkannt und behandelt werden und dass die Auswirkungen auf die Organisation beim Eintreten eines Schadensereignisses minimiert werden. Der ITSCM-Owner wird dazu alle für den Aufbau und die Aufrechterhaltung des ITSCM erforderlichen Ressourcen und Mittel in angemessener Weise zur Verfügung stellen.

Diese Verantwortung kann nicht delegiert werden!

Typischerweise wird diese Rolle im oberen oder Top-Management (z. B. beim Abteilungsleiter, Bereichsleiter, IT-Leiter oder Servicebündelleiter) einer Organisation verortet. Man könnte diese Rolle aber auch mit dem ITSCM-Sponsor zusammenlegen, da beide Rollen im oberen bzw. Top-Management vertreten sind. Sie kann aber auch von einem Board, Gremium oder einer Stabsstelle übernommen werden. Diese Rolle benötigt Entscheidungskompetenzen und ein gutes Standing innerhalb der eigenen Organisation. Der IT-

SCM-Owner benennt den oder die ITSC-Manager und den *ITSCM-Prozessverantwortlichen (PV)*. Der PV ist praktischerweise immer ein ITSC-Manager oder ein ITSCM-Mitarbeiter. Der PV ist für das Design und für die permanente Verbesserung der ITSCM-Prozesse oder der ITSCM-Teilprozesse verantwortlich. In Tabelle 7.5 sehen Sie die Rolle im Überblick.

Name der Rolle	*ITSCM-Owner, Prozess-Owner, Owner*
Ebene	*strategisch*
Aufgabenumfeld	*Eigenes Servicebündel, eigener Fachbereich, eigenes Aufgabengebiet, eigene Abteilung etc.*
Rollenbeschreibung	*Der ITSCM-Owner trägt die Gesamtverantwortung für das IT-SCM. Diese Rolle wird z. B. durch den »Abteilungsleiter IT« besetzt. Die Verantwortung kann nicht delegiert werden. Der Owner muss zur Aufgabenerledigung einen oder mehrere ITSC-Manager ernennen und eventuell einen PV. Er informiert das Top-Management regelmäßig und anlassbezogen über den Stand und die Zukunft des ITSCM.*
Aufgaben der Rolle	– *strategische Vorgaben für das ITSCM erstellen* – *Arbeitsaufträge des Top-Managements an den ITSC-Manager delegieren* – *aktiv für Awareness im eigenen Verantwortungsbereich sorgen* – *Benennung eines oder mehrerer ITSC-Manager* – *Benennung eines oder mehrerer PV* – *Freigabe von Grundsatzentscheidungen* – *Freigabe der ITSCM-Policy* – *Freigabe aller Dokumente, die über ihn in die Hierarchie gehen*
Verantwortung des Rolleninhabers	– *Ressourcenfreigaben* – *Controlling und Steuerung des ITSCM* – *Personalverantwortung → ITSC-Manager und PV* – *Reporting an ITSCM-Sponsor oder Top-Management*
Benötigte Kompetenzen/ Voraussetzungen	*Muss sich im Notfallmanagement-Umfeld gut auskennen. Aktuell ist »Hr. Meier« dazu benannt worden.*
Zeitaufwände	*< 10 Tage pro Jahr*

Tabelle 7.5: Rollenbeschreibung des ITSCM-Owners

7.5.2 Die taktische Ebene (Vorbereitungen und Übersetzung der strategischen Vorgaben)

Die taktische Ebene ist die Mittelschicht der ITSCM-Organisation. Hier werden die strategischen Vorgaben aus dem Top-Management für die operative Ebene übersetzt, also die Anforderungen in Strategien, Konzepte und Arbeitsaufträge überführt.

Ebenso übersetzt die taktische Ebene Rückantworten bzw. technische Stellungnahmen, Anforderungen etc. aus der operativen Ebene für das strategische Top-Management. Beide Ebenen (die strategische und die operative) haben ihre Sprache, ihre Sicht, ihre Ausrichtung und ihre Ziele. Zwischen diesen muss der ITSC-Manager in beide Richtungen vermitteln können. Er arbeitet also als »Übersetzer«. Dazu kontrolliert der ITSC-Manager laufend alle Ergebnisse und berichtet (auf Anfrage) dem Top-Management.

Der ITSC-Manager (Umsetzungsverantwortung)

Der ITSC-Manager ist für das Tagesgeschäft verantwortlich, also für das eigentliche Doing im ITSCM.

> **Hinweis** [«]
>
> In einigen weltweit agierenden Organisationen wurde für den ITSC-Manager auch der Name *ITSCM-Officer* oder *Service Continuity Manager (SCM)* gewählt.

Ein absolutes No-Go ist, den ITSC-Manager dauerhaft mit anderen Rollen zusätzlich zu belasten. Das klappt in der Praxis nie zufriedenstellend!

Oft wird aus einem BC-Manager noch zusätzlich ein ITSC-Manager, oder ein Informationssicherheitsmanager macht ITSCM nebenbei. Das kann man kurzfristig machen, man sollte aber schnellstmöglich für eine klare und saubere Rollentrennung sorgen.

Warum? Ein ITSC-Manager hat IT-Notfallvorsorgemaßnahmen als Fokusaufgabe, mit den Schwerpunkten Prävention und Resilienzerhöhung. Ein BC-Manager muss sich hingegen eher um Überbrückungsmaßnahmen kümmern, und ein Informationssicherheitsmanager oder Informationssicherheitsbeauftragter (ISB) ist für den Schutz der Daten und Informationen zuständig.

Alle arbeiten zwar am Gesamtziel *Resilienz*, aber mit verschiedenen Arbeitsaufträgen, »Brillen«, Anforderungen, Vorwissen und Erfahrungen. Es passt einfach nicht, das alles in einer Person zu vereinen, und wenn man es doch wagt, wird es früher oder später immer weder zu Rollenkonflikten und dadurch zu Verzögerungen führen.

Machen Sie also nicht diesen groben Fehler und installieren Sie sich keinen *Single Point of Failure*, also eine Person, deren Ausfall weitreichende Folgen in Ihrer Organisation haben wird. So etwas gilt es immer zu vermeiden! Wir sprechen ja im ITSCM immer von Redundanzen und Resilienz und würden mit solch einer Rollenbündelung alles *ad absurdum* führen. Das wäre somit ein klassisches Eigentor.

Tabelle 7.6 fasst die Rollenbeschreibung des ITSC-Managers zusammen.

Name der Rolle	*ITSC-Manager*
Ebene	*taktisch (In der Aufbauphase eines ITSCM ist der ITSC-Manager aber eventuell auch mal strategisch und operativ tätig. Das hängt von der vorhandenen Struktur der Organisation ab.)*
Aufgabenumfeld	*Organisationsweit, bestimmte Lokation, Niederlassung, Bereich etc.*
Rollenbeschreibung	*Der ITSC-Manager ist das Bindeglied zwischen dem ITSCM-Owner, dem BCM, dem ISM, den ITSC-Koordinatoren der einzelnen Aufgabengebiete und den ihnen zugewiesenen Prozessen.* *Er arbeitet eigenverantwortlich und führt Aktivitäten im Rahmen des BCM für seine Prozesse bzw. Organisationseinheiten durch und trägt die Umsetzungsverantwortung für das ITSCMS.* *Er koordiniert bzw. organisiert Arbeiten und Aufgaben der einzelnen ITSC-Koordinatoren in Richtung BCM und gibt BCM-Vorgaben bzw. -Umsetzungswünsche in Richtung der ITSC-Koordinatoren weiter. Er fungiert als zentrale Bündel- bzw. Schnittstelle.* *Des Weiteren wird der ITSCM-Gesamtprozess (inklusive Teilprozesse) aktiv von ihm als Prozessverantwortlichem betreut und durch einen hausweiten KVP permanent optimiert und dynamisch an die Anforderungen angepasst.*
Aufgaben der Rolle	- *Aufbau, Betrieb und Optimierung einer ITSCM-Organisation* - *Management des ITSC-Prozesses* - *Beratung der strategischen Ebene* - *Unterstützung der operative Ebene* - *Bündelt die Aufgaben und Ergebnisse der ITSC-Koordinatoren.* - *Unterstützt bei der Erstellung von IT-Notfallhandbüchern und IT-Notfallvorsorgekonzepten.* - *Planung und Strategie von übergreifenden Übungen und Tests (Mehrjahresplanung)* - *Koordiniert mit den ITSC-Koordinatoren übergreifende Übungen und Tests in deren Verantwortungsbereichen.* - *Kann (bei Bedarf) bei Tests und Übungen aktiv mitarbeiten (z. B. externer Beobachter etc.).*

Tabelle 7.6: Rollenbeschreibung des ITSC-Managers

Aufgaben der Rolle (Forts.)	– *Dokumentiert Kennzahlen (KPI) zu IT-Notfällen, IT-Krisen sowie Übungen und Tests im IT-Umfeld.* – *Analysiert die komplette in den IT-Netzwerk-Bereichen eingesetzte Hardware und Software.* – *Problemanalyse in allen Netzbereichen* – *Impact-Analyse in allen Netzbereichen* – *Root Cause Analysis in allen Netzbereichen* – *Durchführung von Gap-Analysen, um einen Soll/Ist-Abgleich zwischen den Soll-Anforderungen aus dem BCM (BIA) und dem Ist-Zustand der Technik (Praxis) herzustellen* – *Unterstützt das BCM bei der Vorbereitung von Entscheidungsvorlagen für das Top-Management.* – *Berät und unterstützt (bei Bedarf) das (IT-)Lagezentrum.* – *interne Beratung (organisatorisch und inhaltlich) organisationsweit* – *»Übersetzt« rein technische Inhalte für die Managementebene(n) und Managemententscheidungen (z. B. Orga und Prozessthemen) für die technischen Bereiche.*
Verantwortung des Rolleninhabers	– *Trägt die fachliche Verantwortung für das komplette ITSCM.* – *Analysiert die Ergebnisse von regelmäßigen Überprüfungen der Funktionsfähigkeit und Aktualität der Dokumentation und erarbeitet bei Bedarf Verbesserungen (Überprüfung der Vorsorgeplanung für die Bewältigung kritischer Vorfälle) für ihren Verantwortungsbereich.* – *Berichtet eigenverantwortlich in Gremien.* – *Reporting und Controlling für den ITSCM-Owner* – *Koordiniert Reviews zu vorhandenen WAP-, WHP- und DRP-Plänen.* – *Schulung und Awareness* – *Aufbau eines Berichtswesens und/oder Controllings*
Benötigte Kompetenzen/ Voraussetzungen	– *Benötigt eine Informations- und Unterstützungspflicht aller Beschäftigten im Rahmen der Bewältigung kritischer Vorfälle, IT-Notfälle und (IT)-Krisen.* – *ITSCM-Zertifizierung* – *ITIL-Foundation-Zertifizierung* – *PRINCE2-Zertifizierung* – *sehr gutes und praxiserprobtes technisches Wissen*

Tabelle 7.6: Rollenbeschreibung des ITSC-Managers (Forts.)

Benötigte Kompetenzen/ Voraussetzungen (Forts.)	- *Der Rolleninhaber ist SÜ2-, also hinsichtlich Sabotageschutz überprüft, was das Maß seiner Verantwortung gemäß IT-SIG2 widerspiegelt.* - *Der ITSC-Manager muss ein sehr breites fachliches, technisches und organisatorisches Wissen aufweisen und in der Lage sein, sich permanent neues Wissen kurzfristig anzueignen. Aktuell sind Kenntnisse in verschiedensten Bereichen notwendig: gesetzliche (z. B. IT-SIG 2) und normative Vorgaben (z. B. BSI 200-4, ISO 27001, KRITIS V, NIS2 etc.), Landesrichtlinien, Hausleitlinien, Strategien des Landes, Hausstrategien, Best Practices, Trends, Megatrends etc. Diese Vorgaben unterliegen einem ständigen und dynamischen Wandel, sodass ein ITSC-Manager sich kontinuierlich diesen Anforderungen anpassen muss, um dann seine Arbeit entsprechend nachjustieren zu können. Dies hat eine permanente Weiterbildung in vielen Themengebieten zur Folge. Es sind dazu weitere Kenntnisse in verschiedensten Bereichen notwendig: Betriebssysteme, Netzwerke, Netzkomponenten, Virtualisierungstechniken, Datenbanken und weitere nach Anforderungen, die sich permanent aus den Analysen ergeben.* *Aktuell ist »Hr. Frank M. Marks« dazu benannt.*
Zeitaufwände	*100 % Fulltime-Job*

Tabelle 7.6: Rollenbeschreibung des ITSC-Managers (Forts.)

7.5.3 Die operative Ebene (Umsetzung der taktischen Vorgaben in die Praxis)

Die operative Ebene setzt die Anforderungen bzw. Arbeitsaufträge des ITSC-Managers (aus der taktischen Ebene) in die tägliche Praxis um.

Bereichs- bzw. Abteilungsleitung (Ressourcenfreigabe)

In vielen Organisationen gibt es eine Ebene der *Bereichsleitungen (BL)*, *Abteilungsleitungen (AL)* oder der *IT-Leiter*. Diese Ebene ist hauptsächlich für die Ressourcenfreigabe (Personal) zuständig. Bei der Umsetzung von IT-Notfallvorsorgemaßnahmen erteilt diese Rolle den ITSC-Koordinatoren darüber hinaus auch die finanziellen Freigaben. In Tabelle 7.7 sehen Sie die Rolle im Überblick.

Name der Rolle	*Abteilungsleitung, Bereichsleitung, IT-Leiter*
Ebene	*operativ*
Aufgabenumfeld	*Eigenes Servicebündel, eigener Fachbereich, eigenes Aufgabengebiet, eigene Abteilung etc.*

Tabelle 7.7: Rollenbeschreibung »Abteilungsleitung, Bereichsleitung, IT-Leiter«

Rollenbeschreibung	*Diese Rolle ist übergeordnet für die Ressourcenfreigaben zuständig. Sie hat die Umsetzungsverantwortung für die Lösungsoptionen, die im ITSC-Lösungskonzept abgestimmt wurden.*
Aufgaben der Rolle	– *Ressourcenfreigabe (Personal und Budget)* – *Benennung der ITSC-Koordinatoren (inklusive Vertretungen)* – *gegebenenfalls Anpassung der Personalausstattung* – *Regelungen definieren für die Beschaffung und Installation von IT-Hardware* – *Freigabe von Investitionen für redundante IT-Ressourcen*
Verantwortung des Rolleninhabers	– *Controlling der ITSC-Koordinatoren* – *Personalverantwortung → ITSC-Koordinatoren* – *Reporting an die nächsthöhere Instanz, Rolle, Funktion*
Benötigte Kompetenzen/ Voraussetzungen	*Muss sich in seinem zuständigen Bereich sehr gut beim Personal (auch in dessen Skills) auskennen. Aktuell ist »Hr. Dr. Meyer« dazu benannt.*
Zeitaufwände	*< 2 Tage pro Jahr*

Tabelle 7.7: Rollenbeschreibung »Abteilungsleitung, Bereichsleitung, IT-Leiter« (Forts.)

Der ITSC-Koordinator (Ein-/Ausgangskanäle, Bündelstellen, Fachwissen)

Die ITSC-Koordinatoren sind das wichtigste Bindeglied zwischen der operativen und der taktischen Ebene, mit vielen Querschnittsfunktionen. Sie bündeln das gesamte Fachwissen aus seinem technischen Bereich. Meist sind es langjährige und praxiserprobte Teamleiter oder Gruppenleiter. In Tabelle 7.8 finden Sie den Überblick über diese Rolle.

Name der Rolle	*ITSC-Koordinator*
Ebene	*operativ*
Arbeitsumfeld	*Eigenes Aufgabengebiet, eigenes Sachgebiet, eigener technischer Bereich*
Rollenbeschreibung	*Die ITSC-Koordinatoren setzen auf der operativen Ebene die IT-SCM-Vorgaben (z. B. IT-Notfallvorsorge-Vorgaben) um, die die ITSC-Manager erarbeiten. Die »Hybrid AG« braucht einen resilienten (widerstandsfähigen) IT-Betrieb, und die Aufgabe der ITSC-Manager ist es, mit Unterstützung der ITSC-Koordinatoren den IT-Betrieb resilienter zu machen.*

Tabelle 7.8: Rollenbeschreibung des ITSC-Koordinators

Rollenbeschreibung (Forts.)	*Konkret sind die ITSC-Koordinatoren das technische und organisatorische Bindeglied zwischen den ITSC-Managern und den* technischen Bereichen. *Damit sind sie Eingangs-/Ausgangskanäle und Multiplikatoren für die beiden Ebenen zugleich. Sie setzen die ITSCM-Vorgaben um und führen eigenverantwortlich die daraus abgeleiteten ITSC-Vorsorgemaßnahmen für die IT-Services in ihren Bereichen durch. Sie haben damit die Durchführungsverantwortung für die Maßnahmen. Für die ITSC-Manager sind sie die festen und primären Ansprechpartner für die ITSC-Maßnahmen.* *Die ITSC-Koordinatoren haben zwei »Hüte« auf: Sie unterstützen den ITSC-Manager im Normalbetrieb und koordinieren die IT-Notfallteams bzw. Reaktionsteams (oder auch A-Teams) im IT-Notbetrieb.*
Aufgaben der Rolle	– *Umsetzung der ITSC-Maßnahmen auf der operativen Ebene* – *Erstellen von fachlich korrekten Wiederanlauf- (WAP) und Wiederherstellungsplänen (WHP) sowie von IT-Notfallhandbüchern und IT-Notfallvorsorgekonzepten* – *Sicherstellen, dass das ITSC-Lösungskonzept umgesetzt wird* – *Mitwirkung an der Vorbereitung, Durchführung und Nachbereitung von IT-Notfall-Tests und -Übungen* – *Erarbeitung von IT-Notfall-Übungs- und Testkonzepten*
Verantwortung der Rolleninhaber	– *Die ITSC-Koordinatoren haben die Durchführungsverantwortung für die ITSC-Maßnahmen auf ihrer Ebene.* – *Sie analysieren die Ergebnisse von regelmäßigen oder anlassbezogenen Überprüfungen der IT-Funktionsfähigkeit, sorgen für die Aktualität der IT-Notfallvorsorge-Dokumentation und erarbeiten bei Bedarf Verbesserungen.* – *Sie überprüfen die IT-Notfallvorsorgeplanung für die Bewältigung kritischer IT-Vorfälle.* – *Sie berichten (bei Bedarf) in Gremien.* – *Sie koordinieren den Wiederherstellungsvorgang und kontrollieren die Ergebnisse des Wiederherstellungsprozesses.*
Benötigte Kompetenzen/ Voraussetzungen	*Die ITSC-Koordinatoren benötigen Informations- und Unterstützungspflicht aller Beschäftigten im Rahmen der Bewältigung kritischer IT-Vorfälle.*

Tabelle 7.8: Rollenbeschreibung des ITSC-Koordinators (Forts.)

Zeitaufwände	*Für diese Tätigkeit wird eine momentane durchschnittliche Arbeitszeit von maximal 10 % der Wochenarbeitszeit eingeplant.* Ab dem nächsten Jahr (2026) wird sich diese Arbeitszeit auf etwa 3 bis 5 % reduzieren.

Tabelle 7.8: Rollenbeschreibung des ITSC-Koordinators (Forts.)

In Abbildung 7.3 möchte ich die Vernetzung und die Bereiche aufzeigen, die ein ITSC-Koordinator im Normalbetrieb (mittlere Kästchen) und im Notbetrieb (linke Kästchen) nutzt. Die externen Dienstleister (rechte Kästchen) werden dabei in beiden Fällen von ihm benötigt und eingesetzt.

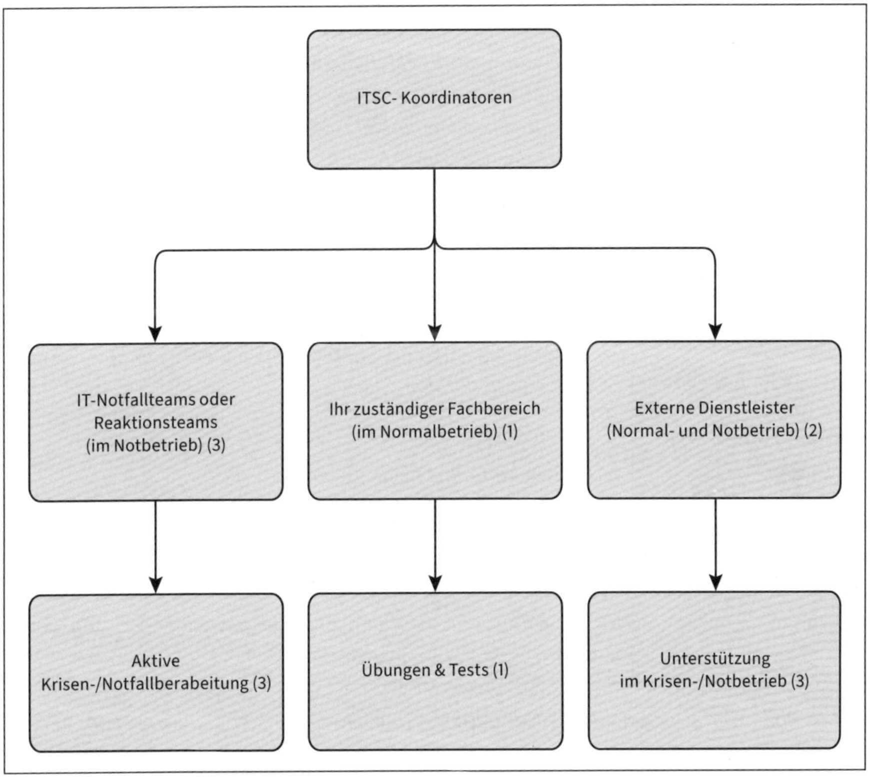

Abbildung 7.3: ITSC-Koordinatoren und ihre direkten Schnittstellen bzw. Ansprechpartner

IT-Notfallteams oder Reaktionsteams (auch A-Teams genannt)

Die IT-Notfallteams oder Reaktionsteams haben die Aufgabe, den normalen Service-Betrieb wieder herzustellen. Umgangssprachlich werden sie manchmal auch *A-Teams* genannt, in einigen weltweit operierenden Organisationen wird der Begriff *Service Continuity Recovery Team (SCR-Team)* verwendet. In der ISO-Norm ist vom *Incident Response Team (IRT)* die Rede: »Ein Team aus kompetenten Mitarbeitern, um die Ursache des Vorfalls, seine Wirkungsweise und seine Auswirkungen zu beheben und den Geschäftsbetrieb wiederherzustellen«.[1]

Ein solches Team setzt sich aus allen Mitarbeitern der eigenen Organisation zusammen, die über Fachwissen verfügen, das für die aktuelle Notfallsituation gebraucht wird. Der ITSC-Koordinator kann sich auf feste oder dynamische Teams stützen.

Tabelle 7.9 zeigt die Rolle im Überblick.

Name der Rolle	*IT-Notfallteam(s), auch Reaktionsteam(s) oder A-Team(s) genannt*
Ebene	*operativ*
Aufgabenumfeld	*bereichsintern bzw. organisationsweit tätig*
Rollenbeschreibung	*Die IT-Notfallteams bestehen aus Mitarbeitenden der eigenen Organisation. Diese Personen werden anlassbezogen aktiviert. Die Arbeiten können bereichsintern oder organisationsweit anfallen, je nach Art der Störung, des IT-Notfalls oder der (IT-) Krise.*
Aufgaben der Rolle	– *fachliche Unterstützung bei IT-Notfällen (IT-)Krisen* – *aktive Unterstützung bei Übungen und Tests* – *Erkennen und Melden von technischen Problemen, die später zu Störungen oder gar zu IT-Notfällen führen könnten, an die ITSC-Koordinatoren*
Verantwortung der Rolleninhaber	– *Datenschutz* – *Geheimhaltungspflicht*
Benötigte Kompetenzen/ Voraussetzungen	*Sehr gutes und langjähriges fachlich fundiertes Praxiswissen.* *Aktuell ist* [Liste mit Namen] *dazu benannt.*
Zeitaufwände	*Nicht bezifferbar, da abhängig von der jeweiligen Störung, dem IT-Notfall oder der (IT-)Krise*

Tabelle 7.9: Rollenbeschreibung des IT-Notfallteams (auch Reaktionsteam oder A-Team genannt)

Externe Spezialisten (fundiertes Fachwissen oder Spezialwissen)

Externe Spezialisten werden oft erst dann herangezogen, wenn das eigene Personal nicht mehr weiterkommt oder wenn es um erweitertes oder internes Herstellerwissen (z. B. von SAP, Cisco etc.) geht.

1 Zitat aus der ISO-Norm (Quelle: CIN Media GmbH, ISO/IEC FDIS 27031:2024-06-Entwurf, *https://www.dinmedia.de/de/norm-entwurf/iso-iec-fdis-27031/382142021*)

In Tabelle 7.10 sehen Sie die Rolle im Überblick.

Name der Rolle	*Spezialist (extern)*
Ebene	*operativ*
Aufgabenumfeld	*organisationsweit tätig*
Rollenbeschreibung	*Unter dem Begriff »IT-Spezialisten« wird jegliches IT-Fachpersonal (Einzelperson) zusammengefasst. Dies beinhaltet z. B. Administratoren, Programmierer, Entwickler etc. Diese IT-Spezialisten sind auf der operativen Ebene angesiedelt und werden nach Bedarf eingesetzt. IT-Spezialisten können auch externe Mitarbeitende sein, die mit ihrem Spezialwissen (z. B. Herstellersupport) Unterstützung leisten.*
Aufgaben der Rolle	– *Unterstützung der ITSC-Koordinatoren* – *Vorbereitung, Durchführung und Nachbereitung von Übungen und Tests* – *Einbringen des Fachwissens für alle IT-Notfallpläne* – *Erarbeitung von Maßnahmen, z. B. nach Tests und Übungen* – *Umsetzung der erarbeiteten Maßnahmen* – *Unterstützung bei aktivierten ITSC-Plänen*
Verantwortung der Rolleninhaber	– *Keine Verantwortung, da diese Aufgaben entweder unter Aufsicht oder auf Anweisung geschehen* – *Datenschutz beachten* – *Geheimhaltungspflicht(en) beachten*
Benötigte Kompetenzen/ Voraussetzungen	*Sehr gutes, langjähriges und tief fundiertes fachliches Spezialwissen. Aktuell wird mit der Firma Cisco zusammengearbeitet.*
Zeitaufwände	*Nicht bezifferbar, da abhängig von der jeweiligen Störung, dem IT-Notfall oder der (IT-)Krise.*

Tabelle 7.10: Rollenbeschreibung von externen Spezialisten

ITSCM-Mitarbeiter

Die ITSCM-Mitarbeiter unterstützen die oder den ITSC-Manager im Tagesgeschäft bei allen anfallenden Aufgaben und Tätigkeiten. Die Aufgaben werden vom ITSC-Manager nach den Fähigkeiten, der Eingruppierung und dem Wissensstand der Mitarbeiter verteilt.

Gleichzeitig haben die ITSCM-Mitarbeiter auch Kontakte zum ITSCM-Owner, zu den ITSC-Koordinatoren und zu allen IT-Notfallteams/Reaktionsteams.

Tabelle 7.11 zeigt diese Rolle im Überblick.

Name der Rolle	*ITSCM-Mitarbeiter*
Ebene	*operativ*
Aufgabenumfeld	*organisationsweit tätig*
Rollenbeschreibung	*Unter dem Begriff »ITSCM-Mitarbeiter« wird jegliches Fachpersonal zusammengefasst, dass in den ITSCM-Grundlagen geschult ist und den ITSC-Manager unterstützt.*
Aufgaben der Rolle	– *Unterstützung der ITSC-Manager* – *Unterstützung der ITSC-Koordinatoren* – *Unterstützung des ITSCM-Owners* – *Vorbereitung und Nachbereitung von Übungen und Tests* – *Betrieb der ITSCM-Organisation* – *Unterstützung der operativen Ebene* – *Unterstützung bei der Erstellung von IT-Notfallhandbüchern und IT-Notfallvorsorgekonzepten* – *Durchführung von Gap-Analysen, um einen Soll/Ist-Abgleich zwischen den Soll-Anforderungen aus dem BCM (BIA) und dem Ist-Zustand der Technik (Praxis) herzustellen.*
Verantwortung der Rolleninhaber	*Durchführungsverantwortung für die ihm übertragenen Arbeiten*
Benötigte Kompetenzen/ Voraussetzungen	– *ITSCM-Essentials-Schulung* – *SÜ2-Überprüfung* – *PRINCE2-Foundation-Zertifizierung* – *ITIL-Foundation-Zertifizierung*
Zeitaufwände	*100 % Fulltime-Job*

Tabelle 7.11: Rollenbeschreibung der ITSCM-Mitarbeiter

ITSCM-Backoffice

Das ITSCM-Backoffice unterstützt alle ITSC-Manager und alle ITSCM-Mitarbeiter im Tagesgeschäft. Das Backoffice übernimmt viele der administrativen Aufgaben, z. B. Dokumentationen, Protokollierungen, Terminabsprachen, Besprechungsorganisation etc.

Name der Rolle	*ITSCM-Backoffice*
Ebene	*operativ*
Aufgabenumfeld	*Nur im direkten ITSCM-Umfeld tätig. Das ITSCM-Backoffice umfasst alle internen Verwaltungs- und Unterstützungsprozesse. Es sorgt für einen reibungslosen Ablauf im Hintergrund.*

Tabelle 7.12: Rollenbeschreibung des ITSCM-Backoffice

Rollenbeschreibung	*Unter »ITSCM-Backoffice« werden alle Mitarbeiter zusammengefasst, die für die administrativen Aufgaben innerhalb des ITSCM zuständig sind.*
Aufgaben der Rolle	*- Unterstützung der ITSC-Manager* *- Unterstützung der ITSCM-Mitarbeiter* *- Termin- und Aufgabenplanung* *- Protokollführung (bei Sitzungen)* *- Nachbereitung von Übungen und Tests* *- Protokollführung bei Übungen und Tests* *- Pflege von Datenbanken und CRM-Systemen* *- Reporting und Kennzahlenüberwachung*
Verantwortung der Rolleninhaber	*keine*
Benötigte Kompetenzen/ Voraussetzungen	*- Microsoft-Office-Kenntnisse* *- Gute Deutschkenntnisse in Wort und Schrift* *- SÜ2-Überprüfung*
Zeitaufwände	*100 % Fulltime-Job oder 50 % Halbtagsstelle (abhängig von der Auslastung des ITSCM)*

Tabelle 7.12: Rollenbeschreibung des ITSCM-Backoffice (Forts.)

7.6 Dokumente für den Normalbetrieb

Die folgenden Dokumente werden für den Normalbetrieb geschrieben und meist auch nur dort genutzt. Sie zeichnen sich oft dadurch aus, dass sie in der Regel wesentlich ausführlicher und detaillierter geschrieben werden als Notfalldokumente. Im Normalbetrieb hat man wesentlich mehr Zeit und Ruhe zum Lesen der Unterlagen zur Verfügung. Zu diesen Unterlagen zählen auch Betriebshandbücher aller technischen Bereiche für Routineaufgaben, Handlungsanweisungen und Prozessabläufe. Diese Dokumente bilden die Grundlage für die späteren WAP-, WHP- und DRP-Pläne.

Aktuelle, verständliche und vollständige Dokumentationen bilden daher ein sehr gutes Fundament für das ITSCM und erhöhen zugleich die Resilienz des IT-Betriebs und dadurch unmittelbar auch die Resilienz der gesamten Organisation.

7.6.1 Die Policy

In der Policy, die Sie aus Kapitel 4 kennen, werden der eigentliche ITSCM-Arbeitsauftrag, der Geltungsbereich, die ITSCM-Organisation, alle ITSCM-Rollen und -Funktionen sowie das Ziel und der Zweck (die Anforderungen) des ITSCM beschrieben.

7.6.2 Das IT-Notfallvorsorgekonzept

Im IT-Notfallvorsorgekonzept werden Vorabüberlegungen (sogenannte *IT-Vorsorgemaßnahmen*) zu IT-Notfällen und (IT-)Krisen dokumentiert und mögliche Vorgehensweisen abgestimmt.

Es geht vorrangig darum, sich zu überlegen, was überhaupt ein IT-Notfall bzw. eine (IT-)Krise ist, welche Auswirkungen beides auf die Organisation haben könnte und wie man sich als Organisation bestmöglich dagegen absichern kann (Stichwort: Redundanzen).

Die ISO-Norm 27031-2025-5 fordert ein solches Konzept nicht. Es ist noch ein Relikt aus dem alten BSI-Standard 100-4 »Notfallmanagement« (dort Punkt 5.5, Notfallvorsorgekonzept). Im aktuellen BSI-Standard 200-4 »Business Continuity Management« wird nur noch von einem *Notfallvorsorgekonzept* gesprochen (siehe Punkt 4.4.1, Dokumentation).

Wenn es in Ihrer Organisation bereits ein Notfallvorsorgekonzept gibt, das vom BCM geschrieben wurde, ist es nicht notwendig, dass das ITSCM ein gesondertes IT-Notfallvorsorgekonzept erstellt. Stattdessen ist es sinnvoller, wenn das BCM mit dem ITSCM zusammen dieses Dokument erstellt und dauerhaft pflegt.

Als Beispiel stelle ich Ihnen in Abbildung 7.4 das Inhaltsverzeichnis eines solchen IT-Notfallvorsorgekonzepts vor.

Inhaltsverzeichnis

Abbildung 7.4: Inhaltsverzeichnis eines IT-Notfallvorsorgekonzepts (Quelle: BCM Academy GmbH, Lehrgang »Certified ITSC-Manager, CITSCM«, https://www.bcmacademy.de/de/citscm)

7.6.3 Das Prozessmodell

Im *Prozessmodell* wird (wenn möglich) entweder der komplette ITSCM-Prozess visualisiert und dokumentiert oder es werden erst verschiedene Teilprozesse gezeigt, die später ein Gesamtbild ergeben. Das ist davon abhängig, wie weit Ihre Organisation in Hinblick auf die Dokumentation ihrer Prozesse ist und wie hoch der aktuelle Reifegrad des ITSCM ist.

Am besten fangen Sie mit den Teilprozessen an, weil gerade am Anfang das gesamte Ausmaß des ITSCM (der Vollausbau) noch oft nicht richtig zu erfassen ist. (In Abbildung 7.5 sehen Sie ein Beispiel.) Es ist schwer zu sagen, wann der beste Zeitpunkt ist, damit anzufangen. In meinem Fall habe ich die Prozessvisualisierung und -modellierung weit nach hinten geschoben und erst im zweiten Jahr damit angefangen. Zu diesem Zeitpunkt kannte ich die Abläufe und ihre Abhängigkeiten besser und konnte mich intensiver um die Optimierung kümmern. In anderen Organisationen kann es jedoch sein, dass die Prozesse schon ganz zu Beginn geklärt und dokumentiert sein müssen. Wenn Sie auf Nummer sicher gehen wollen, stimmen Sie sich mit dem ITSCM-Owner eng ab.

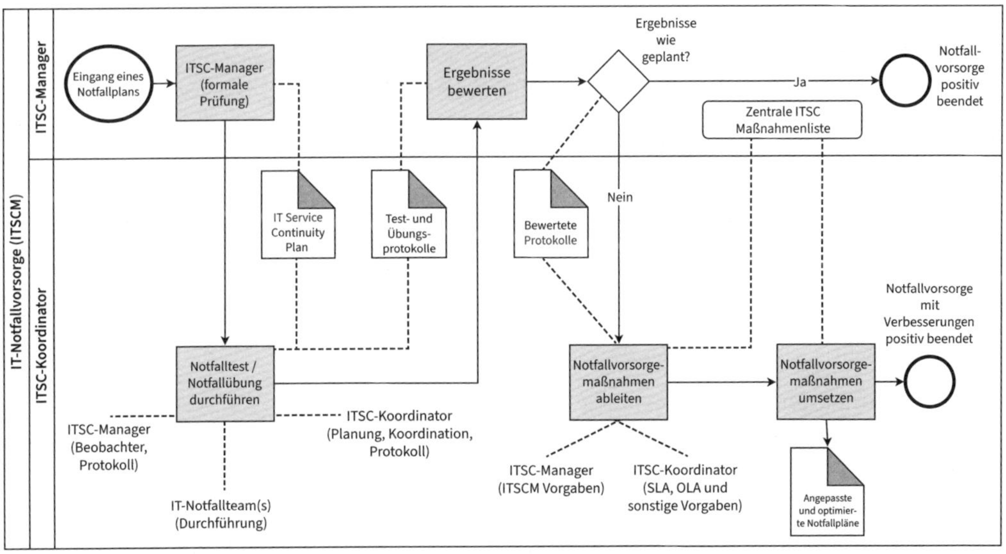

Abbildung 7.5: Beispiel für einen Teilprozess der IT-Notfallvorsorge

7.6.4 Das ITSC-Lösungskonzept

Das *IT-Service-Continuity-Lösungskonzept* (kurz *ITSC-Lösungskonzept*, manchmal auch *ITSC-Strategiehandbuch* genannt) skizziert den Ansatz, wie die Servicekontinuität im Falle eines IT-Notfalls oder einer (IT-)Krise sichergestellt werden soll. Es enthält eine Liste der wichtigsten und zeitkritischen Geschäftsfunktionen und der ausgewählten risikoreduzierenden Wiederherstellungsoptionen.

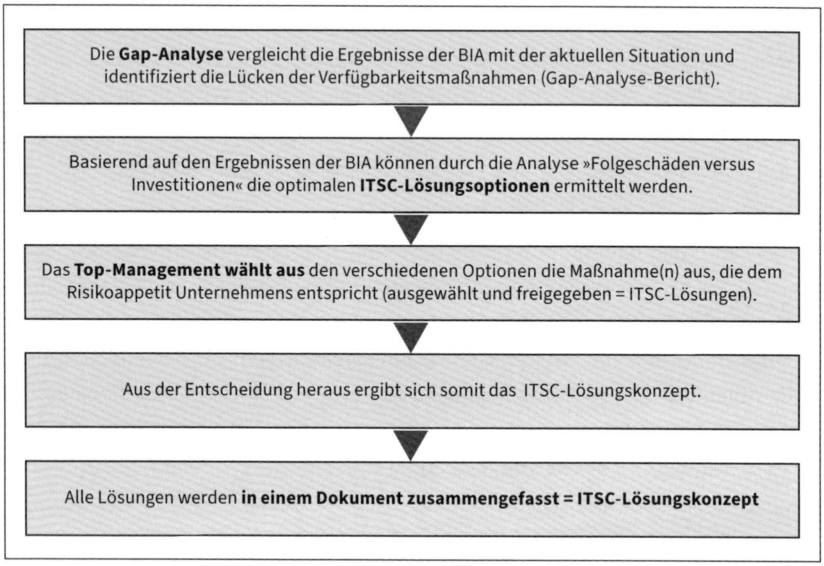

Abbildung 7.6: Beispiel für eine Kurzzusammenfassung eines Lösungskonzepts (Quelle: BCM Academy GmbH, Lehrgang »Certified ITSC-Manager, CITSCM«, https://www.bcmacademy.de/de/citscm)

Das ITSC-Lösungskonzept ist ein Leitfaden für die lokale Ebene und wird durch detailliertere ITSC-Pläne ergänzt. Im ITSC-Lösungskonzept werden zu den fünf typischen ITSCM-Worst-Case-Szenarien

- Ausfall des RZ (*wird gleich auch beispielhaft erklärt*),
- Nichtzugänglichkeit des RZ und
- Ausfall der WAN/RZ-Kopplung
- Ausfall durch kompromittierte IT-Infrastruktur
- Ausfall Cloud

die mit dem Top-Management abgestimmten Lösungen dokumentiert. Das heißt: Es werden alle anderen möglichen Optionen (die vorher erarbeitet wurden) aus dem Dokument entfernt oder als Backup in den Dokumentenanhang verschoben bzw. ausgelagert. (Lesen Sie auch Kapitel 14, in dem es um die Bestimmung und Bewertung der Worst-Case-Szenarien geht.)

Tipp aus der Praxis

Wenn die nicht genutzten Lösungsoptionen aus dem Dokument entfernt werden müssen, sollten Sie sich davon eine Kopie anlegen. Eventuell zeigt sich im Laufe der Zeit oder bei der Umsetzung, dass man doch eine andere Lösungsoption nutzen muss als die zuvor gewählte – z. B., weil es bei der Umsetzung zu ungeplanten Problemen kam. Dann haben Sie diese ersten Ideen immer noch als Backup parat.

Um ein ITSC-Lösungskonzept zu erstellen, nutzen Sie die Erkenntnisse und Ergebnisse, die aus folgenden Quellen vorliegen:

- aus dem Risk Assessment (des BCM, des ISM, des ITSCM)
- aus den Ergebnissen der Gap-Analyse(n) (wenn schon erstellt)
- aus dem Inhalt des BC-Lösungskonzepts (wenn vorhanden)
- aus der allgemeinen IT-Strategie der Organisation (wenn vorhanden)
- aus den Informationen in älteren Lösungskonzepten (wenn schon vorhanden)

Abbildung 7.7 zeigt dies noch mal grafisch. Es ist der Teil des ITSCM-Vorgehensmodells, das das Lösungskonzept zeigt. Dort sehen Sie alles, was auf das Lösungskonzept einzahlt.

Sie merken schon: Es muss einiges vorhanden sein, sonst ist die Erstellung eines ITSC-Lösungskonzepts mit Lösungsoptionen nicht möglich.

Wenn die genannten Informationen noch nicht vorliegen, sollten Sie die Arbeiten an dem ITSC-Lösungskonzept zeitlich nach hinten schieben. Sie müssen sich hier fokussieren und können nicht sofort alles im ITSCM hundertprozentig erarbeiten und abdecken.

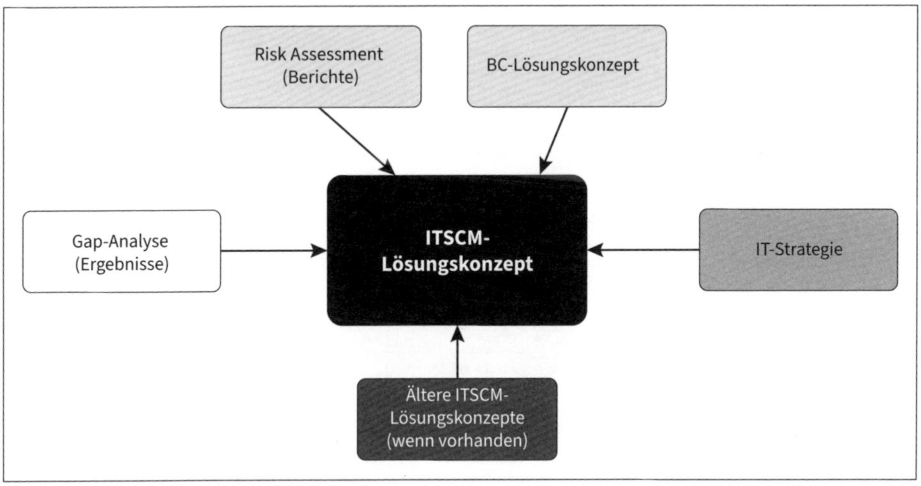

Abbildung 7.7: Informationen für das Lösungskonzept (Quelle: BCM Academy GmbH, Lehrgang »Certified ITSC-Manager, CITSCM«, https://www.bcmacademy.de/de/citscm)

In Abbildung 7.8 sehen Sie ein Beispiel, wie man ein ITSC-Lösungskonzept aufbauen könnte. Die Inhalte richten sich natürlich nach dem Aufbau Ihrer Organisation und nach dem, was bei Ihnen in der Organisation vorhanden ist. Auch hier gibt es kein Richtig oder Falsch: Alles, was Sie unterstützt und im IT-Notfall und/oder während einer (IT-)Krise hilft, ist daher absolut legitim.

In Abbildung 7.9 und Abbildung 7.10 habe ich Ihnen einen weiteren Aufbau eines möglichen Lösungskonzepts zusammengestellt.

Beispiel

Gliederung eines ITSC-Lösungskonzepts:

1. Ausfallszenarien
2. Definitionen / Abgrenzung: Kritischer IT-Vorfall
3. ITSC-Lösungen
   - 3.1. Für Rechenzentren
   - 3.2. IT-Services: Überblick zu IT-Lösungen
   - 3.3. RZ-Infrastruktur
     - 3.3.1. Stromversorgung
     - 3.3.2. Klimatisierung
     - 3.3.3. Verkabelung
   - 3.4. ITSC-Lösungen Datennetz und Telefonie
     - 3.4.1. RZ-RZ-Koppelung
     - 3.4.2. Primärnetz WAN
   - 3.5. ITSC-Lösungen Storage
     - 3.5.1. SAN für Windows und Unix
     - 3.5.2. Tape Storage
   - 3.6 ITSC-Lösungen für VMware ESX Hosts
   - 3.7 ITSC-Lösungen für Betriebssystem-Plattformen
     - 3.7.1 AIX mit HACMP
     - 3.7.2 Linux Cluster
4. ITSC-Lösungen für IT-Basisdienste
   - 4.1. Anmelde- und Kommunikationsdienste
   - 4.2. Middleware
   - 4.3. Datenbanken unter DBMS
5. Verfügbarkeitsziele aller IT-Anwendungen
   - 5.1. Anwendungsklassifizierung (z. B. WAK)
   - 5.2. Überblick zu den Continuity Lösungen
   - 5.3. Liste der Anwendungen mit Verfügbarkeitszielen (RTO) und Continuity Lösungen

Abbildung 7.8: Mögliche Gliederung eines Lösungskonzepts (Quelle: BCM Academy GmbH, Lehrgang »Certified ITSC-Manager«, CITSCM, https://www.bcmacademy.de/de/citscm)

INHALTSVERZEICHNIS

Abbildung 7.9: Inhaltsangabe für ein Beispiel-Lösungskonzept – Teil 1 (Quelle: BCM Academy GmbH, Lehrgang »Certified ITSC-Manager, CITSCM«, https://www.bcmacademy.de/de/citscm)

Abbildung 7.10: Inhaltsangabe für ein Beispiel-Lösungskonzept – Teil 2 (Quelle: BCM Academy GmbH, Lehrgang »Certified ITSC-Manager, CITSCM«, https://www.bcmacademy.de/de/citscm)

Generell kann man sagen, dass es zu allen definierten Worst-Case-Szenarien (WCS) Lösungsoptionen geben muss. Jedes WCS ist dabei detailliert zu beschreiben, und ebenso ist die Bedeutung eines jeden WCS zu erklären: Was bedeutet es für Ihre Organisation, wenn z. B. ein RZ ausfällt? Was bedeutet es für Ihre Organisation, wenn die RZ-Kopplung ausfällt?

Für jedes definierte Worst-Case-Szenario müssen daher sinnvolle und auch umsetzbare Lösungen festgelegt bzw. ausgewählt werden. Das ITSC-Lösungskonzept dient auch als Grundlage für die ITSC-Pläne.

Worst-Case-Szenarien ohne Lösungskonzepte

Vielleicht tritt bei Ihnen aber auch der Fall auf, dass es zu einem WCS keine Lösungsoption gibt und wohl auch in naher Zukunft nicht geben wird. Was tun Sie dann?

[!]

WCS ohne Lösungsoption

Dieses »WCS ohne Lösung« sollten Sie offiziell dem Risikomanagement als IT-Risiko melden. Somit verstaubt es nicht unerkannt in der Schublade, sondern ist allen Beteiligten präsent, und zwar bei jeder Besprechung der Risiken.

Die Meldung des IT-Risikos sollte über den BC-Manager und den ITSCM-Owner an die Risikobeauftragten zur weiteren Prüfung gehen. Somit sind alle notwendigen Personen involviert. Der Risikoeigentümer (Risk-Owner) muss dann letztendlich eine Entscheidung fällen, nämlich ob dieses gemeldete IT-Risiko wichtig für das Risikomanagement (und die eigene Organisation) ist oder nicht.

Das ist seine Entscheidung. Mehr können Sie an dieser Stelle vonseiten des ITSCM nicht machen. Das IT-Risiko ist sauber dokumentiert und nach organisationsinterner Vorgabe eskaliert. Entweder wird es nun als IT-Risiko gemeldet oder nicht.

Mit dieser Entscheidung müssen Sie sich dann abfinden. Wenn es als IT-Risiko gelistet wird, muss auch eine Risikobehandlungsstrategie entwickelt werden. Und Sie werden (im Normalfall) über den weiteren Verlauf als Risikomelder informiert.

Wird das IT-Risiko aber abgelehnt, sollten Sie nochmals mit dem ITSCM-Owner Rücksprache halten. Ein WCS ohne Lösungsoption ist eigentlich nicht akzeptabel. Wenn dieses IT-Risiko akzeptiert wird, dann muss jemand aus dem Top-Management dafür (persönlich) haften! Das muss dem Top-Management aber auch bewusst sein. (Und meist ist es so, dass dieser Punkt nicht bekannt ist.)

Praxisbeispiel: Ausfall des Rechenzentrums (RZ)

Ich möchte das Vorgehen im ITSC-Lösungskonzept am Beispiel »Ausfall des RZ« einmal komplett für Sie durchspielen.

Das ausgewählte Worst-Case-Szenario heißt »Ausfall des RZ«. Stellen Sie es sich wie in Abbildung 7.11 vor: Alles steht in Flammen, das komplette RZ steht nicht mehr zur Verfügung. Nichts geht mehr. Der Grund für den Ausfall ist für diese Betrachtung absolut unwichtig!

Aber was bedeutet für Ihre Organisation der Ausfall eines Ihrer RZ? Gibt es Unterschiede, je nachdem welches Ihrer RZ ausfällt? Dann müssen Sie die folgende Auflistung pro RZ erstellen.

Abbildung 7.11: Totalausfall eines RZ (Quelle: FIRSTSERV, https://firstserv.com/blog/high-availability-versus-disaster-recovery-four-elements-of-high-availability-infrastructure)

Beispielhaft kann dieses Szenario in der Praxis wie folgt aussehen

- *Totalausfall der IT und aller IT-Services*
- *Stillstand der ganzen Organisation, da nur ein RZ vorhanden ist und alle Geschäftsprozesse nur IT-unterstützt funktionieren. Es gibt keine Alternativen.*
- *Es sind keine Dienstleistungen mehr für alle Kunden oder für bestimmte Kunden möglich.*
- *Der Ausfall von RZ2 oder RZ 3 ist unproblematisch.*
- *Der Ausfall von RZ1 (Haupt-RZ) ist hochproblematisch, weil noch nicht alle technischen Redundanzen in RZ2 oder RZ3 aufgebaut und auf ihre Funktion überprüft wurden. (Der Bearbeitungsstand liegt erst bei 43 %, daher sind RZ2 und RZ3 als Redundanz nicht nutzbar.)*
- *Meldepflicht bei der Dienst- und Fachaufsicht*
- *etc.*

Welche Lösungsoptionen wurden für diesen Fall in den entsprechenden Fachbereichen erarbeitet?

Auch dazu zeige ich Ihnen ein Beispiel mit Optionen, die mit den technischen Bereichen, dem BCM und dem ITSCM abgestimmt werden müssen. Ich unterscheide in der folgenden Liste nach kleinen und mittleren Organisationen (KMUs) und mittleren bis große Organisationen (MGO). Die Optionen könnten dann so aussehen:

- *1 aktiver Serverraum + 1 Serverraum im »Cold Standby« für kleine und mittlere Unternehmen (KMU)*
- *1 aktiver Serverraum + 1 Serverraum im »Warm Standby« (KMU)*
- *1 aktiver Serverraum + 1 Serverraum im »Hot Standby« (KMU)*
- *1 aktiver Serverraum und Cloud-Redundanz (KMU)*
- *1 aktives RZ + 1 RZ im »Cold Standby« (MGO)*
- *1 aktives RZ + 1 RZ im »Warm Standby« (MGO)*

- *1 aktives RZ + 1 RZ im »Hot Standby« (MGO)*
- *1 aktives RZ und Cloud-Redundanz (MGO)*
- *1 aktives RZ und Containering (MGO)*[2]
- *RZ-Fläche und/oder RZ-Technik bei einem Partner nutzen*
- *etc.*

Welche Lösungsoption wurde vom Top-Management ausgewählt und freigegeben?

Im nächsten Schritt wird vom Top-Management, meist in Absprache mit dem Leiter der IT bzw. Technik, eine der Lösungsoptionen (unter dem wirtschaftlichsten Aspekt) ausgewählt und freigegeben.

In unserem Fall:

- *1 aktiver Serverraum + 1 Serverraum im »Warm Standby« (KMU)*
- *1 aktives RZ + 1 RZ im »Hot Standby« (MGO)*

Hierbei sind oft die Kosten und der Zeitdruck die ausschlaggebenden Faktoren für die Entscheidungen des Top-Managements. Alles, was schnell gehen soll oder muss, kostet natürlich mehr Geld, eine Kosten-Nutzen-Betrachtung ist daher sehr wichtig. Aber das soll uns vom ITSCM nicht weiter interessieren, denn das wird woanders entschieden: eben beim Top-Management oder vom Kunden. Wir müssen nur die Auswahl anbieten und bei der Umsetzung mit am Ball bleiben.

Und damit haben Sie für das Ausfallszenario »Ausfall des RZ« eine abgestimmte und in der gesamten Organisation (bzw. für den im WCS definierten Bereich) festgelegte Lösung.

Jetzt müssen nur noch alle (Notfall-)Pläne, Dokumente, AUs, Checklisten, Übungen und Tests genau auf diese eine festgelegte Lösung abgestimmt und angepasst werden. Und diese Pläne müssen dann (im Anschluss) mit der Belegschaft geübt werden.

Diese Vorgehensweise führen Sie für all Ihre WCS durch. Das Schema ist immer das Gleiche. Sie sehen, das ist keine Raketenwissenschaft, aber doch sehr zeit- und abstimmungsaufwendig. Ich kann Ihnen nur empfehlen, hierbei immer schön einfach, gleich strukturiert und allgemeinverständlich zu bleiben. Das hilft allen Ebenen, schneller in die Materie einzutauchen und klare und schnelle Entscheidungen zu fällen. Hier trifft nämlich das Top-Management mit der Technik zusammen. Versuchen Sie daher, eine gute Sprachbasis zu finden. Und zählen Sie nur Optionen auf, die technisch (und eventuell kurzfristig) realisierbar sind.

Und jetzt wissen Sie auch, warum ich Ihnen vorgeschlagen habe, erst mal nur die fünf Standard-WCS zu erstellen und nicht gleich mit zehn oder mehr WCS zu starten. Ihr Ar-

2 Unter Containering versteht man angemietete, voll funktionsfähige IT, die in Containern angeliefert wird (als kurzfristiger RZ-Ersatz). Hierbei handelt es sich um modulare, transportable Rechenzentren in Gehäusen, die Schiffscontainern ähneln. Hyperscaler wie Google oder Microsoft setzen Container-Rechenzentren ein, um Kapazitäten flexibel zu erweitern.

beitsplan sieht natürlich anders aus, wenn es vom Top-Management eine ganz klare Anforderung gibt, ein anderes WCS zuerst zu bearbeiten, beispielsweise den Schutz vor einer Kompromittierung der IT-Systeme oder der IT-Infrastruktur.

7.6.5 Arbeitsunterlagen, FAQs, Hilfen und Checklisten

Unter die »restlichen Dokumente« fällt alles, was eine Hilfe oder Erleichterung für die Mitarbeiter darstellt. AUs, Checklisten und FAQs sind dabei praxisnahe und weitverbreitete Mittel. Diese Dokument-Arten werden hauptsächlich auf der operativen Ebene genutzt: von den ITSC-Koordinatoren, den IT-Notfallteams bzw. Reaktionsteams, den IT-Spezialisten, den externen Mitarbeitern und allen notwendigen internen Mitarbeitern.

Arbeitsunterlagen

Eine *Arbeitsunterlage (AU)* stellt eine Vorgabe für die ordnungsgemäße Ausführung einer bestimmten Arbeit dar. Sie beschreibt detailliert und für den Ausführenden verständlich, verbindlich und verpflichtend, auf welche Art eine Tätigkeit auszuführen ist. Mithilfe von AUs lässt sich die Effizienz von Arbeitsabläufen steigern.

Bei der Erstellung einer Arbeitsunterlage werden fest etablierte Arbeitsschritte überdacht. Durch AUs wird sichergestellt, dass alle Arbeiten einheitlich durchgeführt werden, und zwar bei gleichbleibendem Qualitätsniveau. Neue Mitarbeiter können so viel schneller eingearbeitet werden.

In der Regel werden AUs sehr detailliert von den Wissensträgern (Single Points of Knowledge) eines Bereichs beschrieben, von den anderen Kollegen gegengelesen und anschließend durch die Hierarchie verbindlich freigegeben. Durch eine permanente Überprüfung wird die AU dabei optimal an der Praxis ausgerichtet und dynamisch immer *up to date* gehalten.

Checklisten

Eine *Checkliste* ist eine Liste, in der eine Reihe von Aufgaben oder zu überprüfenden Punkten aufgeführt ist (oft auch in bestimmter bzw. festgelegter Reihenfolge). Sie ermöglicht es, den Fortschritt der Bearbeitung zu verfolgen, die ordnungsgemäße Erledigung jeder Aufgabe sicherzustellen und das Auftreten von Fehlern oder Auslassungen zu minimieren.

Sie hilft Ihnen, sich zu fokussieren (egal was gerade um Sie herum passiert und welcher Stress herrscht), und sie sorgt dafür, dass nichts Wichtiges vergessen wird. Gleichzeitig kann sie als Nachweis für die spätere Aufarbeitung genutzt werden.

Wie hervorragend Checklisten funktionieren, wird Ihnen jeder Pilot bestätigen. Denn ohne abgearbeitete Checklisten geht kein Flieger in die Luft.

Checklisten bedeuten Sicherheit! Und wenn dieses Prinzip in der Fliegerei schon seit Jahrzehnten funktioniert, warum sollte es dann nicht auch bei Ihnen im ITSCM und in Ihrer Organisation funktionieren? 😊

FAQs

Die Abkürzung FAQ ist ein englisches Akronym und steht für *Frequently Asked Questions*. In der deutschen Übersetzung heißt es »Häufig gestellte Fragen« oder auch »Meistgestellte Fragen«.

Die Abkürzung stammt aus dem Internet und taucht da auf, wo es eine Zusammenstellung von immer wieder gestellten Fragen zu einem Thema samt den dazugehörigen Antworten gibt. Das Prinzip hat sich bewährt, und FAQ gibt es mittlerweile in vielen Organisationen und Bereichen, da man auf diese Weise Fragen und Antworten sehr gut bündeln kann. Viele Fragen müssen dadurch nicht mehr individuell, zeitaufwendig und wiederholt beantwortet werden, und der Fragesteller hat sofort eine Antwort.

In technischen FAQs kann man z. B. zu bekannten Fehlern (*Known Errors*) klare Handlungsanweisungen geben oder Workarounds beschreiben. Ein *Workaround* (engl. für »Notlösung«, »Behelfslösung«) ist ein Umweg, auf dem sich ein bekanntes Fehlverhalten eines technischen Systems vermeiden lässt. Der Workaround ist somit ein Hilfsverfahren, das das eigentliche Problem nicht behebt, sondern mit zusätzlichem Aufwand seine Symptome umgeht – und damit ein zügiges Weiterarbeiten ermöglicht. Meistens werden genau diese Workarounds später (als Grundlage) zur permanenten Lösungssuche genutzt, etwa vom Problem-Management (mittels RCA) oder vom ITSCM/BCM.

7.6.6 Das ITSCM-Handbuch kommt später

Das ITSCM-Handbuch ist als eine Art Kompendium zu verstehen. In ihm werden alle für den ITSC-Manager (bzw. das ITSCM-Team) wichtigen Dokumente, Pläne, Rollenbeschreibungen, Abläufe, Informationen, Prozessbeschreibungen, Übungen und Tests (und vieles mehr) gesammelt.

Dieses Kompendium wird man logischerweise nicht im IT-Notfall oder einer (IT-)Krise durchlesen, sondern immer vorher. Im Normalbetrieb dient es als Nachschlagewerk für den ITSC-Manager oder als Inspiration für das gesamte ITSCM-Team bzw. zur Einarbeitung von neuen Mitarbeitern.

Das Handbuch wird aber erfahrungsgemäß nicht direkt am Anfang, also beim Aufbau eines ITSCM geschrieben.

Warum? Ganz einfach, weil Sie am Anfang meist noch gar nicht in der Lage sind, es zu schreiben! Sie müssen vorab erst viele Dokumente erstellen, die Organisation des ITSCM aufbauen, Informationen sammeln, Personal schulen und ausbilden, sich vernetzen, Erfahrungen sammeln, das Tagesgeschäft meistern etc. Und erst, wenn Sie einen umfangreichen Informations- und Wissenstand erreicht haben, ist es sinnvoll, sich dieser doch sehr zeitintensiven und wichtigen Aufgabe zu widmen.

[»]

Alternative Vorgehensweise für das ITSCM-Handbuch

Oder Sie stellen ab ITSCM-Start direkt einen Mitarbeiter für diese Aufgabe ab. Das heißt, eine Person (gerne auch aus dem Backoffice) bekommt vom ITSC-Manager oder dem ITSCM-Team die Informationen, was genau ins Handbuch gehört.

Dieser Kollege aus dem Backoffice sammelt diese Informationen und pflegt diese Dokumente dann Stück für Stück ins virtuelle Handbuch ein.

Das Handbuch wird dann in dieser Arbeitsversion allen zur Verfügung gestellt, und Sie können im ITSCM-Team entscheiden, welche Reihenfolge und Inhalte die richtigen sind.

Ich werde Ihnen in Kapitel 19, »Das ITSCM-Handbuch erstellen«, einige Inhaltsangaben vorstellen. Sie werden sehen, dass jedes dieser Handbücher einzigartig ist und daher an Ihre eigene ITSCM-Organisationsstruktur und die gesamte Organisation angepasst werden muss.

Ich würde so ein ITSCM-Handbuch als echtes Handwerk des ITSC-Managers ansehen. Hier kann man sich sehr kreativ ausleben und dadurch sein Wissen weiter festigen. Sie werden es schnell merken: Wenn Sie selbst versuchen, ein Thema oder einen Sachverhalt zu erklären, beschäftigen Sie sich noch mal sehr intensiv mit ihm.

Und wenn Sie den Anspruch haben, das Thema nicht mit dem typischen ITSCM-Fachvokabular zu erklären, sondern mit eher einfachen Worten, dann wird es noch mal schwieriger. Denn wenn man etwas einfach erklären möchte, muss man es vorher sehr eingehend verstanden haben.

Für den IT-Notfall oder die (IT-)Krise gibt es andere Dokumente, die sich deutlich von den bisher vorgestellten »normalen« Dokumenten unterscheiden – und sich auch unterscheiden müssen! Dazu kommen wir jetzt.

7.7 Dokumente für den Notbetrieb

Im Notbetrieb werden andere Dokumente als im Normalbetrieb gebraucht, denn im Notbetrieb stehen alle involvierten Personen oft unter immensem (Zeit-)Druck, Adrenalin, Stress und Ängsten. Denken Sie unbedingt daran!

Die Dokumente aus dem Normalbetrieb werden also meist nicht funktionieren. Und das hat viele Gründe. Diese Gründe möchte ich Ihnen gerne aufzählen. Wenn Sie ein bisschen darauf achten, können Sie hier viele Fallen und Zeitfresser identifizieren und im Anschluss direkt umgehen.

(IT-)Notfalldokumente müssen generell

- kurz,
- knapp,
- einfach,
- eindeutig und
- verständlich geschrieben sein.

[»]

Investieren Sie viel Zeit in diese Dokumente

Und hier passiert in meinen Augen einer der größten Fehler: Man nutzt im IT-Notfall oder in der (IT-)Krise Dokumente, die zwar für den IT-Notfall oder die IT-Krise konzipiert wurden, die aber nicht deren Anforderungen entsprechen! Das funktioniert natürlich nicht.

Menschen reagieren und arbeiten im IT-Notfall- oder Krisenmodus anders als im Alltag. Die Reaktionen können alle Facetten von purem Aktionismus bis zur Schockstarre beinhalten. Und daher müssen Sie, wenn Sie möchten, dass ein IT-Notfall oder eine (IT-)Krise gut und schnell bearbeitet und überstanden wird, die Dokumente auf das absolut notwendige Minimum reduzieren. Das heißt, alle überflüssigen Texte, alle unnötigen Grafiken sowie die oft heißgeliebten mehrfach verschachtelten Sätze müssen verschwinden!

Denn eins werden Sie in einer Not- bzw. Krisensituation nie haben: genügend Zeit! Entfernen Sie daher im Vorfeld Zeitfresser – und das sind nun mal unnötige Informationen. Ihre Mitarbeiter werden es Ihnen danken.

Ein weiterer, ganz wichtiger Punkt, ist die *Eindeutigkeit*. Notfalldokumente dürfen keinerlei Spielraum für Interpretationen zulassen. Jedes zusätzliche Nachdenken, Hinterfragen, Klären und Kommunizieren kostet einfach wieder unnötig Zeit. Je mehr »roten Faden« oder Anleitung Sie den Mitarbeitern an die Hand geben, desto schneller und professioneller werden die Situationen überwunden. Sie geben hier mit einfach Mitteln den Mitarbeitern Sicherheit in einer Extremsituation. Und je sicherer sich ein Mitarbeiter fühlt, desto gründlicher und schneller wird er seine Aufgaben erledigen (auch unter diesem oft enormen Druck).

Im Idealfall erreichen Sie durch ein permanentes Üben und Testen nämlich Folgendes: Der Mitarbeiter erledigt in jeder Situation routiniert und hoch professionell seine Arbeit, selbst wenn er in eine für ihn noch unbekannte Situation gerät. Und das geschieht nur dadurch, dass sich bei ihm einige Routinen entwickelt haben, die er dann in einer Extremsituation routiniert abspulen kann.

7.7.1 Exkurs: Veränderte Wahrnehmung unter Stress

Es ist ein kleiner, aber feiner und sehr oft unterschätzter psychologischer Aspekt: Wie mehrfach wissenschaftlich bewiesen wurde, vermindern oder verändern sich in Extremsituationen bei vielen Menschen das Gehör und die Sehkraft (sensorische Verarbeitung). Das heißt, man hört und liest nicht mehr so gut wie im Normalfall.

Daher ist es auch Ihre »Fürsorgepflicht«, hier den Mitarbeitern geeignete Mittel an die Hand zu geben, damit sie in solchen Situationen erfolgreich arbeiten können. Auch ihre Aufnahmefähigkeit und Denkgeschwindigkeit unterscheidet sich immens von der im ruhigen Normalbetrieb. Dazu möchte ich Ihnen ein paar Beispiele aufzählen.

Visuelle Wahrnehmung unter Stress

- **Tunnelblick**

  Stress kann zu einer eingeschränkten peripheren Sicht führen, die als *Tunnelblick* bekannt ist.

  Studien zeigen, dass die Aufmerksamkeit stärker auf das fokussiert wird, was direkt vor einem liegt, während periphere Reize ausgeblendet werden.

- **Veränderte Farbwahrnehmung**

  Es gibt Hinweise darauf, dass Stress die Wahrnehmung bestimmter Farben beeinflussen kann, insbesondere durch eine verstärkte Wahrnehmung von Rot (möglicherweise evolutionär bedingt als Gefahrensignal).

- **Veränderte Tiefenwahrnehmung**

  Unter hoher Stressbelastung kann die Einschätzung von Entfernungen und Tiefen ungenauer werden.

Auditive Wahrnehmung unter Stress

- **Selektives Hören**

  Unter Stress kann das Gehirn bestimmte Geräusche herausfiltern, während andere überbetont werden. Beispielsweise wird die eigene Atmung oder ein bedrohliches Geräusch (z. B. ein lauter Knall) verstärkt wahrgenommen.

- **Hörverlust durch Stress**

  Ein akuter Stressschub kann kurzfristig dazu führen, dass bestimmte Frequenzen schlechter gehört werden (ähnlich einem temporären Hörsturz).

  Studien zeigen, dass chronischer Stress langfristig sogar das Gehör schädigen kann.

Veränderte Sprachwahrnehmung

- Stress kann dazu führen, dass es schwieriger wird, gesprochene Sprache zu verstehen, insbesondere in lauten Umgebungen.

Relevante Studien und Forschungen zu den Störungen der Sensorik

- Nieuwenhuys & Oudejans (2012) zeigten, dass Polizisten unter Stress visuelle Einschränkungen hatten.
- Anderson et al. (2016) fanden heraus, dass Menschen unter Stress eine veränderte auditive Verarbeitung zeigen.
- Arnsten (2009) zeigte, dass Stress die Funktion des präfrontalen Kortex beeinflusst, was auch Auswirkungen auf Wahrnehmung und Aufmerksamkeit hat.
- Eine Studie der Ruhr-Universität Bochum aus dem Jahr 2016 zeigte, dass Stress die Wahrnehmung komplexer räumlicher Informationen beeinträchtigt.

- Eine aktuelle Studie der Ben-Gurion-Universität des Negev, veröffentlicht im Februar 2025, untersuchte die Auswirkungen von chronischem Stress auf die auditive Wahrnehmung.
- Eine weitere Studie aus dem Jahr 2025 zeigte, dass chronischer Stress die auditive Verarbeitung im Gehirn verändert. Die Forschung legt nahe, dass das Gehirn unter Stress lautere Reize benötigt, um normale Reaktionen auszulösen, was erklären könnte, warum gestresste Personen Schwierigkeiten haben, Hintergrundgeräusche zu filtern oder auf leise Töne zu reagieren.

Behalten Sie diese Faktoren im Hinterkopf, wenn Sie Konzepte für den IT-Notfall erarbeiten. Dann können Sie schon mit einfachen Maßnahmen dafür sorgen, dass Sie und Ihr Team auch in Stresssituationen gut funktionieren.

Nehmen Sie z. B. für Ihre Dokumente einfach einen größeren Schriftschnitt, eine besser lesbare Schriftart und erhöhen Sie den Zeilenabstand etwas. Nutzen Sie beispielweise Arial, Größe 12, Zeilenabstand 1,5. Eventuell können Sie auch mit Farben arbeiten, indem Sie bestimmten Dokumente über das Deckblatt eine feste Farbe zuordnen: Rot für Feuerproblematiken, Blau für Wassereinbruch und Starkregen, Grau für alles rund um die Gebäude. (Dieses Farbkonzept wird gern bei den Checklisten der Piloten genutzt.)

Abbildung 7.12 und Abbildung 7.13 demonstrieren Ihnen die Unterschiede bei der Schriftgröße und Schriftart praktisch. Entscheiden Sie, mit welchem Dokument Sie im Notfall lieber arbeiten möchten.

Hier·steht·jetzt·einen·Text·den·Sie·im·Notfall·und·unter·Zeitdruck·lesen·müssen.·Um·dann·schnellstmöglich·eine·Arbeit·nach·Anweisung·durchführen·zu·können.·Hier·steht·jetzt·einen·Text·den·Sie·im·Notfall·und·unter·Zeitdruck·lesen·müssen.·Um·dann·schnellstmöglich·eine·Arbeit·nach·Anweisung·durchführen·zu·können.·Hier·steht·jetzt·einen·Text·den·Sie·im·Notfall·und·unter·Zeitdruck·lesen·müssen.·Um·dann·schnellstmöglich·eine·Arbeit·nach·Anweisung·durchführen·zu·können.¶

Abbildung 7.12: Normaldokument – Schrift »Times New Roman«, Schriftgröße 10, Zeilenabstand 1

Hier·steht·jetzt·einen·Text·den·Sie·im·Notfall·und·unter·Zeitdruck·lesen·müssen.·Um·dann·schnellstmöglich·eine·Arbeit·nach·Anweisung·durchführen·zu·können.·Hier·steht·jetzt·einen·Text·den·Sie·im·Notfall·und·unter·Zeitdruck·lesen·müssen.·Um·dann·schnellstmöglich·eine·Arbeit·nach·Anweisung·durchführen·zu·können.·Hier·steht·jetzt·einen·Text·den·Sie·im·Notfall·und·unter·Zeitdruck·lesen·müssen.·Um·dann·schnellstmöglich·eine·Arbeit·nach·Anweisung·durchführen·zu·können.¶

Abbildung 7.13: Notfalldokument – Schrift »Arial«, Schriftgröße 12, Zeilenabstand 1,5

7.7.2 Der ITSC-Plan oder das IT-Notfallhandbuch

Um eines vorwegzunehmen: Der *ITSC-Plan* (manchmal wird zu ihm auch *(IT-)Notfallplan* oder *IT-Notfallhandbuch* gesagt) ist nicht ein Plan, sondern als Sammelklammer um eine Gruppe von Plänen zu verstehen.

In Abbildung 7.14 sehen Sie das Zusammenspiel der Pläne noch besser.

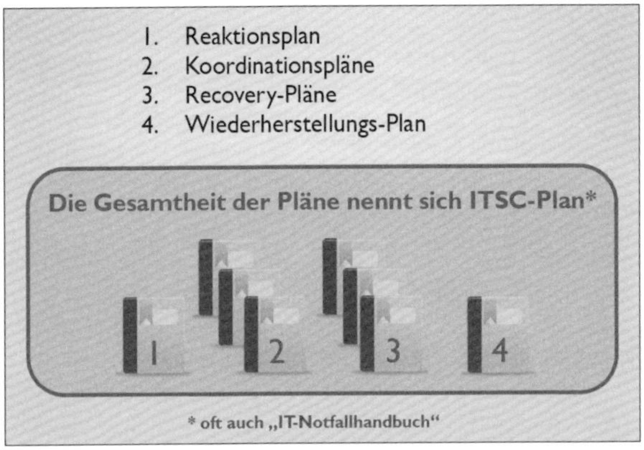

Abbildung 7.14: Der ITSC-Plan (Quelle: BCM Academy GmbH, Lehrgang »Certified IT Service Continuity Manager, CITSCM«, https://www.bcmacademy.de/de/citscm)

Im Beispiel besteht der ITSC-Plan aus:

- einem Reaktionsplan
- mehreren Koordinationsplänen
- mehreren Recovery-Plänen
- mindestens einem Wiederherstellungsplan

In Abbildung 7.15 sehen Sie die Abhängigkeiten und die verschiedenen Ebenen der Pläne sowie die Information, wer sie eigentlich erstellt.

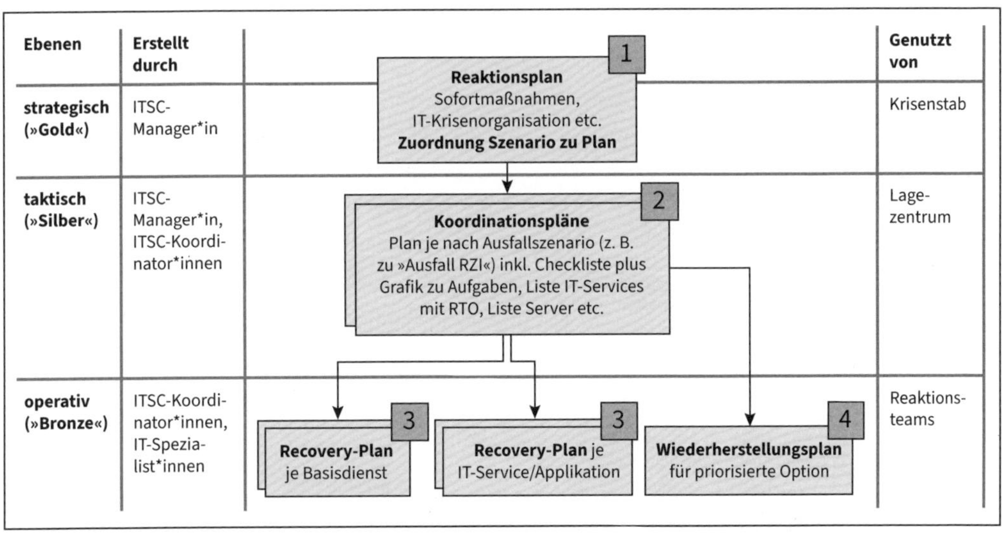

Abbildung 7.15: Ebenen der Pläne, Erstellung und Nutzung. (Quelle: BCM Academy GmbH, Lehrgang »Certified IT Service Continuity Manager, CITSCM«, https://www.bcmacademy.de/de/citscm)

Die Inhalte aller Pläne müssen natürlich

- stets vollständig sein,
- aktuell sein,
- verständlich formuliert sein,
- berücksichtigen, dass die Nutzer in einer stressigen Situation sind,
- in ausreichenden Kopien vorhanden sein,
- permanent verfügbar sein und
- gegen unberechtigten Zugriff Dritter geschützt werden (hochsensible Daten!).

Und, was ganz wichtig ist:

- **Ein ITSC-Plan wird nur durch einen Krisenstab aktiviert!**

7.7.3 Der Reaktionsplan

Der Reaktionsplan des ITSCM ist für den aktiven Krisenstab vorgesehen. Dieser bekommt eine kompakte Zusammenfassung über grundlegende Abläufe, Handlungsempfehlungen, Hilfen und/oder Tipps an die Hand, mit denen er Entscheidungen leichter treffen kann. Es gibt im ITSCM auch nur einen Reaktionsplan. Ein Template dazu finden Sie beim Downloadmaterial.

In Abbildung 7.16 sehen Sie eine mögliche Inhaltsangabe aus einem Reaktionsplan. Der genaue Inhalt richtet sich dann natürlich nach Ihrer Organisation und deren Vorgaben.

Inhaltsverzeichnis

1. Zielsetzung 3
2. Geltungsbereich 3
3. Der IT-Notfall 4
3.1 Wie wird der IT-Notfall ausgerufen? 4
3.2 Wer darf den IT-Notfall ausrufen? 4
3.3 IT-Lagezentrum aktivieren 5
4. Der Krisenstab 5
4.1 Organisatorisches 5
4.1.1 Die Mitglieder 5
4.1.2 Erstes Zusammentreffen 5
4.1.3 Krisenstabsräume, Lagezentren und IT-Lagezentren 6
4.2 Vorbereitende Maßnahmen 6
4.2.1 Alarmierung (intern & extern) 6
4.2.2 Kommunikation (intern & extern) 6
4.2.3 Dokumentation 6
4.3 Der Krisenstab in Aktion 7
4.3.1 Erstbewertung (z.B. mittels FORDEC Methode) 7
4.3.2 Sofortmaßnahmen einleiten 8
5. Nachbereitung 8
6. Anhang: Krisenstab, Lagezentrum, IT-Lagezentrum 9
6.1 Krisenstab (Mitglieder) 9
6.2 Lagezentrum (Mitglieder) 10
6.3 IT-Lagezentrum (Mitglieder) 11

Abbildung 7.16: Inhalt eines möglichen Reaktionsplans. Das war einer meiner ersten Versuche.

Man könnte im Anhang des Reaktionsplans auch die fünf Worst-Case-Szenarien einbauen oder noch mehr, falls nötig. Stimmen Sie das aber vorher mit dem ITSCM-Owner und/oder dem Krisenstab ab.

7.7.4 Die Koordinationspläne (je Ausfallszenario)

In einem *Koordinationsplan*, besser gesagt in den Koordinationsplänen, geht es unter anderem um die typischen fünf ITSCM-Worst-Case-Szenarien (Totalausfallszenarien). Pro Szenario wird ein Koordinationsplan erstellt. Sollten Sie mehr als diese fünf Szenerien haben, erhöht sich die Anzahl der Pläne entsprechend.

In einem Koordinationsplan wird nicht nur auf die entsprechende vorab abgestimmte Lösung (siehe Lösungskonzept) verwiesen, es kommen noch wesentlich mehr Informationen zusammen. Der Koordinationsplan begleitet nämlich den Wiederanlauf strukturiert bis zum Ende des IT-Notbetriebs. Zusätzlich gibt er einen Überblick über das Zusammenwirken der ganzen Einzelpläne während des Wiederanlaufs.

Oft gibt es eine grafische Darstellung des Wiederanlaufs. Meist wird auch eine sortierte Liste der IT-Services (inklusive genutzten Betriebssysteminstanzen und Datenbanken) nach RTO und Wiederanlaufreihenfolge angegeben.

Ich möchte hier aber darauf hinweisen, dass man auch Koordinationspläne nutzen kann, die nicht auf einem der fünf Standard-ITSCM-Worst-Case-Szenarien basieren; Sie können also auch eigene Szenarien definieren. Man könnte z. B. zu folgenden Szenarien einen Koordinationsplan erstellen:

- Korrupte Daten (durch Manipulation oder Schäden an der Datenbank)
- Ausfall von wichtigen KI-Systemen
- Ausfall der Überwachung (Man wäre praktisch blind, weil man nicht weiß, welche IT-Ressourcen/IT-Systeme noch laufen und welche nicht.)

Inhalt eines Koordinationsplans

Ein Koordinationsplan könnte die folgenden Inhalte aufweisen:

- allgemeine Einleitung, die Ziele und Abgrenzungen
- grafische Darstellung des Wiederanlaufs
- Checkliste der Aufgaben zum Wiederanlauf bei einem kritischen IT-Vorfall (IT-Notfall)
- sortierte Liste der IT-Services mit genutzten Betriebssysteminstanzen und Datenbanken:
  - nach RTO
  - nach Wiederanlaufreihenfolge
- Liste der Betriebssysteminstanzen mit Zuordnung der IT-Services
- Liste der Datenbanken mit Zuordnung der IT-Services

- Liste der Hardware in beiden RZ
- etc.

Abbildung 7.17 zeigt Ihnen, wie komplex ein solcher Plan aussehen kann, wenn Sie alle Informationen visualisieren und verknüpfen.

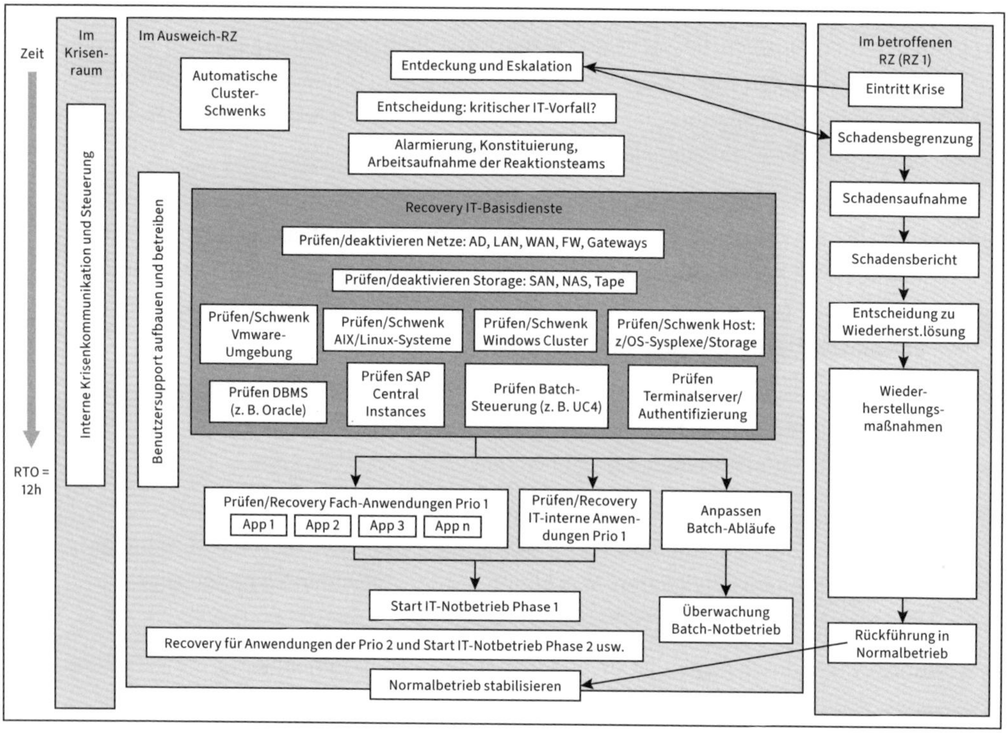

Abbildung 7.17: Beispiel für einen grafischen Koordinationsplan (Quelle: BCM Academy GmbH, »Lehrgang Certified IT Service Continuity Manager, CITSCM«, https://www.bcmacademy.de/de/citscm)

7.7.5 Der Wiederanlaufplan (WAP)

In einem *Wiederanlaufplan (WAP)* – auch *Recovery-Plan (RP)* genannt – wird der technische Wiederanlauf eines IT-Service oder einer IT-Ressource beschrieben: Welche IT-Systeme können parallel anlaufen und welche müssen sequenziell anlaufen?

Dieser Anlauf erfolgt nur bis zum (vorab mit dem Kunden vereinbarten) Notbetriebsniveau (MBCO). Das heißt, der IT-Service wird in verminderter Qualität (geringere Bandbreite, weniger Nutzerzugriffe, längere Bearbeitungsdauer etc.) zur Verfügung gestellt. Ein WAP ist also ein dokumentierter, strukturierter Ansatz, der beschreibt, wie eine Organisation nach einem ungeplanten Zwischenfall wieder schnell die Arbeit (in einem Notbetrieb) aufnehmen kann.

7.7.6 Der Wiederherstellungsplan (WHP)

Auch in einem *Wiederherstellungsplan (WHP)* wird der technische Wiederanlauf eines IT-Service oder einer IT-Ressource beschrieben. Auch hier wird der Punkt betrachtet, welche Systeme dabei parallel und welche sequenziell anlaufen müssen. Der Unterschied zum *Wiederanlaufplan* besteht darin, dass man den Ursprungszustand (also den Zustand vor der Störung oder vor der Unterbrechung) zu 100 % erreichen möchte. Das heißt, der *Wiederherstellungsplan* soll den vollen Leistungsumfang gewährleisten, der in den SLAs zugesichert wurde (Performance, Geschwindigkeit, Last etc.).

Sie werden sich jetzt bestimmt fragen: Welcher Plan ist denn der wichtigere? Aus meiner Sicht gibt es eine ganz klare Empfehlung: der WHP.

Oft ist es sehr schwierig, ein Notbetriebsniveau, wie es im WAP benötigt wird, zu definieren oder gar später verbindlich zur Verfügung zu stellen. Daher ist nach einer Unterbrechung oder Störung der vollständige Wiederanlauf eines IT-Service die Version, die in der Praxis angestrebt wird. Hierbei ist es auch egal, ob Hardware oder Software getauscht werden musste oder etwas neu installiert wurde – wichtig ist das Erreichen des Ursprungzustandes. Egal wie!

7.7.7 Disaster-Recovery

Wurden bereits Pläne für den Katastrophenfall gemacht? Gibt es Überlegungen, wie es nach einem Desaster weitergeht? Diese Überlegungen werden in einem *Disaster-Recovery-Plan* festgehalten und gehen über die Frage hinaus, wie es um die IT-Systeme steht.

Wenn in Ihrer Organisation bereits Disaster-Recovery-Pläne existieren, gehören sie zu den Dokumenten für den Notbetrieb und müssen entsprechend aneinander angepasst werden.

7.8 Wie organisiert man sich als ITSCM-Team?

Wie sollte man sich im ITSCM für die tägliche Arbeit organisieren? Auch dazu möchte ich Ihnen einige Ideen mit auf den Weg geben.

Tipp aus der Praxis

Zur koordinierten Zusammenarbeit im ITSCM-Team sollten alle wichtigen Informationen an einer zentralen Stelle abgelegt werden. Alle Mitarbeiter des ITSCM sollten dort permanent (lesenden und schreibenden) Zugriff haben.

Diese Zusammenarbeit kann man mit sogenannten *Collaboration-Tools* erleichtern und zudem oft revisionssicher dokumentieren. Dazu möchte ich Ihnen einige Tools kurz vorstellen.

7.8.1 Per Kanban-Board

Viele Organisation arbeiten mit dem digitalen Kanban-Board von Atlassian: *Jira* (*https://www.atlassian.com/de/agile/kanban*).

Ich bin ein totaler Fan von Kanban. Sie können es beispielsweise nutzen, um alle Ihre IT-SCM-Aufgaben auf einem Blick zu sehen. Was man früher als physische Karte an ein Whiteboard oder eine Pinnwand gehängt hat, hängt man jetzt als digitale Karte an eine virtuelle Pinnwand. Man erkennt dort sofort, welcher Mitarbeiter die Aufgabe bearbeitet und welchen Status die Karte bzw. die Aufgabe hat.

Abbildung 7.18 zeigt ein Beispiel.

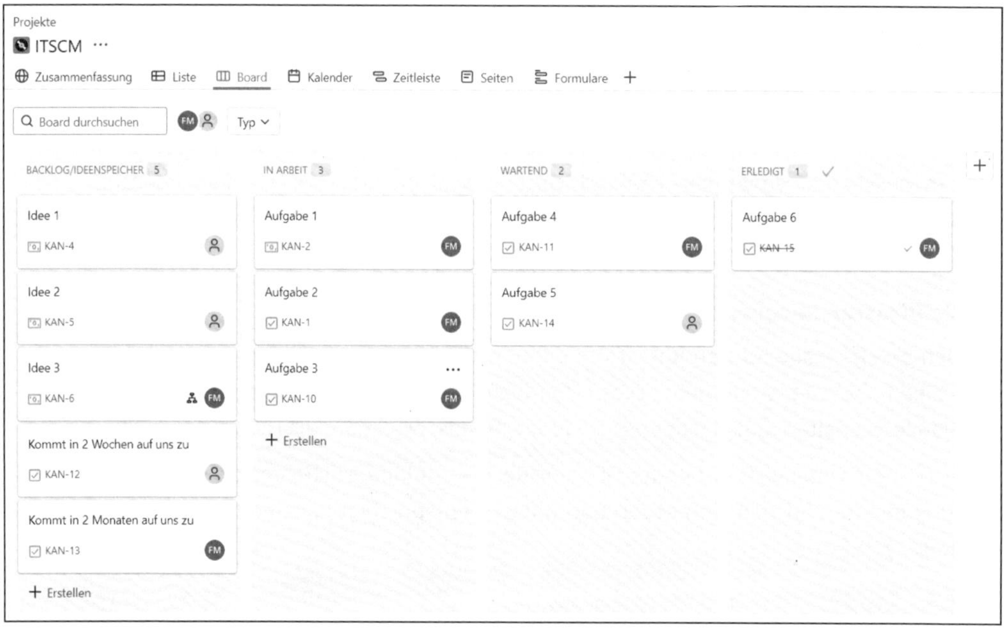

Abbildung 7.18: Hier sehen Sie einen Teil eines Kanban-Boards mit den vier Unterteilungen, die ich im Folgenden erläutere.

Hier haben wir nur vier Kartenbereiche: *Backlog* (Ideenspeicher), *In Arbeit*, *Wartend* und *Erledigt*. Weitere Unterteilungen (sogenannte *Swimlanes*) habe ich bewusst erst mal nicht verwendet, denn es sollte für alle übersichtlich bleiben (auch für die Personen, die nicht tagtäglich damit arbeiten).

- **Backlog (als Ideenspeicher):** In das Backlog kommen alle Aufgaben, von denen Sie wissen, dass sie in den nächsten drei Monaten auf Sie zukommen – sei es vom BCM, ISM, ReM, RM oder einem anderen Bereich Ihrer Organisation. Oder es sind Themen, die wir vom ITSCM gern in die Organisation einbringen möchten. Dann haben wir sie auf dem Board immer im Blick und vergessen sie nicht. Manchmal gibt es nämlich Trigger (Auslöser), an die wir uns einfach als ITSCM (mit unserem Thema) dranhängen.

- **In Arbeit:** Wie der Name schon sagt, ordnen Sie hier nur die Karten ein, die in Arbeit genommen wurden und die einer verantwortlichen Person fest zugeordnet sind. Diese Karten haben dann eine bestimmte Farbe oder das Bildchen der verantwortlichen Person und auch ein definiertes Enddatum (feste Deadline).
- **Wartend:** In diesen Bereich kommen alle Karten, zu denen wir als ITSCM auf eine Rückmeldung aus einem anderen Bereich warten. Die maximale Wartezeit beträgt hier sechs Wochen. Dann fliegt die Karte entweder raus, d. h., sie wird offiziell mit einem Begleitkommentar abgebrochen, oder sie geht wieder (mit einem Kommentar versehen) zurück in das Backlog.
- **Erledigt:** In diesen Bereich werden alle Karten verschoben, bei denen das Abnahmekriterium zu 100 % erfüllt wurde. Damit ist die Aufgabe definitiv beendet. Das feiern einige Organisationen immer ein wenig im »ITSCM Jour Fixe«.

In Abbildung 7.18 sehen Sie beispielhaft den folgenden Zustand: Im Bereich *Backlog/Ideenspeicher* gibt es fünf Karten. *Idee 1*, *Idee 2* und *Idee 3* sind Themen, die Sie als ITSCM in die eigene Organisation einbringen möchten. Die Karte *Idee 3* wurde Ihnen dabei schon fest zugeordnet, weil Sie dort schon Vorgespräche geführt haben oder weil es ein Thema ist, für das Sie sich besonders interessieren. Die beiden anderen Karten sind noch ohne Bearbeiter.

Dann gibt es dort noch die Karte *Kommt in 2 Wochen auf uns zu* und die Karte *Kommt in 2 Monaten auf uns zu*. Das wären z. B. Themen, von denen Sie per Flurfunk, von internen Besprechungen, aus Ankündigungen (des ITSCM-Owners oder des ITSCM-Sponsors oder des Top-Managements), von Kundenanfragen oder aus der Fachpresse etc. erfahren haben und die in Zukunft relevant werden können. Den Zeitraum, also wie weit Sie hier nach vorne schauen wollen/müssen, legen Sie für Ihre Organisation fest.

Im Bereich *In Arbeit* sehen Sie drei Karten, die Ihnen alle zugeordnet wurden und an denen Sie aktiv arbeiten.

Im Bereich *Wartend* sehen Sie eine zugeordnete Karte namens *Aufgabe 4*, wo man auf irgendwelche Rückantworten, auf Zuarbeiten oder auf Informationen aus anderen Bereichen wartet. Was genau das ist, sollten Sie als Kommentar unbedingt in die Karte schreiben. So wissen auch alle anderen Personen aus dem ITSCM-Team Bescheid und könnten gegebenenfalls unterstützen (Thema Transparenz). Die Karte *Aufgabe 5* beispielsweise liegt dort, weil ein Bearbeiter-Wechsel stattfindet und erst eine neue verantwortliche Person im Team gefunden werden muss. Aufgaben können auch warten, weil mehrere Unteraufgaben erstellt werden müssen oder wenn der aktuelle Bearbeiter die Organisation verlassen hat. Sie sollten also verbindlich für sich im ITSCM abstimmen und regeln, ab wann eine Karte in diesen Bereich verschoben wird und vor allem auch klären, wie lange sie dort liegen bleibt (Thema Kanban Board- und Kartenhygiene).

In den Bereich *Erledigt* kommen dann alle Karten, deren Abnahmekriterium (AK) zu 100 % erfüllt wurden. Als Best Practice gilt, dass man an dieser Stelle eine Kontrollinstanz einbaut, bevor die Karten auf *Erledigt* gesetzt werden. Das kann der verantwortliche Vorgesetzte sein oder ein Kanban-Verantwortlicher, ein Teamleiter oder ein Gruppenleiter. Man könnte solche Karten aber auch im Team besprechen, etwa in den Jour fixe. (Thema gemeinsames Verständnis für das ITSCM). Es gibt sogar Teams, die die Erledigung von Aufgaben richtig feiern. Auch hier sind Ihren Vorstellungen keine Grenzen gesetzt.

Sie können das Board komplett nach Ihren Wünschen auf- und umbauen: Sie können andere Farben nutzen, andere Unterteilungen (*Swimlanes*[3]) definieren, es sind Wiedervorlagen eingebaut, es können Dateien angehängt werden usw.

Es ist also ein recht mächtiges Tool und trotzdem sehr einfach zu bedienen. Ich nutze es deshalb gerne, um meinen Mitarbeitern echte Transparenz vorzuleben, denn alle unsere aktuellen Themen sind dort per virtueller Karte vertreten. Das ist das erste Ziel unseres Kanban-Boards.

Ich habe zu jeder Karte einen eindeutigen Titel ausgewählt und in die Karte einen sprechenden und erklärenden Text eingefügt, was genau gemacht werden soll, und ich habe (ganz wichtig) ein ganz klares *Abnahmekriterium (AK)* definiert. Übersetzt heißt das: »Was muss zu 100 % erfüllt sein, damit diese Karte auf ›Erledigt‹ gesetzt werden kann?« Ohne so ein klares Ziel entstehen sonst unnötige »Dauerkarten«. Und das Ziel bei Kanban ist ja, dass die Karten von ganz links (vom Anfang) zügig nach rechts (zum Ziel) wandern, also vom »Backlog« nach »In Arbeit« nach »Wartend« oder direkt nach »Erledigt«.

Das zweite Ziel bei Kanban ist, eine gewisse »Kartenhygiene« bzw. »Aufgabenhygiene« zu betreiben. Lange geparkte Karten werden abgebrochen oder wieder in das Backlog verschoben. Das würde ich aber nur unter bestimmten Umständen bei organisationsweiten und extrem wichtigen Themen vorschlagen! Ansonsten explodiert Ihr Backlog. 😉

Karten, die etwa sechs Wochen im Status »Wartend« geparkt wurden, werden gelöscht. Denn dann kann die Aufgabe wohl doch nicht so wichtig gewesen sein.

Ich habe aber auch schon Kanban-Boards gesehen, da wurde mir beim ersten Anblick echt schwindelig: keine klaren Strukturen, viel zu viele Karten, zu viele Kartenleichen und wenig Bewegung auf dem Board. Arbeiten Sie besser nach dem Motto »Keep it simple!«.

Ich habe zum besseren Verständnis für Sie ein *Karten-Template* erstellt, d. h. eine Vorlage, in der genau beschrieben ist, wie eine neue Karte für das Kanban-Board auszufüllen ist (siehe Tabelle 7.13). Das müssten Sie (wenn Sie mit Kanban arbeiten sollten) für sich und Ihre Organisation nur noch anpassen.

---

3 Swimlanes sind die horizontalen Unterteilungen eines Kanban-Boards, mit deren Hilfe man den Workflow (den Arbeitsablauf) strukturieren und optimieren kann. Ein Workflow ist eine strukturierte Abfolge von Aufgaben oder Arbeitsschritten, die notwendig sind, um ein bestimmtes Ziel zu erreichen. Der Workflow beschreibt also den Prozess, durch den eine Aufgabe von einem Anfangspunkt bis zum Endpunkt durchgeführt wird, und legt fest, wer welche Schritte ausführt und in welcher Reihenfolge. Die Spalten stellen Phasen dar, und Swimlanes kategorisieren dabei die Arbeit. Swimlanes können verwendet werden, um Teams, Personen, Serviceklassen, Prioritäten etc. darzustellen.

Vorschlag für ein Kanban Kartentemplate	
Vorgangstyp auswählen	Daueraufgabe
	Aufgabe
	Unteraufgabe
Titel vergeben	Einen eindeutigen, einmaligen, verständlichen und sprechenden Titel auswählen.
Priorität auswählen	Hoch
	Normal
	Niedrig
Abnahmekriterium (AK) beschreiben	Was muss zu 100% erfüllt sein, damit diese Aufgabe als erledigt abgeschlossen werden kann?
Bearbeiter zuweisen	Meist man selbst! Andere Personen nur nach vorheriger Absprache.
Fälligkeitsdatum eintragen	Bis wann muss diese Aufgabe erledigt sein?
Anhänge	Aber nur die wirklich wichtigen und unbedingt notwendigen Informationen anhängen!
Unteraufgabe(n) anlegen	Ich würde vorschlagen, eine Unteraufgabe nur dann anzulegen, wenn die Aufgabe sehr komplex ist oder die Aufgabe in klar voneinander abzugrenzende Teile zerlegt werden kann. Erst wenn alle Unteraufgaben erledigt wurden, wird die (Gesamt-)Aufgabe als erledigt abgeschlossen. Das bitte immer bedenken.

Tabelle 7.13: So kann ein Template für neue Kanban-Karten aussehen.

Ich erwähnte bereits die *Transparenz*. Ich möchte und werde nie über die Kanban-Karten und deren Zuordnung meine Mitarbeiter steuern oder kontrollieren. Das liegt mir fern (und wäre auch gar nicht möglich). Stattdessen möchte ich meinen Mitarbeitern ein unterschwelliges Angebot unterbreiten: Auch meine Aufgaben als Führungskraft liegen in dem Board. Ich möchte transparent sein, und jeder Mitarbeiter, der eine Karte sieht, die von mir bearbeitet wird, kann mich gerne ansprechen, wenn ihn das Thema interessiert. Wenn es seine zeitlichen Ressourcen zulassen, kann er auch bei dem Thema aktiv mitarbeiten. Das kann sogar so weit gehen, dass ich ihm diese Aufgabe vollständig übertrage (mit mir als Sicherheitsnetz im Hintergrund).

So komme ich meinem Ziel näher, die Mitarbeiter skillbasiert (also ihren Neigungen und Fähigkeiten entsprechend) einzusetzen. Bei der Menge von Aufgaben sollte für jeden Mitarbeiter etwas Neues und Herausforderndes dabei sein. Und mein Ziel als Führungskraft ist, dass meine Mitarbeiter im Idealfall besser werden als ich.

Also ist das Kanban-Board ein möglicher, zentraler und transparenter Ablageort für alle aktiven und geplanten Aufgaben des ITSCM.

[»]

Die Geschichte von Kanban

Kanban stammt ursprünglich aus Japan und wurde in den 1940er-Jahren von Taiichi Ohno bei Toyota entwickelt. Es war Teil des Toyota-Produktionssystems (TPS), das darauf abzielte, die Effizienz in der Produktion zu steigern und Verschwendung zu minimieren.

Kanban bedeutet auf Japanisch »visuelles Signal« oder »Karten«, und es wird verwendet, um den Fluss von Materialien oder Aufgaben in einem Produktionsprozess zu steuern. Im Wesentlichen basiert Kanban auf einem System von Karten (früher physischen Karten, heute digitalen), die signalisieren, wann ein neuer Arbeitsvorgang beginnen sollte. Das Ziel war es, nur das zu produzieren, was benötigt wird, und die Produktion und den Materialfluss optimal zu steuern, um Überproduktion und unnötige Bestände zu vermeiden.

7.8.2 Per Confluence (Atlassian)

Confluence von Atlassian (*https://www.atlassian.com/de/software/confluence*) nutzen viele Organisationen, um Dokumente (Arbeitsversionen und finale Versionen), Pläne (WAP/WHP), Konzepte, Videos, PowerPoint-Präsentationen etc. zentral abzulegen.

Sie können in diesem Tool etwa einen rein internen ITSCM-Bereich und einen öffentlichen Bereich definiert. Das Tool selbst ist webbasiert und sehr einfach zu bedienen. Es ist mit einem sehr guten Rechte- und Rollenmanagement ausgestattet: Sie können dateigenaue Freigaben erteilen. Diese können Sie mit den entsprechenden Plugins auch direkt auf der Webseite bearbeiten und sofort wieder abspeichern. Im Hintergrund laufen dann eine Versionierung und eine Historie mit, Sie haben damit eine revisionssichere Ablage. Confluence sollte mehrmals täglich gesichert werden.

Aber was sollte man jetzt wo und wie ablegen? Das sieht dann in der Praxis so aus:

- **Interner Bereich:** Der interne Bereich ist nur für ITSCM-Mitarbeiter sowie den ITSCM-Owner zugänglich. Hier sammeln Sie alle finalen Versionen und auch einige wenige (wichtige) Arbeitsversionen der Dokumente, Konzepte, Strategien, Awareness-Maßnahmen sowie alle WAP- und WHP-Pläne, alle Ergebnisse der Gap-Analyse, alle Ergebnisse aus Lessons Learned und alle Templates sowie die Schulungsunterlagen von allen besuchten Kursen, Weiterbildungen und Workshops – also einfach alles, was Sie für das ITSCM brauchen und für wichtig befinden.

- **Öffentlicher Bereich:** Der öffentliche Bereich ist für alle Mitarbeiter der Organisation zugänglich. Hier findet man die offizielle und aktuelle Policy, E-Learning-Videos und das umgebaute BSI-Template für die WAP-/WHP-Pläne.

Zusätzlich haben wir einen abgeschotteten Bereich, in dem sich das BCM, ISM und ITSCM regelmäßig austauschen und die entsprechenden Dokumente ablegen. Auf ihn haben nur Mitarbeiter aus den drei genannten Bereichen Zugriff. Dort liegen auch alle Besprechungsprotokolle zu den Austauschterminen.

7.8.3 Per Microsoft Sharepoint

SharePoint von Microsoft (*https://www.microsoft.com/de-de/microsoft-365/sharepoint/collaboration?market=de*) kann beispielsweise genutzt werden, um wirklich große Datenmengen abzulegen, denn dafür ist Confluence nicht ausgelegt. Einige Organisationen lagern in SharePoint komplette Übungen oder Tests aus, also alle Vorarbeiten, alle Übungsprotokolle, große Netzwerk- oder Umgebungspläne, Fotos, Videos etc. und alle Lessons Learned mit den zugehörigen Protokollen. In Confluence gibt es dann nur noch einen Link zum entsprechenden SharePoint-Ordner. Auch das SharePoint-Archiv wird standardmäßig mehrfach am Tag gesichert. Man könnte SharePoint also als zentrales und großes Datenarchiv nutzen.

7.8.4 Per Microsoft Teams

Ich habe Microsoft Teams stellvertretend in diese Liste aufgenommen, da ich weiß, dass es von vielen Organisationen bevorzugt genutzt wird. *Teams* ist eine von Microsoft entwickelte Plattform, die Chat, Teamarbeit, Besprechungen, Notizen und Dateianhänge vereint. Der Dienst ist in die Microsoft 365-Suite integriert und arbeitet mit *Microsoft Office* sowie *Skype* bzw. *Skype for Business* zusammen.

Problematisch sind die Aspekte Datenschutz und Privatsphäre: Viele Unternehmen und Behörden verbieten daher den Austausch von Interna über Chat-Dienste, die sie nicht selbst betreiben oder deren Rechenzentren nicht in Deutschland oder Europa liegen. Prüfen Sie solche Vorgaben genau, bevor Sie über die Einführung eines solchen Dienstes nachdenken und ihm sensible Daten anvertrauen.

7.8.5 Per Jour Fixe (»Daily« oder tägliche Besprechung)

Neben dem Austausch über Online-Dienste ist natürlich der persönliche Kontakt sehr wichtig. In der Anfangszeit unseres ITSCM-Projekts haben wir einen täglichen *Jour Fixe* abgehalten, also eine Kurzbesprechung von 30 Minuten. Ein Jour Fixe (französisch für »fester Tag«) ist ein regelmäßiger Termin, der meist ein wiederkehrendes Meeting beinhaltet. Ziel des Jour Fixe ist es, alle Beteiligten auf dem neuesten Stand zu halten, den Status abzugleichen und die nächsten Schritte festzulegen. *Täglich* hört sich vielleicht nach »sehr oft« an, aber gerade in der Anfangsphase hat uns dieser Austausch im kleinen Team sehr dabei geholfen, das ITSCM zielgerichtet aufzusetzen und aufkommende Fragen oder Herausforderungen sofort zu besprechen.

Dabei ist es aber sehr wichtig, dass Sie ein gutes Zeitmanagement haben: Nach 30 Minuten ist auch wirklich Schluss! Alles, was nicht drankam, wird am nächsten Tag besprochen. Ich hasse Endlos-Besprechungen, in denen man nie zum Punkt kommt, und ich bin mir sicher, dass es Ihnen ähnlich geht. Die 30-Minuten-Frist erzieht dazu, sich kurzzufassen.

Wir haben später das Zeitintervall auf die Tage Montag, Mittwoch und Freitag verkürzt. Seitdem alles sehr gut und eingespielt läuft, haben wir einen festen Jour Fixe an jedem Montag, dann aber eine Stunde lang. Falls keine Themen auf der Agenda stehen, wird der Termin auch mal abgesagt, damit alle Zeit für andere Aufgaben haben.

Erzwingen Sie in Ihrer Meeting-Kultur also nichts. Ich kenne genug Vorgesetzte, die in starren Vorgaben und Terminplänen denken. Machen Sie es lieber so, wie es am besten für Ihr ITSCM passt: *Zwang war noch nie ein guter Ratgeber.*

7.8.6 Per zentralem Funktionspostfach

Eine gängige Praxis ist es, zentrale Funktionspostfächer oder Abteilungspostfächer einzurichten. Alle zugelassenen Team-Mitglieder haben Zugriff auf alle E-Mails, die in diese Postfächer hinein und aus ihnen herausgehen. Das hat den Vorteil, dass auch alle immer (theoretisch) auf dem gleichen Wissensstand sind.

Hierzu gehört aber etwas *Postfachhygiene*. Das heißt, es sollten Vereinbarungen oder Regeln im Team getroffen werden, wie mit den E-Mails und deren Bearbeitung umgegangen werden soll. Einige erprobte Praxistipps dazu:

- Jeder Mitarbeiter (mit Postfachzugriff) schaut mindesten einmal pro Tag in das zentrale Postfach. Wann er das macht, ist egal; Hauptsache, er macht es.
- E-Mails bleiben generell drei Wochen im Postfach liegen. Erst dann werden sie in entsprechende Unterordner verschoben. (Es sei denn, man hat im ITSCM-Jour-Fixe etwas anderes beschlossen.) So bekommen alle Teammitglieder auch alles mit.
- Jede E-Mail, die in Bearbeitung genommen wurde, wird *geflaggt*, d. h., mit dem entsprechenden Kürzel oder der Farbe des Bearbeiters versehen (siehe Abbildung 7.19). Jeder Bearbeiter verschiebt nach drei Wochen diese E-Mail in den entsprechenden Ordner (sofern es im Jour Fixe nicht anders besprochen wurde).
- Antworten auf E-Mails werden in CC noch mal an das eigene Funktionspostfach versendet. So wissen alle, *dass* geantwortet wurde und auch *was* geantwortet wurde. Somit sind alle (theoretisch) in der Lage, bei Rückfragen zu antworten.
- *Frau Meier* ist unsere ITSCM-Postfachverantwortliche. Das heißt, sie wird sich um die Löschung, Archivierung und Verschiebung von liegen gelassenen E-Mails kümmern.

Frau Meier ist auch die einzige Person, die neue Unterordner anlegt oder Ordner löscht. Das sorgt für Ordnung und Struktur im Postfach

- In der ersten Woche des neuen Jahres archiviert *Frau Meier* aus dem Backoffice alle E-Mails in eine PST-Datei mit Jahresnamen: »ITSCM Postfach von 2023«, »ITSCM Postfach von 2024« etc.

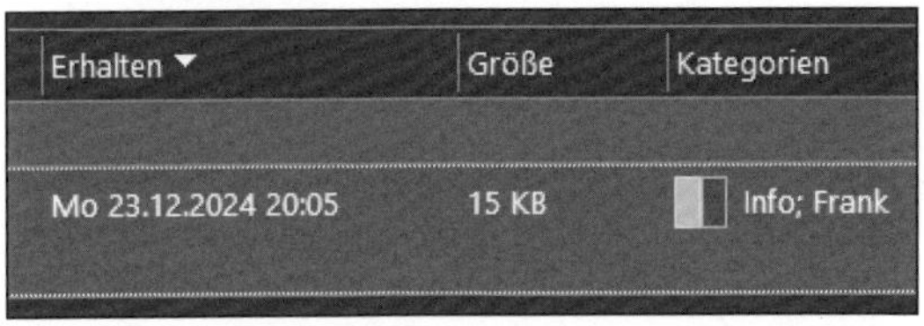

Abbildung 7.19: Markierung von E-Mails mit Farbfahne und Name

7.8.7 Externe Notfallkopien (Backups) einrichten

Und noch etwas ganz Wichtiges zum Schluss: das Notfall-Backup! Sie sollten dort Ihre wichtigsten Dokumente und Pläne (z. B. WAP, WHP, Reaktionsplan, Koordinationspläne, ITSCM-Handbuch etc.) auf einer externen Website verschlüsselt und passwortgesichert ablegen.

Diese Website sollte nicht von der eigenen Organisation gehostet (also betrieben) werden, sondern von einem bekannten und großen Cloud-Anbieter in Deutschland. Somit können Sie jederzeit auf Ihre wichtigen Dokumente zugreifen – auch wenn Ihre ganze Organisation mal nicht erreichbar sein sollte.

7.9 Weitere Vorgehensweise und Übungen

Im nächsten Kapitel widmen wir uns dem großen und wichtigen Thema *Awareness*. Dabei kann man einige Fehler machen. Davor möchte ich Sie bewahren. Um Awareness richtig vorantreiben zu können, sollten Sie die ersten Schritte im ITSCM bereits getan haben. Werbung zu machen, ohne Erfahrungen gesammelt zu haben, kommt sonst bei den Kollegen immer sehr komisch und eher unglaubwürdig an.

F-07-1: Welche Stelle im ITSCM sollte zuerst besetzt werden?

a) ITSC-Manager

b) ITSCM-Backoffice

c) ITSC-Koordinatoren

d) IT-Notfallteams

F-07-2: Sind Rollenbeschreibungen wichtig?

a) Nein, das wird sich alles im Tagesgeschäft von selbst ergeben.

b) Ja, darin wird genau beschrieben, was eine Rolle macht, welche Ergebnisse erwartet werden und welche Kompetenzen der Rollenträger vorweisen muss.

c) Nein, hier wird nur unnötig Papier für das Top-Management schwarz gefärbt. Die Rollen werden eh nie so ausgefüllt wie beschrieben.

d) Ja, Rollenbeschreibungen sind wichtig für Tarifverhandlungen und das Entgelt des Mitarbeiters.

F-07-3: Werden Notfalldokumente genauso wie Dokumente für den Normalbetrieb aufgebaut?

a) Ja, warum sollte man zwei verschiedene Dokumentenarten haben? Macht keinen Sinn!

b) Ja, weil Notfalldokumente aus den Normaldokumenten rauskopiert werden.

c) Nein, diese Dokumente sind einfacher aufgebaut, haben eine größere Schriftart, weniger Text, mehr Bilder und enthalten klare Hilfestellungen und Anweisungen.

d) Nein, dort werden nur wichtige Grafiken und Checklisten genutzt.

Kapitel 8

Awareness (Bewusstsein) organisationsweit aufbauen

Jetzt geht es darum, Awareness in der eigenen Organisation aufzubauen. Aber wie macht man das? Wie kann man das Ergebnis messen, kontrollieren und (nach-) steuern? Braucht man so etwas wirklich?

> *»Menschen mit einer neuen Idee gelten so lange als Spinner, bis sich die Sache durchgesetzt hat.« (Mark Twain)*

Nachdem Sie jetzt die Basis für Ihr ITSCM geschaffen haben, geht es darum, allen Beteiligten, d. h. allen Mitarbeitenden, den Lieferanten und Dienstleistern und gegebenenfalls auch den Kunden (intern und extern), den *Mehrwert eines ITSCM* näher zu bringen: Was bringt das Ganze? Was hat man als Kunde davon? Was bringt es dem Mitarbeiter? Interessiert es die Lieferanten oder Dienstleister überhaupt? Das sind typische Fragen, die immer wieder auftauchen werden. Wie schafft man nun »echte« Awareness? Also ein Bewusstsein für eine Sache oder ein Thema.

Beginnen wir mit der Frage, was Awareness überhaupt ist – auch wenn es natürlich nicht die eine Definition gibt.

- *Awareness* wird allgemein als *Bewusstsein*, *Aufmerksamkeit* oder *Sensibilisierung* für ein bestimmtes Thema definiert. Awareness beschreibt den Zustand, in dem eine Person oder eine Gruppe sich einer bestimmten Gefahr, Herausforderung oder Information bewusst ist und entsprechend handeln kann.
- Awareness bezeichnet das bewusste Wahrnehmen und Verstehen von Informationen, Situationen oder Risiken.
- Security-Awareness beschreibt das Bewusstsein um und das Wissen über Cyberbedrohungen und die Fähigkeit, sich entsprechend zu schützen.

Die Ziele von Awareness-Maßnahmen sind unter anderem:

- Information über Notwendigkeiten, Ziele, Ansätze und Fortschritt des ITSCM zu vermitteln (»Akzeptanz schaffen«)
- für Unterstützung und Beteiligung des ITSCM in der gesamten Organisation sorgen
- positive Haltung zum ITSCM erzeugen
- den optimalen Nutzen des ITSCM-Systems erklären
- dafür sorgen, dass ITSCM als integraler Bestandteil des normalen Alltags betrachtet wird (dauerhafte Aufnahme in die Organisationskultur)

- dafür sorgen, dass IT-Mitarbeitern bewusst wird, dass ITSCM-Aufgaben unter anderem auch zu ihrem Verantwortungsbereich gehören
- das ITSCM in alle Resilienzmaßnahmen mit einbeziehen

Zwei Punkte sind mir besonders wichtig:

- **Awareness kennt keine Grenzen!**

  Alle Mitarbeiter und Mitarbeiterinnen können ihren Teil dazu beitragen, dass die eigene Organisation immer resilienter (also immer stabiler und ausfallsicherer) wird und (im Idealfall) es auch bleibt.

  Dabei zahlen wirklich alle Beteiligten in einer Organisation (egal auf welcher Hierarchieebene und egal, welche Tätigkeit oder Funktion der Mitarbeiter ausführt) auf das Ziel Resilienz ein. Das ist sehr wichtig und muss allen Mitarbeitern in Informationsveranstaltungen, Workshops, Schulungen, persönlichen Gesprächen etc. immer wieder in verständlicher Form nähergebracht werden, bis es ein fester Bestandteil der Organisationskultur wird – das heißt, bis man gar nicht mehr darüber nachdenkt, es nicht mehr als Fremdkörper betrachtet, sondern es einfach selbstverständlich und voller Überzeugung macht. Das ist das ideale Endziel.

  Denn oft sind es die kleinen Hinweise von Mitarbeitern, die etwas Ungewöhnliches mitbekommen und so eine Störung verhindern können. Dieses kostenlose, sehr wichtige Frühwarnpotenzial sollten Sie nie außer Acht lassen, sondern aktiv für sich nutzen. Dies unterstützt und zementiert auch das *Wir-Gefühl in einer Organisation*. Alle fühlen sich für »ihre« Organisation verantwortlich und möchten daher jegliche Störung abwenden, die zu einem Schaden führen könnte.

  Wenn Sie solche Meldungen von Ihren Kollegen ernst nehmen, sie z. B. prämieren oder an ein Schwarzes Brett hängen, ist das gelebte Mitarbeiterwertschätzung und wird sich für Sie – als Organisation – immer positiv und auch langfristig auszahlen. Nutzen Sie diese umfangreiche Fundgrube!

- **Awareness arbeitet proaktiv und entfaltet ihren Nutzen daher auch, wenn (noch) alles glattläuft.**

  Das Wort *proaktiv* beschreibt eine Haltung oder ein Verhalten, bei dem man aus eigenem Antrieb handelt, und zwar *bevor* ein Problem auftritt oder bevor eine Situation einen Eingriff erfordert. Es geht darum, nicht nur auf Gegebenheiten zu reagieren, sondern aktiv Maßnahmen zu ergreifen, um mögliche Herausforderungen zu antizipieren oder Chancen zu nutzen. Wichtig ist, dass der Begriff »proaktiv« eine aktive Rolle betont, im Gegensatz zu »reaktiv«, wo erst gehandelt wird, nachdem etwas eingetreten (also passiert) ist.

  Ein paar Möglichkeiten, »proaktiv« anders zu beschreiben, sind:

  - **vorbeugend handeln**: Proaktive Menschen treffen Entscheidungen, die zukünftigen Problemen vorbeugen.

- **Eigeninitiative zeigen**: Wer proaktiv ist, wartet nicht auf Anweisungen, sondern handelt selbstständig (natürlich in seinem erlaubten Rahmen und Umfeld).
- **zukunftsorientiert denken**: Proaktives Verhalten zeichnet sich durch vorausschauende Planung aus, um langfristige Ziele zu erreichen.
- **Probleme antizipieren**: Proaktive Ansätze erkennen potenzielle Schwierigkeiten frühzeitig und entwickeln Lösungen, bevor Schwierigkeiten akut werden und zu Störungen führen.
- **Chancen nutzen**: Proaktive Menschen sehen nicht nur Risiken, sondern auch Möglichkeiten und Chancen und ergreifen die Initiative, um sie umzusetzen.

Ich hoffe, dass Sie schon beim Lesen gemerkt haben, dass diese beiden Punkte mit den Zielen des ITSCM harmonieren und deswegen so wichtig für eine erfolgreiche Umsetzung sind. Wenn Sie Awareness für das ITSCM schaffen, sorgen Sie dafür, dass es nachhaltig

- in die alltäglichen IT-Prozesse und
- in die Kultur der Organisation

eingebunden ist.

8.1 Awareness herstellen

Awareness schafft man durch eines: Erklärungen, Erklärungen und noch mal Erklärungen. Seien Sie dazu im ITSCM offen, ehrlich und auch jederzeit ansprechbar.

Ich sage oft, dass ich den »Erklär-Bär« zum Besten gebe, und nur so kann es funktionieren. Alle Mitarbeiterinnen und Mitarbeiter müssen den Sinn und Zweck eines ITSCM verstehen. Wenn alle erkennen, dass wirklich jede Person der Organisation aktiv für Resilienz sorgen kann, dann ist man auf dem richtigen Weg. Denn Resilienz wird nicht nur in den Chef-Etagen erzeugt, sondern überall in der Organisation.

Neben dem ganzen Erklären von Fachbegriffen, Methoden und Arbeitsweisen des ITSCM ist die Übersetzung für den »Normalsterblichen« enorm wichtig, also für alle, die nicht im ITSCM-Umfeld arbeiten. Denn was nützt Ihnen »das beste ITSCM der Welt auf dem Papier«, wenn man es in der eigenen Organisation nicht versteht und nicht lebt? Nichts!

Es kommt also darauf an, dass Sie die taktischen Vorgaben des ITSCM den Kollegen auf der operativen, aber auch auf der strategischen Ebene erklären. Jede der drei Ebenen (strategisch, taktisch, operativ) hat ihre eigenen Aufgaben, Sichtweisen, Vorgehensweisen, Anforderungen und Wordings. Diese gilt es dann alle auf einen kleinsten gemeinsamen Nenner zu bringen. Das ist nicht ganz einfach, aber mit etwas Übung und Unterstützung gut machbar.

Hierzu möchte ich den folgenden 5-Punkte-Plan für eine mögliche Awareness-Kampagne vorstellen:

1. **Kampagnenziel(e) definieren**

   Was möchten Sie mit der Kampagne erreichen? **Was** soll bei den Menschen oder Ihren Mitarbeitern im Kopf »hängen« bleiben? Hier ist es sinnvoll, die Kampagne in mehrere Unterschritte oder Unterziele zu aufzuteilen. In kleinen Häppchen zu informieren, ist hier das bessere Vorgehen. Somit erhöhen Sie stufenweise die Awareness in der Organisation. Man kann in etwa mit einem Zeitraum von ein bis drei Jahren rechnen, bis das Thema überall angekommen ist, je nachdem wie intensiv Sie diese Phase betreiben und wie groß und verteilt Ihre Organisation ist.

   Ein erstes **Was-Ziel** für Ihre Kampagne könnte darin bestehen, den Nutzen und den Mehrwert eines ITSCM zu erläutern.

2. **Zielgruppen kennen**

   Sie müssen zielgruppengerechte Aktionen durchführen. Dafür müssen Sie Ihre Zielgruppen vorab identifizieren und definieren (z. B. Mitarbeiter in der Produktion, Top-Management, mittleres Management, Lieferanten und Dienstleister, interne Kunden etc.).

   Jede Zielgruppe muss anders angesprochen werden, und jede Zielgruppe hat andere Erwartungshaltungen. Kunden interessiert oft der messbare Mehrwert für sie. Den Mitarbeitenden ist es wichtig, ob zusätzliche Aufgaben oder Aufwände für sie entstehen. Dem Top-Management sind die Kosten wichtig und wie effektiv das Ganze ist. Dem mittleren Management ist es wichtig, wie sehr sein eigenes Personal jetzt eingespannt und belastet wird.

3. **Den Content (Inhalt) der Phase entsprechend gestalten**

   Nun müssen Sie den eigentlichen Inhalt an die jeweilige Zielgruppe anpassen. Sie können sich vorstellen, dass z. B. interne Kunden andere Informationen erwarten als das eigene Top-Management. Lieferanten und Dienstleister brauchen wieder ganz andere Informationen als die eigene Fachaufsicht. Je besser Sie also die Informationen für die einzelne Zielgruppe aufbereiten, desto höher wird die Akzeptanz! Um zu erfahren, was passt, könnten Sie sich z. B. mit dem BCM, BRM, dem Lieferanten- und Dienstleistermanagement oder der Pressestelle austauschen. Diese Bereiche sollten schon einige Erfahrungen gesammelt haben und ihre Klientel gut kennen.

[»]

Rückmeldungen einholen

Lassen Sie vorab den Text, die Präsentation oder die Aktion, die Sie planen, von einer vertrauten Person aus der Zielgruppe durchlesen und sich ein Feedback geben. So bekommen Sie eine direkte Rückmeldung und können noch nachjustieren und optimieren. Starten Sie erst danach die große Werbungs-Offensive. (Das ist wieder ein Beispiel dafür, wie wichtig Vernetzung ist. Gute Kontakte helfen Ihnen bei der Generalprobe sehr weiter.)

4. **Die richtigen Kanäle nutzen**

   Klären Sie vorab, über welchen Kanal welche Zielgruppe informiert werden möchte. Das Top-Management lässt sich Informationen lieber in einem kurzen persönlichen Termin präsentieren; für die Mitarbeitenden reicht ein Workshop, ein Erklärvideo oder eine verständliche Intranet-Meldung; die internen Kunden erreichen Sie oft am besten über eine Benachrichtigung per E-Mail.

   Bei der Auswahl eines falschen Kanals könnte die ganze Wirkung der Kampagne verpuffen. Dann war alles umsonst. Das vermeiden Sie, indem Sie auf die Bereiche der eigenen Organisation zugehen, die öfter Informationen adressatengerecht versenden, z. B. BRM, Pressestelle, Stabsstellen etc., und sich dort Erfahrungen und Tipps holen.

5. **Die richtigen Maßnahmen wählen**

   Welche Awareness-Aktion soll wann erfolgen? Welche Aktionen bauen aufeinander auf? Welche Aktionen kann man parallel durchführen? Passt die geplante Aktion zur jetzigen Situation?

   Für das erste Mal holen Sie sich ruhig Unterstützung von außen. Das kann die eigene Werbe- bzw. Marketingabteilung sein oder z. B. ein externer Berater.

Sie sehen, Awareness zu schaffen ist keine Tätigkeit, die man mal eben so macht und schon gar nicht so nebenbei. Hier sind eine gut durchdachte Planung, Durchführung und Nachbearbeitung (Rückfragen, Ergebnisse, Wissensnachweise etc) das A und O.

Aber keine Sorge: Awareness kann man lernen und trainieren. Es ist ein langer, aber wichtiger Prozess. Denn je früher die Mitarbeitenden auf Auffälligkeiten aufmerksam werden und reagieren, desto eher kann die Organisation Maßnahmen einleiten. Dies spart dann Zeit und somit auch Ihr Geld.

Das war nun viel Theorie für den Einstieg: Schauen wir uns an, wie eine solche Kampagne in der Praxis umgesetzt werden kann.

8.2 Werbung

Eine eher passive Art der Werbung ist das reine Zurverfügungstellen von Informationen. Diese sollten natürlich allgemeinverständlich verfasst sein. Erschrecken Sie nicht Ihre Organisation mit seitenlangem Fachchinesisch und hippen Buzzwörtern (die eh keiner versteht). Das stößt eher ab und macht Sie unglaubwürdig. Und wenn Fachausdrücke notwendig sind, müssen diese auch auf jeden Fall leicht verständlich erklärt werden.

Auch hier muss die Werbung wieder der Zielgruppe angepasst werden. Eine jüngere Belegschaft holen Sie nicht mit seitenlangen Text-E-Mails ab. Das Top-Management werden Sie nicht mit bunten Videos oder stundenlangen PowerPoint-Präsentationen begeistern. Es muss für die Zielgruppe passen.

[»]

Tipp aus der Praxis

Je einfacher und verständlicher Sie sich präsentieren, desto eher verstehen die Mitarbeiter Sie. Die Mitarbeiter erkennen dann den Mehrwert eines ITSCM, und die Hemmung, mitzumachen oder sich bei Ihnen zu melden, sinkt dadurch deutlich. Auf diese Weise bauen Sie aktiv Hindernisse und Bedenken ab. So jedenfalls meine bisherigen Erfahrungen in unserer gelebten Praxis.

8.2.1 Intranetseite

Eine Intranetseite ist eine sehr verbreitete Möglichkeit der Präsentation. Fast jede größere Organisation hat ein eigenes Intranet. Dort können Sie kostenlos und aktiv Werbung für sich machen.

Auf einer eigenen Intranetseite könnten Sie z. B. eine grobe Übersicht des ITSCM präsentieren, die ITSCM-Policy als Arbeitsauftrag hinterlegen, Ihre Kontaktdaten und Kontaktkanäle benennen (E-Mail, Telefon, Mobil, Chat-Rooms, Confluence-Seiten etc.) und die Belegschaft über Aktionen oder das Erreichen von wichtigen Meilensteinen informieren.

Aber ganz wichtig: Überfluten Sie Ihre Mitarbeiter nicht mit Informationen. Posten Sie lieber einmal pro Quartal einen kurzen und prägnanten Text mit Bild als jede Woche etwas total Belangloses. Das nutzt sich sehr schnell ab und lässt den »Wow-Effekt« schwinden.

Der Vorteil der Intranetseite ist, dass die Mitarbeiter sich Ihre Informationen zu der Zeit anschauen können, zu der es ihnen zeitlich am besten passt und zu der sie auch etwas Ruhe zum Lesen haben. Durch die Telearbeit, das Home-Office oder Remote-Arbeit haben sich die Kernarbeitszeiten verschoben. Nutzen Sie daher Informationsquellen, die von Ihren Kollegen zu beliebigen Zeiten abgerufen werden können.

8.2.2 Newsletter

Ein Newsletter wird in vielen Firmen genutzt, um z. B. quartalsweise oder anlassbezogen wichtige Informationen unter die Mitarbeiter zu streuen. In ihm werden kurz und knapp organisationsinterne Informationen gesammelt und per E-Mail verteilt. Das kann von der Neubesetzung im Top-Management bis hin zur Auswertung einer Übung gehen. Hier gibt es keine Grenzen. Nutzen Sie auch diesen Kanal, z. B. um kurz auf Ihre neue ITSCM-Intranetseite zu verweisen oder um auf eine bestimmte Aktion aufmerksam zu machen.

Newsletter gibt es von einer reinen Textform (quasi im Telegramm-Stil) bis hin zu sehr aufwendigen, grafisch gestalteten Newslettern. Nutzen Sie das Format, das am besten zu Ihrer Organisation passt und akzeptiert ist. Es bietet sich auch an, etwas mit dem BCM oder ISM zusammen zu veröffentlichen. Das unterstreicht das Teamwork dieser Bereiche und kann zusätzliche Kanäle öffnen.

8.2.3 E-Learning-Videos

Eine effektive und kreative Werbemethode ist das Bereitstellen von E-Learning-Videos. Diese können von informativen Videos bis hin zu interaktiven Lernvideos reichen.

Nutzen Sie eventuell das vorhandene Wissen und die Ausstattung Ihrer Werbe- oder Fortbildungsabteilung. Zudem können Sie das Ganze spielerisch gestalten, indem Sie am Ende der Videos eine kleine Gewinnaktion mit Gamification-Elementen integrieren. *Gamification* bedeutet, Spielelemente in spielfremde Umgebungen zu integrieren, um Aufgaben zugänglicher zu machen. Stellen Sie am Ende des Videos zwei bis drei Fragen und ermitteln Sie per Zufallsprinzip einen Gewinner – das bleibt im Gedächtnis der Mitarbeiter. Achten Sie auch hier darauf, dass die Präsentationsform zu Ihrer Organisation passt.

Der Vorteil von Videos ist, dass Mitarbeiter sie sich dann ansehen können, wenn es ihnen am besten passt. Beachten Sie die Videolänge: Erstellen Sie lieber mehrere kurze, prägnante Videos von 3 bis 5 Minuten als ein langes, ermüdendes 30-Minuten-Video. In der Kürze liegt die Würze.

Tipp aus der Praxis

Ich habe solche Themen für die E-Learning-Videos ausgewählt, die ich immer und immer wieder in Gesprächen, Terminen oder bei Rückfragen erklären musste. Solche Videos könnten Sie z. B. nach einer Besprechung dem Teilnehmerkreis zusenden. Und auch bei diesem Medium ist es wichtig, alles in ganz einfacher Sprache zu verfassen.

Die Mitarbeiter haben es mir gedankt. So ist jedenfalls das bisherige Feedback.

Unsere bisherigen E-Learning-Video-Themen waren:

- **»ITSCM = IT-Notfallvorsorge«**

  In diesem Video wird kurz erklärt, was ein ITSCM ist und was die beiden Hauptausrichtungen sind, nämlich die IT-Notfallvorsorge und die Erhöhung der Resilienz der eigenen Organisation.

- **»ITSCM – IT-Notfallpläne, WAP, WHP«**

  In diesem Video werden kurz die unbedingt notwendigen Pläne (WAP/WHP) und deren Unterschiede genauer erklärt.

- **»ITSCM – Üben und Testen«**

  In diesem Video wird kurz der Sinn und Mehrwert von Übungen und Tests erklärt, um auch damit die Resilienz der IT sowie der eigenen Organisation zu erhöhen und die Mitarbeiter fitter zu machen.

Für unser ITSCM haben wir Comic-Style-Videos erstellt (siehe Abbildung 8.1), in denen sich zwei Personen – eine Frau und ein Mann – zufällig treffen und ins Gespräch kommen. Die Frau stellt Fragen, die der Mann, ein typischer IT-Nerd, geduldig erklärt. (Dabei spielen wir bewusst mit Stereotypen. 😉) Die Videos sind mit Untertiteln versehen, und die Texte werden von zwei sympathischen KI-Stimmen vorgelesen. Die bisherigen Rückmeldungen sind fast immer positiv; das Wording und die Komplexität scheinen gut anzukommen.

Abbildung 8.1: Comic-Figuren aus meinem ersten ITSCM-E-Learning-Video »ITSCM = IT-Notfallvorsorge«

8.2.4 Aufsteller und Plakate

Auch gerne genutzt werden (Papp-)Aufsteller oder Plakate, die Sie in der Organisation positionieren können. Sie können diese Aktion per E-Mail oder Intranet anmelden oder die Aufsteller einfach verteilen und auf die gesunde Neugier der Mitarbeiter spekulieren. Das kann einige schöne Effekt auslösen: Rätselraten unter den Mitarbeitern, Rückfragen, Verwirrung etc.

Solche unkonventionellen Aktionen bleiben den Mitarbeiter sehr gut und lange im Gedächtnis. Derartige Aktionen können Sie stufenweise aufbauen – oder Sie positionieren auf einem Schlag überall Aufsteller oder Plakate.

Bieten Sie aber am Ende der Aktion den Mitarbeitenden unbedingt eine kurze Auflösung an: »That's it!« Es muss ja nicht immer alles so bierernst sein.

8.2.5 Give-Aways

Wer kennt sie nicht? Die heißbegehrten Give-Aways auf Messen und in Ausstellungen. Auch so etwas bietet sich gut als Werbung an. Haben Sie dafür ein kleines Budget? Wenn ja, lassen Sie sich doch etwas Schönes einfallen. Nur bitte nicht den 300. Kuli, den 12. Regenschirm oder die 127. Tasse. Das ist langweilig und mega-out.

Eine solche Aktion kann man gut mit BCM- oder ISM-Aktionen zusammenlegen. Oder fragen Sie doch einfach mal in Ihrer Marketingabteilung nach, denn die haben doch bestimmt tolle und frische Ideen. Was könnte man am besten mit Ihrem ITSCM verbinden? Haben Sie schon eine Idee? 😉

8.2.6 Glossare (Wissensmanagement)

Eine sehr wichtige Informationsplattform sind organisationsinterne Glossare. Oft wird in den internen Dokumentationen einer Organisation auf genau diese Glossare verwiesen, verlinkt oder referenziert.

Begriff	Abkürzung	Beschreibung
Allgemeine Aufbauorganisation	AAO	Diese Organisationsform deckt das allgemeine Tagesgeschäft (Normalbetrieb) ab. Ständige Organisationsform für die Aufgaben des täglichen Dienstes, in der die Zuständigkeiten der hierarchische Aufbau die Kommunikations- und Entscheidungswegefestgelegt sind. Per BSI Standard 200-4 Definition: steht für die proaktive Seite zum Aufbau einer Organisation. Im Bereich ITSCM ist eine Organisation zur Vorbereitung und Durchführung der Managementprozesse zwingend erforderlich.
Alarmierung	–	Zeitnahe Information über unterschiedliche Kanäle und Medien von zuständigen Mitarbeitern nach z.B. Eintritt eines Major-Incidents oder kritischen Vorfalls ((IT-)Notfalls oder (IT-)Krise).
Awareness	–	Bewusstseinsbildung zu Problemen oder Risiken, bzw. Sensibilisierung für ein Thema. Das beinhaltet auch den Nutzen eines Themas zu verstehen.
Bedrohungsanalyse	BA	Vom Inhalt her zu betrachten wie eine Risikoanalyse. Die Bedrohungsanalyse (BA) ist ein Teilbereich des Risikomanagements und der Risikoanalyse. Mithilfe der ITSCM BA lassen sich die verschiedenen Bedrohungen für IT-Systeme und IT-Prozesse systematisch erfassen, strukturieren und bewerten. Es handelt sich dabei nicht um einen einmaligen, sondern um einen, sich zyklisch wiederholenden, Prozess. Nach so einer BA müssen die Risiken für die IT, minimiert, übertragen oder beseitigt werden.
Behörden und Organisationen mit Sicherheitsaufgaben	BOS	Die sogenannten "Blaulicht"-Organisationen wie z. B. Polizei, Feuerwehr, Krankenwagen, THW etc.
Besondere Aufbauorganisation	BAO	Eine zeitlich begrenzte Organisationsform für umfangreiche und komplexe Aufgaben, insbesondere Maßnahmen aus besonderen Anlässen, die im Rahmen der AAO nicht bewältigt werden können. Per BSI Standard 200-4 Definition: steht für die reaktive Seite zum Aufbau einer Organisation. (IT-)Notfälle und (IT-)Krisen werden hier von einer besonderen Aufbauorganisation (Notfallbetrieb) bewältigt.
Bundesamt für Sicherheit in der Informationstechnik	BSI	Das Bundesamt für Sicherheit in der Informationstechnik (BSI) wurde am 1. Januar 1991 gegründet und gehört zum Geschäftsbereich des Bundesministeriums des Innern. Es ist eine unabhängige und neutrale Stelle für Fragen zur IT-Sicherheit in der Informationsgesellschaft. Als Behörde ist sie damit im Vergleich zu anderen europäischen Einrichtungen einzigartig. Derzeit sind dort ca. 550 Informatiker, Physiker, Mathematiker und andere Mitarbeiter beschäftigt. Seinen Hauptsitz hat das BSI in Bonn. Bekannte Veröffentlichungen / Standards: IT-Grundschutzkataloge, 100-1, 100-2, 100-3, 100-4 , 200-4

Abbildung 8.2: Die Rohversion eines ersten ITSCM-Glossars. Aktuell wurde es schon mehrfach überarbeitet. So konnten die Begriffe noch etwas allgemeinverständlicher beschrieben werden.

Der Vorteil liegt auf der Hand: Alle Mitarbeiter finden an einer zentralen Stelle eine organisationsweite Definition von Begriffen. Hier habe ich unsere ITSCM-Begriffe auch aufgeführt und in allgemeinverständlicher Sprache erklärt. Das Glossar wird einmal pro Halbjahr überprüft und angepasst.

8.3 Infoveranstaltungen: Vorträge, Schulungen, Workshops, Onboarding etc.

Die in meinen Augen zweitbeste Art, aktiv Werbung zu betreiben und für Awareness zu sorgen, stellen Infoveranstaltungen dar.

Warum ist es nur die zweitbeste? Bei diesen Großveranstaltungen bleibt meist wegen der engen zeitlichen Taktung der anderen Vorträge nur wenig Zeit, um mit Interessierten tiefer ins Gespräch zu kommen. Das lässt das oft straffe *Timeboxing* nicht zu, das bei solchen Veranstaltungen notwendig ist.[1]

8.3.1 Infoveranstaltung(en)

In reinen Infoveranstaltungen stellen Sie den Anwesenden das ITSCM grob vor. Sie müssen dabei natürlich eher oberflächlich und allgemeinverständlich vorgehen. Man möchte alle erst einmal »abholen«, z. B. mit den folgenden Themen:

- **Warum** gibt es überhaupt ein ITSCM?
- Was ist das **Ziel**, der Nutzen und der Mehrwert für die eigene Organisation?
- Welchen **Mehrwert** haben die Kunden (intern und extern)?
- Welche **Schnittstellen** gibt es?
- Kommt jetzt **Mehrarbeit** auf die technischen Bereiche der Organisation zu?

8.3.2 Vorträge

In einem Vortrag geht man oft ausführlicher auf einen Teilbereich oder ein bestimmtes Thema des ITSCM ein. Aber auch hier können Sie selten auf die Einzelpersonen eingehen, da diese Vorstellung meist in einem größeren Rahmen mit Zeitvorgaben und straffem Timeboxing geschieht. Also bleibt es hier meist bei einer einseitigen Frontalbeschallung.

8.3.3 Schulungen

In Schulungen wird Wissen von Grund auf aufgebaut oder vorhandenes Wissen weiter vertieft. In dieser Form kann ein richtiger Austausch stattfinden. Ob es dazu kommt, hängt aber sehr von dem Vorwissen der einzelnen Teilnehmer und der entstehenden Gruppendynamik ab bzw. von der Zeit, die so eine Schulung dauert.

---

1 *Timeboxing* ist eine Technik im Zeitmanagement, bei der für eine bestimmte Aufgabe, Tätigkeit, Präsentation oder ein Projekt ein festgelegtes Zeitlimit (eine »Box«) gesetzt wird. Anstatt sich zu sehr auf die Perfektion einer Aufgabe zu konzentrieren, fokussiert man sich darauf, die Aufgabe innerhalb des vorgegebenen Zeitrahmens abzuschließen. Das Ziel ist, effizient zu arbeiten und die Zeit sinnvoll zu nutzen, ohne sich unnötig in Details zu verlieren. Timeboxing wird häufig in agilen Methoden wie Scrum verwendet, um sicherzustellen, dass Teammitglieder fokussiert bleiben und die Arbeit in überschaubaren Zeitrahmen erledigt wird. Es kann auch helfen, Überarbeitung und Prokrastination zu vermeiden. Ein typisches Beispiel ist, dass man eine Stunde für das Schreiben eines Berichts festlegt, unabhängig davon, wie weit man in dieser Zeit kommt. Nach dieser Stunde ist definitiv Schluss. Damit lernt man, sich auf das Wesentliche zu fokussieren. Denn gefühlt wird die Arbeitszeit bei allen immer voller mit Aufgaben bzw. Anforderungen und dadurch auch immer wertvoller.

8.3.4 Workshops

Workshops nutzt man sehr gerne, um an einer praxisnahen Problemstellung zu arbeiten. Dazu werden alle Beteiligten eingeladen, und man versucht gemeinsam, das Problem zu lösen.

Anwendungsbeispiel: Nach einem IT-Notfall oder einer größeren Störung (z. B. einem Major-Incident) hat man sich zu einem kurzfristigen *Lessons Learned* getroffen, um frisch nach der Störung alle wichtigen Informationen schnell zusammenzutragen. Nach dem Lessons Learned folgt dann später ein geplanter Workshop, in dem alle Beteiligten versuchen, die im Lessons Learned abgestimmten und dokumentierten Maßnahmen theoretisch umzusetzen.

Hier hat man jetzt wesentlich mehr Zeit zur Verfügung. Man kann verschiedene Ansätze, Lösungsoptionen oder andere mögliche Maßnahmen durchspielen und auf ihre Praxistauglichkeit überprüfen.

Es ist wichtig, ein gutes Zeitmanagement zu haben und den Termin gut zu moderieren. Gehen Sie achtsam mit der Arbeitszeit und dem Know-how aller Beteiligten um. Achten Sie genau auf die Vorgaben, die Pausenregelung und auf eine verbindliche Anfangs- und Endzeit. Nichts ist schlimmer als ein Freestyle-Termin, in dem alle Anwesenden ihre kostbare Arbeitszeit verschwenden, ohne einen roten Faden zu erkennen und ohne ein Ergebnis zu erzielen. So einen Workshop machen Sie dann genau einmal. Danach wird es schwer sein, die notwendigen Wissensträger noch mal an einen Tisch zu bekommen.

Stellen Sie die erarbeiteten Inhalte des Workshops unbedingt im Nachgang allen Beteiligten zur Verfügung – dabei steht die Transparenz wieder im Mittelpunkt: Machen Sie den Mehrwert eines ITSCM sichtbar und vernetzen Sie sich in der Organisation. Die so geleistete Beziehungsarbeit wird später oft hilfreich sein.

8.3.5 Awareness durch Übungen und Tests

Ein weiterer wesentlicher Nutzen von Übungen und Tests, zu denen ich in Kapitel 15 komme, ist die Awareness-Bildung für das ITSCM. Anhand einer gut vorbereiteten und durchgeführten Übung erleben die Beteiligten hautnah den Mehrwert einer guten IT-Notfallvorsorge.

8.3.6 Onboarding

Eine weitere Möglichkeit, sich als ITSCM bekannt zu machen, ist das sogenannte *Onboarding* von neuen Mitarbeitern. Der Begriff »Onboarding« bezeichnet die Einarbeitung und Integration in die Organisation – Sie nehmen die Neuen also »an Bord«. Es umfasst alle Maßnahmen, die diese Integration fördern.

Wir führen für neue Mitarbeiter und Mitarbeiterinnen eine mehrtägige Einführungsveranstaltung durch. Dabei werden die neuen Kolleginnen und Kollegen über zwei bis maximal drei Tage moderiert durch unsere Organisation geführt. Es werden Räumlichkeiten besichtigt (RZ, Büros, Besprechungsräume, Leitstand, Sicherheitszentrale, Bibliothek, Kantine etc.), und verschiedene interne Bereiche stellen sich den neuen Mitarbeitern vor (z. B. Personalrat, Schwerbehindertenvertretung, soziale Ansprechpartner, Top-Management, Personalbereich, Ausbildungsbereiche, technische Bereiche usw.). Zusätzlich gibt es bei uns noch einen »Marktplatz«. Dort stellen dann verschiedene Bereiche an Ständen etwas vor und stehen dort für Einzelgespräche und Fragen zur Verfügung. Vielleicht sehen Sie dort schon potenzielle und interessierte neue Mitarbeiter für Ihren ITSCM-Bereich?

8.4 Sprechstunden oder offener Austausch

Der offene Austausch ist mein persönlicher Favorit, wenn es um den Aufbau von Awareness geht. (Böse Zungen in meiner Organisation behaupten, ich würde sehr gerne und sehr viel reden. Ich lasse das mal unkommentiert so stehen. 😉)

In einer offenen Sprechstunde können Sie direkt auf die Fragen, Bedenken oder Problemstellungen eingehen, mit denen Ihre Kollegen auf Sie als ITSC-Manager zukommen. Das gibt Ihnen Gelegenheit, sehr intensiv und sinnvoll am praktischen Beispiel Awareness herzustellen, denn während diesem Termin geschieht die wichtige Beziehungsarbeit. Wir arbeiten schließlich alle am liebsten mit Menschen zusammen, die wir kennen, die wir mögen und denen wir vertrauen.

In diesem Austausch sollten also wirklich alle Fragen beantwortet werden können, wozu Sie eine vertrauensvolle und entspannte Atmosphäre schaffen sollten. Dann fällt es auch viel leichter, Bedenken oder Vorbehalte aus dem Weg zu räumen. Ich frage in diesen Gesprächen auch oft nach, ob man mich auch verstanden hat, also ob das, was ich erklärt habe, auch so von mir übersetzt wurde, das ITSCM-Fremde es aufnehmen und verstehen können.

Wichtig ist, dass Sie ein Wir-Gefühl aufzubauen und sich nicht als Einzelkämpfer darstellen, der die Organisation resilienter macht. Sie wissen ja, dass das nur in einer engen Kooperation mit allen anderen Bereichen geht, und das müssen Sie auch leben und kommunizieren! Das Arbeiten auf Augenhöhe ist die Grundvoraussetzung dafür, und Respekt und Wertschätzung als Pfeiler für eine gute und dauerhafte Zusammenarbeit können Sie am besten im direkten Gespräch kommunizieren.

In solchen Gesprächen können Sie das Bild des ITSCM nachhaltig prägen und dafür sorgen, dass es in Ihrer Organisation positiv wahrgenommen wird. Diese Zeit ist sehr gut investiert und kann Ihnen viele Türen öffnen.

Sprechstunde(n)

Eine Sprechstunde bedeutet in diesem Fall, dass der ITSC-Manager oder das ITSCM-Team in einem festgelegten Zeitraum telefonisch oder über einen Videokonferenzraum erreichbar ist. Interessierte können sich melden oder sich in die Videokonferenz einloggen. Dabei können alle möglichen Fragen besprochen werden, von »Ich möchte mich nur kurz informieren« bis zu »Ich habe ein Problem«. Diese Sprechstunde ermöglicht oft eine enge und intensive 1:1-Kommunikation.

Offener Austausch

Ein offener Austausch findet statt, wenn sich ein Bereich oder eine Person (oft per E-Mail) mit einer spezifischen Fragestellung oder einem Problem an Sie wendet. Idealerweise haben Sie dann bereits eine Vorstellung von der Richtung des Gesprächs und können sich entsprechend vorbereiten – dies kann von Verständnisfragen bis zu längerfristigem Support reichen.

Es ist auch hilfreich, nachzufragen, was der andere Bereich in der Organisation macht, um die aktive Vernetzung zu fördern. Möglicherweise kann das ITSCM diesen Bereich später nutzen.

Wir bieten diesen Austausch einmal pro Halbjahr über eine Intranet-Meldung allen Mitarbeitern an. Das Angebot wird gut angenommen, obwohl noch Verbesserungspotenzial besteht. Durch Awareness-Maßnahmen und die Arbeit im ITSCM sowie an den Schnittstellen wird sich diese Praxis mit der Zeit festigen. Man sollte dabei geduldig sein, da dies seine Zeit braucht.

8.5 Awareness adressatengerecht und auf unterschiedlichen Ebenen vermitteln

Awareness muss adressatengerecht vermittelt werden. Sie müssen sich also von dem Gedanken lösen, dass es eine Beschreibung oder eine Information für alle gibt. Stattdessen gilt: Jede Gruppe von Adressaten benötigt andere Informationen und möchte diese auch auf unterschiedliche Arten und Weisen vorgetragen bzw. präsentiert bekommen.

Ich konzentriere mich in diesem Abschnitt auf die drei gängigsten Adressatengruppen. Es kann sein, dass es in Ihrer Organisation weniger oder mehr Gruppen gibt, die vielleicht auch ganz andere Namen haben. »Kunden« habe ich bewusst außen vor gelassen, da ein ITSCM meist nur organisationsintern arbeitet.

8.5.1 Awareness für alle Mitarbeiter: allgemein, umfassend, verständlich

Die ITSCM-Policy soll z. B. allen Mitarbeitern einer Organisation zur Verfügung gestellt werden, am besten mit einer entsprechenden Intranet-Meldung. Dazu bietet sich besonders der Zeitraum an, in dem die Policy unterschrieben bzw. offizialisiert wird. Das passiert in der Regel alle zwei bis drei Jahre oder anlassbezogen.

Da die Policy eher einfach geschrieben sein sollte, wird sie auch vom großen Teil der Belegschaft gut verstanden. Wenn nicht, steht das ITSCM für Fragen und Antworten zur Verfügung. Die Mitarbeiter wollen meist Folgendes wissen:

- Was ist ein ITSCM?
- Was macht das ITSCM denn genau?
- Wer macht beim ITSCM alles mit?
- Warum wird das ITSCM genau **jetzt** (oder erst jetzt) aufgebaut?
- Was für einen Nutzen (Mehrwert) habe ich als Mitarbeiter davon?
- Kommen jetzt Mehraufwände auf mich als Mitarbeiter zu?
- Muss ich jetzt andauernd üben und testen?
- Werden unsere Dokumentationen jetzt zerpflückt?
- Werden wir jetzt kontrolliert?
- Wir brauchen das nicht; wir kamen doch bisher auch immer so klar, oder?

8.5.2 Awareness für alle Führungskräfte: Aufgaben, Ressourcen

Die Führungskräfte im mittleren Management haben ganz andere Fragestellungen an ein ITSCM. Diese sollten Sie im persönlichen Gespräch oder auf kleineren Infoveranstaltungen klären. Diese Ebene interessiert mehr:

- Wie oft und wie lange sind meine Mitarbeiter in ITSCM-Aufgaben (ein)gebunden?
- Kommen zusätzliche Aufgaben auf meine Mitarbeiter zu?
- Wer bezahlt die anfallenden Stunden, die für das ITSCM aufgebracht werden?
- Bekomme ich vom ITSCM (Ausfall-)Geld für meine Mitarbeiter?
- Wie oft muss ich jetzt mein Personal »üben und testen« lassen, und mit welchem zeitlichen Aufwand ist hierbei zu rechnen?
- Wird mein Bereich jetzt von Dritten (also dem ITSCM) kontrolliert oder bewertet? Und wer bekommt dann diese »Bewertungen« zu sehen?
- Wenn das ITSCM Schwachstellen in meinem Bereich findet, was heißt das dann? Muss ich mich dann bei meinem Vorgesetzten oder dem Top-Management rechtfertigen? Hat das für mich negative Auswirkungen? Wenn ja, welche?

8.5.3 Awareness für ITSCM-Sponsor, ITSCM-Owner, Top-Management: Planungen, Ergebnisse, Zukunft

Auf der höchsten Ebene (im Top-Management) geht es mehr um zukünftige Planungen, Aufwände, Probleme, Herausforderungen und Chancen sowie um bisherige Ergebnisse.

Da diese Punkte sehr wichtig sind, sollten Sie sie immer persönlich in einer kurzen Präsentation von maximal 30 Minuten vorstellen und erklären. Entscheidend ist natürlich die »Tonspur«, also wie Sie die Infos und Fakten verpacken und darstellen.

Aber eines sollten Sie von vornerein ausschließen: Quick Wins sind im ITSCM so gut wie nie realistisch! *Quick Wins* sind kurzfristige Ergebnisse, also eine sichtbare Veränderung mit sofortiger Wirkung. Das heißt, sie sind einfach, schnell und wirtschaftlich zu realisieren und schnell rückgängig zu machen.

Um einen echten Mehrwert für eine Organisation zu erreichen, muss man sich als ITSCM aber erst etablieren, verzahnen und ein tiefes technisches Verständnis aufbauen. Daher können Quick Wins in meinen Augen per Definition kaum erreicht werden – kommunizieren Sie dies gegenüber den Entscheidern auch so.

Organisationsweite Resilienz ist eine herausfordernde und dynamische Daueraufgabe. Weil sich die IT ständig ändert, werden Sie nie an den Punkt kommen, an dem es nichts mehr zu tun gibt. Das müssen natürlich alle Teammitglieder des ITSCM wissen, aber viel wichtiger ist es, dass es auch die Entscheidungsträger verstehen. Meine Kernbotschaft an das Top-Management ist daher: »Einmal ITSCM, immer ITSCM.« Und es braucht seine Zeit.

Oft kommen auch sehr interessante Fragen von dieser Ebene. Typische Fragen des Top-Managements sind z. B.:

- Und sind wird jetzt super resilient aufgestellt?
- Haben wir jetzt weniger IT-Notfälle oder (IT-)Krisen?
- Klappt das mit den Übungen und Tests?
- Was gibt es für Probleme?
- Wo kann man unterstützen?
- Was klappt gar nicht?

8.6 Fazit

Als kurzes Fazit zum Thema Awareness möchte ich sagen, dass

- Awareness und Schulungen ein permanenter und dynamischer Prozess sind,
- sich damit der Wissensstand aller ITSCM-Mitarbeiter erhöht und
- die Verankerung von ITSCM erfolgreich wird, dass das ITSCM also Bestandteil der Organisationskultur wird und dass
- sich die Resilienz der Organisation dadurch später spürbar verbessert.

8.7 Weitere Vorgehensweise und Übungen

Im folgenden Kapitel gehen wir zum ITSCM-Gesamtprozess bzw. zu möglichen Teilprozessen über. Prozesse sind ein wichtiges Thema beim ITSCM. Diesen Part können Sie jetzt angehen oder auch noch zeitlich weiter nach hinten schieben. Das sollten Sie abhängig von Ihren vorhandenen Ressourcen und den organisationsinternen Vorgaben entscheiden.

[/]

F-08-1: Was heißt Awareness?

a) Dafür gibt es keine klare und eindeutige Übersetzung.
b) Damit meint man, dass ein Verständnis für eine Sache, Aufgabe oder Tätigkeit aufgebaut wird. Im Idealfall verstehen dann alle Mitarbeiter den Sinn dahinter.
c) Ist lateinisch und heißt »in die Ferne schweifen«.
d) Damit meint man Ahnungslosigkeit. Das heißt, man versteht ein Thema absolut nicht.

[/]

F-08-2: Ist eine adressatengerechte Verteilung von Informationen sinnvoll?

a) Nein, dieses komische Fachchinesisch versteht eh kein Mensch.
b) Nein, da es sensible Daten sind, müssen diese auch besonders geschützt werden.
c) Ja, aber es muss unbedingt vorher eine aufwendige Stakeholder-Analyse durchgeführt werden. Ohne die geht nix.
d) Ja, jeder Adressatenkreis benötigt andere Informationen und möchte diese auch in unterschiedlichen Formen und über andere Kanäle präsentiert bekommen.

[/]

F-08-3: Sollte man Awareness-Maßnahmen im großen oder kleinen Teilnehmerkreis durchführen?

a) Immer in ganz großen Runden. Je mehr, desto besser!
b) Beides, man muss die Awareness-Maßnahme dem Adressatenkreis anpassen: im Top-Management eher im kleinen Kreis, bei Mitarbeiterveranstaltungen mehr im großen Kreis.
c) Am besten die ganze Organisation in einem Termin und in einem Rutsch aufschlauen!
d) Awareness-Maßnahmen sollte man nur per E-Mail an alle Mitarbeiter versenden.

Kapitel 9

Den ITSCM-Prozess definieren

Ohne Standardisierung geht es nicht. Schauen wir uns an, wie Sie den ITSCM-Prozess und seine Teilprozesse aufbauen können und für deren kontinuierliche Verbesserung (mittels KVP) sorgen.

> *»Es ist nicht wichtig, wie groß der erste Schritt ist, sondern in welche Richtung er geht.« (unbekannt)*

Wenn sich das ITSCM langfristig und erfolgreich in Ihrer Organisation etablieren soll, muss es als Prozess anerkannt und verstanden werden. Daher müssen wir uns zunächst anschauen, was ein Geschäftsprozess überhaupt ist.

Ein *Geschäftsprozess* bezeichnet eine zusammenhängende Abfolge von Aktivitäten oder Aufgaben, die in einer Organisation ausgeführt werden, um ein bestimmtes Ziel zu erreichen – etwa die Erstellung eines Produkts oder die Erbringung einer Dienstleistung. Dabei handelt es sich um wiederkehrende strukturierte Abläufe, die häufig mehrere Abteilungen oder Funktionen miteinander verbinden.

Hauptmerkmale eines Geschäftsprozesses sind:

- **Strukturierte Abfolge:** Die einzelnen Schritte eines Geschäftsprozesses sind klar definiert und in einer logischen Reihenfolge angeordnet.
- **Zielorientierung:** Jeder Prozess dient einem konkreten Zweck. Beispielsweise sollen Kundenanforderungen bedient oder die Produktionseffizienz gesteigert werden.
- **Wiederholbarkeit:** Geschäftsprozesse werden regelmäßig wiederholt, wodurch sich Verbesserungsmöglichkeiten identifizieren und umsetzen lassen.
- **Verantwortlichkeiten und Schnittstellen:** Oft sind mehrere Abteilungen oder Fachbereiche beteiligt, die über definierte Schnittstellen miteinander kommunizieren und zusammenarbeiten.

Die Analyse und Optimierung von Geschäftsprozessen sind wesentliche Bestandteile des Prozessmanagements (z. B. per ITSM). Durch gezielte Maßnahmen wie Automatisierung, Digitalisierung oder Reorganisation können Organisationen ihre Effizienz steigern, Fehlerquellen minimieren und die Kundenzufriedenheit erhöhen.

9.1 Den ITSCM-Prozess oder -Teilprozess beschreiben

Wenn Sie dem Weg durch das ITSCM bis hierhin gefolgt sind, sollten Sie schon einige Ideen mitgenommen haben, mit deren Hilfe Sie diese trockene Definition mit Leben füllen können.

Es geht darum, sich an *Standardisierung* zu wagen, denn ein Prozess ist im Grunde nichts anderes. Sie müssen also

- die Tätigkeiten,
- die Reihenfolge dieser Tätigkeiten (sequenziell oder parallel),
- den Input (Trigger, Auslöser, Eingabe),
- die verschiedenen Rollen sowie
- den Output (Ziel, Ergebnis, Ausgabe)

Ihrer Arbeit beschreiben – und zwar so, dass diese Beschreibung allgemeingültig ist und auf die konkreten Fälle und Probleme angewendet werden kann.

Anders erklärt: Ein Prozess ist eine Abfolge von Schritten oder Aktivitäten, die durchgeführt werden, um ein bestimmtes Ziel zu erreichen. Jeder dieser Schritte baut auf dem vorherigen auf, und am Ende erhält man (im Idealfall) das gewünschte Ergebnis. So funktioniert ein Prozess in vielen Bereichen, sei es in Organisationen, im Alltag oder in der Technik.

Das übergeordnete Ziel ist, den ganzen Prozess so gut zu beschreiben, dass ihn alle betroffenen Mitarbeiter verstehen und immer so ausführen, dass sie immer das gleiche Ergebnis bekommen. Dabei ist es egal, ob es ein neuer oder schon jahrelang vorhandener Mitarbeiter ist, der diesen Prozess ausführt. Das ist das Optimum.

So die Theorie! In der Praxis zeigen sich oft Hürden in der Form, dass an Prozessen vorbei gearbeitet wird, weil sie als kompliziert und umständlich betrachtet werden. Anders geht halt oft schneller. Hier müssen Sie zwischen zwei Punkten unterscheiden:

- Die Mitarbeiter verstehen den Prozess und seinen Nutzen nicht.
- Der Prozess ist tatsächlich schlecht und wurde nur um des Prozesses willen eingeführt.

Liegt der erste Fall vor, müssen alle möglichen Umgehungen eines Prozesses Stück für Stück eliminiert werden. Erst dann kann er funktionieren. Zusätzlich muss allen Mitarbeitern immer wieder erklärt werden, warum dieser Prozess sinnvoll, notwendig und wichtig ist. Führen Sie den (hoffentlich) spürbaren Mehrwert durch diese Art der Standardisierung allen vor Augen.

Schwieriger wird es, wenn ein Prozess tatsächlich unnötig und mangelhaft ist. Das kann passieren, wenn ein Bereich in einer Organisation (z. B. das *IT-Service Management*

(ITSM)[1]) wie »wild« Prozesse designt und sie dann den technischen Bereichen einfach »über den Zaun wirft« nach dem Motto: »Unsere Arbeit ist getan, den Rest soll der Bereich gefälligst selber machen.«

Das funktioniert so nicht.[2] Stattdessen muss es so sein, dass das ITSM die technischen Bereiche bei der Entwicklung unterstützt, sodass jeder Bereich in der Lage ist, Prozesse zu entwickeln, zu dokumentieren und zu optimieren. Leider gibt es aber noch in vielen Organisationen solche sinnlosen »Fließband-Prozess-Entwicklungseinheiten«. Das ist dann ein unnötiger und vermeidbarer Zeitfresser! Überlegen Sie (als ITSCM), wie Sie zusammen mit den technischen Bereichen diese notwendigen Prozesse trotzdem sinnvoll mit Leben füllen können. Das können Sie natürlich nur im Rahmen Ihrer Möglichkeiten und mit den vorhandenen Ressourcen leisten.

9.1.1 Prozesse modellieren und visualisieren

Was macht gute Prozesse aus? Gut durchdachte und sinnvolle Prozesse beweisen täglich ihren Nutzen. Dies sind Prozesse, die im Team entwickelt wurden, die ständig kritisch geprüft und dann mit der Praxis umgesetzt werden. So erhalten Sie Prozesse, die einen echten Mehrwert liefern.

Die Arbeitsschritte müssen Sie allgemeinverständlich beschreiben, optimieren und trotzdem immer wieder selbst auf den »virtuellen« Prüfstand stellen. Ein gutes Beispiel für eine so gelebte Vorgehensweise sehen Sie an den Fertigungsstraßen der Autohersteller: Dort ist jeder Handgriff Hunderte Male auf Effizienz kontrolliert worden. Es gibt nur das Werkzeug, das genau für diese Arbeitsschritte (an genau dieser Stelle) benötigt wird. Sie sehen dort Fertigungsprozesse mit einem fast perfekten Reifegrad. Ähnliches gilt für Piloten bzw. für die Luftfahrt: Vom Einchecken bis zur Ankunft am Zielort ist alles perfekt in Form von Prozessen beschrieben und organisiert. Diese Prozesse werden in der Praxis tagtäglich tausendfach gelebt und dynamisch optimiert. So machen Prozesse doch richtig Spaß!

Um überhaupt die richtigen Tätigkeiten für eine Prozessbeschreibung und -standardisierung auszuwählen, müssen Sie Aufgaben identifizieren, die immer wieder und regelmäßig erledigt werden müssen – erinnern Sie sich an die Definition der Geschäftsprozesse zu Beginn des Kapitels. Überlegen Sie sich genau, wo eine Prozessbeschreibung (inklusive Visualisierung und Offizialisierung) sinnvoll ist wo nicht. Wenn Sie alle wichtigen Abläufe identifiziert haben, können Sie in Ihrer Organisation die »Schlupflöcher« stopfen, mit denen diese Prozesse umgangen werden können. Solange nämlich Prozesse einfach igno-

---

1 ITSM bezeichnet laut Wikipedia »die Gesamtheit von Maßnahmen und Methoden, die nötig sind, um die bestmögliche Unterstützung von Geschäftsprozessen (GP) durch die IT-Organisation zu erreichen«.

2 Es gab eine Zeit, in der sich viele externe Beraterfirmen intensiv auf Prozesse gestürzt haben und es für Consultants schon fast zum guten Ton gehörte, alle Prozesse von oben herab neu zu gestalten. Dieser Hype ist zum Glück auch wieder vorbei.

riert werden können, werden sie bzw. wird eine prozessgesteuerte Organisation nicht richtig funktionieren und genutzt werden.

9.1.2 Business Process Model and Notation (BPMN)

Halten Sie sich beim Prozess-Design, den Bezeichnungen und der Aktivitätenbeschreibung an die Vorgaben Ihrer Organisation. Wenn noch nichts vorhanden ist, sind Sie vollkommen frei in der Gestaltung und der Nutzung von Visualisierungstools.

Da die Beschreibung und Visualisierung der Prozesse dem Austausch dient, sollten Sie sich jedoch an allgemeingültige Standards wie die Modellierungstechnik *Business Process Model and Notation (BPMN)* halten.[3]

Die BPMN ist eine Modellierungstechnik, die zur visuellen Darstellung sowie zur Automatisierung von Geschäftsprozessen genutzt wird. Sie erschien bereits 2013 in der Version 2.0, stellt heute den De-facto-Standard zur Prozessmodellierung dar und ist traditionellen Darstellungsformen wie Aktivitäts- und Flussdiagrammen oder ereignisgesteuerten Prozessketten überlegen. Aufgrund ihrer definierten Regeln (Syntax) sowie ihrer interpretationsfreien Deutung (Semantik) bildet die BPMN die gemeinsame Sprache des fachlichen Prozessmanagements und der IT.

Die BPMN wird häufig in Organisationen für die Prozessanalyse, -optimierung und -automatisierung genutzt. Sie ist besonders nützlich für Workflows, für die digitale Transformation und für das Geschäftsprozessmanagement.

Ich nutze gerne das Tool *BIC Process Design*. Dieses Tool wird von GBTEC entwickelt (siehe *https://www.gbtec.de*).[4] Ich setze es bei meiner Arbeit ein, um alle Prozesse zu designen und zu dokumentieren. Der Vorteil dieses Tools ist, dass es automatisch eine umfangreiche Dokumentation erstellt: Wenn Sie Ihren Prozess oder Teilprozess designt, beschrieben und abgestimmt haben, können Sie sich sofort aus den vorhandenen Daten eine Prozess-Dokumentation erstellen lassen. Sie haben verschiedene Protokollformate und Ergebnisse zur Verfügung.

Ebenfalls sehr gut gefällt mir, dass man seinen neuen Prozess auch simulieren kann. Der ganze Prozess wird vom Input bis zum Output in mehreren Variationen mit Ja/Nein-Antworten durchlaufen. Als Ergebnisse bekommen Sie eine Auswertung des Prozesses, wie z. B.:

---

3 Ich möchte der Vollständigkeit halber noch ein paar weitere Prozessmodellierungsstandards nennen. Vielleicht werden diese Standards in Ihrer Organisation genutzt und Sie müssen sich an ihnen orientieren. Ansonsten fahren Sie mit der BPMN gut. BPEL (Business Process Execution Language), UML (Unified Modeling Language), EPC (Event-driven Process Chain), SIPOC (Suppliers, Inputs, Process, Outputs, Customers), DMN (Decision Model and Notation), ARIS (Architecture of Integrated Information Systems), Petri-Netze

4 Früher hat man auch gern Microsofts VISIO genutzt (siehe *https://www.microsoft.com/de-de/microsoft-365/visio?market=de*) oder mit Adonis der BOC Group (siehe *https://www.boc-group.com/de/adonis/*) gearbeitet. Aber es gibt auch noch zig andere Tools für das Designen von Prozessen. Ein kostenloses Onlinetool, mit dem man ebenfalls Prozesse visualisieren kann, ist draw.io (*https://app.diagrams.net/*).

- Gibt es offene Enden oder Sackgassen im Prozess?
- Würde der neue Prozess so theoretisch funktionieren?
- Gibt es Unterbrechungen?
- Gibt es Endlosschleifen?
- Gibt es sonstige Auffälligkeiten?
- etc.

Durch so eine kostenlose Simulation sparen Sie sich viel Geld und Zeit. Gerade bei komplexen Prozessen können sich sehr schnell Fehler einschleichen, denn oft arbeiten mehrere Personen mit unterschiedlichen Wissensständen und Erfahrungen an solchen oft meterlangen und verschachtelten Prozessdiagrammen. Hier bieten sich bekannte Cloud-basierte Tools an. Diese sind von überall aus erreich- und nutzbar. Achten Sie für Ihre Organisation darauf, ein bekanntes Austauschformat zu verwenden, um Daten zu importieren und zu exportieren.

9.2 Der ITSCM-Lifecycle

So ausgerüstet, können Sie die Prozesse Ihres ITSCM-Lifecycles beschreiben (siehe Abbildung 9.1). Dieser Lebenszyklus ist dem BCM-Lifecycle sehr ähnlich. Er besteht aus mehreren Phasen, die wir uns nun von außen nach innen ansehen.

Abbildung 9.1: ITSCM-Lifecycle (Quelle: BCM Academy GmbH, Lehrgang »Certified IT Service Continuity Manager, CITSCM«, https://www.bcmacademy.de/de/citscm)

1. **Policy- und Programmmanagement:** Zunächst sollte eine Policy erstellt und vom Top-Management unterzeichnet werden, um ihre Gültigkeit und Verbindlichkeit zu gewährleisten. Anschließend kann das Programmmanagement gestartet werden. Das *Programmmanagement* umfasst die koordinierte Steuerung mehrerer zusammenhängender Projekte oder Systeme, wie beispielsweise ISMS, BCMS oder ITSCMS, mit dem Ziel,

die übergeordneten strategischen Ziele einer Organisation zu erreichen. Es stellt sicher, dass diese Projekte und Programme aufeinander abgestimmt sind, effizient umgesetzt werden und gemeinsam das große, übergeordnete Ziel der Organisation erreichen.

2. **Analyse:** Per BIA des BCM liegt dem ITSCM eine Liste von zeitkritischen Geschäftsprozessen und deren Soll-Werten (wie RTO, RPO) vor. Das ITSCM analysiert per Gap-Analyse, ob diese Soll-Werte eingehalten werden können. Gefundene Gaps müssen geschlossen werden, oder die Soll-Anforderungen des BCM müssen heruntergesetzt werden. Ansonsten müssen die Überbrückungsmaßnahmen verlängert werden.
3. **Design:** In dieser Phase erfolgt die Absicherung der zeitkritischen IT-Services (inklusive IT-Ressourcen) für die zeitkritischen Geschäftsprozesse.
4. **Implementierung:** In diese Phase fällt die Erstellung eines Notfallplans, des ITSC-Plans, des Reaktionsplans, der Koordinationspläne sowie der WAP, WHP und DRP.
5. **Validierung:** Durch Übungen und Tests erfolgt eine Überprüfung der Notfalldokumentationen und Pläne.
6. **Verankerung:** In diese Phase fallen z. B. alle Awareness-Maßnahmen.

Dieser Kreislauf wird jedes Jahr durchlaufen. Im Laufe der Zeit wird dadurch Ihre Organisation immer resilienter. Und das ist ja eines der beiden Hauptziele des ITSCM.

9.2.1 Der komplette ITSCM-Prozess

Abbildung 9.2 zeigt Ihnen noch mal das Vorgehensmodell, das einen möglichen, sehr vollständigen ITSCM-Prozess beschreibt.

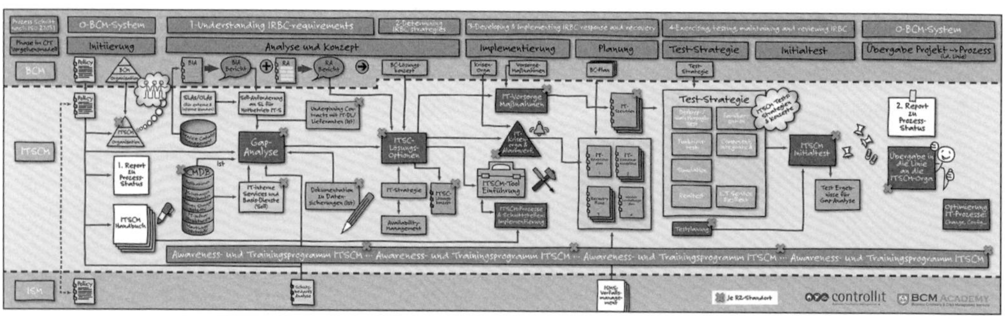

Abbildung 9.2: Vorgehensmodell (Quelle: BCM Academy GmbH, Lehrgang »Certified IT Service Continuity Manager, CITSCM«, https://www.bcmacademy.de/de/citscm)

Mir kommt es bei diesem Schaubild nicht auf die Details an – Sie finden es beim Downloadmaterial und können es dort genau studieren. Wichtig ist mir, dass Sie auf einen Blick sehen, wie komplex und mächtig der Gesamtumfang eines ITSCMS sein kann[5], wenn die anderen Akteure wie ein BCM oder ISM vorhanden sind und man genug Ressourcen (Bud-

5 Und dies ist auch nur eine Möglichkeit, wie man anhand der ISO-Norm 27031 ein ITSCM aufbauen könnte.

get, Personal, Zeit) zur Verfügung hat. Dann können Sie auf dem Bild den Idealzustand erahnen, den man nach zig Jahren erreichen könnte.

Das Modell in Abbildung 9.2 geht von einem sehr hohen Reifegrad (fast 99 %) bei den Prozessen aus. Wenn Ihre Organisation mit der Ausgestaltung von Prozessen gerade erst anfängt, müssen Sie dieses Thema stückchenweise angehen.

9.2.2 Teilprozess(e)

Es ist daher in meinen Augen sinnvoller, erst mit einzelnen und kleineren Teilprozessen anzufangen. Diese können Sie dann Stück für Stück aneinanderreihen, wodurch Sie später auch ein Gesamtbild Ihres ITSCM erhalten. Sie sind hier frei in der Auswahl, welchen Teilprozess Sie designen möchten. Drei mögliche Teilprozesse möchte ich hier kurz ansprechen.

Gap-Analyse

Man könnte z. B. die Gap-Analyse als jährlich wiederkehrenden Teilprozess beschreiben. Abbildung 9.3 zeigt eine mögliche Visualisierung.

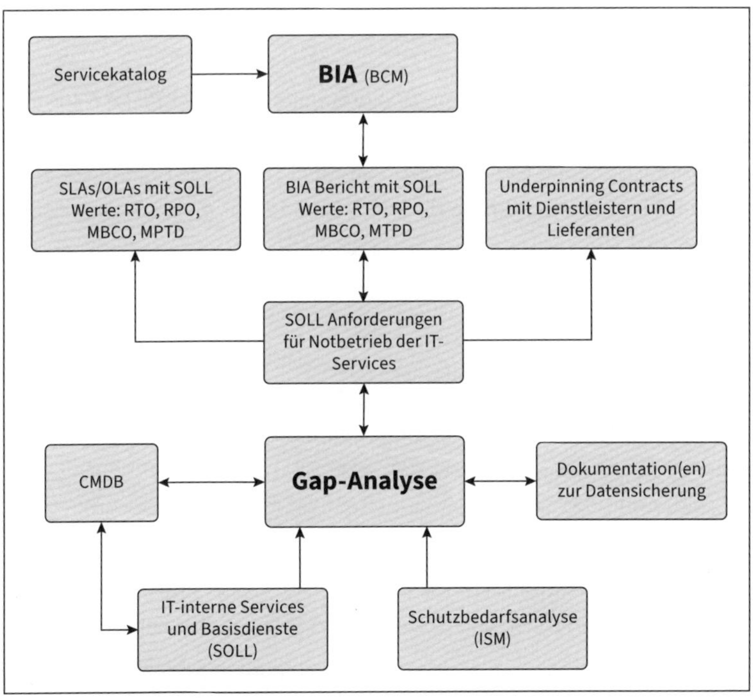

Abbildung 9.3: Gap-Analyse im ITSCM-Gesamtprozess

Anhand dieser grafischen Darstellung sehen Sie, was ist der Input für den Teilprozess »Gap-Analyse« ist:

- Soll-Werte aus der BIA des BCM
- Werte aus der CMDB (z. B. IT-Services, IT-Ressourcen, Abhängigkeiten etc.)
- Werte aus der Schutzbedarfsanalyse (aus dem ISM)
- Werte aus den SLAs und OLAs (aus dem SLM)
- Werte aus den Lieferanten- und Dienstleisterverträgen
- IT-Services und Basisdienste (aus den Basis- oder IT-Infrastrukturen)
- Daten aus Dokumentationen der Datensicherungen

Und Sie sehen auch gleich, welcher Output produziert wird:

- Ist-Werte (RTA, RPA) aus der täglichen Praxis
- Soll/Ist-Abgleich
- mögliche umzusetzende Maßnahmen
- mögliche IT-Notfallvorsorgemaßnahmen
- zusätzliche Maßnahmen zur Erhöhung der Resilienz
- Gaps (Lücken)
- Abhängigkeiten der IT-Services untereinander
- IT-Risiken

Bei diesem Prozess sollten Sie also alle Eingangswege/Kanäle, die eigentliche Gap-Analyse und die Weiterverwertung des Outputs genau beschreiben. Das heißt, was macht man dann mit den Ergebnissen einer Gap-Analyse? Eventuell sind diese Ergebnisse auch Input für einen anderen Prozess (z. B. für die BIA des BCM oder für eine SLA-Anpassung beim SLM).

Übungen und Tests

Man könnte aber auch das immer wiederkehrende Thema »Übungen und Tests« als Teilprozess beschreiben. Dabei geht es darum, das ganze Drumherum so gut es geht zu standardisieren. Es geht darum, den Input genauer zu beschreiben und die weitere Verwendung des Outputs zu definieren. Die Übung bzw. der Test selbst soll aber definitiv nicht zu sehr standardisiert sein, denn das würde den Lerneffekt verzerren und die Teilnehmer wären mehr »Schauspieler« als Übende.

Eine Standardisierung der Organisationsschritte wird Ihnen im ITSCM und Ihren ITSC-Koordinatoren bei den weiteren Planungen von Übungen und Tests enorm helfen.

Anhand einer Visualisierung wie in Abbildung 9.4 sehen Sie wieder, was der **Input** für den Teilprozess »Übungen und Tests« ist:

- Vorgaben aus Übungs- bzw. Teststrategien, Konzepten und Testplanungen
- Informationen aus den Übungsprotokollen
- Maßnahmen bzw. IT-Notfallvorsorgemaßnahmen

(Auch nutzbar: Erfahrungswerte und Protokolle aus vorhergegangenen Übungen und Tests)

- Erkenntnisse aus allen Lessons Learned
- KVP-Erkenntnisse

Was ist der **Output** aus »Übungen und Tests«?

- verbesserte und an die Praxis angepasste Notfallpläne und Notfalldokumentationen wie Checklisten, AUs, WAP, WHP, DRP
- Tipps für bessere Übungsplanungen und -durchführungen
- immer besser werdende Übungsprotokolle und -drehbücher
- mehr Resilienz durch Aufbau und Festigung von Routinen bei allen Mitarbeitern
- schnellere Bearbeitung von Störungen, IT-Notfällen und/oder (IT-)Krisen
- nach Jahren eine Übungs- bzw. Testdatenbank mit vielen Erkenntnissen

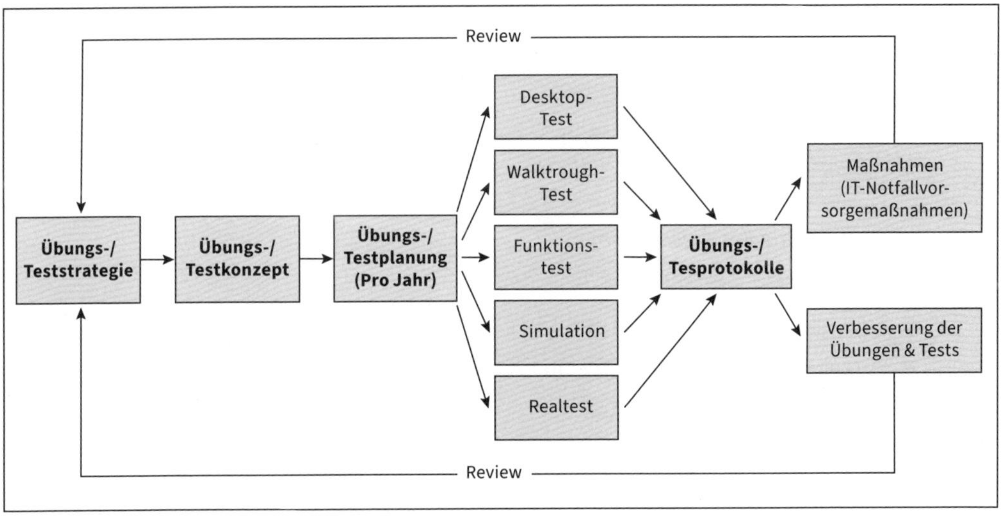

Abbildung 9.4: Üben und Testen im ITSCM-Gesamtprozess

Pläne erstellen

Alternativ können Sie beispielsweise den Teilprozess zur Erstellung von Plänen für eine *Krisen-Organisation* oder die *Besondere Aufbau- oder Ablauforganisation (BAO)* beschreiben.

Da das ITSCM (normalerweise) nicht in der reaktiven Krisenorganisation mitarbeitet, würde ich diesen Prozess mit dem BCM zusammen aufbauen. Es gibt viele Gründe, warum man Pläne überarbeitet, verbessert, verschlankt, umschreibt oder anpasst. Um das alles in einem überschaubaren Rahmen zu halten, sollte diese Inputquelle gut beschrieben werden. Ebenso sollte die Nachbearbeitung klar geregelt sein. Hier wird damit also ein KVP durchgeführt. Das heißt, Sie werden bei jedem Zyklus im Idealfall immer besser. Der KVP wird gleich noch genauer erklärt.

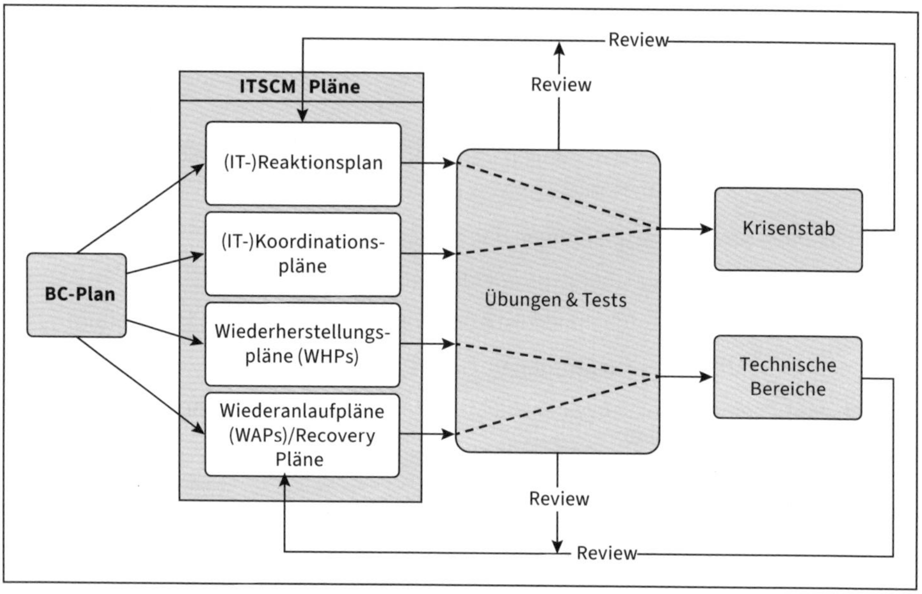

Abbildung 9.5: Pläne für den IT-Notfall bzw. die IT-Krise

Input für Pläne des Krisenstabs

- Vorgaben aus dem BPC-Plan bzw. den BC-Plänen
- Erkenntnisse aus Übungen und Tests
- Vorgaben des Krisenstabs bzw. Input aus dem (IT-)Lagezentrum
- Erkenntnisse aus Lessons Learned
- gesetzliche oder normative Vorgaben
- Input aus Großstörungen, IT-Notfällen und (IT-)Krisen – Erfahrungswerte
- etc.

Output für Pläne des Krisenstabs

- vollständige, verständliche und praktikable Pläne
- Inhalte, die auf das Wesentliche fokussiert sind
- weiter verbesserte Eindeutigkeit
- erhöhte Nutzbarkeit
- etc.

Als Nächstes schauen wir uns den PDCA-Zyklus etwas genauer an. Er ist ein Hilfsmittel, mit dem Sie die Qualität einer Tätigkeit und/oder eines Prozesses erhöhen können.

9.3 Der PDCA-Zyklus

Der *Deming-Kreis*, auch bekannt als *Deming-Rad* oder eben als *PDCA-Zyklus*, ist ein kontinuierlicher vierstufiger Prozess zur systematischen Verbesserung und zum Lernen. Er kann als die Voraussetzung für einen Management-Prozess dienen und dafür sorgen, dass Sie beständig besser werden.

In Abbildung 9.6 sehen Sie einen möglichen ITSCM-PDCA.

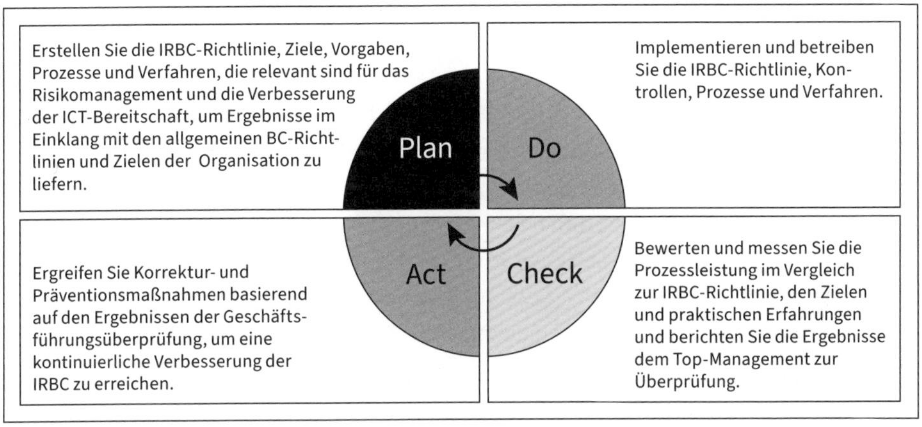

Abbildung 9.6: Ein ITSCM-PDCA nach ISO 27031 (Quelle: BCM Academy GmbH, Lehrgang »Certified IT Service Continuity Manager, CITSCM«, https://www.bcmacademy.de/de/citscm)

Die Abkürzung *PDCA* steht für die englischen Begriffe *Plan – Do – Check – Act*:

- **Plan** → planen, vorplanen
- **Do** → umsetzen oder ausführen
- **Check** → überprüfen, ob die Maßnahme wirksam war oder nicht
- **Act** → handeln, verbessern oder anpassen

Hinzu kommt beim PDCA-Kreislauf die »Absicherung«, also dass Sie überprüfen und sicherstellen, dass die umgesetzten Verbesserungsmaßnahmen dauerhaft wirken und stabil bleiben. Nachdem Sie nach den Schritten Plan, Do und Check Veränderungen eingeführt haben, kontrollieren Sie, ob diese auch langfristig funktionieren. Falls notwendig, leiten Sie weitere Anpassungen ein, um Risiken zu minimieren und die erreichten Ergebnisse nachhaltig zu sichern. Dies soll verhindern, dass man praktisch »schlechter« wird.

Ursprünglich wurde dieser Ansatz in der Qualitätssicherung entwickelt. Das Ziel ist, bei jedem kompletten Durchlauf des PDCA-Zyklus immer besser zu werden, also den sogenannten *Reifegrad* immer weiter zu erhöhen. Durch dynamische Entwicklungen (gerade in der schnelllebigen IT) werden Sie allerdings nie den 100%igen Reifegerad erreichen können. Das muss man wissen und auch akzeptieren, denn ein Reifegrad von 100 % heißt, zu 100 % fehlerfrei zu sein. Und das ist unmöglich.

Top-Organisationen mit langjährigem BCM, ISM und ITSCM kommen aber auf einen Reifegrad von 90 bis 95 %, was wirklich beachtlich ist.

9.4 Den Kontinuierlichen Verbesserungsprozess (KVP) beschreiben

Der *KVP* baut auf dem PDCA-Kreislauf auf. Bei ihm geht es darum, neue Erkenntnisse, Anforderungen und/oder Verbesserungen in den Prozess einzupflegen.

[»]

Kontinuierlicher Verbesserungsprozess (KVP)

Ein kontinuierlicher Verbesserungsprozess (KVP) ist ein langfristiger Ansatz zur stetigen Optimierung von Prozessen, Produkten und Dienstleistungen innerhalb einer Organisation. Sein Ziel ist es, durch kleine, regelmäßige Anpassungen und Verbesserungen eine höhere Effizienz, Qualität und Kundenzufriedenheit zu erreichen. Der KVP basiert auf der Idee, dass Verbesserungen nicht in großen, einmaligen Schritten, sondern kontinuierlich und in kleinen, machbaren und vor allem messbaren Schritten durchgeführt werden sollten. Er wird häufig durch Mitarbeiterbeteiligung, regelmäßiges Feedback und die systematische Analyse von Arbeitsabläufen unterstützt. KVP ist ein wesentlicher Bestandteil von Konzepten wie *Lean Management* oder *Six Sigma*. Weitere Infos zu den beiden Begriffen finden Sie im Glossar.

9.4.1 Prozesskritiken (PKs)

Der Input geschieht oft über sogenannte *Prozesskritiken* (PKs). Diese können schriftlich oder mündlich von jedem Mitarbeiter einer Organisation abgegeben werden. PKs sind Bewertungen oder Rückmeldungen zu einem Prozess, die darauf abzielen, Schwächen, Stärken und Verbesserungspotenziale zu identifizieren. Der Zweck einer PK ist es, den Prozess zu analysieren und festzustellen, ob er effizient, effektiv und zielgerichtet durchgeführt wird. Es geht darum, Engpässe zu erkennen, unnötige Schritte zu eliminieren oder zu verbessern und die Qualität der Ergebnisse zu steigern.

Solche Kritiken sind sehr wichtig, um kontinuierliche Verbesserungen in Organisationen und Prozessen zu fördern und Innovationen voranzutreiben. Dann wird diese PK einem Entscheidungsgremium (z. B. einem KVP-Gremium oder dem Prozessverantwortlichen) zugesendet, analysiert und bewertet. Dieses Gremium oder der Prozessverantwortliche entscheiden dann, ob die vorgeschlagene Änderung sinnvoll ist und umgesetzt werden soll. Wichtig ist dabei, dass ein Mehrwert oder eine Verbesserung des Prozesses erreicht wird.

Das Gute bei den PKs ist, dass sie von Mitarbeitern eingereicht werden, die »quasi« von außen auf die Prozesse des ITSCM schauen. Wenn Sie als ITSC-Manager möchten, dass Ihr ITSCM eine hohe Akzeptanz erreicht und in der Praxis wirklich funktioniert, sollten Sie diese Goldgrube an Ideen und Vorschlägen nicht außer Acht lassen. Denn auch hier können Sie aktiv für Awareness sorgen und den Mehrwert Ihres Bereichs festigen.

Sie können aber auch viel von den anderen Kollegen lernen und so das ITSCM verbessern, wenn Sie das zulassen. Hier können sich tolle langjährige Synergien ergeben. Wichtig ist hierbei zu wissen, dass Sie als Verantwortlicher immer das letzte und entscheidende Wort haben. Man kann Ihnen also keine »Verbesserungen« aufzwingen.

Empfehlung

[«]

Hören Sie niemals auf, nach Verbesserungen zu suchen! Denn das wäre der Stillstand des ITSCM. Den darf es aber nie geben, wenn Sie mit der Organisation ständig »mitwachsen« wollen.

9.4.2 Prozesspaten

Bei größeren Organisationen gibt es sogenannte *Prozesspaten*. Diese befassen sich sehr eng mit einem Prozess. Der Vorteil der Prozesspaten ist, dass sie sich viel öfter mit Ihnen als prozessverantwortlichem ITSC-Manager (PV) austauschen und daher ein sehr gutes Verständnis für Ihren Gesamtprozess oder Ihre Teilprozesse aufbauen. Sie wissen (von Ihnen), was noch alles in der Prozessentwicklung geplant, also in der Pipeline ist. Sie kennen aber auch schon PKs, deren Umsetzung – aus welchen Gründen auch immer – nicht möglich war.

Optimal als Paten eignen sich Kollegen und Kolleginnen aus den angrenzenden Bereichen oder den Schnittstellen – also den Bereichen, mit denen Sie im ITSCM immer wieder und/oder enger zusammenarbeiten. Hier findet somit ein sehr enger Abgleich mit der täglichen Praxis statt, und das ist optimal für jeden »gelebten« Prozess. (Ich bin auch hier etwas unkonventionell unterwegs und habe einen Prozesspaten, der ganz weit weg vom ITSCM arbeitet und mit dem wir beruflich keinerlei Berührungspunkte haben. Mit ihm stimme ich aber die »Verständlichkeit« ab. Versteht er als Außenstehender unseren Prozess, wenn er ihn vorgelegt bekommen würde? Da diese Person jahrelange und tiefgreifende Prozesskenntnisse hat, kommen auch von ihr immer wieder vereinzelte, aber sehr gute Ideen.)

9.4.3 Regelmäßige oder anlassbezogene Prüfungen von Prozessen

Nehmen Sie sich immer wieder Zeit (etwa alle zwei Jahre oder jedes Jahr zu einem bestimmten Zeitpunkt), um Ihre Prozesse in die Waagschale zu legen. Oder gehen Sie anlassbezogen vor, wenn sich Gesetze, Anforderungen oder sonstige Vorgaben (intern und extern) verändert haben. Zusätzliche Auslöser sind z. B.:

- Änderungen an Organisations- oder IT-Prozessen
- Änderungen an den zeitkritischen Geschäftsprozessen und zeitkritischen IT-Services (inklusive IT-Ressourcen)

- Änderungen an IT-Architekturen, IT-Infrastrukturen, IT-Systemen
- Konfigurationsänderungen (Change-Management)
- Personaländerungen, Rollenänderungen
- Änderung der Anforderungen aus dem BCM
- größere Änderungen in der Organisation (Umstrukturierungen etc.)
- etc.

9.4.4 Prozesserkenntnisse aus Übungen und Tests

Nach jeder Übung oder jedem Test muss es immer eine Nachbesprechung oder Nachbearbeitung geben. Dabei werden alle gesammelten Informationen gesichtet, analysiert und bewertet. Das ist eine sehr wichtige Quelle für Verbesserungen und Chancen.

[»]

Fehlerkultur

Leben Sie eine offene und ehrliche Fehlerkultur, das heißt: Fehler erkennen, direkt ansprechen und auch dokumentieren. Es nützt niemandem, wenn alle Übungen und Tests immer positiv und ohne Fehler durchgeführt werden. Dann gibt es keinen Lerneffekt und keine Motivation. Es wurde dann auch falsch geplant.

Eine Übung und ein Test ohne Fehler sind (in meinen Augen) unmöglich. Sollte das doch der Fall sein, ist das entweder eine Feigenblatt-Übung oder aber ein Melonen-Reporting.

Unter *Feigenblatt-Übung* verstehe ich Übungen, die durchgeführt werden, um danach sofort als »positiv« abgehakt zu werden. Das macht sich auf dem Papier gut (für Audits) und gut fürs Top-Management, bringt nur leider nichts in der Praxis. Außerdem ist es eine sinnlose Ressourcenverschwendung.

Unter einem *Melonen-Reporting* versteht man eine Form der Berichterstattung, bei der das tatsächliche Ergebnis oder die Situation hinter den äußeren positiven Zahlen oder Fakten verborgen bleibt. Die Melone dient hier als Metapher: Ihre grüne Schale steht für positive, vermeintlich gute Werte und das rote, weiche Innere für die tatsächlichen Probleme oder Schwächen im Prozess oder System. Beim Melonen-Reporting wird also eine äußere Fassade von Erfolg und Zufriedenheit präsentiert, während die realen, tief liegenden Probleme oder Schwierigkeiten nicht sichtbar werden.

Dies kann in verschiedenen Bereichen auftreten, etwa in Organisationen, Projekten, in der öffentlichen Verwaltung oder in politisch aufgeladenen Situationen. Das Ziel einer Melonen-Berichterstattung ist es nämlich oft, die Öffentlichkeit, Vorgesetzte oder Stakeholder mit vermeintlich guten Ergebnissen zu beruhigen, obwohl die tatsächliche Lage sehr problematisch ist.

Es ist offensichtlich, dass dies eine unnötige Manipulation ist. Stellen Sie es sich bildlich vor: Dem CIO oder dem Vorstand wird quartalsweise berichtet, wie gut seine IT und seine

Organisation abgesichert ist – und zwei Wochen später legt ein Hackerangriff die komplette Organisation lahm. Alle Kunden laufen Sturm, inklusive Shitstorm in den sozialen Medien.[6] Wollen Sie das wirklich? Wenn ja, sind Sie leider nicht der richtige ITSC-Manager.

9.4.5 Lessons Learned

Lessons Learned werden meist nach Major-Incidents, IT-Notfällen und/oder (IT-)Krisen durchgeführt, also nur nach wirklich großen Störungen und/oder Unterbrechungen. Erfahrungsgemäß sind sie die beste Input-Quelle für Veränderungen, Verbesserungen und IT-Vorsorgemaßnahmen.

Je offener, ehrlicher und transparenter diese Lessons Learned durchgeführt werden, desto höher ist die Ausbeute an möglichen Verbesserungspotenzialen (den IT-Notfallvorsorgemaßnahmen).

Achten Sie dabei unbedingt auf einen wertschätzenden Umgang miteinander. *Fingerpointing* (Schuldzuweisungen). *Blaming* (Beschuldigen, Vorwürfe machen, anlasten, anhängen) oder *Shaming* (jemanden öffentlich anprangern oder herabsetzen) ist sofort zu unterbinden. Es geht nämlich nicht um die Suche nach Schuldigen! Denn was nützt es uns, einen Sündenbock zu küren?

Viel wichtiger ist es, nach den Ursachen und Quellen für die Störung zu suchen. Denn nur diese können Sie beeinflussen und ändern. Arbeiten Sie also lösungsorientiert und schauen Sie nach vorne. Sonst treten Sie nur auf der Stelle.

Daher noch mal: Suchen Sie nicht nach Schuldigen, sondern nach echten Lösungen!

9.4.6 Presse, Medien, Publikationen, Vernetzungen mit anderen Organisationen

Auch aus der Presse oder aus anderen Organisationen lassen sich sehr gute Informationen sammeln und verwerten, denn gute Quellen helfen, selbst besser zu werden. Man muss ja schließlich nicht alle Fehler der anderen Organisationen wiederholen.

Zu diesem Zweck möchte ich Ihnen den Newsletter des BSI wärmstens empfehlen:

https://www.bsi.bund.de/DE/Service-Navi/Abonnements/Newsletter/Newsletter-bestellen/newsletter-bestellen_node.html

---

6 Ein *Shitstorm* ist ein plötzlicher, intensiver Ausbruch von negativer Kritik, Empörung oder Entrüstung, der vorwiegend über soziale Medien oder Online-Foren verbreitet wird. Dabei äußern viele Nutzer gleichzeitig – oft sehr emotional oder sogar aggressiv – ihre Ablehnung gegenüber einer bestimmten Person, Organisation oder Aussage. Die Ursachen für einen Shitstorm können in kontroversen Äußerungen, unangemessenem Verhalten, ungeschicktem Marketing oder in gesellschaftlich sensiblen Themen liegen. Während einige Shitstorms rasch wieder abklingen, können andere langfristige Reputationsschäden verursachen.

9.5 Reifegradmodell aufbauen

Resilienz durch Prozessmanagement – mit Reifegradmodellen den Puls Ihrer Organisation fühlen. Haben Sie sich schon einmal gefragt, wie stark die Prozesse in Ihrer Organisation wirklich sind? Schließlich wird die Leistung einer Organisation maßgeblich durch gut gestaltete, ziel- und ergebnisorientierte Prozesse erbracht.

Doch wie stellen Sie fest, ob Ihr Prozessmanagement wirklich effektiv arbeitet? Genau hier kommt das Reifegradmodell ins Spiel, ein praktisches Instrument, das Ihnen hilft, Ihre Prozesse objektiv zu bewerten und kontinuierlich zu verbessern.

Stellen Sie sich ein Reifegradmodell wie einen Gesundheits-Check Ihrer Prozesse vor. Es beobachtet Entwicklungstrends, identifiziert Optimierungspotenziale und ermöglicht den Vergleich mit anderen Organisationen oder einzelnen Abteilungen. Auf diese Weise wissen Sie immer, wo Sie stehen und wohin die Reise gehen muss.

Warum sollten Sie ein Reifegradmodell verwenden?

- **Objektive Beurteilung:** Mit klar definierten, messbaren Kriterien, die auf internationalen Standards basieren – wie dem Excellence-Modell der EFQM (*European Foundation for Quality Management*)[7] oder der DIN EN ISO 9004:2018[8] –, können Sie den aktuellen Zustand Ihrer Prozesse genau einschätzen.
- **Gezielte Optimierung:** Eine Checkliste mit fünf Stufen unterstützt Sie dabei, Prozesse systematisch zu klassifizieren und gezielt zu verbessern. So wird jeder Schritt nachvollziehbar und messbar, was langfristig zu einer höheren Effizienz führt.
- **Vergleichbarkeit:** Ob innerhalb Ihrer Organisation oder im Vergleich zu anderen Organisationen, ein Reifegradmodell liefert Ihnen einen klaren Benchmark, an dem Sie den Erfolg Ihres Prozessmanagements messen können.
- **Kontinuierliche Erneuerung:** Die regelmäßige Überprüfung und Anpassung Ihrer Prozesse sorgt dafür, dass Ihre Organisation auch in einem dynamischen Marktumfeld resilient bleibt und sich stetig weiterentwickelt.

Mit einem durchdachten Reifegradmodell setzen Sie auf ein Werkzeug, das nicht nur den *Status quo* erfasst, sondern auch den Weg in eine optimierte, zukunftsfähige Organisation ebnet. Warum sollten Sie also riskieren, dass veraltete Prozesse Ihre Wettbewerbsfähigkeit oder Resilienz beeinträchtigen, wenn Sie mit einem strukturierten Ansatz den Puls Ihrer Organisation fühlen und kontinuierlich verbessern können? Ihre Prozesse und damit Ihre gesamte Organisation werden es Ihnen danken.

---

7 Siehe: *https://efqm.org/the-efqm-model/*

8 Siehe: *https://www.dinmedia.de/de/norm/din-en-iso-9004/283875061*

Reifegrad	Zustand	Beschreibung
1	situativ	– Es gibt ungeplante Prozesse. – Ein- und Ausgaben sind bekannt. – Die Vorgehensweise ist definiert. – Es gibt keine durchgängige Planung. – Der Zeitaufwand ist nicht prognostizierbar. – Die Qualität variiert. – Strukturen sind unorganisiert.
2	wiederholbar	– Es gibt etablierte und dokumentierte Prozesse. – Ein- und Ausgaben sind festgehalten. – Erkenntnisse aus vergangenen Projekten fließen ein. – Der Zeitaufwand ist kalkulierbar. – Die Qualität wird überprüft, kann jedoch variieren. – Die Organisation agiert überwiegend reaktiv.
3	definiert	– Es gibt standardisierte und dokumentierte Prozesse. – Es gibt klare Zuständigkeiten für die Umsetzung. – Es gibt definierte Kennzahlen zur Steuerung. – Die Zeitabläufe sind verlässlich planbar. – Die Qualität wird überwacht, jedoch mit Schwankungen. – Die Organisation handelt vorausschauend.
4	gelenkt	– Prozesse werden mittels Kennzahlen gemessen. – Quantitative Ziele sind definiert. – Die Zielerreichung wird gemessen. – Zeiten und Qualität sind zuverlässig kontrollierbar. – Die Organisation agiert serviceorientiert.
5	optimiert	– Der Prozess ist eingespielt und routiniert. – Ein kontinuierlicher Verbesserungsprozess ist fest verankert. – Ziele sind langfristig und strategisch ausgerichtet. – Regelmäßige Prozess-Audits gewährleisten Kontrolle und Optimierung. – Die Organisation fokussiert sich auf Wertschöpfung. – Schwachstellen werden systematisch identifiziert und behoben.

Tabelle 9.1: Die Beschreibungen des Reifegradmodells können von Organisation zu Organisation noch leicht variieren. Wichtig ist, dass man von Stufe zu Stufe eine Verbesserung erkennt und diese auch nachweisen kann.

Dieses Beispiel ist eine Möglichkeit, wie man ein Reifegradmodell aufbauen könnte. Betrachten Sie es nur als grobe Orientierung, denn es gibt auf dem Markt eine Unmenge von nutzbaren Reifegradmodellen. Suchen Sie sich dasjenige aus, das am besten zu Ihrer Organisation passt.

In Tabelle 9.2 folgt ein Reifgradmodell des Bundesamts für Sicherheit in der Informationstechnik (BSI).

Reifegrad	Kennzeichen
0	Es existiert kein Prozess, es gibt auch keine Planungen hierzu.
1	Es gibt Planungen zur Etablierung eines Prozesses, jedoch keine Umsetzungen.
2	Teile des Prozesses sind umgesetzt, es fehlt jedoch an systematischer Dokumentation.
3	Der Prozess ist vollständig umgesetzt und dokumentiert.
4	Der Prozess wird darüber hinaus auch regelmäßig auf Effektivität überprüft.
5	Zusätzlich sind Maßnahmen zur kontinuierlichen Verbesserung vorhanden.

Tabelle 9.2: Reifegradmodell nach BSI (Quelle: BSI, »Lerneinheit 9.4 Reifegradmodell«, https://www.bsi.bund.de/DE/Themen/Unternehmen-und-Organisationen/Standards-und-Zertifizierung/IT-Grundschutz/Zertifizierte-Informationssicherheit/IT-Grundschutzschulung/Online-Kurs-IT-Grundschutz/Lektion_9_Aufrechterhaltung/Lektion_9_04/Lektion_9_04_node.html)

Weiteren Reifegradmodellen sind:

- CMMI – an Best Practices orientieren
- SPICE – Normen als Basis
- Automotive SPICE – Fokus auf eine Branche
- P-CMM – Menschen im Blick behalten
- OPM3 – Standards nutzen
- EFQM-Modell – der europäische Ansatz

9.6 Weitere Vorgehensweise und Übungen

Im folgenden Kapitel geht es darum, die wichtigsten Schnittstellen zu benennen und ihren Input und Output zu kennen, um sich intern und eventuell auch extern weiter zu vernetzen. Auch Sie haben schon durch die tägliche Arbeit einige Kontakte geknüpft oder mit anderen Bereichen zu tun gehabt. Das sollten Sie sauber dokumentieren, damit Sie wissen, an wen Sie und Ihre ITSCM-Kollegen sich mit welchem Thema wenden können. Eventuell fallen Ihnen hier noch Lücken in Ihrer Vernetzung auf, die Sie dann schließen könnten.

F-09-1: Was ist ein Prozess?

a) Ein tolles Wandbild mit allen ITSCM-Aufgaben
b) Damit hat das ITSCM nichts zu tun, das ist Aufgabe des ITSM.
c) Prozesse sind aktuell uninteressant. Tätigkeiten zu beschreiben ist viel wichtiger.
d) Man beschreibt dabei Tätigkeiten, die Reihenfolgen der Tätigkeiten (sequenzielle oder parallel), den Input (Trigger, Auslöser, Eingabe), die verschiedenen Rollen und den Output (Ziel, Ergebnis, Ausgabe).

F-09-2: Was ist ein PDCA-Zyklus?

a) Dieser Zyklus ist hoffnungslos veraltet und wir nicht mehr genutzt.
b) PDCA ist ein anderes Wort für KVP.
c) Durch einen PDCA-Zyklus wird das Ergebnis immer schlechter.
d) PDCA steht hierbei für das englische *Plan – Do – Check – Act*, was im Deutschen auch mit *Planen – Umsetzen – Überprüfen – Handeln* übersetzt wird.

F-09-3: Was macht der KVP?

a) Nix, er wurde Anfang 2024 abgeschafft.
b) Das ITSCM hat mit KVP nichts zu tun. Ist also out-of-scope.
c) KVP kann man aussetzen. Prozesse sind immer top geplant und umgesetzt. Ist also überflüssig.
d) Ein KVP ist ein langfristiger Ansatz zur stetigen Optimierung von Prozessen, Produkten und Dienstleistungen innerhalb einer Organisation. Sein Ziel ist es, durch kleine, regelmäßige Anpassungen und Verbesserungen eine höhere Effizienz, Qualität und Kundenzufriedenheit zu erreichen.

Kapitel 10

Vernetzungen und Schnittstellen (intern und extern)

Ohne Verbindungen werden Sie keinen Erfolg haben, daher geht es nun um die interne und externe Vernetzung und um die wichtigsten Schnittstellen eines ITSCM: BCM, ISM, CH, ReM, SLM, Skill- und Kapazitätsmanagement, CERT, SOC, PM etc.

»Vergiss nicht, Erfolg ist die Belohnung für schwere Arbeit.« (Sophokles)

Als Einzelkämpfer wird das ITSCM kaum Resilienz aufbauen können, denn es funktioniert nur im Teamwork mit den anderen Bereichen optimal! Das werden Sie schon gemerkt haben, als Sie bei der Ist-Aufnahme (siehe Kapitel 5) den Kontakt zu anderen Teams gesucht und Informationen für den Aufbau des ITSCM gesammelt haben.

Nun vertiefen wir diese Kontakte und schauen, wie die Zusammenarbeit mit diesen Schnittstellen im Tagesgeschäft aussieht. Es ist wichtig zu wissen, welchen nutzbringenden Input diese Schnittstelle dem ITSCM geben kann und welchen Output jene Organisationseinheit vom ITSCM haben möchte.

In einem nächsten Schritt ist es auch sinnvoll, externe Organisationen (wie z. B. Feuerwehr, Polizei, THW etc.) in Übungen und Tests zu involvieren.

10.1 Interne Vernetzung

Eine sehr gute Vernetzung innerhalb der eigenen Organisation ist unumgänglich. Ich werde hier kurz die wichtigsten Schnittstellen vorstellen, denn ohne diese Schnittstellen ist die Arbeit des ITSCM nur sehr schwer möglich, wenn überhaupt.

Ein ITSCM arbeitet mit anderen Bereichen, Aufgabengebieten oder Orga-Einheiten sehr eng zusammen. Das sind z. B.:

- das *Krisenmanagement (KM)* bzw. *Crisis Management (CM)*,
- das *Informationssicherheitsmanagement (ISM)*,
- das *Business Continuity Management (BCM)* (manchmal auch *Betriebliches Kontinuitätsmanagement (BKM)* genannt),
- das *Risikomanagement (RM)* und
- die verschiedenen technischen Bereiche.

Sollte schon ein *Resilienz-Management (ReM)* in Ihrer Organisation vorhanden sein, spielt dieses ebenfalls eine sehr wichtige Rolle, sozusagen als große Klammer um alles in einer Organisation. Es ist unwahrscheinlich, dass alle diese Bereiche in Ihrer Organisation in genau dieser Form existieren – dann müssten wir es schon mit einem Großkonzern zu tun haben. Ich habe daher versucht, die Kontakte nach ihrer Bedeutung zu ordnen: Tauschen Sie sich auf jeden Fall mit den BCM- und ISM-Kollegen aus und schauen Sie dann flexibel, woher Sie weiteren Input für Ihre Arbeit bekommen können und wen Sie wiederum informieren sollten. Schauen Sie beispielsweise, wer Interesse an einem regelmäßigen Bericht zur IT-Service-Continuity haben könnte.

[»]

IT-Service-Continuity-Bericht

Ein *IT-Service-Continuity-Bericht* kann in regelmäßigen Abständen vom ITSC-Manager erstellt werden. Er informiert andere Service-Management-Prozesse sowie das IT-Management und Top-Management über den Stand der aktuellen IT-Notfallvorsorge. Und genau diesen Bericht könnte man als Basis, Türöffner oder Anfangsthema mit den internen Schnittstellen austauschen.

Ein IT-Service-Continuity-Bericht ist dabei ein eher »strategisches« Dokument, das im Rahmen des *IT-Service Continuity Managements (ITSCM)* erstellt wird. Er fasst alle Maßnahmen, Pläne und Testergebnisse zusammen, die darauf abzielen, den kontinuierlichen Betrieb kritischer IT-Services auch bei unerwarteten Störungen oder Ausfällen sicherzustellen. Typische Inhalte eines solchen Berichts sind:

- **IT-Risikobewertung:** Analyse aller potenziellen Bedrohungen und Schwachstellen, die den IT-Betrieb (auch die kritischen IT-Services) beeinträchtigen könnten
- **Festlegung von Wiederherstellungszielen:** Definition von *Recovery Time Objectives (RTO)* und *Recovery Point Objectives (RPO)* zur Bestimmung, wie schnell und in welchem Umfang kritische IT-Services wiederhergestellt werden müssen
- **Notfallpläne und Wiederanlaufstrategien:** detaillierte Pläne, die beschreiben, wie im IT-Notfall und/oder einer (IT-)Krise vorzugehen ist, um den Betrieb rasch wieder aufzunehmen
- **Ergebnisse von Tests und Übungen:** Dokumentation und Protokolle von durchgeführten Übungen und Tests, um die Wirksamkeit der IT-Notfallvorsorgemaßnahmen zu überprüfen
- **Empfehlungen und kontinuierliche Verbesserungsmaßnahmen:** Vorschläge, wie z. B. bestehende Prozesse und IT-Systeme optimiert werden können und wie künftigen Ausfällen vorgebeugt werden kann

Dieser Bericht dient als Kommunikationsmittel zwischen verschiedenen (IT-)Abteilungen, Bereichen (auch ISM, BCM, ReM, CM etc.) und dem Top-Management, um den aktuellen Stand der IT-Service-Kontinuität transparent darzustellen und Handlungsfelder für Verbesserungen zu identifizieren. Sie sollten mit dem ITSCM-Owner die genauen Inhalte des IT-Service-Continuity-Berichts abstimmen.

Bei den nun folgenden Input/Output-Aufzählungen bin ich immer so vorgegangen, dass die wichtigsten Punkte zuerst genannt werden. Der Rest kann beliebig angegangen werden. Wie das geschieht, hängt von der jeweiligen Organisation, den Zielen und den vorhandenen Ressourcen ab. Gemacht werden sollte aber am Ende des Tages alles. 😉

10.1.1 Business Continuity Management (BCM)

Das BCM und das ITSCM sind ideale Teamplayer und daher sehr eng miteinander verbunden. In einigen Organisation ist das BCM im übergeordneten und organisationsweiten Bereich angesiedelt, während sich ein ITSCM in der Technik bzw. in Techniknähe befindet. Für BCM und ITSCM heißt das, dass sie sich gründlich und oft abstimmen müssen. Der andere Fachbereich ist bei allen Themen immer wieder zu involvieren. Nur so schafft man es, dass alle auf dem gleichen Informationsstand sind und auch dauerhaft bleiben. Prüfen Sie, ob wiederkehrende Termine für den Austausch oder gemeinsame Meetings sinnvoll sind. Außerdem müssen Sie sich sinnvolle Prozesse für den Informationsaustausch überlegen.

Das BCM ist deshalb sehr wichtig, weil es für das ITSCM die folgenden Quellen (mit deren Soll-Vorgaben) zur Verfügung stellt:

- **Input** (fürs ITSCM)
  - In der *BIA* (*Business Impact Analyse*, dt. *Schadensausmaßanalyse*) werden die zeitkritischen Geschäftsprozesse identifiziert und ihre unterstützenden IT-Services (inklusive IT-Ressourcen) und deren Abhängigkeiten erfasst. Dabei werden RTO, RPO, MBCO und MTPD für die eigene Organisation bestimmt und mit Soll-Werten verbindlich festgelegt. Diese Werte müssen mit den Kunden-SLAs korrelieren und werden in der Gap-Analyse eingesetzt (siehe Abschnitt 11.5).
  - In der *Bedrohungsanalyse (BA)* werden die Bedrohungen, Risiken und Chancen der zeitkritischen Geschäftsprozesse (und der IT-Services, die diese Prozesse unterstützen) betrachtet, analysiert, bewertet, priorisiert und behandelt.
  - Gleichen Sie in der BCM-Policy ab, dass sich die BCM-Ziele mit den ITSCM-Zielen decken und ihnen nicht widersprechen.
  - Führen Sie eine Übungs- und Testplanung durch, um zu schauen, wo sich das ITSCM einbringen bzw. wo es BCM-Übungen und -Tests ergänzen oder übernehmen kann.
  - Prüfen Sie, ob es eine Awareness-Strategie gibt, um zu sehen, ob man das Thema zusammen oder getrennt angehen muss.
  - Notfallvorsorgekonzept
  - Notfallhandbuch
  - Kommunikationskonzept
  - BCM-Rollenkonzept
  - Worst-Case-Szenarien des BCM

  - Infos aus den DER.4-Aufgaben bei einer vorhandenen ISO-27001-Zertifizierung
  - alle weiteren für das ITSCM nützlichen BCM-Dokumente
- **Output** (vom ITSCM)
  - Die Ist-Werte zu RTA und RPA aus der Praxis für die BIA des BCM
  - Informationen zu gefundenen Problemen aus der Gap-Analyse des ITSCM
  - IT-Risiken als Ergänzung bzw. Vertiefung zu vorhandenen Risiken der BA. Das ist wichtig, da das BCM eine andere Sicht auf die Risiken hat und das ITSCM hier nur reine IT-Risiken betrachtet und bewertet.
  - ITSCM-Policy (zum Abgleich, dass sich die ITSCM-Ziele mit den BCM-Zielen decken und sich nicht widersprechen)
  - Übungs- und Testplanung des ITSCM
  - alle WAP, WHP und DRP
  - alle ITSCM-Dokumente
  - Liste von IT-Notfallvorsorgemaßnahmen
  - IT-Service-Continuity-Bericht
  - Unterstützung bei DER.4-Aufgaben bei einer ISO-27001-Zertifizierung nach IT-Grundschutz (wenn vorhanden)[1]

10.1.2 Informationssicherheitsmanagement (ISM)

Das ITSCM muss mit dem ISM in den Austausch gehen und überprüfen, ob alle relevanten IT-Risiken in das Risk Assessment des ISM aufgenommen und betrachtet wurden. Wenn ja, kann das ITSCM zukünftig in seinen Dokumenten auf das ISM verweisen. Sollten die IT-Risiken allerdings nicht vollumfänglich betrachtet worden sein (und das ist meistens der Fall!), kann das ITSCM dabei unterstützen.

Wichtig ist letztendlich, dass Sie alle IT-Risiken kennen. Sie müssen sie analysieren, priorisieren und mit Risikobehandlungsmaßnahmen versehen. Das koordiniert aber das Risikomanagement.

Ab und zu kann es auch sein, dass das ISM mit Aufgaben oder Anfragen auf das ITSCM zukommt. Das können Nachfragen zum *IT-Grundschutz-Check (GSC)* sein[2] oder die Frage, ob ein WAP oder WHP für einen bestimmten GSC vorliegt.

---

1 Siehe: *https://www.bsi.bund.de/DE/Themen/Unternehmen-und-Organisationen/Standards-und-Zertifizierung/Zertifizierung-und-Anerkennung/Zertifizierung-von-Managementsystemen/ISO-27001-Basis-IT-Grundschutz/iso-27001-basis-it-grundschutz_node.html*

2 Der GSC ist ein effizientes Instrument, um festzustellen, ob eine Organisation ihre Informationen und die gesamte Informationstechnik umfassend genug schützt. Dazu wird das entwickelte IT-Grundschutz-Modell mit den umgesetzten Sicherheitsmaßnahmen verglichen. Auf diese Weise kann das erreichte Sicherheitsniveau festgestellt und mit den relevanten Anforderungen verglichen werden. Weitere Verbesserungsmöglichkeiten werden nach dem getätigten Soll/Ist-Vergleich dokumentiert und mit weiteren IT-Grundschutz-Bausteinen ergänzt.

Das ISM und das ITSCM tauschen folgende Informationen aus:

- **Input** (für das ITSCM)
  - alle notwendigen Schutzbedarfsfeststellungen (SBF)
  - alle notwendigen Sicherheitskonzepte (SiKos)
  - Ergebnisse des Risikomanagements/Risk Assessments (RA)
  - die ISM-Policy zum Abgleich (Die Ziele des ISM und des ITSCM sollten sich nicht widersprechen, sondern ergänzen.)
  - Infos zu geplanten Awareness-Maßnahmen
  - Sicherheitsstrategie(n)
  - etc.
- **Output** (vom ITSCM)
  - IT-Risiken (überarbeiten oder komplett neu aufnehmen und das RA des ISM einfügen)
  - alle benötigten WAP/WHP (für die GSCs)
  - ITSCM-Policy zum Abgleich (Die Ziele des ISM und ITSCM sollten sich nicht widersprechen.)
  - Infos zu geplanten Awareness-Maßnahmen
  - IT-Service-Continuity-Bericht

10.1.3 Computer Emergency Response Team (CERT)

Ein *Computer Emergency Response Team (CERT)* (auch als *Computer Security Incident Response Team (CSIRT)* bekannt) ist eine Gruppe von IT-Sicherheitsexperten. Diese Teams koordinieren die Reaktion auf konkrete IT-Sicherheitsvorfälle (z. B. neu entdeckte Sicherheitslücken in Software und Betriebssystemen, die Verbreitung neuer Schadsoftware, Spam verursachende PCs oder gezielte Cyberangriffe).

CERTs beschäftigen sich allgemein mit der Computersicherheit und geben oft branchenspezifische Sicherheitshinweise heraus. Sie veröffentlichen Warnungen zu Sicherheitslücken und bieten Lösungsvorschläge an (engl. *advisories*, dt. »Ratschläge«). Bestimmte CERTs wie z. B. das Bürger-CERT des BSI[3] unterstützen gezielt bestimmte Nutzergruppen bei der Reduzierung von Sicherheitsrisiken. Der Informationsaustausch erfolgt in der Regel über Mailinglisten, auf denen sicherheitsrelevante Themen diskutiert und aktuelle Warnmeldungen verbreitet werden.

Die CERTs sind eine wichtige Anlaufstelle für Cyberangriffe und Forensik. Sie sollten auf dem Schirm haben, wo das für Sie zuständige externe CERT ist (wenn Sie kein eigenes haben). Es spricht natürlich auch nichts dagegen, aktiv den Kontakt zu suchen und sich von einem CERT beraten zu lassen. Eventuell hat Ihre Informationssicherheit (ISM) hier schon Kontakte.

---

3 Siehe: *https://www.bsi.bund.de/DE/Service-Navi/Abonnements/Newsletter/Buerger-CERT-Abos/Fragen-und-Antworten/fragen-und-antworten_node.html*

Innerhalb der CERTs gibt es meist noch eine weitere Unterteilung:

- **Security Operations Center (SOC)**

  Ein SOC innerhalb eines CERT übernimmt die Überwachung und den Schutz Ihrer IT-Systeme vor Cyberangriffen. Während das CERT sich allgemein mit der Reaktion auf IT-Sicherheitsvorfälle und deren Analyse beschäftigt, sorgt das SOC für die kontinuierliche Überwachung, Erkennung und Abwehr von Bedrohungen in Echtzeit. Das SOC innerhalb eines CERT arbeitet also wie eine Alarmzentrale: Es erkennt Angriffe frühzeitig, analysiert verdächtige Aktivitäten und unterstützt das CERT dabei, Sicherheitsvorfälle schnell und effektiv zu bewältigen.

- **Cyber Response Team (CRT)**

  Ein CRT hilft Ihnen dabei, Cyberangriffe und Sicherheitsvorfälle schnell zu erkennen, zu analysieren und zu bekämpfen. Wenn ein Angriff auf Ihre IT-Systeme stattfindet, reagiert das Team sofort, um den Schaden zu begrenzen und die Ursache des Vorfalls zu finden. Es ergreift Maßnahmen, um die Sicherheit wiederherzustellen, und schützt Ihr Unternehmen vor weiteren Angriffen. Das Cyber Response Team ist Ihre digitale Feuerwehr. Es kommt im Notfall zum Einsatz, um Cyberangriffe zu stoppen und Ihre Systeme zu sichern.

- **Cyber Response Planning**

  Ein *Cyber Response Planning* ist die strategische Vorbereitung darauf, wie Sie auf Cyberangriffe und IT-Sicherheitsvorfälle reagieren. Dabei wird ein detaillierter Plan erstellt, der genau festlegt, wer im Notfall welche Aufgaben übernimmt, welche Maßnahmen ergriffen werden und wie die Kommunikation intern und extern abläuft. Das Ziel ist es, Angriffe schnell einzudämmen, Schäden zu minimieren und den normalen Betrieb so schnell wie möglich wiederherzustellen. Kurz gesagt: Cyber Response Planning ist Ihr Notfallplan für Cyberangriffe, damit Sie vorbereitet sind und keine wertvolle Zeit verlieren.

Diese drei Bereiche – CERT, SOC und CRT – können in einem Aufgabengebiet oder einer Abteilung zusammen verortet werden oder getrennt in der Organisation verteilt sein.

Ob der Austausch mit den Sicherheitsexperten für Sie relevant ist, hängt von Ihrer ITSCM-Policy ab: Haben Sie dort »Cyber-Themen«, also alles, was mit der IT-Sicherheit zu tun hat, in den Scope genommen oder ausgeschlossen? Danach richtet sich dann Ihre Zusammenarbeit des ITSCM mit dem CERT, SOC oder CRT bzw. mit dem ISM.

- **Input** (für das ITSCM)
  - bekannte Security-Lücken und deren Einschätzung und Wertung
  - aktuelle Security-Trends
  - aktuelles Lagebild im eigenen Bundesland oder deutschlandweit
  - mögliche Prognosen
  - Newsletter
  - Forensik

  - Tipps und Tricks
  - Awareness-Maßnahmen
- **Output** (vom ITSCM)
  - eventuell Daten für das Worst-Case-Szenario »Cyberangriff« oder »Ransomware« mit dem CERT zusammen erarbeiten
  - IT-Service-Continuity-Bericht (wenn gewünscht)

10.1.4 Krisenmanagement (KM)/Crisis-Management (CM)

Das Krisenmanagement ist der aktive Bereich, der in einer (IT-)Krise die (IT-)Notfalldokumente des ITSCM und des BCM benötigt, um Entscheidungen zu treffen. Der Krisenstab wird dann die entsprechenden Pläne aktivieren.

Ich kann nur an Sie appellieren, schon weit vor einem IT-Notfall oder einer (IT-)Krise Kontakt mit dem Krisenstab aufzunehmen! Besprechen Sie, ob die Dokumente des ITSCM in der vorliegenden Form für den Krisenstab nutzbar sind oder ob etwas fehlt.

Diese Abstimmung vorab ist enorm wichtig, da ein ITSCM normalerweise kein Bestandteil einer Krisenorganisation (BAO) ist. Daher sollte vorab geklärt werden, wie der Krisenstab auf die Pläne und Dokumente des ITSCM zugreifen kann, und zwar auch, wenn kein ITSC-Manager anwesend ist (da der ITSCM-Bereich normalerweise keine Rufbereitschaft rund um die Uhr hat).[4]

- **Input (für das ITSCM)**
  - Infos über die Nutzbarkeit des ITSCM-Reaktionsplans
  - Infos über die Nutzbarkeit der ITSCM-Koordinationspläne
  - Krisenkommunikation (intern und extern), Strategie, Formate, Kanäle
  - Rückmeldungen zu vorhandenen ITSCM-Plänen (in oder nach einem IT-Notfall bzw. einer (IT-)Krise)
- **Output (vom ITSCM)**
  - Reaktionsplan
  - Koordinationspläne (einen pro ITSCM-Worst-Case-Szenario)
  - WAP-, WHP- und DRP-Pläne (wenn gewünscht)
  - IT-Service-Continuity-Bericht

10.1.5 Service-Level-Management (SLM)

Das SLM ist für Sie eine wichtige Schnittstelle, denn dort hat man einen Überblick über alle IT-Dienstleistungen der Organisation. Ein SLM ist unter anderem für das SLA- und OLA-Template (die SLA- und OLA-Vorlage) und für das Ausfüllen der Vorlagen zuständig.

---

4 Die Rufbereitschaft ist selbstverständlich von Organisation zu Organisation anders geregelt. Es wird bestimmt ITSCMs in KRITIS-Organisationen geben, die fest im (IT-)Lagezentrum verortet sind und dementsprechend eine 24×7-Rufbereitschaft erfüllen müssen.

Die Werte aus den SLAs müssen mit den Soll-Vorgaben aus der BIA (des BCM) und den Ist-Werten der Gap-Analyse (des ITSCM) zusammenpassen. Passt das nicht, müssen die BIA-Werte (Überbrückungsmaßnahmen) bzw. die SLA-Werte angepasst oder aber die Technik entsprechend aufgerüstet werden. Hierbei können hohe bis sehr hohe Kosten im Millionenbereich entstehen. Daher sollte hierbei zwischen Kosten und Nutzen abgewägt werden – irgendjemand muss das Ganze ja am Ende auch bezahlen.

Der Begriff *Service Level Agreement* (SLA) beschreibt eine vertragliche Vereinbarung zwischen einem (IT-)Dienstleister und einem Kunden, die die Qualität und den Umfang der erbrachten Dienstleistungen festlegt. Sie definiert konkrete Serviceziele (wie Reaktionszeiten, Verfügbarkeit und Leistung) und legt Konsequenzen fest, die folgen, wenn diese Ziele nicht erreicht werden. Eine SLA stellt sicher, dass beide Parteien klare Erwartungen haben und die Dienstleistungen auf einem definierten Niveau erbracht werden.

Der Begriff *Operational Level Agreement (OLA)* beschreibt eine Vereinbarung, die in der Regel *innerhalb* einer Organisation zwischen verschiedenen Organisationseinheiten, Fachbereichen oder Aufgabenbereichen getroffen wird, um ein übergeordnetes SLA der Organisation gegenüber einem externen Dritten (z. B. Kunden) abzusichern.

Diese Vorlagen werden vom SLM aufgebaut und auf Kundenwunsch bei Änderungen von gesetzlichen oder normativen Vorgaben angepasst. Das eigentliche Ausfüllen der SLA wird meist zwischen dem Kunden, dem *Business Relationship Management (BRM)* und den technischen Abteilungen durchgeführt.

Erst nach Abschluss einer SLA gibt es eine geregelte und abgestimmte Übereinkunft darüber, in welcher Qualität, Perfomance und Umfang ein IT-Service (Verfahren, Produkt etc.) dem Kunden zur Verfügung gestellt wird. Eine gut formulierte SLA sorgt für Transparenz und stellt sicher, dass beide Parteien klare Erwartungen und Pflichten haben.

In den SLAs stehen Informationen und Werte wie:

- Leistungsbeschreibung bzw. Definition des Service oder der Dienstleistung mittels Qualitäts-, Performance- und Verfügbarkeitswerten
- Umfang des Normalbetriebs
- Umfang des Notbetriebs (inklusive Notfallmanagement und Disaster-Recovery)
- feste Wartungszeiträume
- definierte Reaktionszeiten
- Kennzahlen (KPIs)
- RTO (Wiederherstellungszeiten)
- RPO (Zeitpunkt der letzten Datensicherung bzw. maximal erlaubter Datenverlust)
- MBCO (Beschreibung des *Notbetriebsniveaus*, wenn technisch realisierbar)
- MTPD (nur als reine Information für den Dienstleister)
- Support und Eskalationsverfahren
- Sanktionen und Konsequenzen bei Nichteinhaltung der SLA

- Verantwortlichkeiten beider Parteien
- Ansprechpartner und Kontaktdaten (inklusive der Notfallkontaktdaten außerhalb der normalen Geschäftszeiten)

Diese Werte sind für das ITSCM sehr wichtig, denn auf dieser Basis können Sie eine Gap-Analyse durchführen, wenn Sie keine konkreten Werte aus dem BCM bekommen. (Lesen Sie dazu Abschnitt 11.3.)

Es ist aber auch wichtig zu wissen, wann und warum SLAs »gerissen« werden. Bringen Sie regelmäßig in Erfahrung, welche Störungen es gab, die die Verfügbarkeit des IT-Service beeinträchtigen und die außerhalb der vereinbarten Wartungsfenster passiert sind. Kann dies durch IT-Notfallvorsorgemaßnahmen verhindert oder abmildert werden? Wir werden uns in Zukunft auch mit der Möglichkeit von Prognosen beschäftigen. Idealerweise kann man so hochrechnen lassen, wann wieder ein Ausfall anstehen könnte (siehe Abschnitt 27.3.3, in dem ich einen ersten eigenen Use-Case vorstelle).

Underpinning Contracts (UCs)

Wichtig in diesem Austausch sind auch die *Underpinning Contracts* (UCs). ITIL definiert UCs als einen zugrunde liegenden Vertrag zwischen Ihnen (z. B. einem IT-Dienstleister) und einem Drittanbieter. Der Drittanbieter liefert Ihnen Produkte oder Dienstleistungen, die die Erbringung eines IT-Dienstes (IT-Service) für die Kunden unterstützen. Normalerweise werden diese UCs entweder vom SLM oder von einem Kunden- und Dienstleistungsmanagement verwaltet und betreut.

In diesem Fall kann sich das ITSCM alle dokumentierten und gültigen Kundenabsprachen und Verträge anschauen, um ein Gefühl für die Kunden und deren Wünsche zu bekommen.

Sie können für den Austausch mit dem SLM eine View (Sicht) über alle IT-Services (Gesamtsicht) und alle zeitkritischen IT-Services (selektive Sicht) erstellen lassen, die auch den Blick auf einige zusätzliche wichtige IT-Ressourcen ermöglicht. Diese Sicht wird dynamisch angepasst: Neue IT-Services kommen hinzu und abgemeldete bzw. deaktivierte IT-Services werden entfernt. Dieser Austausch hilft, damit Sie die IT-Dienste in Ihrer Organisation immer im Blick haben.

- **Input (für das ITSCM)**
  - Kundenvorgaben zu RTO und RPO
  - Beschreibung des MBCO (Realisierung des Notbetriebsniveaus – technisch und organisatorisch)
  - Beschreibung des Normalbetriebs (Wann ist man nach einer Störung, wieder im Normalbetrieb?)
  - Beschreibung des Notbetriebs (Ab wann ist man in einem geregelten Notbetrieb angekommen?)

  - Wartungsfenster (Tage, Zeiträume)
  - genaue Beschreibung des IT-Service
- **Output (vom ITSCM)**
  - RTA und RPA
  - Workarounds als mögliche Überbrückungsmaßnahmen
  - wichtige Verknüpfungen unter den IT-Services
  - Know-how zu IT-Notfallvorsorgemaßnahmen
  - IT-Service-Continuity-Bericht

10.1.6 Resilienz-Management (ReM)

Resilienz (also *Widerstandsfähigkeit*) ist ein Wort, das aktuell sehr inflationär und überall gebraucht wird. Alle wollen und müssen resilienter werden – auch und gerade Organisationen. Diese Aufgabe übernimmt das Resilienz-Management, das als große Klammer die unterschiedlichen Aspekte vereint.

In Abbildung 10.1 sehen Sie die drei Managementsysteme BCMS, ITSCMS und ISMS. Das Krisenmanagement umschließt diese drei Systeme. In sehr großen Organisationen ist das ReM die zentrale Meldestelle für das Top-Management. Das ReM bündelt die Reporte und Meldungen aus den untergeordneten Bereichen und berichtet zentral, wie es um die Resilienz der Organisation steht.

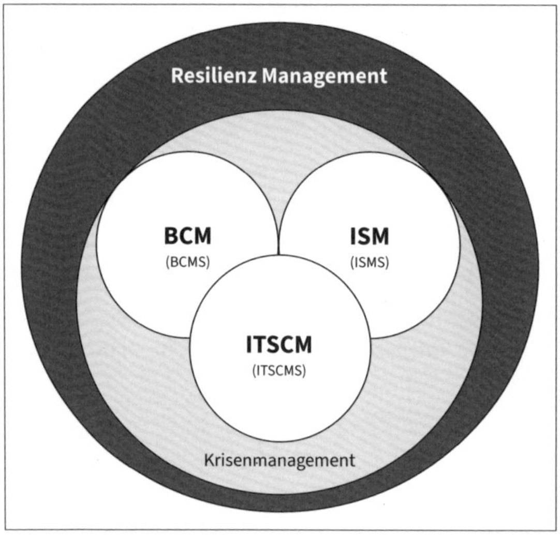

Abbildung 10.1: Das ReM als »große Klammer« um alle Bereiche

Wenn es ein formalisiertes ReM gibt, sollte es als Sammelstelle Synergien erkennen und Doppelarbeiten verhindern, indem es alle die Resilienz steigernden Maßnahmen zentral erfasst, bewertet und dokumentiert.

Falls es in Ihrer Organisation ein ReM gibt, werden Sie mit ihm in engem Austausch stehen und von dort Vorgaben bekommen bzw. dort Berichte abliefern. Konkret können das sein:

- **Input (für das ITSCM)**
  - Resilienz-Strategie(n)
  - Resilienz-Vorgaben und -Anforderungen
  - Resilienz-Reporting
  - Resilienz-Radar
  - Resilienz-Index[5]
  - ReM-Policy (zum Abgleich; ergänzen sich die Vorgaben und die des ITSCM?)
  - etc.
- **Output (vom ITSCM)**
  - Liste von Maßnahmen, die die Resilienz steigern (z. B. IT-Notfallvorsorgemaßnahmen, technische Redundanzen, personelle Redundanzen etc.)
  - IT-Risiken und Chancen
  - WAP, WHP und DRP (wenn gewünscht)
  - alle Worst-Case-Szenarien (wenn gewünscht)
  - Die Jahresplanung für Übungen und Tests
  - Erkenntnisse aus den Übungen und Tests
  - ITSCM-Policy (zum Abgleich)
  - IT-Service-Continuity-Bericht

10.1.7 Lieferanten- und Dienstleistungsmanagement

Wenn das BCM noch keinen Kontakt zu den Lieferanten und Dienstleistern der Organisation gesucht hat, kann das ITSCM das BCM dabei unterstützen. Mit diesen Kontakten finden Sie heraus, wie die Lieferanten und Dienstleister in den Bereichen BCM und ITSCM aufgestellt sind. Gibt es dort schon etablierte Strukturen oder Prozesse – oder ist zumindest so etwas Ähnliches vorhanden? Kann der Partner weiter für Sie arbeiten, wenn es in seiner Organisation einen IT-Notfall oder eine (IT-)Krise gibt? Oder bedeutet ein Ausfall dort, dass Sie dann nicht mehr auf diese Waren/Dienstleistungen zugreifen können? Was bedeutet das für Ihre IT-Services?

---

5 Ein Resilienz-Index ist eine Kennzahl, die die Widerstandsfähigkeit eines Systems oder einer Organisation gegenüber Störungen, Krisen oder Veränderungen misst. Er bewertet, wie gut eine Einheit auf externe Schocks (z. B. Naturkatastrophen, wirtschaftliche Krisen, Cyberangriffe) reagieren und sich von ihnen erholen kann. Ein hoher Resilienz-Index bedeutet, dass eine Einheit bzw. Organisation gut auf Krisen vorbereitet ist, während ein niedriger Wert auf viele Schwachstellen hinweist. Organisationen nutzen solche Indizes, um Risiken zu identifizieren und Maßnahmen zur Stärkung der Resilienz zu ergreifen.

Des Weiteren sorgt das Lieferanten- und Dienstleistungsmanagement dafür, dass für jeden Lieferanten und Dienstleister mindestens ein oder sogar mehrere Alternativanbieter vorliegen. Gibt es hier Monopole, sollten diese Abhängigkeiten im Risikomanagement als Risiko besonders vermerkt werden.

- **Input (für das ITSCM)**
  - Notfallvorsorge beim Hersteller bzw. Dienstleister
  - alternative Lieferanten bzw. Dienstleister
  - Kontaktdaten für erweiterte Übungen und Tests
  - Erfahrungsaustausch
  - Liste von eigenen Notfallvorsorgemaßnahmen
  - Vorstellung der eigenen Notfallvorsorgemaßnahmen
  - Anforderungen
- **Output (vom ITSCM)**
  - IT-Notfallkontakte
  - notwendige Vorababstimmungen mit den externen Stellen
  - Planung von Übungen und Tests
  - Durchführungen von Übungen und Tests inklusive Auswertung
  - ITSCM-Policy (zur Info; vorab mit dem ITSCM-Owner abklären)
  - IT-Service-Continuity-Bericht (zur Info; vorab mit dem ITSCM-Owner abklären)

10.1.8 Business-Relationship-Management als Kundenschnittstelle (BRM)

Das Business-Relationship-Management sollte die zentrale Kundenschnittstelle (der sogenannte *Single Point of Contact, SPoC*) und der erste Ansprechpartner sowie der zentrale Eingangs- und Ausgangskanal für alle Kunden Ihrer Organisation sein. (Andere Begriffe sind *Kundenmanagement*, *Kundenbetreuung* oder *Customer-Relationship-Management, CRM*).

Diese Kanalisierung ist wichtig, damit alle Anfragen, Anforderungen, Wünsche, Ideen, Angebote, Feedbacks und auch Beschwerden zentral gesammelt, sortiert, priorisiert und bearbeitet werden können. Nebenkanäle vom Kunden direkt in einzelne Fachabteilungen sollten nur nach Absprache mit dem BRM möglich sein – das können beispielsweise direkte Supportanfragen sein. Generell sollten solche Kanäle jedoch unterbunden werden, denn oft sind die technischen und organisatorischen Bereiche nicht die optimalen Ansprechpartner für den Kunden. Besser ist es, wenn diese Bereiche in Ruhe ihre Arbeit machen können und nicht durch Diskussionen mit den Kunden gestört werden.

Das BRM sorgt im Idealfall dafür, dass alle Anfragen von Kunden in Absprache mit den benötigten technischen Bereichen einer Organisation per Angebot zurückgesendet werden.

Eine Schnittstelle zum BRM ist sinnvoll, wenn Sie die Kollegen des BRM in der IT-Notfallvorsorge unterstützen und fit machen möchten. Damit könnte das BRM auch einen Bedarf beim Kunden wecken (Consulting, Beratung etc.). Denn hier sind viele Organisationen noch nicht gut aufgestellt.

Hauptaufgaben eines BRM sind unter anderem:

- Kundenbindungen aufbauen und intensivieren
- Kontaktaufnahme zu potenziellen Neukunden
- Kundenzufriedenheit generieren
- Kundenwünsche erkennen und steuern
- Beschwerde-Management etablieren
- Erstellung von Marktanalysen zu bestimmten Dienstleistungen oder Services
- Pflege von Kunden- und Kontaktdaten (Bestandskunden)
- Umsatz generieren (Rechnungen stellen)
- Beobachtung von Trends und Megatrends am Markt
- Vertragsmanagement

Profitieren können Sie von diesem Austausch, wenn Sie Informationen erhalten, aus denen Sie schließen können, was den Kunden Ihrer Organisation besonders wichtig ist. Eigentlich sollte dies in den Beschreibungen der IT-Services klar geregelt sein, aber es kommen immer wieder überraschende Anforderungen zutage, an die man aus der internen Sicht nicht gedacht hat.

- **Input** (für das ITSCM)
  - Kundenanforderungen und -wünsche
  - Notfallvorsorge-Anfragen
  - Anfragen zum MBCO
  - Beratungsanfragen
- **Output** (vom ITSCM)
  - auf den Kunden zugeschnittene IT-Notfallvorsorgelösungen
  - Beratung mit dem BCM zum Themenkomplex Notfallmanagement
  - Unterstützung, Beratung und Consulting für das BRM
  - Unterstützung bei technischen Standards (Thema Resilienz) für Kunden
  - Erstellung eines Templates für WAP und WHP
  - ITSCM-Policy für das BRM (nicht für die Kunden)
  - IT-Service-Continuity-Bericht für das BRM (nicht für die Kunden)

10.1.9 Skill- und Kapazitätsmanagement (Ressourcenmanagement)

Für Außenstehende kann leicht der Eindruck entstehen, dass sich das *IT*SCM nur mit Servern und IT-Infrastrukturen beschäftigt und sich bloß um die Resilienz der Maschinen kümmert. Das mag nachvollziehbar sein, ist aber ein gefährlicher Irrglaube, denn die IT läuft nicht, wenn es niemanden gibt, der die Skills und Kapazitäten hat, sie richtig zu bedienen. Das Skills- und Kapazitätsmanagement Ihrer Organisation ist daher in mehrfacher Hinsicht für uns wichtig.

Single Points of Knowledge finden

Wer kennt es nicht? Sie haben ein Problem mit Ihrem Laptop und gehen direkt zu Peter aus der IT-Abteilung. Peter ist ein Urgestein und schon seit über 35 Jahren in der Organisation tätig. Jeder kennt und mag ihn. Nur Peter weiß, wo das Image für die Neuinstallation Ihres Laptops liegt. Und Peter ist auch der Einzige, der das Passwort für den wichtigen Fileserver kennt, auf dem die Daten liegen, die für den Jahresabschluss gebraucht werden. Sie gehen also in Peters Büro und erfahren: Peter ist leider schon länger erkrankt.

Auch wenn die IT ordentlich läuft: Solche Ausgangssituationen können IT-Notfälle auslösen, weil das Know-how innerhalb der Organisation an wenigen Punkten konzentriert ist.

Beim Skill-Management geht es darum, die Fähigkeiten und Kenntnisse Ihrer Mitarbeiter zu erfassen und mögliche Lücken zu erkennen, damit wichtige Skills gezielt redundant aufgebaut und auch dauerhaft redundant gehalten werden können.[6] Durch Mitarbeiterfluktuationen ist das ein fortwährender und dynamischer Prozess.

Über diese Schnittstelle erhalten Sie einen Überblick über die Fähigkeiten der einzelnen Mitarbeiter und Mitarbeiterinnen Ihrer Organisation. Idealerweise gibt es dort eine Datenbank, in der alle Fähigkeiten aller Mitarbeiter gesammelt werden. Es können auch Soft-Skills (»weiche« Faktoren, wie Teamfähigkeit, Durchsetzungsstärke, Führungsperson, Teamplayer etc.) aufgenommen werden.

Das Ziel dieser Datenbank ist es, *Single Points of Knowledge (SPoKs)* wie Peter ausfindig zu machen: Das sind die zentralen Wissensträger Ihrer Organisation, die alleine über besondere Skills oder ein besonderes Erfahrungswissen verfügen.

Ihre Aufgabe im Austausch mit dem Skill-Management ist es nun, diese SPoKs, deren Ausfall eine große Lücke für die Organisation bedeuten würden, zu identifizieren und redundant zu besetzen, indem man Personen aufbaut oder neue Mitarbeiter einstellt. Oder Sie finden andere Wege, wie Sie diese »Schwachstellen« durch entsprechende die Resilienz steigernde Maßnahmen (Schulungen, Workshops, Hospitationen etc.) beheben. In unserem einfachen Beispiel würde es schon helfen, dass das Passwort für einen zentralen Dateiserver keinesfalls nur im Kopf eines Mitarbeiters existieren darf, sondern – mit entsprechenden Absicherungen – dem gesamten IT-Team zur Verfügung steht.

---

6 Auch die ISO-Norm beschreibt dies unter Punkt 9.2.2: »Die Organisation sollte geeignete Strategien zur Aufrechterhaltung grundlegender IKT-Kenntnisse und -Fähigkeiten entwickeln. Dies kann sich über die Mitarbeiter hinaus auch auf Vertragspartner und andere Personen erstrecken, die über umfassende IKT-Fachkenntnisse und -Fähigkeiten verfügen.«

[«]

Personelle Redundanz

Wenn Sie ein Skill- und Kapazitätsmanagement konsequent durchsetzen würden, müssten Sie auch Ihre Wissensträger bzw. SPoKs räumlich und zeitlich trennen – die ISO-Norm weist explizit darauf hin.[7] Das bedeutet, dass Sie Mitarbeiter mit ähnlichen und wichtigen Skills so einsetzen, dass sie nie direkt zusammenarbeiten. Eine Person (oder ein Team) arbeitet vor Ort, die andere Person (bzw. das andere Team) remote aus dem Home-Office. Somit haben Sie eine echte personelle Redundanz. Das führt natürlich zu zusätzlichem Planungsaufwand und mehr Ausgaben.

Teams für den Notfall aufbauen: Skills und Erfahrung für den Ernstfall

Nicht nur können SPoKs der Ausgangspunkt für Störungen sein, sondern Sie können sich bestimmt auch gut vorstellen, dass das Fehlen dieses Schlüsselpersonals eine entscheidende Rolle bei der Bearbeitung eines IT-Notfalls spielt.

Kurz gesagt: Sie müssen wissen, wer sich mit welchen Aufgaben auskennt und wer welches Wissen hat, damit Sie im IT-Notfall die richtigen Ansprechpartner und Spezialisten im Zugriff haben. Je redundanter Ihr Personalbereich aufgestellt ist, desto schneller kommen Sie wieder in den Normalbetrieb zurück.

Ohne ein Skill- und Kapazitätsmanagement werden Störungsbeseitigungen ein Glücksspiel. Wenn Sie Glück haben, ist das A-Team im Notfall vor Ort und das Problem ist in einer Stunde erledigt. Wenn Sie Pech haben, ist gerade die D-Mannschaft im Dienst, und es dauert Tage, bis eine Lösung erarbeitet wurde.

- Mit dem »A-Team« meine ich diejenigen Mitarbeiter, die sehr routiniert und fast täglich – und das über Jahre – an kritischen IT-Systemen arbeiten. Diese Menschen sind topfit und würden bei einer Störung kein Handbuch, keine Checkliste und keinen WAP/WHP zu Hilfe nehmen: Sie können praktisch sofort an Störungen arbeiten und nach umsetzbaren Lösungen suchen.
- Mit der »D-Mannschaft« meine ich Mitarbeiter, die zwar im gleichen Aufgabengebiet arbeiten, aber schlicht weniger erfahren sind oder meist ganz andere Tätigkeiten ausführen – seien es Projektarbeiten, Arbeiten an Prozessen oder Dokumenten oder Arbeiten mit anderen unkritischen IT-Systemen.

Sie haben es also mit einem ganz normalen Wissensgefälle innerhalb eines Bereichs zu tun. Eine mögliche Lösung ist, dass Sie so ausführliche Checklisten, Pläne oder andere Hilfsmittel anbieten, dass selbst das D-Team nicht untergeht, wenn in seiner Schicht eine größere Störung passiert.

---

7 »Trennung der Kernkompetenzen, um die Risikokonzentration zu verringern (dies kann eine physische Trennung von Mitarbeitern mit Kernkompetenzen oder die Sicherstellung, dass mehr als eine Person über die erforderlichen Kernkompetenzen verfügt, bedeuten)« (Quelle: DIN Media GmbH, ISO/IEC FDIS 27031:2024-06-Entwurf)

Besser ist es aber, wenn Sie für gemischte Teams sorgen, deren Mitglieder sich in ihrer Erfahrung, in den Skills und Ideen ergänzen. Das sorgt erstens dafür, dass neue und unerfahrene Kollegen von den Wissensträgern lernen können. Aber mehr noch: Aus Erfahrung kann ich sagen, dass ein Team, das nur aus High-Performern besteht, wegen interner Konkurrenz, Koordinationsproblemen und fehlender Rollenverteilung schlechter abschneiden wird als ein gut durchmischtes Team, das sowohl Leistungsträger als auch Unterstützerrollen enthält.[8]

Für die Notfallvorsorge sollten Sie daher im Austausch mit dem Ressourcenmanagement klären, wie die Teams zusammengesetzt werden. Achten Sie dabei keinesfalls nur auf die Hard Skills, also wer bestimmte technische Ausbildungen oder Zertifikate mitbringt. Auch wenn dieses Fachwissen unersetzbar ist, muss es durch die richtigen Soft Skills ergänzt werden: Wer ist im Ernstfall zuverlässig und belastbar, wer ist kommunikationsstark und kann ein Team leiten und motivieren? Sie brauchen im Notfall beides: Bauen Sie also gemischte Teams auf, die aus Wissensträgern und Unterstützern, aus alten Hasen und neuen Mitarbeitern bestehen.

Kapazitäten kennen

Und schließlich geht es noch um einen letzten Punkt: Haben die Menschen, die in Ihrer Organisation arbeiten, überhaupt ausreichende Kapazitäten, um einen sicheren Normalbetrieb zu gewährleisten und im Notfall richtig reagieren zu können?

Bei der Personalverwaltung geht es also nicht nur um eine Übersicht über die Skills, sondern auch um das Erfassen der Auslastung der einzelnen Mitarbeiter. Das Kapazitätsmanagement soll freie Kapazitäten sichtbar machen, damit Projekte, Aufgaben und strategische Initiativen besser geplant werden können.

Wenn Sie z. B. bei einer fast 100%igen Auslastung der Mitarbeiter in Ihrer Organisation sind, wird es mehr als schwierig sein, ein ITSCM einzuführen, dauerhaft zu betreiben und die geplanten Mehrwerte zu erreichen. Da es hier viele zusätzliche Gespräche und neu anfallende Aufgaben geben wird, sollten hierzu auch entsprechende Kapazitäten bei den Mitarbeitern frei sein – wenn nötig durch eine deutliche und kommunizierte Priorisierung.

Idealerweise müssen Sie diese ganzen Informationen nicht umständlich in der HR-Abteilung erfragen, sondern können die Inhalte per Knopfdruck aus der Skill-DB beziehen. Wenn Ihre Organisation gut aufgestellt ist, finden sich dort Informationen wie:

- Zertifikate aller Mitarbeiter
- Schulungen und Nachweise aller Mitarbeiter

---

8 Dazu gibt es einige sehr interessante Studien:
Dass Leistungsdiversität Teamleistung fördert, finden Sie in: Bell, S.T. (2007), »Deep-Level Composition Variables as Predictors of Team Performance: A Meta-Analysis« Dass zu viele High-Performer für Konkurrenz und Konflikte sorgen, zeigten Bunderson, J.S. und Sutcliffe, K.M. (2002), »Comparing alternative conceptualizations of functional diversity in management teams: Process and performance effects«. Wenn Sie sich für dieses Thema interessieren, schauen Sie sich allgemein die Studie »Too Much Talent« (2014) von Swaab, Schaerer, Anicich, Ronay und Galinsky an.

- Spezialwissen (für neue Aufgaben und Projekte)
- Projekterfahrungen
- Studium
- Veränderungswünsche
- Projektwünsche
- freie Zeitkontingente
- Überlastungen
- Ausfälle
- Interessen und Wünsche
- Ideen
- Erfahrung als Dozent
- Ausbilder
- Hospitationswünsche

Das ist dann ein toller Input für das ITSCM. Hinzu kommt außerdem:

- **Input** (für das ITSCM)
  - personelle Redundanz bei allen »SPoK«-Mitarbeitern für die zeitkritischen IT-Services und IT-Ressourcen
  - Spezialwissen (für Übungen und Tests, Probleme etc.)
- **Output** (vom ITSCM)
  - Einschätzung, ob das Personal so ausreichend ist für den IT-Notfall und die (IT-)Krise
  - Hinweise und Tipps zu wichtigen IT-Skills

10.1.10 Incident-Management (IM)

Aus Störungen (also *Incidents*) können IT-Notfälle oder (IT-)Krisen entstehen. Nun ist es aber so, dass Incidents (*Minor-Incidents*, also kleinere Störungen) in der heutigen sehr komplexen IT Normalität sind. In großen IT-Landschaften gibt es Hunderte von kleineren Störungen, die tagtäglich vom *Incident Management (IM)* und den entsprechenden technischen Bereichen bearbeitet werden, also in den Bereich der *Allgemeinen Aufbauorganisation (AAO)* und damit ins sogenannte Tagesgeschäft fallen. Als Mitarbeiter oder als Kunde bekommt man das im Normalfall kaum mit.

Bei der nächsten Stufe, den *Major-Incidents*, sieht es schon etwas anders aus: Hiermit sind größere Störungen gemeint, bei denen z. B. ein kompletter IT-Service ausgefallen ist oder mehrere Mitarbeitende oder mehrere Kunden nicht arbeiten können. Was alles in diese Kategorie fällt, müssen Sie vorab für sich definieren.

Das ITSCM sollte frühzeitig, automatisch und umfassend involviert und informiert werden, allerdings erst ab der Stufe »Major-Incident«. Ebenso sollten alle IT-Notfälle und (IT-) Krisen vom Incident-Management dokumentiert werden, am besten in einem der gängigen Tools wie *BCM Remedy*, *USU Service Desk*, *TOPdesk*, *ServiceNow*, *Matrix42*, *SysAid*, *ManageEngine*, *Zoho Desk*, *OTRS*, *Jira Service Management*, *Freshdesk*, *Zendesk* oder *LiveAgent*.

Nutzen Sie im Austausch mit dem IM diesen Informationsschatz, um besser zu verstehen, welche Systeme störungsanfällig sind und wo eine besondere Vorsorge notwendig ist.

- **Input** (für das ITSCM)
  - Statistiken und Daten zur proaktiven Behandlung von potenziellen IT-Notfallsituationen
  - Auswirkungen von Störungen (ab Major-Incident) aufwärts
  - Prognosen
  - Reports
  - Eskalationswege
  - Störungsbeschreibungen/Auswirkungen
  - Störungshistorien
  - Erfahrungen
  - Known Errors (inklusive Known-Error-Database)
  - KPIs
  - Zahlen, Daten, Fakten
- **Output** (vom ITSCM)
  - IT-Notfallvorsorgemaßnahmen, um ähnliche Störungen in der Zukunft zu verhindern
  - besonderer Blick auf die IT-Services und IT-Ressourcen, die die zeitkritischen Geschäftsprozesse unterstützen
  - besondere IT-Ressourcen im Incident-Tool kenntlich machen
  - ITSCM-Know-how
  - IT-Service-Continuity-Bericht

10.1.11 Risikomanagement (RM)

Ein zentrales und organisationsweites Risikomanagement ist nicht nur sehr nützlich, sondern ist bei bestimmten Organisationsformen sogar gesetzlich vorgeschrieben. In ihm laufen Informationen zu allen bekannten Risiken zusammen, die Ihre Organisation betreffen. Das ist eine große und wichtige Informationsquelle für das ITSCM, und das RM macht Ihnen Vorgaben, wie mit Risiken umgegangen werden soll. Sie müssen Ihre ITSCM-Strategie also vom allgemeinen »Risikoappetit« der Organisation abhängig machen und abgleichen, dass die Ausrichtung passt. Dazu finden Sie im Risikomanagement eine allgemeine Übersicht über:

- Risiken, die die eigene Organisation betreffen:
  - intern/extern
  - direkt/indirekt
- IT-Risiken
- Risikoappetit
- Risikobehandlungsstrategien
- Risikohaftung
- Risikoversicherungen
- Restrisiken

Das Risikoniveau bzw. der Risikoappetit wird dabei durch das Top-Management festgelegt. Dessen Haltung kann von eher »vorsichtig«, »konservativ« bis hin zu »risikofreudig« gehen. Ein *Risikoniveau* bezeichnet den Grad oder das Ausmaß des Risikos, das mit einer bestimmten Situation, Entscheidung oder Handlung verbunden ist. Es wird oft verwendet, um zu beurteilen, wie wahrscheinlich es ist, dass ein negativer Vorfall eintreten könnte, und die potenziellen Auswirkungen dieses Vorfalls aussehen könnten. Das Risikoniveau wird häufig mit Skalen oder Bewertungen (z. B. niedrig, mittel, hoch) angegeben, die eine Einschätzung der Gefährdung vermitteln. Dabei fließen Faktoren wie Wahrscheinlichkeit, Schwere des Ereignisses und die möglichen Folgen mit ein. *Risikoappetit* bezeichnet die Menge an Risiko, die eine Person bzw. eine Organisation bereit ist, einzugehen oder zu akzeptieren, um ihre Ziele zu erreichen.

Es reicht aber natürlich nicht, nur die möglichen Risiken aufzuzählen. Es müssen Strategien genannt werden, wie mit diesen Risiken umgegangen werden soll:

- **Verhindern:** Sie versuchen durch geeignete Maßnahmen, die Ursachen für das erkannte Risiko in den Griff zu bekommen. Sie wollen im Vorfeld sicherstellen, dass es erst gar nicht zu Problemen oder zu Störungen bzw. Unterbrechungen kommt.
- **Reduzieren:** Sie definieren Maßnahmen, mit denen Sie im Eintrittsfall den Schaden verringern können. Der Schaden soll im Rahmen bleiben oder die IT-Services am besten gar nicht gefährden.
- **Übertragen:** Sie transferieren das Risiko auf einen Dritten. Zum Beispiel übertragen Sie das Risiko per Vertrag an einen Lieferanten, der für etwaige Folgen aufkommt, oder Sie schließen eine passende Versicherung ab (z. B. Cyberversicherung, Betriebsunterbrechungs- bzw. Betriebsfortführungsversicherung etc.).[9]

---

9 Eine *Cyberversicherung* ist eine Versicherungsart, die Organisationen Schutz vor Schäden durch Internetkriminalität, Datendiebstahl und Cyberangriffe bietet. Eine *Betriebsunterbrechungsversicherung* umfasst verschiedene Versicherungsarten der Schadenversicherung, die Schutz vor Erlöseinbußen bieten, die durch eine Betriebsunterbrechung oder Beeinträchtigung der betrieblichen Leistungserstellung und -verwertung entstehen.

- **Akzeptieren:** Sie entscheiden sich, das Risiko zu akzeptieren. Sie verzichten auf mögliche Maßnahmen, um das Risiko zu vermeiden, und sind bereit, den Schaden zu akzeptieren. Dies sollte aber immer die letzte mögliche Option sein, da die Organisationsleitung (z. B. Präsident, CIO, Geschäftsführer, Vorstand etc.) dann (fast immer) persönlich haftet. Dies macht meist nur dann Sinn, wenn die Kosten, das Risiko zu mindern, den Nutzen (oder die Kosten, die durch einen Schaden entstehen könnten) bei Weitem übersteigen.

Tabelle 10.1 zeigt, wie eine solche Analyse in Form einer Risiko-Matrix aussehen kann.

Risiko	Wahrscheinlichkeit	Auswirkung	Bewertung
Phishing-Angriff auf Mitarbeitende	mittel	mittel	mittel
Ransomware-Angriff auf ungeschützte Systeme	hoch	hoch	kritisch
Hardware-Ausfall eines Servers	mittel	hoch	hoch
Zero-Day-Exploit ohne bekannten Patch	niedrig	hoch	mittel
Mangelhafte Zugriffskontrollen (z. B. schwache Passwörter)	hoch	mittel	hoch
...	...	...	...

Tabelle 10.1: Risikomatrix

Schauen Sie dort auch unbedingt nach, ob schon IT-Risiken erfasst sind, und prüfen Sie sie kritisch auf Richtigkeit und Vollständigkeit. Falls dort Inhalte fehlen, müssen Sie im Austausch mit dem RM überlegen, wie man diese fehlenden IT-Risiken zusammen schnellstmöglich definieren und einpflegen kann.

- **Input** (für das ITSCM)
  - Auflistung aller bisher erkannten und dokumentierten IT-Risiken der eigenen Organisation
  - Stand der Maßnahmen zur Risikominderung
  - Eskalationsweg für IT-Risiken
  - Strategien für IT-Risiken
  - Risikoappetit der Organisation
  - Risikomanagement
  - Risikomeldewege
  - Aufbau der Risiko-Organisation

- **Output** (vom ITSCM)
  - gegebenenfalls Ergänzung oder Vertiefung der Informationen zu den IT-Risiken (die die IT-Services und IT-Ressourcen der zeitkritischen Geschäftsprozesse betreffen)
  - Neuaufnahme von IT-Risiken
  - Bewertung von IT-Risiken
  - Ergänzung von vorhandenen IT-Risiken
  - mögliche Lösungsoption für IT-Risiken erarbeiten und vorschlagen
  - IT-Notfallvorsorgemaßnahmen zur Vermeidung bzw. Abschwächung von bekannten IT-Risiken erarbeiten und vorstellen
  - IT-Service-Continuity-Bericht

10.1.12 Change-Management (CM oder ChM)

Sie kennen vielleicht die alte IT-Weisheit »Never touch a running system«: Wenn es läuft, dann Finger weg! Denn die meisten Störungen entstehen aus Änderungen, daher wäre es eigentlich am besten, wenn man nie mehr etwas ändert, sobald der IT-Service einmal zufriedenstellend läuft.

So einfach ist es aber leider nicht. Systeme müssen aktualisiert werden, damit sie sicher sind und nicht aus dem Support, der Garantie bzw. der Gewährleistung fallen. Zudem müssen Kundenwünsche umgesetzt werden, denn die IT ist ja stets ein Dienstleister. Das sorgt dafür, dass ständig Änderungen nötig sind, deren Auswirkungen in komplexen IT-Infrastrukturen schwer vorhersehbar sind.

Sie sollten sich daher gut mit dem CM vernetzen, denn bei einem bereits etablierten und aktiven CM werden alle Änderungen einer Organisation zentral dokumentiert, überprüft, freigegeben (oder abgelehnt) und natürlich überwacht.

Requests for Change

Betrachten Sie dabei besonders, ob alle Änderungen geordnet über *Requests for Change (RfC)* laufen. Ein *RfC* ist ein formales Dokument, das eine Änderung in einem IT- oder Organisationsprozess anfordert. Es dient dazu, Änderungen systematisch zu planen, zu genehmigen und durchzuführen, um sicherzustellen, dass die Auswirkungen auf die Organisation minimiert werden.

Das ist Ihr wichtigster Hebel, um gegen böse Überraschungen gewappnet zu sein. Idealerweise sollten alle Änderungen über eine Vorlage erfasst werden, damit die eingereichten RfCs alle wichtigen Inhalte aufweisen und dadurch einschätzbar und vergleichbar sind. Ein sehr umfassendes Beispiel sieht so aus:

[»]

Informationen für RfCs

- **RfC-Identifikationsnummer:** eine eindeutige Kennung (ID) zur Verfolgung der Anfrage, meist eine Kombination von Text und Zahl, z. B. RFC-102030
- **Titel der Änderung:** eine prägnante und eindeutige Bezeichnung der angeforderten Änderung
- **Beschreibung der Änderung:** eine detaillierte und verständliche Erklärung, was geändert werden soll und warum. Sie sollte den Umfang und die Ziele der Änderung umfassen.
- **Hintergrund und Motivation:** eine Erklärung, warum die Änderung erforderlich ist (z. B. zur Fehlerbehebung, zur Verbesserung der Leistung, aufgrund neuer Anforderungen, wegen eines Sicherheitsupdates oder Hotfixes etc.)
- **Betroffene Systeme und Komponenten:** eine detaillierte Auflistung aller IT-Systeme, Anwendungen und/oder IT-Infrastrukturkomponenten, die von der Änderung betroffen sind
- **Auswirkungen der Änderung:** eine Analyse der potenziellen Auswirkungen der Änderung auf bestehende Prozesse, IT-Systeme und Benutzer. Dies kann auch Auswirkungen auf die Sicherheit und die Leistung umfassen.
- **Art der Änderung:** Eine Klassifikation der Änderung, z. B.:
  - **Standard Change:** regelmäßige Änderungen, die einen standardisierten Prozess haben. Wird meist ohne große Nachfragen genehmigt, weil dieser RfC in ähnlicher Form schon zig Mal problemlos durchgelaufen ist.
  - **Notfalländerung (Emergency Change):** Änderungen, die sofort durchgeführt werden müssen. Dies sind meist Security-Patches, Hotfixes oder sonstige vom Hersteller dringend empfohlene Änderungen.
  - **Normal Change:** Änderungen, die geplant und in einem bestimmten Zeitraum durchgeführt werden. Darunter fallen alle einmaligen RfCs.
- **Zeitplan und Fristen:** der geplante Zeitraum für die Durchführung der Arbeiten, einschließlich des Startdatums (inklusive Uhrzeit), der geplanten Dauer und eines Abschlussdatums (inklusive Uhrzeit)
- **Ressourcenbedarf:** eine Auflistung aller benötigten Ressourcen, wie z. B. Personal (intern und extern), technische Ausstattungen oder zusätzliche Tools
- **Risikoanalyse:** eine Bewertung der möglichen (IT-)Risiken, die mit der Durchführung der Änderung verbunden sind, sowie mögliche Maßnahmen zur Risikominderung
- **Fallback- oder Rollback-Lösungen:** Darunter fallen alle Maßnahmen, Pläne und/oder Vorgehensweisen, die eine Rückkehr zum Ursprungszustand ermöglichen. Sollte ein RfC nicht wie geplant durchlaufen und kommt es zu Störungen, kann man damit wieder zum Ursprungszustand zurückspringen.

- **Testplan:** eine Beschreibung der Tests, die durchgeführt werden müssen, um sicherzustellen, dass die Änderung ordnungsgemäß funktioniert und auch den geplanten Mehrwert liefert
- **Genehmigung des Change Advisory Boards (CAB):** der Antrag auf Genehmigung durch das *Change Advisory Board (CAB)* oder andere zuständige Genehmigungsinstanzen (z. B. internes Bestätigungsnetzwerk). Dies kann auch eine Auflistung von Personen oder Abteilungen umfassen, die die Änderung genehmigen müssen. Ohne diese Genehmigung darf der RfC nicht durchgeführt werden!
- **Abschluss und Dokumentation:** eine Beschreibung der Schritte, die nach der Durchführung der Änderung erforderlich sind, um die Änderung abzuschließen, einschließlich der Dokumentation und etwaiger Nachverfolgungen und Nacharbeiten
- **Kommunikationsplan:** Wie und wann die relevanten Stakeholder (z. B. interne und externe Kunden) und betroffenen Parteien über die Änderung informiert werden

Das RfC-Antragsformular wird genutzt, um auch damit Awareness und letztendlich Resilienz zu schaffen. Dazu weist das Formular darauf hin, dass nach einem RfC alle betroffenen Dokumente, Pläne, Arbeitsanweisungen, Checklisten, Templates etc. anzupassen sind. Das ist nämlich etwas, was gern mal verschoben oder schlichtweg vergessen oder als unnötig betrachtet wird.

Und ein zweiter wichtiger Punkt: Sollte bei einem RfC eine technische Redundanz betroffen sein, wird so verlangt, dass diese Redundanz auch später auf Funktion zu testen ist. Auch das wird häufig übergangen oder vergessen. Es ist aber enorm wichtig, um Störungen weiter aktiv zu vermeiden!

Beides sind keine *Nice-to-haves*, sondern *Must-haves*, ohne die der RfC nicht sauber abgeschlossen werden kann!

Tipp aus der Praxis

Da Sie als ITSCMler Zugriff auf die CM-Datenbank und den RfC-Kalender haben, könnten Sie geeignete RfCs als Funktionstest deklarieren. Vor der Umsetzung des RfCs schließen Sie sich mit dem entsprechenden technischen Bereich kurz und dokumentieren den Change als ITSCM-Funktionstest. Durch diese Arbeitsweise nutzen Sie vorhandene Synergien und belasten die technischen Bereiche nicht noch zusätzlich mit weiteren ITSCM-Tests.

Ein weiterer wichtiger Punkt ist, dass alle RfCs, die die IT-Services und IT-Ressourcen der zeitkritischen Geschäftsprozesse betreffen, besonders gekennzeichnet werden müssen. Richten Sie im RfC-Formular eine kleine Checkbox ein, die entweder von Ihnen oder von dem technischen Bereich gesetzt werden muss, der für diesen Fall zuständig ist. So erhalten Sie im Laufe der Zeit eine gut gepflegte Positiv-Liste mit wiederkehrenden RfCs, die für das ITSCM relevant sind.

Und natürlich könnten Sie bei Störungen, die bei der Durchführung eines dieser relevanten RfCs entstehen, dort gezielt nacharbeiten, um die IT-Notfallvorsorgemaßnahmen gegebenenfalls weiter zu optimieren.

Post Implementation Review (PIR)

Sie müssen im Austausch mit dem Change-Management definieren, wann ein RfC geschlossen wird. Dieser Abschluss sollte idealerweise alle Nacharbeiten beinhalten und eine Prüfung erforderlich machen, dass alles sauber läuft. Dafür müssen mitunter einige Stunden eingeplant werden, denn Änderungen können schwer nachvollziehbare Wechselwirkungen haben.

Nachdem ein RfC ausgeführt wurde, sollte es ein sogenanntes *Post Implementation Review (PIR)* geben, in dem alle Auffälligkeiten dokumentiert werden. Ist ein RfC mehrmals gut und ohne Probleme durchgelaufen, wird daraus ein Standard-RfC, der nicht mehr dem ganzen Bestätigungsnetzwerk zur Freigabe vorgelegt werden muss und dann sogar vollautomatisiert genehmigt werden könnte.

Wenn bei der Umsetzung eines RfCs hingegen Probleme auftreten, werden diese im Nachhinein durch das *Change Advisory Board (CAB)* besprochen und dokumentiert. Das CAB berät das Change-Management-Team, bewertet und priorisiert beantragte RfCs und entscheidet über deren Genehmigung oder Ablehnung.

Die gewonnenen Erkenntnisse helfen, zukünftige RfCs besser zu gestalten und eine Wissensdatenbank, z. B. eine *Known-Error Database*, aufzubauen. Diese Datenbank unterstützt die Freigabe neuer RfCs.

Trotz sorgfältiger Planung können RfCs jedoch zu Störungen oder Krisen führen, was in der komplexen IT-Landschaft unvermeidlich ist.

Backout und Rollback

Für die Notfallvorsorge ist es wichtig, dass es keine RfCs ohne Backout-Plan oder Rollback gibt! Der *Backout-Plan* stellt sicher, dass die Organisation jederzeit zur vorherigen Situation zurückkehren kann, wenn unvorhergesehene Probleme auftauchen. Sorgen Sie also dafür, dass es vor jeder Änderung die Möglichkeit gibt, zum Ausgangspunkt zurückzukehren. Sie haben doch gute Backups, oder?

Ein *Rollback-Plan* bezeichnet die Strategie einer Organisation, im Falle schwerwiegender Probleme größere Geschäftsänderungen rückgängig zu machen. Nehmen wir an, Ihre Organisation führt ein umfangreiches neues Software-Update ein, das große Probleme verursacht. Ein Rollback-Plan stellt sicher, dass Sie das vorherige, stabile System wiederherstellen können. Ohne diese beiden Pläne haben Sie im Störfall ein echtes Problem.

Change-Freezes und Wartungsfenster

Im zentralen Change-Kalender werden alle Change-Freezes und Wartungsfenster dokumentiert. Unter einem *Change-Freeze* versteht man definierte Zeiträume, in denen eigentlich keine RfCs ausgeführt werden dürfen, z. B. wenn wichtige Präsentationen, Messen, Produktvorstellungen, Wahlen, Zahlungsläufe etc. anstehen und man kein Risiko eingehen will. In diesen Fällen dürfen RfCs nur nach intensiver Prüfung und expliziter Freigabe durchgeführt werden. Es handelt sich dann meist um hochkritische Security-Patches oder Hotfixes, bei denen das Risiko durch Untätigkeit größer ist als durch einen Change.

Wartungsfenster sind mit den Kunden fest abgestimmte Zeiträume für Reparaturen, Aktualisierungen, Hardwaretausch etc. Hierbei kommt es immer zu Leistungseinschränkungen, die von kleinen Rucklern bis zu einem Stillstand eines IT-Services führen können.

Im Austausch mit dem Change-Management können Sie diese Arbeiten für kleine Funktionstests nutzen oder bestimmte RfCs sogar als Tests in Ihre Jahresplanung aufnehmen. Warum auch nicht? Näher an die Praxis kommt man nicht.

Wenn z. B. die Loadbalancer als technisch aktiv eingesetzte Redundanzen mit einer neuen Software bespielt werden müssen und danach auf Funktion getestet werden, muss dies auf jeden Fall per RfC angekündigt und geplant werden. Super! Dokumentieren Sie diesen Vorgang, und schon haben Sie einen praxisnahen Funktionstest durchgeführt.

Außerdem sollten Sie auch Erfahrungen zu Problemen, Störungen, IT-Notfällen, (IT-) Krisen etc. austauschen, die aus RfCs entstanden sind.

- **Input** (für das ITSCM)
  - Informationen über anstehende Arbeiten in der Produktivumgebung
  - Probleme bei der Durchführung von RfCs (Störungen, Major-Incidents, IT-Notfälle, (IT-)Krisen)
  - Quelle für mögliche Funktionstests (Continuity-Tests)
  - Change-Freeze-Zeiträume im Change-Kalender
  - Informationen zu SLA-Wartungsfenstern
  - Anpassung der Wiederanlaufplanung nach bestimmten Changes
  - Anpassung der Notfalldokumentationen, Checklisten, AUs und Pläne
  - Known-Error Database aus RfCs
  - technische Ansprechpartner
  - Positiv- und Negativliste (wichtige bzw. unwichtige RfCs für das ITSCM)
  - etc.
- **Output** (vom ITSCM)
  - Einschätzung zu einigen RfCs, die die IT-Services (inklusive IT-Ressourcen) als Unterstützung für die zeitkritischen Geschäftsprozesse betreffen

- besondere Betrachtung und Schutz aller IT-Services und IT-Ressourcen für die zeitkritischen Geschäftsprozesse
- technische Betrachtung (Kontrolle) der Redundanzen (und deren Funktion)
- aktive Beobachtung und/oder Teilnahme bei kritischen RfCs (Positivliste)
- Überprüfung der technischen Redundanzen auf ihre Funktion nach dem RfC
- IT-Service-Continuity-Bericht

10.1.13 Problem-Management (PM)

Ein *Problem-Management (PM)* sorgt dafür, dass die Erfahrungen aus einer größeren Störung (also auch aus einem Lessons Learned) nicht verloren gehen, sondern dass daraus Vorsorgemaßnahmen erarbeitet werden. Das Ziel ist es, dauerhafte Lösungen zu finden und damit zukünftige Störungen wie Major-Incidents, IT-Notfälle und/oder (IT-)Krisen aktiv zu vermeiden. Es darf nach einer gemeisterten Krise also kein einfaches »Weiter so!« geben, sondern es sollen nachhaltige Ansätze entwickelt werden, die die Probleme dauerhaft aus der Welt räumen. Anstatt nur die Symptome zu behandeln, ist es entscheidend, die Ursache (Quellen) des Problems zu ermitteln und zu beheben, um Wiederholungen zu vermeiden.

Das PM umfasst dazu alle Prozesse und Aktivitäten, die notwendig sind, um IT-Service-Probleme von Anfang bis Ende zu verwalten und sie, wenn möglich, zu lösen. Durch präventive Maßnahmen sollen potenzielle Ursachen identifiziert und Probleme vermieden werden. Im PM liegt der Fokus also nicht darauf, Incidents zu finden und zu beheben, sondern die Ursachen zu identifizieren und zu verstehen, die einem Incident zugrunde liegen.

Dies wird häufig durch eine tiefgreifende *Root Cause Analysis (RCA)* erreicht, die sich mit den Gründen für die Fehlentwicklung befasst. Diese Ursachenanalyse ist kein spezifisches Werkzeug, sondern ein strukturierter und objektiver Ansatz zur Problemlösung. Für das ITSCM ist das PM deshalb so wichtig, weil es Störquellen dauerhaft beseitigen kann. Das wiederum hat direkte Auswirkungen auf die bisherigen IT-Notfallvorsorgemaßnahmen. Hier muss also ein permanenter und dynamischer Austausch und Abgleich stattfinden. Auch Workarounds, die dem PM bekannt sind, können in die IT-Notfallvorsorgemaßnahmen integriert werden.

- **Input** (für das ITSCM)
  - Lösungen zu Quellen für Störungen (Ursache für einen oder mehrere Incidents oder für ein größeres Problem)
  - Known-Errors Database
  - nutzbare und getestete Workarounds
  - RCA-Auswertung
- **Output** (vom ITSCM)
  - Workarounds oder Informationen aus Lessons Learned, die dem PM helfen, Störungsquellen zu erkennen und dauerhaft zu beseitigen

- Unterstützung bei technischen Redundanzvorgaben
- Informationen über zeitkritische IT-Services und IT-Ressourcen
- Infos aus Übungen und Tests
- Informationen aus Lessons Learned
- Support zur Notfallvorsorge
- Notfall- und Vorsorge-Know-how
- IT-Service-Continuity-Bericht

10.1.14 Monitoring (Überwachung oder Event-Management)

Im ITSCM beschäftigen Sie sich viel mit Soll-Werten: Wie lange darf ein Dienst ausfallen, wie schnell muss er wiederhergestellt werden? Genauso wichtig ist aber die Ist-Seite: Wie steht es überhaupt um die Qualität und die Zuverlässigkeit der IT-Services?

Monitoring

Diese Informationen bekommen Sie in Echtzeit aus dem Monitoring. Dieses ist meist Teil der unterschiedlichen Administrationsteams, die Verfahren etabliert haben sollten, mit denen die IT-Infrastruktur im Blick behalten wird. Bringen Sie im Austausch mit den Technikern in Erfahrung, ob das Monitoring umfassend und genau ist. Denn das Allerschlimmste, was Ihnen passieren kann, ist ein IT-Notfall, den Sie überhaupt nicht bemerken. Wenn Sie erst von wütenden Kunden-Mails oder überraschten Kollegen erfahren, dass Ihr IT-Service nicht mehr funktioniert, haben Sie ein großes Problem.

Das Problem mit moderner *Monitoringsoftware* ist allerdings, dass sie viel zu viele Daten produziert. Wer schon einmal die Log-Dateien einer komplexen IT-Infrastruktur in Echtzeit an sich vorbeirauschen gesehen hat, wird wissen, dass es absolut unmöglich ist, in dieser Informationsflut die Übersicht zu behalten. Sie müssen sich daher genau für Ihre Zwecke eine eigene *Überwachungsansicht (View)* aufbauen lassen, die nur die relevanten Informationen darstellt. Das können auch Werte wie Incidents, SLA-Verletzungen und außerplanmäßige Ausfälle sein.

Observability

Das Monitoring schaut per Definition in die Gegenwart. Viel interessanter wäre es für die Notfallvorsorge aber, wenn aus den Daten auch Prognosen erwachsen, die auf potenzielle Probleme hinweisen. Dies wird unter das Schlagwort *Observability*[10] gefasst: Wir wollen nicht nur eine Flut von (Echtzeit-)Daten haben, sondern verstehen, wie der Status des Systems ist. Gibt es vielleicht schon erste Symptome für ein Problem, das erst in Zukunft relevant wird, aber derzeit noch nicht akut ist?

---

10 *Observability* (dt. »Beobachtbarkeit«) bezeichnet in der IT die Fähigkeit, den internen Zustand eines Systems allein anhand seiner externen Ausgaben (wie Logdateien, Metriken und Traces) zu verstehen. Diese Daten ermöglichen es, komplexe Systeme zu überwachen, Probleme zu identifizieren und ihre Ursachen zu analysieren.

In einer einfachen Form können Sie dazu die Werte des Monitorings nutzen, wenn es z. B. nach einem Change (RfC) zu Störungen kommt. Durch einen Vergleich der Vorher- und Nachher-Informationen wird vielleicht ein Zusammenhang gefunden. Diese Informationen könnte man dann einem Problem-Management (PM) übergeben, und diese Kollegen suchen dann nach einer dauerhaften Lösung.

Viel komplexer ist die datengestützte Analyse, die in der Industrie schon länger als *Predictive Maintenance* bekannt ist. Predictive Maintenance (dt. »vorausschauende Wartung«) ist ein Konzept aus dem Bereich der Instandhaltung, bei dem mithilfe von Daten und Technologien der optimale Zeitpunkt für Wartungsmaßnahmen vorhergesagt wird – und zwar schon, bevor es zu einem Ausfall kommt.

Dabei lässt sich vereinfacht sagen: Je mehr Daten Sie haben, desto genauer werden die Prognosen ausfallen. Tauschen Sie sich also mit den Kollegen aus, die für das Monitoring zuständig sind, denn diese sitzen (fast) wortwörtlich auf einem Goldschatz. Hier gilt es im gemeinsamen Austausch zu identifizieren, welche Daten genutzt werden können, wie man sie sinnvoll filtert und visualisiert und welche Erkenntnisse und Prognose man aus ihnen ableiten kann.

- **Input** (für das ITSCM)
  - besondere View (Sicht) auf alle zeitkritischen Geschäftsprozesse und deren IT-Ressourcen
  - View für alle zeitkritischen IT-Services
  - mögliche Prognosen (Störungen, Notfälle)
  - SLA-Verletzungen
  - OLA-Verletzungen
  - Wartungsfenster
  - Ausfälle und Störungen außerhalb der definierten Zeiten
  - Ansicht nach SLA-Klassen getrennt (Gold, Silber, Bronze)
  - Abhängigkeiten und Abhängigkeitsbäume[11]
- **Output** (vom ITSCM)
  - Durch die immer besser werdende Aufnahme der IT-Landschaft können spezielle Views für die Stakeholder oder Serviceverantwortlichen erstellt werden.
  - Benennung der IT-Services und deren IT-Ressourcen für die zeitkritischen Geschäftsprozesse (nach einer Gap-Analyse)

---

11 Ein *Abhängigkeitsbaum* ist eine grafische oder strukturelle Darstellung von Abhängigkeiten zwischen Elementen in einem (IT-)System. Er zeigt, wie verschiedene Komponenten, Prozesse oder Entscheidungen voneinander abhängen und welche Konsequenzen Änderungen oder Ausfälle haben können. Abhängigkeitsbäume sind besonders wichtig in komplexen IT-Systemen, um zu verstehen, welche Auswirkungen Änderungen haben, und um Schwachstellen frühzeitig zu identifizieren.

- Definition der IT-Services (automatisiert aus der CMDB) mit ITSCM-Zusatzinformationen
- IT-Service-Continuity-Bericht

10.1.15 Leitstandtechnik (LST)

Eine *Leitstandtechnik (LST)* ist eine Möglichkeit zur Visualisierung aktueller Abläufe, Zustände und/oder Situationen. Ein Leitstand ist die zentrale Überwachung und Steuerung aller installierten Systeme und bildet somit den Kern der gesamten IT-Produktion, der eingesetzten Infrastrukturen und der genutzten Basiskomponenten.

Sobald sich Engpässe oder Störungen abzeichnen, wird dies durch die Betreuer (*Operatoren*) erkannt, und diese können sich rechtzeitig um eine entsprechende Lösung kümmern. Hierzu werden die Soll- und Ist-Werte der einzelnen IT-Systeme permanent gesammelt und automatisiert verglichen.

Ein Leitstand wird auch genutzt, um größere Störungen zentralisiert zu bearbeiten. Dort laufen alle Fäden in Echtzeit zusammen. Eine LST wird aber auch im Normalbetrieb zum Situationsmonitoring genutzt. Ebenso können wichtige IT-Services (Verfahren) überwacht werden. In Abbildung 10.2 und Abbildung 10.3 sehen Sie Beispiele aus der Praxis.

Abbildung 10.2: Aktive Leitstandtechnik – vorne zwei Operator-Arbeitsplätze dahinter Monitore, um die aktuelle Lage zu visualisieren. (Quelle: JST Jungmann, https://www.jungmann.de/)

An dieser Stelle treffen Sie wesentliche Entscheidungen bezüglich der IT-Infrastruktur, überwachen den Betrieb und fungieren als Hauptansprechpartner für IT-bezogene Fragestellungen. Kurz gesagt, die Kopfstelle ist das organisatorische Herzstück, von dem aus alle IT-Prozesse gesteuert werden. Man könnte eine Kopfstelle aber auch noch anders beschreiben.

Abbildung 10.3: Der Operator-Arbeitsplatz, auf dem man verschiedene Bildquellen projizieren kann (Quelle: JST Jungmann, https://www.jungmann.de/)

Ich habe Ihnen in Abbildung 10.4 eine »kleine Galerie« von Leitständen zusammengestellt, Sie können aber natürlich auch wesentlich kleiner anfangen.

Abbildung 10.4: Verschiedene Leitstände (Quelle: JST Jungmann, https://www.jungmann.de/)

Die LST hat idealerweise in allen wichtigen Bereichen einer Organisation ihre Quellen sitzen. Das heißt, man hat z. B. ein »Beinchen« (einen Sensor) in verschiedenen Netzwerken positioniert und bekommt daher laufend aktuelle Informationen. Das können IT-Basiskomponenten wie DNS, AD, DHCP, NTP oder Ähnliches sein. Oder interne und externe Leitungen (Leitungswege), Knotenpunkte und/oder Kopfstellen.[12]

Stellen Sie sich vor, Sie haben eine Verbindung aus Ihrem Hauptsitz A zu einer größeren entfernten Niederlassung B. Hinter dieser Niederlassung B sind noch mehrere kleine Lokationen (C, D, E, F) vorhanden, die vollständig von der Niederlassung B betreut werden. Hinter C, D, E, F könnten sogar noch weitere, noch kleinere Niederlassungen liegen. Als Hauptsitz A interessieren Sie sich nicht für diese ganzen anderen Niederlassungen. Sie kommunizieren nur von A nach B (siehe Abbildung 10.5).

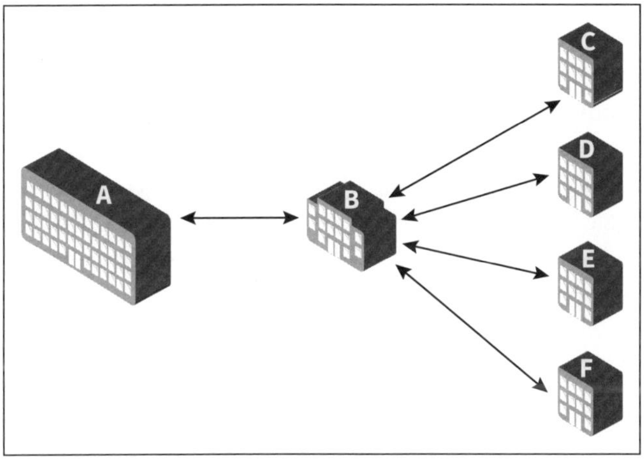

Abbildung 10.5: Kopfstelle B, grafisch dargestellt

Eine LST ist meist auch dann noch arbeitsfähig (z. B. mithilfe einer unterbrechungsfreien Stromversorgung (USV) oder Netzersatzanlage (NEA)), wenn der Rest der Organisation durch einen Stromausfall oder Ähnliches nicht mehr oder nur noch teilweise nutzbar ist.

Das ITSCM kann die LST nutzen, um technische Redundanzen (Leitungen, Systeme, RZ etc.) in Echtzeit zu überprüfen. Sie sollten sich von der Leitstelle eine eigene Sicht (View) erstellen lassen. Diese gibt Ihnen einen Überblick über die kritischen IT-Services.

- **Input** (für das ITSCM)
  - Übersicht aller technischen IT-Ressourcen für z. B. die zeitkritischen Geschäftsprozesse
  - Gesamtbild der zeitkritischen IT-Services und deren IT-Ressourcen
  - aktuelles Lagebild
  - Störungsprognosen, wenn diese Funktion in der Software integriert ist

12 In der IT bezeichnet eine *Kopfstelle* in der Regel den zentralen Punkt oder die Hauptabteilung, die für die strategische Planung, Steuerung und Koordination aller IT-Aktivitäten verantwortlich ist.

- Gesamtbild der eigenen Organisation
- Gesamtbild aller Datenleitungen (intern und extern)
- Gesamtbild aller angeschlossenen Gebäude und/oder Kunden
- Input für erweiterte Übungen und Tests

■ **Output** (vom ITSCM)

- Namen der wichtigen IT-Services und deren IT-Ressourcen für die zeitkritischen Geschäftsprozesse
- Nutzung der LST für erweiterte IT-Notfallübungen
- IT-Service-Continuity-Bericht (wenn gewünscht)

10.1.16 Qualitätsmanagement (QM)

Eine enge Zusammenarbeit mit dem Qualitätsmanagement (QM) ist besonders nützlich, wenn Sie Dokumente, Pläne, Arbeitsanweisungen, Checklisten und ähnliche Ressourcen standardisieren möchten. Dies ist auch relevant, wenn Sie Standards für das IT-Notfallmanagement, die IT-Notfallvorsorge oder für die Notfalldokumentation entwickeln wollen. In solchen Fällen sollten Sie die vom QM freigegebenen Templates anfordern und verwenden. Alternativ können Sie in Zusammenarbeit mit dem QM neue Templates entwickeln, diese final abstimmen und dann über ein Dokumentenmanagementsystem allen relevanten Bereichen zur Verfügung stellen.

Existiert kein QM in Ihrer Organisation, haben Sie größere Freiheit in der Gestaltung der Dokumentation, sofern keine anderen Vorgaben durch die Organisation, Tools, Gremien oder Steuerungsboards bestehen. In diesem Fall definieren Sie als ITSC-Manager gemeinsam mit dem ITSCM-Owner Ihren eigenen Standard.

■ **Input (für das ITSCM)**

- Vorgaben und Regelungen für alle Arten von Dokumenten (z. B. Konzepte, Strategien, AUs, Checklisten etc.)
- Richtlinien für Dokumente
- Ausfüllhinweise
- Review-Vorgaben
- Sicherheitsvorgaben
- Templates
- Standards

■ **Output (vom ITSCM)**

- eine standardisierte IT-Notfalldokumentation
- Mitarbeit bei technischen Standards und Standarddokumenten
- Know-how
- IT-Service-Continuity-Bericht (wenn gewünscht)

10.1.17 Dokumentenmanagement (DM)

Dokumentenmanagement (DM) ist das Organisieren, Speichern und Verwalten von Dokumenten und Dateien nach klaren Regeln innerhalb einer Organisation. Es umfasst die systematische Handhabung von Dokumenten über ihren gesamten Lebenszyklus hinweg, also von der Erstellung oder dem Empfang bis zur Archivierung oder Entsorgung. Dabei werden unter anderem folgende Aspekte festgelegt:

- Namensregelungen zu Dokumenten
- Abhängigkeiten von Dokumenten
- Ablageort(e) für Dokumente
- dezentraler Ablageort der Dokumente (als Notfallbackup-Lösung)
- Datensicherung der Dokumente
- Zugriffsregelung auf die Dokumente
- Templates für verschiedene Dokumentenarten
- Laufwege zur Offizialisierung von Dokumenten
- Review-Termine für Dokumente
- Hilfe zum Ausfüllen aller Dokumente

Tauschen Sie sich mit den Verantwortlichen für das DM aus, um dafür zu sorgen, dass Ihre ITSCM-Dokumente nahtlos in den Gesamtkontext Ihrer Organisation integriert sind. Orientieren Sie sich an den bestehenden Vorgaben, denn sonst werden Ihre Dokumente kaum Akzeptanz finden.

- **Input (für das ITSCM)**
  - Ablageorte für Notfalldokumentationen
  - Verortung der Notfalldokumente im Gesamtkontext der eigenen Organisation
  - Anhängigkeiten zu anderen Dokumenten
  - Dokumentenvorgaben
  - Templates
  - Ausfüllhilfen und Anleitungen
  - FAQs
- **Output (vom ITSCM)**
  - angepasste IT-Notfall-Dokumentationen
  - zentrale Ablage laut DM
  - Hilfe bei der Erstellung von Notfallvorsorge-Templates
  - Hilfe bei der Erstellung von Notfalldokumenten
  - Testen der Notfalldokumente
  - Testen der Zugriffe auf Notfalldokumente

- Updates zu vorhandenen Notfalldokumenten
- Kontrolle aller Notfallvorsorgedokumente
- IT-Service-Continuity-Bericht (wenn gewünscht)

10.1.18 IT-Architektur-Management (IT-AM)

Das *IT-AM* ist ein Aufgabengebiet im IT-Management einer Organisation und beschäftigt sich mit der Planung, Steuerung und Optimierung der gesamten IT-Architektur.

Es sorgt dafür, dass die IT-Systeme und -Strukturen einer Organisation auf die Geschäftsanforderungen abgestimmt sind, sowohl in der Gegenwart als auch in der Zukunft. Durch ein effektives IT-Architektur-Management kann eine Organisation sicherstellen, dass die IT-Infrastruktur die Geschäftsprozesse bestmöglich unterstützt, technologisch aktuell bleibt und gleichzeitig wirtschaftlich und nachhaltig ist.

Ein vorhandenes IT-AM bietet viele Vorteile (auch für das ITSCM), z. B. eine standardisierte Einführung von neuen IT-Services und/oder IT-Verfahren. Hier kann sich ein ITSCM ganz früh in den Erstberatungsprozess mit einbringen. Man könnte mit dem IT-AM einen verpflichtenden Standard definieren, in dem beschrieben wird, wie alle neuen IT-Services und/oder (IT-)Verfahren zu planen, aufzubauen und redundant zu betreiben sind. Dies hilft der eigenen Organisation, resilienter zu werden, weil man sich auf wenige definierte Standards stützt, anstatt viele verschiedene Individuallösungen zu betreiben. Hier bedeutet Standardisierung gleichzeitig Sicherheit und Stabilität. Nutzen Sie das IT-AM, um schon sehr früh, nämlich in der Beratungsphase, die Themen Redundanz(en) und IT-Notfallvorsorge zu adressieren.

Ihre Aufgabe ist es, positiv auf das IT-AM Einfluss zu nehmen, indem Sie mit dem IT-AM zusammen einen gemeinsamen Standard für die IT-Architektur und das ITSCM festlegen. In diesem Standard sollten technische Redundanzen bedacht und eingeplant werden, um einen möglichst robusten und störungsunanfälligen IT-Service aufzubauen und später betreiben zu können.

Sie könnten als ITSCM (mit dem AM zusammen) auch verbindlich festlegen, dass jeder neue IT-Service vor der finalen Übergabe an den Kunden getestet werden muss. Heißt: abschalten und dann per WAP/WHP wieder anlaufen lassen. Daraus könnten alle Bereiche sehr viel Wissen ziehen. Später im produktiven Betrieb ist die Durchführung genau solcher Tests viel schwieriger bis unmöglich.

Zusätzlich können Sie schon mit dem Kunden zusammen überlegen, welche Notbetriebsmöglichkeiten (Stichwort *Notbetriebsniveau*) sich anbieten. Würden diese in einem IT-Notfall für den Kunden überhaupt ausreichen?

In diesem Standard sollte auch die Dokumentation (inklusive Notfalldokumentation wie Übersichtsplan, WAP, WHP, DRP) verbindlich festgelegt werden.

Praxisbeispiel

Unser ITSCM ist mit dem IT-AM eine Kooperation eingegangen. Zuerst haben wir uns als ITSCM erst mal bei den Kollegen vorgestellt und unser Aufgabengebiet gründlich erklärt. Dann habe ich erzählt, wie wichtig für uns technische Redundanzen und eine anständige (IT-)Notfalldokumentation (inklusive WAP/WHP) sind, und zwar sowohl für unsere Organisation als auch für die Kundenseite.

Auf unsere Frage, ob man diese Notfallvorsorgegedanken nicht schon in der Erstberatung beim Kunden adressieren könnte (»Den ersten Samen einpflanzen«), ging sofort die Lösungssuche los. Die Kollegen waren direkt Feuer und Flamme und fanden die Notfallvorsorge ebenfalls sehr wichtig. Sie hatten sie nur vorher einfach nicht auf dem Schirm. Warum auch? Die Notfallvorsorge ist ja auch nicht ihr Aufgabengebiet. Sie sehen, miteinander zu reden kann Türen öffnen: Es baut ein gemeinsames Verständnis auf, und man kann im Team die Herausforderungen wesentlich besser meistern. Jetzt gilt es, unsere gemeinsamen Ideen in den nächsten Monaten und Jahren in die Praxis umzusetzen und einen organisationsweiten und gültigen Notfallstandard im Architekturmanagement zu entwickeln.

- **Input (für das ITSCM)**
  - aktuelle IT-Architektur-Standards in der Organisation
  - Liste aller bisherigen Architekturen
  - Infos zum Erstberatungsprozess
  - Kundenanforderungen an IT-Architekturen
  - Ziel des IT-AM
  - Neuigkeiten über Architekturen (inklusive Trends)
  - FAQs
- **Output (vom ITSCM)**
  - Templates für einen Notfalldokumentationsstandard
  - angepasstes WAP/WHP-Template
  - Vorschläge für technische Redundanzen in den ersten Kundenanforderungen
  - Ideen für redundante IT-Notfall-Architekturen
  - Ergebnisse aus Übungen und Tests
  - Erkenntnisse und Strategien aus den IT-Risiken
  - IT-Service-Continuity-Bericht (wenn gewünscht)

10.1.19 Die Configuration Management Database (CMDB)

Eines der wichtigsten Tools für das gesamte ITSCM-Team ist die *Configuration Management Database (CMDB)*. Dort werden alle für die Arbeit notwendigen technischen und organisatorischen Informationen zentral gesammelt und bereitgestellt. Die Qualität und die Aktualität der bereitgestellten Informationen bestimmen die weiteren Berabeitungsmöglichkeiten und deren Qualität.

Falls es in Ihrer Organisation noch keine solche Stelle gibt, sollten Sie darauf drängen, dass so etwas aufgebaut wird. Die Vorteile sprechen für sich:

- **Optimiertes IT-Service-Management:** Eine CMDB ermöglicht die Nachverfolgung aller IT-Service-Komponenten, einschließlich Hardware, Software und weiterer Assets. Dadurch lassen sich Auswirkungen von Änderungen und Ausfällen besser nachvollziehen, was die Qualität der IT-Service-Bereitstellung steigert.
- **Optimiertes Änderungsmanagement:** Eine CMDB hilft dabei, die Auswirkungen von Änderungen (z. B. per RfC) im Voraus zu analysieren, wodurch Planungs-, Test- und Implementierungsprozesse mit geringerem Risiko durchgeführt werden können.
- **Optimierte Asset-Verwaltung:** Die Nachverfolgung von IT-Ressourcen über den gesamten Lebenszyklus ermöglicht fundierte Entscheidungen über den Kauf und die Verwaltung von Hard- und Software.
- **Erweiterte Berichterstattung:** Eine CMDB stellt detaillierte Informationen zur IT-Infrastruktur bereit, die für vielfältige Analysen und Berichte genutzt werden können und wertvolle Einblicke in die IT-Umgebung bieten.
- **Verbesserte Zusammenarbeit:** IT-Teams können durch die zentrale Datenbasis einer CMDB Informationen in Echtzeit abrufen und teilen, was die Zusammenarbeit optimiert und Fehler reduziert.
- **Integration in andere IT-Systeme:** Schnittstellen zum IT-Service-Management (ITSM) und zu Helpdesk- oder Incident-Management-Systemen liefern Ihnen Informationen über Änderungen, Vorfälle und Konfigurationen.

Wie wichtig die CMDB ist, wird in Abschnitt 11.3.1 deutlich. In einer Gap-Analyse ist es sehr nützlich, wichtige Informationen gesammelt an einer Stelle zu finden.

Die Pflege einer CMDB ist eine aufwendige Arbeit, die in großen Organisationen einem ganzen Team übertragen wird, mit dem Sie sich selbstverständlich austauschen sollten.

- **Input (für das ITSCM)**
  - definierte und vollständige IT-Services
  - detaillierte Sicht vom Gebäude bis hin zum IT-Service oder den darunter liegenden Ressourcen
  - wichtige bzw. kritische IT-Ressourcen
  - alle Abhängigkeiten
    - IT-Services
    - IT-Ressourcen
    - IT-Basiskomponenten
    - IT-Systeme

  - EOL-(End-of-Life-)Informationen
  - Identifikation kritischer Items
  - Verwaltungs- und Serviceinformationen
- **Output (vom ITSCM)**
  - RTA- und RPA-Werte
  - RTO-, RPO- und MTPD-Werte (durch Kooperation mit dem BCM)
  - Daten zu Continuity-Tests
  - wichtige und zeitkritische IT-Services und -Ressourcen
  - Abhängigkeiten der IT-Ressourcen untereinander
  - MBCO-Informationen (durch Kooperation mit den technischen Bereichen)
  - eventuell wichtige Informationen aus den Übungen und Tests
  - IT-Risiken bezüglich der zeitkritischen IT-Services
  - Informationen aus verschiedenen IT-Notfällen und Lessons Learned
  - Rollen- und Funktionsinformationen

10.2 Externe Vernetzung

Es gibt einige externe Organisationen, mit denen Sie sich unbedingt beschäftigen sollten, um zu entscheiden, ob ein Kontakt mit ihnen notwendig ist. Dies hängt häufig davon ab, ob Sie in einem regulierten oder unregulierten Umfeld arbeiten – Stichwort Meldepflichten. Überprüfen Sie im Vorfeld, ob bereits jemand aus Ihrer Organisation mit diesen externen Stellen in Kontakt steht. Entscheiden Sie dann, inwieweit Ihr ITSCM involviert werden muss.

Diese Kontakte können bei erweiterten Übungen und Tests eine sinnvolle und erkenntnisbringende Erweiterung sein, auch wenn Sie wahrscheinlich nicht täglich mit Ihnen im Austausch stehen werden.

10.2.1 Bundesamt für Sicherheit in der Informationstechnik (BSI)

Der Arbeitsauftrag des BSI umfasste schon immer den Schutz der Regierungsnetze und die Sicherung zentraler Netzübergänge. Mit der Novellierung des BSI-Gesetzes 2009 kamen zwei Änderungen hinzu:

- Das BSI setzt seitdem für die Bundesbehörden verbindliche Sicherheitsstandards für die Beschaffung und den Einsatz von IT.
- Zudem wurde das BSI zur zentralen Meldestelle für IT-Sicherheit innerhalb der Bundesverwaltung, um bei IT-Krisen von nationaler Bedeutung durch Informationen und Analysen die Handlungsfähigkeit der Bundesregierung sicherzustellen. Für Wirtschaft,

Wissenschaft, Gesellschaft sowie für die Bürgerinnen und Bürger ist das BSI ein Ansprechpartner und Berater für alle Fragen der Informationssicherheit. Wenn Sie beispielsweise im Öffentlichen Dienst arbeiten, haben Sie ein Recht auf Unterstützung. Haben Sie also Anspruch, sollten Sie auch aktiv den Kontakt suchen und die wichtigsten Kontaktdaten Ihrer Ansprechpartner beim BSI gut auffindbar hinterlegen.

Das BSI ist auch deshalb so wichtig, weil viele BC-Manager (im Öffentlichen Dienst) sich sehr eng an die Ratschläge des BSI halten. Das BSI hat den Standard 200-4 »Business Continuity Management« entwickelt und stellt dazu viele nützliche Hilfsmittel zur Verfügung. Und da ein BCM dem ITSCM Vorgaben macht (per BIA, RA), sollten Sie die Begriffe des Standards 200-4 kennen und ihn als Ideenlieferant betrachten.

Das BCM oder das ISM wird normalerweise schon Kontakte zum BSI aufgebaut haben. Wenn BCM und ISM nicht vorhanden sind, können Sie als ITSCMler natürlich auch die entsprechenden Kontakte aufbauen und pflegen.

- **Input** (für das ITSCM)
  - BSI-Standard 200-4 (dreistufiger BCM-Aufbau und -Betrieb)
  - Vorgehensweisen und Hilfsmittel
  - allgemeingültiges Wording (deutschlandweit)
  - viele nützliche Informationen
  - Super Lagezentrum und sehr guter Support bei Cybervorfällen
  - Newsletter
  - Studien, Berichte, Schulungen etc.
- **Output** (vom ITSCM)
  - Der ITSCM-Teil des Standard 200-4 sollte weiterentwickelt werden, da die IT der wichtigste Bestandteil in der digitalen Arbeitswelt ist. Da ist das ITSCM im aktuellen Standard noch zu unterrepräsentiert (siehe auch den BSI-Standard 200-4 Punkt 2.4.2, Seite 35).

10.2.2 Landeskriminalamt (LKA)

Meist übernimmt das LKA die Ermittlungen und die Strafverfolgung, wenn es um Dinge wie organisierte Kriminalität, politisch motivierte Delikte, großflächige Wirtschaftskriminalität oder Kapitalverbrechen geht.

Das kann für Sie relevant werden, wenn es im Rahmen eines IT-Sicherheitsvorfalls zu Erpressungsversuchen kommt. Die direkten Ansprechpartner werden dann wahrscheinlich eher aus dem Informationssicherheitsmanagement kommen. Auch wenn es zwar keine direkte Schnittmenge zum ITSCM gibt, sollten Sie die für Sie zuständigen LKA-Telefonnummer parat halten.

10.2.3 Behörden und Organisationen mit Sicherheitsaufgaben (BOS)

Sie fragen sich bestimmt, warum ich die BOS-Organisationen wie Polizei, Feuerwehr, Technisches Hilfswerk oder den Katastrophenschutz in diese Liste aufgenommen habe. Irgendwann werden Sie in Ihrer Organisation einen so hohen Reifegrad beim Üben und Testen erreicht haben, dass Sie den Fokus erweitern sollten, und zwar um diese BOS. Lernen Sie von und mit den Profis, die sich meist über eine rechtzeitige Kontaktanfragen sehr freuen.

Vorrangig denke ich hier an die Feuerwehr und Polizei; tauschen Sie sich beispielsweise über Brandfälle, Einbruchsversuche, Hochwasserschäden oder Amokläufe aus. Der Kontakt sollte zwar über das BCM oder den Arbeitsschutz laufen, aber denken Sie daran, dass all dies auch Auswirkungen auf die IT-Services haben kann.

- **Input** (für das ITSCM)
  - Übungs- und Testunterstützung
  - Tipps und Tricks
  - Verhaltensweisen
  - Profiwissen
  - Hilfsmittel
  - Infomaterial
  - etc.
- **Output** (vom ITSCM)
  - verschiedene Übungs- und Testszenarien
  - ganz viele Fragen an die Profis 😉

10.2.4 Teilnehmer von Schulungen, Lehrgängen und Workshops

Eine nicht zu unterschätzende Informationsquelle ist die Vernetzung mit anderen Teilnehmern aus Schulungen, Lehrgängen, Workshops und Messen etc. Sie werden hier oft Menschen aus Organisationen kennenlernen, die schon wesentlich weiter im Auf- oder Ausbau eines ITSCM sind oder aber auf einer ähnlichen Stufe stehen wie Sie.

Nutzen Sie Synergien und tauschen Sie sich fachlich aus. Unterstützen, beraten und ergänzen Sie sich, denn man lernt von und mit den Profis aus der Praxis. Das ist sind optimale Ergänzungen zu den ganzen theoretischen Schulungsinhalten. Hier kann man seine ganzen Problemchen, aber auch die Erfolge miteinander teilen und feiern – und ganz einfach fachsimpeln.

10.2.5 Social Media (z. B. LinkedIn, XING, Facebook, X etc.)

Von einer guten Vernetzung in den sozialen Medien können Sie profitieren. Ich habe z. B. die erste und bisher weltweit einzige deutschsprachige ITSCM-Gruppe bei LinkedIn gegründet. Dort tauschen sich Praktiker und erfahrene Experten untereinander aus. Sie glauben nicht, welche interessanten Diskussionen, Informationen, Projekte, Ideen, Chancen etc. dort schon besprochen und geteilt wurden! Mal in der gesamten Gruppe, mal in Einzelgesprächen.

Schreiben Sie mich einfach an, und ich werde Sie in diese Gruppe mit aufnehmen. Die einzige Voraussetzung sind ITSCM-Kenntnisse oder praktische Erfahrungen im ITSCM.

10.2.6 Arbeitskreise, Arbeitsgruppen, Communitys, Gremien etc.

Es gibt verschiedene Arbeitsgruppen, Arbeitskreise und Gremien, die sich mit dem ITSCM beschäftigen. Sie stammen aus Fachverbänden, Unternehmen und der öffentlichen Verwaltung. Dort kann man sich sehr intensiv austauschen.

Internationale und nationale Fachverbände

- **BCI (Business Continuity Institute)**
  - weltweit führende Organisation für Business Continuity und ITSCM
  - bietet Arbeitskreise, Forschungsgruppen und Zertifizierungen an.
  - Website: *www.thebci.org*
- **DRII (Disaster Recovery Institute International)**
  - Fokus auf Best Practices im ITSCM und in der Business Continuity
  - Bietet Zertifizierungen und Expertennetzwerke.
  - Website: *www.drii.org*
- **ISACA (Information Systems Audit and Control Association)**
  - IT-Governance, IT-Risikomanagement und ITSCM-Arbeitsgruppen
  - Bekannt für das COBIT-Framework und die CISM-Zertifizierung.
  - Website: *www.isaca.org*
- **ITSMF Deutschland e.V. (IT Service Management Forum)**
  - Community für ITIL- und ITSCM-Experten
  - bietet Austausch zu Best Practices, Normen und Standards.
  - Website: *www.itsmf.de*

Normungs- und Standardisierungsgremien

- **ISO/IEC 27031-Arbeitsgruppen**
  - entwickeln internationale ITSCM-Standards (ISO 27031 für IT-Notfallvorsorge).
  - Beteiligung durch nationale ISO-Organisationen (z. B. DIN, BSI)
- **BSI (Bundesamt für Sicherheit in der Informationstechnik, Deutschland)**
  - Fachgruppen für IT-Notfallmanagement und KRITIS-Sicherheit

- Veröffentlichungen wie BSI-Standard 200-4 (Business Continuity Management)
- Website: *www.bsi.bund.de*

Unternehmensinterne Arbeitskreise und Branchen-Arbeitskreise
Viele große Unternehmen und Branchenverbände haben interne ITSCM-Arbeitskreise, z. B.:

- **KRITIS-Branchenverbände** (z. B. Bitkom für IT-Unternehmen, BDEW für Energie)
- **Banken- und Versicherungsgruppen** (z. B. BaFin-Richtlinien für ITSCM)
- **Telekommunikation und Gesundheitswesen** (mit ITSCM-Pflichten durch gesetzliche Vorgaben)

Konferenzen
Inzwischen finden auch einige Konferenzen statt, die sich rein dem ITSCM widmen. Auch andere Veranstaltungen sind für das Netzwerken gut geeignet:

- **BCM- und ITSCM-Fachkongresse** wie:
  - **Business Continuity Summit**
  - **ITSCM-Foren** bei **ISACA** oder **itSMF**
  - **KRITIS-Tagungen** für Unternehmen mit kritischer Infrastruktur
  - **BCM Summit** (Hamburg)

10.3 Weitere Vorgehensweise und Übungen

Im nächsten Kapitel geht es mit der Gap-Analyse weiter, also mit der Lücken- bzw. Differenzanalyse. Die Gap-Analyse ist eines der wichtigsten Themen im ITSCM – wenn nicht sogar das wichtigste Thema. Geht es doch darum, Lücken bzw. Missstände oder Schwachstellen zu finden, zu dokumentieren und beseitigen zu lassen, um auf diese Weise letztendlich die Resilienz der eigenen Organisation immer weiter zu erhöhen.

F-10-1: Sollte sich ein ITSCM vernetzen?

a) Auf jeden Fall. Nur in »Gesellschaft« fühlt sich ein ITSCM richtig wohl und kann Mehrwerte generieren.
b) Das ITSCM ist groß genug. Muss sich daher nicht vernetzen.
c) Ja, unbedingt, aber nur mit dem Top-Management. Denn da kommt die Finanzierung her.
d) Ja, aber nur mit den externen Kunden. Weil sie die Anforderungen stellen.

[/]

F-10-2: Mit welchem Bereich sollte sich ein ITSCM unbedingt intensiv vernetzen?

a) Mit dem Controlling, um alle IT-Ausgaben gegenzuprüfen

b) Mit dem BCM, weil es von dort Anforderungen und die Soll-Werte bekommt

c) Mit dem SLM, weil es dort den MBCO mit den externen Kunden abstimmt

d) Mit dem Lieferantenmanagement, weil das dafür zuständig ist, alle Lieferanten auf Alternativen zu überprüfen

[/]

F-10-3: Ist eine externe Vernetzung sinnvoll?

a) Nein, das ITSCM arbeitet nur organisationsintern.

b) Nein, das wurde per ITSCM-Policy ausgeschlossen.

c) Definitiv, spätestens bei den erweiterten Übungen und Tests ist es sehr sinnvoll.

d) Ja, aber nur direkt mit den Kunden.

Kapitel 11

Die Gap-Analyse (Lücken- oder Differenzanalyse)

Was ist der Sinn und Zweck einer Gap-Analyse? In diesem Kapitel lernen, wie Sie die Soll-Vorgaben sammeln und mit den Ist-Werten abgleichen.

»Das Geheimnis des Vorankommens ist der Anfang.« (Mark Twain)

Eine Gap-Analyse ist eine der zentralen und wichtigsten Aufgaben eines ITSCM. Sie findet im Normalfall einmal pro Jahr statt und dient dem Nachweis, dass die Verfügbarkeitsanforderungen des BCMs erfüllt werden, dass also die zeitkritischen Geschäftsprozesse durch die Technik angemessen abgebildet werden können. Oder noch einfacher gesagt: Kann meine Organisation ihre Aufgaben mit den vorhandenen Mitteln erfüllen?

Verantwortlich für die Durchführung einer Gap-Analyse ist der ITSC-Manager (bzw. sind die ITSC-Manager). Er wird dabei von den Kollegen aus den technischen Bereichen, Fachbereichen bzw. Aufgabengebieten aktiv unterstützt.

Ich habe die Gap-Analyse bewusst an dieser Stelle aufgeführt, weil Sie vorher erst Ihr Personal fit machen und sich innerhalb der Organisation ein *Standing*[1] aufbauen müssen. Eine Gap-Analyse mit einem neuen Team ohne Standing in der Organisation durchzuführen, wird Ihr ITSCM direkt vor eine fast unlösbare Aufgabe stellen.

Dabei unterscheide ich zu Beginn zwei Fälle:

- Entweder bekommen Sie detaillierte Vorgaben aus dem BCM und können auf dieser Basis die Analyse durchführen. Dann müssen Sie Begriffe wie RTO, RPO und MBCO kennen – darum geht es in Abschnitt 11.2.
- Oder Sie müssen ohne diese Vorgaben arbeiten und das Pferd von hinten aufzäumen (siehe Abschnitt 11.3). Dann gilt es, die erforderlichen Soll-Werte zunächst zu erfassen, wobei Sie sich an den Anforderungen des Service Level Managements (SLM) (siehe Abschnitt 10.1.5) orientieren müssen.

Die Qualität der Inputquellen bestimmt den Aufwand der Gap-Analysen. Haben Sie eine gute und solide Datenbasis (ausformulierte SLAs und OLAs, vollständige und aktuelle DBs bzw. eine gut gefüllte CMDB), geht eine Gap-Analyse sehr schnell. Ich spreche hier über einen zum größten Teil automatisierten Bearbeitungszeitraum von wenigen Stunden.

1 Mit dem Begriff *Standing* meint man das Ansehen, die Anerkennung und die Wahrnehmung einer Person oder Gruppe im Rahmen der organisatorischen Hierarchie.

Ist die Datenqualität hingegen schlecht oder sind Daten gar nicht vorhanden, kann es Tage, Wochen oder sogar Monate dauern, alle Werte zusammenzutragen – wenn Sie sie überhaupt zusammenbekommen.

Aber auch andere Faktoren haben einen direkten Einfluss auf die Durchführung und die Ergebnisse einer Gap-Analyse:

- die Anzahl der zeitkritischen Geschäftsprozesse
- die Menge der zu betrachtenden IT-Services
- die Menge der zu betrachtenden IT-Ressourcen
- die Anzahl der Quellen (Verfügbarkeitsanforderungen)
- die Komplexität der eingesetzten IT-Technik(en) bzw. der IT-Systeme
- die Qualität der BIA-Ergebnisse
- die Qualität und der Umfang der einzelnen Handbücher (Technik, Betrieb etc.)
- die Struktur der Dokumentation der IT-Infrastruktur
- die Qualität, Vollständigkeit und Aktualität der Daten in der CMDB
- die Qualität der SLAs mit Dienstleistern, Lieferanten, Kunden
- die Qualität der internen OLAs
- die Werte aus der Schutzbedarfsanalyse (ISM)
- die Verfügbarkeit der Ansprechpartner in der Organisation

Sie sehen schon, eine Gap-Analyse macht man nicht mal eben so! Mit ihr haben Sie eine sehr wichtige Stellschraube, mit der Sie ihre organisationsweite Resilienz spürbar kontrollieren und dauerhaft erhöhen können.

[»]

Aus der Praxis: Inkonsistenzen im Datenbestand

Es kann natürlich noch einen dritten Fall geben: Die Ergebnisse aus den BIAs des BCMs, den ISM-Schutzbedarfsanalysen und der CMDB widersprechen sich oder passen nicht 100%ig zueinander. Dann müssen Sie sich für eine der Quellen entscheiden. Mein Tipp: Nutzen Sie immer die Vorgaben des BCMs.

Natürlich sollten die Quellen im Idealfall die gleichen Werte vorgeben. Aber gerade in der Anfangsphase kann und wird es zu Unstimmigkeiten kommen. Das ist normal. Gründe dafür gibt es mehr als genug: Die CMDB wird erst noch aufgebaut, das ISM ist mit der Gefahrenabwehr beschäftigt und die letzte Schutzbedarfsanalyse ist schon ein paar Jahre alt, das BCM hat noch gar keine BIA durchgeführt ...

Bei meiner ersten Gap-Analyse sah es noch ein wenig komplizierter aus: Ich habe sie vorbereitet, obwohl es noch keine BIA des BCM gab. Stattdessen war ich aus dem IT-SCM aktiv bei der Durchführung der BIA dabei – was eigentlich eher ungewöhnlich ist.

Danach habe ich nur diese Soll-Werte aus dem BCM für die nächste Gap-Analyse genommen. Danach wurde geschaut, was man noch aus der CMDB oder dem ISM hätten nutzen können, und hat dies einfließen lassen.

Sie wissen ja wahrscheinlich selbst: Theorie ist fein, die Praxis sieht dann aber immer ein bisschen anders aus. Dann heißt es, pragmatische Lösungen zu finden und zu schauen, was funktioniert.

11.1 Sinn und Zweck einer Gap-Analyse

In der Gap-Analyse werden die Soll-Anforderungen des BCM mit den Ist-Werten aus der Praxis verglichen, es findet also ein Soll/Ist-Vergleich statt. Dabei sollen mögliche *Lücken* (Gaps) aufgedeckt, dokumentiert und behoben werden. Im Zuge dessen werden die folgenden Werte und Zuständigkeiten geprüft:

- Kontrolle: Wie verhält sich der *RTA (Recovery Time Actual)* zum *RTO (Recovery Time Objective)*?
- Kontrolle: Wie verhält sich der *RPA (Recovery Point Actual)* zum *RPO (Recovery Point Objective)*?

Daraus folgen dann Konsequenzen, je nachdem, ob Lücken gefunden werden. Ihre Organisation muss dann:

- Anpassungen an der BIA oder an den SLAs vornehmen – Sie passen also das Soll an die Realität an.
- Die IT ertüchtigen, indem beispielsweise die Technik aufgerüstet wird – Sie passen also das Ist an und verbessern es.

Darüber hinaus hilft Ihnen die Gap-Analyse auch, den Umfang des IT-Notbetriebs (das Notbetriebsniveau) mit den technischen Bereichen zu definieren, und Sie bauen auch die ITSC-Lösungsoptionen hierauf auf. Auch die möglichen IT-Notfallvorsorgemaßnahmen könnten daraus entwickelt werden.

[!]

»Don't shoot the messenger!«

Eine Sache ist mir sehr wichtig, denn sie sorgt oft für Konflikte und Missverständnisse: Sie sind als ITSC-Manager nicht für die RTA- und RPA-Werte verantwortlich. Sie sammeln sie nur von den technischen Bereichen oder Fachabteilungen ein und verarbeiten sie weiter!

Wenn die internen Kunden über »schlechte« Ergebnisse verärgert sind, bringt es nichts, an diesem Punkt Streitereien und Diskussionen anzufangen. Die Analyse deckt diese Probleme ja auf: Sie war also erfolgreich. Die Zuständigkeit dafür, dass diese Lücken geschlossen werden, liegt woanders. (Darauf komme ich noch einmal kurz in Abschnitt 11.7 zu sprechen.)

11.2 Mit Soll-Vorgaben eine Gap-Analyse durchführen

Der einfachere Fall liegt vor, wenn es in Ihrer Organisation bereits Soll-Werte gibt, auf die Sie aufbauen können. Diese Werte stammen zumeist aus einer Schadensausmaßanalyse – der Fachbegriff lautet *Business Impact Analyse* (*BIA*). Sie haben sie schon in Abschnitt 5.2 kennengelernt, als es um das BCM ging. Die BIA ermittelt potenziell organisationsbedrohende Auswirkungen von Geschäftsunterbrechungen, indem sie alle zeitkritischen Geschäftsprozesse, deren Abhängigkeiten und Prioritäten darstellt. Damit liefert sie Informationen zu den IT-Services und IT-Ressourcen, die für einen Wiederanlauf nötig sind. Bei einer Gap-Analyse werden nur die IT-Ressourcen betrachtet, die die zeitkritischen IT-Services für die zeitkritischen Geschäftsprozesse unterstützen.

Die Soll-Vorgaben leiten sich aus den Anforderungen an die IT ab. In Abbildung 11.1 erkennen Sie, wie man sich aus der eher abstrakten Ebene der Prozesse über die IT-Services bis zu den IT-Ressourcen hindurcharbeitet.

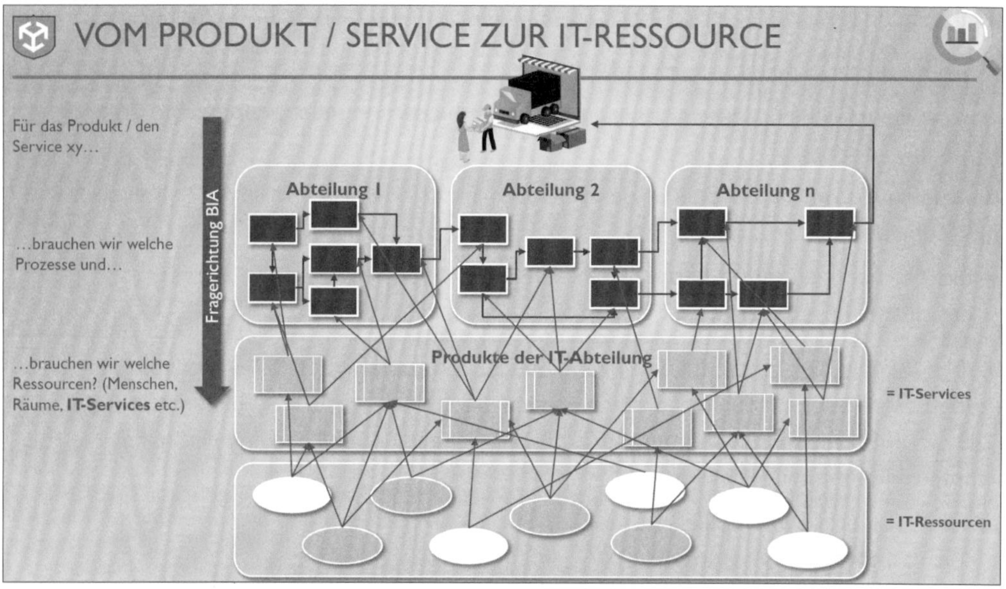

Abbildung 11.1: Von den Geschäftsprozessen sind die IT-Services abhängig und von diesen wiederum die IT-Ressourcen. (Quelle: BCM Academy GmbH, Lehrgang »Certified IT Service Continuity Manager, CITSCM«, https://www.bcmacademy.de/de/citscm)

Die BIA muss für eine Gap-Analyse folgende Soll-Werte vorgeben, die wir uns in diesem Abschnitt genauer anschauen. Sie sind »das Brot und die Butter« im ITSCM:

- RTO: *(maximal erlaubte Wiederanlaufzeit)*
- RPO: *(Zeitpunkt der letzten Datensicherung, maximal erlaubter Datenverlust)*
- MBCO: *(Definition des Notbetriebsniveaus; nur zur Information für das ITSCM)*
- MTPD: *(maximal erlaubte Ausfallzeit, nur zur Information für das ITSCM)*

Ich möchte Ihnen Abbildung 11.2 kurz erklären.

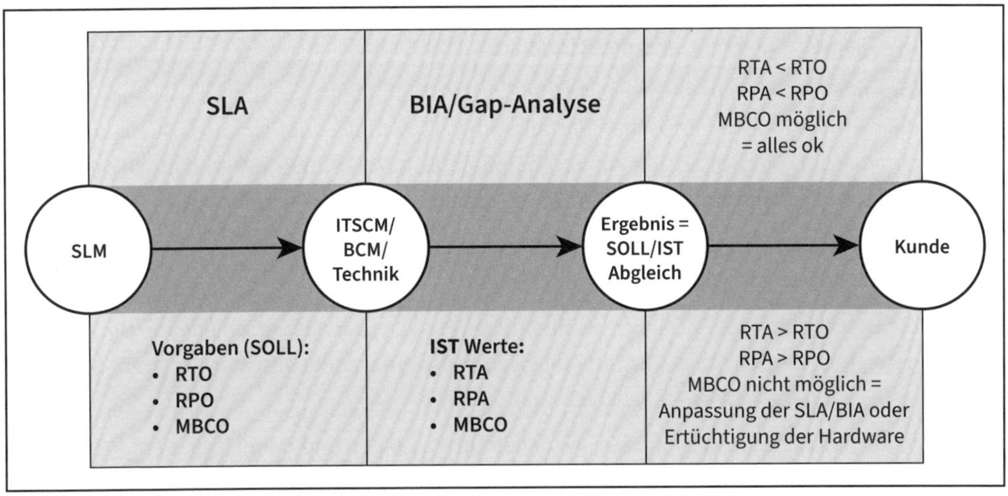

Abbildung 11.2: Soll/Ist-Abgleich BCM → ITSCM und Abhängigkeiten

Das SLM kommt mit einer Kunden-SLA auf das BCM/ITSCM zu, aus denen sich die Werte RTO, RPO und MBCO ableiten lassen. Das BCM führt eine BIA durch. Das ITSCM führt dann seine Gap-Analyse durch und vergleicht dabei die Soll-Werte RTO und RPO mit den tatsächlichen Ist-Praxiswerten RTA und RPA.

Dabei gilt Folgendes:

- RTA/RPA (Ist-Werte) sind unter den RTO/RPO (Soll-Werten) = alles okay. (Es gibt also einen zeitlichen Puffer).
- RTA/RPA sind über den RTO/RPO-Werten = die SLA oder die BIA-Soll-Werte müssen angepasst wurden oder die IT muss ertüchtigt bzw. umgebaut werden, sodass die RTA/RPA-Werte unter die Soll-Werte kommen.

Das heißt: Werden die Soll-Werte aktuell überschritten, gibt es keine funktionierende IT-Notfallvorsorge. In diesem Fall muss sofort gehandelt werden!

Das gewünschte Ergebnis

Ihr Ziel muss sein, mit den Ist-Werten unter die Soll-Werte des BCM zu kommen.

Natürlich können Sie auch eine Punktlandung anstreben, denn formal wäre es in Ordnung, wenn der Ist-Wert dem Soll-Wert entspricht. Das wäre mir allerdings etwas zu knapp: Man sollte sich immer einen kleinen zeitlichen Puffer einbauen! Denn denken Sie daran: Die Zeit sollte immer auf Ihrer Seite sein.

Eine Ausnahme können Sie machen, wenn die Kosten für diese Unterschreitung exorbitant teuer wären und nicht mehr im Verhältnis zum Nutzen stünden.

11.2.1 RTO (Recovery Time Objective) und RTA (Recovery Time Actual)

Das wichtigste Kriterium an die Verfügbarkeit im Notbetrieb ist die *Wiederanlaufzeit* (*WAZ*) eines IT-Service, also der RTO-Wert.

Dieser Wert bezeichnet die maximale Zeitdauer (in Minuten, Stunden, Tagen, Wochen) nach Eintreten eines kritischen Vorfalls, eines IT-Notfalls oder einer (IT-)Krise, die vergehen darf, bis ein Notbetrieb auf vorab definiertem *Notbetriebsniveau* (MBCO) des IT-Service zur Aufrechterhaltung zeitkritischer Geschäftsprozesse aufgenommen wurde.

Der RTO lässt sich also auch als *Wiederherstellungszeitvorgabe* bezeichnen. Oder, ganz einfach übersetzt: Wie lange darf ein IT-Service ausfallen?

Die Berechnung des RTO ist ein mehrstufiger Prozess, der aus verschiedenen Blickwinkeln betrachtet werden muss. Darunter fallen auch die BIA und die Desaster-Recovery-Strategie.

Der erste Schritt im RTO-Prozess ist die vollständige Inventarisierung aller IT-Systeme, geschäftskritischen Anwendungen, virtuellen Umgebungen und Daten (z. B. per CMDB). Ohne eine genaue Bestandsaufnahme ist es nicht möglich, einen RTO genau zu bestimmen!

Sein Gegenstück ist der *RTA (Recovery Time Acutal)*, d. h. die tatsächliche *Wiederherstellungszeit*. Also: Wie lange dauert es tatsächlich, bis der IT-Service wieder läuft? (Siehe auch Abschnitt 11.5.2, wenn es um die Erfassung des Ist-Zustands geht.)

In einem stark vereinfachten Szenario ist die Gap-Analyse dann natürlich nicht schwer: Sie haben beispielsweise die Vorgabe, dass ein Dienst in 5 Minuten wiederhergestellt sein muss. Durch einen Test beweisen Sie, dass der Dienst in 4 Minuten erfolgreich wiederhergestellt werden kann. So weit, so gut ...

Aber leider ist die Welt nicht so einfach, und die IT ist es erst recht nicht. Sie werden nie einen Dienst haben, der komplett für sich alleine steht. Interessant (und realistisch) wird es also erst, wenn Sie die kumulierten RTOs anschauen.

Den Gesamt-RTO bzw. End-RTO berechnen

Der Gesamt-RTO-Wert[2], also der Wert, den Sie in einer SLA finden, ist die Summe aus verschiedenen einzelnen RTOs. Dieser RTO-Wert muss dabei immer kleiner sein als der MTPD-Wert, damit eine Vermeidung oder Reduzierung eines bestandsgefährdenden Schadens erreicht werden kann. Die Norm ISO 27031 beschreibt dies in Punkt 8.2 so:

> *»Aus Sicht der Geschäftskontinuität gibt es ein RTO pro Produkt, Service oder Aktivität. Dieses RTO beginnt an dem Punkt, an dem die Störung auftritt, und läuft, bis das Produkt, der Service oder die Aktivität wiederhergestellt ist. Um dies zu ermöglichen, können mehrere IKT-Services erforderlich sein, und jeder dieser IKT-Services kann*

2 Hier gibt es ab und zu ein kleines, sprachliches Wirrwarr. Einige Menschen nennen es »Gesamt-RTO«, andere »End-RTO« und wieder andere nur »RTO«. Es muss aber allen klar sein, dass der RTO-Wert in einer SLA/OLA immer eine Summe von Einzel-RTOs ist. Ich werde in diesem Ratgeber daher im SLA/OLA-Umfeld immer von einem »RTO« sprechen und meine damit den Gesamt -RTO aller relevanten Dienste.

mehrere IKT-Systeme oder -Anwendungen umfassen. Jede der Komponenten, IKT-Systeme oder Anwendungen wird durch ihre jeweiligen RTOs wiederhergestellt, sodass die abhängigen IKT-Produkte, IKT-Services und IKT-Aktivitäten durch ihre genehmigten RTOs wiederhergestellt werden.«[3]

Übersetzt heißt das: Es gibt für jedes Produkt (also für jeden zeitkritischen Geschäftsprozess), jeden zeitkritischen IT-Service und jede IT-Ressource einen eigenen RTO-Wert. Diese Werte müssen addiert werden. Der Gesamt-RTO ist dann der Zeitraum vom Beginn einer Störung bis zur Wiederherstellung bzw. bis zum Notbetriebsniveau. Oft werden dazu mehrere IT-Services gebraucht.

Aufgrund der gegenseitigen Abhängigkeiten zwischen den IT-Services ist der Gesamt-RTO in der Praxis immer gleich oder niedriger als der RTO der zeitkritischen Geschäftsaktivität bzw. des zeitkritischen Geschäftsprozesses. Das ist folgerichtig, weil teilweise mehrere IT-Services für einen zeitkritischen Geschäftsprozess gebraucht werden.

Der RTO-Wert des zeitkritischen Geschäftsprozesses ist für alles darunter das Maß der Dinge: Dieser RTO-Wert muss erreicht werden.

Dazu ein erstes kleines Rechenbeispiel (aus Abbildung 11.3) zur Verdeutlichung: Der IT-Service 1 hat den Wert `RTO1` = 1h, der IT-Service 2 hat den Wert `RTO2` = 2h und der IT-Service 3 hat den Wert `RTO3` = 3h. Die drei Services müssen nacheinander anlaufen. Der zeitkritische Geschäftsprozess A hat einen Wert `RTOA` = 6h. Hier darf es dann nur folgendes Ergebnis geben:

```
RTO1 + RTO2 + RTO3 = RTOA
```

1h + 2h +3h = 6h, also genau die Zeit, die der zeitkritische Geschäftsprozess A (als Soll-Wert) vorgibt. Nach 6 Stunden muss dieser zeitkritische Geschäftsprozess wieder laufen!

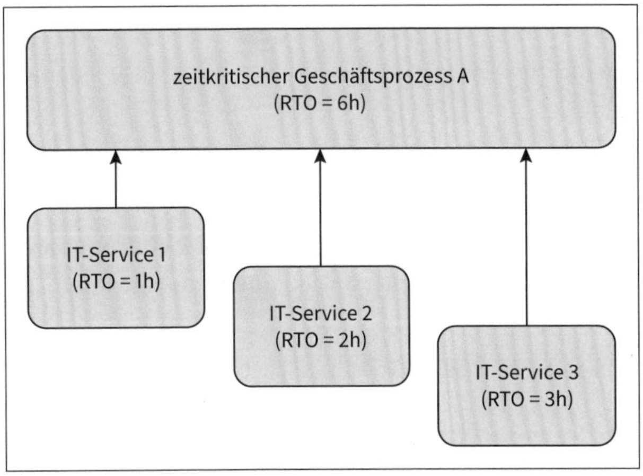

Abbildung 11.3: Zur Berechnung des Gesamt-RTOs gehen Sie so vor.

3 Zitat aus der ISO-Norm. (Quelle: DIN Media GmbH, ISO/IEC FDIS 27031:2024-06 – Entwurf, *https://www.dinmedia.de/de/norm-entwurf/iso-iec-fdis-27031/382142021*)

Wenn dies Probleme verursacht, müssen Sie einen der drei RTO-Werte der IT-Services verringern, also z. B. `RTO3` von 3h auf 2,5h oder 2h reduzieren. Diese zeitlichen Puffer kann man später entfernen, wenn Sie diesen RTO-Wert in der Praxis mehrfach erreicht haben. Somit werden Ihre Werte im Laufe der Zeit immer präziser. Sie können besser einschätzen, wie lange Sie für einen Wiederanlauf oder eine Wiederherstellung brauchen. Und Sie wissen später genau, wo zusätzliche Pufferzeiten sinnvoll sind und ob überhaupt noch ein Puffer gebraucht wird, da sich die Soll-Werte mit den Ist-Werten decken.

Praxisbeispiel

Schauen wir uns die Bestimmung eines realistischen RTO noch einmal in der Praxis an. Denn wie bereits gesagt: In der Theorie ist es ganz einfach, aber wenn Sie wirklich einmal vor der Aufgabe stehen, eine Gap-Analyse durchzuführen, wird es doch deutlich komplizierter. Schritt für Schritt können Sie dann so vorgehen:

1. **Sie identifizieren die kritischen Prozesse und deren RTOs**

   Erstellen Sie zunächst eine Liste aller zeitkritischen Geschäftsprozesse und IT-Systeme, die im BCM betrachtet werden. Dabei sollten Sie beachten:

   - Welche Geschäftsprozesse sind dabei am (zeit-)kritischsten?
   - Welche Abhängigkeiten bestehen zwischen Prozessen und anderen IT-Systemen?

2. **Sie bestimmen die einzelnen Wiederherstellungszeiten**

   - *Erkennungszeit* (*Detection Time*, DT): die Zeit, um das Problem zu erkennen
   - *Reaktionszeit* (*Response Time*, RT): die Zeit, bis eine Reaktion auf das Problem erfolgt
   - *Wiederherstellungszeit* (*Recovery Time*, RCT): die Zeit, um die Systeme oder Prozesse wieder zum Laufen zu bringen
   - *Test- und Validierungszeit* (*Verification Time*, VT): die Zeit, um sicherzustellen, dass alles ordnungsgemäß funktioniert

3. **Berücksichtigen Sie die Abhängigkeiten**

   - Wenn Prozesse voneinander abhängen, wird der Gesamt-RTO durch den kritischsten Prozess bestimmt. Wenn der Kundensupport beispielsweise vom Buchungssystem abhängig ist, muss das Buchungssystem zuerst wiederhergestellt werden, um den Support zu gewährleisten.
   - Der Gesamt-RTO ist also immer der kleinste RTO des kritischsten Prozesses oder der abhängigen Kette.

4. **Durchschnittlichen RTO berechnen (wenn es sinnvoll ist)**

   Falls es keine Abhängigkeiten gibt und Sie eine allgemeine Kennzahl für die Organisation suchen, können Sie einen gewichteten Durchschnitts-RTO berechnen. Hierbei fließt die Kritikalität der Prozesse mit ein: Wichtige Prozesse werden stärker gewichtet.

5. **Sie berechnen den Gesamt-RTO**

   Die Berechnung des Gesamt-RTO erfolgt durch die Summe der einzelnen Wiederherstellungszeiten aller relevanten Prozesse und IT-Systeme. Dabei werden verschiedene Phasen der Wiederherstellung berücksichtigt.

   `RTOgesamt = DT + RT + RCT + VT`

In einem zweiten Praxisbeispiel sieht dies wie folgt aus. Angenommen, die Werte für ein IT-System sind:

- DT = 30 Minuten (Das Problem wird erkannt.)
- RT = 1 Stunde (Ein Techniker beginnt mit der Behebung.)
- RCT = 3 Stunden (Das IT-System wird wiederhergestellt.)
- VT = 30 Minuten (Test und Validierung zeigen: Es läuft wieder!)

Dann ergibt sich: `RTOgesamt` = 0,5h + 1h + 3h + 0,5h = 5 Stunden

Der Gesamt-RTO von 5 Stunden gibt somit die maximale Wiederherstellungszeit für alle (IT-)Systeme und Prozesse (in der gesamten Kette) an.

> **Dies ist ein Worst-Case-Ansatz**
>
> Ein konservativer Ansatz ist der, den Gesamt-RTO als den kürzesten RTO-Wert (des kritischsten Prozesses) festzulegen. Dies stellt sicher, dass Sie alle kritischen Prozesse in der kürzesten Zeit wiederherstellen können.
>
> Für eine präzise Berechnung müssen Sie Kritikalität, Abhängigkeiten und Gewichtungen der Prozesse einbeziehen.
>
> Wählen Sie den Ansatz, der zur Zielsetzung der vorhandenen BCM-Strategie passt: Soll der kritischste Prozess berücksichtigt werden oder ein Durchschnittswert für die Gesamtorganisation bzw. das RZ?

11.2.2 RPO (Recovery Point Objective) und RPA (Recovery Point Actual)

Der *Recovery Point Objective (RPO)* definiert den maximal tolerierbaren Datenverlust für einen Geschäftsprozess. Dieser Wert bestimmt, wie alt Daten im Notfall höchstens sein dürfen, um weiterhin sinnvoll arbeiten zu können. Der Wert beschreibt somit den letzten Zeitpunkt der Datensicherung bzw. gibt an, wie lange diese Datensicherung zeitlich zurückliegen darf (in Minuten, Stunden, Tagen, Wochen).

Sein Gegenstück ist der *Recovery Point Actual* (*RPA*): Wie alt sind die Daten in der Realität wirklich, falls sie wiederhergestellt werden müssen? (Lesen Sie dazu auch Abschnitt 11.5.2, wenn es um die Erfassung des Ist-Zustands geht.)

Je größer der RPO gewählt wird, desto größer ist meist auch der effektive Datenverlust. Um es genauer zu sagen: Die Datendifferenz zwischen dem letzten Backup und dem jetzigen Stand wird größer. Es gehen ja keine Daten im Wortsinn »verloren«, es wurden nur in diesem (Unterbrechungs-)Zeitraum keine weiteren Daten aufgezeichnet und gesichert. Der RPO setzt konkrete Anforderungen an die Datensicherungsstrategie, wovon sich der notwendige Sicherungszyklus ableitet. Er ist besonders wichtig für zeitkritische Geschäftsprozesse (oder IT-Services) mit hohem Informationswert.

Praktisch bedeutet dies: Ein RPO von 60 Minuten erfordert Datensicherungen im 60-Minuten-Takt. Dies ermöglicht eine Bewertung, ob der Backup-Zeitplan im Ernstfall eine schnelle Wiederherstellung gewährleistet. Der RPO definiert die maximale Zeitspanne zwischen zwei Datensicherungen und ist entscheidend für die Kontinuität von zeitkritischen Geschäftsprozessen.

11.2.3 MBCO (Minimum Business Continuity Objective)

Der MBCO-Wert (zu Deutsch das *Notbetriebsniveau*) definiert, wie leistungsfähig der Notbetrieb sein soll, um einen sinnvollen Geschäftsbetrieb zur Vermeidung und Verringerung eines bestandsgefährdenden Schadens (siehe *MTPD*) gewährleisten zu können. Dieses Notbetriebsniveau muss pro zeitkritischem Geschäftsprozess abgestimmt werden. Es gibt jedoch einige zeitkritische Geschäftsprozesse oder IT-Services, bei denen das nicht möglich ist, weil die interne IT-Systemstruktur dies technisch nicht hergibt.

- **Aus Sicht des IT-Service bzw. der Nutzenden** könnte unter anderem festgelegt werden, welche Funktionalitäten der IT-Service im Notbetrieb mindestens bereitstellen muss.
- **Aus technischer Sicht** könnte unter anderem festgelegt werden, welche Komponenten mindestens bereitstehen müssen (z. B. Datenbankserver und Applikationsserver, nicht aber der optionale Webserver oder Printserver).

[!]

Ein Notbetrieb ist nicht immer möglich!

Nicht zu jedem zeitkritischen Geschäftsprozess kann aus technischen Gründen ein Notbetrieb bereitgestellt werden. Dies hängt davon ab, ob der Prozess und die ihm zugrunde liegenden IT-Services modular oder monolithisch geplant und aufgebaut wurden.

Ich möchte Ihnen das in Abbildung 11.4 grafisch zeigen. Sie sehen schematisch einen zeitkritischen Geschäftsprozess, der zu 100 % die SLA-Vorgaben erfüllt. Er läuft vollumfänglich, hoch performant, fehlerfrei und sehr stabil. So sollte es auch sein.

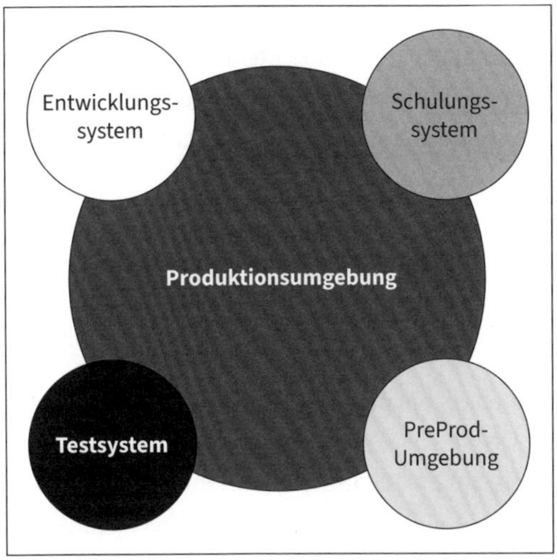

Abbildung 11.4: IT-Service im Normalbetrieb = volles Leistungsspektrum nach SLA-Vorgaben

In Abbildung 11.5 sehen Sie einen IT-Service, der auf einem 50%igen Notbetriebsniveau läuft. Um es zu ermöglichen, dass die Produktivumgebung (das Wichtigste dieses zeitkritischen Geschäftsprozesses) so stabil wie möglich weiterläuft, wurden einige Bereiche (nämlich das Entwicklungssystem, das Schulungssystem, das Testsystem und die PreProd-Umgebung) einfach abgeschaltet. Somit kann der Kunde auf einem System mit reduziertem Umfang behelfsmäßig arbeiten. (Aber das hoffentlich nur für eine sehr kurze Zeit!)

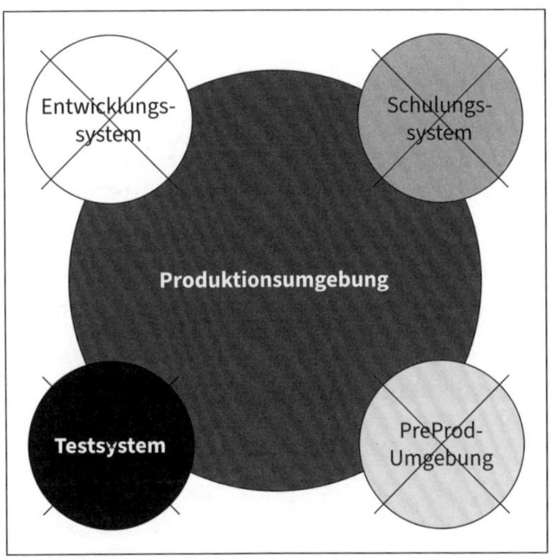

Abbildung 11.5: IT-Service im Notbetriebsniveau = vermindertes Leistungsspektrum

Und jetzt kann ich Ihnen auch erklären, warum das ITSCM an dieser Stelle formal »raus« ist: Die Abstimmung, mit welcher verminderten Qualität und mit welchen Beeinträchtigungen ein zeitkritischer Geschäftsprozess bzw. IT-Service betrieben werden soll, kann nur zwischen dem Kunden (als Nutzer) und den entsprechenden technischen Bereichen abgesprochen und definiert werden. Meist sind ein BRM- (als Kundenschnittstelle), ein SLM- (für die Dokumentation in den SLAs) und ein BC-Manager (für Vorgabe und Definition des Notbetriebsniveaus) involviert.

Das ITSCM wird in der Regel durch das BCM oder den SLM im Nachgang informiert. In der Diskussion fehlt dem ITSCM die Fachkompetenz! Sie sollten niemals den Kunden der Services gegenüber verbindliche Zusagen über den MBCO machen: Diese Angaben sind reine Informationswerte für das ITSCM und werden niemals durch das ITSCM festgelegt.

Es spricht aber natürlich auch nichts dagegen, dass ein passiver ITSCMler bei solch einem Kundengespräch mit am Tisch sitzt und die Ohren spitzt. Das können Sie in Ihrer Organisation so machen, wie Sie es ressourcenmäßig am besten hinbekommen und für sinnvoll erachten. Schaden kann es dem ITSCM nicht, wenn es weiß, wie das Notbetriebsniveau ausgehandelt und später zur Verfügung gestellt wird.

11.2.4 MTPD (Maximum Tolerable Period of Disruption)

Der *MTPD* (zu Deutsch *Maximal tolerierbare Ausfallzeit, MTA*) bezeichnet die maximale Zeitdauer nach dem Eintreten eines IT-Vorfalls, nach der eine Organisation (durch den Ausfall oder die Beeinträchtigung von zeitkritischen Geschäftsprozessen) einen bestandsgefährdenden Schaden erleiden würde, wenn sie keine Gegenmaßnahmen einleitet.

Ein bestandsgefährdender Schaden kann sich unter anderem ergeben durch:

- Reputationsverlust
- erheblicher wirtschaftliche Verluste (bis zum Konkurs)
- einen nicht wieder rekonstruierbaren und dauerhaften Datenverlust

Die rechtzeitige Bereitstellung eines Notbetriebs auf einem vorab definierten Notbetriebsniveau (MBCO) kann den bestandsgefährdenden Schaden verzögern und sollte daher erfolgen, weit bevor die maximal tolerierbare Ausfallzeit erreicht ist. Der Notbetrieb kann aber die Erreichung eines MTPD nicht verhindern! Daher müssen sich alle (auch Ihre Kunden) vorab überlegen, welche Notfallmaßnahmen entwickelt und umgesetzt werden können, also was man selbst machen kann, bevor dieser Punkt erreicht wird.

[!]

MTPD-Werte differenziert betrachten

Hier ist definitiv zu unterscheiden, ob es der eigene MTPD-Wert oder der MPTD-Wert eines Kunden ist.

Ist es der eigene MTPD-Wert, betrifft es Sie direkt und Sie werden die Auswirkungen voll zu spüren bekommen. Des Weiteren sollten auch Sie sich vorab überlegen, was

Sie in dem Fall tun können. Gibt es Alternativen? Kann man sich davor schützen? Was macht man dann?

Ist es aber der Wert eines Kunden, sind Sie erst mal fein raus. Sie können zwar einen möglichen Notbetrieb für den Kunden in die Länge ziehen. Sie können aber nicht verhindern, dass ein Kunde nicht doch irgendwann in seinen MTPD-Zeitraum läuft.

Daher ist dieser Wert (z. B. in Kunden-SLAs) nur als reine Information für Sie zu werten, ohne jegliche Verpflichtungen ihrerseits! Das soll und muss der Kunden wissen! Denn auch einem (IT-)Dienstleister sind hier irgendwann die Hände gebunden.

In Abbildung 11.6 sind die Werte RTO, RPO, MTBC und MTPD gut zu sehen und zu verstehen.

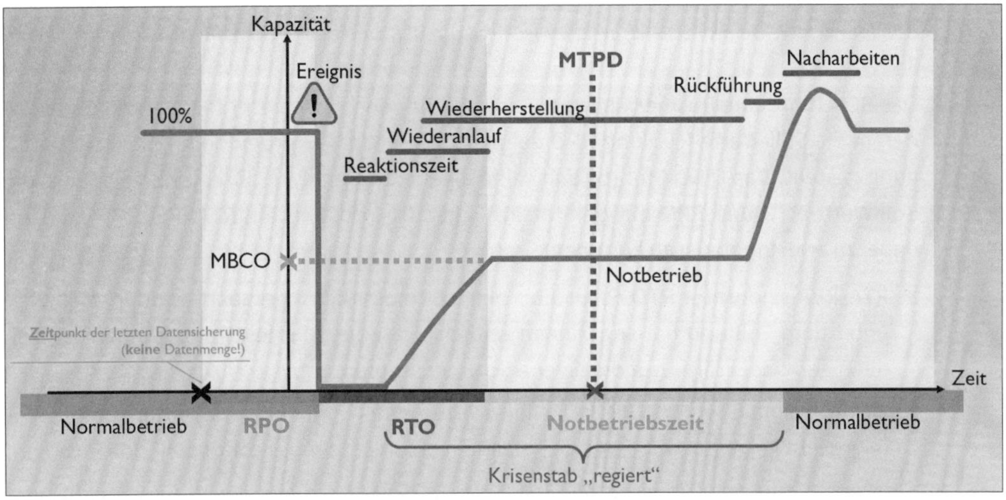

Abbildung 11.6: RTO, RPO und MTPD (Quelle: BCM Academy GmbH, Lehrgang »Certified Business Continuity Manager, CBCM«, https://www.bcmacademy.de/de/cbcm)

Sie sehen auch die Definition des Notbetriebs. Mitten im Notbetrieb liegt der Zeitraum, in dem man den MTPD-Punkt erreicht (gestrichelte Linie). Auch wenn nach diesem MTPD-Zeitpunkt der Notbetrieb weiterläuft, ist der Schaden, der dort entstanden ist, nicht mehr zu beheben.

11.2.5 Zusammenfassung: Die Werte abgleichen

Abbildung 11.7 fasst Ihnen die Gap-Analyse auf Basis der Vorgaben aus dem BCM noch einmal zusammen. Wenn Sie auf diese Werte zurückgreifen können, gehen Sie so vor.

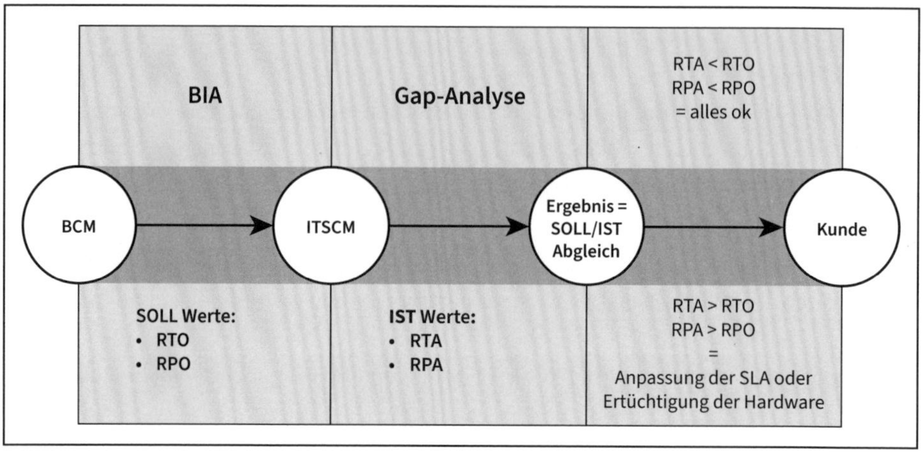

Abbildung 11.7: Der Soll/Ist-Abgleich zwischen dem BCM und dem ITSCM mit den Abhängigkeiten

Das BCM führt eine Business-Impact-Analyse (BIA) durch. In dieser BIA werden unter anderem die Soll-Werte RTO und RPO definiert. Diese Werte werden dem ITSCM zur Verfügung gestellt. Das ITSCM führt dann seine eigene Gap-Analyse durch und vergleicht die Soll-Werte RTO und RPO mit den tatsächlichen Ist-Praxiswerten RTA und RPA. Es kann dabei zu zwei Ergebnissen kommen:

- **RTA/RPA sind unter RTO/RPO:** alles okay. Es muss nichts gemacht werden. Man liegt unter dem Soll und hat sogar noch zeitliche Reserven. Perfekt! Hier können Sie sich dann gern mal kräftig auf die eigene Schulter klopfen.
- **RTA/RPA sind über RTO/RPO:** Die Soll-Werte werden aktuell überschritten. Das bedeutet, es gibt keine funktionierende IT-Notfallvorsorge. Es muss sofort gehandelt werden!

  In Reaktion darauf müssen die SLA oder die Soll-Werte aus der BIA angepasst oder muss die IT so ertüchtigt bzw. umgebaut werden, dass RTA/RPA unter die Soll-Werte kommen. Rein formal reicht es natürlich aus, wenn RTA/RPA = RTO/RPO ist. Wie ich schon in Abschnitt 11.2 gesagt habe, empfehle ich Ihnen dringend, sich einen kleinen zeitlichen Puffer einzubauen.

11.3 Ohne Soll-Vorgaben eine Gap-Analyse durchführen

Falls es in Ihrer Organisation (noch) kein BCM gibt oder falls das BCM noch keine BIA durchgeführt hat, liegen noch keine Soll-Werte vor. Dann können Sie die folgenden Datenquellen nutzen, um trotzdem als ITSCM eine erste Gap-Analyse durchzuführen. Dies ist natürlich aufwendiger und schwieriger, als wenn Sie definierte Vorgaben vorliegen haben. Es ist dazu ein eher unüblicher und unkonventioneller Weg, hat aber durchaus seine Berechtigung: So anzufangen ist besser, als nichts zu haben und tatenlos auf einen großen Ausfall oder eine Störung zu warten.

Das heißt für Sie im ITSCM, dass Sie die definierten IT-Services für eine mögliche Gap-Analyse nutzen könnten. Hier müssten Sie nur das sprichwörtliche Pferd andersrum aufzäumen und sich durch den ITSCM-Owner bzw. das Top-Management die Wichtigkeit der einzelnen IT-Services priorisieren lassen. Und die hoch priorisierten IT-Services (z. B. Top10) bearbeiten Sie anschließend im ITSCM.

Wenn keine Soll-Vorgaben vorliegen, können Sie sich im ITSCM gut behelfen, wenn eine oder mehrere der folgenden Datenquellen vorliegen. Diese nutzen Sie dann.

11.3.1 CMDB (Configuration Management Database)

Eine *Configuration Management Database (CMDB)* ist eine Datenbank, die alle relevanten Informationen zu Ihrer Organisation enthält – Sie kennen sie noch aus Abschnitt 10.1.19. In einer CMDB werden Objekte abgelegt, *Configuration Items (CIs)* genannt, und mit Informationen erfasst. Das sollten auch die IT-Services sein: Dort wird also alles, was zu einem IT-Service gehört, zusammengefasst und – ganz wichtig – definiert (siehe Abbildung 11.8).

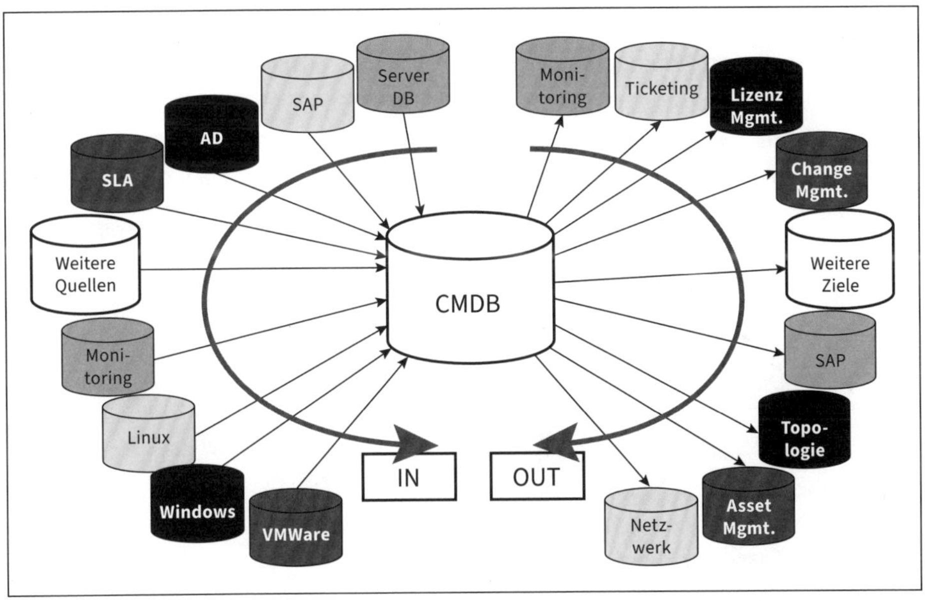

Abbildung 11.8: CMDB-Struktur (Input und Output)

Eine gut gefüllte und aktuelle CMDB ist für das ITSCM als Informationsquelle extrem wichtig. Natürlich sieht jede CMDB in jeder Organisation anders aus, hat andere Felder, Namen, CIs und Reports. Sie bekommen z. B. folgende Daten aus der CMDB:

- Welche Hardware (inklusive Lebenszyklus eines Produkts) wird aktuell organisationsweit eingesetzt?
- Welche Hardware ist bald End-of-Life (EoL) und muss ausgetauscht werden?
- Welche Lieferanten gibt es dafür?

- Welche Software wird genutzt, welche muss ersetzt werden?
- Welche Rechte wurden vergeben?
- Welche Lizenzen wurden eingekauft (inklusive Lizenzmodelle)?
- Welche Abhängigkeiten gibt es zu anderen IT-Systemen?
- Welches Personal und welche Rollen sind vorhanden und wo werden sie benötigt?
- Welche Server (virtuell oder Hardware) gehören zu einem IT-Service?
- Wer ist der Benutzer des CI, zu welchen Abteilungen gehört es?
- Wie hoch sind die Anschaffungs- bzw. Zeitwerte?
- Welche zusätzlichen Beschaffungsinformationen gibt es? (Welche Alternativanbieter?)
- Welche Unikate werden eingesetzt (IT-Systeme)? Was ist hierbei besonders zu beachten?
- Zustandsinformationen
- Sicherheits- und Compliance-Informationen
- Support- und Wartungsdaten
- Asset-Management
- Dokumentationen (Verknüpfungen zu Handbüchern, Verträgen, SLAs, OLAs)

Quellen für die CMDB

Idealerweise bildet die CMDB das »Herz« Ihrer IT-Struktur, in dem alle Informationen zusammenlaufen. Abbildung 11.9 zeigt dies im Kontext des ITIL-Frameworks.

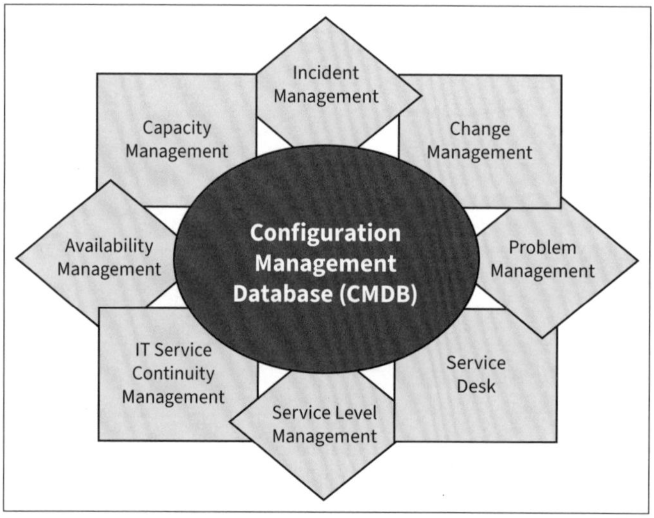

Abbildung 11.9: CMDB-Einordnung im ITIL-Framework (Quelle: ITSM DOCs, https://www.itsm-docs.com/en-de/blogs/configuration-management/configuration-management-database-cmdb)

Da diese Datenbank bereits alle vorhandenen Informationen enthalten sollte und durch die Konfigurationsmanagementprozesse kontinuierlich gepflegt wird, ist es wichtig, dass zentrale Managementsysteme wie das ISMS, das BCMS und das ITSCM an sie angebunden sind. Dies hilft, doppelte Datenhaltung und Inkonsistenzen zu vermeiden. Eine CMDB ermöglicht es IT-Experten, die Auswirkungen von Änderungen an einzelnen CIs auf die gesamte IT-Infrastruktur zu verstehen und Probleme schneller zu erkennen und zu beheben.

Die einzige Wahrheit

Einer der wesentlichen Vorteile einer CMDB besteht darin, dass sie sämtliche isoliert voneinander abgelegten Daten, die für den IT-Betrieb nötig sind, an einer zentralen Stelle bündelt. Sie bietet einen transparenten Einblick in den IT-Betrieb mit allen IT-Ressourcen und verhindert, dass Daten über verschiedene Orte verteilt und eventuell inkonsistent abgelegt werden.

Eine gute CMDB ist also die »einzige Wahrheit« in der Organisation, die sogenannte *Single Source of Truth*. Die Werte in der CMDB sind vertrauenswürdig und bilden die Datenbasis für alle anderen Systeme (quasi die Referenz aller IT-Services).

Das heißt auch, dass in eine CMDB nicht nur Daten automatisiert »hineingeschrieben« werden, sondern dass im Idealfall die CMDB auch Daten zurückschreibt. Das können Sie sich so vorstellen:

In der CMDB ist bei einem CI mit dem Namen `Server` der Wert `123` hinterlegt. In den angeschlossenen Datenbanken haben drei Quellen für das gleiche CI `Server` auch den Wert `123` eingetragen, eine Datenquelle hat für das CI `Server` jedoch den Wert `177` hinterlegt.

Dieser Wert ist falsch. Die CMDB überschreibt dann den Wert `177` mit `123`. Sie haben also organisationsweit überall die gleichen Werte für das CI mit dem Namen `Server`.

Ohne diese Zentralisierung wird es vorkommen, dass Sie unterschiedliche Daten an verschiedenen Orten vorliegen haben. Ihre Arbeitsqualität hängt dann mehr oder weniger davon ab, welche Quelle Sie benutzen. Das macht gutes Arbeiten fast unmöglich und sorgt für Fehler. Die Datenkonsistenz ist hier das übergeordnete Ziel.

Ganz pragmatisch lässt sich sagen: Je mehr Daten automatisiert in die CMDB überführt werden, desto besser.

Über eine gut gefüllte CMDB lassen sich ganze Abhängigkeitsbäume automatisiert aufbauen und dauerhaft pflegen. Wenn es eine Störung der Citrix-Umgebung gibt, können Sie per Knopfdruck vordefinierte Reports abrufen, die alle betroffenen zeitkritischen Geschäftsprozesse, IT-Services und IT-Ressourcen anzeigen, auf die diese Störung eine Auswirkung haben könnte. Somit können Sie unverzüglich mit der zielgerichteten Störungsbehebung anfangen und alle betroffenen Kunden informieren.

Die Verantwortung dafür, dass die Daten in der Datenbank richtig und vollständig sind, liegt bei den Serviceverantwortlichen, Verfahrensverantwortlichen, Betriebsmanagern, Produktverantwortlichen – oder wie diese Rollen in Ihrer Organisation heißen. Sie müssen dafür sorgen, dass alle CIs definiert und gepflegt werden. Leider muss dies beim ersten Mal noch händisch zusammengefügt werden, es ist aber natürlich empfehlenswert, wenn die Datenpflege möglichst automatisiert abläuft, damit der Arbeitsaufwand niedrig gehalten wird und Inkonsistenzen in den Daten verhindert werden.[4] Aber eines sei ganz klar gesagt: Der Aufwand für den Aufbau, Betrieb und die dauerhafte Pflege einer CMDB ist nicht zu unterschätzen!

[»]

Anforderungen weitergeben

Die CMDB ist das Tool für den ITSC-Manager, aus dem er die meisten Informationen für seine tägliche Arbeit nutzen kann. In der CMDB sind die wichtigen IT-Service und deren IT-Ressourcen definiert, die es durch das ITSCM zu schützen gilt. Daher sollten Sie sich aktiv mit den Betreibern der CMDB austauschen. Teile Sie Ihre Anforderungen (Berichte, Ansichten, Auswertungen etc.) dem CMDB-Team mit, damit Sie noch besser mit diesem wichtigen Werkzeug arbeiten können.

Genutzte Datenquellen fallen teilweise oder auch komplett weg. Dann müssen Ersatzquellen bzw. Ersatzdaten her. Woher bekommt man diese aber? Und ersetzen sie dann wirklich die weggefallenen Datenquellen zu 100 %? Was machen Sie, wenn diese wichtigen Daten nicht mehr zu beschaffen sind? Man könnte das natürlich per CMDB-Regel abfangen, durch z. B. den folgenden Passus: *»Eine Datenquelle darf nur dann entfernt werden, wenn die daraus genutzten Daten über eine andere oder mehrere andere Quellen automatisch eingelesen und importiert werden können.«* Ansonsten haben Sie nämlich riesige Probleme bei den Reports und Auswertungen aus der CMDB. Fehlen dort Datenquellen, bekommen Sie keine Auswertungen mehr. Das kann sogar so weit gehen, dass ganze Abhängigkeitsbäume nicht mehr funktionieren.

11.3.2 SLAs (aus dem SLM)

Auch *Service Level Agreements* von Kunden (SLAs, auch *Dienstleistungsvereinbarungen* genannt) können Sie zur Beschaffung von Daten wie RTO, RPO, MBCO und MTPD nutzen. Ein SLA beschreibt auch, wie die Leistung gemessen und genehmigt wird und was passiert, wenn die Leistungsniveaus nicht erreicht werden. In einem SLA ist auch festgelegt, wann geplante Unterbrechungen, sogenannte *Wartungsfenster*, erlaubt sind.

[!]

Notbetrieb definieren

Auch ein (IT-)Notbetrieb muss explizit in den SLAs vereinbart werden! Je genauer, desto besser! Aktuell finden Sie diesen SLA-Passus jedoch meist nur im regulierten Umfeld (also bei Banken, Versicherungen, Energieversorgern, KRITIS-Organisationen etc.) vor.

4 Auch hier sehe ich eine Anwendungsmöglichkeit für eine KI-Unterstützung.

Wenn diese Anforderungen von den Kunden vorliegen, können Sie mit einer Gap-Analyse und zusammen mit den technischen Bereichen prüfen, ob diese Soll-Werte zu erreichen sind. Wenn also ein Kunde erstmalig auf Sie zukommt, sollten Sie direkt prüfen, ob die SLA-Anforderungen realistisch erfüllbar sind.

Servicekataloge

SLAs (und deren Abstufungen wie z. B. »Bronze«, »Silber«, »Gold«) findet man meist in offiziellen Servicekatalogen der (Dienstleister-)Organisation. Ein *Servicekatalog* lässt sich gut mit einer »Speisekarte« in einem Restaurant vergleichen. Er verschafft den Kunden bzw. Endnutzern einen klar strukturierten Überblick über die verfügbaren IT-Services, Hardware-Optionen und Software-Lösungen; er ist somit ein zentrales Verzeichnis aller angebotenen IT-Dienstleistungen. Daher stellt er nicht nur ein wichtiges Kommunikationsmittel zwischen der IT-Abteilung und den Endnutzern dar, sondern sorgt auch für Transparenz bezüglich der verfügbaren IT-Services. Weil so jeder die angebotenen IT-Dienste und ihre Bedingungen versteht, fördert ein solcher Katalog die Effizienz und Transparenz innerhalb der Organisation und trägt zur Standardisierung sowie zur Rationalisierung der IT-Service-Bereitstellung bei. Der IT-Servicekatalog hat seinen Ursprung in ITIL; er wurde in ITIL V3 offiziell als »Best Practice« eingeführt.

Ergänzt wird er durch den *technischen Servicekatalog*. In der Regel beschreibt der Servicekatalog den Serviceumfang so detailliert wie möglich, während im technischen Servicekatalog lediglich die eingesetzte Technik (inklusive Abhängigkeiten) aufgelistet wird. Es gibt aber auch große hybride Servicekataloge, in denen beides zusammengefasst wird. In Abbildung 11.10 sehen Sie das anhand von drei Geschäftsprozessen, die auf einigen IT-Services beruhen, die für die Geschäftsprozesse gebraucht werden.

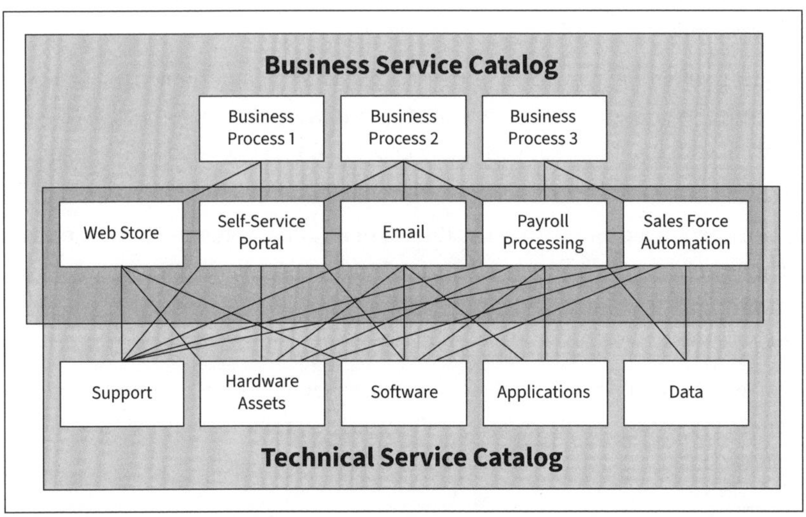

Abbildung 11.10: Servicekatalog und technischer Servicekatalog zusammen (Quelle: Disruptive agile Service Management, https://blog.itil.org/2014/04/service-katalog-und-cmdb-zweifacher-turmbau-zu-babel/)

Ganz unten sehen Sie die weiteren (IT-)Ressourcen, die von den IT-Services benötigt werden. Anhand der ganzen Abhängigkeiten sehen Sie, wie komplex so etwas aussehen kann und wie störanfällig so ein Konstrukt dadurch sein könnte. Und je komplexer so ein System ist, desto störanfälliger wird es.

11.3.3 OLAs (aus dem SLM)

Oft gibt es einen Haken: Es werden SLAs mit Kunden abgeschlossen, aber keine internen OLAs. Diese *Operational Level Agreements* (*OLAs*, auch *interne Betriebsvereinbarungen* genannt) sollten aber die Grundlagen für Kunden-SLAs sein.

Diese Vereinbarung wird üblicherweise innerhalb einer Organisation zwischen unterschiedlichen Organisationseinheiten (technischen Bereichen) getroffen. Sie dient der Absicherung eines übergeordneten Service-Level-Agreements (SLA) der Organisation gegenüber einem Dritten (Kunde). Übersetzt heißt das: Wenn man mit Kunden eine SLA abschließt, aber intern nicht durch OLAs dafür sorgt, dass die zugesicherte und verkaufte Leistung überhaupt vollumfänglich erbracht werden kann, dann spielt man Lotto. Das hat dann wenig mit Professionalität zu tun und kann sehr böse enden. Wenn man Kunden SLAs nach außen verkauft, sind interne OLAs unumgänglich und eine absolute Pflicht!

Eine OLA ist somit ein interner Vertrag, der festlegt, wie die verschiedenen Abteilungen oder Bereiche einer Organisation zusammenarbeiten, um die Erbringung von Dienstleistungen für einen Kunden zu unterstützen. Sie umreißt die Verantwortlichkeiten, Rollen und Erwartungen der einzelnen Abteilungen an die anderen, um einen reibungslosen und effizienten Betrieb zu gewährleisten.

Zum besseren Verständnis folgen zwei Grafiken, die das Zusammenspiel von OLAs und SLAs verständlicher aufzeigen.

In Abbildung 11.11 sehen Sie ganz oben eine SLA zwischen einem IT-Dienstleister und einem Kunden. Alles, was Sie im mittleren Kasten sehen, wird über OLAs beim IT-Dienstleister selbst intern festgelegt und zur Verfügung gestellt. Ganz unten sehen Sie einen *Underpinning Contract (UC)* zu einem externen Lieferanten oder Dienstleister.[5]

In Abbildung 11.12 sehen Sie, dass drei OLAs (`OLA X`, `OLA Y`, `OLA 2`) gebraucht werden, um `SLA 1` abzusichern bzw. zur Verfügung stellen zu können. `SLA 1` kann dann für Service A und B genutzt werden. Um Service C nutzen zu können, muss `SLA 2` durch einen UC abgesichert werden.

Das waren jetzt zwei sehr einfache Beispiele, um die Abhängigkeiten zu erklären und zu verstehen. Bei einem Autohersteller oder bei Flugzeugherstellern sieht das Ganze wesentlich komplexer aus!

5 Ein solcher Vertrag mit Drittparteien ist laut ITIL ein Vertrag zwischen einem Dienstleister und einem externen Dienstleister über die Erbringung eines unterstützenden Service, mit dessen Hilfe der Dienstleister einen Kundenservice anbieten kann. UCs müssen deshalb mit den auf die Kunden ausgerichteten SLAs übereinstimmen (siehe Abschnitt 10.1.5).

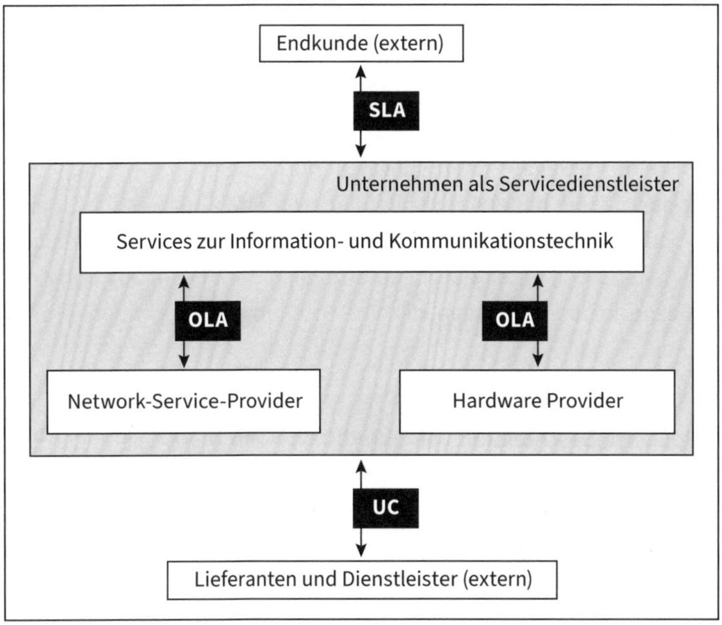

Abbildung 11.11: Abhängigkeit von SLAs zu OLAs und UCs (Quelle: Business-Wissen.de, https://www.business-wissen.de/hb/ola-operational-level-agreement-erstellen-mit-beispielen/)

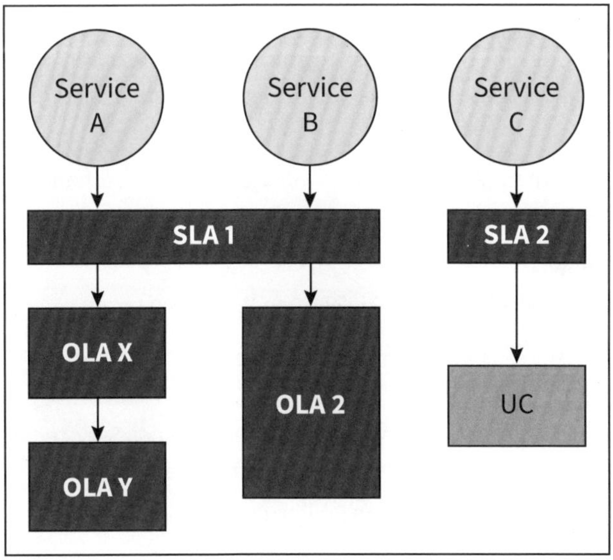

Abbildung 11.12: Abhängigkeit von SLAs zu OLAs und UCs (Quelle: CERFI, https://www.cerfi.ch/fr/Actualites/SLM-SLR-SLA-OLA-c-est-quoi-tout-ca.html)

Für das ITSCM sind OLAs daher viel nützlicher als SLAs, denn dort werden die wichtigen technischen Systeme, IT-Infrastrukturen, IT-Komponenten, IT-Ressourcen, Abhängigkeiten pro IT-Service (bzw. Produkt, Verfahren) beschrieben.

Eine OLA dient dazu, die übergeordnete SLA der Organisation gegenüber einem externen Dritten (Kunden) abzusichern. Im Gegensatz zur SLA stellt die OLA eine interne, nicht vertragliche Vereinbarung dar, die die höherwertige Vereinbarung (SLA) unterstützt. Beide Dokumenttypen folgen jedoch in der Regel einer ähnlichen Struktur und beinhalten vergleichbare, konkrete Details zu den Vereinbarungen bezüglich der Erbringung von definierten IT-Services. In Bezug auf die Leistungen, die eine Abteilung für eine andere erbringen soll, sind z. B. definiert:

- **Ziele:** klare Definition der gewünschten Ergebnisse
- **Serviceumfang:** detaillierte Beschreibung der zu erbringenden Dienstleistungen (inklusive Hardware und Software)
- **Verantwortlichkeiten:** Festlegung der Rollen und Pflichten der beteiligten Abteilungen oder Bereiche
- **Kennzahlen:** Maßnahmen zur Bewertung der Servicequalität
- **Kommunikationsprotokolle:** Vorgaben für die Kommunikation zwischen Abteilungen

OLAs helfen dabei, Missverständnisse zu vermeiden und sicherzustellen, dass jeder weiß, welche Rolle er bei der Bereitstellung eines IT-Service spielt. OLAs sollten daher präzise und unmissverständlich formuliert sein, gleichzeitig jedoch ausreichend flexibel, um Änderungen in den Anforderungen oder im Umfeld der Organisation berücksichtigen zu können. Daher werden häufig auch übergeordnete Ziele und Zwecke eingefügt, die durch die OLAs erreicht werden sollen.

Die Inhalte der OLAs sind oft im internen technischen Servicekatalog (sofern vorhanden) zu finden.[6] Beispielhaft könnte eine OLA so aussehen:

- Bezeichnung der Serviceleistung
- ausführliche Beschreibung der Serviceleistung (inkl. RTA und RPA)
- Merkmale der Serviceleistungen in Bezug auf Anzahl, Zeit oder Ort
- beteiligte Parteien, die internen Teams und/oder Abteilungen und Abhängigkeiten
- Leistungsmetriken als messbare Kriterien, anhand derer die Leistung des Service bewertet wird (z. B. Antwortzeit, Verfügbarkeit, Dauer einer Ersatzbeschaffung)
- Verantwortlichkeiten und eindeutige Zuweisung von Rollen und Aufgaben der beteiligten Parteien
- Eskalationsprozesse bei Problemen oder Konflikten zwischen den beteiligten Parteien

6 In der Regel beschreibt der Servicekatalog den Serviceumfang so detailliert wie möglich, während im technischen Servicekatalog lediglich die eingesetzte Technik (inklusive Abhängigkeiten) aufgelistet wird. Es gibt aber auch große Hybride-Servicekataloge, in denen beides zusammengefasst wird.

- Maßnahmen zur Berichterstattung und Überprüfung
- Versionsnummern, Personen, die zu Änderungen berechtigt sind, Beginn und Ende der Gültigkeit, Unterschriften

Wie Sie sehen, sind diese internen OLAs sehr viel techniklastiger als die SLAs. Und genau diese Technik (bzw. IT-Services und IT-Ressourcen) möchten wir im ITSCM ja bestmöglich schützen. Es geht aber wirklich nur um die Technik, die die zeitkritischen Geschäftsprozesse unterstützt.

Es gibt noch folgende zwei weiteren Werte, die im Service-Level-Management eine Rolle spielen. Für Sie im ITSCM sollte aber nur relevant sein, welche RTO-, RPO- und MBCO-Vorgaben in den Kunden-SLAs vorhanden sind und wie diese durch OLAs (wenn vorhanden) garantiert und abgesichert werden:

- **Service Level Requirements (SLR):** Spezifikation der Kundenanforderungen. SLRs sind also die vom Kunden formulierten Anforderungen an Service-Level, die den Ausgangspunkt für SLA-Verhandlungen darstellen.
- **Service Level Objectives (SLO):** spezifische messbare Ziele zur Servicequalität und zum Leistungsniveau. SLOs sind also Zuverlässigkeitsziele für Technologieprodukte und/oder -services.

Für Sie im ITSCM ist es nur interessant, welche Vorgaben (RTO, RPO, MBCO) in den Kunden-SLAs vorhanden sind und wie diese durch OLAs (wenn es solche gibt) garantiert und abgesichert werden.

11.3.4 Schutzbedarfsanalysen (des ISM)

Die Schutzbedarfsanalysen oder Schutzbedarfsfeststellungen des Informationssicherheitsmanagements (siehe Abschnitt 10.1.2) befassen sich mit der klassischen Triade der IT-Sicherheit: *Vertraulichkeit*, *Integrität* und *Verfügbarkeit*.[7] Für das ITSCM ist allerdings nur die Verfügbarkeit wichtig.

Aus den Analysen können Sie daher ablesen, welche Geschäftsprozesse von kritischer Bedeutung sind. Das kann von Kundendaten über Finanzinformationen bis hin zu Betriebsgeheimnissen reichen. Anschließend ermitteln Sie den Schutzbedarf (inklusive der Schutzbedarfsklassen) dieser Werte. Hierbei wird der angemessene Schutz der Informationen (nicht nur der IT) bewertet. Zusätzlich wird die Anfälligkeit eingesetzter Informationstechnologien überprüft und dokumentiert. Dabei werden alle Geschäftsprozesse, Anwendungen und IT-Services betrachtet, nicht nur die zeitkritischen, sondern wirklich alle!

Für die Gap-Analyse müssen Sie also schauen, ob diese Verfügbarkeit garantiert wird. Und wenn ja, wie. Oftmals finden Sie dazu Hinweise in diesen Reports. Zusätzlich gibt es (hoffentlich) ergänzende Informationen zur eingesetzten Technik und zu möglichen tech-

7 Einige Organisationen betrachten auch noch den Punkt *Authentizität*, aber diese weitere Differenzierung muss uns nicht kümmern.

nischen Redundanzen. Diese Informationen müssen Sie gründlich analysieren und zur Unterstützung Ihrer Gap-Analyse nutzen.

Ich mache das so, dass ich die Werte des ISM mit den Vorgaben des BCMs abgleiche, unterfüttere und somit festige. Treten dabei eklatante Abweichungen auf, müssen Sie mit den beiden Bereichen einen Klärungstermin anstreben. Aber auch hier würde ich raten, immer die Werte des BCM als verbindliche Vorgabe für das ITSCM zu nutzen, da das ISM einfach einen anderen Fokus hat.

11.3.5 Risikomanagement (Risk-Assessment, RA)

Aus einem vorhandenen Risikomanagement können Sie für das ITSCM wichtige Informationen zu den bisher bekannten IT-Risiken ableiten. Sie erkennen den Risikoappetit der eigenen Organisation und mögliche Risikobehandlungsstrategien. Werfen Sie als ITSCM nur einen fokussierten Blick auf die IT-Risiken. Alles andere ist erst mal unwichtig.

Und wenn man es ganz genau nimmt, betrachten Sie auch nur die IT-Risiken, die die IT-Services oder IT-Ressourcen betreffen, die die zeitkritischen Geschäftsprozesse unterstützen.

11.3.6 Informationen aus technischen Bereichen

Aus den technischen Bereichen oder auch aus dem Verfahrensbetrieb (IT-Service-Betrieb) bekommen Sie ebenfalls Werte aus der Praxis. Diese Kollegen hatten schon mehrfach mit Kunden zu tun, denn das ist ihr Tagesgeschäft. Sie wissen ganz genau, welche Dienste nicht lange ausfallen dürfen und welche eher unkritisch sind. Nutzen Sie dieses Wissen, um eine Prioritätenliste mit wichtigen IT-Services, IT-Verfahren etc. für sich im IT-SCM aufzubauen. Danach können Sie sich gegebenenfalls von den Kollegen weitere und vertiefende Informationen zu den einzelnen IT-Services geben lassen.

11.4 Vorbereitung der Gap-Analyse

Eine Gap-Analyse ist eine große Aufgabe, dementsprechend sollten Sie sie gut vorbereiten. Dabei geht es besonders darum, die Ist-Werte zu erfassen und zu sammeln. Während sich die Soll-Werte aus den Anforderungen ableiten lassen, geht es nun in die Praxis: Wie ist es tatsächlich um die IT-Services bestellt?

Selbstverständlich hängt es stark vom Aufbau und der Struktur Ihrer Organisation ab, wie Sie diese Daten erfassen können. Ich möchte Ihnen drei mögliche Verfahren vorstellen, die ich entweder bereits selbst angewendet habe oder für die Zukunft plane. Diese Verfahren reichen von einem ganz einfachen bis zu einem komplett tool-gesteuerten Ansatz. Dies liefert Ihnen hoffentlich einige Ideen für Ihre eigene Arbeit.

11.4.1 Manuelle Datenerhebung (mit Confluence oder Excel)

Meine erste Gap-Analyse habe ich mit Confluence (von Atlassian) erstellt. Dort habe ich (ähnlich wie Sie es auch in Excel könnten) die Informationen in Tabellenform gesammelt.

Da ich zu diesem Zeitpunkt noch keine Vorgaben vorliegen hatte (also keine Soll-Werte aus einer BIA, siehe Abschnitt 11.2), habe ich die IT-Verfahren bzw. IT-Services unserer Kunden, die für unsere Organisation wichtig sind, und einige wichtige interne IT-Infrastrukturen genutzt. Ich habe mich dabei auf etwa 30 IT-Services und IT-Verfahren bzw. IT-Infrastrukturen konzentriert.

Ich habe dabei folgende Werte und Informationen abgefragt:

- **Genauer Name** des IT-Service (des Verfahrens) der IT-Infrastruktur
- Welche **SLA** wurde dafür abgeschlossen (Gold, Silber, Bronze)?
- Wer ist der aktuelle **Ansprechpartner,** inklusive Telefon und E-Mail-Kontakt?
- Gibt es **technische Abhängigkeiten**?

  Wenn ja, **welche**? (*Hier wurden dann z. B. vorgelagerte IT-Services, IT-Infrastrukturen, IT-Basiskomponenten oder andere IT-Systeme genannt.*)
- Sind **technische Redundanzen vorhanden**?

  Wenn ja, **welche**? (*Infrastrukturen, Server oder andere IT-Systeme*)
- Sind **personelle Redundanzen** vorhanden (Skills)?

  Wenn ja, **wie viele und welche**? (*Hier wurde z. B. aufgezählt, ob es nur einzelne Wissensträger gibt oder ob diese wichtigen Schlüssel-Skill-Personen mehrfach vorhanden sind.*)
- Gibt es ein **IT-Notfallvorsorgekonzept**?

  Hat man sich bereits Gedanken zu (IT-)Notfällen und deren Auswirkungen gemacht? Was macht man? Wurden Alternativen erarbeitet?
- Ist ein **IT-Notfallplan** vorhanden?
  - Wo ist was zu finden? (Notfalldokumentation, Zugriffe, auch Notzugriffe)
  - Wer informiert wann wen und wie? (Und über welche Kanäle?)
  - Was ist ein IT-Notfall und wer darf diesen überhaupt ausrufen?
- Ist ein (oder sind mehrere) **WAP** vorhanden?
- Ist ein (oder sind mehrere) **WHP** vorhanden?
- Was ist der **RTA** in der Praxis?
- Was ist der **RPA** in der Praxis?
- Ist ein **Notbetrieb** (MBCO) möglich?
  - Wenn ja, zu wie viel Prozent? (Es wurden Schätzwerte genannt. Das haben wir in Absprache mit dem BCM gemacht.)
  - Was beinhaltet der Notbetrieb? (Es wurden mögliche Optionen genannt, wie ein Notbetrieb aus der technischen Sicht aussehen könnte. Das haben wir in Absprache mit dem BCM gemacht.)

Die Ergebnisse dieser Fragen lassen sich dann mehr oder weniger übersichtlich aufbereiten (siehe Abbildung 11.13 und Abbildung 11.14).

Gap-Analyse (2023)													
IT-Service	SLA	Ansprechpartner	Abhängigkeiten	Technische Redundanzen vorhanden?	Personelle Redundanzen vorhanden?	Gibt es ein IT-Notfallvorsorgekonzept?	Gibt es ein IT-Notfallhandbuch?	Ist ein IT-Notfallplan vorhanden?	WAP vorhanden?	WHP vorhanden?	RTA Wert	RPA Wert	MBCO Wert
A	Bronze	Hr. Mayer	zu Citrix	nein	ja	nein	nein	nein	nein	nein	< 8h	~10h	80%
B	Silber	Fr. Müller	zu VMWare	ja	nein	nein	nein	nein	ja	nein	< 6h	~7h	66%
C	Gold	Hr. Soest	zu SAP	ja	ja	ja	nein	nein	ja	ja	< 4h	~4h	50%

Abbildung 11.13: So kann Ihre Datenerhebung in einem ganz einfachen Fall aussehen. (Quelle: BCM Academy GmbH, Lehrgang »Certified IT Service Continuity Manager, CITSCM«, https://www.bcmacademy.de/de/citscm)

	A	C	Y	Z	AA	AB	AC	AD	AE	AF	AG	AH
2 3	Applikationssystem	Status	Konsolidierung 1 BIA (fachlich)	Konsolidierung 2 BIA (IT)	Konsolidierung 3 AdoIT	Konsolidierung 4 SBA	Konsolidierung 5 Servicevereinbarung	Total	Analyse	Kontrolle	nentar (Bezogen auf Dokumentation in A	
4	Angebotserstellung	In Produktion	2	--	2	2	2	2	WAK 2	ok	Anforderungen: 5 x WAK 2, 4 x nicht definiert	
6	Antragsentscheidung	In Produktion	2	--	2	[illegible]	2	2	WAK 2	ok	Anforderungen: 1 x WAK 2, 8 x WAK 3, 3 x nicht definiert	
7	Auskunftei	In Produktion	4	--	4	[illegible]	[illegible]	2	WAK 2	x	Anforderung: 14 x WAK 4, 1 x nicht definiert	
8	Außenschnittstellen	In Produktion	1	--	1	[illegible]	[illegible]	1	WAK 1	ok	Anforderungen: 1 x WAK 1, 12 x WAK 2, 10 x WAK 3, 1 x nicht definiert	
9	Authentifizierung & Autorisierung	In Produktion	2	--	2	[illegible]	2	2	WAK 2	ok	Anforderungen: 3 WAK 2	
14	Bilanzierung	In Produktion	2	--	2	[illegible]	2	2	WAK 2	ok	Anforderungen: 1 x WAK 2, 1 x WAK 4, 22 x nicht definiert	
16	Compliance	In Produktion	[illegible]	--	2	[illegible]	2	2	WAK 2	ok	Anforderungen: 2 x WAK 2, 3 x WAK 4, 16 x nicht definiert	
17	Beispielname Abrechnung	In Produktion	2	--	2	2	2	2	WAK 2	ok	Anforderungen: 4 x WAK 2, 2 x WAK 3, 9 x nicht definiert	
18	Beispielname Bilanzschnittstelle	In Produktion	2	--	2	2	2	2	WAK 2	ok	Anforderungen: 14 x WAK 2, 34 x nicht definiert	
19	Beispielname Buchung	In Produktion	2	--	2	2	2	2	WAK 2	ok	Anforderungen: 13 x WAK 2, 2 x WAK 3, 16 x nicht definiert	
20	Beispielname Risikovorsorge	In Produktion	2	--	2	2	2	2	WAK 2	ok	Anforderungen: 5 x WAK 2	
21	Beispielname Schadensfallbearbeitung	In Produktion	3	--	3	[illegible]	[illegible]	2	WAK 2	x	Anforderungen: 9 x WAK 3, 13 x nicht definiert	
22	Beispielname Stammdaten	In Produktion	2	--	2	2	2	2	WAK 2	ok	Anforderungen: 13 x WAK 2, 1 x WAK 3, 19 x nicht definiert	
24	Dokumentenerstellung	In Produktion	3	--	3	[illegible]	[illegible]	2	WAK 2	x	Anforderungen: 1 x WAK 2, 6 x WAK 3, 1 x WAK 4, 3 X nicht de	
25	Dokumentenverwaltung	In Produktion	2	2	2	2	2	2	WAK 2	ok	Anforderungen: 3 x WAK 2, 14 x WAK 3, 4 x nicht definiert	
26	Dokumentenverwaltung Macros DMS	In Produktion	2	--	2	2	[illegible]	2	WAK 2	ok	Anforderungen: 3 x WAK 2, 1 x WAK 4	
27	Dokumentenverwaltung Sharepoint	In Produktion	2	--	2	2	2	2	WAK 2	ok	Anforderungen: 5 x WAK 2, 1 x WAK 3, 1 x nicht definiert	
28	Entwicklungs-Tools	In Produktion	[illegible]	--	1	[illegible]	[illegible]	1	WAK 1	ok	Anforderungen: 3 x WAK 1, 1 x WAK 2, 2 x WAK 3, 14 x WAK 4, 51 x nicht definiert	
29	Expertenportal	In Produktion	2	--	2	[illegible]	2	2	WAK 2	ok	Anforderungen: 3 x WAK 2	
31	Liquiditätsprüfung	In Produktion	2	--	2	2	2	2	WAK 2	ok	Anforderungen: 2 x WAK 2, 1 x nicht definiert	
36	Handel	In Produktion	2	--	2	[illegible]	[illegible]	2	WAK 2	ok	Anforderungen: 12 x WAK 2, 12 x WAK 3, 7 x WAK 4, 6 x nicht	
37	Hauptbuchhaltung	In Produktion	2	--	2	2	[illegible]	2	WAK 2	ok	Anforderungen: 6 x WAK 2, 5 x nicht definiert	
39	Info- und Beratungsportal	In Produktion	3	--	3	[illegible]	[illegible]	2	WAK 2	x	Anforderungen: 4 x WAK 3, 1 x nicht definiert	
40	Infrastruktur	In Produktion	[illegible]	--	1	[illegible]	[illegible]	1	WAK 1	ok	Anforderungen: 4 x f, 1 x WAK 2, 1 x WAK 3, 5 x WAK 4, 23 x r	
41	Infrastruktur Regelwerke	In Produktion	3	--	3	[illegible]	[illegible]	2	WAK 2	x	Anforderungen: 1 x WAK 3, 1 x nicht definiert	
42	Intranet	In Produktion	3	4	3	[illegible]	3	2	WAK 2	x	Anforderungen: 6 x WAK 3, 1 x nicht definiert	

Abbildung 11.14: Es geht aber auch deutlich komplexer, wenn viele Informationen verwaltet werden müssen.

Um Antworten auf diese Fragen zu bekommen, habe ich die verantwortlichen Mitarbeiter und Mitarbeiterinnen zu Interviews eingeladen. Ich habe diese direkte und persönliche Kommunikation bewusst gewählt, um allen Beteiligten alles in Ruhe zu erklären, sie abzuholen und ihnen den weiteren Weg zu erklären. Ich habe diese Interviews auch genutzt, um aktiv Ängste abzubauen: stand also für Fragen und Antworten direkt zur Verfügung und auch, um Bedenken jeglicher Art aus dem Weg zu räumen. Es war mir wichtig, aktiv Awareness zu fördern.

Solche Interviews kann man in Zweier- bis maximal Dreier-Gruppen super machen. Wir haben dabei den Nutzen und auch den Mehrwert der Gap-Analyse besprochen und im Anschluss alle Ergebnisse allen verantwortlichen Personen zur Verfügung gestellt.

Direkt im Anschluss habe ich diese Liste auch bereits für das nächste Jahr vorbereitet.

Der gesamte Arbeitsaufwand für das Erstellen der Confluence-Seite, die Interviews und deren Nachbearbeitung betrug 2023 etwa 100 Stunden.

11.4.2 Webgestützte Datenerhebung

Bei der zweiten Gap-Analyse 2024 habe ich ein neues Tool eingesetzt, das hausintern entwickelt wurde. Dieses Tool ermöglicht es, Abfragen zentral und standardisiert über eine benutzerfreundliche Weboberfläche durchzuführen. Für diese Tätigkeit könnte man auch ein selbstprogrammiertes Tool nutzen, wenn Sie solches Know-how in der Organisation haben.

In diesem Tool können beispielsweise Fragebögen hinterlegt werden. Ich habe die Fragen aus der ersten Gap-Analyse in das Tool eingegeben und um zusätzliche Informationstexte und Beispiele ergänzt, um die Inhalte zu verdeutlichen, ähnlich wie ich es zuvor in Interviews gemacht habe.

Die Ergebnisse der letzten Analyse wurden als Vorgaben in das Tool integriert. So hatten wir am Ende 30 vollständig ausgefüllte Fragebögen – je einen für jedes Verfahren, jede IT-Infrastruktur und jeden IT-Service – mit den Daten aus 2023. Im Jahr 2024 konnte ich diese Fragebögen per Knopfdruck oder über einen festgelegten Timer an alle Verantwortlichen versenden.

Die Verantwortlichen erhielten eine E-Mail mit einem Link. Dort konnten sie sich mit ihrer normalen Benutzerkennung anmelden. Innerhalb des Tools hatten die Verantwortlichen nur Zugriff auf ihren eigenen Fragebogen, was eine klare Mandantentrennung sicherstellte. Sie mussten lediglich die Vorgabewerte überprüfen. Wenn alles aktuell war, dauerte der Prozess weniger als fünf Minuten. Bei notwendigen Änderungen benötigten sie maximal 30 Minuten.

Das Tool könnte man so konfigurieren, dass es zu einem definierten Zeitpunkt die Fragen zur Gap-Analyse automatisch an die zuständigen Personen versendet. Die Verantwortlichen haben vier Wochen Zeit, den Fragebogen zu beantworten.

Brauchen Sie länger, werden sie durch das Tool erinnert und bekommen einmalig zwei Wochen Aufschub gewährt. Wenn der Zeitraum noch mal überschritten wird, wird ihr Arbeitsplatz atomisiert, das Benutzerkonto sofort gesperrt und eine Interpol-Fahndung nach dem Mitarbeiter ausgegeben. ☺

Nein, das war Spaß, tatsächlich rufe ich die Verantwortlichen an. Manchmal gibt es ja auch triftige Gründe, warum jemand es nicht schafft. Dann unterstützt das ITSCM diese Person.

Dieses Tool war sehr wertvoll für uns, denn mit ihm können jederzeit IT-Services, IT-Infrastrukturen oder zeitkritische Ressourcen ergänzt oder entfernt werden. Dies ist immer abhängig von den Ergebnissen der jährlichen BIA des BCM.

11.4.3 Zentralisierte Datenerhebung zusammen mit dem BCM

Den nächsten Punkt, den Sie angehen können, ist die Anschaffung eines Werkzeugs, das vom BCM und dem ITSCM gemeinsam genutzt werden kann. Wichtig ist, dass Sie nicht zum erstbesten Angebot greifen, sondern eine ordentliche Anforderungsanalyse und entsprechende Evaluation starten. Als Beispiel möchte ich Ihnen die Software *[alive-IT]* der Controllit AG zeigen (siehe *https://www.controll-it.de/de/funktionen* und Abbildung 11.15).

Mich persönlich überzeugt an diesem Tool, dass man damit die Gap-Analyse vollautomatisiert durchführen kann und auch bei anderen ITSCM-Tätigkeiten wie dem Dokumentenmanagement, dem Übungs- und Testmanagement, der Aufgabenverfolgung und dem IT-Risikomanagement unterstützt wird.

Ob so ein Werkzeug eines Drittanbieters für Sie sinnvoll ist, hängt von vielen Faktoren ab. Meine Gedanken dazu finden Sie in Kapitel 20.

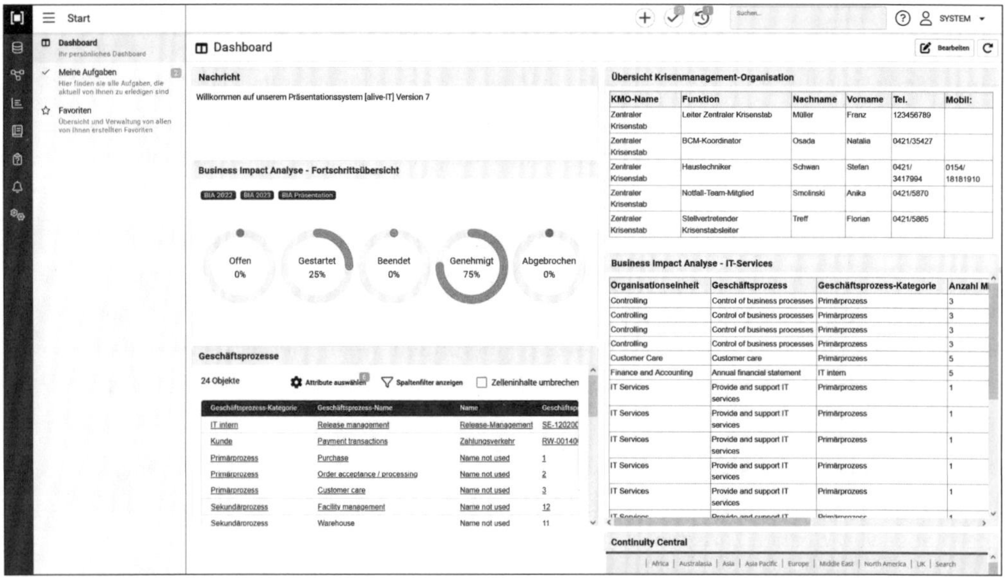

Abbildung 11.15: Screenshot aus »[alive-it] V7.0« (Quelle: Controllit AG, Hamburg)

11.5 Durchführung einer Gap-Analyse

Haben Sie die Soll- und Ist-Werte zusammengetragen? Gut, denn dann geht es an die eigentliche Durchführung der Gap-Analyse. Was macht man dabei genau und in welcher Reihenfolge?

Ganz einfach. Man vergleicht im Grunde nur die Soll-Vorgaben des BCM (aus einer BIA) mit den praktischen Ist-Werten der technischen Abteilungen und Bereiche. Es findet also ein Abgleich mit der Praxis statt. Passt es? Dann ist alles gut.

Passt es nicht, dann muss entweder die BIA (Soll-Werte) oder die SLA (Kundenanforderungen) angepasst oder die Technik aufgerüstet werden, bis die Ist-Werte gleichauf mit oder unter den Soll-Werten liegen. (Und planen Sie dann auch eine kleine zeitliche Reserve ein.)

Für die Dokumentation der Analyse können Sie Excel-Tabellen, Confluence, SharePoint, ein ITSCM-Tool oder Ähnliches nutzen. Das ist abhängig von Ihrer Organisation: von dem, was bereits vorhanden ist, von dem Budget, der freigegebenen Software, den personellen Ressourcen und dem Zeitplan bzw. dem Zeitdruck.

11.5.1 Optimaler Bearbeitungsweg bei der Durchführung einer Gap-Analyse (theoretisches Grundprinzip)

Schauen wir uns zunächst eine Gap-Analyse in der Theorie an, ohne zu sehr in die Inhalte zu gehen. Welche Rolle macht was?

Dieser Weg sieht wie folgt aus:

1. Der BC-Manager übergibt (nach erfolgter BIA) die Soll-Werte (RTO, RPO, MBCO) für die zeitkritischen Geschäftsprozesse an den ITSC-Manager.
2. Der ITSC-Manager überprüft und dokumentiert diese Soll-Werte für sich und reicht die Anforderungen an die entsprechenden technischen Bereiche weiter.
3. Dort führen dann die ITSC-Koordinatoren (oder Teamleitungen, Gruppenleitungen oder ähnliche Rollen in Ihrer Organisation) einen Soll/Ist-Abgleich durch. Unterstützt werden die ITSC-Koordinatoren durch eine gut gefüllte CMDB und die Mitarbeiter aus ihren Bereichen.

   In der CMDB sind alle zeitkritischen Geschäftsprozesse den IT-Services zugeordnet, und die IT-Services umfassen (als große Klammer) alle benötigen IT-Ressourcen (wie z. B. benötigte Hardware, Software, Mitarbeiter, Rechte, IT-Infrastrukturen, Basisdienste, SLAs, OLAs etc.) pro IT-Service.
4. Es wird geprüft und dokumentiert, ob die RTA-Werte (Ist-Wert aus der Praxis) unter den RTO-Werten liegen, ob die RPA-Werte (Ist-Wert aus der Praxis) unter den RPO-Werten liegen, ob ein MBCO (in der Praxis) zur Verfügung gestellt werden kann und, wenn ja, in welchem Umfang. Diese Ergebnisse (inklusive Kommentare und Zusatzinformationen) werden nach der vollständigen Prüfung dem ITSC-Manager wieder zurückgegeben.
5. Der ITSC-Manager überprüft die Ergebnisse und sucht nach Abweichungen (Gaps, also Lücken). Diese werden von ihm dokumentiert, und die gesamten Ergebnisse werden anschließend dem BC-Manager wieder zurückgegeben. Als ITSCMler sollten Sie erst mal nicht aktiv werden und nach möglichen Lösungsoptionen zu den Gaps suchen, sondern sollten erst die Rückmeldung des BC-Managers abwarten.
6. Der BC-Manager sichtet nun die gesamten Ergebnisse. Er muss dann entscheiden, wie mit den gefundenen Gaps umgegangen werden soll. Dies kann wie folgt ausfallen:
   - Ist alles stimmig und passt, wird dies dokumentiert, und die Gap-Analyse ist somit vollständig abgeschlossen. Diese Dokumentation dient dann als Grundlage für die nächste BIA und Gap-Analyse (z. B. im nächsten Jahr).
   - Wurden Gaps erkannt, gibt es auch hier nur zwei Handlungsmöglichkeiten, die der BC-Manager (mit dem ITSC-Manager zusammen) mit dem Top-Management abstimmen muss. Und zwar:

- Es muss eine Anpassung der BIA und/oder SLA-Werte stattfinden (Abstimmung mit den Kunden nicht vergessen!). Oder man muss eventuell die BCM-Überbrückungsmaßnahmen verlängern.
- Oder es muss eine Ertüchtigung der Technik durchgeführt werden. Die Technik muss also aufgebaut, umgebaut oder erweitert werden. Dann ist natürlich vorab eine Kostenklärung mit dem Kunden notwendig!

Das war jetzt einmal grob und theoretisch die Gap-Analyse – komplett und mit minimalem Personalaufwand durchgespielt. Natürlich kann es noch weitere Unterteilungen oder Schnittstellen geben; das hängt von der Struktur und der Komplexität Ihrer Organisation ab. (Nach oben hin ist die Skala offen, wie komplex Sie Ihre Analyse gestalten wollen.)

Erfahrungsgemäß wird die Durchlaufzeit einer Gap-Analyse von Mal zu Mal kürzer werden. Alle Mitarbeiter wissen nach einigen Durchläufen, was zu tun ist: Sie werden routinierter, und alles spielt sich immer besser ein. So werden aus anfänglichen Wochen an Bearbeitungszeit, Tage und später Stunden.

11.5.2 Durchführung der Gap-Analyse (detaillierter praktischer Weg)

Was sich in der Theorie so schön einfach anhört, ist in der Praxis natürlich komplizierter. Dieser Weg sieht wie folgt aus.

Zieldefinition und Analyse der Anforderungen

Zunächst werden die Anforderungen an die IT-Service-Kontinuität ermittelt. Das umfasst:

- Definition der kritischen IT-Services und von deren Wiederherstellungsanforderungen
- Identifizierung von Schwachstellen und potenziellen Bedrohungen
- Bestimmung von RTO und RPO
- Recherche und Einbeziehung gesetzlicher und regulatorischer Anforderungen sowie branchenspezifischer Standards (wenn nötig, reguliertes Umfeld)

Erfassung des Ist-Zustandes

Der aktuelle Stand der IT-Service-Kontinuitätsprozesse wird gründlich überprüft. Dazu gehören:

- Evaluierung bestehender IT-Notfallpläne und Wiederherstellungsstrategien
- Überprüfung der IT-Infrastruktur und der IT-Ressourcen, die für die Wiederherstellung von IT-Services notwendig sind
- Analyse der bestehenden Notfallwiederherstellungs- und Business-Continuity-Strategien
- Überprüfung von Schulungen, Tests und Übungen im Bereich der IT-Service-Kontinuität

RTA ermitteln

Bei einem RTA-Wert wird der tatsächliche, in der Praxis erreichte Wert für einen Wiederanlauf bis zum Notbetriebsniveau oder für eine komplette Wiederherstellung angegeben.

Dazu muss eine Addition der einzelnen RTAs stattfinden, denn es sind oft mehrere Systeme (IT-Infrastrukturen und IT-Basissysteme wie AD, DNS, DHCP, NTP, Server, Netzwerk, LAN/WAN etc.) nötig, um einen IT-Service anlaufen zu lassen. Jedes dieser Teilsysteme hat seinen eigenen RTA. Eine Gesamtauflistung (oder Addierung der Werte) finden Sie idealerweise in der CMDB. Sind diese Informationen nicht in der CMDB vorhanden, muss der ITSC-Koordinator oder müssen die technischen Bereiche diese mühsam ermitteln. Es sei denn, diese Werte sind in den OLAs dokumentiert. Dann kann man sich diese Informationen auch dort herausziehen und addieren.

Addieren Sie diese Werte akribisch und sehr genau, bauen Sie keinen zusätzlichen Puffer ein oder schätzen Sie gar!

RPA ermitteln

Der RPA-Wert ist der Wert, der in der Praxis gebraucht wird, um die benötigten Daten wieder vollständig zurückzukopieren, sodass sie auch nutzbar sind. Das bedeutet, dass die Rückspieldauer regelmäßig überprüft werden sollte, um sicherzustellen, dass sie den aktuellen Anforderungen entspricht.

Identifikation von Lücken

Der nächste Schritt besteht darin, die Gaps (Lücken) zwischen den aktuellen Prozessen und den gewünschten oder erforderlichen Standards zu ermitteln:

- Identifikation von Prozessen oder Maßnahmen, die fehlen oder unzureichend sind
- Vergleich von bestehenden Maßnahmen mit den definierten Anforderungen (z. B. Wiederherstellungszeiten, Wiederherstellungspunkte)
- Bewertung der Auswirkungen von nicht erfüllten Anforderungen oder unzureichender Resilienz auf den Geschäftsbetrieb

Bewertung der Risiken und Auswirkungen

Es wird eine (IT-)Risikoanalyse durchgeführt, um die potenziellen Auswirkungen der identifizierten Lücken zu bewerten. Dabei werden

- die Auswirkungen auf den Geschäftsbetrieb durch IT-Service-Ausfälle bewertet,
- die Wahrscheinlichkeit von Ausfällen und deren Schwere analysiert und
- bestimmte Schwachstellen (etwa unzureichende Datenkopien, fehlende Redundanzen oder ungetestete Prozesse) bewertet.

Empfehlungen und Maßnahmenplanung

Auf Basis der Gap-Analyse(n) entwickelt das ITSCM Empfehlungen, um die identifizierten Lücken zu schließen. Dazu gehören:

- die Entwicklung eines Aktionsplans, um die Gaps zu beheben und die IT-Service-Kontinuitätsprozesse zu verbessern
- die Festlegung von Prioritäten und Zeitrahmen für die Umsetzung der Maßnahmen
- die Identifizierung von (IT-)Ressourcen (z. B. Infrastruktur, Personal etc.) zur Unterstützung der Verbesserungsmaßnahmen

Dokumentation und kontinuierliche Verbesserung

Der gesamte Gap-Analyse-Prozess sowie die ermittelten Gaps und geplanten Verbesserungsmaßnahmen werden gründlich dokumentiert. Eine regelmäßige Überprüfung und Anpassung der IT-Service-Kontinuitätsstrategie ist notwendig, um sicherzustellen, dass die Strategie mit sich ändernden Anforderungen und Bedrohungen Schritt hält.

Tabelle 11.1 zeigt Ihnen einige Zahlenbeispiele und To-Dos aus einer fiktiven Gap-Analyse.

Prozess/ Ressource	Soll-Wert	Ist-Wert	Differenz	To-Do
Change-Management	RTO = 8h	RTA = 10h	-2h	Technik aufrüsten oder Prozesse beschleunigen
Incident-Management	RTO = 4h	RTA = 3h	+1h	Reserve vorhanden, alles okay! Passt so.
Gehaltsabrechnung	RPO = 8h	RPA = 8h	0h	zu knapp: RPA nach Möglichkeit etwas verringern
Desaster-Recovery	RPO = 4h	RPA = 20h	-16h	Backup-Strategie und Konzept sofort anpassen!
Hotline/Service-Desk	RTO = 4h	RTO = 2h	+2h	Reserve vorhanden, alles okay! Passt so.

Tabelle 11.1: Extrakt aus einer Gap-Analyse und mögliche To-Dos

Prozess/ Ressource	Soll-Wert	Ist-Wert	Differenz	To-Do
MBCO für IT-Service »Externe Auszahlung«	Die Produktionsumgebung muss zu 100 % laufen, alle anderen Module können deaktiviert werden (Schulungsumgebung, Testumgebung, Entwicklungsumgebung).	technisch aktuell noch nicht möglich		Kunden-SLA *sofort* anpassen! BIA-Werte anpassen oder BCM-Überbrückungsmaßnahmen verlängern!

Tabelle 11.1: Extrakt aus einer Gap-Analyse und mögliche To-Dos (Forts.)

Workaround
Ein Workaround (Umgehungslösung) ist eine Maßnahme zur Reduzierung oder Beseitigung der Auswirkungen einer Störung oder eines Problems, solange noch keine vollständige oder endgültige Lösung zur Behebung verfügbar ist.

In einem ersten Schritt wird aufseiten der technischen Bereiche die Anforderung noch einmal hinterfragt. Ist die Wiederanlaufanforderung in dieser Form bestätigt, sollte geprüft werden, ob es aufseiten der technischen Bereiche Workarounds gibt, die es erlauben, einen möglichen zeitlichen Gap ganz oder zumindest teilweise zu schließen. Zudem müssen bei manuellen Workarounds Nacharbeiten berücksichtigt werden. So ist für manuelle Dokumentationen eine Nacherfassung in den IT-Anwendungen erforderlich. Diese Nacharbeiten kommen nach der Bewältigung des IT-Notfalls ergänzend zum Normalbetrieb hinzu, sodass die Bewältigung des IT-Notfalls mit dem Wiederanlauf der Prozesse und IT-Services nicht abgeschlossen ist.

11.6 Auswertung einer Gap-Analyse

Neben dem Ergebnis, ob die Soll-Vorgaben aus der BIA (des BCM) mit den realen Ist-Werten aus der Praxis übereinstimmen, gibt es noch weitere Nebenergebnisse aus einer Gap-Analyse, z. B.:

- Welche IT-Services und IT-Ressourcen bedienen die zeitkritischen Geschäftsprozesse?
- Welche IT-Infrastrukturen, IT-Systeme und/oder andere IT-Services werden für den Betrieb der kritischen IT-Services benötigt?

- Welche Abhängigkeiten bestehen zwischen den IT-Infrastrukturen, IT-Systemen, IT-Services und anderen Anwendungen?
- Wird die Anwendung oder der IT-Service intern betrieben oder durch einen externen Dienstleister bereitgestellt?
- Wird hierbei eine Cloud-Umgebung genutzt? Wenn ja: Ist es eine eigene Cloud-Umgebung oder eine Cloud eines Dienstleisters?
- Welche Räumlichkeiten benötigt man für den Betrieb?
- Wie haben andere Management-Disziplinen (z. B. ISMS, BCMS) die Kritikalität der IT-Services bewertet?

11.6.1 Verantwortungen klären

Die Verantwortung für die Einhaltung der (BCM-)Soll-Werte je IT-Service liegt entweder beim

- ITSC-Koordinator,
- Serviceverantwortlichen,
- Produktmanager oder Product Owner,
- Applikationsverantwortlichen,
- Verfahrensverantwortlichen
- oder bei einer ähnlichen Rolle in Ihrer Organisation, die diese Aufgabe wahrnimmt.

Wichtig ist, dass es eine definierte und vor allem verantwortliche Stelle bzw. Rolle gibt. Ohne diese wird jede BIA und jede Gap-Analyse ein ressourcenfressendes, zeitraubendes Chaos werden! Und dies gilt es unbedingt zu vermeiden. Die Gap-Analyse sollte von Jahr zu Jahr schneller und effektiver werden. Dabei sollten auch die Qualität und der Reifegrad permanent erhöht werden. Das sollte das Ziel sein. Denn das ist Ihr Auftrag!

Ich möchte daher noch mal explizit darauf hinweisen, dass diese Rollen sehr wichtig sind für

- die BIAs,
- die Gap-Analysen,
- Resilienz-Steigerungen,
- IT-Notfallvorsorgemaßnahmen,
- Übungen und Tests,
- Notfalldokumentationen und vieles mehr.

Ohne diese Rollen und ohne genügend Zeit für die Aufgaben der Rollen wird sich nichts verändern! Ich fände es sehr schade, wenn man ein BCM, ISM und ITSCM aufbaut (und viel Geld investiert) und es dann letztendlich scheitert, weil die zuarbeitenden technischen Bereiche keine Zeit haben.

11.6.2 Die nächste Gap-Analyse planen

Wann sollte man die nächste Gap-Analyse planen?

Klare Antwort: Sofort!

Denn nun ist noch alles frisch in den Köpfen vorhanden, die Ergebnisse sind noch allgegenwärtig, der ITSC-Manager und das ITSCM-Team sind noch voll im Thema. Ideen, Verbesserungswünsche und Probleme sind noch präsent.

Daher: Stellen Sie kurz nach einer erfolgten Gap-Analyse schon die Weichen für die nächste, und betrachten Sie diese Arbeit als dauerhaften und zyklischen Kreislauf ohne große Pausen und ohne zeitliche Aufschübe.

11.7 Reporting an den Prozess-Owner (Sponsor, BCM etc.)

Natürlich wäre es schön, wenn jede Gap-Analyse ohne gefundene Probleme abgeschlossen wird. Viel wahrscheinlicher ist aber, dass Lücken und Verbesserungspotenzial gefunden werden. Dann sind Ihre ITSC-Koordinatoren bzw. die technischen Bereiche gefragt, um Lösungen zu finden:

- Müssen zusätzliche IT-Ressourcen beschafft werden, besonders für die IT-Services und IT-Ressourcen, die die zeitkritischen Geschäftsprozesse unterstützen und absichern?
- Können technische Ressourcen redundant aufgebaut werden (Individualhardware, Sonderanfertigungen, Unikate etc.)? Können Redundanzen für Bottlenecks bereits beschafft und eingelagert werden?
- Wie können die Ist-Werte (RTA und RPA) aus der Gap-Analyse unterschritten werden, um noch mehr zeitlichen Puffer zu haben? Beispielsweise können Workarounds definiert, getestet und implementiert werden, indem neue technische Entwicklungen (Cloud, KI etc.) einbezogen werden.
- Haben sich bisherige Workarounds bewährt? Können aus ihnen etablierte Prozesse werden?

Als ITSC-Manager sollten Sie Ihre Kollegen bei diesen Fragen und Aufgaben unterstützen, beispielsweise indem Sie Reports für die Entscheider vorbereiten, aus denen die Notwendigkeit der Maßnahmen hervorgeht. Die Verantwortung für die Umsetzung liegt aber nicht bei Ihnen. Wie ich bereits am Anfang des Kapitels sagte: Sie decken Lücken auf und legen den Finger in die Wunde.

Für Sie heißt das also: Wenn die Gap-Analyse durchgeführt wurde, müssen die Ergebnisse festgehalten werden. Bei einem Reporting an den ITSCM-Owner (oder an andere Stakeholder und Rollen) geht es darum,

- den aktuellen Stand des Soll/Ist-Abgleichs zu beschreiben,
- erkannte Abweichungen zu erklären,

- Maßnahmen zur Schließung von Gaps zu besprechen und
- mögliche IT-Notfallvorsorgemaßnahmen zu dokumentieren.

Dazu bietet sich im Nachgang ein Workshop mit dem ITSC-Manager, dem BC-Manager und den betroffenen technischen Bereichen an. Laden Sie dazu auch die entsprechenden ITSC-Koordinatoren ein. Die aufbereiteten Ergebnisse des Workshops können dann dem ITSCM-Owner oder (wenn gewünscht) dem ITSCM-Sponsor vorgelegt werden.

Eine dieser beiden Rollen des strategischen Top-Managements muss dann die Finanzierung in der Organisation klären: Gibt es ein Resilienz-Budget, das genutzt werden kann, oder sollen/müssen diese anfallenden Kosten umgelegt werden, etwa auf den Kunden oder auf mehrere Kunden, auf die technischen Bereiche, die Allgemeinkosten etc? Diese Frage liegt aber außerhalb des ITSCM und wird nicht durch den ITSC-Manager verantwortet.

[!]

Stolperfalle!

Es sind zwar keine direkten Aufgaben für das ITSCM, aber Sie müssen diese Punkte trotzdem als koordinierende Stelle für IT-Notfallvorsorgemaßnahmen und Resilienz-Steigerung auf dem Schirm haben!

Denn falls die technischen Bereiche diese Vorabarbeiten nicht bearbeiten (aus welchen guten Gründen auch immer), schleppen Sie im nächsten Jahr bei der nächsten Gap-Analyse diese Probleme wieder mit durch den Prozess. Und wenn Sie einige Jahre so weitermachen, haben Sie bald einen Riesenberg von notwendigen, aber unerledigten Arbeiten vor der Brust. Das müssen Sie unbedingt von Anfang an vermeiden!

Mein Ratschlag: Wenn im nächsten Jahr »alte Vorarbeiten« unerledigt wieder auftauchen, sollten Sie diese als IT-Risiken dem Risikomanagement (RM) melden (dazu kommen wir genauer in Kapitel 13.). So bekommt dann auch der technische Bereich (über diesen Umweg) einen priorisierten Auftrag dazu. Sollte das RM aber dieses IT-Risiko als unwichtig einstufen – das ist sein gutes Recht –, sind Sie Ihrem Arbeitsauftrag aber trotzdem bestmöglich nachgegangen.

[»]

Weitere Adressanten für die Ergebnisse

Neben diesem direkten Reporting nach oben sollten Sie auch prüfen, ob es weitere Bereiche gibt, die informiert werden sollten oder die an den Ergebnissen einer Gap-Analyse interessiert sind. Dies kann Synergien bilden oder einfach nur eine Rückmeldung darstellen, weil diese Bereiche Ihnen vorher zugearbeitet haben.

Weitere Adressaten könnten also sein:

- Informationssicherheitsmanagement (ISM)
- Service-Level-Management (SLM)
- Risikomanagement (RM): Festgestellte Abweichungen, die die IT-Risiken betreffen, werden an das Risikomanagement übergeben.

- alle involvierten technischen Bereiche
- alle Mitarbeiter der Organisation

Das entscheiden Sie. Es gibt Organisationen, die hier sehr offen und transparent sind. Andere sind es eher nicht. Nach meiner Meinung sollte diese Auswertung nicht allen Mitarbeitern zugänglich sein. Das hat einen einfachen Grund: Die Ergebnisse müssten erst mal in eine allgemein verständliche Sprache übersetzt werden, und das sprengt den Zeitplan und die vorhandenen Ressourcen. Interessierte können aber das ITSCM in den Sprechstunden oder im offenen Austausch dazu jederzeit ansprechen. Übersetzen Sie die Ergebnisse dann direkt und klären Sie dabei alle Fragen, gerne auch unter Einbindung des betroffenen ITSC-Koordinators.

11.8 Weitere Vorgehensweise und Übungen

In Kapitel 12 geht mit dem wichtigen Thema »IT-Notfallvorsorgemaßnahmen« weiter. Dies ist eines der Hauptziele des ITSCM: durch sogenannte IT-Notfallvorsorgemaßnahmen die wichtigen IT-Services und IT-Ressourcen bestmöglich zu schützen. Mit einem Tracking (dt. »Aufgabenverfolgung«) werden diese ganzen Maßnahmen beobachtet und nachverfolgt. In größeren und räumlich verteilten Organisationen reden wir hier von teilweise weit über 100 parallel laufenden Maßnahmen. Diese gilt es nun systematisch zu bearbeiten. Los geht's!

F-11-1: Wofür braucht man eine Gap-Analyse?

a) Sie ist eigentlich unnötig. Die Soll-Werte werden vom BCM vorgegeben und müssen von allen zwingend eingehalten werden.
b) Braucht kein Mensch, damit verbrennt man nur unnötig wichtige Arbeitszeit.
c) Sie ist enorm wichtig, um die Soll-Anforderungen des BCM mit den praktischen Ist-Werten abzugleichen. Gefundene Gaps (Lücken) müssen geschlossen werden.
d) Sie ist sehr wichtig. Ohne Gap-Analysen hat man keine Soll-Werte fürs BCM!

F-11-2: Was ist ein RTO-Wert?

a) RTO (Return on Investment) heißt wörtlich übersetzt: die Rückkehr der Investition, also des eingesetzten Kapitals
b) Im ITSCM interessiert nur der RTA-Wert, nicht der RTO-Wert.
c) Der RTO (Recovery Time Objective) ist die Wiederanlaufzeit bis zur Erreichung eines Notbetriebs bzw. eines geregelten Notbetriebsniveaus oder eines Wiederanlaufs.
d) Der RTO-Wert gibt den Zeitpunkt der letzten Datensicherung an.

[/]

F-11-3: Sind Operation Level Agreements (OLAs) wichtig?

a) Nein, alles Wichtige steht doch schon in den SLAs.

b) Nein, ist viel zu viel Bürokratismus!

c) Ja, denn ohne definierte OLAs können dem Kunden keine verbindlichen SLAs zur Verfügung gestellt werden. OLAs sichern organisationsintern die SLAs ab.

d) Ja, aber nur für das BCM.

Kapitel 12

IT-Notfallvorsorgemaßnahmen (inklusive Tracking)

Was sind IT-Notfallvorsorgemaßnahmen? Welche Ebenen gibt es? Wogegen kann man sich schützen? Wie geht man dabei vor? Warum sollten Sie eine IT-Notfallvorsorgemaßnahmenverfolgung aufbauen?

> *»Nicht weil es schwer ist, wagen wir es nicht, sondern weil wir es nicht wagen, ist es schwer.« (Lucius Annaeus Seneca)*

In diesem Kapitel schauen wir uns an, mit welchen Maßnahmen Sie Ihre IT-Notfallvorsorge verbessern können. Diese Maßnahmen lassen sich grob in vier Ebenen aufteilen. Diese wären:

- **organisatorisch:** Managementsysteme (BCMS, ISMS, ITSCMS etc.)
- **personell:** alle Mitarbeiter der Organisation (und externe Dienstleister)
- **infrastrukturell:** Redundanzen schaffen (z. B. RZ2, RZ3)
- **technisch:** mehr Robustheit und Stabilität bei den IT-Systemen, höhere Ausfallsicherheit

Außerdem lassen sich die Maßnahmen diesen beiden Risikogruppen zuordnen:

- **Eintrittswahrscheinlichkeit**
- **Schadensausmaß**

Das heißt, man möchte die Eintrittswahrscheinlichkeit und das Schadensausmaß mindern (siehe auch IT-Risiken). Aber wie macht man das?

12.1 Allgemeines Vorgehen

Hierzu würde ich folgende Vorgehensweise vorschlagen:

- **IT-Notfallvorsorgemaßnahmen müssen geplant werden**

  Überlegen Sie vorab, was Sie proaktiv machen können, und stimmen Sie die Maßnahmen intern ab. Dokumentieren Sie sie und machen Sie eine zeitliche Vorplanung.

- **Hierzu fließen Informationen aus der Risikoanalyse des BCM und aus dem ITSC-Lösungskonzept ein**

  Schauen Sie, was aus den Vorgaben genutzt und umgesetzt werden kann.

- **Lösungsoptionen, die sich aus Gaps zwischen den Anforderungen aus der BIA und der IST-Absicherung ergeben**

  Diese Lösungsoptionen müssen Sie mit dem Top-Management abstimmen und umsetzen lassen.
- **Elemente aus der Risikoanalyse, wie IT-Risiken, Standortrisiken etc. betrachten**

  Betrachten Sie die IT-Risiken und versuchen Sie, diese aktiv zu mindern oder zu übertragen. Als letzte Lösung müssen Sie Risiken bewusst akzeptieren, wenn es nicht anders geht.
- **Machbarkeits- und Kosten-Nutzen-Analyse durchführen**

  Sie ermitteln, wie teuer eine IT-Notfallvorsorgemaßnahme wäre und ob sie überhaupt technisch umgesetzt werden kann. Legen Sie fest, was ihr effektiver und vor allem messbarer Mehrwert ist.
- **Die geplanten Vorsorgemaßnahmen werden geprüft und entsprechend implementiert**

  Die eigentliche Implementierung wird dann vom IT-Betrieb, den technischen Fachabteilungen oder ähnlichen Bereichen durchgeführt.
- **Die Beseitigung von Single Points of Failure (SPoF) hat höchste Priorität**

  Sie müssen alle SPoF sammeln, dokumentieren, abstimmen, priorisieren und nach und nach eliminieren. Ist eine Beseitigung nicht möglich, müssen Sie das (IT-)Risiko melden und über diesen Weg bearbeiten lassen.
- **Maßnahmen mit Breitenwirkung kommen vor Maßnahmen mit lokaler Wirkung**

  Sie sollten zuerst die Maßnahmen umsetzen, die eine möglichst große Reichweite haben (also die ganze Organisation betreffen). Erst danach kommen Maßnahmen mit lokaler Wirkung an die Reihe (also Rack 12 im RZ1).

Diese Abstimmungen finden zwischen BCM, ITSCM, ISM, den technischen Bereichen und dem Top-Management statt.

Wie sieht das in der Praxis aus? Einige Punkte für die IT-Notfallvorsorge habe ich in Kapitel 17 gesammelt, in dem es darum geht, welche technischen oder organisatorischen Schritte die Resilienz Ihrer Organisation erhöhen. Beispiele sind:

- **Aufbau von Clustern (Minderung der Auswirkungen):** siehe Abschnitt 17.1.4
- **Durchdachte Datensicherungen oder Datenspiegelungen (Minderung der Auswirkungen):** siehe Abschnitt 17.1.8
- **Hardware auf Vorrat beschaffen (Minderung der Auswirkungen):** siehe Abschnitt 17.1.1
- **Notlieferabkommen abschließen (Minderung der Auswirkungen):** siehe Abschnitt 17.2.1

- **Testumgebungen erweitern (Minderung der Eintrittswahrscheinlichkeit):** siehe Abschnitt 17.1.3
- **USV/NEA erweitern (Minderung der Eintrittswahrscheinlichkeit):** siehe Abschnitt 17.1.1

12.2 IT-Notfallvorsorgemaßnahmenverfolgung aufbauen

Sie werden sich bestimmt jetzt fragen, *warum* das ITSCM eine zentrale *IT-Notfallvorsorgemaßnahmenverfolgung* (was ein Wort!) inklusive Tracking aufbauen sollte.

Die Antwort auf diese Frage ist ganz einfach: Normalerweise wird es so etwas in Ihrer Organisation noch nicht geben. Sie werden aber im Laufe der ITSCM-Arbeit von sehr vielen Stellen Informationen bekommen, die dafür nützlich sind. Diese Informationen gilt es permanent zu sichten, zu analysieren und zu bewerten, um dann damit sinnvolle und die Resilienz steigernde IT-Notfallvorsorgemaßnahmen zu entwickeln. Das Ziel ist also, eine Gesamtübersicht aller möglichen IT-Notfallvorsorgemaßnahmen zu haben, die in Ihrer Organisation abgestimmt und dokumentiert wurden. Damit haben alle Stakeholder die Möglichkeit, sich jederzeit aktiv über den Status von IT-Notfallvorsorgemaßnahme zu informieren.

Bereits das zentrale Sammeln, das strukturierte Bearbeiten und das Integrieren dieser Maßnahmen in die bestehenden IT-Services und (zeitkritischen) Geschäftsprozesse (Erfolgscontrolling) wird zu einer deutlichen und spürbaren Resilienzerhöhung des IT-Betriebs führen. Da der Aufgabenbereich »Erstellung und Umsetzung von IT-Notfallvorsorgemaßnahmen« ein wesentlicher Bestandteil des ITSCM ist, sollte das ITSCM die Koordination dieser wichtigen Aufgabe übernehmen. Das ITSCM erkennt auch erst anhand dieser Gesamtaufstellung mögliche Synergien und kann den wichtigen IT-Notfallvorsorgemaßnahmen die notwendige Priorisierung und das entsprechende Gehör im Top-Management verschaffen. (Dort müssen Sie sich ja später das offizielle »Go« für die Umsetzung der priorisierten IT-Notfallvorsorgemaßnahmen abholen – inklusive Budget-Freigabe.)

Da es alle IT-Notfallvorsorge-Informationen transparent zur Verfügung gestellt bekommt, kann das Top-Management proaktiv Maßnahmen anstoßen. Das ITSCM sollte sich daher als Datenlieferant und als Vorbereiter für Entscheidungsvorlagen betrachten.

Der Vorteil und gleichzeitig der Mehrwert, den das ITSCM für die ganze Organisation bietet, besteht darin, dass es die zentrale Gesamtübersicht aller IT-Notfallvorsorgemaßnahmen aufzeigt. Diese Aufstellung gibt es sonst (im Normalfall) in keiner Organisation.[1]

1 Zumindest nicht, wenn nicht spezielle Regularien dafür sorgen. Aber auch im regulierten Umfeld fehlt ein solcher Überblick oft! Rein technische Bereiche oder Aufgabengebiete sind meist viel kleinteiliger und fokussierter unterwegs und auf ihren Bereich eingegrenzt. Ein organisationsweiter Austausch findet daher selten statt.

12.2.1 IT-Notfallvorsorgemaßnahmen definieren, dokumentieren und priorisieren

Das ITSCM muss zusammen mit den entsprechenden technischen Bereichen die IT-Notfallvorsorgemaßnahmen definieren, abstimmen und dokumentieren. Dazu stellt das IT-SCM ein Template zur Erfassung von IT-Notfallvorsorgemaßnahmen zur Verfügung, und der technische Bereich liefert den entsprechenden Input.

Wie das in der Praxis aussieht, steht Ihnen vollkommen frei, solange Sie sich mit den Entscheidern und den Kollegen aus den betroffenen Bereichen abstimmen. Sinnvoll ist aus meiner Sicht, das Template in drei Abschnitte zu unterteilen:

- **Beschreibung der IT-Notfallvorsorgemaßnahmen:** Das ITSCM beschreibt die IT-Notfallvorsorgemaßnahmen in allgemein verständlicher Weise.
- **Detaillierte Ausarbeitung durch den technischen Bereich:** Der technische Bereich steuert die rein technische Sicht bei, inklusive Vor- und Nachteilen, Chancen und Risiken und einer Kostenaufstellung.
- **Entscheidungsvorlage (inklusive Kostenschätzung, Risikoeinschätzung und Kosten-Nutzen-Abwägung) für das Top-Management:** Diese Vorlage kann in Kooperation zwischen dem ITSCM und dem technischen Bereich erstellt werden.

Eine Priorisierung der IT-Notfallvorsorgemaßnahme könnte unter allen drei Punkten erfolgen. Am sinnvollsten wird es aber sein, wenn der abgestimmte Vorschlag dem Top-Management vorgelegt wird. Dort sollte dann priorisiert werden.

Natürlich wäre es ideal, wenn Sie in Zukunft immer wieder dieses bekannte Template nutzen – als eine Art Standard. Das wird allen Seiten die Bearbeitung erleichtern, und die Durchlaufzeit wird dadurch kürzer und effektiver werden.

12.2.2 Verantwortung festlegen (pro IT-Notfallvorsorgemaßnahme)

Das ITSM koordiniert alle IT-Notfallvorsorgemaßnahmen. Pro Maßnahme muss ein *Verantwortlicher* (*Owner* oder *Besitzer*) benannt werden.

Damit ist eine Person gemeint, die aktiv dafür sorgt, dass die abgesprochene IT-Notfallvorsorgemaßnahme auch in der Praxis umgesetzt wird, und damit die Umsetzungsverantwortung trägt. Diese Person kann ein ITSC-Koordinator, eine Serviceverantwortliche, ein Abteilungsleiter, eine Gruppenleiterin, ein Servicebündelleiter oder eine Person aus dem Top-Management sein. Es muss auf jeden Fall jemand mit einem guten Standing und einer klaren Entscheidungsgewalt in der eigenen Organisation sein, die bei der Sache aktiv »am Ball« bleibt.

Diese Verantwortung sollte allerdings verteilt werden: Es ist nicht sinnvoll, hier einen weiteren SPoF aufzubauen und sämtliche IT-Notfallvorsorgemaßnahmen bei einer Person als Owner zu konzentrieren.

12.2.3 IT-Notfallvorsorgemaßnahme genehmigen bzw. freigeben lassen

Dann geht die IT-Notfallvorsorgemaßnahme auf die (Entscheidungs-)Reise. Nutzen Sie dabei bitte die etablierten und bewährten Kommunikations- und Entscheidungswege und -kanäle in Ihrer Organisation.

[«]

Tipp aus der Praxis

In meinem ITSCM wird dies per *E-Laufmappe* auf den Dienstweg gegeben. Das hat den Vorteil, dass der ganze Vorgang revisionssicher dokumentiert wird. Zu diesem Laufweg gehören alle wichtigen Personen: die Umsetzungsverantwortlichen (ITSC-Koordinator), die entscheidende Person (AL/BL), das Controlling (Kosten), das BCM (BC-Manager) und der ITSCM-Owner. Das können sowohl Einzelpersonen als auch Entscheidungsgremien oder auch ein übergeordneter Resilienzmanager sein.

Bei der E-Laufmappe sieht man jederzeit den Bearbeitungsstatus und wo sie gerade liegt. Das finde ich sehr praktisch, wenn man nachhaken oder nett nachfragen möchte, um Hilfe anzubieten.

Sie müssen vorab definieren und abstimmen, wer letztendlich Ihre Endinstanz ist: Das kann ein CIO, der Vorstand oder eine ähnliche Rolle oder Funktion im Top-Management sein. Auch wie der genaue Weg aussieht, müssen Sie recherchieren: Vielleicht reicht schon eine E-Mail als Medium, oder der Vorgang kann auf einer Sitzung besprochen werden.

12.2.4 IT-Notfallvorsorgemaßnahme(n)-Wiedervorlage(n) einrichten

Das ITSCM sollte pro IT-Notfallvorsorgemaßnahme eine Wiedervorlage einrichten. Etwas auf »Wiedervorlage legen« bedeutet, ein Dokument, eine Aufgabe oder eine Information in einem entsprechenden Ablagesystem abzulegen und sich eine Erinnerung zu erstellen, wann das Dokument etc. nochmals überprüft oder bearbeitet werden soll. Ich nutze oft die Outlook-Wiedervorlagenfunktion oder die Erinnerungsfunktion von Confluence bzw. des Kanban-Boards von Jira.

Gerade am Anfang, wenn Ihnen noch jegliche Erfahrungswerte fehlen, sollten Sie eher großzügig mit dem Zeitpunkt der Wiedervorlage umgehen. Später, wenn sich alles eingespielt hat und der Vorgang zum Standard geworden ist, kann man die Zeiten verkürzen. Viele Faktoren spielen eine Rolle bei der Zeitdauer einer Bearbeitung:

- Wie viele Personen sind in den Laufweg eingebunden? Binden Sie nur die unbedingt notwendigen Personen ein: Je weniger Personen beteiligt sind, desto schneller ist der Durchlauf und desto eher erhalten Sie die heiß ersehnte Antwort!
- Wer entscheidet final? Wer soll mitzeichnen? Wer soll nur informiert werden?
- Sind die Entscheider gut über das Medium (E-Mail, Laufmappe etc.) zu erreichen? Wenn nicht, nutzen Sie ein anderes bewährtes Medium oder einen anderen Kanal.

- Gibt es eine aktive Vertreterreglung und greift diese auch? Ansonsten besteht die Gefahr, dass Ihre Laufmappe oder E-Mail wochenlang liegen bleibt.
- Gibt es eine Priorisierungsregelung? Kann man z. B. E-Laufmappen mit sehr wichtigen und organisationsweiten Entscheidungen kenntlich machen?
- Gibt es Druck von innen und/oder außen? Beachten Sie dies für die Gesamtlaufzeit!

Ich schlage vor, bei den ersten IT-Notfallvorsorgemaßnahmen (also im ersten Jahr) für eine Wiedervorlage einen Monat vorzusehen. Wenn sich alles eingespielt hat und der Laufweg optimiert wurde, können Sie den Zeitraum auf 7 bis 14 Tage verkürzen, bis Sie den aktuellen Status anfragen. Eventuell muss noch etwas nachgeliefert werden oder es gibt einige Rückfragen. Bei einem fixen Endtermin müssen Sie die Laufzeiten dem Endtermin anpassen, also rückwärts planen. Am besten sehen Sie dazwischen noch Puffertage für mögliche Klärungen vor.

[»]

Tipp aus der Praxis

Stimmen Sie die Zeiträume für die Wiedervorlage zunächst mit dem ITSCM-Owner ab. Dieser kann sie verbindlich im Top-Management mit allen anderen auf der strategischen Ebene absprechen.

12.2.5 Eskalationsweg(e) definieren

Wenn sich trotz Wiedervorlagetermin und aktivem Nachfragen an der Bearbeitung (am Status) der IT-Notfallvorsorgemaßnahme nichts ändert, müssen Sie eskalieren.

Überlegen Sie sich schon vorher, wie und an wenn Sie eskalieren wollen, beispielsweise an den nächsthöheren Vorgesetzten oder an ein spezielles Gremium. »Bearbeitungsleichen« nützen nämlich niemandem etwas und bergen die Gefahr einer erneuten Unterbrechung oder Großstörung. Auch hier würde ich an Ihrer Stelle die Eskalationszeiten und Wege mit dem ITSCM-Owner abstimmen. Beachten Sie natürlich auch organisationsinterne Regelungen und Vorgaben.

12.2.6 IT-Notfallvorsorgemaßnahme umsetzen oder nicht umsetzen?

Wenn Ihre E-Laufmappe, Ihre E-Mail, Ihr Sitzungsprotokoll etc. dann nach vollständiger Bearbeitung zurückkommt, haben Sie eine Entscheidung, ob Ihre vorgeschlagene IT-Notfallvorsorgemaßnahme umgesetzt werden soll oder nicht.

Soll sie umgesetzt werden, geht der Auftrag an den umsetzenden Bereich weiter, mit allen Infos zur Umsetzungsverantwortung, zum technischen Bereich, ITSC-Koordinator, Serviceverantwortlichen etc.

Soll die Maßnahme nicht umgesetzt werden, dokumentieren Sie das sauber, denn eventuell können Sie diese Information später noch mal nutzen. Natürlich hat das Top-Management hier letztendlich immer die Entscheidungshoheit und Sie werden bestimmt eine Begründung für die Ablehnung bekommen. Nehmen Sie sie erst mal hin. Sollte die Nichtumsetzung einer IT-Notfallvorsorgemaßnahme weiter für Störungen oder Beeinträchtigungen sorgen, können Sie später noch mal einen erneuten (und dann massiveren) Anlauf wagen oder sie als IT-Risiko melden. Das entscheiden letztendlich Sie bzw. der ITSCM-Owner.

12.2.7 IT-Notfallvorsorgemaßnahmen-Controlling und -Berichtswesen einrichten

Es ist natürlich sinnvoll, nach der ganzen geleisteten Arbeit ein Controlling oder Berichtswesen aufzubauen. Dies rundet den Vorgang ab. Überlegen Sie sich, wie Sie diese Informationen streuen können: durch jährliche Managementberichte an das Top-Management oder als »Wasserstandsmeldung« im Intranet? Stimmen Sie am besten wieder mit dem ITSCM-Owner ab, wann was gemeldet werden soll.

Wie unterscheiden sich dabei Controlling und Berichtswesen?

- **Controlling:** Beim Controlling geht es darum, ob die durchgeführte IT-Notfallvorsorgemaßnahme (Aufbau von technischen Redundanzen, das Härten von Systemen usw.) auch ihren erwarteten Nutzen gebracht hat. Wenn ja, ist alles gut. Wenn nicht, muss analysiert werden, woran es liegt und ob noch mal eine Nachbesserung durchgeführt werden muss. Das ist ein wichtiger Lernprozess: Es wird nicht alles sofort 100%ig funktionieren. Gestatten Sie sich und Ihren Kollegen dafür etwas Entwicklungszeit.
- **Berichtswesen:** Beim Berichtswesen geht es darum, die reinen Ergebnisse Ihrer Arbeit (Kennzahlen, Resilienzsteigerung etc.) zu präsentieren: Wie viele IT-Notfallvorsorgemaßnahmen wurden umgesetzt, welche sind noch offen, wo gab es Probleme? Fragen Sie den ITSCM-Owner, welche Auswertung er in welcher Form haben möchte. Wenn nichts gefordert wird, halten Sie diese wichtigen Informationen fürs ITSCM fest. Wenn Sie das mehrere Jahre lang gemachen haben, sollten Sie eine grafische Auswertung davon auch ins ITSCM-Handbuch (im Anhang) einpflegen.

Sie sollten später dann in der Gesamtaufstellung der IT-Notfallvorsorgemaßnahmen eine Liste (oder eine Ansicht) haben mit:

- allen erkannten und dokumentierten IT-Notfallvorsorgemaßnahmen
- allen vollständig umgesetzten IT-Notfallvorsorgemaßnahmen (Positivliste)
- allen nicht umgesetzten IT-Notfallvorsorgemaßnahmen (Negativliste)
- allen offenen IT-Notfallvorsorgemaßnahmen (»in Arbeit«, »in Klärung«)
- allen IT-Notfallvorsorgemaßnahmen, die noch mal überarbeitet werden müssen (inklusive Begründung)
- allen IT-Notfallmaßnahmen, die (trotz Nacharbeit) nicht erfolgreich umgesetzt werden konnten (mit Begründung)

- erkannten wichtigen Synergien (IT-Service- und/oder IT-Ressourcen-Abhängigkeiten)
- Ursachen oder Quellen für Störungen (RCA und Known-Error DB)

12.3 Weitere Vorgehensweise und Übungen

Im nächsten Kapitel geht es um den Themenblock IT-Risiken und das IT-Risikomanagement. Sie haben in diesem und anderen Kapiteln ja schon das eine oder andere kennengelernt, das man durchaus als IT-Risiko melden könnte. Das wollen wir uns nun einmal genauer anschauen. Hier kann uns das Melden eines IT-Risikos an die richtige Stelle helfen und das ITSCM bei seiner Arbeit unterstützen.

F-12-1: Sind IT-Notfallvorsorgemaßnahmen sinnvoll?

a) Ja, damit bereitet ein ITSCM die eigene Organisation optimal auf IT-Notfälle, (IT-) Krisen und größere Störungen vor. Das ist die zweite wichtige Säule im ITSCM.

b) Nö.

c) Ja, aber nur, wenn sie richtig teuer sind.

d) Nein, weil sie schon komplett vom Risikomanagement abgedeckt werden.

F-12-2: Sollte es eine verantwortliche Person für eine IT-Notfallvorsorgemaßnahme geben?

a) Auf jeden Fall, nur so haben Sie verbindlich eine Person als Verantwortlichen »verhaftet«. Alles andere wird meist nicht funktionieren.

b) Ja, immer der entsprechende Kunde. Ist ja auch für ihn.

c) Nein, was soll der ganze neumodische Quatsch? Das bindet nur unnötig Ressourcen.

d) Nein, es sollten immer mindestens drei Personen sein.

F-12-3: Muss man IT-Notfallvorsorgemaßnahmen »tracken«?

a) Nein, wir vertrauen unseren Mitarbeitern.

b) Nein, dafür ist jeder technische Bereich selber verantwortlich.

c) Ja, aber nur einmal pro Halbjahr. Das reicht.

d) Ja, nur so hat man eine Kontrolle, wo diese Aufgaben liegen, welche umgesetzt wurden und bei welchen man (als ITSC-Manager) eventuell noch mal aktiv nachfragen muss und nur so erfährt man zeitig, welche Maßnahmen nicht umgesetzt werden sollen.

Kapitel 13
IT-Risikomanagement (RA, BA)

Was sind überhaupt IT-Risiken? In diesem Kapitel befassen wir uns mit dem Risk Assessment (RA vom ISM), der Bedrohungsanalyse (BA vom BCM), der eigenen Durchführung von Risikoanalysen und dem weiteren Vorgehen mit den Ergebnissen sowie mit dem (zentralen) Risikomanagement.

> *»Risiken verschwinden nicht durch Wissen – aber Wissen reduziert ihre Wirkung.« (anonym)*

Was sind überhaupt IT-Risiken? Ganz einfach gesagt, sind das alle Risiken, die die IT Ihrer eigenen Organisation betreffen könnten.

Und jetzt etwas genauer: Das *IT-Risiko* bezeichnet das Potenzial für Verluste oder Schäden, die entstehen können, wenn eine Bedrohung eine Schwachstelle in den Informationsressourcen einer Organisation ausnutzt. Dazu gehören die IT-Infrastruktur, Anwendungen und Daten. Es handelt sich um einen umfassenden Begriff, der sämtliche Risiken umfasst, wie etwa Cybersecurity-Risiken, Stromausfälle, Naturkatastrophen, menschliches Versagen, Software- oder Hardwarefehler und vieles mehr. Kurz gesagt, jedes Ereignis, das eine Organisation stören könnte und in irgendeiner Weise auf die IT angewiesen ist, fällt unter das IT-Risiko.

Und eines sollte allen klar sein: Wenn man sich schon die Arbeit macht, alle IT-Risiken einer Organisation zu sammeln, zu analysieren, zu bewerten und zu priorisieren, dann sollte man auch den nächsten Schritt gehen und passende Gegenmaßnahmen entwickeln. Viele Organisationen scheuen sich vor dieser immensen (Fleiß-)Arbeit, aber oft gibt es schon viele, meist verteilte Informationen dazu – nur noch nicht gebündelt und abgestimmt.

Bei den *Gegenmaßnahmen* oder *Risikobehandlungsstrategien* versucht man, die erkannten Risiken zu eliminieren, stark abzuschwächen oder zu übertragen.

Die Option, ein Risiko zu akzeptieren, ist auch möglich. Sie wird meist dann gewählt, wenn der Aufwand, um das Risiko zu behandeln (bzw. zu eliminieren), höher, also teurer ist als der zu erwartende Schaden. Übersetzt heißt das: Wenn ein Schaden z. B. mit 1.000 € bewertet wird, wird man im Normalfall wohl nicht 100.000 € dafür ausgeben, das IT-Risiko dauerhaft zu beseitigen. Das wäre betriebswirtschaftlich absurd.

Bei der Betrachtung hat sich in der Praxis ein Zyklus von einem Jahr bewährt. Mindestens einmal pro Jahr sollten alle (IT-)Risiken vom Top-Management betrachtet und bewertet werden. In einigen Organisation wird das sogar einmal pro Halbjahr gemacht. Dadurch können sie wesentlich schneller reagieren. Ad-hoc-Risiken sollten auch zwischen diesen

Zeiträumen betrachtet und bewertet werden, wenn sie eine definierte Schadenssumme überschreiten. Diese Grenze können Sie natürlich für sich anders definieren. Als *Ad-hoc-Risiko* könnten Sie aber auch ein plötzlich auftretendes Risiko mit hohem möglichen Schadenswert definieren. Das wird auch von Organisation zu Organisation anders gehandhabt.

Ich möchte Ihnen noch ein paar Fragen zu allgemeinen Risiken mit auf den Weg geben:

- Welche Risiken und Bedrohungen sind für Ihre Organisation typisch?
- Welche IT-Systeme muss das ITSCM unterstützen?
  - Welche von ihnen sind (zeit)kritisch?
  - Wo finden Sie die nötigen Informationen, um kritische IT-Systeme zu unterstützen und wiederherzustellen?
- Wie können Sie diese Informationen zentralisieren und die Wiederherstellungsprozesse vereinfachen?

[»]

Beispiele für IT-Risiken

Potenzielle IT-Risiken sind sehr vielfältig. Punkte, die Sie im Blick behalten müssen, sind beispielsweise:

- **Cyberangriffe:** z. B. Phishing, Malware-Attacken, DDoS-Angriffe, Advanced Persistent Threats, Ransomware, Botnetze, Identitätsdiebstähle, Spam, Angriffe auf Krypto-Systeme, Angriffe auf Prozessarchitekturen
- **Menschliches Fehlverhalten:** z. B. unbeabsichtigte Datenlecks, mangelndes Sicherheitsbewusstsein der Mitarbeiter, Insider-Jobs, Diebstahl, Vandalismus, Sabotage, Manipulationen
- **Technologische Fehlfunktionen:** z. B. Systemausfälle oder Systemfehler, fehlerhafte Software (kein oder sehr verlangsamtes Patch-Management), Stromausfälle, Datenverluste oder wartungsbedingte Ausfälle
- **Naturkatastrophen:** z. B. Überflutung, Unwetter, Erdbeben

Sollte das ganze Thema »Risk-Assessment« für Sie absolutes Neuland sein, könnten Sie sich dazu im Grundschutzkatalog des BSI informieren (siehe auch den BSI-Standard 200-3, *https://www.bsi.bund.de/SharedDocs/Downloads/DE/BSI/Grundschutz/BSI_Standards/standard_200_3.html?nn=128620*) und auf dieser Basis mit einem ersten Risikomanagement anfangen.

13.1 Auf BCM- oder ISM-Ergebnisse verweisen

Wenn ein BCM oder ISM in der eigenen Organisation etabliert ist, werden dort schon Risikobetrachtungen stattgefunden haben (das kennen Sie bereits aus Abschnitt 5.2). Die Ergebnisse können vom ITSCM genutzt werden.

Schauen Sie sich die Ergebnisse aber aktiv an und hinterfragen Sie kritisch, ob sie auch vollständig und vor allem plausibel sind. Da das BCM und ISM einen anderen Fokus haben als das ITSCM, werden IT-Risiken vielleicht nicht in vollem Umfang oder im Sinne des IT-SCM aufgeführt und behandelt sein. Diese müssen Sie dann ergänzen, unterfüttern oder gegebenenfalls komplett neu aufnehmen.

13.1.1 Verweis auf das Risk Assessment bzw. die Risiko-Analyse (RA) des ISM

Ein ISM sollte per RA alle Risiken einer Organisation betrachten und bewerten. Der Fokus des ISM liegt dabei aber auf Informationssicherheit und Datenschutz. Hierzu werden Sie meist vollständige, sehr detaillierte und ausgearbeitete Informationen finden (aber nur durch die ISM-Brille betrachtet), während andere Bereiche eventuell nicht in der nötigen Tiefe analysiert wurden.

Ist das ISM schon lange in der Organisation aktiv, steigen die Chancen, dass sein RA sehr umfassend und vollständig ist. Aber auch ein RA sollte jedes Jahr wiederholt werden, um sich den ganzen dynamischen Einflüssen der Arbeitswelt schnellstmöglich wieder anzupassen.

Schauen Sie, ob Sie im ITSCM die vorhandenen ISM-Informationen nutzen können.

13.1.2 Verweis auf die Bedrohungsanalyse (BA) des BCM

In einer Bedrohungsanalyse (des BCM) werden nur die Risiken betrachtet und bearbeitet, die den *zeitkritischen Geschäftsprozessen* einer Organisation drohen bzw. den Ressourcen, die die zeitkritischen Geschäftsprozesse unterstützen. Alles andere ist außen vor! Es findet also eine sehr starke Fokussierung auf einen Teil der Gesamtorganisation statt. Dabei wird auch nur mit der BCM-Brille (Blick auf Überbrückungsmaßnahmen, Blick auf zeitkritische Geschäftsprozesse) geschaut und bewertet.

Schauen Sie, ob Sie im ITSCM diese BCM-Informationen in der vorhandenen Form nutzen können. Ansonsten müssen Sie, wie auch bei der RA (des ISM) erwähnt, weitere IT-Risiken ergänzen.

13.2 Als ITSCM eine Bedrohungsanalyse (BA) durchführen?

Ein ITSCM ist formal nur für diejenigen IT-Risiken zuständig, die die IT-Services (und deren IT-Ressourcen) betreffen, welche die zeitkritischen Geschäftsprozesse unterstützen.

Alles andere wird nicht betrachtet! Hier muss sich das ITSCM die aktuellen Werte des RA oder der BA geben lassen und diese auf Vollständigkeit überprüfen und sie gegebenenfalls ergänzen bzw. verbessern. Wenn weder vom ISM noch vom BCM etwas vorliegt (oder falls ein ISM bzw. BCM nicht vorhanden ist), ist das ITSCM gezwungen, eine eigene IT-Risikoanalyse durchzuführen. In diesem Fall könnten Sie aber vorab erfragen, ob es schon ein Risikomanagement (RM) in der eigenen Organisation gibt. Oft wird dies per Gesetz vorgeschrieben – bei vielen Organisationsformen sogar zwingend.

Hier kann sich das ITSCM dann Informationen holen wie:

- Stand und Inhalte des aktuellen Risikomanagements
- organisationsinterne Risikobehandlungsstrategien
- Risikoappetit der Organisation
- Template zur Meldung von Risiken
- Einsortierung der IT-Risiken ins Risikomanagement
- Vorgaben der Organisation zu IT-Risiken
- Prozesse rund um das Thema »IT-Risiken und andere Risiken«
- etablierte Risikomeldewege
- Umgang mit IT-Risiken
- umgesetzte Risikomaßnahmen
- etc.

[!]

Was tun, wenn alle Infos fehlen?

Wenn all das nicht vorhanden ist (BCM, ISM, RM), hat das ITSCM ein echtes Problem!

An was soll es sich halten, wonach soll es sich richten oder woran soll es sich orientieren?

- Wenn kein BCM vorhanden ist, wird es meist keine BIA geben und die zeitkritischen Geschäftsprozesse sind nicht definiert.
- Wenn es kein ISM gibt, wird es wohl kein Risk Assessment geben.
- Wenn es kein RM gibt, fehlt die komplette Risikoorganisation (inklusive der Rollen, Abstimmungen, Informationen zum Risikoappetit, Risikodefinitionen etc.).

Es ist dann definitiv der falsche Weg, jetzt als ITSCM die ganze IT der Organisation zu sichten und mit IT-Risiken zu bewerten! Das wird ein ITSCM auch personell nicht leisten können. Wenn kein RM vorhanden ist, fehlen zu viele wichtige Grundvoraussetzungen.

Aus meiner Sicht gibt es dann nur noch drei Möglichkeiten:

1. Das Top-Management, der Vorstand, die Geschäftsführung, der Präsident, CIO etc. muss eine extern durchgeführte BIA mit anschließendem RA beauftragen und durchführen lassen, damit die benötigten Werte für die Organisation und das ITSCM vorliegen.
2. Das Top-Management, der Vorstand, die Geschäftsführung, der Präsident, CIO etc. muss die zeitkritischen Geschäftsprozesse definieren und benennen. Dann würde sich das ITSCM die dort eingesetzte IT anschauen und bewerten.

3. Das ITSCM hangelt sich mit der IT-Risikobetrachtung an den fünf Standard-Worst-Case-Szenarien entlang und versucht dadurch, Resilienz aufzubauen. Das ist ein sehr zeitaufwendiger Weg, dessen Ergebnisse völlig offen sind. Daher ist er eher nicht zu empfehlen!

Wie ich schon am Anfang des Buches erwähnt habe, wird es in der Praxis eigentlich nie vorkommen, dass man ein ITSCM vor einem ISM oder BCM installiert. Meist gibt es einen praktischen Grund für die Einführung des ITSCM, seien es Anforderungen durch ISM und BCM oder seien es andere normative und/oder regulatorische Anforderungen (z. B. für Zertifizierungen).

13.3 Was macht man nun mit den ganzen Ergebnissen?

Ganz wichtig: Arbeiten Sie mit ihnen! Wenn Sie sie nur einmal erheben und dann für immer in der Schublade verschwinden lassen, war die ganze Arbeit umsonst.

IT-Risikobetrachtungen müssen immer wieder zyklisch erhoben werden, etwa einmal pro Jahr, oder anlassbezogen bei größeren Veränderungen in der IT, im RZ, an Prozessen etc. in der Organisation. Man muss sich immer vor Augen führen, dass eine Organisation durch ein gutes und aktives RM permanent ihre Resilienz erhöht, weil Probleme früh auffallen.

Und je höher die Resilienz ist, desto besser ist man gegen Störungen, Ausfälle und Angriffe gewappnet. So einfach ist das. Da das Arbeitsumfeld bzw. die IT ein hoch dynamischer Bereich ist, auf den viele äußere Einflüsse einwirken, muss das RM genauso schnell auf Veränderungen reagieren. Nur so behalten Sie den Anschluss und sind bestmöglich vorbereitet und auch dauerhaft gut aufgestellt.

13.4 Allgemeines Risikomanagement (RM)

Ein vorhandenes (zentrales) Risikomanagement hat viele Vorteile zu bieten. Dort sind

- Risikodefinitionen,
- Risiko-Dokumentation (zentrale Sammlung aller Risiken),
- Risikoklassen,
- Risikobehandlungsstrategien,
- Risikoappetit,
- Risiko-Organisation wie
  - Risiko-Melder,
  - Risiko-Owner,
  - Meldewege,
  - Eskalationen,
  - Gremien

schon definiert und festgelegt. Bei größeren Organisationen gibt es oft ein großes Risikonetzwerk mit klar geregelten Wegen und mehrstufigen Filterungen. In Abbildung 13.1 sehen Sie einen möglichen Aufbau.

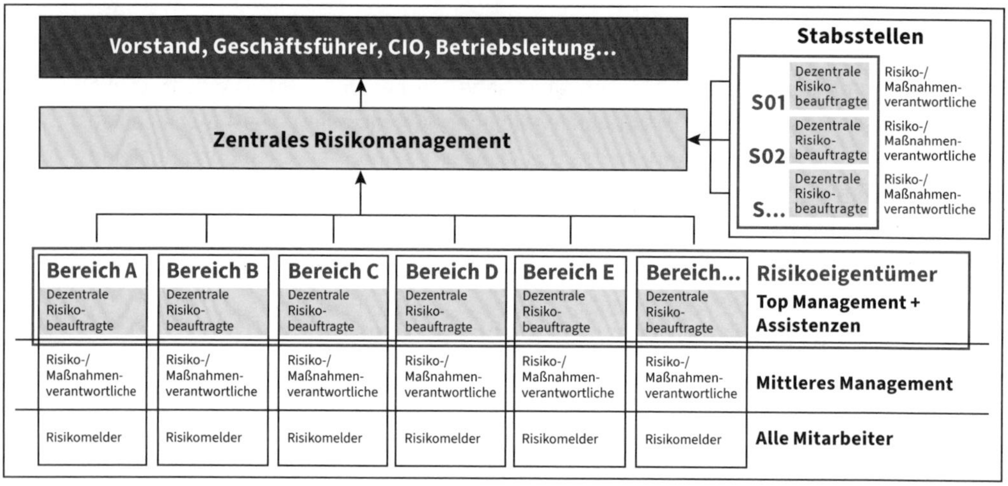

Abbildung 13.1: Möglicher Aufbau eines Risikomanagements in einer großen Organisation

- **Risikomelder** können alle Mitarbeiter einer Organisation sein.
- **Risikomaßnahmenverantwortliche** können Mitarbeiter im mittleren Management sein, die zum einen die gemeldeten Risiken in Richtung Risiko-Owner filtern und zum anderen die Umsetzung der freigegebenen Risikostrategien (durch den Risiko-Owner) bzw. Risikobehandlungsmaßnahmen durchführen und dadurch Risiken mindern, abschwächen oder sogar komplett eliminieren.
- **Risiko-Owner (Risikoeigentümer)** sind die verantwortlichen Besitzer der Risiken. Sie sind meist im Top-Management angesiedelt (Geschäftsleitung, Abteilungsleitung, Bereichsleitung, CIO etc.). Hier wird entschieden, wie mit den Risiken umgegangen werden soll (Risikostrategien). Diese Rolle wird manchmal durch eine Assistenz, den sogenannten **dezentralen Risikobeauftragten**, administrativ unterstützt. Diese Assistenzen bereiten alles bedarfsgerecht für den Risiko-Owner vor (z. B. Darstellungsform, Reporting, Beschlussvorlagen etc.).
- **(Zentrales) Risikomanagement:** Das ist die zentrale Sammelstelle aller gemeldeten Risiken in einer Organisation. Sie ist der Dreh- und Angelpunkt zum Thema Risiken. Bevor Sie das Rad neu erfinden, fragen Sie dort einfach nach, was schon vorhanden ist und für das ITSCM genutzt werden kann. Das RM organisiert die Besprechungen und Sitzungen zur Betrachtung aller Risiken, normalerweise mindestens einmal pro Jahr.

Ich möchte Ihnen nun anhand eines Beispiels erklären, wie ein möglicher Vorgang aussehen kann, also wie IT-Risiken in der Praxis gemeldet werden könnten. Das setzt allerdings voraus, dass Ihr RM ähnlich aufgebaut ist.

13.5 Praxisbeispiel: Eine Risikomeldung

Grundsätzlich werden IT-Risiken von den Risikomeldern (das sind alle Mitarbeiter einer Organisation) über den jeweiligen zuständigen Risikomaßnahmenverantwortlichen an die entsprechenden *dezentralen Risikobeauftragten (DRB)* und von diesen an den *Risiko-Owner* (Risikoeigentümer) gemeldet.

Und jetzt im Detail: Ein Mitarbeiter kann ein IT-Risiko an den Risikomaßnahmenverantwortlichen melden. Der Risikomaßnahmenverantwortliche ist der erste Filter. Er entscheidet, ob das IT-Risiko wichtig und nachvollziehbar ist und weitergemeldet werden soll oder nicht.

Wenn das Risiko weitergemeldet werden soll, geht es an die dezentralen Risikobeauftragten (DRB). Die DRB sind die Assistenten der Risiko-Owner. Sie bereiten alle Risikomeldungen administrativ (Optik, Inhalt, Form) für den Risiko-Owner vor. Dieser Laufweg soll verhindern, dass IT-Risiken am jeweiligen und zuständigen Risiko-Owner vorbei gemeldet werden.

Der Risiko-Owner fällt dann die Entscheidung, ob das IT-Risiko ins Risikomanagement aufgenommen werden soll oder nicht. Er arbeitet somit als zweiter Filter. Die DRB melden die freigegebenen IT-Risiken (in gebündelter Form) dann weiter an das Risikomanagement. IT-Risiken werden ein- bis zweimal pro Jahr durch das RM in allen Bereichen abgefragt, eine Ad-hoc-Meldung von Risiken ist jedoch jederzeit möglich.[1] Das RM als Gremium entscheidet dann als letzte Instanz, was mit dem gemeldeten IT-Risiko passiert: Wird es abgelehnt oder soll eine Risikobehandlungsstrategie mit entsprechenden Maßnahmen erarbeitet werden?

Bei einer begründeten Ablehnung wird diese (im Risikoregister oder Ähnlichem) dokumentiert. Wird das Risiko »angenommen«, wird mit den entsprechenden betroffenen Bereichen eine Risikobehandlungsstrategie entwickelt, die dann dafür sorgt, dass das gemeldete IT-Risiko bestmöglich bearbeitet (reduziert, akzeptiert, übertragen) wird.

Der Risikomelder sollte auf jeden Fall eine Rückmeldung erhalten. Das sorgt für Transparenz und zeigt, dass das Engagement der Mitarbeiter wertgeschätzt wird. Wenn es zu keinerlei Rückmeldungen an den oder die Risikomelder kommt, werden die Ihnen gemeldeten IT-Risiken sehr schnell Richtung null sinken, weil sich niemand mehr die Arbeit macht, umsonst IT-Risiken zu melden. Das wäre natürlich sehr ungünstig für Sie und Ihre Organisation!

1 Einige Organisationen legen anhand des möglichen finanziellen Schadens fest, ob ein Risiko sofort (also ad hoc) gemeldet werden muss, andere machen das am eintretenden Zeitpunkt fest. Legen Sie das Kriterium für Ihre Organisation verbindlich fest.

13.6 Weitere Vorgehensweise und Übungen

Weiter geht es mit dem Thema Worst-Case-Szenarien (WCS) des ITSCM und mit der Frage, wie man sich im ITSCM bestmöglich auf diese Szenarien vorbereiten kann. Im nächsten Kapitel werde ich Ihnen daher die fünf Standard-WCS im Detail erläutern und zusätzliche WCS vorstellen. Ich werde Ihnen auch eine mögliche Alternative zum WCS-Ansatz anbieten.

F-13-1: Ist das ITSCM für IT-Risiken oder alle Risiken zuständig?

a) Es ist immer für alle Risiken zuständig.
b) Das ITSCM ist nicht für Risiken zuständig. Das macht das Risikomanagement.
c) Das BCM kümmert sich um Risiken in der BA. Nicht das ITSCM.
d) Das ITSCM betrachtet nur IT-Risiken. Und auch nur die IT-Risiken, die die zeitkritischen Geschäftsprozesse betreffen.

F-13-2: Sollte es eine verantwortliche Person (Risikobesitzer, Risk-Owner) für IT-Risiken geben?

a) Ja, jeder Risikomelder trägt natürlich auch die Verantwortung für das gemeldete Risiko.
b) Nein, das wird sich schon so ergeben. Wir sind doch alle erwachsen.
c) Ja, nur so ist eine klare Zuordnung möglich. Und der Risikobesitzer ist verantwortlich für das gemeldet Risiko. Er muss sich aktiv um die weitere Bearbeitung des Risikos kümmern.
d) Nein, für Risiken ist nur das Risikomanagement zuständig, sonst niemand.

F-13-3: Warum sollte man sich als ITSCM überhaupt mit IT-Risiken auseinandersetzen?

a) Muss man nicht, dafür sind andere Bereiche zuständig.
b) Das ITSCM kümmert sich nur um alle abgelehnten IT-Risiken. Die sind besonders wichtig.
c) Weil das ITSCM mit Maßnahmen, die die IT-Risiken abschwächen oder sogar eliminieren, die Resilienz der eigenen Organisation erhöht. Daher ist deren Bearbeitung sehr wichtig.
d) Das ITSCM kümmert sich nur um IT-Risiken, die nicht die zeitkritischen Geschäftsprozesse betreffen. Diese werden meist nicht bearbeitet.

Kapitel 14

Worst-Case-Szenarien (WCS)

Was sind Worst-Case-Szenarien und was beinhalten sie? Kann man weitere Szenarien definieren? Gibt es einen alternativen Ansatz?

»Manche Berge scheinen unüberwindlich, bis wir den ersten Schritt tun.« (unbekannt)

Im ITSCM sollten Sie unbedingt mit *Szenarien* arbeiten, denn es geht ja darum, Fälle abseits des Normalbetriebs zu üben und zu testen. Auch dabei sollten Sie strukturiert vorgehen:

1. Überlegen Sie, welche Problemstellung(en) oder möglichen Situationen betrachtet werden sollen.
2. Erstellen Sie ein kleines Grobkonzept, in dem Sie festhalten, was gemacht werden soll und welche Ergebnisse erwartet werden.
3. Definieren Sie, wer bei dem Szenario wie mitarbeiten soll.
4. Erstellen Sie ein Drehbuch mit einem möglichst detaillierten Ablauf.
5. Planen Sie einige Reserve-Impacts[1] ein, falls es zu langweilig wird.
6. Bereiten Sie Protokolle für verschiedene Rollen im Szenario vor.
7. Führen Sie die Übung oder den Test durch.
8. Halten Sie eine Nachbesprechung ab.
9. Führen Sie die Dokumentationen zusammen.
10. Analysieren Sie die Ergebnisse.
11. Erstellen Sie einen Ergebnisbericht für das Top-Management.

Übersetzt heißt das: Ein *Szenario*[2] ist eine beschriebene Situation, die Sie sich vorstellen sollen. Es zeigt, was passieren könnte. Sie denken dann darüber nach, wie Sie reagieren würden oder was in dieser Situation wichtig ist und zu tun wäre.

1 Unter dem Begriff *Impact* verstehen wir hier eine Eingabe, eine Aufgabe oder eine neue Information, die die Übung (oder den Test) wieder beleben oder in eine andere Richtung lenken kann. Impacts nutzt man also zur Steuerung oder Aktivierung einer Situation. Aber übertreiben Sie es nicht. 😉

2 Ein *Szenario* ist eine mögliche zukünftige Situation oder Abfolge von Ereignissen. Szenarien werden z. B. auf Basis aktueller Sachlagen und Trends sowie in Hinblick auf erwartete Veränderungen in der Zukunft ausgedacht oder entworfen. Szenarien werden des Weiteren für Übungen und Tests genutzt. Ein WCS beschreibt einen Totalausfall und gibt mögliche Handlungsoptionen vor, wie eine Organisation bzw. deren Mitarbeiter in diesem Fall reagieren sollten oder müssen.

In diesem Kapitel schauen wir uns nur *Worst-Case-Szenarien* an, die z. B. den Totalausfall einer Ressource beschreiben. Ich stelle Ihnen dabei mögliche Handlungsoptionen vor, wie die Organisation in diesem Fall reagieren sollte oder muss.

14.1 Was sind Worst-Case-Szenarien?

Der Begriff *Worst-Case* bedeutet ins Deutsche übersetzt so viel wie »im schlechtesten Fall«. Ein Worst-Case-Szenario ist für eine Organisation das ungünstigste Ergebnis, und man geht von einem Totalausfall (einer Ressource) aus. Der Grund des Ausfalls spielt hierbei keine Rolle.

Worst-Case-Szenarien kennzeichnen sich also dadurch, dass es Probleme gibt, die weit über die üblichen Probleme des Tagesgeschäfts hinausgehen:

- Nicht ein Gebäudeteil fällt durch einen Brand aus, sondern immer das ganze Gebäude.
- Nicht ein Mitarbeiter einer Abteilung fällt aus, sondern alle Mitarbeiter einer Abteilung.
- Ein Lieferant kann nicht nur ein Produkt nicht mehr liefern, er kann gar nichts mehr liefern.
- Nicht ein Server ist im RZ1 ausgefallen, sondern alle Server des RZ1.
- Eine Produktion wird durch einen Hardwareausfall nicht gedrosselt, sondern sie fällt ganz aus.

Aus Sicht des ITSCM ist ein Worst-Case-Szenario z. B. die Störung der Redundanz des RZ-Betriebs – entweder durch den direkten Ausfall eines RZ oder durch Ausfall der RZ-Kopplung. Wenn ein zu 100 % redundantes Ausfall-RZ2 zur Verfügung steht, könnten in diesem die IT-Services wiederanlaufen, ihren Notbetrieb aufnehmen und diesen beibehalten, bis durch die Wiederherstellung von RZ1 wieder eine Redundanz gegeben ist.

Der Normalbetrieb der IT-Services ist allerdings erst nach der Rückverlagerung der IT-Services auf RZ1 wiederhergestellt oder wenn RZ1 wieder vollständige aufgebaut ist und dem RZ2 als technische Redundanz dient. Deshalb befinden sich auch zeitkritische IT-Services, die nicht redundant ausgelegt sind und betrieben werden, trotz voller IT-Servicefähigkeit permanent im Notbetrieb (laut Definition in der ISO 27031).

Für jedes definierte Worst-Case-Szenario müssen sinnvolle und umsetzbare Lösungen definiert, ausgewählt, festgelegt und final abgestimmt werden.

[!]

Handlungsoptionen festlegen

Pro Worst-Case-Szenario (WCS) sollte es immer nur eine in der Organisation offiziell abgestimmte und freigegebene *Handlungsoption* geben. Diese Handlungsoption – und auch nur diese – wird dann im IT-Notfall oder in einer (IT-)Krise genutzt. Im einfachsten Fall bedeutet dies, dass z. B. beim Ausfall des RZ1 ein vollständiger Schwenk auf das RZ2 stattfindet.

14.2 Beispiele für Worst-Case-Szenarien

Im ITSCM gibt es aktuell fünf *Standard-WCS*, die ich im Folgenden exemplarisch vorstelle. Sie können sich an diesen Beispielen orientieren, wenn Sie die WCS für Ihre Organisation beschreiben.

14.2.1 Ausfall eines Rechenzentrums

Dieses Szenario beschreibt den Komplettausfall eines Rechenzentrums (RZ).

1. **Zunächst beschreiben Sie alle möglichen Ursachen bzw. Auslöser:**
   - *Elementarschäden (Feuer, Wasser, Sturm, Unwetter)*
   - *Naturkatastrophen (Erdbeben, Überflutung)*
   - *Stromausfall (Blackout/Brownout)*[3]
   - *Überlast (Kurzschluss)*
   - *Kontamination (Dämpfe, Gase etc.)*
   - *Ausfall der Klimaanlage (Folge: Ausfall der IT durch fehlende Kühlung)*
   - *(Fehl-)Auslösung von Gefahrenmeldeanlagen*
   - *Defekt an (Komponenten der) Sicherungseinrichtungen*
   - *menschliches Versagen und menschliche Fehler*
   - *automatische Löscheinrichtungen (z. B. Schutztüren, Gasdüsen, -tank)*
   - *Brandmelder (Verschmutzung, unzulässige Außerbetriebnahme)*
   - *besonderer Fokus auf vorsätzliche Handlungen, wie Manipulation, Zerstörung, Sabotage (»attraktives Ziel«), aufgrund der zentralen Bedeutung für alle Geschäftsprozesse einer Organisation*
   - *Cyberangriff*
   - *Krieg*
2. **Anschließend benennen Sie alle erkannten Schwachstellen (oder Risiken):**
   - *Lage des RZ-Standorts*
   - *andere Organisationen im näheren Umfeld (Angriffsziele oder Gefahrgut)*
   - *Raumaufteilung bzw. -auslegung*
   - *(Ab-)Schottungen und Schutz*
   - *Zugangstechnik und Schließanlage*
   - *Rechtevergabe für Zugänge*
   - *Brandschutz*
   - *Asbest*

---

3 Ein *Versorgungszusammenbruch*, auch *Blackout* genannt, ist ein großflächiger Stromausfall. Er betrifft eine große Anzahl von Menschen gleichzeitig. Als *Brownout* oder *kontrollierte Lastabschaltung* bezeichnet man eine gezielte Abschaltung einzelner Regionen und Bereiche, um Strom zu sparen und so das Stromnetz stabil zu halten.

- *Netzwerk*
- *Stromeinspeisung*
- *Klimatisierung*
- *USV- und/oder NEA-Kapazität*
- *Dieselversorgung für USV oder NEA*
- *Arbeiten im RZ-Umfeld (Baggerarbeiten etc.)*

3. **Dann geht es mit allen bekannten Auswirkungen weiter:**
   - *Gefahr für Leib und Leben*
   - *Aktuell wäre die Organisation handlungsunfähig, da kein vollwertiges Ausweichrechenzentrum vorhanden ist, das alle jetzigen Aufgaben übernehmen könnte.*
   - *Viele (IT-)Services würden nicht mehr in gewohnter Qualität zur Verfügung stehen.*
   - *Es gibt viele SLA-Verletzungen.*
   - *eventuelle Regressansprüche*
   - *Imageschaden*
   - *Kundenabwanderung*
4. **Der nächste Teil Ihres Szenarios muss alle möglichen und technisch realisierbaren Maßnahmen aufzählen:**
   - *Ausweichen auf ein Standby RZ: Cold-, Warm-, Hot-(Split-)Setup*
   - *Koordinationspläne für den Wiederanlauf, die Wiederherstellung und die Rückführung zum Normalbetrieb (Wiederherstellung: zuerst die Basisinfrastruktur mit Strom, Klima und Netzwerk)*
   - *Planung eines (zeitweiligen) Rechenzentrumsersatzes*
   - *Auslagerung*
   - *Teilverlagerung*
   - *schneller Wiederaufbau von Basiskomponenten*
   - *Komplettcontainerlösungen (Containering)*
   - *Anmieten von RZ-Fläche und -Technik (PaaS)*
   - *angepasste Meldewege, Sofortmaßnahmen-Regelungen*
   - *Desaster-Recovery-Pläne erstellen, umsetzen und prüfen*
5. **Alle realisierbaren Lösungsoptionen abstimmen und dokumentieren:**
   - *Anmietung von Infrastructure-as-a-Service-Lösungen (IaaS)*[4]
   - *Anmietung von Platform-as-a-Service-Lösungen (PaaS – kurzfristig)*[5]

4 IaaS ist ein Cloud-Computing-Dienst, der bedarfsbasiert grundlegende Computer-, Speicher- und Netzwerkressourcen mit nutzungsbasierter Bezahlung bietet.

5 PaaS ist ein Cloud-Computing-Modell, bei dem ein Anbieter Hardware- und Software-Tools für Benutzer über das Internet bereitstellt.

- *Verteilung der RZ-Aufgaben auf verschiedene Standorte (mittelfristig)*
- *Aufbau eines zu 100 % redundanten Ausweich-RZ (langfristig)*
- *zwei RZ in einer Stadt*
- *zwei RZ in derselben Region*
- *zwei RZ im selben Land*
- *zwei RZ auf demselben Kontinent*

6. **Eine abgestimmte Lösungsoption festlegen:**

   Schließlich fügen Sie die Lösung ein, auf die man sich innerhalb der Organisation geeinigt hat und die vom Top-Management bestätigt und freigegeben wurde. Das heißt: Es wird eine der Lösungsoptionen ausgewählt werden, beispielsweise:

   Anmietung von IaaS/PaaS (kurzfristig)

Erklärung zu den oben genannten Beispielfristen

Diese Fristen müssen Sie für Ihre Organisation abstimmen und festlegen:

- **kurzfristig:** alles unter 6 Monaten
- **mittelfristig:** alles zwischen 7 Monaten und zwei Jahren
- **langfristig:** alles über zwei Jahre

Ein RZ-Ausfall in der Praxis

Das war ziemlich viel Theorie, und Sie fragen sich bestimmt, wie der Ausfall eines RZ in der Praxis aussieht. Er könnte beispielsweise so aussehen:

- **Cyberangriffe:** DDoS-Angriffe (*Distributed Denial of Service*), Ransomware oder Hacking können ein RZ kompromittieren und dadurch ausfallen lassen.
- **Naturkatastrophen:** Erdbeben, Überschwemmungen, Wirbelstürme, Waldbrände und Starkregen können die Infrastruktur eines RZ beschädigen und es dadurch nicht nutzbar machen.
- **Menschliches Versagen und menschliche Fehler,** wie falsch konfigurierte Systeme, unbeabsichtigte Datenlöschungen oder unsachgemäße Wartungsarbeiten, können zur Abschaltung eines RZ führen.
- Ein **Brand** oder ein **Feuer** im RZ kann die Infrastruktur beschädigen und den Betrieb des RZ unmöglich machen.
- Ein längerer **Stromausfall** ohne angemessene Notstromversorgung kann dazu führen, dass ein RZ ausfällt.
- **Fehlfunktion der Kühlsysteme:** RZ benötigen eine effiziente Kühlung, um die Server und Hardware vor Überhitzung zu schützen. Eine Fehlfunktion der Kühlsysteme kann für eine Abschaltung eines RZ sorgen, wenn die Temperatur in den Serverräumen oder Racks zu hoch wird. Als *Rack* wird eine Struktur oder ein Gehäuse bezeichnet, das verwendet wird, um Server, Netzwerkgeräte, Speichergeräte und andere IT-Komponenten sicher und organisiert zu beherbergen.

- **Infrastrukturausfälle:** Ausfälle von kritischer Infrastruktur (wie der Wasserversorgung oder Heizung/Klimatisierung) können die Nicht-Zugänglichkeit eines Rechenzentrums verursachen.

14.2.2 Nichtzugänglichkeit eines Rechenzentrums

Dieses Szenario bedeutet, dass man nicht mehr in sein Rechenzentrum hineinkommt. Das betrifft sowohl den Remote-Zugriff (also von außen) als auch den Vor-Ort Zugang (von innen).

1. **Zunächst müssen wieder alle möglichen Ursachen/Auslöser beschrieben werden:**
   - *Leitung (für den Remotezugriff)*
   - *Einwahlpunkt im RZ*
   - *technische Störungen/technische Ausfälle im RZ selbst*
   - *technische Störungen/technische Ausfälle beim Anwender*
   - *menschliches Versagen und menschliche Fehler*
   - *Elementarschäden (Feuer, Wasser, Sturm, Unwetter)*
   - *Naturkatastrophen (Erdbeben, Überflutung)*
   - *Stromausfall (Blackout/Brownout)*
   - *Überlast (Kurzschluss)*
   - *Kontamination (Dämpfe, Gase etc.)*
   - *Ausfall der Klimaanlage (Folge: Ausfall der IT durch fehlende Kühlung)*
   - *(Fehl-)Auslösung von Gefahrenmeldeanlagen*
   - *Defekt an (Komponenten der) Sicherungseinrichtungen*
   - *automatische Löscheinrichtungen (z. B. Schutztüren, Gasdüsen, -tank)*
   - *Brandmelder (Verschmutzung; unzulässige Außerbetriebnahme)*
   - *Cyberangriff*
   - *Krieg*
2. **Anschließend müssen Sie alle erkannten Schwachstellen (oder Risiken) benennen:**
   - *Anbindung (Leitungen) an das RZ*
   - *Anbindung (Leitungen) der Mitarbeiter*
   - *Bandbreite der Leitungen im RZ*
   - *Bandbreite der Leitungen beim Anwender*
   - *Netzwerk im RZ*
   - *Verlegung der Leitungen (Kanten- und Knotendisjunkt)*
   - *keine redundante Stromanbindung*
   - *keine redundante Dateneinspeisung*
   - *nicht genügend groß dimensionierte USV/NEA*

- *fehlende Absicherung gegen Feuer, Wassereintritt, Kontamination*
- *fehlende Absicherung gegen Naturkatastrophen (Unwetter, Sturm, Erdbeben etc.)*

3. **Dann geht es weiter mit allen bekannten Auswirkungen:**
   - *Mitarbeitende müssen vor Ort arbeiten.*
   - *verzögerte Administration*
   - *Es ist keine Administration möglich.*
4. **Der nächste Teil Ihres Szenarios muss alle möglichen und technisch realisierbaren Maßnahmen aufzählen:**
   - *redundante Stromeinspeisung über verschiedenen Kabelwege*
   - *wenn möglich, zwei verschiedene (Daten-)Leitungsprovider (oder neben den Kabeleinspeisungen auch noch zusätzlich Richtfunk)*
   - *neben der elektrischen Schließanlage auch noch an den Zugangstüren Schlösser installieren*
   - *einen (geografisch) geeigneten Ort für das RZ aussuchen*
   - *Remote-Monitoring*
   - *Remote-Administration*
   - *Remote-Power-on/off*
   - *redundanter VPN-Server*
   - *redundante Netzwerkhardware*
5. **Alle realisierbaren Lösungsoptionen abstimmen und dokumentieren:**
   - *Wenn ein Remotezugriff nicht möglich ist, muss vor Ort gearbeitet werden (kurzfristig).*
   - *Wenn vor Ort kein Zugang möglich ist, muss remote oder vom Büro aus gearbeitet werden (kurzfristig).*
   - *Einsatz von Türschlössen neben den elektrischen Zugangskarten (kurzfristig)*
   - *Remote-Monitoring (kurzfristig)*
   - *Remote-Administration (kurzfristig)*
   - *Remote-Power-on/off (kurzfristig)*
6. **Eine abgestimmte Lösungsoption festlegen:**

   Auch hier fügen Sie schließlich die Lösung ein, auf die man sich innerhalb der Organisation geeinigt hat und die vom Top-Management bestätigt und freigegeben wurde. Das heißt: Es wird eine der Lösungsoptionen ausgewählt, beispielsweise:

   Wenn ein Remotezugriff nicht möglich ist, muss vor Ort (Büro oder im RZ) gearbeitet werden.

Beispiele für Nichtzugänglichkeit eines Rechenzentrums

- **Technische Störungen** im RZ selbst, wie Hardware-Ausfälle, Netzwerkprobleme, Störungen in der Stromversorgung oder Softwarefehler, können zur Nicht-Zugänglichkeit führen. Störungen bei den elektrischen Schließsystemen (vor Ort, z. B. durch Stromausfall) sind ein weiteres Beispiel.

- **Cyberangriffe:** DDoS-Angriffe (*Distributed Denial of Service*), Ransomware oder Hacking können ein Rechenzentrum kompromittieren, indem sie den Zugang blockieren.
- **Naturkatastrophen** wie Erdbeben, Überschwemmungen, Wirbelstürme, Waldbrände und Starkregen können die Infrastruktur eines Rechenzentrums beschädigen und den Zugang erschweren oder unmöglich machen.
- **Menschliches Versagen** und menschliche Fehler, wie falsch konfigurierte Systeme, unbeabsichtigte Datenlöschungen oder unsachgemäße Wartungsarbeiten, können zur Nicht-Zugänglichkeit führen.
- Ein **Brand** im RZ kann die Infrastruktur beschädigen und den Betrieb vor Ort unmöglich machen.
- Ein längerer **Stromausfall** ohne angemessene Notstromversorgung (USV/NEA) kann dazu führen, dass ein RZ nicht mehr zugänglich ist.
- **Fehlfunktion der Kühlsysteme:** RZ benötigen eine effiziente Kühlung, um die Server und Hardware vor Überhitzung zu schützen. Eine Fehlfunktion der Kühlsysteme kann eine Nicht-Zugänglichkeit verursachen, wenn die Temperatur in den Serverräumen zu hoch wird.
- **Sicherheitsvorfälle** wie Einbrüche oder physische Angriffe auf das Rechenzentrum können zur Nicht-Zugänglichkeit führen.
- **Infrastrukturausfälle:** Ausfälle von kritischer Infrastruktur, wie der Wasserversorgung oder der Heizung/Klimatisierung, können die Nicht-Zugänglichkeit eines Rechenzentrums verursachen.
- **Streiks oder Arbeitskampfmaßnahmen** des Personals des Rechenzentrums können den Zugang und den Betrieb beeinträchtigen.

14.2.3 Ausfall der WAN-RZ-Kopplung

Dieses Szenario beschreibt eine Situation, in der das *Wide Area Network (WAN)* nicht mehr ordnungsgemäß funktioniert oder nicht mehr verfügbar ist. Das WAN ist dasjenige Netzwerk, das verschiedene Standorte oder Gebäude einer Organisation miteinander verbindet und den Datenaustausch ermöglicht. Im Unterschied zu einem LAN oder MAN erstreckt es sich über einen sehr großen geografischen Bereich. Über das WAN greifen auch alle Mitarbeiter und Kunden auf das RZ oder die RZ einer Organisation zu.

1. **Zunächst beschreiben Sie wieder alle möglichen Ursachen bzw. Auslöser:**
   - *Störung im WAN (Provider)*
   - *Netzwerkausfälle – Ausfall des WAN*
   - *Hardwareausfälle oder Störungen an der Hardware (an Routern und/oder Switches, an der Firewall)*
   - *Softwareprobleme (bei Updates etc.)*

- *Leitungsstörung oder Ausfall der Dark-Fiber-Leitungen bzw. der WAN- Anbindungen*
- *Naturkatastrophen (Unwetter, Sturm, Erdbeben etc.)*
- *menschliches Versagen und menschliche Fehler*
- *Cyberangriff*
- *Sabotage*
- *Manipulationen*
- *Krieg*

2. **Anschließend benennen Sie alle erkannten Schwachstellen (oder Risiken):**
   - *Technik (Hardware und Software)*
   - *menschliches Versagen und menschliche Fehler*
   - *fehlende Redundanz von Dark-Fiber-Leitungen*
   - *Verlegung der Leitungen (nicht kanten- und knotendisjunkt)*
   - *zu geringe Bandbreite der Leitungen*
   - *Providerabhängigkeit (durch ein Monopol)*
   - *technische Schwachstellen (bei Hardware und Software)*
3. **Dann geht es weiter mit allen bekannten Auswirkungen:**
   - *Ausfall der RZ-Kopplung*
   - *unterschiedliche Datenstände bei mehreren RZ*
   - *Bei einem Ausfall der RZ-Redundanz sind alle IT-Services – trotz bestehender voller IT-Servicefähigkeit (»Full-Service«) – im Notbetrieb. (SLAs beachten!)*
   - *kompletter Serviceausfall aller IT-Services (oder IT-Verfahren)*
   - *Die eigene Organisation ist handlungsunfähig, da sie zu 100% vom Provider abhängig ist.*
4. **Im nächsten Teil Ihres Szenarios zählen Sie alle möglichen und technisch realisierbaren Maßnahmen auf:**
   - *Implementierung von Redundanzlösungen*
   - *Leitungen (Dark-Fiber-Leitungen – mittelfristig)*
   - *Richtfunk (benötigte Datenmenge bedenken – kurzfristig)*
   - *Failover-Mechanismen implementieren (mittelfristig)*
   - *vollvermaschtes WAN aufbauen (langfristig)*
   - *zwei unterschiedliche Leitungsprovider (zwei Hausanschlüsse, separate Hausanschlüsse – langfristig)*
5. **Alle realisierbaren Lösungsoptionen abstimmen und dokumentieren:**
   - *Nutzung von Richtfunk (kurzfristig)*
   - *vollvermaschtes WAN aufbauen (langfristig)*
   - *zwei unterschiedliche Leitungsprovider nutzen (mittelfristig)*

6. **Eine abgestimmte Lösungsoption festlegen:**

   Schließlich fügen Sie die Lösung ein, auf die man sich innerhalb der Organisation geeinigt hat und die vom Top-Management bestätigt und freigegeben wurde. Das heißt: Es wird eine der Lösungsoptionen ausgewählt, beispielsweise:

   Nutzung von Richtfunk (kurzfristig), dabei Datenmenge und Datenlast bedenken!

[»] **WAN-Verlust in der Praxis**

Ein Beispiel für dieses Szenario müssen Sie nicht lange suchen. Vor einiger Zeit ist nämlich genau dieses Problem aufgetreten:

»Bei Bauarbeiten in Düsseldorf (NRW) auf der Königsallee, ist es bei den Landesbehörden in Nordrhein-Westfalen zu einem größeren Internet-Ausfall gekommen. Die Webseiten etwa von Landesumweltamt, Polizei, Statistischem Landesamt, Justiz und einigen Ministerien waren über Stunden nicht erreichbar. Auch die Mail-Kommunikation war unterbrochen. Ein Bagger hat auf einem Schlag 17 Glasfaserkabel durchtrennt.«[6]

14.2.4 Ausfall durch kompromittierte IT-Infrastruktur

Der Ausfall durch kompromittierte IT-Infrastruktur ist ein neues Szenario, das durch die ISO-Norm 27031-2025-5 dazu gekommen ist. Damit ist gemeint, dass Ihre gesamte IT-Infrastruktur nicht mehr zu nutzen ist. Sie sind praktisch handlungsunfähig.

[»] **In der Praxis**

Ich möchte hier nur an die *Südwestfalen IT (SIT)* erinnern, die 2023 von einem solchen Ausfall betroffen war und praktisch von heute auf morgen vollständig arbeitsunfähig war. Es dauerte über 11 Monate, bis der Normalmodus wiederhergestellt war. Schauen Sie sich dazu auch den Abschlussbericht an, in dem auch die Konsequenzen und Folgen aufgelistet werden: *https://www.sit.nrw/fileadmin/user_upload/SIT_Incident_Response_v1.1.pdf*. Können Sie sich das leisten?

Verstehen Sie mich bitte nicht falsch! Ich möchte die SIT in keiner Weise an den Pranger stellen – ganz im Gegenteil! Ich finde es bewundernswert, wie offen, ehrlich und vor allem transparent mit der Situation umgegangen wurde. Ich ziehe meinen Hut davor. Wenn das mehr Organisationen machen würden, wäre man viel besser gegen solche Angriffe und Szenerien aufgestellt und könnte sich besser austauschen.

Und das ist natürlich kein Einzelfall, sondern Teil einer inzwischen immer länger werdenden Liste an Vorfällen.

---

6 Quelle: Telekom-Sprecher per DPA, dpa-infocom, dpa:230210-99-546844/10

1. **Zunächst beschreiben Sie wieder alle möglichen Ursachen bzw. Auslöser:**
   - *Phishing & Social Engineering, Mitarbeitende öffnen manipulierte Anhänge oder Links*
   - *falsche Rechtevergabe: überprivilegierte Accounts erleichtern beispielsweise die Eskalationen*
   - *fehlendes Sicherheitsbewusstsein: Unsichere Passwörter, Nutzung privater Geräte*
   - *besonderer Fokus auf vorsätzliche Handlungen, wie Manipulation, Zerstörung, Sabotage (»attraktives Ziel«), aufgrund der zentralen Bedeutung für alle Geschäftsprozesse einer Organisation*
   - *Cyberangriff (Ransomware)*
   - *Schwachstellen in Software/Hardware, z. B. nicht gepatchte Systeme, Zero-Day-Exploits*
   - *Fehlkonfigurationen oder unsichere Firewalls, offene Ports, Standard-Passwörter etc.*
   - *unzureichende Segmentierung, d. h. mögliche Angreifer können sich ungehindert bewegen*
   - *Altsysteme (Legacy-IT) wird nicht mehr supportet, es gibt keine Sicherheitsupdates*
   - *unzureichendes Patch- & Schwachstellenmanagement*
   - *keine Notfall- oder Wiederanlaufpläne (BCM/ITSCM fehlen)*
   - *mangelhafte Monitoring- und Erkennungsmechanismen (kein SIEM, keine IDS/IPS)*
   - *fehlende Backups oder ungetestete Wiederherstellung*
   - *etc.*
2. **Anschließend benennen Sie alle erkannten Schwachstellen (oder Risiken):**
   - *Social Engineering möglich*
   - *Zugangstechnik und Schließanlage*
   - *Rechtevergaben (AIM)*
   - *fehlende eigene Notlieferabkommen (Hardware)*
   - *fehlende Notfall-Lizenzen (Software)*
   - *Lieferanten- und Dienstleistermanagement (Monopole?)*
   - *nur einen SPoKs (Wissensträger im Haus)*
   - *etc.*
3. **Dann geht es weiter mit allen bekannten Auswirkungen:**
   - *Aktuell wäre die Organisation vollständig handlungsunfähig.*
   - *Alle (IT-)Services würden nicht mehr zur Verfügung stehen.*
   - *Es gibt viele SLA-Verletzungen.*
   - *eventuelle Regressansprüche*
   - *Imageschaden*
   - *Kundenabwanderung*

- *Meldepflicht(en) mit Konsequenzen*
- *evtl. Verlust der Zertifizierungen (z. B. ISO 27001)*
- *etc.*

4. **Im nächsten Teil Ihres Szenarios zählen Sie alle möglichen und technisch realisierbaren Maßnahmen auf:**
   - *komplett isolierte Recovery-Umgebung (»Clean-RZ«)*
   - *forensisch abgesicherte Recovery-Maßnahmen (z. B. mit dem CERT, SOC und ISM zusammen)*
   - *Golden Images (als Trusted Baselines, das sind geprüfte und gehärtete Systemabbilder)*
   - *unveränderbare Sicherungen (z. B. Immutable Backups)*
   - *segmentierte Wiederherstellung nach Prioritäten und/oder Vertrauensstufen*
   - *Komplettcontainerlösungen (Containering)*
   - *Anmieten von RZ-Fläche und -Technik (PaaS)*
   - *etc.*
5. **Alle realisierbaren Lösungsoptionen abstimmen und dokumentieren:**
   - *Anmietung von Infrastructure-as-a-Service-Lösungen (IaaS)*
   - *Anmietung von Platform-as-a-Service-Lösungen (PaaS)*
   - *Anmietung von Software-as-a-Service-Lösungen (SaaS)*
   - *(langfristig) Aufbau eines zu 100 % identischen Ausweich-RZ (»Clean-RZ«)*
   - *segmentierte Wiederherstellung nach Prioritäten und / oder Vertrauensstufen*
   - *etc.*
6. **Eine abgestimmte Lösungsoption festlegen:**

   Schließlich fügen Sie die Lösung ein, auf die man sich innerhalb der Organisation geeinigt hat und die vom Top-Management bestätigt und freigegeben wurde. Das heißt: Es wird eine der Lösungsoptionen (oder eine Kombination) ausgewählt werden, beispielsweise:

   Anmietung von IaaS/PaaS/SaaS und eine anschließende segmentierte Wiederherstellung nach Prioritäten (mit dem SOC bzw. CERT zusammen)

[»]

Anmerkung

Sie sehen hier viele Themenbereiche, die nicht das Kerngeschäft eines ITSCM sind. Daher lautet meine Empfehlung, sich vor allem um die WHP (inkl. WAP), einen Gesamtwiederanlaufplan, einen Reaktionsplan und Koordinationspläne zu kümmern. Das sind unsere Kernkompetenzen.

Bei den Themen Notlieferabkommen, Notlizenzen und RZ sind wir als ITSCM (hoffentlich) auch mit an Bord, um die organisatorische Resilienz sicherzustellen. Das

Thema »segmentierte Wiederherstellung« ist auch für die meisten ITSCMs eher neu und sollte daher auch vorab intensiv geübt werden.

Viele der anderen Themen sind aber eher Aufgaben für die Informationssicherheit, AIM, CERT, SOC oder das Top-Management. Klären Sie also unbedingt im Vorfeld die Spielregeln und teilen Sie das Spielfeld mit den anderen Bereichen auf. Dies sollte genau abgeklärt und dokumentiert werden, um Transparenz herzustellen. Das spart Ihnen wertvolle Zeit im IT-Notfall oder in einer (IT-)Krise.

14.2.5 Ausfall Cloud

Auch der Ausfall der Cloud-Systeme ist ein neues Szenario, das durch die ISO-Norm 27031-2025-5 hinzugekommen ist. Es beschreibt, dass Ihre genutzte Cloud-Umgebung nicht mehr zur Verfügung steht. Ich persönlich halte es für sinnvoll, dieses Szenario in zwei Fälle aufzuteilen:

- wenn Sie die Cloud-Umgebung selber zur Verfügung stellen.
- wenn Sie die Cloud-Umgebung durch einen Dienstleister zur Verfügung gestellt bekommen.

Je nachdem, welcher Fall vorliegt, gibt es nämlich unterschiedliche Vorarbeiten und Handlungsoptionen.

Wenn Sie die Cloud Umgebung selber zur Verfügung stellen.

1. **Zunächst beschreiben Sie wieder alle möglichen Ursachen bzw. Auslöser:**
   - *Hardware-Defekte, z. B. Ausfall von Servern, Storage, Netzwerkkomponenten ohne ausreichende Redundanz*
   - *Netzwerkprobleme durch fehlerhafte Routing-Tabellen, Firewall-Fehlkonfiguration, DNS-Ausfälle*
   - *Storage-Engpässe oder Defekte durch überfüllte Datenspeicher, defekte SAN/NAS-Systeme, korruptes Filesystem*
   - *Hypervisor- oder Virtualisierungsfehler durch Bugs oder Abstürze in VMware, Hyper-V, KVM, Proxmox etc.*
   - *fehlende Redundanz, daher keine Cluster-Funktionalität, Single-Point-of-Failure (z. B. nur ein Load-Balancer)*
   - *fehlerhafte Updates/Patchesm daher inkompatible Kernel-Updates, Bugs in Cloud-Management-Systemen*
   - *Fehlkonfigurationen, z. B. Security-Groups falsch gesetzt, falsches IAM, falsche Quotas*
   - *Betriebssystem-/Middleware-Crashes, z. B. Datenbankdienste stürzen ab, Container-Orchestrierung hängt.*

- *Automatisierungsfehler, z. B. fehlerhafte Ansible-/Terraform-Skripte löschen Ressourcen oder stoppen VMs*
- *Ransomware- oder Malware-Angriffe, Verschlüsselung von VMs oder Containern*
- *DDoS-Angriffe dadurch Überlastung von Load-Balancern oder Gateways*
- *kompromittierte Zugangsdaten, Admin-Keys werden missbraucht, Ressourcen werden manipuliert oder gelöscht*
- *Supply-Chain-Angriffe, kompromittierte Updates für Cloud-Management-Tools oder Container-Images*
- *Stromausfall, unzureichende USV/Notstromversorgung im Rechenzentrum*
- *Klimatisierungsfehler, Überhitzung der Hardware durch Ausfall der Kühlung*
- *Naturkatastrophen, Feuer, Überschwemmung, Erdbeben*
- *Provider-Ausfälle, Ausfall von Internet- oder Backbone-Providern, Peering-Probleme*
- *Fehlbedienung durch Administratoren, z. B. falsche Befehle, versehentliches Löschen von VMs*
- *Mangelnde Kapazitätsplanung, z. B. CPU/RAM/Storage werden knapp, Systeme reagieren nicht mehr*
- *fehlendes Monitoring und Alerting, dadurch bleiben Probleme unentdeckt.*
- *unzureichendes Backup/Desaster-Recovery. Daten können nicht wiederhergestellt werden.*
- *etc.*

2. **Anschließend benennen Sie alle erkannten Schwachstellen (oder Risiken):**
   - *keine kanten- und knotendisjunkte Verlegung der Leitungen vorhanden*
   - *keine redundante Hardware/Software vorhanden*
   - *keine abgeschlossenen Notlieferabkommen*
   - *Know-how (extern) zur Einrichtung der Cloudumgebung schwer zu bekommen*
   - *noch fehlendes und redundantes eigenes Expertenwissen (SPoF)*
   - *etc.*
3. **Dann geht es weiter mit allen bekannten Auswirkungen:**
   - *völliger Ausfall aller Cloud-Dienste (Services)*
   - *Störungen von Services, die auf Clouddaten angewiesen sind, aber bei Ihnen lokal (also On-Prem) laufen*
   - *etc.*
4. **Im nächsten Teil Ihres Szenarios zählen Sie alle möglichen und technisch realisierbaren Maßnahmen auf:**
   - *Multi-Zone-Architekturen mit Redundanz (Computer, Netzwerk, Storage) planen*
   - *Multi-Cloud-Umgebung planen und betreiben (wenn technisch möglich)*
   - *IaC (Infrastructure as Code) strikt versionieren und testen*

- *Monitoring und Incident-Response (z. B. mit SIEM/Cloud-Logging) einführen*
- *regelmäßige DR-Tests (Disaster-Recovery) durchführen lassen*
- *automatische Skalierung und Selbstheilung implementieren*
- *Betrieb in einer Partner-Cloudumgebung*
- *etc.*

5. **Alle realisierbaren Lösungsoptionen abstimmen und dokumentieren:**
   - *Multi-Zone-Architekturen mit Redundanz (Computer, Netzwerk, Storage) planen*
   - *Monitoring und Incident-Response (z. B. mit SIEM/Cloud-Logging) einführen*
   - *regelmäßige DR-Tests (Disaster-Recovery) durchführen lassen*
6. **Eine abgestimmte Lösungsoption festlegen:**

   Schließlich fügen Sie die Lösung ein, auf die man sich innerhalb der Organisation geeinigt hat und die vom Top-Management bestätigt und freigegeben wurde. Das heißt: Es wird eine der Lösungsoptionen (oder eine Kombination) ausgewählt werden, beispielsweise:
   - *Multi-Zone-Architekturen mit Redundanz (Computer, Netzwerk, Storage) planen*
   - *Monitoring und Incident-Response mittels SIEM einführen*

[«]

Anmerkung

Im ITSCM haben Sie (hoffentlich!) den Vorteil, dass Sie von der Planung über die Implementierung bis zum dauerhaften Betrieb immer mit dabei sind. Sie können somit alle Pläne (WHP, WAP, Gesamtwiederanlaufplan, Reaktionsplan und Koordinationspläne) optimal mit den technischen Bereichen zusammen aufbauen und eventuell sogar schon (teilweise) testen. Sie haben dazu verlässliche Informationen zu den wichtigen BCM-Werten RTO und RPO.

Und nach den Tests auch unsere wichtigen ITSCM-Werte RTA und RPA.

Wenn Sie die Cloudumgebung durch einen Dienstleister zur Verfügung gestellt bekommen.

1. **Zunächst beschreiben Sie wieder alle möglichen Ursachen bzw. Auslöser:**
   - *Hardware-Defekte, z. B. Ausfall von Servern, Storage, Netzwerkkomponenten ohne ausreichende Redundanz*
   - *Netzwerkprobleme durch fehlerhafte Routing-Tabellen, Firewall-Fehlkonfiguration, DNS-Ausfälle*
   - *Storage-Engpässe oder Defekte durch überfüllte Datenspeicher, defekte SAN/NAS-Systeme, korruptes Filesystem*
   - *Hypervisor- oder Virtualisierungsfehler durch Bugs oder Abstürze in VMware, Hyper-V, KVM, Proxmox etc.*

- *fehlende Redundanz, daher keine Cluster-Funktionalität, Single-Point-of-Failure (z. B. nur ein Load-Balancer)*
- *fehlerhafte Updates/Patches daher inkompatible Kernel-Updates, Bugs in Cloud-Management-Systemen*
- *Fehlkonfigurationen, z. B. Security-Groups falsch gesetzt, falsches IAM, falsche Quotas*
- *Betriebssystem-/Middleware-Crashes, z. B. Datenbankdienste stürzen ab, Container-Orchestrierung hängt*
- *Automatisierungsfehler, z. B. fehlerhafte Ansible-/Terraform-Skripte löschen Ressourcen oder stoppen VMs*
- *Ransomware- oder Malware-Angriffe, Verschlüsselung von VMs oder Containern*
- *DDoS-Angriffe dadurch Überlastung von Load-Balancern oder Gateways*
- *kompromittierte Zugangsdaten, Admin-Keys werden missbraucht, Ressourcen werden manipuliert oder gelöscht*
- *Supply-Chain-Angriffe, kompromittierte Updates für Cloud-Management-Tools oder Container-Images.*
- *Stromausfall, unzureichende USV/Notstromversorgung im Rechenzentrum*
- *Klimatisierungsfehler, Überhitzung der Hardware durch Ausfall der Kühlung*
- *Naturkatastrophen, Feuer, Überschwemmung, Erdbeben*
- *Provider-Ausfälle, Ausfall von Internet- oder Backbone-Providern, Peering-Probleme*
- *Fehlbedienung durch Administratoren, z. B. falsche Befehle, versehentliches Löschen von VMs*
- *mangelnde Kapazitätsplanung, z. B. CPU/RAM/Storage werden knapp, Systeme reagieren nicht mehr*
- *fehlendes Monitoring und Alerting, dadurch bleiben Probleme unentdeckt uns es kann bis zum Totalausfall kommen*
- *unzureichendes Backup/Desaster-Recovery, Daten können nicht wiederhergestellt werden*
- *Kommunikationsprobleme zwischen Dienstleister und Kunde (Erreichbarkeit)*
- *etc.*

2. **Anschließend benennen Sie alle erkannten Schwachstellen (oder Risiken):**

   Hier wird es schwieriger, denn meist lassen sich die Cloudanbieter nicht in die Karten schauen. Gerade die Big Player sind dabei sehr verhalten, denn AWS, Azure, Google Cloud und andere Hyperscaler haben kein Interesse daran, alle Details ihrer internen Schwachstellen oder Architekturprobleme offenzulegen. Das wird mit den Argumenten »Schutz vor Angreifern«, »Schutz des geistigen Eigentums« und schlicht »Wettbewerbsgründe« begründet.

Sie veröffentlichen aber in der Regel Security Bulletins, Advisories und Statusmeldungen, wenn Kunden oder Services betroffen sind. Sie bekommen als Kunde eine SLA, aber kein umfassendes »Recht auf Schwachstellenberichte«.

Da sind die kleineren Cloudanbieter wesentlich transparenter. Sie haben aber ein Anrecht auf Information, sobald Ihre Systeme oder Ihre Daten konkret gefährdet sind. Für regulatorische Umfelder (KRITIS, NIS2, DORA) ist der Cloud Anbieter sogar verpflichtet, Sie (als Kunde) sofort zu informieren!

3. **Dann geht es weiter mit allen bekannten Auswirkungen:**
   - *völliger Ausfall aller Cloud-Dienste (Services)*
   - *Störungen von Services, die auf die Cloud-Daten angewiesen sind*
   - *Störungen von Services, die in der Cloud betrieben werden*
   - *etc.*
4. **Im nächsten Teil Ihres Szenarios zählen Sie alle möglichen und technisch realisierbaren Maßnahmen auf:**
   - *Multi-Cloud, Dienste parallel bei mehreren Anbietern betreiben (z. B. AWS + Azure)*
   - *Hybrid Cloud, Teile on-Premise, Teile in der Cloud. Kritische Workloads können im eigenen RZ bleiben, skalierende Workloads gehen in die Cloud*
   - *Private Cloud auf OpenStack, VMware oder Proxmox im eigenen Rechenzentrum betreiben. Dadurch volle Kontrolle, aber auch volle Verantwortung*
   - *Edge-Computing/verteilte Systeme nutzen. Daten und Dienste werden näher an den Standorten des Nutzers gehalten. Das führt zu weniger Abhängigkeit von einer zentralen Cloud*
   - *Entwicklung einer Cloud-Exit-Strategie (?)*
5. **Alle realisierbaren Lösungsoptionen abstimmen und dokumentieren:**
   - *Multi-Cloud, also Dienste parallel bei mehreren Anbietern betreiben (AWS + Azure)*
   - *Hybrid Cloud aufbauen, d. h. Teile On-Prem und Teile in der Cloud betreiben. Kritische Workloads bleiben im eigenen RZ, skalierende Workloads gehen in die Cloud*
6. **Eine abgestimmte Lösungsoption festlegen:**

   Schließlich fügen Sie die Lösung ein, auf die man sich innerhalb der Organisation geeinigt hat und die vom Top-Management bestätigt und freigegeben wurde. Das heißt: Es wird eine der Lösungsoptionen (oder eine Kombination) ausgewählt werden, beispielsweise:
   - *kurzfristig: Multi-Cloud, also Dienste parallel bei mehreren Anbietern betreiben (AWS + Azure)*
   - *langfristig: Hybrid Cloud aufbauen, d. h. Teile On-Prem und Teile in der Cloud betreiben. Kritische Workloads bleiben im eigenen RZ, skalierende Workloads gehen in die Cloud*

[!] **Wichtig!**

Verlassen Sie sich nicht auf einen einzigen Cloudanbieter oder eine einzelne Region. Planen Sie technische Redundanzen ein, sichern Sie Ihre Daten unabhängig und verankern Sie Cloud-Ausfallszenarien in ITSCM und BCM.

In der Praxis ist die optimale Lösung meist eine Kombination: kritische Systeme mit Hybrid- oder Multi-Cloud-Strategien abzusichern, während Backups, Exit-Strategie und Monitoring als Basismaßnahmen dienen.

Und beachten Sie: Viele Cloudanbieter bieten aktuell keine Vereinbarungen hinsichtlich RTO/RPO an! Im Rahmen der Gap-Analyse können daher oftmals nur die Angaben zur Verfügbarkeit aus den SLAs hinzugezogen werden.

Reicht Ihnen das? Klären Sie das am besten mit Ihrer Rechtsabteilung, dem BCM, ISM, SLM und dem Top-Management ab.

14.2.6 Weitere Worst-Case-Szenarien

Als Denkanstoß möchte ich Ihnen weitere WCS mit auf den Weg geben, die in einigen Organisationen angewendet werden:

- Ausfall des Monitorings (der kompletten Überwachung aller IT-Systeme): Ohne Überwachung der IT-Systeme ist man sozusagen »blind«. Man weiß dann nicht mehr, was funktioniert und was nicht.
- Ausfall (politisch) wichtiger Kundenverfahren (für Sie als z. B. möglicher IT-Dienstleister)
- Cyberangriff, Ransomware-Angriff (also Verschlüsselung aller Systeme)
- Netzwerkausfall (einschließlich WAN, LAN, Internetzugang, WLAN, Rechenzentrumsverbindungen)
- umfangreicher Datenverlust (durch Hardware- oder Softwarefehler)
- Ausfall der KI-Systeme
- Ausfall des Alarmierungssystems
- Ausfall der Hotline, des User-Help-Desks, des Service-Desks

[»] **WCS proben und üben**

Bedenken Sie, dass Sie jedes dieser Worst-Case-Szenarien auch üben und testen müssen – und das mit unterschiedlichem Personal in verschiedenen Komplexitäten und Kombinationen. Daher bietet es sich an, mit einem Szenario anzufangen und sich langsam zu steigern. Anschließend sollten Sie das nächste Szenario in mehreren Ausrichtungen angehen.

Das bedeutet: Bis Sie alle Szenarien geübt haben, werden mehrere Jahre vergehen. Definieren Sie zusätzliche Szenarien wirklich nur dann, wenn sie unbedingt gebraucht werden! Ansonsten wird der organisatorische Aufwand für das Üben und Testen nicht mehr zu schaffen sein und die technischen Bereiche, die ohnehin schon oft am Limit arbeiten, noch zusätzlich belasten.

14.3 Alternativen zu Worst-Case-Szenarien (Ansatz und Ideen)

In Abschnitt 14.1 habe ich Ihnen die fünf Standard-WCS-Szenarien vorgestellt. Ich weiß aber, dass viele Menschen Probleme mit diesen Totalausfallszenarien haben. Oft höre ich Einwände wie:

- »Wenn nur ein Teil des Gebäudes ausgefallen ist, warum muss ich dann das gesamte Gebäude räumen? Das macht doch gar keinen Sinn.«
- »Wenn im RZ nur einige Racks ausfallen, warum ist dann das ganze RZ auf das Ausweich-RZ umzuschwenken? Ist doch viel zu aufwendig!«
- »Wenn nur ein paar Mitarbeiter eines Teams ausgefallen sind, warum muss ich dann den Worst-Case ›Personal‹ ausrufen? Ist das nicht etwas übertrieben? Die Mitarbeiter können doch dann remote arbeiten.«

Diese Argumente zielen darauf ab, dass die unwahrscheinlichen Totalausfälle zu hoch aufgehängt sind und dass man sich erst einmal mit kleineren, realistischen Problemen befassen sollte.

Diese Einwände kann ich gut nachvollziehen. Daher möchte Ihnen ein paar Möglichkeiten erläutern und Denkanstöße anbieten, um etwas aufzubauen, was vor den WCS greift und auch etwas vom WCS-Gedanken abweicht.

Gehen wir vom Nutzen der WCS aus. Deren großer Vorteil ist ja, dass Sie gezwungen sind, »groß« zu denken! Sogar sehr groß!

Was meine ich damit? Stellen Sie sich bildlich vor, Ihr einziges RZ fällt komplett aus oder das RZ ist von außen nicht mehr administrierbar. Oder die RZ-Kopplung fällt aus und Sie haben zwei oder mehrere RZ mit unterschiedlichen Datenständen. Ich glaube schon, dass Sie dann die ersten Schweißperlen auf der Stirn haben und dass Ihr Puls etwas hochgeht.

Sie müssen sich also diesen immensen Aufgaben stellen und überlegen, wie Sie hier die »Kuh vom Eis« bekommen. Wenn Sie dafür Lösungen gefunden haben, die in der Praxis funktionieren, ist eine spätere Abstufung in Szenarien, die weit unter einem WCS liegen, möglich und auch absolut legitim.

[»]

Absicherung ist keine Verschwendung

Was Sie allerdings keinesfalls als Argument zulassen dürfen, ist der Einwand »Diese Szenarien sind sinnlos und verschwenden unnötig wichtige Ressourcen«. Eine Risiko-Absicherung ist Teil des Betriebs von IT-Services und auch dann keine Verschwendung, wenn man sie nicht braucht!

Sehen wir uns nun zwei mögliche alternative Ansätze an.

14.3.1 Risiko-Ansatz

Eine mögliche Abstufung ist, dass Sie Ihre Szenarien an Ihre IT-Risiken anlehnen: Für die Top 5 Ihrer hochpriorisierten IT-Risiken entwickeln Sie optimale und maßgeschneiderte Szenarien, die eben keine Totalausfälle sind!

Dann kommt aber einiges an Abstimmungsarbeit auf Sie zu. Ist z. B. ein halbes RZ für Sie noch tragbar und würde es funktionieren? Würde es Ihnen nach einem Brand reichen, wenn im Brandbereich Räume oder Etagen geräumt werden, der Rest des Gebäudes aber weitergenutzt wird?

In diesem Fall könnten die betroffenen Mitarbeiter, z. B. per Home-Office oder per Verdrängung, andere Arbeitsplätze in Beschlag nehmen. *Verdrängung* heißt hier, dass die Mitarbeiter, die für die Bearbeitung eines IT-Notfalls oder einer Krise dringend gebraucht werden, andere Kollegen von ihren festen Büroarbeitsplätzen verdrängen, also deren Platz einnehmen. Die verdrängten Kollegen arbeiten dann im Home-Office oder werden für die Zeit der Verdrängung freigestellt.

Sie könnten für jedes dieser fünf IT-Risiken ein abgestuftes Szenario entwickeln. Am besten wählen Sie die IT-Risiken aus, die nicht so schnell gemindert oder eliminiert werden können.

14.3.2 Incident-Ansatz

Sie könnten auch Szenarien für Ihre Top-5-Incidents entwickeln. Damit meine ich die Incidents oder besser gesagt Major-Incidents, die den größten Schaden und damit die größte Auswirkung für Ihre Organisation bedeuten.

Dieser Ansatz wird aber selten genutzt, weil man ja mittels Problemmanagement versucht, solche dauerhaften Störquellen permanent zu eliminieren oder sie zumindest mittels Workarounds zu umgehen, sodass keine Major-Incidents mehr entstehen. Er wäre aber auch ein möglicher und durchaus legitimer Ansatz.

14.4 Weitere Vorgehensweise und Übungen

Im folgenden Kapitel möchte ich den Themenkomplex »Übungen und Tests« beleuchten. Sie haben die WCS gesehen und Sie haben die ersten Pläne geschrieben. Jetzt wird überprüft, ob die Theorie der Praxis auch standhält. Denn nur ein geübter Plan ist ein guter Plan!

Ein gut durchdachter und geübter Plan ist die Grundlage für Ihren Erfolg im ITSCM. Durch Übung und Wiederholung wird ein Plan nicht nur klarer, sondern auch flexibler und anpassungsfähiger, falls unerwartete Herausforderungen auftreten. Ein geübter Plan reduziert Unsicherheiten und hilft, Ziele effizient zu erreichen. Daher muss es Ihr Ziel sein, alle Notfallpläne immer wieder zu üben und ggfs. dynamisch und zeitnah anzupassen!

F-14-1: Was sind Worst-Case-Szenarien (WCS)? [/]

a) Ein WCS beschreibt den Totalausfall einer Ressource und gibt mögliche Handlungsoptionen vor, wie man in diesem Fall reagieren sollte bzw. muss.
b) Das sind aktuelle RZ-Pläne.
c) Das sind Workarounds für Übungs- und Testszenarien.
d) Das sind Drehbücher für Übungen oder Tests.

F-14-2: Was ist kein ITSCM-Standard-WCS? [/]

a) Der Ausfall von Personal
b) Der Ausfall eines RZ
c) Die Nichtzugänglichkeit eines RZ
d) Der Ausfall der WAN-RZ-Kopplung

F-14-3: Sollte man so viele WCS wie möglich definieren? [/]

a) Ja, unbedingt: Je mehr, desto besser ist man vorbereitet.
b) Nein, nur die absolut notwendigen und sinnvollen, da diese auch noch alle geübt werden müssen.
c) Die WCs sollten so kompliziert wie möglich sein, damit alle Mitarbeiter auch gefordert werden. Nur so sind alle bestmöglich auf Störungen vorbereitet.
d) WCS werden überbewertet. Einmal im Jahr eine lockere Schreibtischübung reicht bei den Profis. Sie arbeiten ja tagtäglich mit den IT-Systemen.

Kapitel 15

Übungen und Tests

Warum üben und testen? In diesem Kapitel finden Sie strategische, konzeptionelle und inhaltliche Überlegungen zu Tests und Übungen. Außerdem schauen wir uns an, mit welchen psychologischen Tipps, Gos und No-Gos Sie arbeiten sollten, damit die Resilienz durch das Üben und Testen wirklich gesteigert wird.

»Probleme kann man niemals mit derselben Denkweise lösen, durch die sie entstanden sind.« (Albert Einstein)

Vielleicht werden Sie gefragt werden, *warum* man Mitarbeiter überhaupt üben und testen lässt, wenn sie doch den ganzen Tag mit den IT-Systemen arbeiten und »fit« sind.

Dann würde ich mit einem klaren »Ja, aber…« antworten. Die Bedenkenträger haben natürlich in gewissem Sinne recht: Mitarbeiter, die lange und intensiv mit den IT-Systemen arbeiten, sind im Normalfall und unter normalen Bedingungen fit und routiniert. Aber was man eben üben und testen muss, ist die extreme Abweichung vom Normalzustand, nämlich die Auswirkungen einer Großstörung, eines IT-Notfalls (Notfallbetrieb) oder gar einer (IT-)Krise. Diese Situationen sind meist dadurch gekennzeichnet, dass gewohnte Umgebungen, Hilfsmittel wie Tools, Netzwerke, Kommunikationswege, Dokumente, Pläne, Personen und Wissensträger, IT-Systeme, IT-Infrastrukturen, IT-Basisdienste etc. eben nicht oder nur noch sehr eingeschränkt zur Verfügung stehen.

Es geht also darum, Optionen, Auswege, neue Lösungen, feste Routinen etc. zu entwickeln und zu vertiefen. Auch das Denken »Out of the box« soll gefördert werden. Das heißt also: Sie dürfen nicht den Normalbetrieb üben, sondern müssen das testen, was außerhalb des Normalen liegt. Man möchte zudem die Mitarbeiter aktivieren und befähigen, die nicht so oft mit den wichtigen IT-Systemen arbeiten, obwohl sie im gleichen Team (dem gleichen Bereich, der gleichen Abteilung) sind, wo sie aber teilweise ganz andere Aufgaben haben. Übungen und Tests sind im BCM und ITSCM daher elementar wichtig, um die Funktionsfähigkeit der IT-Notfallvorsorge für zeitkritische Geschäftsprozesse und deren IT-Services und IT-Ressourcen zu überprüfen und sicherzustellen.

[!]

Übungen und Tests dürfen keinesfalls ignoriert werden!

Woher wissen Sie überhaupt, ob die vorhandenen Pläne funktionieren, wenn man sie nicht testet?

Dies ist eine grundlegende Frage für das ITSCM und der Grund dafür, dass Übungen und Tests für den Erfolg eine entscheidende Rolle spielen. Tests können dabei helfen, Schwachstellen im Prozess oder in den Dokumentationen zu erkennen und unvorhergesehene Probleme zu identifizieren. So erkennen Sie, dass die Teams gegebenenfalls erneut geschult werden oder eine bessere Dokumentation erhalten müssen. Und das ist auch der Grund, weshalb jeder Notfallplan, der etwas taugt, geübt und ständig überwacht wird und sich laufend an die Gegebenheiten in der eigenen Organisation anpassen muss!

Die Zeiten, in denen man nur irgendeinen rudimentären Plan in der Schublade haben musste, sind lange vorbei. Bei der heutigen komplexen IT müssen die Pläne spezifisch, detailliert und aktuell sein. Sonst wird das nichts ...

Weitere Ziele für Übungen und Tests sind beispielsweise:

- Mitarbeitermotivation fördern: Die Motivation der Mitarbeitenden erhöht sich in dem Maße, in dem ihnen der Nutzen bewusst wird.
- Mitarbeiter aktivieren und befähigen, die nicht mit den wichtigen IT-Systemen arbeiten
- Routinen entwickeln und festigen
- Die Übenden werden feststellen, dass sich hier die Möglichkeit bietet, vieles zu testen, was im normalen Tagesbetrieb nicht möglich ist. Während einer Übung darf man auch mal an die Grenzen gehen oder diese bewusst überschreiten und auch mal etwas bewusst »virtuell kaputt machen«. 😉
- Die Organisation kann sich permanent verbessern und somit den Reifegrad erhöhen.
- Je mehr geübt und getestet wird, desto geringer wird der zeitliche Aufwand.
- effizienter und effektiver werden
- Dokumentationen und Aktualität der Informationen und Inhalte prüfen
- Recovery-Skripte prüfen
- Schnittstellen prüfen
- den Nachweis für ein funktionierendes ITSCM-System erbringen

[!]

Abschlussberichte schreiben

Nach jeder Übung und jedem Test muss es einen Abschlussbericht geben. Ohne diese Berichte sind Übungen und Tests einfach nur vergeudete Zeit.

Diese Berichte sind ein wahrer Fundus an wichtigen Informationen für das ITSCM und alle teilnehmenden Bereiche. Aus diesem Fundus können die Resilienz steigernde Maßnahmen und IT-Notfallvorsorgemaßnahmen entwickelt werden. Erstellen Sie vorab ein abgestimmtes, praxisnahes und gut verständliches Template für diese Berichte.

15.1 Strategie, Konzept und Plan: Was wird wann wie getestet?

In diesem Abschnitt möchte ich Ihnen die Unterschiede zwischen den Begriffen *Strategie*, *Konzept* und *Planung* erläutern, denn oft kommt es zur Verwechslung oder Vermischung, obwohl diese Begriffe klar voneinander zu trennen sind. Gleich werden Sie auch wissen, warum. Denn alles baut letztendlich sinnvoll aufeinander auf.

15.1.1 Übungs- und Teststrategie erstellen (das »Was?«)

In einer Strategie legen Sie fest, *was* Sie mit welchen Aktionen oder Mitteln in welchem Zeitraum und mit welchen Ergebnissen als Organisation erreichen möchten. (Die Ergebnisse könnten z. B. als »Reifegraderhöhung«, »mehr Resilienz«, »bessere IT-Notfalldokumente« definiert sein.)

Als Planungszeitraum wird meist ein Zeitraum von etwa drei Jahren ausgewählt. Sie sind aber frei in der Wahl Ihres Zeitraums. Sie können auch kurzfristiger bzw. längerfristiger planen. Wichtig ist nur, dass es eine mehrjährige Planung sein sollte, weil sonst der administrative Aufwand zu groß wird. Eine Strategie ist dabei als eine sehr grobe Vorplanung zu verstehen, die ein eher abstraktes »Ideal« als Endziel hat: »Erhöhung der Resilienz der gesamten Organisation«, »für alles einen Notfallplan haben«, »bestmöglich gegen Notfälle gewappnet sein«.

An dieser Stelle wird also definiert, *was* man langfristig erreichen möchte: das übergeordnete Ziel bzw. das Maß der Dinge.

15.1.2 Übungs- und Testkonzept (das »Wie?«)

In einem Konzept geht es darum, die grobe und oberflächliche Strategie (z. B. »Erhöhung der Resilienz der gesamten Organisation«) weiter zu verfeinern.

Das heißt, im Konzept beschreiben Sie alle Test-Arten Ihrer Organisation genauer: Es wird bestimmt, welche Übungen und Tests in welchem Jahr stattfinden sollen. Welche Übungen und Tests sollen aufeinander aufbauen? Welche Rollen und Verantwortlichkeiten gibt es im Übungs- und Testumfeld? Wie soll alles dokumentiert und reportet werden? Wie werden Verbesserungsmaßnahmen abgestimmt, dokumentiert, umgesetzt und nachverfolgt? Wie kann man die Komplexität der Übungen und Tests steigern? Wie kann man den Erfolg der Übungen und Tests messen? In einem Übungs- bzw. Testkonzept geht es um die Frage: *Wie* erreicht man die vorgegebenen abstrakten strategischen Ziele?

Auch das Konzept ist meist auf mehrere Jahre angelegt und nach Abstimmung und Freigabe so lange gültig, bis es ein neues oder überarbeitetes Konzept gibt.

Im Konzept geht man wesentlich mehr ins Detail als in der übergeordneten Strategie. Es werden unter anderem folgende Inhalte betrachtet:

- die Übungsarten und Klassen definieren und detailliert beschreiben
- die teilnehmenden Rollen definieren und genau erklären
- Übungs- bzw. Test-Leitung oder Koordinator bestimmen
- Teams, Notfallteams und Reaktionsteams definieren
- Beobachter festlegen
- Teilnehmerkreis bestimmen
- zusätzliche benötigte Personen festlegen (z. B. Auditoren, Controlling)
- Übungsabläufe skizzieren
- notwendige Templates (Übungsprotokolle, Auswertungsbögen etc.) vorbereiten und allen zur Verfügung stellen
- alle Ziele (inklusive Unterziel) definieren
- Szenario beschreiben
- Zeitplanung festlegen (Anfang, Ende, Pausen)
- Ort(e) festlegen (in Präsenz, virtuell, hybrid)
- Vorgabe dokumentieren
- betroffene IT-Plattformen bestimmen
- betroffene IT-Services bestimmen
- betroffene IT-Systeme bestimmen
- technisches Konzept (Abschaltung und Rückführung) erstellen
- Abbruchkriterien definieren und allgemeinverständlich dokumentieren und an alle verteilen
- Meilensteine vorgeben (Erreichen von Ziel »X«)
- notwendige Materialien und Ressourcen reservieren oder besorgen
- mögliche Risiken sammeln, beschreiben und dokumentieren (für spätere Lessons Learned)
- Budget einplanen und vorab genehmigen lassen
- mögliche Überstunden einplanen und genehmigen lassen (PR, Betriebsrat etc.)
- Verpflegung und Getränke ordern und zur Verfügung stellen

[!]

Achtung!

Machen Sie Übung und Test auch als solche kenntlich: Geben Sie Vorabinformationen oder deklarieren Sie während der Übung jeglichen E-Mail-Wechsel als Übung oder Test. Es wäre nämlich nicht das erste Mal, dass aus einer Übung oder einem Test auf einmal ein Ernstfall wurde, weil man vergessen hatte, den Test zu kommunizieren bzw. die Unterlagen, die durch die Organisation wandern, entsprechend zu kennzeichnen. 😉

15.1.3 Übungs- und Testplanung (konkrete Jahresplanung, das »Wann?«)

Während der Planung wird das Konzept noch weiter verfeinert. Jetzt geht es sehr präzise um die geplanten Übungen und Tests in einem Jahr.

In dieser Phase werden schon Absprachen mit den ITSC-Koordinatoren oder den entsprechenden Ansprechpartnern der technischen Bereiche stattfinden. Das ITSCM wird die groben Anforderungen an den technischen Bereich vorgeben (z. B. »eine reine Planübung«, »zwei Funktionstests und einen größeren Realtest«), und der technische Bereich überlegt sich dann, wie er diese Vorgaben umsetzen kann, weil das meiste Know-how dazu im technischen Bereich vorhanden ist und diese Personen am besten wissen, was wie zu üben und zu testen ist.

Die sogenannten *Regiebücher*, *Drehbücher* oder *Regieanweisungen* (d. h. der genaue Ablauf eines Tests) wird vom technischen Bereich bzw. vom ITSC-Koordinator erstellt und vom ITSC-Manager nach dem Vier-Augen-Prinzip[1] gegengelesen. (Beim Download-Material stelle ich Ihnen ein Übungsdrehbuch als Orientierungshilfe zur Verfügung.)

Gehen Sie bei der Planung also wesentlich detaillierter vor als beim Konzept und planen Sie wirklich alles genauestens vor. Sie werden auch hier von Übung zu Übung und von Jahr zu Jahr besser werden.

Tabelle 15.1 zeigt eine Beispielvorplanung eines ITSCM für ein Jahr.

Zeitraum	Art	Menge	Zusatzinformationen
Q1	Planübung	2×	Drehbuch A7Z für »SAN-Bereich« (Team 1) Drehbuch A7Z für »SAN-Bereich« (Team 2)
Q2	Funktionstest	1×	Drehbuch BB4 für »Firewall (Checkpoints)«
Q3	Simulation	2×	Drehbuch AA1 für »Testumgebung XX« Drehbuch AA6 für »Testumgebung YY«
Q4	Vollübung	1×	Drehbuch A09 »RZ1 → RZ2 (Kompletter RZ-Schwenk)«

Tabelle 15.1: Fiktive Jahresplanung für Übungen und Tests

Idealerweise entnehmen Sie diese technischen Übungen und Tests dem BCM-Gesamtplan (also den groben organisationsweiten Anforderungen) und spielen die Ergebnisse später wieder dorthin zurück. Ein vorhandenes BCM ist auf einer hohen und abstrakten Ebene (also über dem ITSCM) verantwortlich für die Jahresplanung und die Durchführung der Übungen.

1 Das ist ein Konzept aus der Organisationslehre, das eine präventive Kontrollmaßnahme darstellt. Es besagt, dass bestimmte Arbeitsabläufe, Prozesse, Aufgaben, Entscheidungen oder Handlungen nur dann ausgeführt werden dürfen, wenn sie von mindestens zwei Personen gesichtet und einstimmig freigegeben wurden.

Das ITSCM ist hier nur für den IT-Part (also für alle Übungen und Tests, die einen IT-Bezug haben, bzw. für die IT-Services und IT-Ressourcen, die die zeitkritischen Geschäftsprozesse unterstützen) zuständig und verantwortlich. Es ist also wieder eine Situation, die eine sehr enge Zusammenarbeit und Abstimmung der beiden Bereiche BCM und ITSCM erfordert. Am besten wäre, von vornerein eine gemeinsame Planung aufzubauen und zu etablieren.

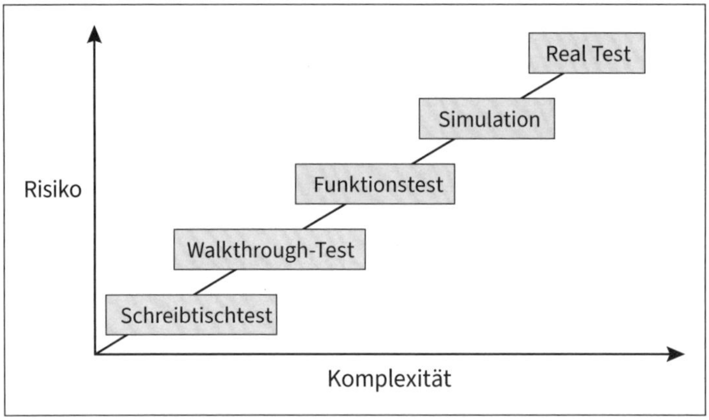

Abbildung 15.1: Übungsaufbau und Reifegraderhöhung

In Abbildung 15.1 sehen Sie den Idealzustand. Die Tests und Übungen bauen immer schön aufeinander auf. Das heißt, man geht von

- einfachen zu schwierigen Inhalten,
- vom kleinen zum hohen Risiko und
- von niedriger zu hoher Komplexität.

Dies wäre der geeignetste Weg, um das Thema »Übungen und Tests« gut in der Organisation zu verankern und die besten Ergebnisse zu erzielen.

15.2 Psychologische Aspekte und Soft-Skills beachten

Einige Punkte, die leider sehr oft vergessen werden, sind zum einen psychologische Aspekte oder Effekte und zum anderen Soft Skills, die man für die Übungen und Tests haben sollte. Das heißt, Sie müssen in der Übungsleitung und Planung ebenso wie bei der Moderation und Koordination Fingerspitzengefühl mitbringen.

[»]

Hinweis

Durch falsch geplante oder falsch durchgeführte Übungen und Tests kann man dafür sorgen, dass sich kein Mitarbeiter mehr zur Verfügung stellt. Wenn dann Übungen und Tests »angeordnet« werden, machen alle nur noch widerwillig mit, weil sie eine Art innere Blockadehaltung aufgebaut haben. Und das war es dann mit dem Thema

»Üben und testen«. Also gehen Sie bitte dieses Thema wirklich mit Bedacht und viel Fingerspitzengefühl an!

»Aber was ist denn überhaupt das Problem?«, werden Sie sich bestimmt fragen. Ganz einfach: Auf einmal stehen gestandene und praxiserprobte langjährige Mitarbeiter auf einem »virtuellen Prüfstand«. Das ist ungewohnt. Das mag man nicht. Das will man nicht.

Wir kennen das doch alle: Wir reagieren und handeln in Übungen und Tests oder in Prüfungssituationen anders als im entspannten Alltag. Die einen sind relaxt und tiefenentspannt, die anderen können Tage vorher schon nicht mehr gut schlafen; wieder andere zweifeln plötzlich an ihren Fähigkeiten und einige sind so unter Stress, dass sie sogar einfachste Tätigkeiten vergessen. Die Palette der Auswirkungen (und Ängste) ist so breit gefächert und vielschichtig, wie wir Menschen es sind.

Beim Üben und Testen geht es (gerade in der wichtigen Anfangsphase) also darum, ein offenes, ehrliches, transparentes und vor allem wertschätzendes Klima aufzubauen und dauerhaft aufrechtzuhalten. Auf diese Weise legen Sie den Grundstein dafür, dass zukünftige Übungen und Tests gut laufen und die Organisation dadurch besser (resilienter) wird.

15.3 Anforderungen an Übungen und Tests

Ich möchte ein paar generelle Anforderung aufzählen, wie Übungen und Tests auszuwählen und aufzubauen sind, damit sie einerseits ihren Zweck erfüllen und anderseits nicht zu einer Belastung für die Mitarbeiter werden.

15.3.1 Übungen und Tests planen

Die Planung von Übungen und Tests folgt einen allgemein gültigen Zyklus, der für jeden Fall durchgelaufen wird. Er besteht im Grunde aus den folgenden fünf Phasen:

1. (Vor-)Planung und Vorbereitung
2. Durchführung
3. Nachbereitung
4. Bewertung
5. Maßnahmen

Planen Sie Ihre Übungen so, dass sie

- herausfordernd,
- abwechslungsreich,
- realitätsnah,
- fokussiert,
- aber auch zu bewältigen sind.

Und vielleicht kennen Sie dieses berühmte Zitat, das oft Einstein zugeschrieben wird:

> *»Die Definition von Wahnsinn ist, immer wieder das Gleiche zu tun und andere Ergebnisse zu erwarten.«* (unbekannt)

Also variieren Sie Ihre Übungen und Tests mit unterschiedlichem Personal bzw. unterschiedlichen Teamzusammenstellungen. Dabei müssen Sie aber darauf achten, dass die Übungen und Tests zu den Teilnehmern passen, dass also das Niveau für die Zielgruppe geeignet ist. Langweilen Sie die A-Liga (also Ihre langjährigen Top-Wissensträger, SPoKs) nicht mit einer Planbesprechung, und überfordern Sie neue Mitarbeiter nicht mit dem Ausfall eines RZs als Vollübung.

Denn auch bei allen Teilnehmern muss sich erst eine Art Übungs- und Testroutine einschleifen. Geben Sie Ihren Mitarbeitern dazu etwas Entwicklungszeit. Die Zeit, die Sie zu Beginn investieren, wird Ihnen nachher doppelt und dreifach zugutekommen und dafür sorgen, dass Störungen oder Unterbrechungen wesentlich routinierter und auch spürbar schneller bearbeitet werden. Dabei brauchen Sie viel Empathie und Ruhe. Hektik oder überehrgeizige Ziele sind zunächst absolut fehl am Platz! Damit kommen Sie später um die Ecke, wenn alle fit und geschult sind. Also hier ruhig mal die (ehrgeizigen) Erwartungshaltungen des Top-Managements einfangen oder wenn nötig nachsteuern!

Daher ist es auch sehr wichtig, dass von Anfang an das Ziel der Übung allen klar ist. Aus eigener Erfahrung kann ich sagen, dass viele Außenstehende, Stakeholder, Vorgesetzte oder das Top-Management oft die Erwartungshaltung mitbringen, dass eine Übung oder ein Test genau nach einem Drehbuch abläuft und dass alles positiv abgeschlossen wird. Fehler oder Versagen – also wenn die gesteckten Ziele nicht erreicht werden – werden von diesen Personen als Scheitern bewertet. Das ist aber absolut falsch!

Denn genau *diese* Schwachstellen brauchen Sie als Ergebnis: Fehler, Unstimmigkeiten in Prozessen oder an Schnittstellen oder falsch beschriebene oder fehlende Inhalte und unverständliche Pläne sollen in einer Übung auffallen. Das Aufspüren und das Beseitigen dieser Missstände erhöht die Resilienz der Organisation. Das sollten Sie immer wieder kommunizieren.

Besser sie fallen in geschützten und steuerbaren Übungs- und Testumgebungen auf als später im Produktivbetrieb, wo sie für Schäden und unkalkulierbare Auswirkungen sorgen.

Idealerweise sollte es so sein, dass Missstände von Übung zu Übungen weniger werden und dafür dann andere, neue Probleme auftauchen. Man wird auch hier nie zu 100 % fertig. Aber ich bin der festen Überzeugung, dass diese Fehler für alle Teilnehmenden einen sehr guten Lerneffekt haben. Man achtet danach nämlich genauer auf diese »Kleinigkeiten«, wenn man selbst neue Dokumente, Pläne oder Notfallunterlagen etc. erstellt. 😊

[»]

Übungsplanung in der Praxis

Es soll geübt werden. Der ITSC-Koordinator schlägt Ihnen verschiedene Übungsszenarien vor, und Sie wählen als ITSC-Manager eines mit ihm gemeinsam aus.

Dann schreibt der ITSC-Koordinator das Übungsdrehbuch. Anschließend sollten Templates für das Übungsdrehbuch von Ihnen beiden erstellt werden: Es sollte ein *Template für das Übungsprotokoll* vorliegen (eines vom ITSC-Koordinator mit eher technischer Sicht und eines für Sie mit dem Fokus auf der Notfallvorsorge), und es sollte ein *Template für die abgeleiteten Maßnahmen* (nach der Übung) geben. Darin werden die erarbeiteten Verbesserungsmaßnahmen und die neuen IT-Notfallvorsorgemaßnahmen dokumentiert und hervorgehoben. Das war es schon an Vorbereitungen.

15.3.2 Übungshygiene (Fingerpointing, Shaming, Blaming etc.)

Unter Übungs- bzw. Testhygiene verstehe ich die sogenannten »weichen« und eher sozialen Faktoren in einer Gruppe oder einem Team, z. B.:

- einen wertschätzenden Umgang miteinander pflegen
- Redezeiten einhalten (auf Timeboxing, Zeitplanung achten)
- sich gegenseitig ausreden lassen
- offen, ehrlich und lösungsorientiert diskutieren
- konzentriert zuhören (auch wenn es manchmal schwerfällt)
- aktiv teilnehmen
- niemanden »unter den Tisch« fallen lassen (Stichwort: introvertierte Mitarbeiter)
- sich im Team ergänzen
- auch unbedingt halb fertige Ideen (als Ideenlieferant) preisgeben

Um dies umzusetzen, möchte ich einige wichtige Punkte und häufige Fehlerquellen (No-Gos) erläutern, die Übungen und Tests ineffizient und damit teuer machen können. Um diese Fehler zu vermeiden, ist es sinnvoll, im Vorfeld klare Verhaltensregeln oder eine Art »Netiquette« festzulegen. Diese Regeln sollten beispielsweise auf einer Intranetseite, in einem Tool oder in einem Dokument bereitgestellt werden. Es ist wichtig, dass alle Teilnehmer diese Regeln vor den Übungen und Tests erhalten und unterschreiben, um ihre Zustimmung zu bestätigen.

Die Einhaltung der Regeln muss aktiv überwacht werden, idealerweise durch den Übungs- oder Testleiter bzw. einen Moderator. Denn manchmal werden in der Dynamik der Übung Regeln vergessen, daher ist eine sofortige Korrektur notwendig. Nach einigen Durchläufen werden die Regeln zur neuen Normalität und fördern ein respektvolles und unterstützendes Miteinander im Team.

Ein gut funktionierendes Team basiert auf Respekt und Unterstützung, wobei jeder die Möglichkeit haben sollte, sich zu entfalten. Durch das Befolgen dieser Verhaltensregeln trägt jeder zu einer positiven und produktiven Atmosphäre im Team bei. Teamarbeit ist eben nur dann erfolgreich, wenn alle Mitglieder ihren Beitrag leisten und gemeinsam auf ein gemeinsames Ziel hinarbeiten.

No-Gos (negative Verstärker bzw. Übungsvernichter)

- **Fingerpointing** (oder »Wer hat Schuld?«), also das »Zeigen« auf eine Person oder Gruppe (Abteilung) ist unbedingt zu unterlassen und muss *sofort* von der Übungs- bzw. Testleitung unterbrochen werden. Es wird nie eine Einzelleistung bewertet, sondern höchstens die Gruppenleistung von allen. Gegenseitige Schuldzuweisung gehört dort definitiv nicht hin und bringt auch nichts. Fingerpointing vergiftet die teilnehmende Runde. Das wird sich herumsprechen und ist leider etwas, was in Organisationen immer wieder vorkommt. Damit vergraulen Sie als Erstes gerade die etwas sensibleren Menschen. Schreiten Sie sofort ein, denn es werden Lösungen gesucht, keine Schuldigen!
- **Shaming und Blaming** (auf Deutsch: »beschämen« und »blamieren« oder »anklagen«) beschreibt ein Konfliktmuster, bei dem sich die Beteiligten darauf konzentrieren, einen Schuldigen für Probleme oder Konflikte zu identifizieren, anstatt Lösungen zu finden. Anstatt gemeinsam nach einer Lösung zu suchen, wird versucht, die Verantwortung für den Konflikt auf eine bestimmte Person oder Gruppe zu schieben. Dies führt zu einer negativen und oft destruktiven (häufig toxischen) Arbeitsatmosphäre, in der die tatsächlichen Probleme nicht angegangen und keine Lösungen gesucht werden. Auch das gilt es unbedingt zu vermeiden! Denn auch hier verlieren Sie sonst wertvolle Mitarbeiter.
- **Schlechte oder unklare Kommunikation:** Wenn Informationen nicht klar oder vollständig geteilt werden, können Missverständnisse und Fehler auftreten. Geheimniskrämerei oder das Zurückhalten von Informationen können das Vertrauen untergraben und zu Misstrauen führen. Wenn Feedback ignoriert wird oder wenn nicht auf die Bedürfnisse und Meinungen anderer eingegangen wird, führt das zu Missstimmungen und Konflikten.
- **Alphatierchen-Gehabe:** Es ist Egoismus, wenn Teammitglieder nur auf ihre eigenen Interessen bedacht sind und nicht bereit sind, die Teamziele zu unterstützen. Dann leidet die Zusammenarbeit im Team. Das Verweigern von Hilfe oder das Fehlen der Bereitschaft, Wissen zu teilen, hindert das Team daran, effizient zu arbeiten und gemeinsam zu wachsen. Wenn sich Teammitglieder nur um ihre eigenen Aufgaben kümmern, ohne das Gesamtbild im Blick zu behalten, wird das Team nicht als Einheit funktionieren und nie ein »echtes« Team werden!
- **Micro-Management** (Kontrollzwang und Misstrauen): Wenn Teamleiter oder Kollegen ständig in die Arbeit anderer eingreifen und keine Autonomie gewähren, fühlen sich die Teammitglieder demotiviert und ihre Kreativität wird eingeschränkt. Ein Mangel an Vertrauen in die Fähigkeiten anderer Teammitglieder kann deren Motivation verringern und die Zusammenarbeit beeinträchtigen.
- **Hierarchie an Bord:** Wenn hochrangige Führungskräfte wie Chefs, Geschäftsführer oder CIOs an Übungen und Tests teilnehmen, gibt es einige Nachteile:
  - Mitarbeiter und andere Teilnehmer werden sich bestimmt anders verhalten, wenn sie wissen, dass eine hochrangige Führungskraft anwesend ist. Sie könnten sich mehr anstrengen, weniger Fehler machen oder sich an bestimmte Verhaltensnor-

men halten, die sie sonst ignorieren, was zu verzerrten oder ungenauen Ergebnissen führt.

- Gehen Sie davon aus, dass Mitarbeiter Probleme oder Schwächen nicht offen ansprechen, weil sie sich von der Führungskraft unter Druck gesetzt fühlen. Dies verhindert, dass reale Probleme oder Schwächen erkannt und adressiert werden.
- Wenn Führungskräfte versuchen, die Kontrolle während der Übungen zu übernehmen oder stark in den Ablauf einzugreifen, wird dies das Vertrauen und die Zusammenarbeit im Team beeinträchtigen und den Übungserfolg gefährden.
- Mitarbeiter werden sich Sorgen machen, dass ein Fehler oder ein Misserfolg während einer Übung negative Auswirkungen auf ihr Standing oder ihre Karriere haben könnte, insbesondere wenn eine hochrangige Führungskraft anwesend ist.

Natürlich kann es auch von Vorteil sein kann, wenn Führungskräfte ein direktes Verständnis der Probleme erlangen, und es ist auch sicherlich gut, dass sie ihr Engagement zeigen. Aber wichtiger ist, dass die Übung ohne den Druck von oben abläuft.

Gos (positive Verstärker oder Motivatoren)

- **Motivieren:** Die Übungs- bzw. Testleitung oder der Moderator sollte durch positive Wortbeiträge die Gruppe bzw. das Team immer wieder ermutigen.
- **Loben:** Sprechen Sie besondere Aktionen, Ideen, kreative Lösungsvorschläge, Vorgehensweisen etc. deutlich vor den anderen Teilnehmern an und loben Sie diese (auch gerne nach außen, d. h. in Richtung des Top-Managements).
- **Hören Sie auch auf die »eher leisen Mitarbeiter«:** Gehen Sie aktiv auf die ruhigen, introvertierten oder passiven Teilnehmer zu und binden Sie diese aktiv(er) ein. Nicht alle Menschen sind »Rampensäue« und geübte Sprecher vor großen Gruppen. Unter den eher ruhigen Kollegen finden sich bestimmt noch einige personelle »Rohdiamanten« mit Ideen. Zwingen Sie aber niemanden zu etwas, denn das kann nach hinten losgehen.
- **Unkonventionelle Denkweisen:** Fördern Sie das »Out of the box«-Denken! Es gibt nicht nur Standardlösungen, manchmal muss man etwas »um die Ecke denken«, um auf noch bessere Antworten zu kommen. Hierzu können Sie die Brainstorming-Methode[2] nutzen, bei der ohne jegliche Wertung auch die unsinnigsten Vorschläge genannt werden dürfen. Betrachten Sie sich hier einfach als Ideengeber für die anderen Teilnehmer.

---

2 *Brainstorming* ist eine kreative Methode, bei der eine Gruppe von Menschen spontan und ungefiltert Ideen sammelt. Das Ziel ist es, Lösungen für ein Problem zu finden oder neue Konzepte zu entwickeln. Brainstorming schafft eine offene Umgebung, in der man vielfältige Ideen ohne Kritik und Wertung sammeln kann. Die »krummen« Gedanken sind dann erst mal aus den Köpfen der Mitarbeiter raus und man fokussiert sich viel schneller auf die umsetzbaren und gewinnbringenden Lösungsoptionen. Aber auch das muss man erst mal üben. Gerade das Aussprechen von unfertigen oder halbgaren Ideen kann eine Kaskade von nützlichen Gedanken befeuern. Aber dies ist für viele Menschen meist ungewohnt, weil man immer meint, nur eine ganze Lösung anbieten zu müssen.

15.3.3 Übungsmüdigkeit

Stellen Sie sich folgende Situation vor: Sie werden am kommenden Montag zur dritten entspannten und allen bekannten Planbesprechung »Plan 3« in diesem Jahr eingeladen. Sie wissen, dass diese Übung nach etwa 2 Stunden vorbei ist (länger hat der CIO sowieso nie Zeit). In den anschließenden 10 Minuten wird das Feedback eingeholt und die Übung *natürlich* als »bestanden« beendet.

Sie mussten dafür aber andere, wichtige Termine verschieben, die Sie jetzt alle nachholen müssen.

Welchen Anreiz haben Sie noch, wenn Sie dann zur vierten Übung am Ende des Jahres eingeladen werden, an wieder der gleichen Übung mit wieder den gleichen Personen teilzunehmen? Richtig: Sie überlegen sich, wie Sie sich am elegantesten drücken können.

Übungsmüdigkeit ist also ein sehr wichtiges Thema. Darunter versteht man nicht nur das »Müdewerden« bei fordernden (teilweise überfordernden) zeitlich langen Übungen und Tests, sondern auch die innere Ablehnung, wenn bald wieder die nächste Übung ansteht. Dies geschieht meist, wenn Übungen und Tests falsch geplant oder durchgeführt wurden, beispielsweise wenn ein und dieselbe Gruppe immer und immer wieder die gleiche Übung durchleben muss oder wenn der Frustrationslevel so hoch ist, weil die Übung nicht lösbar ist, egal was man macht.

Diese Übungsmüdigkeit muss aktiv vermieden werden, indem beispielsweise Nuancen (Schwierigkeiten, Komplexitäten, Eingaben) in den Übungen verändert werden, indem einzelne Gruppenmitglieder wechseln oder indem kurze Verschnaufpausen eingeplant werden. Üben Sie also immer wieder mit anderen Personen und Teamzusammensetzungen, bilden Sie immer wieder neue Teams und probieren Sie immer wieder neue Ideen und Ansätze aus.

15.3.4 Übungskünstlichkeit

Sorry, bei dem Wort bekomme ich immer erhöhten Puls. 😊 Eine Übung an sich ist ja schon eine künstlich geschaffene Situation oder Simulation, die sich zwar sehr nah an der Praxis orientieren soll, eine 100%ige Deckung mit ihr aber (so gut wie) nie erreichen wird. Das ist also kein Einwand.

Unter *Übungskünstlichkeit* versteht man aber Folgendes:

- Annahmen und Absprachen für den erfolgreichen Ablauf der Übung, die festlegen, was real durchgeführt versus simuliert wird
- die Absicht, eine Übung oder Tätigkeit so zu gestalten, dass sie eine künstliche, oft abstrakte oder idealisierte Form annimmt. Das bedeutet also, die Übung ist nicht natürlich oder realitätsnah, sondern wurde so gestaltet, dass sie einfacher oder kontrollierter ist.

- Eine Trainings- oder Übungssituation wird absichtlich so gestaltet, dass bestimmte Aspekte oder Fertigkeiten besonders betont werden, auch wenn diese Situation nicht ganz der Realität entspricht. Die Übung wirkt »künstlich«, weil sie in einem vorgegebenen, oft stark strukturierten Rahmen abläuft, um gezielt bestimmte Reaktionen, Handlungen oder Verhaltensmuster zu trainieren.

Ein einfaches Beispiel: In einem Rollenspiel wird ein Gespräch simuliert, um Kommunikationsfähigkeiten zu üben. Obwohl die Situation (in dem Augenblick) künstlich inszeniert ist, soll sie reale Gesprächssituationen möglichst gut abbilden. Der Vorteil liegt darin, dass man (mehrfach) gezielt üben kann, was in echten Situationen wichtig ist. Ein Nachteil kann aber sein, dass manche Teilnehmer sich in dieser sehr geplanten Umgebung anders verhalten, als sie es in einer echten, unvorhersehbaren Situation tun würden. Das heißt, man muss auch das mehrfach üben.

15.4 Test-Arten definieren

Um gute Tests und Übungen zu planen, müssen Sie die verschiedenen Arten kennen.[3] Dazu teile ich sie in zwei Gruppen auf, nämlich in theoretische und praktische Tests bzw. Übungen. (Es kann natürlich sein, dass diese Übungen und Tests in einigen Organisationen andere Namen haben, aber die Inhalte sollten in etwa identisch sein.)

- **Zu den theoretischen Übungen und Tests gehören:**
  - Desktop-Test
  - Walkthrough-Test
- **Zu den praktischen Übungen und Tests gehören:**
  - Funktionstest
  - Simulation
  - Vollübung

Ich werde Ihnen die einzelnen Arten im Folgenden genauer vorstellen. Das wird für Ihre spätere Planung wichtig sein. Damit wissen Sie dann auch, welche Übungen und Tests zuerst durchgeführt werden sollten und wie sie idealerweise aufeinander aufbauen.

15.4.1 Desktop-Test (Einzeltest)

Bei einem *Desktop-Test* (auch *Schreibtischtest* genannt), geht es darum, das eine Person, z. B. ein Ersteller (ein Autor) eines Übungs- oder Testplans, sein Dokument einer anderen Person übergibt.

---

3 Es gibt daneben noch weitere, siehe auch BSI-Standard 200-4, Abschnitt 8.2, Tests und Übungen vorbereiten.

Diese Person überprüft das Dokument kritisch auf inhaltliche, formale und sachliche Fehler. Des Weiteren überprüft die Person, ob das vorliegende Dokument auch vollständig und vor allem verständlich ist.

Verständlichkeit ist deshalb so wichtig, damit auch die sogenannten »wissenden Dritten« nach diesem Plan arbeiten könnten.

Denken Sie auch an meine Ausführungen zu den Dokumenteneigenschaften der Notfalldokumente (siehe Abschnitt 7.7) Mit den »wissenden Dritten« sind z. B. externe Experten oder Spezialisten gemeint oder aber Personen, die sich in dem Umfeld bzw. Themengebiet auskennen (entsprechende Skills haben), aber nicht in dem gleichen Bereich arbeiten.

Die Rückmeldungen gehen sofort an den Ersteller zurück. Dieser kann dann den Plan entsprechend anpassen. Danach könnte man diesen Plan noch einmal von derselben Person oder aber von einer anderen Person überprüfen lassen.

Nach etwa zwei bis drei Überprüfungen hat man einen sehr guten Plan, mit dem man dann in der Praxis starten kann. Weitere Auffälligkeiten könnten dann in der praktischen Anwendung erkannt werden, weil hier noch mal unterschiedliche Personen mit dem Plan arbeiten. Sie sehen, es dauert eine Weile, bis man hier einen soliden oder gar hohen Reifegrad erreicht hat.

Dieser Plan sollte einmal im Jahr von dem entsprechenden technischen Bereich auf Aktualität überprüft und gegebenenfalls angepasst werden. Dies ist die einfachste Test-Art von allen, mit der geringsten Ressourcennutzung (Personal, Zeit, Aufwand).

Zeitfaktor: etwa 30 Minuten bis maximal eine Stunde, abhängig vom Umfang des Dokuments bzw. Plans.

15.4.2 Walkthrough-Test (Gruppentest)

Der Walkthrough-Test ähnelt dem Desktop-Test, nur besprechen hier *alle Personen*, die in dem Dokument aufgeführt sind und eine Rolle oder Funktion innehaben, das entsprechende Dokument. Das heißt, auch hier übergibt ein Ersteller (Autor) eines Übungs- oder Testplans sein Dokument, aber wie gesagt an *alle* betroffenen und anwesenden Personen.

Diese Personen überprüfen das Dokument kritisch auf inhaltliche, formale und sachliche Fehler. Sie prüfen auch, ob das vorliegende Dokument vollständig und verständlich ist. Alle Rückmeldungen werden dem Ersteller sofort zurückgespielt. Auch hier wird der Plan gegebenenfalls entsprechend angepasst und später in der Praxis erprobt.

Auch dieser Plan sollte einmal im Jahr von dem entsprechenden technischen Bereich auf Aktualität überprüft und gegebenenfalls angepasst werden.

Dieser Test bindet schon wesentlich mehr (Personal-)Ressourcen. Der durchschnittliche Zeitaufwand beträgt zwischen 8 und 30 Stunden, je nach Anzahl der teilnehmenden Personen und je nach Umfang des Dokuments bzw. Plans.

15.4.3 Funktionstest (auch Teiltest; als Einzel- oder Gruppentest)

Der Funktionstest oder Teiltest läuft anders ab, denn man übt in der Praxis mit den eingesetzten IT-Ressourcen. Hier haben Sie natürlich eine riesige Palette an Übungs- und Testmöglichkeiten. Das kann von Hardware- oder System-Tests in reinen Testumgebungen bis hin zu Tests in der Produktivumgebung gehen.

Idealerweise fangen Sie natürlich in einer Testumgebung oder in einem abgeschotteten Bereich an. Aber nicht jede Organisation kann sich kostenintensive Testumgebungen zu jeder eingesetzten Technik, Arbeitsumgebung, Infrastruktur etc. leisten. Ist eine Testumgebung vorhanden, dann führen Sie bitte dort sämtliche Tests einmal durch. Protokollieren Sie diese, lernen Sie aus ihnen und passen Sie alle nötigen Dokumente (wenn nötig) an.

Müssen Sie aber direkt am »offenen Herzen«, also in Ihrer Produktivumgebung arbeiten, ist das auch machbar. Nur müssen hier mehr Sachen beachtet werden (Stichwort *Rollback-Lösungen*). Sollten Sie z. B. neue IT-Services oder IT-Systeme einführen, könnten Sie diese gründlich vorab durchtesten, da sie noch nicht »offiziell« produktiv sind und freigegeben wurden.

Sollten Sie ein Change-Management haben, werden alle Änderungen in oder an der Produktivumgebung per RfC als Change durchgeführt (siehe Abschnitt 10.1.12). Sie können die anschließenden und notwendigen Funktionstests (z. B. nach einem Hardwaretausch, Umbauten, Erweiterungen etc.) nutzen und das Testen dokumentieren und als Funktionstest deklarieren. So entstehen keine doppelten oder zusätzlichen Arbeiten. Neue Hardware muss in einer Produktivumgebung vorher auf Funktionsfähigkeit überprüft werden.

Die Übenden können Einzelpersonen oder ganze Gruppen bzw. Teams sein. Auch dieser (Test-)Plan sollte einmal im Jahr von dem entsprechenden technischen Bereich auf Aktualität überprüft und gegebenenfalls angepasst werden.

Zeitaufwand: Der zeitliche Aufwand hängt von der zu überprüfenden Hardware ab und kann von wenigen Minuten bis zu mehreren Stunden reichen.

15.4.4 Simulation (Einzel- und/oder Gruppentest)

Unter *Simulationen* fallen z. B. vorab geplante Übungen und Tests, die den Krisenstab und/oder das (IT-)Lagezentrum betreffen. Das können reine Alarmierungsübungen sein, kann aber auch bis hin zu Krisenstabarbeit mit der Behandlung eines realitätsnahen Szenarios, z. B. nach der FORDEC-Methode gehen.

Sie können Simulationen für die Reaktions- und/oder Notfallteams planen und durchführen. Dabei geht es vorrangig um die Herstellung einer Stress-Situation, die so realitätsnah wie möglich ist. Sie könnten auch Externe mit einbinden (Lieferanten, Hersteller, BOS etc.). So eine Übung sollte einmal pro Jahr stattfinden. Diese Art von Tests finden mit einem Skript statt und für sie kann auch ein Zeitlimit gesetzt werden.

Auch Beobachter, die mit einer Checkliste ausgestattet sind, sollten teilnehmen. Auch diese Übungen müssen nachbearbeitet werden und die Erkenntnisse sollten in die nächsten Übungen mit einfließen. Der Aufwand ist hier schon recht hoch, weil an diesen Tests auch Personen aus dem Top-Management teilnehmen (müssen!).

Zeitaufwand: etwa 30 bis 100 Stunden.

15.4.5 Vollübung (Real-Test)

Eine Vollübung ist die »Königsdisziplin« unter allen Übungen und Tests. Sie ist sehr planungsintensiv, ressourcenintensiv und kostenintensiv. Eine Vorplanung von sechs bis neun Monaten ist hier keine Seltenheit. In eine Vollübung werden viele verschiedene Bereiche aus der ganzen Organisation involviert. Ein Paradebeispiel dafür ist ein RZ-Schwenk, bei dem ein kompletter Umzug von einem Rechenzentrum in ein anderes Rechenzentrum geplant und durchgeführt wird.[4]

Alle dazu nötigen Bereiche, inklusive des Top-Managements sind mit involviert. Eventuell müssen auch externe Spezialisten hinzugezogen werden. Das heißt aber auch, dass in beiden RZ alles doppelt vorhanden sein muss: Es gibt eine 1:1-Kopie von allem. Erst dann kann man von einer echten RZ-Redundanz sprechen.

Trotz genauester und intensiver Vorplanung kann hierbei etwas schiefgehen. Solche RZ-Schwenks sind hoch riskant und müssten mehrfach durchgeführt werden, damit sich überhaupt eine gewisse Routine bei allen Beteiligten entwickeln kann. Das heißt, es wird bei den ersten Malen definitiv etwas nicht funktionieren. Dieses Risiko müssen Sie aber eingehen, ansonsten wird keine Verbesserung stattfinden. Das sind meine praktischen Erfahrungen aus meinen Berufsjahren in der IT.

Um den Aufwand niedrig zu halten, können Sie sich auch bei befreundeten Organisationen oder Partnern umschauen und dort eine Übung beobachten oder sich bei Messen, Workshops, Onlineschulungen etc. dazu austauschen. Sie könnten sich auch beim ersten RZ-Schwenk von einer externen Firma mit entsprechendem Know-how aktiv unterstützen lassen. Damit verringern Sie die Risiken auf ein Minimum. Denn für die Durchführung reden wir von einem Zeitaufwand im hohen dreistelligen bis vierstelligen Stundenbereich!

---

4 Im regulierten Umfeld (z. B. BaFin-DORA) wird verlangt, dass ein 100%iger (also vollständiger) Schwenk von RZ1 nach RZ2 erfolgen muss. Dabei muss das RZ2 in der Lage sein, eine Zeitlang (siehe die Anforderungen durch DORA etc.) alle Aufgaben, Arbeiten etc. des RZ 1 vollständig zu übernehmen. Erst nach dieser vorgegebenen Zeitspanne darf bzw. kann wieder auf das RZ1 umgeschaltet werden. Oder man belässt alles beim RZ2 und schwenkt beim nächsten RZ-Test wieder auf das RZ1 um. Zur Erklärung sei gesagt: Es wird dabei keine Hardware von RZ1 nach RZ2 gebracht, aufgebaut und dort in Betrieb genommen. Es wird praktisch ein virtueller Schalter umgelegt, der den ganzen Traffic (Netzwerkverkehr, Anbindung an die Kunden, IT-Services, Verfahren, Dienstleistungen etc.) umschaltet.

15.4.6 Review (Nachbearbeitung)

Nach jeder Übung und jedem Test muss es eine Review, also eine strukturierte Nachbearbeitung und Nachbesprechung geben, denn nach einer Übung sind noch alle Eindrücke, Ideen, Kritiken, Fragen, Verbesserungsvorschläge etc. bei den Teilnehmern vorhanden. Dieses Wissen gilt es jetzt optimal und vor allem schnell einzufangen und zu konservieren.

Sie müssen sich das als einen Fundus an Verbesserungsmöglichkeiten vorstellen. Den sollten Sie nicht verschenken! Denn er ist die Grundlage für fast alle Verbesserungen und für alle IT-Notfallvorsorgemaßnahmen.

Es gibt im Grunde zwei Arten von Reviews:

- die unmittelbare Review, auch *Hot-Debriefing* genannt. Sie findet direkt nach den Übungen oder den Tests statt.
- eine Review mit einem zeitlichen Versatz von 2 bis 4 Wochen. Sie wird oft auch *Cold-Debriefing* oder *Lessons Learned* genannt.

Hot-Debriefing

Beim Hot-Debriefing werden neben dem Einsammeln aller Übungsprotokolle, aller Notizen, aller Pläne, Fotos etc. auch die ersten Meinungsbilder der Teilnehmenden eingefangen. Es wird alles aufgenommen, dokumentiert und abgestimmt, aber nicht kommentiert. Ziehen Sie diesen Termin nicht in die Länge. Ihre Mitarbeiter sind durch die Übung oder den Test bestimmt gut beschäftigt worden und entsprechend geschlaucht. Sie brauchen danach ihre Auszeit und Erholungsphase. Durch zu lange Nachbearbeitungen fahren Sie sich sonst Ihre Mannschaft sauer.

Hauptsache ist, dass die Teilnehmer sich »entladen« bzw. »entmüllen« können und den Übungsdruck verbal loswerden. Und ganz wichtig: Entlassen Sie die Mitarbeiter danach mit ein paar positiven, aufbauenden und vor allem wertschätzenden Worten aus der Übung oder dem Test.

Cold-Debriefing

Die wichtigste Nachbearbeitung findet mit einem kurzen zeitlichen Versatz statt. In dieser Zeit haben die Übungsleitung, das ITSCM, das BCM und auch die ITSC-Koordinatoren (inklusive Team) die Möglichkeit, alle Unterlagen zu sichten, zu bearbeiten und Fragen zu klären sowie IT-(Notfall-)Vorsorgemaßnahmen und weitere Übungsideen zu dokumentieren.

Die Ergebnisse werden dann mit allen Teilnehmern der Übung besprochen, abgestimmt und abschließend final dokumentiert. Diese Unterlagen dienen auch zum Nachweis für mögliche Audits (z. B. ISO 27001), denn Auditoren schauen sich sehr gerne solche Prüfungsprotokolle an. Außerdem können Sie die Berichte als Reporting für das Top-Management nutzen oder als Grundlage für weitere Übungen und Tests und für die Erarbeitung von IT-Notfallvorsorgemaßnahmen.

Die finalen Unterlagen sind also sehr wichtig und müssen an einem sicheren Ort abgelegt werden. Denken Sie auch an Zugriffsbeschränkungen und Datenschutz!

Wenn möglich, sollten Sie den Bericht den Teilnehmern für persönliche Nacharbeiten, zusätzliche Kommentare etc. zur Verfügung stellen. Das BCM, ISM und ITSCM brauchen definitiv Zugriff auf diese Unterlagen.

Sie können auch ein kurzes Fazit zur Übung als Meldung im Intranet veröffentlichen. So bekommen auch die anderen Mitarbeiter die Inhalte und Ergebnisse mit. Denn das Ziel soll ja sein, alle Mitarbeiter zu schulen. Das ist dazu gelebte Transparenz und auch wieder etwas, was für Awareness sorgt. Und für alle Mitarbeiter wird es zur Normalität.

15.5 Erhöhung der Resilienz durch Übungen und Tests

Was Sie mit dem ganzen Üben und Testen erreichen, ist ganz klar: Mit jeder Übung, jedem Test, jeder Mitarbeiterrotation, jeder Nachbesprechung, jeder weiteren Planung, jedem Anpassen der Dokumentationen, Pläne, Checklisten, Arbeitsanweisungen etc. erhöhen Sie Stück für Stück Ihre organisationsweite Resilienz.

Die Mitarbeiter bekommen Routine, werden sicherer und können große Störungen oder Unterbrechungen wesentlich schneller beheben als vorher. Sie sind besser vernetzt, lernen das Zusammenarbeiten mit anderen Bereichen, auch unter Stress, und werden so offener für die anderen technischen Bereiche. Ihre IT wird stabiler. Die Zufriedenheit Ihrer Kunden wird ebenfalls steigen.

Aufgrund der in der IT permanenten, schnellen und hoch dynamischen Veränderungen rennen Sie praktisch der Realität immer etwas hinterher. Aber das ist nicht schlimm. Schlimm wäre, nichts zu machen und auf den Einschlag zu warten – und der wird kommen!

Qualitätsgesicherte Ergebnisse

Im Rahmen der Nachbereitung erfassen Sie die Übungs- und Testprotokolle und werten sie aus. Daraus erstellen Sie dann den Übungs- und Testbericht.

Für die durchgeführten Testfälle liegen Testergebnisse aus den Protokollen vor. Diese sollten Sie vor der Bewertung noch einmal einer Qualitätssicherung unterziehen:

- Liegen alle Übungs-, Test- und Beobachterprotokolle vor?
- Sind die Protokolle vollständig?
- Sind Mängel und Fehler nachvollziehbar beschrieben?
- Lag tatsächlich ein Fehler vor?
- Wie ist die Auswirkung des Fehlers einzuschätzen?
- Wurden alle Fragen im Nachgang beantwortet und/oder kommentiert?

Ich möchte hier noch einmal kurz zusammenfassen: Sie haben jetzt schon mehrere Möglichkeiten gesehen, wie Sie Resilienz aktiv in Ihrer Organisation aufbauen und erhöhen können. Das geht vom Aufbau eines ITSCM über aktuelle und vollständige Notfalldokumentationen, Übungen und Tests, Mitarbeitersensibilisierung bis hin zum IT-Risikomanagement und zur aktiven Beseitigung von Schwachstellen. Genauso gehören technische und personelle Redundanzen dazu. Somit sind Sie schon sehr gut aufgestellt. Aber es geht noch weiter. Folgen Sie mir ...

15.6 Weitere Vorgehensweise und Übungen

Im nächsten Kapitel werden wir uns die vorhandenen Meldetechniken einmal genauer anschauen. Die ist nämlich dann wichtig, wenn trotz sehr guter Vorsorgemaßnahmen und trotz hoher Resilienz eine Störung oder gar ein Stillstand in der Organisation auftritt – z. B. bei einem IT-Notfall oder einer (IT-)Krise. Dann ist es wichtig, unverzüglich und adressatengenau zu alarmieren und zu informieren.

F-15-1: Welche Reihenfolge wäre hier die richtig?

a) Planung, Strategie, Konzept
b) Konzept, Übung, Strategie
c) Planung, Konzept, Strategie
d) Strategie, Konzept, Planung

F-15-2: Sollen Übungen und Tests Spaß machen?

a) Auf jeden Fall. Man sollte das ganze Thema nicht so »bierernst« durchführen. Die Übungsleitung darf ruhig für ein freundliches Miteinander sorgen. Wenn sich einige Mitarbeiter dadurch öffnen, können sehr gute Ideen und Ergebnisse erzielt werden.
b) Nein, gehört zur drögen Arbeit einfach dazu.
c) Kopf runter und durch. Dann hat man es hinter sich und ein Jahr Ruhe.
d) Es reicht, wenn der Vorgesetzte Spaß hat, wenn die Übung (wie immer) positiv abgeschlossen wurde. Ohne Fehler, ohne Makel, perfekt!

F-15-3: Was sind typische No-Gos bei Übungen und Tests?

a) Das Zuspätkommen
b) Unvorbereitet in die Übung oder den Test gehen
c) Sich während der Übung ausklinken
d) Fingerpointing, Blaming, Shaming oder die Suche nach Schuldigen

Kapitel 16
Meldetechniken und Alarmierungsverfahren (Wege und Kanäle)

Welche Meldetechniken (inklusive Sensoren und Melder) gibt es in Ihrer Organisation? Was ist vorhanden? Was fehlt noch? Wer muss wie wann und worüber über welchen Kanal informiert werden?

> *»Der perfekte Zeitpunkt ist eine Illusion.«*
> *(anonym)*

Obwohl die Meldetechnik keine Kernaufgabe des ITSCM ist, möchte ich dieses Thema kurz streifen, denn die Erkennung von irregulären Zuständen (z. B. Schwankungen, Unterbrechungen, Störungen, besonderen Vorkommnissen) ist wichtig, um Notfälle überhaupt zu bemerken und auf sie vorbereitet zu sein. Es sollte also eine geeignete Meldetechnik in Ihrer Organisation eingerichtet sein.

Sensoren und Melder spielen eine wichtige Rolle – von der Industrie über die Gebäudeautomation bis hin zur Sicherheitstechnik. Grundsätzlich lässt sich sagen, dass *Sensoren* physikalische oder chemische Größen messen und in elektrische Signale umwandeln, während *Melder* häufig als kombinierte Systeme arbeiten, die bei Überschreitung vordefinierter Grenzwerte Alarm schlagen. Für das ITSCM sind folgende Sensoren und Melder wichtig:

- **Im Rechenzentrum und in Serverräumen**
  - Brandmelder
  - Rauchmelder
  - Wassermelder
  - Temperatur- und Luftfeuchtigkeitsfühler
  - Einbruchsmeldeanlage
  - Zutrittsschutz
  - Erschütterungsmelder
  - Bewegungsmelder
  - Kameras
- **In Räumen mit technischer Infrastruktur und Verteilerschränken**
  - Brandmelder
  - Wassermelder
  - Türkontakte an den Schränken inklusive Verschlussüberwachung

- **In sonstigen Räumen (Flure, Treppenhäuser etc.)**
  - Brandmelder (gegebenenfalls auch ein Brandmelder für mehrere Büroräume)
  - Einbruchsmeldeanlage
  - Kameras
- **Für einzelne Komponenten der Informationstechnik**
  - Überwachung der Hardware (Temperatur)
  - Überwachung des verfügbaren Speicherbereichs (Speicherplatz, Arbeitsspeicher)
  - Überwachung der Integrität (Prüfsummen, Schutz vor Schadsoftware)
  - Überwachung irregulärer Zugriffsversuche

[»]

Beruht die Meldetechnik auf IT-Systemen?

Die Meldetechnik kann zu einem wichtigen Aspekt des ITSCM werden, wenn sie von IT-Diensten abhängt. Angenommen, Ihre Meldetechnik beruht darauf, dass im Notfall E-Mails aus Monitoringsystemen verschickt werden. Dann ist plötzlich Ihr Mail-Server genauso wichtig wie das Gerät, das überwacht wird, und muss entsprechend geschützt werden.

16.1 Welche Alarmierungsverfahren gibt es?

Sie sollten sich einen Überblick über alle Alarmierungsverfahren und -systeme in Ihrer Organisation verschaffen und den Ist-Stand erfassen, am besten koordiniert mit dem BCM (Alarmierung, Krisenstab, Lagezentrum). Meist bekommen Sie diese Informationen vom Sicherheitsdienst, Werkschutz, Arbeitssicherheit oder der Sicherheitszentrale; in KMUs meist vom Hausmeister oder der Haustechnik.

Ich werde jetzt ein paar bekannte Systeme aufzählen. Schauen Sie bitte nach, welche Systeme bei Ihnen vorhanden sind und wer sie aktivieren kann.

Welche Arten von Alarmierungsanlagen gibt es bei Ihnen?

- Alarmierungshilfen für die Alarmierung durch Personen (Handy, Sprechfunk)
- technische Alarmierungseinrichtungen (Sirenen, Lautsprecherdurchsagen, Warnlichter)
- Druckknopfmelder
- Alarmtelefone
- Alarmierungseinrichtungen bei besonderen Personengruppen (Hotline, Sicherheitszentrale, Leitstand etc.)
- Funkmeldesysteme
- automatische Alarmierungssysteme

16.2 Welche zusätzlichen Alarmierungsverfahren sollte es geben?

Fehlen Ihnen wichtige Alarmierungsverfahren oder -systeme? Oder fehlen wichtige Anbindungen an externe Stellen? Kann es sein, dass Sie Anzeichen eines drohenden Notfalls übersehen und im Ernstfall blind sind, weil nicht klar ist, was die Ursachen der Störung sind?

Prüfen Sie, wie Sie den Mangel schnellstmöglich abstellen können. Das betrifft den gesamten organisatorischen Weg: Angebote einholen, eine Kostenschätzung vornehmen und durch das Top-Management genehmigen und dann einbauen lassen. Idealerweise sorgen Sie gleich für eine Kopplung des Alarmierungstools mit dem Leitstand und den Werkzeugen des BCMs, ITSCMs, ISMs und der internen und externen Sicherheitszentrale.

16.3 Wer muss wie wann und worüber informiert werden?

Natürlich ist die Technik wichtig, aber wie immer geht es auch um die Organisation: Die Wege und Verfahren für die Meldung, die Eskalation und die Alarmierung bei notfallrelevanten Ereignissen sind von entscheidender Bedeutung für die erfolgreiche und vor allem schnelle Bewältigung. Ein Eskalations- und Alarmierungsverfahren muss unbedingt *vorab* definiert werden.

Diese Verfahren legt fest, welche Rolle eskaliert und an welche Rolle zu eskalieren ist, und es beschreibt den gesamten Ablauf der Alarmierungskette.

16.4 Weitere Vorgehensweise und Übungen

Eines der Hauptthemen des ITSCM ist die *Resilienz* (Widerstandsfähigkeit). Aber wie stellt man überhaupt Resilienz her und was hat das mit der Technik zu tun? Das schauen wir uns im nächsten Kapitel genauer an.

F-16-1: Sind Alarmierungsverfahren wichtig?

a) Ja, über sie werden rechtzeitig alle notwendigen Personen und/oder IT-Systeme informiert.
b) Nein, das werden die Kollegen aus den technischen Bereichen sowieso schon wissen und entsprechend handeln.
c) Ja, dann weiß die Polizei sofort, was los ist.
d) Nein, die Feuerwehr kommt sowieso erst, wenn sie von der Leitstelle angerufen wird.

[/]

F-16-2: Sind Alarmsensoren im RZ sinnvoll?

a) Nein, dort kommt kein unbefugtes Personal rein.

b) Ja, aber nur für Raumfeuchte und Temperatur im Winter. Als Schutz für die empfindliche Technik.

c) Auf jeden Fall. Es gibt hier diverse Sensoren für verschiedene Funktionen: vom Berührungssensor über den Kontaktsensor, den Temperatursensor bis zum Erschütterungssensor etc.

d) Sind überflüssig, es arbeiten tagtäglich Admins dort. Die werden das schon mitbekommen.

[/]

F-16-3: Sollte vorab geregelt sein, wer wann und worüber alarmiert wird?

a) Nein, das wird man ad hoc in der Situation entscheiden.

b) Unbedingt. Nur so stellt man sicher, dass in einer oft hektischen Ausnahmesituation auch alle wichtigen Personen (Stakeholder) informiert werden und dass man niemanden vergisst.

c) Ja, aber immer nur den Krisenstab informieren!

d) Nein, man möchte ja nicht das gesamte Personal verunsichern.

Kapitel 17

Notfallvorsorge durch Resilienz

Was versteht man unter Resilienz? Es gibt verschiedene Arten von Resilienz. Wie könnte man Resilienz technisch und organisatorisch herstellen?

> *»Siebenmal hinfallen, achtmal aufstehen. – Nana korobi, ya oki.«*
> *(Aus Japan)*

Der Begriff *Resilienz* leitet sich vom lateinischen Wort »resilire« ab, das so viel wie »zurückspringen« oder »abprallen« bedeutet. Ursprünglich war damit die physikalische Kompetenz eines Körpers gemeint, nach Abwandlung der Form wieder in seine Ursprungsform zurückzuspringen.

In technischen bzw. ingenieurwissenschaftlichen Zusammenhängen meint Resilienz die Kompetenz von Systemen und Umgebungen, bei Beeinträchtigungen, Problemen oder Ausfällen stabil zu agieren und ihre Funktionalität und somit die Betriebskontinuität auf nahezu normalem Niveau aufrechtzuerhalten. Das heißt übersetzt: Die IT-Services, die einen (zeit-)kritischen Geschäftsprozess unterstützen, sollten so aufgebaut sein, dass sie Störungen »wegstecken« können.

In einem größeren Kontext, z. B. in Organisationen, beschreibt Resilienz die Fähigkeit, auf Störungen oder Krisen zu reagieren und sich schnell wieder zu stabilisieren, während man den Fehler behebt und gleichzeitig (idealerweise) aus diesen Erfahrungen lernt und wächst.

Resilienz umfasst somit mehrere Aspekte:

- **Fehlertoleranz:** IT-Systeme sollten so gestaltet sein, dass sie auch bei Hardware- oder Softwarefehlern weiterarbeiten können. Dies kann durch technische Redundanz erreicht werden, z. B. durch zusätzliche Server, Backup-Systeme und Lastverteiler.
- **Wiederherstellungsfähigkeit:** Nach einem Ausfall oder einer Störung sollte das IT-System in der Lage sein, sich schnell wiederherzustellen. Dies kann durch regelmäßige Backups, (IT-)Notfallpläne und schnelle Wiederherstellungsprozesse sichergestellt werden. Dies kann man auch mittels automatisierter *Runbooks* erreichen.[1]

1 Ein *Runbook* enthält detaillierte Anweisungen für die schnelle und effiziente Erledigung einer bestimmten Aufgabe, die auf früheren Erfahrungen mit der Lösung des Problems beruhen. Die Inhalte des Runbooks werden von den technischen Bereichen definiert und vorgegeben. Das Runbook selbst wird meistens von einem anderen Bereich erstellt und programmiert.

- **Sicherheitsmaßnahmen:** Resiliente IT-Systeme integrieren Sicherheitsprotokolle, um sich gegen Angriffe oder Sicherheitsverletzungen zu schützen. Dazu gehören Verschlüsselung, Zugangskontrollen und regelmäßige Sicherheitsüberprüfungen.
- **Flexibilität:** IT-Systeme sollten flexibel genug sein, um sich an neue Anforderungen oder Änderungen anzupassen, ohne dass es zu wesentlichen Ausfällen kommt.
- **Monitoring und Frühwarnsysteme:** Eine kontinuierliche Überwachung der Systemleistung und des Netzwerks ermöglicht es, potenzielle Probleme frühzeitig zu erkennen und zu beheben, bevor sie zu ernsthaften Störungen führen.

Wenn Sie in der IT für Resilienz sorgen wollen, ist es Ihr Ziel, die Kontinuität des Geschäftsbetriebs sicherzustellen und die Auswirkungen von Störungen und Unterbrechungen auf die Organisation zu minimieren.

Dieser Anspruch wurde im sogenannten *Resilienz-Management* formalisiert. Dort spricht man dann noch etwas genauer von:

- **Organisational Resilience:** Das ist die Fähigkeit einer Organisation, ein sich wandelndes Umfeld aufzunehmen, zu absorbieren und sich an es anzupassen, um gesetzte Ziele in dem sich verändernden Umfeld dennoch zu erreichen sowie darüber hinaus zu überleben und zu wachsen. Resiliente Organisationen können Bedrohungen und Chancen, dies sich aus plötzlichen oder allmählichen Veränderungen in ihrem internen und externen Umfeld ergeben, vorhersehen und angemessen auf sie reagieren. Die Verbesserung der Widerstandsfähigkeit sollte ein strategisches Organisationsziel sein und ist das Ergebnis einer guten Organisationsführung und eines wirksamen Risikomanagements. *(Quelle: BCM Academy GmbH, Certified Resilience Manager, CReM)*
- **Operational Resilience:** Das ist die Fähigkeit einer Organisation, kritische Prozesse auch bei Unterbrechungen aufrechtzuerhalten. Diese Fähigkeit versetzt eine Organisation in die Lage,
  - Bedrohungen und potenzielle Ausfälle zu erkennen und sich vor ihnen zu schützen,
  - auf disruptive Ereignisse zu reagieren und sich an sie anzupassen sowie
  - sich von ihnen zu erholen und aus ihnen zu lernen, um ihre Auswirkungen auf die Erbringung kritischer Geschäftsprozesse durch Unterbrechungen zu minimieren.

  Operational Resilience ist somit die sich abzeichnende Eigenschaft einer Organisation, ihre Geschäftsziele auch bei operativem Stress und bei Unterbrechungen weiterhin erfüllen zu können. *(Quelle: BCM Academy GmbH, Certified Resilience Manager, CReM)*

Es gibt eine Vielzahl Dinge, die Ihre Organisation und besonders Ihre IT-Infrastruktur resilienter machen können. Vieles davon betrifft den technischen Bereich und wird daher eher in den Verantwortungsbereich der Admin-Teams fallen. Dennoch sollten Sie diese Konzepte auch im ITSCM kennen, damit Sie die wichtigen Stellschrauben benennen können.

17.1 Technische Resilienz herstellen – aber wie?

Schauen wir uns also einige praktische Beispiele an, wie man technische Resilienz aufbaut. Dazu gibt es mehrere Möglichkeiten, von denen ich Ihnen nur die wichtigsten Techniken und Methoden vorstellen möchte.

Unter dieser technischen Resilienz subsummiere ich alles, was mit Hardware (auch IT-Infrastrukturen, IT-Basisdienste, IT-Systemen, IT-Services, IT-Ressourcen etc.) und Software zu tun hat.

17.1.1 Resilienz durch technische Vorsorge

Die technische Vorsorge kümmert sich um die reine Technik. Mögliche Vorarbeiten sind beispielsweise:

- **Ersatzhardware beschaffen:** Dürfen Sie eine Lagerhaltung betreiben? Klären Sie, welche Hardware unbedingt notwendig für den Notfall ist. Da man nicht alles auf Vorrat haben kann, müssen Sie sich auf Komponenten konzentrieren, die nicht so schnell zu besorgen sind.

  Spielen Sie dann den Notfall auch einmal durch: Wo werden diese Komponenten gelagert? Wer hat Zugriff auf sie? Reicht das Lager für sie aus? Wie werden diese Komponenten an ihren Nutzungsort verbracht? Wie wird diese Hardware während der Lagerung dauerhaft gewartet? Wer ist für diese Hardware verantwortlich?
- **Individualhardware und Spezialanfertigungen beschaffen:** Welche Individual- oder Spezialhardware (Unikate) nutzen Sie? Wie schnell wäre eine Notersatzbeschaffung möglich? Kann man die Tätigkeiten/Arbeiten mit diesen Unikaten eventuell kurzfristig auslagern? Wenn es sich um Wochen oder mehrere Monate handelt, sollten Sie unbedingt nach möglichen Alternativen schauen. Diese könnten schon in den BCP oder GFP des BCM aufgeführt sein.
- **Umleitungen für eine zentrale Hotline einrichten:** Auch dies ist ein nicht zu vernachlässigendes Szenario. Denn es ist nicht unwahrscheinlich, dass Ihre zentrale Hotline von »außen« (also auch von der Kundenseite) nicht mehr erreichbar ist. Das wäre natürlich ein absoluter Worst-Case. Auch dafür müssen Vorkehrungen getroffen werden. Und auch diese Ergebnisse und Informationen müssen an alle Mitarbeiter und alle Kunden weitergegeben werden.
- **Stromversorgung redundant planen:** Ich traue mich fast gar nicht, diesen Punkt anzusprechen, aber leider ist es noch nicht in allen Organisationen angekommen: Ihr RZ sollte eine redundante Stromeinspeisung haben. Das heißt, die Stromleitungen werden von außen (vom Stromanbieter) nicht an einer Stelle in Ihr RZ verlegt, sondern Sie nutzen zwei verschiedene und voneinander absolut getrennte Einspeisungswege. Sollte mal einer ausfallen (Stichwort: Baggerunfall) haben Sie immer noch eine zweite Einspeisung, die Ihre Organisation »am Leben hält«.

- **USV/NEA beschaffen:** Eine *unterbrechungsfreie Stromversorgung (USV)* bzw. *Netzersatzanlage (NEA)* sollte in jedem Rechenzentrum Standard sein. Aber: Wissen Sie, wie lange Ihre USV/NEA den Betrieb Ihrer Organisation aufrechterhält bzw. wann endgültig »alle Lichter ausgehen«? Ist nur das RZ abgesichert oder sind auch einige Notfallarbeitsplätze inkludiert? Welche Teile Ihres Gebäudes sind abgesichert? Hält die USV/NEA z. B. 72 Stunden bei Volllast aus, oder wäre ein dauerhafter Betrieb möglich, wenn die USV weiter mit Dieselkraftstoff versorgt wird?[2]
- **Datenleitungen redundant auslegen:** Auch das sollte eigentlich Standard sein: Wenn möglich, sollten Sie zwei Provider für Ihre Datenleitungen nutzen. Da es aber aktuell nur sehr wenige echte Anbieter gibt und die meisten anderen sich Leitungen nur anmieten, sollten Sie darauf achten, dass diese Leitungen kanten- und knotendisjunkt verlegt werden[3]. Auch hier müssen Sie zwei separate Einspeisungen in Ihr RZ oder Gebäude haben.
- **Klimaanlage ausreichend dimensionieren:** Die Bedeutung der Klimatisierung wird häufig unterschätzt. Der Ausfall einer Klimatisierung hat im Rechenzentrum jedoch verheerende Auswirkungen. Daher sollten Sie hier unbedingt eine funktionierende Alternative in der Schublade haben. Diese kann von mobilen Klimaanlagen (als Notfalllösung) bis zum Switch (Umzug) von RZ1 nach RZ2 gehen. Dieses Szenario müssen Sie im Vorfeld unbedingt testen und üben!

Dies sind nur ein paar Möglichkeiten, wie Sie (im Vorfeld) für Resilienz sorgen können, und zwar bevor es zu spät ist. Nutzen Sie bitte diese Zeit und Chancen!

[»]

Tipp aus der Praxis

Fragen Sie unbedingt beim BCM, ISM, bei der Haustechnik, beim RZ-Betrieb, beim RZ-Management etc. nach, was schon alles vorhanden ist und was noch fehlt. Wenn etwas Wichtiges fehlt, können Sie dies als IT-Risiko beim Risikomanagement melden, damit alles seinen geregelten Weg geht. Mehr als Berichte zu schreiben können Sie im ITSCM an dieser Stelle meist nicht tun.

17.1.2 Resilienz durch Server-Virtualisierung

Hochverfügbarkeit, Skalierbarkeit und Effizienz spielen in der IT-Welt eine immer größere Rolle, daher ist Virtualisierung nicht mehr nur eine Option. Sie ist ein essenzieller Be-

---

2 *Volllast* bedeutet, dass alles im Gebäude per USV/NEA ohne Unterbrechung weiterläuft, wie die USV/NEA Kapazitäten hat. Bei einer selektiven USV würde man z. B. alle zeitkritischen Geschäftsprozesse und die unterstützenden IT-Services und IT-Ressourcen im RZ absichern.

3 Eine *knoten- und kantendisjunkte Wegeführung* gewährleistet die nachhaltig abgesicherte Redundanz Ihres Internetanschlusses durch eine getrennte Leitungsführung mit separaten Hauseinführungen. Die Kabeltrassen werden dabei redundant abgesichert. Diese Kabel werden sich niemals kreuzen oder den gleichen Kabelweg nutzen – und das auf dem gesamten Leitungsweg!

standteil einer widerstandsfähigen IT-Infrastruktur und wird in allen aktuellen Cloudsystemen eingesetzt.

Früher war es meist so, dass nach einem Hardware-Ausfall oft erst ein neuer Server bestellt, besorgt und alles neu installiert werden musste. Das konnte Tage, Wochen oder sogar Monate dauern, je nach Ausstattung der Hardware des Servers. Der Service, der auf dieser Hardware lief, war dann halt nicht mehr verfügbar.

Anstatt eine Vielzahl einzelner Server mit einzelnen Diensten zu pflegen, wird inzwischen diese starre Bindung »weg-virtualisiert«. Bei der Virtualisierung wird einem Computer eine zusätzliche Softwareschicht, ein sogenannter *Hypervisor*, hinzugefügt. Dieser Hypervisor trennt die zugrunde liegende Hardware von der darüber laufenden Software (siehe Abbildung 17.1). Das bedeutet, dass physische Ressourcen in virtuelle, logische Äquivalente umgewandelt werden. Oder anders gesagt: Ein einzelner physischer Server kann in mehrere, unabhängige virtuelle Maschinen (VMs) aufgeteilt werden, die völlig eigenständig agieren.

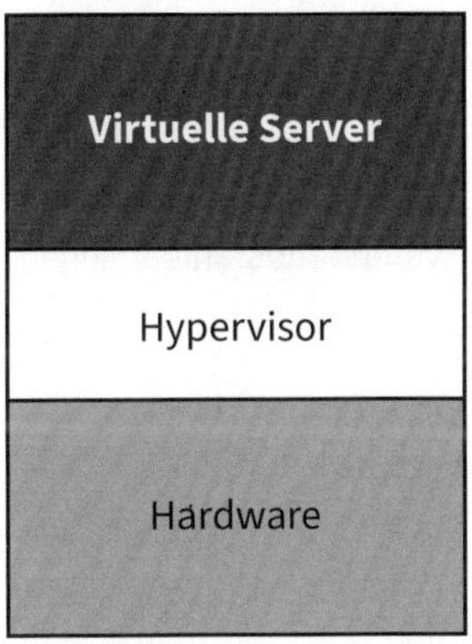

Abbildung 17.1: Beispiel für einen Server, seine Hypervisor-Zwischenschicht und die virtuellen Server (VMs)

Warum steigert das die Resilienz?

Stellen Sie sich vor, Sie hätten in Ihrem Unternehmen nur einen einzigen physischen Server, auf dem alles läuft: Ihr ERP-System, Ihre Datenbank, Ihre Webanwendungen. Fällt dieser Server aus, stehen Sie vor einem echten Problem. Genau hier kommt die Virtualisierung ins Spiel:

- **Trennung von Hardware und Betriebssystem:** Durch Virtualisierung wird die 1:1-Beziehung zwischen Hardware und Betriebssystem aufgelöst. Das bedeutet, dass eine VM nicht mehr zwingend an eine bestimmte Hardware gebunden ist. Bei einem Ausfall kann sie automatisiert auf eine andere physische Maschine verschoben werden.
- **Flexibilität und Skalierbarkeit:** Neue virtuelle Maschinen können in wenigen Minuten bereitgestellt werden, ganz ohne aufwendige Hardware-Installationen. Das bedeutet nicht nur Zeitersparnis, sondern auch eine schnelle Reaktion auf neue Anforderungen.

- **Ausfallsicherheit und Redundanz:** Moderne Virtualisierungsplattformen ermöglichen es, mehrere Kopien von VMs bereitzuhalten oder in Echtzeit zu synchronisieren. Sollte ein System ausfallen, übernimmt ein anderes nahtlos den Betrieb – oft ohne, dass die Anwender überhaupt etwas davon mitbekommen.
- **Effiziente Ressourcennutzung:** Während früher oft viel Hardware-Leistung ungenutzt blieb, sorgt Virtualisierung dafür, dass Ressourcen optimal verteilt werden. Das bedeutet weniger Hardware, weniger Energieverbrauch und trotzdem mehr Leistung!

Natürlich gibt es nicht »die eine richtige« Virtualisierungslösung; je nach Organisationsgröße, Anforderungen und Budget gibt es verschiedene Ansätze. Allgemein gilt: Virtualisierung schafft eine resiliente IT-Landschaft, die nicht nur ausfallsicherer, sondern auch flexibler und kosteneffizienter ist.

Also, was denken Sie? Wollen Sie in einer Welt arbeiten, in der ein einziger Hardwareausfall Ihre gesamte Organisation lahmlegt, oder in einer Welt, in der Resilienz, Automatisierung und Skalierbarkeit Ihnen den Rücken freihalten?

17.1.3 Resilienz durch Storage-Virtualisierung

Storage-Virtualisierung ist ein echter Gamechanger, denn sie bringt Ordnung ins Datenchaos, steigert die Flexibilität und macht Ihre IT-Infrastruktur widerstandsfähiger gegenüber Ausfällen.

Aber was bedeutet *Speichervirtualisierung* eigentlich?

Stellen Sie sich vor, Sie haben zahlreiche physische Speichergeräte (NAS, SAN, lokale Festplatten), die alle separat verwaltet werden müssen. Chaos, oder? Hier setzt die Speichervirtualisierung an: Sie bündelt die physischen Speicherressourcen und präsentiert sie als eine einzige, zentrale Speicherumgebung. Alles läuft über eine zentrale Verwaltungskonsole, unabhängig davon, auf welchen Geräten die Daten tatsächlich liegen.

Warum stärkt das die Resilienz Ihrer IT? Die Storage-Virtualisierung sorgt für:

- **Trennung von physischem Speicher und Datenzugriff:** Anwendungen sehen nur einen einzigen Speicherpool – egal, auf welchen Geräten die Daten wirklich liegen. So lassen sich Daten im Hintergrund verschieben, ohne dass Benutzer oder Anwendungen etwas davon merken.
- **Bessere Lastverteilung und Performance:** Durch intelligentes Datenmanagement können Engpässe vermieden und IT-Ressourcen optimal genutzt werden. Die Speicherkapazität wird dynamisch verteilt, genau dort, wo sie gebraucht wird.
- **Vereinfachte Wartung und Upgrades:** Systemupgrades oder der Hardwareaustausch werden zum Kinderspiel ohne Downtime, ohne Chaos. Daten können nahtlos auf neue Systeme verschoben werden, während der Betrieb weiterläuft.
- **Datenreplikation und Notfallwiederherstellung:** Speichervirtualisierung macht es einfacher, Daten in Echtzeit zu replizieren (wiederherzustellen). Fällt ein Speichersys-

tem aus, übernimmt ein anderes, ohne dass Ihre Anwendungen oder Nutzer davon etwas mitbekommen.

17.1.4 Resilienz durch Clustering

Wenn Sie die beiden vorherigen Abschnitte aufmerksam gelesen haben, könnten Sie jetzt einwenden, dass Virtualisierung das Problem ja eigentlich nur verschlimmert: Wenn die Hardware ausfällt, ist nun nicht mehr nur der eine Dienst weg, der dort lief, sondern plötzlich alle VMs und alle Datenträger, die dort virtuell abgelegt waren. Stimmt!

Daher betreibt man solche wichtigen Server eigentlich niemals allein, sondern immer als *Cluster*. Das sorgt für Resilienz und ist weit mehr als nur ein Backup-Plan.

Stellen Sie sich eine Gruppe von Servern oder IT-Ressourcen vor, die zusammenarbeiten, als wären sie ein einziges, leistungsfähiges System. Egal ob es sich um zwei miteinander verbundene Rechner handelt oder um eine riesige Serverfarm mit Hunderten von Knotenpunkten, das Prinzip bleibt dasselbe: Verfügbarkeit, Leistung und Ausfallsicherheit werden dabei maximiert.

- **Hohe Verfügbarkeit:** Wenn ein Knoten (Node) ausfällt, übernimmt ein anderer nahtlos seine Aufgaben. Ihr System bleibt stabil und produktiv, auch wenn einzelne Komponenten ausfallen. In der Clustering-Technologie bezeichnet der Begriff *Knoten* ein einzelnes, eigenständiges System oder Gerät, das Teil eines Clusters ist. Jeder Knoten bringt eigene Ressourcen wie Prozessorleistung, Arbeitsspeicher und oft auch Speicherplatz mit ein und arbeitet mit anderen Knoten zusammen, um Aufgaben zu verteilen und zu bearbeiten. Die Zusammenarbeit der Knoten erhöht die Rechenleistung, verbessert die Ausfallsicherheit und ermöglicht oft auch eine Lastverteilung, sodass der Ausfall einzelner Knoten nicht zum Ausfall des Gesamtsystems führt.
- **Lastausgleich und Skalierbarkeit:** Workloads werden intelligent verteilt. Egal, ob steigende Nutzerzahlen oder plötzlich hoher Datenverkehr zu bewältigen sind. Der Cluster sorgt automatisch dafür, dass kein einzelnes System überlastet wird. Eine *Workload* ist einfach die Menge an Arbeit oder Aufgaben, die ein Computer, ein Server oder ein System zu erledigen hat. Sie umfasst alle Prozesse, Daten und Anforderungen, die verarbeitet werden müssen: beispielsweise das Ausführen von Programmen, das Verarbeiten von Anfragen oder das Durchführen von Berechnungen. Kurz gesagt, die Workload beschreibt, was und wie viel das System gerade leisten soll.
- **Parallelverarbeitung:** Durch verteilte Rechenleistung können komplexe Prozesse schneller abgearbeitet werden. So profitieren Sie von höherer Effizienz und kürzeren Antwortzeiten.
- **Zentrale Steuerung und einfache Wartung:** Eine spezielle Cluster-Software übernimmt die Verwaltung und Koordination aller Knoten. Updates oder Wartungsarbeiten? Kein Problem, einzelne Komponenten können ersetzt oder aktualisiert werden, ohne dass das gesamte System offline gehen muss.

In Abbildung 17.2 sehen Sie ganz unten den Speicher, der von mehreren Servern genutzt werden kann. In der Mitte sehen Sie die Server, die zu mehreren Clustern zusammengefasst wurden. In diesem Fall haben Sie also vier Cluster. Oben sitzen die virtuellen Maschinen (Server, PCs, DBs etc.).

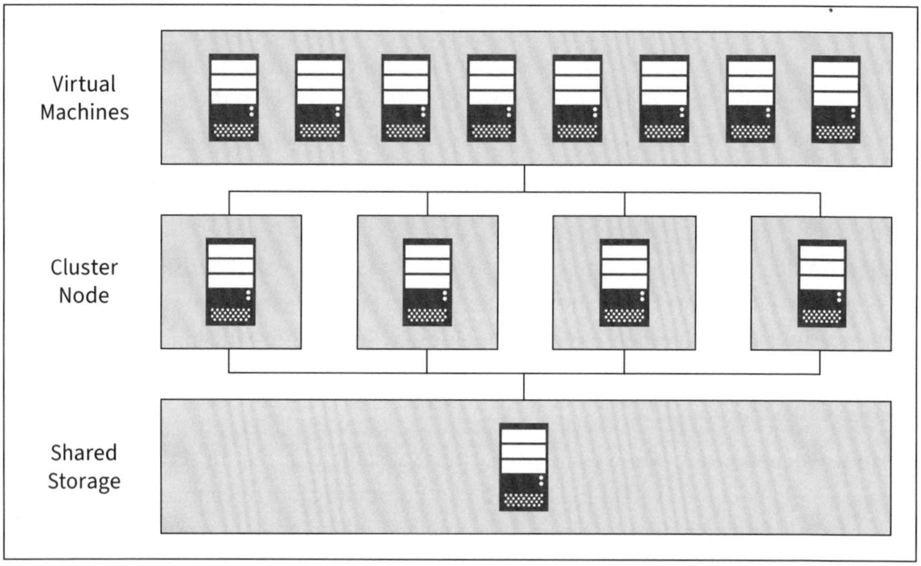

Abbildung 17.2: Cluster-Schema als Beispiel (Quelle: FS, https://www.fs.com/de/blog/leitfaden-fr-servercluster-12437.html)

Cluster sind somit das Rückgrat einer widerstandsfähigen IT-Architektur. Sie schützen vor Ausfällen, verbessern die Performance und ermöglichen eine dynamische Skalierung, ohne dass Sie sich um einzelne Systemausfälle sorgen müssen. Die Frage ist also nicht »Brauchen Sie Clustering?«, sondern: »Warum haben Sie es noch nicht überall im Einsatz?«

17.1.5 Resilienz durch Redundanz

Die nächste Ausbaustufe des Clusterings ist, dass für vollständige Redundanz gesorgt wird. Nicht nur die Serversysteme selbst werden in einem Cluster betrieben, sondern das ganze Rechenzentrum mit allen Anforderungen der Stromversorgung oder Klimatisierung wird für einen Ausfall vorgehalten. Das kann als sogenannte *Cold Site* umgesetzt werden, bei der ein Gebäude vorhanden ist, das eine oder zwei Datenanbindungen, Stromanbindungen und Klimatisierungen aufweist (siehe Abbildung 17.3). Alles andere fehlt aber noch komplett.

Bei der nächsten Ausbaustufe spricht man von einer *Warm Site* (siehe Abbildung 17.4): Zusätzlich sind eine Datenanbindung, Stromanbindung, Klimatisierung und die Storage- bzw. Backup-Systeme oder Backup-Daten vorhanden. Vieles fehlt aber immer noch.

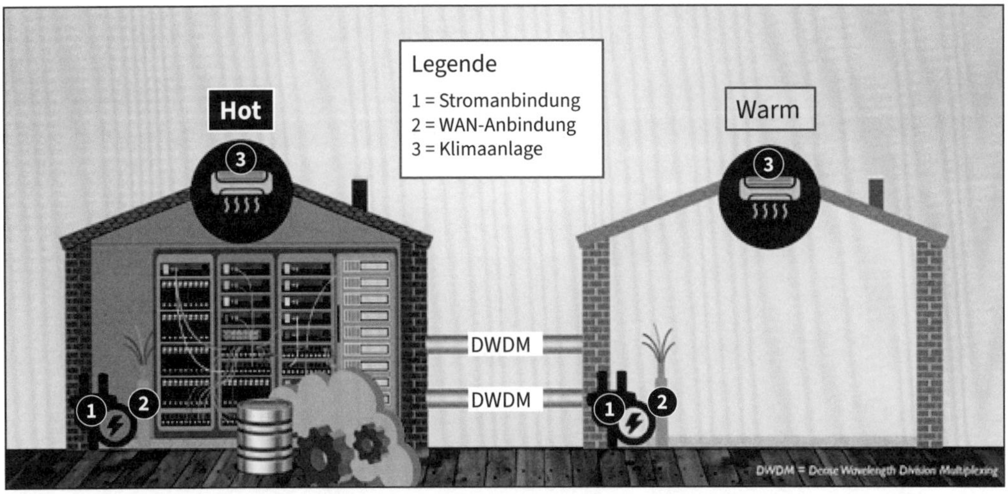

Abbildung 17.3: Ein aktives (Hot) RZ und ein leeres (Cold) Ausweich-RZ (Quelle: BCM Academy GmbH, »Lehrgang Certified IT Service Continuity Manager, CITSCM«, https://www.bcmacademy.de/de/citscm)

Vollständige Redundanz erreichen Sie im *Hot Mode*, wenn ein komplettes zweites RZ vorhanden ist (siehe Abbildung 17.5). Alles ist doppelt aktiv, und die Daten werden entweder synchron oder asynchron (zeitversetzt) verarbeitet. *Synchron* heißt dabei, dass in beiden RZ identische Datenstände vorhanden sind. Fällt ein RZ aus, übernimmt das andere RZ sofort alle Aufgaben. Die Anwender und Kunden bemerken das meist nicht einmal.

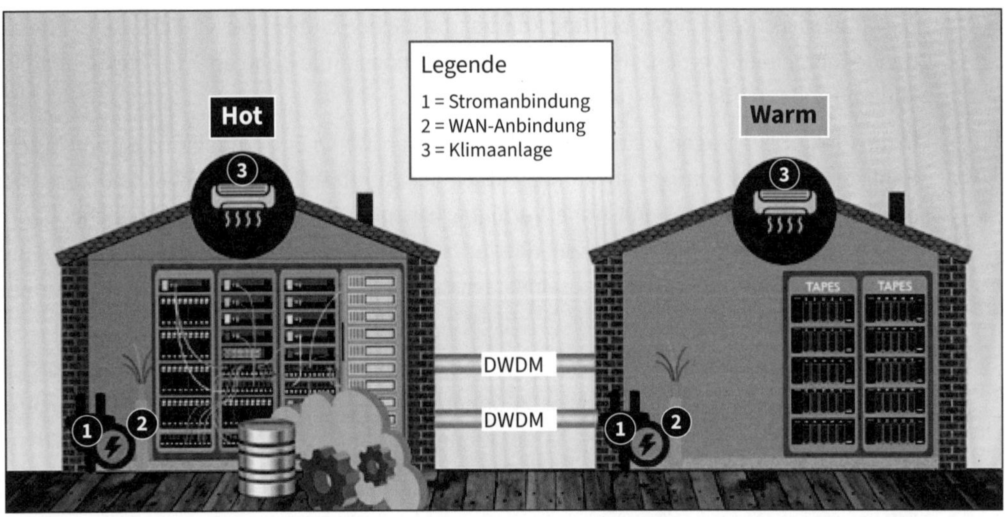

Abbildung 17.4: Ein aktives (Hot) RZ und ein (Warm) Ausweich-RZ (Quelle: BCM Academy GmbH, Lehrgang »Certified IT Service Continuity Manager, CITSCM«, https://www.bcmacademy.de/de/citscm)

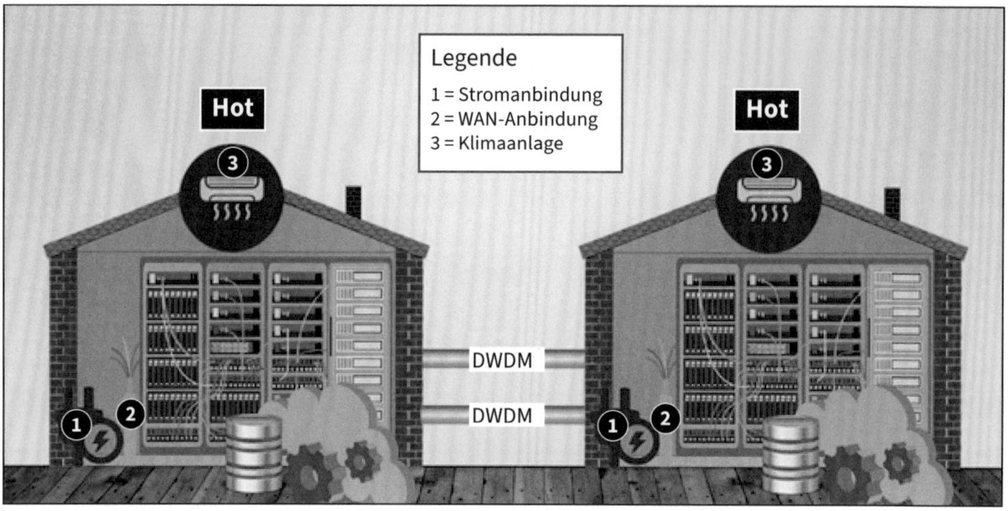

Abbildung 17.5: Ein aktives (Hot) RZ und ein (Hot) Ausweich-RZ (Quelle: BCM Academy GmbH, Lehrgang »Certified IT Service Continuity Manager, CITSCM«, https://www.bcmacademy.de/de/citscm)

Das hört sich erst mal toll und vollkommen ausfallsicher an, bringt aber natürlich auch Probleme mit sich. Zunächst verdoppeln Sie so natürlich Ihre Kosten – Redundanz ist nicht billig. Hinzu kommt aber auch, dass aufgrund von *Latenzen* (also Verzögerungen beim Datentransfer) diese beiden synchronen RZ meist nur etwa 80 bis 100 km voneinander entfernt stehen dürfen.[4]

Bei einer *asynchronen* Verarbeitung können die Rechenzentren wesentlich weiter voneinander aufgebaut werden. Hier weichen die Datenbestände dann aber um Sekunden bis Minuten voneinander ab, je nach Entfernung.

In der Praxis bevorzugen viele Organisationen bei größeren Entfernungen die asynchrone Replikation, da sie weniger strikt hinsichtlich der Latenzanforderungen ist und auch bei größeren Entfernungen eine hohe Verfügbarkeit und Skalierbarkeit ermöglicht. Dann müssen Sie aber sehr gut aufpassen, dass es zwischen den beiden Standorten nicht zu Inkonsistenzen kommt. Der Aufbau eines solchen Setups ist hochkomplex und erfordert eine umfassende Planung und viel Expertise in der Umsetzung!

In jedem Fall müssen Sie für sich entscheiden, was praktikabel, nutzbar und finanzierbar ist und zu Ihren Anforderungen passt. Können Ihre IT-Services (inklusive IT-Ressourcen) mit solchen Latenzzeiten umgehen oder kommt es dann zu Übertragungsfehlern? Wenn die Latenzzeiten in einem RZ überschritten werden, kann das schwerwiegende Auswir-

4 Die Entfernung ist hauptsächlich durch die Latenzgrenzen für die verwendeten Technologien wie Glasfaser oder die verwendeten Protokolle bestimmt. Die Latenz hängt auch von den eingesetzten aktiven Komponenten ab, wie Routern, Switches, Firewalls, Proxys, Loadbalancern etc., und von der Komplexität des RZ. Das heißt, die Daten müssen innerhalb eines definierten Zeitraums zwischen den Rechenzentren hin- und herwandern.

kungen auf IT-Systeme, Anwendungen und die gesamte Infrastruktur haben. Daher müssen Sie die Latenzzeiten der Einzelkomponenten unbedingt (und zwar sehr gründlich) zusammentragen und dokumentieren und am besten auch grafisch visualisieren. Addieren Sie dabei keinerlei Pufferzeiten hinzu! Das wird für alle geplanten IT-Services ausschlaggebend sein.

17.1.6 Resilienz durch Loadbalancing (Lastverteilung)

Sie haben nun bereits gelernt, dass es immer eine gute Idee ist, Anfragen auf IT-Dienste auf mehrere Instanzen zu verteilen, damit eine Antwort garantiert ist, auch wenn ein Server einmal Schluckauf hat. Nun stellt sich die Frage: Wie wird entschieden, welche Anfrage an welchen Server geht? Durch sogenanntes *Loadbalancing*, die Antwort auf Ausfälle und Überlastungen.

Stellen Sie sich vor, Ihre IT sei ein viel befahrenes Straßennetz. Anstatt dass alle Fahrzeuge auf nur einer Straße zusammenstoßen, verteilt eine intelligente Verkehrsregelung den Verkehr auf mehrere Routen. Genauso funktioniert Loadbalancing: Es verteilt den Netzwerkverkehr (*Traffic*) gleichmäßig auf zwei oder mehrere Server, damit jeder Server optimal ausgelastet wird. Latenzzeiten werden minimiert und kein Gerät wird durch zu viel Traffic überlastet. Positiver Nebeneffekt: Alle angeschlossenen Geräte werden in etwa gleichmäßig gebraucht und abgenutzt.

In Abbildung 17.6 sehen Sie, wie ein Nutzer (User) per Internet oder über ein Firmennetzwerk auf einen Loadbalancer zugreift. Der Loadbalancer entscheidet situativ, an welchen der drei angeschlossenen Server er diese neue Anfrage leitet. Hinter dem Server sieht man noch die Möglichkeit, auf eine zentrale Datenbank zuzugreifen.

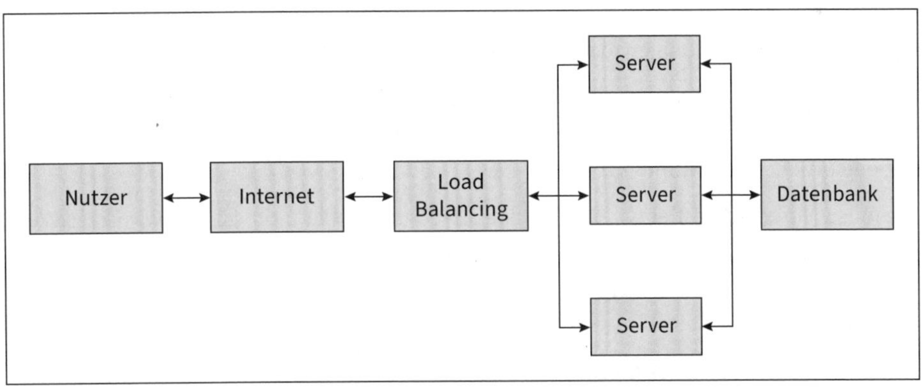

Abbildung 17.6: Loadbalancer-Schema (Quelle: Computer-Weekly.de, https://www.computer-weekly.com/de/tipp/Tools-und-Tipps-fuer-virtuelle-Netzwerk-Load-Balancer)

Loadbalancer können in sehr komplexen Umgebungen als eigenständige Hardware-Appliance bereitgestellt werden oder als Software virtualisiert werden. Wie das genau umgesetzt wird, entscheidet die Infrastruktur Ihres Netzwerks.

17.1.7 Resilienz durch die Cloud

Wenn es um Virtualisierung, Cluster und Redundanz geht, werden Sie wahrscheinlich auch die Cloud erwarten. Stimmt, aber dieses Thema ist so komplex, dass ich ihm ein eigenes Kapitel gewidmet habe. Sie finden Überlegungen dazu in Kapitel 26.

17.1.8 Resilienz durch ein Datensicherungskonzept

Ohne eine gute Datensicherung sollten Sie keine IT-Dienste betreiben! Ihre Organisation muss dazu eine umfassende Strategie haben, sonst agieren Sie grob fahrlässig.[5]

Dabei sollten Sie zwei Punkte unterscheiden:

- **Das Backup der Nutzdaten Ihrer Organisation:** Das können Akten und Dokumente sein, Multimedia-Dateien oder technische Unterlagen aus dem Ingenieursbereich. Dazu gehört alles, was gebraucht wird, damit Ihre Organisation ihre Arbeit erledigen kann. Denken Sie aber auch an gesetzliche Archivierungspflichten.
- **Das Backup Ihrer IT-Konfigurationen:** Was brauchen Sie, um Ihre IT-Infrastruktur nach einem Crash wiederherzustellen?

Für beides brauchen Sie ein Datensicherungskonzept.

Konfigurationen sichern

Eine Konfigurationssicherung ist die Sicherung und Archivierung von Konfigurationsdaten und -einstellungen von IT-Systemen (Servern, Clients, Routern, Switches, Firewalls, Proxys etc.). Diese Daten beinhalten alle Einstellungen, die zur Funktionsweise eines IT-Systems erforderlich sind. Bei einem Ausfall muss mit dieser Sicherung das System schnell und effizient in den funktionsfähigen Zustand zurückversetzt werden können, ohne dass alle Einstellungen manuell erneut vorgenommen werden müssen.

Legen Sie neben diesen technischen Informationen auch andere Informationen, die im Notfall wichtig sind, so ab, dass Sie sie schnell erreichen. Das können Wartungsverträge mit entsprechenden Nummern sein.

Sie müssen zudem festlegen, wer für diese Sicherung zuständig ist. Oft wird diese Aufgabe vom RZ-Management erledigt, also von den Admins. Diese Aufgabe könnten Sie als ITSC-Manager also an die zuständigen ITSC-Koordinatoren und den technischen Bereich auslagern.

Idealerweise werden diese Informationen in einer CMDB (siehe Abschnitt 10.1.19 und Abschnitt 11.3.1) abgelegt und automatisch verwaltet. Das ist aber sehr vom Aufbau Ihrer IT-Infrastruktur abhängig – nicht alles lässt sich problemlos automatisieren. Alternativen sind:

---

5 In der Systemadministration gilt: »Kein Backup, kein Mitleid.« Wer in diesem Bereich schlampt, spielt mit dem Feuer!

- **die manuelle Speicherung** der Konfigurationsdateien auf externen Medien oder in Cloud-Umgebungen
- **automatisierte Sicherungstools**, die regelmäßig Konfigurationsdaten sichern und Archive erstellen
- **Versionisierungssysteme**, um Änderungen an Konfigurationen nachvollziehbar zu machen und frühere Stände wiederherzustellen

Welche Dateien genau gesichert werden müssen, müssen Sie natürlich im Vorfeld recherchieren. Beispiele für Konfigurationsdaten sind:

- Netzwerkeinstellungen (z. B. IP-Adressen, Routing-Tabellen)
- Software-Konfigurationsdateien (z. B. Datenbankeinstellungen, Webserver-Konfigurationen)
- Betriebssystemeinstellungen und Benutzerkonfigurationen
- gerätespezifische Konfigurationen (z. B. bei Routern, Switches, Firewalls)

Daten sichern: Die drei wichtigsten Methoden

Zur Sicherung Ihrer Daten gibt es unterschiedliche Methoden. Aus diesen Ansätzen müssen Sie eine umfassende Backup-Strategie erstellen.

- **Vollsicherung**

  Bei einer Vollsicherung wird die gesamte vorhandene Datenmenge vollständig kopiert und auf einem Speichermedium abgelegt. Diese Sicherung kann entweder komprimiert oder unkomprimiert erfolgen. Zum Schutz der Daten kann eine Verschlüsselung sinnvoll sein.

  Der Hauptvorteil einer Vollsicherung liegt in ihrer einfachen Handhabung, da alle Daten stets gesichert werden. Es sind keine komplexen Backup-Strategien erforderlich, und bei einer Wiederherstellung muss nur ein einziges Sicherungsmedium berücksichtigt werden.

  Der Nachteil besteht in dem hohen Speicherbedarf und den langen Sicherungszeiten. Zudem werden Vollsicherungen aus Kosten- und Produktivitätsgründen häufig nur wöchentlich durchgeführt, wodurch zwischen den Sicherungen aktuelle Änderungen unberücksichtigt bleiben.

- **Differenzielles Backup**

  Bei einem differenziellen Backup werden nur die Daten gesichert, die sich seit der letzten Vollsicherung verändert haben. Zu Beginn wird eine Vollsicherung erstellt, und danach folgen ergänzende Teilsicherungen, zum Beispiel täglich.

  Der Vorteil dieser Methode besteht darin, dass die Teilsicherungen nach der ersten Vollsicherung wenig Speicherplatz benötigen und schnell durchgeführt werden können, was eine höhere Backup-Frequenz ermöglicht.

Der Nachteil besteht darin, dass die Größe der Differenz-Backups mit jedem Tag zunimmt, da bei jeder neuen Sicherung auch die Daten der vorherigen Differenzsicherung erneut gesichert werden.

- **Inkrementelles Backup**

  Die inkrementelle Datensicherung ähnelt der differenziellen Datensicherung, beginnt jedoch ebenfalls mit einer Vollsicherung. Danach werden nur die Daten gesichert, die sich seit der letzten inkrementellen Sicherung verändert haben. Um die Integrität der Sicherungskette zu gewährleisten, werden häufig Prüfziffern verwendet, um sicherzustellen, dass schadhafte Teilsicherungen nicht zu einer fehlerhaften Wiederherstellung führen.

  Der Vorteil der inkrementellen Sicherung besteht im geringen Speicherbedarf, was die Erstellung von Backups beschleunigt.

  Der Nachteil ist, dass zur Wiederherstellung die Vollsicherung sowie alle nachfolgenden inkrementellen Sicherungen benötigt werden, was die Komplexität dieser Backup-Methode deutlich erhöht.

Das Backup mit der 3-2-1-Regel

Außer den Konfigurationen müssen auch die eigentlichen Daten Ihrer Organisation gesichert werden. Das kann schnell zu einem Vollzeitjob werden und bedarf sehr intensiver Planung.

Ein guter Startpunkt ist das *3-2-1-Backup*, eine bewährte Data-Protection- und Recovery-Strategie, mit der sichergestellt wird, dass die Daten geschützt sind und bei Bedarf Backups zur Verfügung stehen. Obwohl es den 3-2-1-Ansatz schon seit den frühen Tagen der Datensicherung gibt, wird er immer noch als Best Practice von Informationssicherheitsexperten und Regierungsbehörden anerkannt.

Die 3-2-1-Sicherungsstrategie setzt sich aus drei Regeln zusammen, die wie folgt lauten:

- **Drei Datenkopien:** Dazu gehören die Originaldaten und mindestens zwei Backups (Sicherungen).
- **Zwei verschiedene Speichertypen:** Beide Kopien der gesicherten Daten sollten auf zwei getrennten Speichertypen aufbewahrt werden, um die Wahrscheinlichkeit eines Ausfalls zu minimieren. Zu den Speichertypen könnten eine interne Festplatte, eine externe Festplatte, ein Wechselspeicherlaufwerk oder eine Cloud-Backup-Umgebung gehören.
- **Eine Offsite-Kopie:** Mindestens eine Datenkopie sollte an einem externen oder entfernten Ort aufbewahrt werden, um sicherzustellen, dass Naturkatastrophen oder geografische Katastrophen nicht alle Datenkopien beeinträchtigen können. Das könnte man z. B. per Cloud machen.

Obwohl diese Strategie nicht garantiert, dass Ihre Daten niemals gefährdet werden, verringert sie das größte Risiko erheblich, denn sie stellt sicher, dass es keinen Single Point of Failure für Daten gibt. Damit sie Ihre Organisation im Falle von beschädigten Kopien oder technologischem Versagen und sogar bei Naturkatastrophen oder Diebstählen schützen kann, muss der Standort der Backups sorgfältig ausgewählt werden. Der Zugang zu den Backups sollte rund um die Uhr an allen 365 Tagen im Jahr gewährleistet sein, damit Sie im Notfall schnell reagieren können. Hier sind die wichtigsten Anforderungen für den Standort:

- **Physische Sicherheit**
  - Schutz vor Einbruch, Diebstahl und Vandalismus
  - Zugangskontrollen (z. B. Schlüsselkarten, biometrische Scanner etc.)
  - Kameraüberwachung und Alarmsysteme
- **Schutz vor Umwelteinflüssen**
  - Brandschutz (Feuermelder, feuerfeste Schränke, Sprinkler)
  - Klimakontrolle (Temperatur- und Feuchtigkeitsüberwachung)
  - Überspannungsschutz gegen Stromausfälle oder Blitzeinschläge
  - erdbebensichere Aufbewahrung, wenn nötig
- **Geografische Trennung**
  - Offsite-Backup an einem anderen Standort als die Primärsysteme
  - Die Entfernung muss groß genug sein, um regionale Katastrophen (z. B. Hochwasser, Erdbeben) zu überstehen.
  - redundante Standorte für kritische Daten
- **Zugriffssicherheit und Datenschutz**
  - Verschlüsselung der Backups, um unbefugten Zugriff zu verhindern
  - strenge Zugriffskontrollen mit Protokollierung
  - Einhaltung gesetzlicher Vorgaben und Normen (z. B. DSGVO, ISO 27001)
- **Verfügbarkeit und Wiederherstellbarkeit**
  - Backups müssen schnell abrufbar sein, wenn eine Wiederherstellung notwendig ist
  - Testläufe zur Überprüfung der Datenintegrität
  - Redundante Speichermedien (z. B. Cloud, NAS, externe Festplatten)
- **Langfristige Aufbewahrung und Haltbarkeit**
  - Auswahl geeigneter Speichermedien (z. B. Magnetbänder für Langzeitarchivierung)
  - regelmäßige Überprüfung der Backup-Daten auf Lesbarkeit
  - definierte Aufbewahrungsfristen und Löschrichtlinien
- **Schutz vor Ransomware und Cyberangriffen**

  Backups sind das Lieblingsziel von Hacker-Angriffen, denn dort liegen ja die Daten, die für die Organisation wertvoll sind. Sie müssen daher besonders geschützt werden. Die beiden wichtigsten Konzepte in diesem Zusammenhang sind:

- Ein *Air-Gapped Backup* ist eine physisch oder logisch isolierte Sicherung von Daten, die nicht permanent mit einem Netzwerk oder dem Internet verbunden ist.
- *Immutable Storage* bezeichnet einen unveränderlichen Speicher, auf dem einmal gespeicherte Daten nicht verändert, überschrieben oder gelöscht werden können: weder absichtlich noch durch Malware, Ransomware oder menschliche Fehler. Dies wird durch spezielle Write-Once-Read-Many-(WORM-)Technologien oder durch softwarebasierte Schutzmechanismen sichergestellt.

Weitere Backup-Strategien

Ich habe die 3-2-1-Strategie ausgewählt, weil sie mir gut bekannt ist und ich auch von verschiedenen Sicherungsexperten sehr viel Positives über sie gehört habe. Natürlich gibt es auch noch viele andere, in der Praxis bewährte Backup-Möglichkeiten und -Strategien. Ich möchte Ihnen daher noch ein paar weitere Backup-Strategien kurz aufzählen:

- **Das Generationenprinzip:** Ein weit verbreitetes Sicherungsverfahren ist unter dem Namen *Generationenprinzip* bekannt. Es betrifft die zeitliche Einteilung von Backups. *Sohn*, *Vater* und *Großvater* entsprechen der Tages-, Wochen- und Monatssicherung:
  - **Die erste Generation (Sohn)** umfasst vier Sicherungen. Diese entsprechen der Montag-, Dienstag-, Mittwoch- und Donnerstag-Sicherung (S1 bis S4).
  - **Die zweite Generation (Vater)** bildet die Wochensicherung (V1). Diese wird am Freitag erstellt und aus Sicherheitsgründen an einem anderen Speicherort als die Sicherungen der ersten Generation abgelegt. In der zweiten Woche beginnen erneut die Tagessicherungen (Sohn), wobei die Sicherungen der Vorwoche jeweils überschrieben werden. Die Wochensicherung wird gesondert abgespeichert; hier erfolgt also keine Überschreibung. Dieser Vorgang wiederholt sich bis zum Monatsende, bis vier Sicherungen vorliegen.
  - **Danach kommt das Monatsbackup (Großvater) dazu.** Dieses wird ebenfalls an einem separaten Ort gesichert. Die darauffolgende erste Wochensicherung (V1) des zweiten Monats überschreibt dann die erste des Vormonats (V1). Dieses Prinzip wird meist über einen Zeitraum von 12 Monaten befolgt. Das erste Monatsbackup des neuen Jahres überschreibt dann das Backup vom Vorjahresanfang.

  Der Vorteil des Generationenprinzips ist folgender: Es liegen Datensicherungen über den Zeitraum eines ganzen Jahres vor; gegebenenfalls kann also weit in die Vergangenheit zurückgegriffen werden. Trotzdem bleibt die Anzahl der verwendeten Backup-Medien relativ überschaubar.
- **Türme von Hanoi:** Diese Speichermethode arbeitet nach dem Prinzip des gleichnamigen Knobelspiels.

  Jedes Sicherungsmedium entspricht einer Scheibe im Turm, und jede Bewegung der Scheibe zu einem anderen Turm entspricht einer Sicherung. Eine Backup-Strategie nach dem Türme-von-Hanoi-Prinzip ist sehr effizient, was die Anzahl der verwendeten Medien angeht. Aufgrund der komplexen Handhabung findet diese Form des Backups in Organisationen aber nur noch selten Anwendung.

Restore

Wissen Sie, was der Unterschied zwischen einem lebensrettenden Backup und einem wertlosen Datenhaufen ist? Die Tatsache, dass man es auch wieder einspielen kann!

Es gibt viele Horror-Szenarien, in denen gepflegte Backup-Systeme nicht mehr in der Lage waren, die eigenen Backup-Dateien zurückzulesen, was einen totalen Datenverlust bedeutet! Ein absolutes Worst-Case-Szenario. Dieses kann viele Ursachen haben:

- **Fehlerhafte Medien:** Früher, bei den alten Bandsicherungen, war es noch fast Normalität, dass auch sehr gute Sicherungsbänder Fehler aufweisen konnten. Das konnten sowohl Fehler in dem Bandmaterial selbst sein als auch mechanische Fehler bei den Kassetten, in denen die Bänder lagen. Aber auch moderne Systeme sind nicht unfehlbar: Sind Ihre Backups so archiviert, dass Schäden minimiert werden?
- **Menschliche Fehler:** Trotz bester Ausbildung können auch Menschen Fehler machen. Das kann der z. B. fehlerhafte Umgang mit den Sicherungsmedien (Bändern, Festplatten, SAN etc.) sein, aber auch an falschen Aufbewahrungsorten der Sicherungsmedien liegen.
- **Ransomeware:** Eines der beliebtesten Ziele von Cyberangriffen sind die Backups. Woher wissen Sie, dass Ihre Backups nicht schon kompromittiert wurden? Testen Sie das?
- **Ausfall von Sicherungsinfrastruktur:** Natürlich kann es Ihnen jederzeit passieren, dass die Datensicherungsinfrastruktur ausfällt oder gestört ist. Das Sichern oder Zurückspielen von Daten wird dann deutlich schwieriger. Aber auch dazu muss es eine (Notfall-)Ausweichlösung geben.
- **Fehler im Backup-Management:** In großen Umgebungen können mehrere unterschiedliche Backup-Systeme verwaltet werden. Wenn diese Systeme nicht richtig miteinander integriert oder koordiniert werden, entstehen Lücken in der Backup-Abdeckung oder sogar Konflikte.

Testen Sie also unbedingt, ob Sie Ihre Backups auch zurückspielen können. Und vielleicht fällt Ihnen auch beim Rücksichern der Daten von großen Datenbanken auf, dass dies mehrere Stunden in Anspruch nimmt und dass dieser unvorhergesehene Engpass[6] Ihre gesamte geplante Datenwiederherstellung durcheinanderbringt.

Machen Sie keinesfalls den Fehler, nur die Datensicherung zu betrachten. Es muss auch sichergestellt sein, dass das Restore funktioniert. Führen Sie dabei Tests durch, bei denen der gesamte Prozess durchgespielt wird. Sie müssen wissen, wie lange das Komplett-Backup und das Zurückspielen dauert und ob es überhaupt funktioniert.

Und angesichts stetig wachsender Datenmengen müssen Backup-Medien und die zugrunde liegende Technik kontinuierlich angepasst werden. Das bedeutet, dass die

6 Ein *Engpass* (engl. *Bottleneck*) bezeichnet die Ressource, Funktion, Abteilung oder Anlage, die während eines bestimmten Zeitraums die höchste Auslastung aufweist, den Durchfluss verlangsamt und somit eine Kapazitätsgrenze für das gesamte System darstellt. Dieser Bottleneck kann sogar für einen Abbruch einer Rücksicherung der Daten sorgen.

Backup-Geschwindigkeit, die Backup-Medien und die Backup-Zeiträume regelmäßig überprüft und bei Bedarf angepasst werden müssen. Neue Verschlüsselungsverfahren können die Größe der Backup-Dateien und die benötigte Zeit für Backups erheblich und oft unverhältnismäßig erhöhen. Eine dynamische Backup-Strategie ist daher unerlässlich, um solche Veränderungen zu berücksichtigen und sich schnell anzupassen. Und diese beinhaltet nicht nur das Sichern der Daten, sondern auch regelmäßige Tests, ob sie sich wiederherstellen lassen.

17.1.9 Resilienz durch Proxy-Struktur und Firewalls

Haben Sie sich schon einmal gefragt, warum manche IT-Infrastrukturen so robust und widerstandsfähig gegenüber Angriffen und Ausfällen sind?

Die Antwort liegt oft in einer Kombination aus Proxy-Strukturen und Firewalls, zwei Technologien, die zusammen nicht nur Sicherheit, sondern auch Performance und hohe Ausfallsicherheit gewährleisten.

Ein *Proxy* ist eine Vermittlungsinstanz zwischen Client und Server. Anstatt dass Ihre Anfrage direkt an den Server geschickt wird, läuft sie zunächst über den Proxy, der sie filtert, modifiziert und gezielt weiterleitet. Dieses Verfahren bietet Ihnen vielseitige Vorteile. Es sorgt für erhöhte Anonymität, schützt vor direkten Angriffen und optimiert gleichzeitig den Datenverkehr.

Eine *Firewall* ergänzt diese Schutzstrategie: Als Kombination aus Hard- und Software überwacht sie den Datenfluss zwischen Ihrem internen Netzwerk und externen Netzen, etwa dem Internet. Jede ausgehende und eingehende Information wird kontrolliert, sodass potenzielle Bedrohungen frühzeitig erkannt und abgewehrt werden.

In Organisationen und KMUs sind Firewalls ein bewährtes Mittel, während in großen Unternehmen die Kombination aus komplexen Proxy-Strukturen und Firewalls als Verteidigungslinie gegen Angriffe aus dem Internet genutzt wird. So soll dafür gesorgt werden, dass IT-Systeme auch unter Belastung stabil und leistungsfähig bleiben. Oft wird in diese Kette auch noch ein Virenscanner implementiert.

17.1.10 Resilienz durch Netzsegmentierung

Während Proxys und Firewalls Ihr Netzwerk nach außen abschotten, sorgt die Segmentierung dafür, dass Ihr gesamtes Netzwerk in mehrere kleinere Subnetze oder Unternetze geteilt wird.

Stellen Sie sich Ihr Netzwerk als eine Stadt vor, in der jedes Viertel eigene Straßen und Verkehrsregeln hat. Der Datenverkehr wird gezielt gesteuert: So wird bestimmt, wer wohin darf, basierend auf Standort, Verkehrsart, Quelle und Ziel. Genau so funktioniert die Netzwerksegmentierung, und sie schafft eine IT-Landschaft, die nicht nur flexibel, sondern auch widerstandsfähig ist:

- **Isolierung von Störungen:** Fällt ein Segment aus oder wird es kompromittiert, bleibt der Schaden auf diesen Bereich beschränkt. Die übrigen Teile Ihres Netzwerks arbeiten weiter.
- **Gezielte Steuerung des Datenverkehrs:** Durch die Kontrolle, welcher Verkehr in welches Segment fließt, verhindern Sie Überlastungen und sorgen dafür, dass sensible Bereiche dazu geschützt bleiben.
- **Optimierte Leistung:** Jedes Segment kann individuell verwaltet und optimiert werden. So erreichen Sie eine optimale Auslastung, minimieren Latenzzeiten und verhindern Engpässe.
- **Zentrale Administration:** Mit einer übersichtlichen, zentral gesteuerten Architektur behalten Sie jederzeit die Kontrolle über Ihr gesamtes Netzwerk, ohne in jedes Detail einzutauchen.

Die Netzwerksegmentierung (z. B. per Router) ist also vergleichbar mit der Virtualisierung von Servern: Sie verhindert, dass ein einzelner Vorfall das gesamte System ins Wanken bringt. Technisch wird dies auch als *VLAN (Virtual Local Area Network)* bezeichnet: ein virtuelles Netz, das auf einem physischen LAN basiert und es in mehrere Netzwerke unterteilt.

Mit VLANs können Geräte, die sich physisch im selben Netzwerk befinden, in unterschiedliche, isolierte Netzwerke aufgeteilt werden, sodass sie unabhängig voneinander kommunizieren können, als befänden sie in unterschiedlichen physischen Netzwerken. Das bietet Organisationen ein Plus an Flexibilität, Performance und Sicherheit.

17.1.11 Resilienz durch Rechte- und Zugriffsmanagement (IAM)

Haben Sie sich schon einmal gefragt, wie Sie sicherstellen können, dass in Ihrer Organisation immer die richtigen Personen und Rollen Zugang zu den entscheidenden Daten und Anwendungen haben?

Genau hier setzt das *Identity & Access Management (IAM)* an. Es sorgt dafür, dass nur authentifizierte *Benutzer* (egal ob Mensch, Rolle oder Gerät) die Systeme und Tools nutzen können, für die sie autorisiert sind. Stellen Sie sich IAM als einen Türsteher vor, der nicht nur kontrolliert, wer in das Gebäude darf, sondern auch genau weiß, in welchen Räumen sich die Gäste aufhalten dürfen. Durch diese gezielte Zugangskontrolle wird nicht nur die Sicherheit erhöht, sondern auch die Resilienz Ihrer gesamten IT-Infrastruktur gestärkt:

- **Gezielte Zugangskontrolle:** Nur diejenigen, die wirklich Zugang benötigen, erhalten ihn. Das minimiert Risiken und schützt Ihre kritischen Daten.
- **Vermeidung von Sicherheitslücken:** Durch konsequente Authentifizierung und Autorisierung wird verhindert, dass unbefugte Personen oder Geräte Ihr Netzwerk infiltrieren.
- **Zentrale Verwaltung:** Mit einem zentral gesteuerten IAM-System behalten Sie den Überblick und können flexibel auf Veränderungen reagieren. Das ist ideal, um in dynamischen Umgebungen den Betrieb stabil zu halten.

- **Organisatorische Robustheit:** Indem IAM klare Strukturen und Prozesse schafft, wird nicht nur die IT, sondern auch die gesamte Organisation widerstandsfähiger gegenüber Angriffen und Ausfällen.

17.1.12 Resilienz durch Patchmanagement

Angreifer suchen kontinuierlich nach Schwachstellen in Software, Treibern und anderen IT-Komponenten, um sich Zugang zu verschaffen, Informationen auszuspähen oder Ihrer Organisation Schaden zuzufügen. Ein Patch, im Deutschen so viel wie ein »Flicken« oder »Pflaster«, schließt diese Sicherheitslücken und aktualisiert Ihre Systeme auf einen Stand, der vom Betreiber unterstützt wird. Besonders wichtig sind dabei Security-Patches und Hotfixes, die gezielt kritische Fehler beheben. Jede größere Organisation sollte daher ein aktives Change-Management haben (siehe Abschnitt 10.1.12). Die Vorteile sind:

- **Schnelle Schließung von Sicherheitslücken:** Mit einem strukturierten Change-Management und regelmäßigen Patch-Days von Herstellern wie Microsoft stellen Sie sicher, dass bekannte Schwachstellen umgehend behoben werden.
- **Risikominimierung durch Testumgebungen:** Neue Patches können zunächst in einer isolierten Testumgebung geprüft werden, um potenzielle Probleme zu identifizieren, bevor sie in der Produktivumgebung ausgerollt werden. So vermeiden Sie es, dass übereilte Updates zu großflächigen Ausfällen führen.
- **Kontinuierliche Systempflege:** Durch fast tägliche, angekündigte Changes (RfCs) bleiben Ihre IT-Systeme stets auf dem neuesten Stand. Damit stellen Sie sicher, dass Ihre gesamte IT-Infrastruktur robust und anpassungsfähig bleibt.

17.1.13 Resilienz durch Testing- und Staging-Umgebungen

Ihre Infrastruktur sollte in mehrere Umgebungen aufgeteilt sein: *Testing*, *Staging* und *Produktion*. Änderungen werden zunächst im Testing-Bereich gemacht, gehen dann ins Staging und werden erst dann, wenn alles funktioniert, in den Produktivbereich gebracht. Idealerweise fallen Fehler dann früh auf und richten keinen Schaden an.

Je besser Ihre Testumgebungen sind (d. h. je ähnlicher sie der Produktivumgebung sind), desto besser ist das für Sie und Ihre Organisation. Idealerweise könnten Sie sogar bei einem IT-Notfall aus einer Testumgebung (bei einer 1:1-Kopie der Produktivumgebung) hilfsweise eine Not-Produktivumgebung zur Verfügung stellen.[7]

---

7 Können Sie sich vorstellen, dass es nach wie vor zahlreiche Organisationen gibt, die keine Testumgebungen bereitstellen? Aus meiner Sicht ist dies weder nachvollziehbar noch professionell. Firewall-Änderungen werden häufig direkt im Produktivsystem vorgenommen, ohne dass es eine Rückfalloption, ein Backup oder ein alternatives System für Umschaltungen oder technische Redundanz gibt. Dies entspricht einer Operation am offenen Herzen und folgt dem Prinzip »No risk, no fun«. Ein solches Vorgehen ist äußerst fahrlässig und sollte dringend vermieden werden!

17.1.14 Resilienz durch weitere technische Härtungen

Es gibt eine fast endlose Liste an möglichen Härtungen, die in der IT-Sicherheit relevant sind, um Systeme vor Angriffen zu schützen. Als Beispiele sind *Intrusion-Detection-Systeme (IDS)* sowie *Intrusion-Prevention-Systeme (IPS)* zu nennen, die sämtliche Netzwerkaktivitäten überwachen und durchleuchten, um ungewöhnlichen Datenverkehr aufzuspüren. Auch Virenscanner oder besonders gehärtete Betriebssysteme gehören dazu.

Diese Verfahren werden in der einen oder anderen Form sicherlich bereits in Ihrer Organisation eingesetzt. Mir kommt es an dieser Stelle aber darauf an, Sie auf zwei Fallen hinzuweisen, bei denen *mehr* Sicherheit tatsächlich *mehr* Anfälligkeit bedeuten kann. Sehen wir uns das *Verletzlichkeitsparadoxon* und den *Mangel an Resilienz durch zu hohe Sicherheitsstandards* genauer an!

Das Verletzlichkeitsparadoxon

Der Begriff *Verletzlichkeitsparadoxon (Vulnerability Paradox)* beschreibt die scheinbar widersprüchliche Situation, dass Organisationen oder IT-Systeme, die als sicher gelten, tatsächlich anfälliger für Bedrohungen sein können als solche, die als verwundbar erscheinen. Das liegt daran, dass Organisationen oder Einzelpersonen, die sich als besonders gut geschützt wahrnehmen, oft Risiken vernachlässigen und grundlegende Sicherheitsmaßnahmen unterschätzen.

Eine Organisation mit einer modernen Firewall könnte sich beispielsweise sicher fühlen, aber durch menschliche Fehler (z. B. Phishing, Social Engineering) verwundbar sein. Das liegt daran, dass ein übermäßiges Vertrauen in Sicherheitslösungen vorherrscht: IT-Abteilungen, die stark auf automatische Sicherheitsmechanismen vertrauen, übersehen dann, dass Angreifer alternative Wege finden (z. B. durch Insider-Bedrohungen oder Zero-Day-Exploits).

Daher wird eine Organisation, die sich auf technische Schutzmaßnahmen verlässt, aber keine regelmäßigen Security-Schulungen durchführt, anfällig für gezielte Angriffe bleiben.

Zudem kann ich in der Praxis oft beobachten, dass große Investitionen in bestimmte Bereiche dazu führen, dass für scheinbar unwichtige Teile keine Ressourcen mehr übrig sind. Genau diese Systeme werden dann zum Ziel von Angreifern. Diese alten, nicht gepatchten Systeme dienen ihnen als Einstiegspunkt für Ransomware-Attacken. Besser wäre es gewesen, die IT-Sicherheit mit einem ganzheitlichen Blick zu betrachten, anstatt nur mit einem möglichst großen Hammer auf einige bestimmte Bereiche einzuschlagen.

Mangel an Resilienz durch zu hohe Sicherheitsstandards

Auch zu starre Sicherheitsrichtlinien können zu Sicherheitslücken führen, nämlich dann, wenn Mitarbeitende Workarounds nutzen, um ihre tägliche Arbeit zu tun. Denken Sie beispielsweise an strenge Passwortvorgaben wie den Zwang, Passwörter häufig zu wechseln. Das führt dazu, dass Nutzer Passwörter aufschreiben, schwache Muster oder eine

Passwortsystematik (PW1111, PW2222, PW3333 etc.) verwenden, die sich leicht erraten lässt.

Solche gut gemeinten Richtlinien können also kontraproduktiv sein. Ein ausgewogenes Sicherheitskonzept, das sowohl technische Maßnahmen als auch menschliche Faktoren (*Awareness*) berücksichtigt, ist entscheidend, um nicht in diese Falle zu tappen.

17.1.15 Resilienz durch den »Stand der Technik«

Stand der Technik ist ein Begriff, der vor allem in rechtlichen, technischen und wissenschaftlichen Kontexten immer wieder verwendet wird. Er beschrebt den aktuellen Wissens- und Entwicklungsstand in einem bestimmten Bereich. Beim Stand der Technik geht darum, was zum gegebenen Zeitpunkt als die fortschrittlichste, effektivste und allgemein akzeptierte Lösung in einem bestimmten technischen oder wissenschaftlichen Bereich gilt.

Der Begriff wird oft verwendet, um festzulegen, welche Technologien, Methoden oder Verfahren als aktuell und marktüblich angesehen werden, besonders in Bezug auf Sicherheit, Effizienz oder Innovation. Es handelt sich also um den Stand der technologischen Entwicklung, der als normgerecht und optimiert gilt.

Wichtige Aspekte des Standes der Technik sind:

- Der Stand der Technik ist nicht statisch. Er entwickelt sich permanent weiter, da kontinuierlich neue Entdeckungen gemacht und technologische Fortschritte erzielt werden.
- Oft wird der Stand der Technik durch Normen und Richtlinien (wie z. B. DIN-Normen, BSI-Standards) festgelegt, die das branchenweit anerkannte Niveau definieren.
- Der Stand der Technik ist eng mit der tatsächlichen Anwendbarkeit von Technologien oder Methoden in der Praxis verbunden, nicht nur mit theoretischen Konzepten oder Forschungsergebnissen.

Zusammengefasst beschreibt der *Stand der Technik* die bestmöglichen Lösungen und Praktiken, die derzeit in einem bestimmten technologischen Bereich allgemein anerkannt sind.

Übersetzt heißt das in etwa: Wenn die Technik für Ihren Einsatzzweck angemessen ist, ist das Ihr Stand der Technik. Es muss dabei nicht immer das Neueste vom Neuesten sein!

17.1.16 Resilienz durch Penetrationstests

Ein *Penetrationstest* (kurz *Pen-Test*) ist eine simulierte Cyberangriff-Überprüfung, die darauf abzielt, Schwachstellen und Sicherheitslücken in IT-Services (inklusive IT-Ressourcen), Netzwerken oder Webanwendungen zu identifizieren. Dabei wird ein Testteam, das aus Sicherheitsexperten besteht, in die Rolle eines Hackers versetzt, um potenzielle Sicherheitslücken aufzuspüren und auszunutzen.

Die wichtigsten Ziele eines Pen-Tests sind:

- **Schwachstellenanalyse:** das Aufdecken von Sicherheitslücken in der Infrastruktur (z. B. von Softwarefehlern, fehlerhaften Konfigurationen oder unsicheren Netzwerkarchitekturen)
- **Schutzmaßnahmen testen:** das Überprüfen, ob die implementierten Sicherheitsvorkehrungen wie Firewalls, Intrusion-Detection-Systeme (IDS) oder Verschlüsselungssysteme tatsächlich wirksam sind
- **Möglichkeit zur Eskalation:** das Überprüfen, ob ein Angreifer nach dem Eindringen in das System in der Lage ist, weitere Systeme zu kompromittieren oder sogar sensible Daten zu stehlen
- **Empfehlungen:** Nach Abschluss des Tests werden Schwachstellen dokumentiert und konkrete Handlungsempfehlungen zur Verbesserung der Sicherheit gegeben.

Pen-Tests sind ein wesentlicher Bestandteil einer Cybersecurity-Strategie von Organisationen, um sicherzustellen, dass Ihre IT-Systeme robust gegenüber potenziellen Angriffen sind. Diesen Test macht man in der Regel, bevor man einen neuen IT-Service (ein neues IT-Verfahren oder Fachverfahren), ein neues IT-System, eine neue IT-Infrastruktur oder neue IT-Basiskomponenten nutzt oder einem Kunden erstmalig zur Verfügung stellt.

17.1.17 Resilienz durch Kryptografie und Verschlüsselung

Kryptografie ist die Methode, die eine sichere Kommunikation in Anwesenheit von Dritten ermöglicht, die möglicherweise versuchen könnten, die Informationen zu entschlüsseln oder zu manipulieren. Sie beinhaltet Verfahren, um Daten so zu verschlüsseln, dass nur autorisierte Parteien auf diese zugreifen oder sie verstehen können. Die Hauptziele der Kryptografie sind:

- **Vertraulichkeit:** sicherstellen, dass nur autorisierte Personen Zugriff auf Ihre sensiblen Informationen haben
- **Integrität:** gewährleisten, dass die Daten nicht unbemerkt verändert (manipuliert) wurden
- **Authentifizierung:** verifizieren, dass die Identität der kommunizierenden Parteien korrekt ist
- **Nichtabstreitbarkeit:** sicherstellen, dass eine Partei später nicht abstreiten kann, eine bestimmte Handlung durchgeführt zu haben (z. B. eine Nachricht gesendet zu haben)

Es gibt verschiedene Methoden und Techniken der Kryptografie, die in zwei Hauptkategorien unterteilt werden:

- **Symmetrische Kryptografie:** Bei dieser Methode verwenden Sender und Empfänger denselben »Schlüssel« zum Ver- und Entschlüsseln der Daten. Ein bekanntes Beispiel ist der AES-Algorithmus.

- **Asymmetrische Kryptografie** (Public-Key-Kryptografie): Diese Methode nutzt ein »Paar von Schlüsseln«: einen öffentlichen Schlüssel zum Verschlüsseln der Daten und einen privaten Schlüssel zum Entschlüsseln. Ein bekanntes Beispiel ist der RSA-Algorithmus.

Kryptografie wird in vielen Bereichen eingesetzt, z. B. bei der sicheren Kommunikation im Internet (HTTPS), beim elektronischen Zahlungsverkehr und beim Schutz von sensiblen Daten in verschiedenen Anwendungen. Gängige Methoden (in Organisationen), die man hierzu zählen könnte, sind:

- **Digitale E-Mail-Signaturen:** Damit wird sichergestellt, dass der Absender einer E-Mail auch wirklich die Person ist, für die er sich ausgibt.
- **Verschlüsselte E-Mail-Kommunikation** (PKI): E-Mail-Inhalte werden mithilfe eines öffentlichen und eines privaten Schlüssels verschlüsselt. Diese E-Mails können nur mit dem richtigen Schlüsselpaar geöffnet und bearbeitet werden.
- **2-Faktor-Authentifizierung:** Die *2-Faktor-Authentifizierung (2FA)* ist eine Sicherheitsmaßnahme, bei der zwei verschiedene Faktoren verwendet werden, um die Identität eines Nutzers zu überprüfen. Dies soll verhindern, dass unbefugte Personen Zugriff auf ein Konto erhalten, selbst wenn sie das Passwort kennen würden.
- **Passwort für verschlüsselte PDF-Dateien:** Nur mit dem richtigen Passwort können Sie die verschlüsselte PDF-Datei öffnen.

17.1.18 Resilienz durch eine Notfallarbeitsumgebung per USB-Stick

Eine Notfallarbeitsumgebung ist ein portables System, das auf einem USB-Stick gespeichert ist und dazu dient, im Fall eines Systemausfalls oder eines anderen technischen Problems auf einem Computer eine funktionierende Arbeitsumgebung bereitzustellen, mit der idealerweise das Problem gelöst werden kann.

Diese Notfallumgebung kann zum Beispiel aus einem Betriebssystem (häufig einer Linux-Distribution oder einer abgespeckten Version von Windows) bestehen, mit dem man arbeiten kann, ohne dass das installierte Betriebssystem hochgefahren werden muss. Man arbeitet praktisch direkt vom USB-Stick aus, auf dem wichtige Programme, Dateien und Tools enthalten sind, um Notfälle zu beheben, wie zum Beispiel:

- **Datenrettung:** Zugriff auf Festplatten, um verlorene Daten zu sichern
- **Virenscanner:** um das System auf Viren oder Malware etc. zu überprüfen und zu reinigen
- **Systemdiagnose-Tools:** Tools zur Diagnose von Hardware- oder Softwareproblemen
- **Passwort-Wiederherstellung:** Tools zur Wiederherstellung von vergessenen Passwörtern

Eine Notfallarbeitsumgebung ist praktisch für IT-Administratoren und Techniker, um schnell und effizient in Notfällen zu handeln, ohne auf die Software auf dem lokalen Computer angewiesen zu sein. Man kann diesen Stick an Firmen-PCs oder -Laptops nutzen, genauso wie an Privatrechnern, ohne dass diese irgendwie verändert werden. Sie müssen allerdings vorab mit der Informationssicherheit abstimmen, ob Sie privates Equipment nutzen dürfen. Es gibt Organisationen, die verbieten jegliche Nutzung von privatem Equipment für dienstliche Zwecke; andere Organisationen haben dafür Notfallausnahmegenehmigungen. Stimmen Sie das also unbedingt vorab final mit dem ISM ab!

17.2 Nicht technische Resilienz

Nicht technische Resilienz? Was ist das denn nun schon wieder? In diesem Abschnitt möchte ich Aspekte aufzählen, die Sie vielleicht nicht auf dem Schirm haben, wenn es um Resilienz geht, die aber immens wichtig sind.

Bei der nicht technischen Resilienz handelt es sich um meist organisatorische Punkte, die nicht direkt im Verantwortungsbereich des ITSCM liegen. Aber genauso wie bei den technischen Aspekten aus dem letzten Abschnitt ist es wichtig, dass Sie diese Punkte schon proaktiv im Blick haben und sie bereits ansprechen können, bevor es zu einer Großstörung kommt. Denn diese Maßnahmen stellen sicher, dass auch die organisatorischen Strukturen und Prozesse robust genug sind, um Störungen zu überstehen und den Geschäftsbetrieb auch in Ausnahmesituationen aufrechtzuerhalten.

Machen Sie also in Ihrer Organisation eine Bestandsaufnahme für den Notfall, und prüfen Sie beispielsweise die Verträge mit Ihren Lieferanten. Wenn Ihre Hauptlieferanten kein Notlieferabkommen anbieten, müssen Alternativen gesucht werden. Das kann alles nur im Vorfeld angegangen werden. In der Notsituation oder während einer Krise ist es zu spät!

17.2.1 Notlieferabkommen

Notlieferabkommen oder *Notfallvereinbarungen* betreffen Ihre IT-Infrastruktur, also z. B. Server, Router, Switches, Loadbalancer, SAN etc. und jegliche Art von Software.

Um ein Notlieferabkommen im Vorfeld mit den Lieferanten abschließen zu können, muss Ihrer Organisation klar sein, was sie in einem IT-Notfall überhaupt braucht. Wenn Sie keine Notlieferabkommen haben und Sie eines Tages auf einem Schlag 200 Server und die entsprechende Netzwerkinfrastruktur brauchen, um schnell ein neues Rechenzentrum aufzubauen, dann wird dies für sehr lange Gesichter sorgen.

Denn egal wie bekannt Sie und Ihre Organisation sind oder welchen Stellenwert Sie im Markt haben – solche Mengen sind nicht über Nacht zu bekommen. Manchmal müssen Sie Wochen warten – oder sogar Monate. Ganz übel sind Sie dran, wenn es sich um Individualkomponenten oder Unikate handelt.

[»]

Nicht nur bei Hardware-Problemen relevant

Wenn es Bedarf an neuer Hardware gibt, denkt man zunächst an Katastrophen wie Erdbeben, die ein Rechenzentrum zerstören. Das muss aber nicht unbedingt der Grund sein: Viel häufiger kommt es vor, dass Server und Netzwerk-Hardware nach einem Sicherheitsvorfall als kompromittiert gelten und nicht mehr weitergenutzt werden dürfen. Die Hardware ist also noch da, aber man kann ihr nicht mehr vertrauen. Es ist ein Irrglaube, dass man solche Systeme quasi durch eine »Waschstraße« schicken kann und die Systeme dann vollständig gereinigt wieder sehr schnell zur Verfügung stehen.

Die Forensik wird diese kompromittierten Server wochen- oder sogar monatelang untersuchen müssen. Diese Server sind dann erst mal weg! Daher muss für diesen Zeitraum neue Hardware beschafft werden. (Oder Sie machen gesammelt und entspannt mit der Belegschaft Betriebsferien, falls Sie es sich leisten können.)

Es gibt aber natürlich auch Möglichkeiten, dies zu umgehen:[8] Um den Wegfall von dringend benötigter Hardware auf ein Minimum zu reduzieren, wird ein Komplettabbild von den kompromittierten Geräten in einem besonderen Cloudbereich abgespeichert. Die Kollegen der Forensik können dann in dieser gesicherten Umgebung in Ruhe ihre Analysen durchführen. Gleichzeitig wird der betroffene PC oder Server neu aufgesetzt und steht sehr zeitnah wieder zur Verfügung.

Diesen Vorgang müssen Sie aber unbedingt mit Ihrem Admin-Team, dem CERT, dem SOC oder Ihrem Sicherheitsdienstleister abstimmen, denn die Forensik mit einem Image funktioniert nicht immer zufriedenstellend.

17.2.2 Software-Lizenzen für den Notfall

Selbst wenn Sie im Notfall kurzfristig neue Hardware bereitstellen können, heißt das leider nicht zwangsläufig, dass damit der übliche Betrieb wiederherstellbar ist. Denn die Lizenzmodelle vieler Softwareanbieter sind derart komplex und undurchsichtig, dass Sie sich im Vorfeld mit Ihrem Lieferanten abstimmen und verbindlich regeln müssen, ob Ihre Lizenzen an die Hardware gebunden sind. Wenn dies der Fall ist, benötigen Sie meist zusätzliche Lizenzen, die schon im Vorfeld berechnet werden müssen.

Eventuell ist auch verhandelbar, dass Sie den Lizenzschlüssel auf einem anderen System einspielen können, wenn Lizenzen auf einem kompromittierten System nicht mehr nutzbar sind. Das ist aber keine Frage, die man erst im Notfall klären möchte ...

8 Diesen Weg hat mir ein ITSCM-Kollege aus einer sehr großen Versicherung vorgestellt.

17.2.3 Zugriffe (und Rechte)

Wer hat eigentlich Zugriff worauf und mit welchen Rechten? In komplexen Organisationen ist dies stets eine unglaublich schwierige Frage, die Sie aber vor einem IT-Notfall bzw. einer (IT-)Krise klären müssen.

Haben Sie in Ihrer Organisation sogenannte *Notfall-Rollen* oder *Notfall-Zugänge*, sodass diese Rollen/Accounts im IT-Notfall nur noch aktiviert werden müssen? Dabei geht es erfahrungsgemäß meist darum, dass externen Spezialisten Zugriff auf die Systeme Ihrer Organisation gewährt wird. (Die Zeiten, in denen solche Personen extra eingeflogen wurden, sind vorbei. Dies geschieht nur noch in den aller größten Krisen.)

Solche Notfall-Rollen brauchen meistens sehr weitreichende Rechte, die Sie im Vorfeld vergeben und einrichten müssen. Prüfen Sie mindestens einmal pro Jahr ihre Gültigkeit: Müssen alle genannten Personen oder Rollen immer noch eine Zugriffsberechtigung haben? Oder fallen einige Namen/Rollen heraus und/oder kommen andere Personen hinzu?

17.2.4 Standardisierte und optimierte Prozesse

Standardisierte und optimierte Prozesse zahlen auf das Ziel Resilienz ein, denn definierte, erprobte und vor allem gelebte Prozesse helfen in einer Notsituation, dass auch andere Mitarbeiter Prozesse aus einem anderen Bereich ausführen könnten. Die Prozesse sind beschrieben, es gibt ein organisationsweites Prozessverständnis und man muss nur noch nach der Prozessbeschreibung agieren. Achten Sie also möglichst darauf, dass es schlichtweg unmöglich gemacht wird, an Prozessen vorbei zu arbeiten. Dies können Sie gut in Übungen und Tests vorab ausprobieren.

17.2.5 Eine gelebte Fehlerkultur etablieren

Es den Mitarbeitern zu ermöglichen, frei über Fehler zu sprechen und aus ihnen zu lernen, ist ein sehr wichtiger und leider oft vernachlässigter Punkt in der Praxis. Die Mitarbeiter Ihrer Organisation sind diejenigen Personen, die mit den IT-Systemen tagtäglich arbeiten und als erste ein Gespür dafür entwickeln, wenn etwas nichts so funktioniert, wie es funktionieren sollte. Das sollten sie dann auch sofort ansprechen dürfen.

Eine positive Fehlerkultur heißt aber auch: Mitarbeiter dürfen Fehler machen und darüber sprechen, ohne dafür bestraft oder ermahnt zu werden.

Eine negative Fehlerkultur ist durch Schuldzuweisungen, Angst vor Konsequenzen und das Vertuschen von Fehlern geprägt. In einem solchen Umfeld fühlen sich die Mitarbeiter nicht sicher, Fehler offen zu kommunizieren, weil sie mögliche Konsequenzen befürchten. Diese negative Kultur sollte man vermeiden. Die möglichen Vertuschungen kosten Ihnen sonst nur wertvolle Zeit und erschweren jegliche Fehlersuche. Und mal unter uns: Ich kenne wirklich niemanden, der bewusst und mit voller Absicht Fehler macht. Meist passiert so etwas eher durch Unachtsamkeit, Überlastung, immensen Zeit- und Aufgabendruck oder durch Übermüdung.

17.2.6 E-Mail-Struktur für den Notfall vorhalten

Eine Notfall-E-Mail-Struktur ist eine wichtige Maßnahme für den Fall, dass Ihre primäre E-Mail-Infrastruktur (also etwa Ihr Exchange Server oder ein E-Mail-Anbieter) ausfällt oder nicht verfügbar ist. Eine solche Struktur stellt sicher, dass Sie trotz des Ausfalls weiterhin (wie gewohnt) kommunizieren können und dass wichtige Nachrichten nicht verloren gehen. Wenn Sie diese Struktur in der Hinterhand haben, muss sie im Notfall nur noch von den entsprechenden technischen Bereichen aktiviert werden. Hier sind einige Strategien, um eine Notfall-E-Mail-Struktur vorzubereiten:

- **Nutzen Sie Cloud-basierte E-Mail-Lösungen**
  - Eine der einfachsten und effektivsten Methoden ist die Nutzung einer Cloud-basierten E-Mail-Lösung, wie z. B. *Microsoft 365* (früher *Office 365*), *Google Workspace* oder ähnliche Dienste. Diese Anbieter hosten E-Mail-Server und bieten eine hohe Verfügbarkeit sowie eine automatische Backup- und Wiederherstellungsfunktionalität.
  - Im Notfall können Sie einfach auf den Cloud-Dienst zugreifen, auch wenn Ihr lokales E-Mail-System ausgefallen ist.
- **Richten Sie eine E-Mail-Weiterleitung auf ein Failover-System ein**
  - Implementieren Sie ein Failover-System oder eine Backup-E-Mail-Lösung, bei der eingehende E-Mails an eine alternative Adresse oder einen externen E-Mail-Server weitergeleitet werden, falls Ihr primärer Exchange Server ausfällt.
  - Dies kann über den *MX-Record* (*Mail Exchange*) in den DNS-Einstellungen erfolgen, der bei einem Ausfall automatisch auf einen anderen Server zeigt, der weiterhin E-Mails empfangen kann.
- **Richten Sie für den Notfall einen redundanten E-Mail-Server ein**
  - Sie können einen redundanten E-Mail-Server auf einem anderen Standort oder in einer virtuellen Umgebung betreiben. Fällt eines Tages der primäre Server aus, wird automatisch der sekundäre E-Mail-Server aktiviert.
  - Dies erfordert entsprechende Infrastruktur und Verwaltung, kann aber die Verfügbarkeit Ihrer E-Mail-Kommunikation sicherstellen.
- **Notfall-E-Mail-Vorlagen und Kontakte**
  - Bereiten Sie Notfall-E-Mail-Vorlagen vor, die Sie schnell an alle wichtigen Kontakte senden können, um diese über den Vorfall und mögliche Verzögerungen bei der Kommunikation zu informieren.
  - Stellen Sie sicher, dass Sie Zugriff auf eine Liste aller relevanten E-Mail-Kontakte haben, die Sie im IT-Notfall oder bei einer (IT-)Krise benachrichtigen müssen.

Eine gut durchdachte Notfall-E-Mail-Struktur umfasst sowohl technische als auch organisatorische Maßnahmen, die sicherstellen, dass Sie auch in Notfall- und Krisenzeiten weiterhin kommunizieren können. Hier stellt sich nur die Frage, ob alle Mitarbeiter in diese

Notfall-E-Mail-Struktur eingebunden werden müssen oder nur diejenigen, die für die Notfallbearbeitung zuständig sind. Wichtige Elemente dabei sind Cloud-Dienste, redundante Systeme und regelmäßige Backups. Es ist auch entscheidend, den Notfallprozess klar zu definieren und das Team oder die Mitarbeiter entsprechend zu schulen. Und natürlich sollte das im Vorfeld (im Normalbetrieb) auch auf Funktion getestet werden.

17.2.7 Sicherheitsüberprüfungen (Ü1, Ü2, Ü3)

Mit einer Sicherheitsüberprüfung können Auffälligkeiten und Probleme bei den Mitgliedern frühzeitig erkannt werden. Dieses Verfahren ist in Deutschland genau reglementiert. Die Wikipedia bietet Ihnen einen guten Einstieg, weitere Informationen finden Sie auf den Seiten des Verfassungsschutzes oder des BfDi:

- *https://de.wikipedia.org/wiki/Sicherheits%C3%BCberpr%C3%BCfung*
- *https://www.verfassungsschutz.de/DE/themen/geheim-und-sabotageschutz/die-sicherheitsueberpruefung/Die-Sicherheitsueberpruefung_node.html*
- *https://www.bfdi.bund.de/DE/Buerger/Inhalte/S%C3%9CG/FAQ.html*

Die Sicherheitsüberprüfung der Mitarbeiter ist sehr aufwendig und allein bestimmt kein Allheilmittel. Sie ist aber ein wichtiger Teilbaustein eines organisationsweiten Sicherheitskonzepts. Daher ist dieser Schritt in meinen Augen sinnvoll, denn wir arbeiten im IT-SCM oft mit hochsensiblen Daten und Informationen. Es müssen dann aber auch konsequenterweise alle ITSCM-Mitarbeiter sicherheitsüberprüft sein.

17.2.8 Personal (Skills) redundant aufbauen

Technische Redundanz ist schön und gut, aber sie bringt im Notfall nicht viel, wenn niemand da ist, der sie zu nutzen weiß. Daher sollte Ihre Organisation dafür sorgen, dass wichtige Skills mehrfach vorhanden sind: SPoKs werden früher oder später zum Problem (siehe Abschnitt 10.1.9).

Auch wenn es immer schwer ist, dies durchzusetzen: Sorgen Sie lieber in ruhigen Zeiten für personelle Redundanzen und dokumentieren Sie das Wissen der einzelnen Mitarbeiter für alle Kollegen aus dem Bereich. Es muss praktisch für die Zukunft konserviert werden. Ansonsten wird bei jeder Beendigung eines Arbeitsverhältnisses viel Know-how die Organisation verlassen.

17.2.9 Notfall-Website aufbauen

Bauen Sie für den Notfall eine Webseite auf, auf der die wichtigsten Informationen gesammelt und übersichtlich zu finden sind. Und sorgen Sie natürlich dafür, dass wirklich alle diese Webseite kennen und wissen, dass man sich im Notfall oder in einer Krise an diesen Informationen orientieren muss.

Dies sollte unbedingt während einer Alarmierungsübung getestet werden. Dort sollte auch auffallen, ob alle Mitarbeiter auf diese Seite zugreifen können – und zwar notfalls auch mit ihren privaten Geräten.

17.2.10 Externe Kooperationen

Es müssen Partnerschaften mit externen Dienstleistern, Notfallteams oder anderen Organisationen aufgebaut werden, um im Krisenfall auf zusätzliche Ressourcen und Expertise zurückgreifen zu können. Wäre es beispielsweise möglich, in einem IT-Notfall RZ-Kapazitäten eines Geschäftspartners zu nutzen? Oder könnte man dort ein Not-Ausweich-RZ aufbauen? Wäre es möglich, Hardware beim Partner (geteilt) zu nutzen? Oder ist dies aus regulatorischen Gründen von vornherein ausgeschlossen? Das zu klären, ist allerdings die Aufgabe des BCM oder des Krisenmanagements, nicht des ITSCM.

17.2.11 Aufgaben für das BCM

Die Vorbereitung auf einen Notfall liegt eigentlich im Aufgabenbereich des BCM. Aber es schadet nicht, wenn Sie einige Aspekte im Blick behalten, die für das ITSCM relevant sind.

Räumlichkeiten

Gibt es in Ihrer Organisation Ausweichräume, die man als Krisenstabsraum oder (IT-)Lagezentrum nutzen könnte? Sind diese Räume so eingerichtet, dass ein Monitoring der IT-Systeme möglich ist? Gibt es genug Bandbreite und Steckdosen?

Auch ansonsten gibt es viele Fragen, die Sie vor dem Notfall in Übungen und Tests durchspielen sollten: Gibt es mit Notstrom versorgte Notfallarbeitsplätze oder darf ein Notfallmitarbeiter per Verdrängung einfach einen Büroplatz eines anderen Mitarbeiters übernehmen? Können externe Räumlichkeiten genutzt werden? Wenn ja, wo befinden sich diese? Wie sind sie zu erreichen? Wer kommt dort überhaupt hinein? Wann und wie können sie genutzt werden? Gibt es Besonderheiten, die zu beachten sind?

Notfall- und Krisenmanagement

Notfallpläne sowie Krisenreaktionsstrategien müssen entwickelt und regelmäßig aktualisiert werden, damit sie im Ernstfall greifen. Dazu gehört auch die Etablierung eines Krisenstabs, der im Notfall die Entscheidungsfindung übernimmt.

Mitarbeiterschulung und Sensibilisierung

Es müssen regelmäßige Übungen, Trainings und Workshops zur Krisenvorbereitung und -bewältigung eingeführt werden, um das Bewusstsein der Mitarbeiter für Notfallsituationen zu schärfen und sicherzustellen, dass sie ihre Rollen im Ernstfall kennen.

Rollen- und Verantwortlichkeitsverteilung
Es muss eine klare Definition von Rollen, Verantwortlichkeiten und Eskalationsstufen im Krisenfall geben, sodass im Ernstfall jeder weiß, welche Aufgaben zu erfüllen sind und wer die Entscheidungsbefugnis besitzt.

17.3 Weitere Vorgehensweise und Übungen

Im nächsten Kapitel schauen wir uns die wichtigen Themen Kommunikation und Notfallkommunikation an. Beide sind Themen, bei denen ein ITSCM sehr gut auf vorhandene Regelungen, Dokumente und Strukturen zurückgreifen kann, denn die Kommunikation ist keine ITSCM-Kernaufgabe. Aber wenn schon ein Alarm losgeht, sollte schnell, effektiv und vor allem gezielt informiert werden. Denn hier ist Zeit wieder einmal der ausschlaggebende Faktor, und der sollte auf Ihrer »Haben-Seite« stehen.

F-17-1: Was versteht man unter technischer Resilienz?

a) Gegen alle Arten von Incidents 100%ig abgesichert zu sein.
b) In der IT bezieht sich »Resilienz« auf die Fähigkeit von IT-Systemen und Netzwerken, unter Stress oder bei Ausfällen weiterhin funktionsfähig zu bleiben und sich schnell zu erholen.
c) Immer genug IT-Personal vorrätig zu haben.
d) Verträge mit externen IT-Spezialisten abgeschlossen zu haben.

F-17-2: Braucht man Notlieferabkommen oder Notlieferverträge?

a) Nein, das wird alles erst verbindlich geregelt, wenn es so weit ist.
b) Ja, unbedingt. Bitte so viel wie möglich im Vorfeld abstimmen und vertraglich absichern, sodass Sie es im IT-Notfall bzw. in der (IT-)Krise nur noch aktivieren müssen.
c) Quatsch, braucht kein Mensch. In der heutigen Zeit haben Sie das per Expresslieferung am nächsten Werktag vor Ort.
d) Ja, aber nur für alle Spezial- oder Individualsysteme.

F-17-3: Gibt es eine nicht technische (eher Orga-lastige) Resilienz?

a) Nein, Resilienz wird nur technisch hergestellt. Wir sind doch in der IT.
b) Ja, darunter fallen alle nicht technischen Vorsorgemaßnahmen, wie z. B. Notlieferabkommen, Notlizenzen, Notzugriffe und eine gelebte Fehlerkultur.
c) Ja, damit ist gemeint, genug Personal im Orga-Bereich vorzuhalten.
d) Nein, das ist für das ganze ITSCM-Team unwichtig. Das macht das BCM, wenn sie Zeit haben.

Kapitel 18

Interne und externe (Notfall-)Kommunikation

In diesem Kapitel werden die interne und die externe Kommunikation sowie Kommunikationsstrategien, Rollen, Kommunikationskanäle und Tools besprochen.

»Wer nichts sagt, sagt trotzdem etwas.« (alte Kommunikationsweisheit)

Kommunikation ist in einem IT-Notfall oder einer (IT-)Krise in meinen Augen das wichtigste Mittel, um schnell und möglichst reibungslos zu einer Lösung zu kommen. Informationen werden gesammelt, gesichtet, bewertet und müssen schnell, fokussiert und zielgerichtet an die entsprechenden Personen oder Mitarbeiter (intern und extern) weitergeleitet werden. Ohne effektive Kommunikation ist eine Entstörung bzw. die Rückkehr zum Normalbetrieb so gut wie unmöglich bzw. nur sehr zeitverzögert möglich. Es gibt dabei einige Punkte, die unbedingt einzuhalten sind:

- Informieren Sie rechtzeitig!
- Informieren Sie wahrheitsgemäß!
- Informieren Sie sachlich und vermeiden Sie Spekulationen!
- Informieren Sie verständlich!

18.1 Wer soll kommunizieren?

In Notfall muss es eine zentrale Stelle in Ihrer Organisation geben, die für die interne und externe Kommunikation der Dreh- und Angelpunkt ist, also praktisch alles aus einer Hand anbietet. Das hat den Vorteil, dass keine ungefilterten oder falschen Aussagen kommuniziert werden, denn die Mitarbeiter dürfen keine Informationen nach außen geben. Oft hat sich hierfür die Pressestelle, die Public-Relations-(PR-)Abteilung oder ein Kommunikationsbereich bewährt.

Wichtig ist, dass diese Stelle Zugriff auf alle aktuellen Informationen hat. Günstig wäre es auch, wenn schon einige standardisierte Templates im Vorfeld erstellt wurden. Diese muss man dann nur noch situationsbedingt befüllen.

Diese zentrale Stelle muss auch im Krisenstab (wenn einer vorhanden ist) und im (IT-)Lagezentrum einen Platz haben. Im Krisenstab sitzt meist der Leiter der Kommunikation oder der Pressesprecher, im (IT-)Lagezentrum dann oft die Vertretung oder ein Mitarbeiter aus dem Bereich. Das sind Personen, die es gewohnt sind und dafür ausgebildet wurden, vor Kameras, der Öffentlichkeit, den Medien und vor den Mitarbeitern zu reden. Sie haben Kontakte nach außen (wie die eigene Pressestelle, soziale Medien etc.) und wissen, mit wem man wie sprechen sollte bzw. muss und welche Informationen überhaupt weitergegeben werden dürfen.

[!]

Achtung!
Denken Sie nicht nur an die externe Kommunikation (Kunden, Presse, Medien, Bürger, Fachaufsicht etc.). Die eigenen Mitarbeiter müssen ebenfalls zeitnah und gut informiert werden. Nichts ist peinlicher, als wenn die eigenen Mitarbeiter die Informationen zuerst aus der Presse mitbekommen. Oder wenn Mitarbeiter interviewt werden, die noch von nichts wissen.

18.2 Strategien für die Kommunikation

Welche Kommunikationsstrategie gilt für Ihre Organisation? Es gibt mehrere Kommunikationsstrategien, die man als Organisation nutzen kann. Diese werde ich Ihnen gleich kurz vorstellen.

Wenn Sie sich im ITSCM Zeit und Ressourcen sparen möchten, fragen Sie bei Ihrer Pressestelle oder Kommunikationsabteilung nach. Die wird in Sachen (Krisen-)Kommunikation bestens vorbereitet sein, da sie vorab mit dem Top-Management die Kommunikationsstrategie festgelegt und abgestimmt hat. Dort werden bestimmt schon ein paar Templates für bestimmte Vorfälle vorhanden sein.

Betrachten Sie daher die folgenden Informationen als ein wichtiges *Nice-to-know*, denn das ITSCM kommuniziert nur auf Anfrage (als Zulieferer von Infos) oder in den normalen Austauschgremien innerhalb des Tagesgeschäfts. Sie geben als ITSCMler jedoch keinerlei Statements außerhalb der Organisation ab!

Kommunikationsstrategien sind bewusste und systematische Ansätze, um Informationen effektiv zu übermitteln und gewünschte Kommunikationsziele zu erreichen. Sie werden in verschiedenen Bereichen eingesetzt – z. B. in der Organisationskommunikation, im Marketing, bei der zwischenmenschlichen Kommunikation oder in der Krisenkommunikation. Je nach Zielgruppe und Kontext kann die passende Strategie gewählt und kombiniert werden.

Welche Kommunikationsstrategien gibt es?

- **Neutrale Strategien**
  - **Informing (Informieren):** reine Fakteninfos, keine Wertungen oder sonstige Bekundungen, keine Emotionen
  - **Action (Taten):** Was tun wir bereits? Was haben wir getan? Was haben wir vor zu tun?

- **Silence (Schweigen):** Die Organisation schweigt sich aus, lässt nicht mal »Kein Kommentar« verlauten, zeigt keine Reaktionen und versucht, die Krise auszusitzen.
- **Adjusting (Korrigieren):** Die Organisation veröffentlicht korrigierende Informationen, um der Krise eine Richtung zu geben.

■ **Zurückweisende Strategien**

- **Attack (Angriff):** Die Organisation greift eventuelle Ankläger an, um sich zu verteidigen. Sie stellt die Ankläger infrage und behauptet: »Eigentlich seid Ihr die Täter!«
- **Denial (Leugnen):** Zurückweisen des Vorwurfes, dass es eine Krise gibt
- **Scapegoat (Sündenbock):** Verantwortung abschieben, Weiterreichen der Verantwortung

■ **Abmildernde Strategien**

- **Excuse (Sorry):** »Wir haben es nicht mit Absicht gemacht«, »Wir hatten keine andere Wahl«, Hilflosigkeit demonstrieren
- **Play down (Herunterspielen):** Die Schwere der Krise bzw. die Auswirkungen werden heruntergespielt: »So schlimm war es doch nicht!«
- **Justification (Rechtfertigung):** Verteidigung, Rechtfertigung, Erklärung der Gründe

■ **Umbau-Strategien**

- **Compensation (Kompensation):** Angebot von Geld, Geschenken, Einrichten eines Hilfsfonds, materielle Zuwendung an die Opfer der Krise
- **Reconstruction (Umbau):** Umbaumaßnahmen, die angekündigt und durchgeführt werden
- **Kündigung von Lieferanten:** Abstoßung von faulen Geschäften, Produkten etc.
- **Apology (Entschuldigen):** Die Organisation übernimmt die volle Verantwortung und bittet um Verzeihung.

■ **Unterstützende Strategien**

- **Reminder (Erinnern):** »Was haben wir nicht alles Gutes getan in der Vergangenheit?« Man verweist auf Spenden oder auf die Unterstützung von Hilfsorganisationen, auf den guten Zweck der Organisation oder darauf, dass man ja *der* Arbeitgeber der Region ist.
- **Ingratiation (Loben):** »Ihr seid so tolle Stakeholder, wir sind doch Freunde und wir haben doch in der Vergangenheit immer so wunderbar zusammengearbeitet.«
- **Victimage (sich selbst als Opfer darstellen):** »Wir sind selbst auch nur ein Opfer dieser Krise.«

Man kann diese Strategien natürlich auch beliebig miteinander kombinieren. Hier sind Ihrer Fantasie keine Grenze gesetzt, aber übertreiben Sie es nicht.

Kurz und knapp und ehrlich ist immer noch der beste Weg! Alles andere kommt raus und fällt Ihnen irgendwann auf die Füße, was den Ruf und die Vertrauenswürdigkeit einer Organisation dauerhaft schädigen kann.

18.3 Kommunikationsrollen beschreiben

Sie können für sich im ITSCM die in der Organisation vorhandenen Kommunikationsrollen kurz beschreiben oder sich diese Informationen von der Pressestelle oder der Kommunikationsabteilung (wenn Sie eine haben) geben lassen. Das ITSCM sollte dort idealerweise für Rückfragen einen festen Ansprechpartner haben. Stimmen Sie die Kommunikation aber mit dem ITSCM-Owner vorher ab.

18.4 Kollaborationstools und Kommunikationstools (inklusive Ausweichtools) festlegen

Je nach Art und Ausprägung eines Schadensereignisses stehen unterschiedliche Kommunikationsmöglichkeiten nur teilweise, mit eingeschränkter Leistung oder gar nicht zur Verfügung. Es sollte möglichst vorab eruiert werden, welche der Kommunikations- und Kollaborationstools verfügbar sind (Ist) und während des Schadensereignisses genutzt werden sollen (Soll).

Machen Sie sich über dieses Problem schon weit vor einer Störung Gedanken und prüfen Sie auch, welche Ausweichtools zur Verfügung stehen. Dazu gehört natürlich, dass Sie festlegen, was nicht genutzt werden darf (Thema Datenschutz: z. B. WhatsApp wegen Servern in den USA). Es gibt dann als Ergebnis eine Positivliste und eine Negativliste:

- Eine **Positivliste** beinhaltet alle nutzbaren Tools und alle genehmigten Ausweichtools (eventuell auch die Nutzung von privatem Equipment). Das muss vorab mit dem ISM abgestimmt sein.
- Auf der **Negativliste** stehen alle »verbotenen« bzw. nicht erlaubten Tools. Damit sind Sie schon mal sehr gut aufgestellt und vorbereitet und müssen nicht erst im Ernstfall alles zeitaufwendig definieren und testen.

In Tabelle 18.1 sehen Sie ein Beispiel für solche Listen:

- Unter *Freigegebene Kommunikationstools* habe ich alle Tools aufgelistet, die organisationsweit freigegeben wurden. Die Freigabe erfolgte durch die Informationssicherheit und das Top-Management.
- Unter *Freigegebene Kollaboration*-Tools sehen Sie alle freigegebenen Tools für eine Zusammenarbeit.
- Unter *Mögliche Alternativen* finden Sie alle erlaubten Alternativen zu den freigegebenen Kommunikationstools und freigegebenen Kollaboration-Tools.
- Unter *Verbotene Tools* sind alle Tools aufgelistet, die auf keinen Fall genutzt werden dürfen!

Wichtig ist mir der Aspekt, dass es erlaubte und verbotene Tools gibt und dass diese allen Mitarbeitern auch durch Intranet-Meldungen, Newsletter, E-Mail, Schwarzes Brett etc. bekannt sind.

Tool	Einsatzzweck	Link/Zugang	Besonderheit
Freigegebene Kommunikationstools			
Firmenhandy	Direkte Kommunikation, Anrufe, Fotos, Screenshots zur Fehleranalyse, (Alarm-)SMS, *Signal*-Gruppe(n), *Cisco Jabber*, *Jitsi* etc.	Telefonlisten auf den Handys einrichten. Alarm-*Signal*-Chaträume, SMS-Gruppen einrichten.	- Auf gültige PIN achten! - Aktuelle Rufnummern können zentral zur Verfügung gestellt werden. - Das Handy sollte griffbereit und einsatzbereit sein (aufgeladen). - Updates der Applikationen und des Handys beachten! - *Cisco Jabber*, *Jitsi* und *Signal* sofort einrichten und testen. - Es wird unangekündigte Übungen geben, um die technischen Gegebenheiten in der Praxis zu überprüfen.
Tablet	Direkte Kommunikation, Anrufe, Fotos, Screenshots zur Fehleranalyse, E-Mails, SMS, *Signal*-Gruppen, *Cisco Jabber*, *Jitsi* etc.	[Link einfügen]	- Auf gültige PIN achten! - Das Tablet sollte griffbereit und einsatzbereit sein (geladen). - Updates der Applikationen und des Tablets beachten. - *Cisco Jabber* sofort einrichten und testen.
E-Mail/E-Mail-Verteiler (per *MS Outlook* oder Web-*Outlook*-Client)	Indirekte Kommunikation, z. B. zur Informationsweitergabe, Aufgabenverteilung, für Rückfragen etc.	Alle Mitarbeiter haben per AD-Zugriff	- Im Störungsfall eher zweitrangig, da im Krisenfall die Kommunikation grundsätzlich nicht asynchron verlaufen sollte!
Cisco-Tischtelefon, »Spinne«	Direkte Kommunikation, Anrufe	[Link einfügen]	- Hardware-Telefone (vor Ort) können ebenfalls genutzt werden.
ViKo	Videokonferenzsystem	[Link einfügen]	- Einwahldaten angeben

Tabelle 18.1: Beispiel für eine Positiv- bzw. Negativliste für Tools und deren Alternativen

Tool	Einsatzzweck	Link/Zugang	Besonderheit
Freigegebene Kollaboration-Tools			
Notfallblog (in *Confluence*)	Wird zur Dokumentation ab Major-Incident aufwärts genutzt, während der Arbeitszeit von 6 bis 20 Uhr.	[Link einfügen]	- Ist hausweit freigeschaltet. - Jeder MA kann kommentieren.
Confluence	- Wissensmanagement, Daten- und Dokumentenablage - Alle Bereiche der Organisation haben dort Zugriff. Des Weiteren werden dort Handouts und Anleitungen hinterlegt. - Informationsdrehscheibe	[Link einfügen]	- Unbedingt vorab den Zugriff testen!
SharePoint	Wissensmanagement, Daten- und Dokumentenablage	[Link einfügen]	- Offizielles Tool - Unbedingt vorab den Zugriff testen!
KeePass	- Passwort- und Zugangs-Link-Speicherung. - Ist im Standard-PC-Image inkludiert.	[KeePass-Datei angeben]	- Auf allen PCs vorinstalliert - Dafür sorgen, dass die persönliche (oder Bereichs-)KeePass-Datei (*.kdbx-Datei) nicht nur auf dem *H*- oder *G*-Laufwerk liegt, sondern auch in aktueller Version auf dem lokalen Laufwerk *C* des eigenen PCs!

Tabelle 18.1: Beispiel für eine Positiv- bzw. Negativliste für Tools und deren Alternativen (Forts.)

Tool	Einsatzzweck	Link/Zugang	Besonderheit
Cisco Jabber/ Jabber-Chat	- Telefon- und Chatfunktion - Gruppenchat - Bildschirm teilen - Presence-Indikator - Vom Smartphone möglich	[Link einfügen]	- Eine funktionierende Telearbeit ist hier zwingend notwendig (Zugriff per PC).
ConferenceNow	Telefonkonferenzsystem	[Link einfügen]	- Beschreibung einfügen
Mögliche Alternativen			
Join	Videokonferenzsystem	[Link einfügen]	- Alternative
DFN	Videokonferenzsystem	[Link einfügen]	- Alternative - Man muss als Besprechungsorganisator bei DFN registriert sein. - Eher als letzte Notlösung zu betrachten!
Jitsi/ Jitsi meet (Handy)	Videokonferenzsystem	[Link einfügen]	- Alternative - Gut für Dauer-Chat-Räume - Anleitung - Auf dem Tablet testen!
Matrix/ Elements	- Telefon- und Chat - Gruppenchat - Jitsi-Integration - Vom Smartphone möglich	[Link einfügen]	- Inoffiziell bereitgestellt - Accounts sind bereits freigeschaltet. - Unbedingt einmalig anmelden und Sicherheitsschlüssel sichern!
Signal	- Messenger-Funktion - Gruppen-Video-Anrufe	[Link einfügen]	- Einladung/Freischaltung in die einzelnen Gruppen
...	...	...	...

Tabelle 18.1: Beispiel für eine Positiv- bzw. Negativliste für Tools und deren Alternativen (Forts.)

Tool	Einsatzzweck	Link/Zugang	Besonderheit
Verbotene Tools (von der Informationssicherheit und dem Top-Management abgelehnt)			
WhatsApp	Vom Smartphone möglich		– Ist wegen der Datenspeicherung in den USA nicht erlaubt.
MS Teams	Vom Smartphone, PC und Tablet möglich		– Ist wegen der Datenspeicherung in den USA nicht erlaubt.
...	...	...	...

Tabelle 18.1: Beispiel für eine Positiv- bzw. Negativliste für Tools und deren Alternativen (Forts.)

18.5 Kommunikationswege und Kanäle beschreiben (inklusive Ausweichmöglichkeiten)

Wie wird in Ihrer Organisation kommuniziert? Und wie wird kommuniziert, wenn diese gewohnten Mittel nicht mehr zur Verfügung stehen? Was geschieht dann? Es gibt passive Kommunikationsmöglichkeiten, bei denen man meist nur reine Informationen zur Verfügung stellt. Das wären z. B.:

- **Dark Sites**, auch *Black Sites* oder *Notfall-Websites*: Das sind in der Regel Webseiten im Internet, die Notfallinformationen oder Handlungsanweisungen beinhalten. Diese Seiten werden aktiv geschaltet, wenn es schwerwiegende Probleme, IT-Notfälle oder gar (IT-)Krisen in der eigenen Organisation gibt.

  Auf so einer Seite könnte z. B. stehen: »*Im Hauptgebäude A2 ist am Wochenende ein Brand ausgebrochen. Bis auf Weiteres arbeiten alle Mitarbeiter aus diesem Gebäude aus dem Home-Office. Weitere Informationen folgen gegen 18 Uhr (Stand 01.03.2025).*«
- **Internetseiten:** Das sind die normalen Webseiten der Organisation mit den gängigen Informationen (Vorstellung der Organisation, Organigramm, Stellenbörse etc.).
- **Newsletter/Newsticker:** Das sind oft interne Nachrichten zu bestimmten Themen. Sie informieren meist kurz und knapp und mit einer Verlinkung zu weiteren Informationen.
- **Social-Media wie Facebook, Instagram, LinkedIn, XING, X:** mit den dort typischen Nachrichten und Berichten

Dann gibt es noch den Zweig mit den *aktiven Kommunikationsmöglichkeiten*. Zu ihnen zählen z. B.:

- Pressekonferenzen
- Hotline
- persönliche Kontakte

- Anrufe
- E-Mails
- Chatprogramme
- Durchsagen, Signale, Sirenen etc.

18.6 Notfallkommunikation

Wie Sie sich bestimmt gut vorstellen können, unterscheidet sich eine Notfallkommunikation von der normalen Alltagskommunikation. Unter *Notfallkommunikation* versteht man die Kommunikationsmaßnahmen, die in Krisen- oder Notfallsituationen eingesetzt werden, um Informationen schnell und effektiv zu verbreiten, zu empfangen und zu verarbeiten.

Das Ziel der Notfallkommunikation ist es, eine koordinierte Reaktion auf den IT-Notfall oder die (IT-)Krise zu ermöglichen, Risiken zu minimieren und die öffentliche Sicherheit zu gewährleisten. Zu den Schlüsselaspekten einer Notfallkommunikation gehören:

- **Warnung und Information:** Bereitstellung von relevanten und zeitnahen Informationen für die betroffenen Personen, damit sie sich auf die Situation vorbereiten oder Schutzmaßnahmen ergreifen können. Dies kann über verschiedene Kanäle wie Radio, Fernsehen, Internet, Lautsprecher, Warn-Apps oder soziale Medien erfolgen.
- **Koordination zwischen Institutionen:** In einem Notfall müssen verschiedene Akteure wie Polizei, Feuerwehr, Rettungsdienste, Gesundheitsbehörden und lokale Verwaltungen miteinander kommunizieren, um schnell und effektiv handeln zu können.
- **Krisenmanagement:** Kommunikation zur Steuerung und Überwachung der Maßnahmen, um den Verlauf der Krise zu beeinflussen und Ressourcen gezielt einzusetzen
- **Aufrechterhaltung der Kommunikation unter extremen Bedingungen:** Hier geht es darum, sicherzustellen, dass Kommunikationsmittel auch unter schwierigen Bedingungen funktionieren, wie bei Stromausfällen, in Katastrophengebieten oder bei technischen Störungen.
- **Fehlende oder missverständliche Kommunikation vermeiden:** Klare, verständliche und verlässliche Informationen sind entscheidend, um Verwirrung zu vermeiden und das Vertrauen der Stakeholder, Kunden, Mitarbeiter und der Bevölkerung etc. zu erhalten.

In modernen Notfallkommunikationssystemen kommen oft digitale Medien, spezialisierte Apps und auch die sozialen Netzwerke zum Einsatz, um Menschen schnell zu erreichen und wichtige Informationen zu verbreiten.

Der Unterschied zwischen Kommunikation und Notfallkommunikation besteht hauptsächlich im Zweck, im Kontext und in den besonderen Anforderungen der jeweiligen Situation. Ich möchte das kurz in einer Gegenüberstellung darstellen:

Kommunikation

- **Definition:** Kommunikation ist der allgemeine Austausch von Informationen, Ideen und Gefühlen zwischen Personen und/oder Gruppen.
- **Ziel:** Kommunikation kann informativ, überzeugend, unterhaltend oder beziehungsfördernd sein.
- **Situation:** Kommunikation findet in einem normalen, nicht kritischen Kontext statt. Es gibt keinen unmittelbaren Druck oder Zeitdruck.
- **Merkmale**
  - Planung und Struktur sind flexibel.
  - Der Ton und der Inhalt sind oft entspannter oder auf langfristige Ziele ausgerichtet.
  - Fehler oder Verzögerungen in der Kommunikation haben oft keine gravierenden Folgen.
  - Die Zielgruppe ist breit gefächert und nicht unbedingt klar definiert.

Notfallkommunikation

- **Definition:** Notfallkommunikation ist eine Form der Kommunikation, die speziell für Notfall- oder Krisensituationen entwickelt und durchgeführt wird.
- **Ziel:** Menschen schnell, präzise und klar über Gefahren, Maßnahmen und nächste Schritte informieren, um Sicherheit und Kontrolle zu gewährleisten.
- **Situation:** Notfallkommunikation findet in einer kritischen, oft durch Stress gekennzeichneten Umgebung statt, wie bei Naturkatastrophen, Unfällen, Pandemien oder anderen Notfällen.
- **Merkmale**
  - **Hoher Zeitdruck:** Die Informationen müssen sofort übermittelt werden.
  - **Präzision:** Die Botschaften müssen klar, eindeutig und frei von Mehrdeutigkeiten sein.
  - **Zielgruppenspezifisch:** Botschaften sind oft an eine konkrete Zielgruppe gerichtet (z. B. Betroffene, Rettungskräfte, Behörden, Top-Management, Pressestellen etc.).
  - **Emotionale Komponenten:** Die Notfallkommunikation berücksichtigt Angst, Panik oder Unsicherheit und versucht, diese zu minimieren.
  - **Koordination:** Die Notfallkommunikation ist oft mit mehreren Organisationen (z. B. Behörden, Medien) abgestimmt.
  - **Folgen:** Fehler, Missverständnisse oder Verzögerungen können schwerwiegende Folgen haben, wie den Verlust von Menschenleben oder von Vertrauen.

Beispiele

- **Kommunikation:** Eine Organisation informiert Kunden über neue Produkte in einem Newsletter.
- **Notfallkommunikation:** Die Organisation sendet Warnungen zu einer Sicherheitslücke in einem Produkt und gibt präzise Anweisungen, wie die Kunden reagieren sollen.

Während die normale Kommunikation langfristige und vielfältige Ziele verfolgt, ist die Notfallkommunikation auf schnelle, zielgerichtete und wirkungsvolle Informationen fokussiert, um unmittelbare Gefahren zu bewältigen.

18.7 Notfallalarmierungstools

Im professionellen Umfeld brauchen Sie zwingend ein Tool, das zur Alarmierung im Notfall dient.

An dieser Stelle möchte Ihnen kurz ein Tool vorstellen, von dem ich absolut überzeugt bin: *FACT24* (*https://fact24.f24.com/de/*). Zwar gibt es viele Tools zur Alarmierung im Notfall, die alle ihre Vorzüge, Nachteile und Berechtigungen haben (siehe unten). Aber FACT24 ist definitiv der »Platzhirsch«, und das seit vielen Jahren – und mit Recht, finde ich. Die Kundenliste spricht für sich.

Abbildung 18.1: Das Logo von FACT24 (Quelle: FACT24)

FACT24 besteht aus den beiden Modulen *FACT24 ENS+* und *FACT24 CIM*:

- FACT24 ENS+ sorgt für eine leistungsstarke und multimediale Alarmierung (siehe Abbildung 18.2).

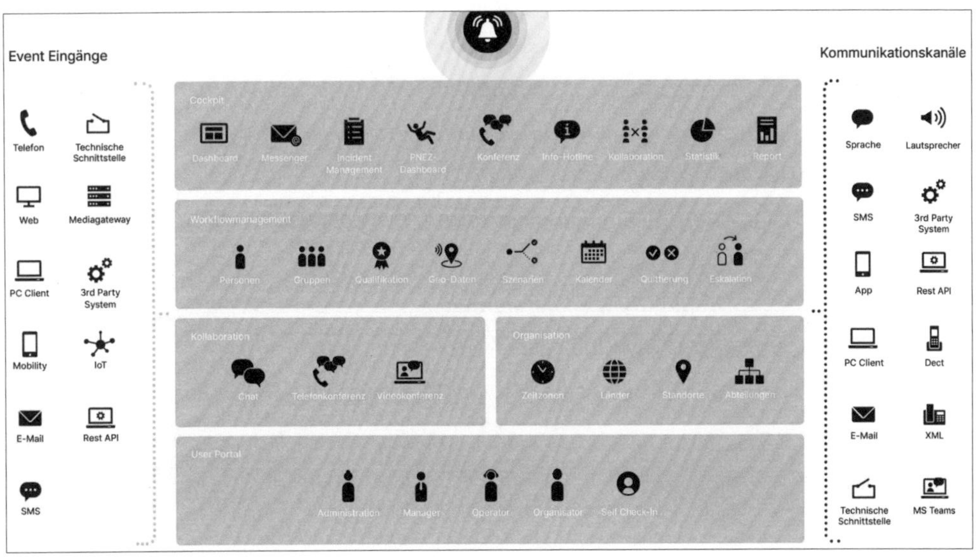

Abbildung 18.2: Ausschnitt aus FACT24 ENS+ (Quelle: FACT24)

- FACT24 CIM ist ein Tool zum proaktiven Krisenmanagement (siehe Abbildung 18.3).

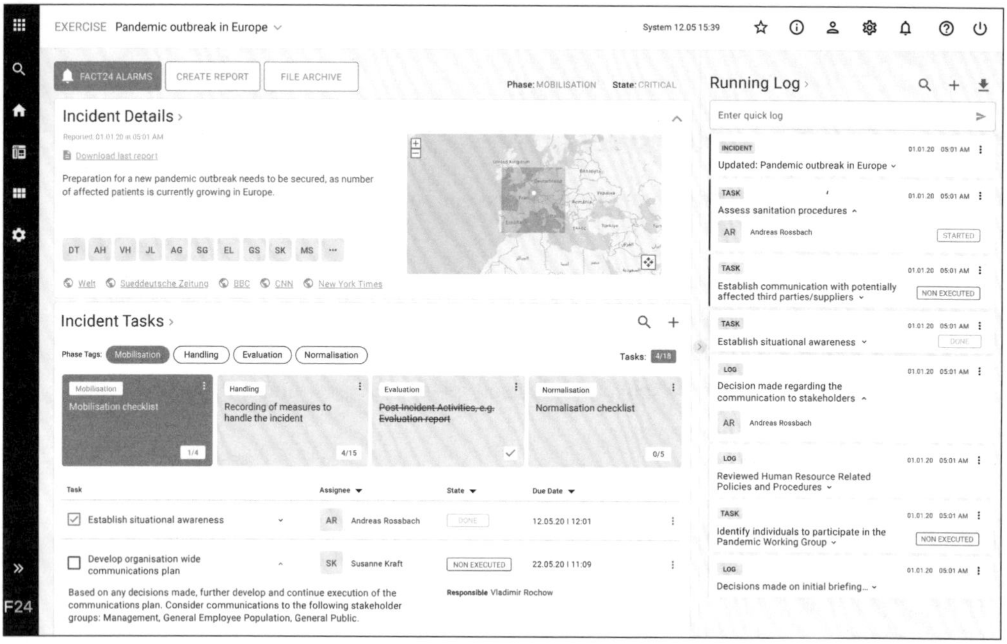

Abbildung 18.3: Screenshot aus dem FACT24 CIM (Quelle: FACT24)

Darüber hinaus gibt es auch noch eine ganze Reihe anderer Tools, die Sie bei Bedarf evaluieren sollten. Vielleicht passt eines von ihnen besser zu Ihren Anforderungen:

- xmatters: *https://www.xmatters.com/*
- GA GroupAlarm: *https://www.groupalarm.com/*
- RAPIDREACH: *https://www.rapidreach.de/*
- safeREACH: *https://safereach.com/de/*
- AlarmRuf: *https://www.alarmruf112.com/*
- AlarmTILT-BC: *https://alarmtilt.f24.com/*
- e*BOS-Alarmierung von e*Message: *https://www.emessage.de/*
- FÜbung: F-Agent: *https://www.ff-agent.com/*
- PowerAlarm: *https://www.poweralarm.de/*
- RETTalarm: *https://www.ide-tec.de/rettalarm*
- Vodafone ProfiAlarm: *https://www.vodafone.de/media/downloads/pdf/profialarm-11-06.pdf*

18.8 Weitere Vorgehensweise und Übungen

Im nächsten Kapitel geht es endlich um das lang ersehnte ITSCM-Handbuch. Für wen ist es überhaupt? Was macht man damit? Welchen Nutzen bietet es? Gibt es das eine perfekte Handbuch? Gibt es ein allgemeingültiges und nutzbares Template? Und warum (verdammt noch mal) kommt es erst jetzt (so spät) dran?

F-18-1: Ist Notfallkommunikation das Gleiche wie Kommunikation im Normalbetrieb?

a) Nein, Notfallkommunikation ist viel klarer, zielgerichteter, fokussierter und kürzer.
b) Nein, man spricht dann nur Englisch. Das geht dann schneller, wegen den ganzen Fachbegriffen.
c) Ja, kommt ja schließlich aus dem gleichen Kommunikationskonzept.
d) Ja, warum sollte das verschieden sein?

F-18-2: Was sind Kommunikationsstrategien?

a) Das sind Rederegelungen unter den Mitarbeitern einer Organisation.
b) Das sind Strategien, die vorgeben, wie eine Organisation mit ihren Kunden zu reden hat.
c) Kommunikationsstrategien sind bewusste und systematische Ansätze, um Informationen effektiv zu übermitteln und gewünschte Kommunikationsziele zu erreichen.
d) Das sind theoretische Konstrukte, die in der Praxis eh nie funktionieren.

F-18-3: Ist ein Alarmierungstool für den Notfall sinnvoll?

a) Nein, ist viel zu teuer.
b) Auf jeden Fall. So ein Tool nimmt Ihnen viele zeitraubende Routineaufgaben ab: Alarmierungen, Notfallinformationen versenden, Aufgaben versenden und nachverfolgen, Organisation von Besprechungen, Protokollierungen und, und, und.
c) Ja, aber nur für die IT.
d) Nein, das fällt bei uns im Notfall immer als Erstes aus.

Kapitel 19

Das ITSCM-Handbuch erstellen

Das ITSCM-Handbuch ist das Nachschlagewerk für das ganze ITSCM-Team: Seine Vor- und Nachteile, sein Aufbau und mögliche Inhalte, Aufbewahrungsort(e) und (Notfall-)Backups werden in diesem Kapitel besprochen

> *»Ein gutes Ziel erhöht die Erfolgswahrscheinlichkeit.«*
> *(unbekannt)*

Das ITSCM-Handbuch ist Ihr Kompendium: detailliert, vollständig, aktuell und immer griffbereit. Es sollte die abgestimmte Arbeitsanleitung und Informationsquelle für den ITSC-Manager und für das gesamte ITSCM-Team sein. In ihm halten Sie eine detaillierte Beschreibung aller Tätigkeiten fest, die wesentlich umfangreicher als in der Policy ist, die Sie aus Kapitel 4 kennen. Hinzu kommen viele zusätzliche Themen, Dokumente, Ideen, Templates, Vernetzungen, Schnittstellen, Prozesse etc.

Aber warum sollten Sie erst jetzt das ITSCM-Handbuch schreiben, wenn Sie sich doch schon vor längerer Zeit um die Policy gekümmert haben?

Ganz einfach: Wie Sie sehen, gehört einiges an individueller Erfahrung und konkretem Vorwissen dazu, um ein funktionierendes ITSCM aufzubauen. Dazu haben Sie viele Informationen in Ihrer Organisation gesammelt, gesichtet und aufbereitet. Sie sind also in der Praxis und dem Tagesgeschäft angekommen.

Diese ganzen Erfahrungen und Informationen können Sie erst jetzt für das ITSCM-Handbuch nutzen. Am Anfang, also wenn Sie gerade ein ITSCM aufbauen, ist ja praktisch noch nichts da. Sie wissen also selbst noch nicht, in welche Richtung sich Ihr ITSCM entwickeln wird. Hürden, Herausforderungen, aber auch Chancen sind noch nicht klar ersichtlich. Viele Tätigkeiten und Arbeiten müssen erst zur Routine werden.

Das sieht nun aber ganz anders aus. Sie sind im Daily Business angekommen. Herzlichen Glückwunsch! Schauen wir also, wie Sie Ihr Wissen und die gesammelten Erfahrungen sinnvoll zu Papier oder in eine digitale Form bringen können.

Dazu sollten Sie zunächst sammeln, was überhaupt zu Ihrem Aufgabengebiet gehört und was daher Teil des Handbuchs werden sollte. Der genaue Zuschnitt wird sich nämlich sicherlich in jeder Organisation anders darstellen.

Ich höre beispielsweise oft, dass eigentlich nur die rein taktischen Aufgaben des ITSCM in das Handbuch gehören, weil der ITSC-Manager nur auf der taktischen Ebene angesiedelt ist und (per ISO-Definition) nur dort arbeitet.

Mir persönlich ist das aber viel zu wenig und auch etwas zu engstirnig betrachtet – innerlich wehre ich mich sogar dagegen! Es ist nämlich nicht immer nur alles schwarz oder weiß in der IT-Welt. Gerade während man ein ITSCM aufbaut, arbeitet man als ITSC-Manager durchaus operativ und strategisch – das erlebe ich immer wieder. Und ich persönlich finde das auch nicht schlimm, weil ich dadurch dem ITSCM noch den einen oder anderen Schubs mitgeben kann und es dadurch immer mehr zu »meinem Baby« mache. In großen Organisationen oder im regulierten Umfeld, mag das Arbeiten auf der rein taktischen Ebene funktionieren. In ihnen ist meist der ganze Über- und Unterbau vorhanden, alles ist schon gut eingespielt und man ist als ITSC-Manager wesentlich fokussierter unterwegs, hat aber leider nicht mehr so viele Freiheiten. Es hat also alles seine Vor- und Nachteile.

Strategische Arbeiten

In meiner Organisation habe ich z. B. ergänzend zum Tagesgeschäft die folgenden (strategischen) Punkte erarbeitet:

- ITSCM-Policy erstellt
- Schulungsstrategie (für alle ITSCM-Rollen) verfasst und umgesetzt
- Übungs- und Teststrategie aufgebaut und umgesetzt
- organisationsweite Awareness-Kampagne (strategisch) geplant und schon (teilweise) umgesetzt

Ich war zu dem Zeitpunkt die Person mit dem umfangreichsten ITSCM-Wissen in der Organisation und man hat mich einfach machen lassen.[1] Natürlich habe ich meine Sachen dem ITSCM-Owner immer wieder vorgelegt und wenn nötig abgestimmt. Aber es passte alles für ihn. Dann hieß es: Ärmel hochgekrempelt und weiter geht's. 😊

Operative Arbeiten

Bei den operativen Arbeiten ging es hautsächlich um Folgendes:

- **das Miterstellen und Mitausfüllen von Notfallplänen wie WAP und WHP:** Es gab einige Beratungen zu den Plänen, die ich anschließend mit den Mitarbeitern zusammen befüllt habe. Dies ist keine Kernaufgabe des ITSC-Managers, aber da wir die aktuelle BSI-Vorlage für WAP/WHP[2] genutzt haben und sie für unsere Organisation angepasst haben, hat es mich natürlich interessiert, ob das von uns umgebaute Template auch wirklich anwendbar ist. Aufkommende Fragen konnte ich gleich beantworten. Es ist mir sehr wichtig, nutzbare Dokumente mit einem echten Mehrwert zu haben und nicht nur für die berühmte Schublade zu produzieren. Diese Aktion hat mich einigen Kollegen noch

1 Danke an meinen direkten Vorgesetzten und dessen Vorgesetzten.

2 Die Vorlage finden Sie unter: *https://www.bsi.bund.de/SharedDocs/Downloads/DE/BSI/Grundschutz/Hilfsmittel/Standard200_4_BCM/Standard_200-4_Vorlage_Wiederanlaufplan.docx?__blob=publicationFile&v=1* (siehe auch das Download-Material)

nähergebracht. Sie fühlten sich mit diesem neuen Thema nicht allein gelassen, sondern wohlwollend und wertschätzend unterstützt. Dieses Netzwerk wird Ihnen in der Praxis noch oft weiterhelfen. Gerade auf dem berüchtigten »kurzen Dienstweg«.

- **Hilfe beim Aufbau von Übungen und Testszenearien und bei der Erstellung von Übungsdrehbüchern,** weil bei den Mitarbeitern noch nicht viel Wissen bzw. Routine vorlag. Daher wollte ich nicht nur einfach meine Anforderungen über den Zaun schmeißen, sondern zusammen mit den Kollegen einen für alle gangbaren und sinnvollen Weg erarbeiten. Ich mache das sehr gerne im engen Kontakt mit den Kollegen, denn es schafft Awareness und man bleibt einfach am Ball. Und auch dieser Austausch hilft mir bei weiteren Übungs- und Testplanungen.

Diese ganzen Informationen würden mir fehlen, wenn ich nicht zuerst die Erfahrungen aus dem Aufbau *meines* ITSCM gemacht hätte.

[«]

Alternativer Weg

Falls Sie aber dennoch sagen, dass das Handbuch für Sie viel zu spät kommt, können Sie so vorgehen: Entweder stellen Sie eine Person aus dem ITSCM-Team oder dem Backoffice dazu von Anfang an ab, d. h., dass sich diese Person hauptsächlich darum kümmert, die Inhalte für das Handbuch zu sammeln und zu archivieren. Oder das ganze Team nimmt sich z. B. einen Tag in der Woche (oder einen Tag im Monat), an dem alle am Handbuch arbeiten.

Und unter uns gesagt: Es gibt Wichtigeres als das Handbuch. Ja, es ist sehr nützlich und kann uns im ITSCM gut unterstützen, aber ich würde einer realen Übung oder einem Test immer den Vorrang geben. Setzen Sie sich also nicht unnötig unter Druck, und bauen Sie das Handbuch konsequent, aber eher nebenbei auf. Dann dauert es eben einige Jahre, in denen Sie täglich neue Erfahrungen sammeln. Dranbleiben ist das Wichtigste!

19.1 Die Vor- und Nachteile eines ITSCM-Handbuches

Die Vorteile liegen für mich klar auf der Hand: Mit einem ITSCM-Handbuch, also einem echten und umfassenden Kompendium haben Sie alles Wichtige und Notwendige für die ITSCM-Arbeit in einem (virtuellen) Ordner zentralisiert und griffbereit zusammen.

Sie können das Handbuch für die Einarbeitung von neuen Mitarbeitern oder eine Hospitation in Ihrem Bereich nutzen. Sie können es als Nachweis verwenden, was Sie schon alles im ITSCM aufgebaut und umgesetzt haben. Sie können es als Erinnerung einsetzen, was noch aufgebaut oder angepasst werden muss. Sie können dort schon Platzhalter für zukünftige Themen einbauen, die Ihnen wichtig sind (KI, Cloud etc.). Es gibt keine Limitierung. Ich mag das Arbeiten ohne gedankliches Korsett und feste Vorgaben, denn es hilft mir, meine Gedanken zu strukturieren. Wer jemals versucht hat, ein komplexes Thema allgemeinverständlich zu erklären, weiß, wovon ich rede.

[»]

Beispiel aus der Praxis

Ich hatte einen Arbeitskollegen mit großem Fachwissen, der aber den »Nicht-ITSCM-lern« so gut wie nichts erklären konnte – zumindest nicht, ohne sich hoffnungslos im Fachchinesisch des ITSCM zu verlieren. Damit hat er natürlich andere Kollegen in vielen Gesprächen abgeschreckt.

Es fehlte die Transferleistung: *wissen → verstehen → anwenden*.

Daher ist das ITSCM-Handbuch auch eine gute Möglichkeit, diesen Transfer zu üben. Und zwar ohne sich eine Blöße geben zu müssen: Die internen Diskussionen und Ausarbeitungen stärken das Verständnis und letztendlich auch das Selbstbewusstsein – ein schöner Nebeneffekt fürs gesamte ITSCM-Team.

Nachteile gibt es für mich nur einen einzigen: Sie müssen Ihr Handbuch immer aktuell halten, es also regelmäßig pflegen. Das bedeutet natürlich zusätzlichen Aufwand zur täglichen Arbeit.

[»]

Sie können nur gewinnen

Bei allen Vorteilen: Ich weiß auch, dass sich viele ITSC-Manager vor dieser Mammutaufgabe drücken, auch im regulierten Umfeld. Sie müssen das Handbuch auch laut der ISO-Norm 27031 nicht vorweisen oder zwingend schreiben.

Diese Wissenssammlung ist nur für Sie und Ihr ITSCM gedacht und soll Ihnen bei Ihrer Arbeit helfen. Es gibt also kein Richtig oder Falsch und keine Vorgaben, wie genau ein Handbuch auszusehen hat. Das geht auch gar nicht angesichts der Menge von verschiedenen Organisationen, unterschiedlichen Verwendungszwecken, bei dem vorhandenen Personal und den internen komplexen Strukturen etc. Jedes Handbuch ist daher ein absolutes Unikat!

Sie können dabei also letztendlich nur gewinnen und nicht verlieren.

Achten Sie daher darauf, dass Sie nicht alles Mögliche sammeln, was irgendwie und irgendwann mal im ITSCM genutzt werden könnte. Die Pflege wird aber schwierig werden, wenn Ihr Kompendium ein 1000 Seite starkes Monument ist.[3]

Brauchen Sie Informationen unbedingt für die Arbeit in Ihrem ITSCM? Ist die Antwort ein klares Ja? Dann rein damit ins Handbuch! Sind es Zusatzinformationen (*nice-to-have*)? Dann legen Sie sie woanders ab und verweisen im Handbuch nur mit einem Link darauf. So sollte die Pflege jederzeit möglich sein.

3 Nach meiner Meinung ist ein Umfang von etwa 300 bis 350 Seiten sinnvoll, der Zeitaufwand für die Pflege sollte daher noch überschaubar bleiben. Nutzen Sie eine Plattform, auf der mehrere Personen gleichzeitig am Handbuch arbeiten können und sich nicht gegenseitig behindern (etwa Confluence).

[«]

Priorisierung und Struktur

Aus eigener Erfahrung kann ich Ihnen sagen: Es kann passieren, dass Sie gerade am Anfang etwas übermotiviert zu viele Themen in das Handbuch aufnehmen.

Das finde ich jedoch nicht schlimm. Denn selbst wenn Sie ein Thema nach einiger Zeit wieder loslassen, schadet es nicht, sich damit (wenn auch kurz) zu beschäftigen. Das dient dem besseren Verständnis und der schärferen Abgrenzung. Das kann nie schaden.

Was ich Ihnen damit sagen möchte: Verbeißen Sie sich nicht in Themen und lassen Sie auch mal los. Beim Aufbau des ITSCM habe ich ebenfalls viele Themen gleichzeitig bearbeitet, dann aber gemerkt, dass noch Informationen oder wichtige Grundlagen fehlten oder dass man selber noch nicht optimal aufgestellt war. Dann habe ich diese Arbeiten vorerst pausiert und bin manche Themen erst im Laufe der nächsten Jahre erfolgreich angegangen.

Sie waren aber immer im Handbuch vorhanden – und wenn auch nur in einem Bereich, den ich »Spätere ToDos« genannt habe. So habe ich nichts vergessen, und das Schreiben am Handbuch hat mir geholfen, unsere Aufgaben zu priorisieren und zu ordnen.

19.2 Inhalte und Aufbau eines ITSCM-Handbuchs

Wie gesagt, es gibt nicht das *eine* ITSCM-Handbuch. Sie werden bei jeder Organisation ein eigenes, optimal angepasstes Handbuch vorfinden. Und das ist auch gut so! Das Handbuch muss zu Ihnen und Ihrer Organisation und zu deren Zweck und Zielen passen, daher nützt es nichts, ein anderes Handbuch direkt 1:1 zu kopieren. Das wird nicht funktionieren. Bis zu dem Zeitpunkt, als ich mich intensiver mit der Ausgestaltung unseres ITSCM-Handbuches beschäftigt habe, war ich davon ausgegangen, dass es eine allgemeingültige Vorlage gibt. Dann wurde mir jedoch schnell klar, dass ich alle Handbücher, die ich bis dahin gesehen hatte, nicht nutzen konnte. Dazu haben mir viele einfach optisch und auch didaktisch gar nicht gefallen.

19.2.1 ITSCM-Handbücher in der Übersicht

Als Beispiele sehen Sie in Abbildung 19.1 bis Abbildung 19.4 einige Inhaltsverzeichnisse, aber leider werden Sie keine vollständigen ITSCM-Handbücher im Internet finden, denn in ihnen stehen einfach zu viele hochsensible Interna. Daher ist die Veröffentlichung von IT-SCM-Handbüchern meistens aus gutem Grund nicht erlaubt.[4] An den Inhaltsverzeichnissen dieser »echten« ITSCM-Handbücher können Sie sich aber schon sehr gut orientieren.

4 Anfang 2026 war nicht ein einziges vollständiges Handbuch im Internet zu finden, ich habe jedoch mehrere komplette ITSCM-Handbücher vorliegen. Leider darf ich aber nicht deren Inhalte zeigen, da dort organisationsinterne Informationen (mit Realnamen) zu sehen sind. Die gezeigten Beispiele werden aber für Sie als Anreiz vollkommen ausreichen.

INHALTSVERZEICHNIS

1 KURZBESCHREIBUNG: GRUNDLAGEN UND ZIELE ... 2
2 RECHTLICHE UND NORMATIVE GRUNDLAGEN ... 2
3 GELTUNGSBEREICH ... 2
4 DOKUMENTENSTRUKTUR ... 2
5 PROZESSBESCHREIBUNG ... 2
5.1 IT-Service Verfügbarkeitsanforderungen und GAP-Analyse ... 2
5.1.1 Verfügbarkeitsanforderungen für IT-Services ... 2
5.1.2 Verfügbarkeitsanforderungen für Telekommunikations-Services ... 2
5.1.3 Verfügbarkeitsanforderungen für die Notfallarbeitsplätze der Fachbereiche und der IT ... 2
5.1.4 GAP-Analyse ... 2
5.2 Risk Analysis (RA) / Threat and Vulnerability Risk Assessment (TVRA) ... 3
5.3 ITSCM-Strategie ... 3
5.3.1 IT-Notfall-Definition ... 3
5.3.2 Betrachtete Ausfallszenarien ... 3
5.3.3 Strategien zur Bewältigung von Rechenzentrum- / Infrastruktur-Ausfällen ... 3
5.3.4 Kontinuitätsstrategien für Netzwerk- und Telekommunikations-Dienste ... 3
5.3.5 Kontinuitätsstrategien für andere kritische IT-Dienstleistungen ... 3
5.3.6 Kontinuitätsstrategien für Daten ... 3
5.4 ITSCM-Maßnahmen ... 3
5.4.1 Vorsorge-Maßnahmen ... 3
5.4.2 Planung für Wiederanlauf und Realisierung des IT-Notbetriebes ... 3
5.4.2.1 ITSC-Reaktionsplan ... 3
5.4.2.2 ITSC-Koordinationsplan ... 3
5.4.2.3 ITSC-Recovery-Pläne ... 3
5.5 ITSCM-Tests und -Übungen ... 3
5.5.1 Testklassen für ITSCM ... 3
5.5.2 ITSCM-Tests ... 3
5.5.3 BCM / ITSCM Übungen ... 3
5.5.4 Auswertung von Störungen und Notfällen ... 3
5.6 Pflege und Review des ITSCM ... 3
5.6.1 Kontinuierlicher Verbesserungsprozess ... 3
5.6.2 Dokumentenpflege ... 3
5.6.3 Berichterstattung ... 3
5.7 Begriffsklärung ... 3
5.8 Prozessauslöser und Schnittstellen ... 3
5.9 Ergebnistypen ... 3
5.10 Risiken und Kontrollen ... 3
5.11 Verantwortlichkeiten / Prozessrollen / DEMI oder RASCI ... 3
5.11.1 Koordination von ITSCM und BCM ... 3
5.11.2 Rollenverteilung ... 3
6 ITSCM KULTUR ... 3
6.1 Grundsensibilisierung ... 3
6.2 ITSCM-Schulungen ... 3
7 EXTERNE DIENSTLEISTER DER IT ... 4
8 MITGELTENDE DOKUMENTE ... 4
9 ANHANG ... 4

Abbildung 19.1: Inhaltsangabe eines ITSCM-Handbuches – 1 (Quelle: BCM Academy GmbH, Lehrgang »Certified IT Service Continuity Manager, CITSCM«, https://www.bcmacademy.de/de/citscm)

Inhaltsverzeichnis

Abbildung 19.2: Inhaltsangabe eines ITSCM-Handbuches – 2. Das war einer meiner ersten Versuche. Der war aber nichts und musste noch mal komplett überarbeitet werden.

Inhaltsverzeichnis

Abbildung 19.3: Inhaltsangabe eines ITSCM-Handbuches – 3

Inhaltsverzeichnis

Bitte dieses Dokument an Ihre Organisation anpassen

Bitte dieses Dokument an Ihre Organisation anpassen

Abbildung 19.4: Inhaltsangabe für ein Handbuch von BCM und ITSCM zusammen, nach ISO 22301 und ISO 27031 (Quelle: DGI Deutsche Gesellschaft für Informationssicherheit AG, https://dgi-ag.de/wp-content/uploads/BC-001-HB-Inhaltsverzeichnis-lang-IT-Notfallhandbuch.pdf)

19.2.2 Mein ITSCM-Handbuch als Beispiel

Der Umfang des Handbuches, das ich zusammen mit meinem ITSCM-Team entwickelt habe, ist inzwischen auf Seite 304 angekommen. Es ist aber noch nicht abgeschlossen. Die Struktur folgt dem Weg, den wir beim Aufbau des Bereichs gegangen sind, es ist also chronologisch aufgebaut. Es kam aber schon die Idee auf, es später alphabetisch zu sortieren, damit man die Infos schneller finden kann.[5] Man könnte es aber auch nach der Priorität der einzelnen Tätigkeiten oder Themen sortieren. Und natürlich möchte ich später noch einen ausführlichen Index einfügen.[6]

Da ich unser ITSCM-Handbuch auch zur Einarbeitung von neuen Mitarbeitern nutzen möchte, wird es etwas anders aussehen als die Beispiele, die ich Ihnen gerade vorgestellt habe. Eine solche Anpassung ist vollkommen legitim, denn das ITSCM-Handbuch ist nur für das ITSCM-Team gedacht und soll ihm weiterhelfen.[7]

Der Aufbau pro Thema

Ich baue unser ITSCM-Handbuch pro Thema dreiteilig auf. Das sieht so aus:

1. **Kapitel: Die Erklärung**

   Zuerst erkläre ich sehr ausführlich den Sinn und Zweck eines Themas, inklusive Pros und Contras, zusätzlichen Ideen, bisherigen Erfahrungen, Beispielen, Stolpersteinen, Kommentaren, kritischen Anmerkungen, Unterstützungen und Hindernissen usw.

   Es ist mir persönlich wichtig, einen Mix aus Fachlichkeit (Fachbegriffen) und Verständlichkeit (Erklärungen) zu erreichen und bisherige Erfahrungen zu skizzieren. Gerade für neue Mitarbeiter, Praktikanten oder Dual-Studierende muss der Text verständlich sein. Das Kapitel wird also ein Sammelsurium aus allem Möglichen sein, auch mit Positiv- und Negativbeispielen und zusätzlichen Informationen, warum etwas nicht funktioniert hat. Auch das kann für weitere Arbeiten sehr wichtig sein.

2. **Kapitel: Das Original**

   Danach folgt immer das offizielle Dokument, also die finale und freigegebene Version aus der Organisation mit Unterschrift (gegebenenfalls auch digital) aus dem Top-Management. Damit haben alle ITSCMler dieses wichtige Dokument auch vor Augen.

5 Ich möchte schauen, ob man nicht per Skript zwischen den beiden Ansichten hin- und herspringen kann, denn ich hänge noch sehr an der chronologischen Reihenfolge. Sie ist für mich logisch, und irgendwie bin ich damit ein bisschen verwachsen. 😉

6 Ein Index ist im Wesentlichen eine Art Leitfaden (oder Inhaltsangabe) durch das Buch, in dem Namen, Orte und Dinge in alphabetischer Reihenfolge aufgelistet sind und die Seitenzahlen zu jedem Thema angegeben sind.

7 Als Teile des Teams sehe ich den ITSC-Manager und alle ITSCM-Mitarbeiter an (inklusive die Mitarbeiter aus dem Backoffice). Der ITSCM-Owner und der ITSCM-Sponsor bekommen das Handbuch auf Anfrage natürlich auch zu sehen; sie haben aber auf Form und Gestaltung des Handbuches keinerlei Einfluss, da sie auch nicht mit ihm arbeiten werden. Ihnen dient es lediglich zur Information.

Eventuell fällt gerade einem neuen Mitarbeiter zu den Dokumenten noch etwas ein, wenn er sie zum ersten Mal liest. Die anderen Mitarbeiter werden ja oft im Laufe der Zeit etwas betriebsblind[8], wenn es um den Inhalt der ganzen Dokumente geht. Und da wir uns als ITSCM immer weiter verbessern wollen, sollten wir dieses frische und noch »unverdorbene« Potenzial von neuen Kollegen auch effektiv nutzen, um uns immer wieder selbst auf den Prüfstand zu stellen.

3. **Kapitel: To-Dos**

   Dann folgen alle möglichen To-Dos, d. h., hier sammelt das gesamte ITSCM-Team Ideen und Informationen für die nächste Version des Dokuments:

   - Was möchte man in der nächsten Version besser machen?
   - Was soll oder muss ausgetauscht werden, was ergänzt werden?
   - Ideen für Grafiken
   - offene Fragen
   - Abhängigkeiten, die wir noch kontrollieren müssen
   - Sachen, die gelöscht werden müssen
   - Themen, die man noch mal anstoßen sollten, etc.

Ich möchte diese Dreiteilung einmal für Sie durchspielen (siehe Abbildung 19.5).

Dann sehen Sie besser, was ich meine, und können beurteilen, ob diese Struktur und Vorgehensweise auch für Ihr ITSCM-Handbuch geeignet sein kann.

Und wundern Sie sich nicht: Die nächsten Seiten entsprechen den Inhalten meines Handbuchs; Sie werden also sehen, wie ich mit den ITSCM-Mitarbeitern kommuniziere.

---

8 *Betriebsblind* zu sein bedeutet, dass Sie so lange in einer Organisation oder in einem bestimmten Arbeitsumfeld tätig waren, dass Sie wichtige Details oder Verbesserungsmöglichkeiten nicht mehr erkennen. Die tägliche Routine und Vertrautheit mit den Abläufen können dazu führen, dass Sie potenzielle Schwachstellen oder innovative Ansätze übersehen. Sie füllen nämlich mögliche Lücken oder Missstände direkt mit Ihrem Fachwissen und Ihren Erfahrungen automatisch aus. Diese Betriebsblindheit schränkt oft die Fähigkeit ein, objektiv zu beurteilen, was verbessert werden könnte. Man muss sehr »wach« bleiben, damit man nicht in diese fiese Falle läuft. Hier sind einige Möglichkeiten, wie Sie der Betriebsblindheit gegensteuern können: externe Meinungen einholen, um neue Perspektiven zu bekommen, Mitarbeiterrotation: regelmäßig die Aufgaben wechseln. So können frische Blickwinkel und neue Ideen entstehen. Offene Kommunikation: alle ermutigen, ihre Meinung frei zu äußern. Regelmäßige Meetings und Feedbackrunden helfen, blinde Flecken aufzudecken. Neue Ideen durch Seminare oder Workshops können helfen, den Blick für Verbesserungen zu schärfen.

Inhaltsverzeichnis

Abbildung 19.5: Das Inhaltsverzeichnis meiner ersten ITSCM-Policy V1.0

Ein lebendiges Dokument

Ich nutze eine Art »virtuellen Ordner« als ITSCM-Handbuch, aus dem man sich jederzeit das Kapitel herausnehmen kann, das man für eine Aufgabe, ein Projekt, eine Problemstellung, eine Aktualisierung, eine Überarbeitung oder als Information etc. benötigt. Dabei ist darauf zu achten, dass es immer in sich geschlossene Kapitel sind.

Das Handbuch wird in Confluence aufgebaut und kann jederzeit als PDF oder Word-Dokument exportiert und ausgedruckt werden.

Ich habe für mein ITSCM entschieden, dass das Handbuch keine »Schubladenleiche« sein soll, sondern dass alle aktiv an ihm arbeiten werden und es ein lebendiges Dokument sein soll. Daher ist mir das Feedback von meinen Mitarbeitern sehr wichtig. Nur weil ich sehr viele Zertifikate habe und das schon jahrelang mache, habe ich ja kein Monopol aufs Wissen und Immer-richtig-Liegen. Sinnvolle Änderungen, Ergänzungen, Streichungen, Grafiken oder Ideen werden sofort (in unserem Jour Fixe) besprochen und ins Handbuch aufgenommen: »*Teamergebnisse sind immer besser als Einzelergebnisse!*«

Außerdem ist es gelebte Mitarbeiterwertschätzung, wenn sich Mitarbeiter mit Ideen und viel Energie einbringen und das auch entsprechend honoriert wird. Daher ist meine Idee, dass sich Mitarbeiter (wenn möglich) ein Thema schnappen, für das sie »brennen«, und es selbstständig und (wenn es geht) vollständig erarbeiten und den anderen ITSCMlern dann vorstellen.

Ich nutze unser Handbuch ganz bewusst auch für Diskussionen, Ideen, Fragen, Hintergrundinfos und manchmal auch für organisatorische Absprachen. Wenn Sie nun also nur eine trockene Informationssammlung mit einer Sprache wie in einem ISO-Dokument erwarten, muss ich Sie enttäuschen! Unser Handbuch soll ein lebendiges Dokument sein, das unsere Diskussionen im Team wiedergibt.

Mein Ziel für das folgende Beispiel war, die Policy für neue Kollegen und Kolleginnen deutlich, verständlich und interpretationsfrei zu dokumentieren. Wie Sie sehen werden, bemühe ich mich auch in einer Wissenssammlung darum, alle Inhalte normal und allgemein verständlich zu beschreiben, fast so, als ob man in ein lockeres Gespräch verwickelt ist. Es ist ja alles keine Raketenwissenschaft.

Natürlich können Sie Ihr Handbuch auch wesentlich fachlicher schreiben. Ich möchte es aber besonders für neue Mitarbeiter, Hospitationen und Dual-Studierende nutzen, daher ist mir Verständlichkeit wichtiger als ganz tiefe Fachlichkeit. Denn es ist mein Ziel, Menschen nicht mit Fachjargon zu beeindrucken oder abzuhängen, sondern sie mitzunehmen und zur Mitarbeit zu motivieren!

Die Inhalte

Die Erläuterung folgt dem Dreischritt aus Erklärung, Original und To-Do

> **1. Kapitel: Erklärung**
>
> Ich werde alles Wichtige zur ITSCM-Policy V1.0 erklären (FM).
>
> **1.1: Zweck dieser Policy**
>
> Die ITSCM-Policy (bei uns in der Organisation früher auch »Richtlinie« oder »Leitlinie« genannt), ist unser offizieller Arbeitsauftrag für das ITSCM. Dort werden alle Ziele genannt, die das Top-Management dem ITSCM vorgibt. Ich habe als Verantwortlicher für den Bereich damals dafür gesorgt, dass die Ziele auch mit der aktuellen Personalstärke (drei Mitarbeiter) zu schaffen sind. Schließlich bauen wir gerade unsere interne ITSCM-Organisation auf und es müssen noch neue Kollegen geschult werden. Daher werden wir die Anforderungen von Jahr zu Jahr steigern.
>
> Bisher liegt der Fokus auf IT-Notfallvorsorgemaßnahmen und der Erhöhung der organisationsweiten Resilienz. Das können wir gerne noch etwas besser ausarbeiten: Weg von allgemeinen, abstrakten Aussagen und hin zu präziseren Aussagen.
>
> Zur Info: Die Policy habe ich damals über das BCM, unseren ITSCM-Owner (zur Mitzeichnung), an den ITSCM-Sponsor (zur Mitzeichnung) und an unseren Präsidenten (zur Schlusszeichnung) per E-Laufmappe versendet. Die Policy wurde ohne Änderungswünsche innerhalb einer Woche freigegeben. Danach wurde diese Policy im Intranet veröffentlicht und allen Mitarbeitern unserer Organisation als PDF-Dokument dauerhaft zur Verfügung gestellt. Ich hatte es damals in einem kurzen Beitrag zum IT-SCM verpackt. Bei auftretenden Fragen wurde auf unser zentrales ITSCM-Postfach verwiesen. Die Policy ist auch auf unserer Intranet-Seite hinterlegt. Somit haben alle wichtigen, internen Stakeholder ihr klares Commitment abgegeben. Und das werden wir noch oft im ITSCM brauchen.

- **Pro**: Ich finde, dass in unserem ersten Aufschlag alles (damals) Wichtige drin ist, und das Top-Management (unsere direkten Ansprechpartner) verstehen die Policy auch; sprachlich war das sehr allgemeinverständlich.
- **Contra**: Bei der nächsten Version würde ich die neue Policy gerne kurz und knapp (10–15 Minuten) in Präsentationsform mit jemandem aus dem ITSCM-Team dem Top-Management vorstellen. Dann können wir sofort auf Fragen und/oder Anregungen reagieren. Freiwillige vor, sonst entscheidet das Los. (FM)

2: Geltungsbereich

Der Geltungsbereich der Policy erstreckt sich aktuell auf unsere ganze Organisation. Schwerpunkt ist alles rund um die RZs und die IT-Ressourcen der IT-Services, die die zeitkritischen Geschäftsprozesse unterstützen.

Kundenverfahren und IT-Service der Kunden sind dabei nicht im Fokus! Wir müssen erst mal uns selbst optimal aufstellen, bevor wir später die Kundenseite mit betrachten. Natürlich werden alle Kunden durch eine stabilere und ausfallsichere IT-Umgebung einen Mehrwert spüren. Aber bitte immer daran denken: Unser ITSCM arbeitet nur organisationsintern! Das ist mir ganz wichtig zur Abgrenzung und Transparenz.

Wir werden in etwa zwei Jahren den »ITSCM-Outsourcing-Service« für unsere Kunden anbieten, die selbst kein ITSCM haben und auch keines aufbauen wollen oder können. Dafür wird aber zusätzliches Personal benötigt, geschult und eingesetzt. Ein Vorprodukt (für unseren Kundenservicekatalog) ist schon grob definiert, das besprechen wir aber dann, wenn es so weit ist, noch mal genauer. (FM)

3: ITSCM

In diesem Bereich der Policy wurde erklärt, wo das das ITSCM herkommt (ISO 27031-2011-3) und welche Aufgaben es hat. Dazu habe ich auch den Begriff »IT Readiness for Business Continuity (IRBC)« für das Top-Management erklärt. (FM)

3.1: Definition

In diesem Abschnitt der Policy habe ich die Definition aus unseren Schulungsunterlagen bzw. der englischen ISO-Norm 27031-2011-3 aufgeführt und erklärt. Außerdem habe ich noch ein paar Gründe genannt, warum man ein ITSCM haben sollte, vor allem wenn schon ein BCM und ISM jahrelang vorhanden sind, denn dort konnten wir uns bisher sehr gut andocken.

Wenn bald die neue ISO-Norm 27031-xxxx rauskommt, müssen wir diese Definition vergleichen und gegebenenfalls anpassen. Im Entwurf hat sich nicht viel geändert. Lasst uns später noch mal das Thema Cloud genauer anschauen! Aber erst nach der offiziellen Veröffentlichung der neuen ISO-Norm. (FM)

3.2: Übersicht der Klassifikation von IT-Störungen

Für diesen Abschnitt der Policy haben wir die allgemeingültige Vorgabe des Incident-Managements (IM) genutzt. Dort wurde vor Kurzem eine vorhandene Klassifikation überarbeitet. Damit haben wir eine ganz klare und deutliche Trennung zwischen Major-Incident und IT-Notfall. Das war vorher nicht sauber geregelt.

Auch die (IT-)Krise ist jetzt wesentlich besser beschrieben. In der nächsten Klassifikationsüberarbeitung (Q4 2025) würden wir (also das BCM und ITSCM) gerne die zeitkritischen Geschäftsprozesse mit der Stufe »IT-Notfall« und »Krise« verbinden.

Als Idee z. B.: Ein zeitkritischer Geschäftsprozess ist gestört = IT-Notfall. Wenn mehr als zwei zeitkritische Geschäftsprozesse gestört sind = (IT-)Krise. Das sind aber erste Überlegungen. Das muss dann noch mit dem Incident-Management und dem ITSCM-Owner final abgestimmt werden. Das BCM würde den ITSCM-Vorschlag mitgehen. (FM)

3.3: Gesetze, Normen und Standards

In diesem Abschnitt der Policy wurde die ISO-Norm 27031 in der Version von 2011 erklärt, da die neue Version immer noch nicht offizialisiert wurde, und dann wurden kurz die ISO 22301:2019 (BCM) und der BSI-Standard 200-4 aufgeführt. ITIL, KRITIS und NIS 2 wurden nur namentlich aufgeführt. Dort können wir in der nächsten Policy gerne etwas genauer werden, weil wir dann wissen, ob wir unter KRITIS oder NIS 2 fallen und was das für neue Aufgaben für uns beinhaltet. Stand heute (03.05.2025) ist das noch nicht klar. (FM)

3.4: Zielsetzung

Unter der Zielsetzung der Policy wurde auf die IT-Risiken eingegangen, und es wurde kurz erklärt, für was das BCM und für was das ITSCM zuständig ist.

Diese Transparenz ist sehr wichtig, da wir den BCM-Kollegen jetzt einige IT-lastige Sachen abnehmen werden, da wir als ITSCM dafür zuständig sind. Das BCM wurde Jahre vor uns ins Leben gerufen, wir müssen dies für das Top-Management jetzt immer wieder auseinanderdividieren. In der nächsten Policy werden wir diese wichtige Aufgabentrennung auch noch weiter einpflegen. Eventuell fügen wir auch noch eine Abgrenzung zum ISM ein. (FM)

3.5: Prozessbeschreibung und Abhängigkeiten

In diesem Abschnitt der Policy wurden das große Vorgehensbild der BCM Academy GmbH und unser erster offizialisierter Teil-Prozess »IT-Notfallvorsorge« aufgeführt und kurz erklärt. Bei dem Prozess »IT-Notfallvorsorge« geht es um das Üben der Notfallplänen wie WAP und WHP.

Als nächsten Teilprozess möchte ich gerne die Gap-Analyse angehen. Es wäre super, wenn jemand aus dem ITSCM-Team die Rolle des Prozessverantwortlichen (PV) annimmt. Da kann man schön ITIL mit ITSCM verbinden. Ich möchte, dass jeder von uns einen Prozess als PV begleitet. So bauen wir alle Prozesswissen auf und können uns austauschen und auch mal gegenseitig vertreten.

Das Vorgehensmodell (die Gesamtübersicht) war deshalb wichtig, damit man im Top-Management auch sofort sieht, was noch alles an Arbeit auf uns zukommt und dass man ein ITSCM nicht mal nebenbei machen kann und auch entsprechende Ressourcen benötigt. (FM)

3.6: Risikoniveau und Risikoappetit

In diesem Abschnitt unserer ersten Policy V1.0 habe ich es mir sehr einfach gemacht. Ich habe (genauso wie das BCM) auf die vorliegenden Ergebnisse des ISM verwiesen. Die Kollegen haben alles per RA aufgenommen, bewertet und in ihrem ISMS-Tool integriert. Dort haben wir vom ITSCM alle einen lesenden Zugriff.

Das Risikoniveau und der Risikoappetit wurden zentral von der Organisation (vom Risikomanagement) vorgegeben. Das ISM ist mehrfach im Jahr im Austausch mit unserem zentralen Risikomanagement. Für die nächste Policy (in 2026) möchte ich aber, dass wir bis dahin selbst vorhandene IT-Risiken betrachtet, bewertet und gegebenenfalls ergänzt haben. Lasst uns aber jetzt schon anfangen, neue IT-Risiken mit der ITSCM-Brille zu sammeln.

Aktuell glaube ich, dass das ISM mit seiner Brille der Informationssicherheit alle Risiken betrachtet hat. Lasst uns dafür auch gerne die Lessons Learned (nach Major-Incidents, IT-Notfälle, Krisen) nutzen. Die aktuellen gemeldeten IT-Risiken liegen mir als Excel-Tabelle vor. (FM)

3.7: Organisation (für Normal- und Notbetrieb)

In diesem Abschnitt der Policy habe ich die beiden Organisationsformen AAO und BAO kurz erklärt, d. h., welche Personen/Rollen in der AAO und welche in der BAO tätig sind.

Das sind Begriffe aus den BSI-Standards 100-4 und 200-4. Wir sind zwar als ITSCM eher der ISO-Norm 27031 zugeordnet, aber wir sollten das BSI-Wording auch draufhaben. Diesen Punkt könnten wir bei der nächsten Policy aber auch gerne komplett rausstreichen, da das BCM das auf dem Schirm hat. (FM)

3.8: Rollen und Verantwortlichkeiten

Unter diesem Punkt der Policy habe ich die Rollen ITSC-Owner, ITSC-Manager, ITSC-Koordinator und IT-Spezialisten kurz rerklärt, inklusive deren Verantwortlichkeiten. Es fehlen aber noch der ITSC-Sponsor, die ITSCM-Mitarbeiter (inklusive Backoffice) und die Reaktions- bzw. Notfallteams. Das müssen wir noch ergänzen. (FM)

3.9: Worst-Case-Szenarien

In diesem Abschnitt der Policy wurden unsere drei Standard-ITSCM-Worst-Case-Szenarien (WCS) namentlich erwähnt. In der nächsten Version der ITSCM Policy müssen noch die zwei neuen WCS aus der ISO-Norm 27031-2025-5 ergänzt werden: IT-Systemkompromittierung und Cloud.

Wir sollten mit dem ISM und CERT abstimmen, ob wir (als ITSCM) 2026 auch bei der Cyberthematik mitmachen wollen/sollen. Das heißt dann, dass wir ein weiteres Worst-Case-Szenario mit ISM und CERT entwickeln würden.

Hier möchte ich zu bedenken geben, dass wir bisher die drei Standard-WCS noch nicht zu 100 % flächendeckend erprobt haben. Wollen wir dann schon wirklich das nächste WCS angehen? Was haltet ihr davon, wenn wir bei der nächsten Policy bei den fünf bekannten WCS bleiben, aber schon mal im Hintergrund das sechste WCS final abstimmen und entsprechend vorbereiten? Dann könnten wir es jederzeit ergänzen oder in die Policy V4.0 einbringen. Ideen und Meinungen dazu? (FM)

3.10: Out-of-Scope

Alle aktuellen Cyberthematiken sind bis zur nächsten Policy in 2026 als »Out-of-Scope« ausgeschlossen. Dafür haben wir die Informationssicherheit (ISM) und das CERT inklusive SOC mit deren eigenen Organisationen. Wir sind hier erst mal raus. Wenn nötig, arbeiten wir zu oder stellen Informationen zur Verfügung.

Hintergrund: Das war mit der damaligen Personalstärke des ITSCM nicht zu bewältigen. Lasst uns intern überlegen, ob wir uns für 2026 bei dem Thema mehr einbringen wollen. Bis dahin haben wir zwei zusätzliche Mitarbeiter im ITSCM-Team. (FM)

4: Sicherheit und Datenschutz

Unter diesem Punkt der Policy wurde erwähnt, dass in den Dokumenten, die wir bearbeiten, hochsensible Daten (Serverbezeichnungen, Leitungsbezeichnungen, IP-Adressen etc.) in Realnamen zu finden sind. Diese Dokumente sind besonders zu schützen: passwortverschlüsselt abgelegt im internen ITSCM-Bereich und auch nur ganz wenigen autorisierten Mitarbeitern zugänglich (Need-to-know-Prinzip).

Wir im ITSCM sind deshalb auch alle ausnahmslos SÜ2-überprüft.

Eines noch zur Info: Alle Pläne, die wir aus den technischen Bereichen bekommen, sind bei uns im ITSCM als reines Backup hinterlegt. Es kann aber sein, dass der technische Bereich etwas geändert hat und wir noch keine neue Version des Plans bekommen haben. Behaltet das bitte immer im Hinterkopf: Wenn ihr etwas ändern oder ansprechen wollt, kurz einmal nachfragen, ob wir auch wirklich die aktuelle Version des Plans im ITSCM vorliegen haben. Das spart unnötige Doppelarbeit. Ich bin hier selbst einmal in die Falle gelaufen. Mein Plan war damals nur etwa ein Jahr hinter dem aktuellen Stand zurück. Das hat sich bei mir eingebrannt. Also Obacht! (FM) 😉

5: Dokumentation

In diesem Bereich der Policy wurde noch einmal drauf hingewiesen, dass wir im ITSCM keine statischen, sondern hoch dynamische Dokumente haben, die sich bei/nach jeder Übung, jedem Test, jedem IT-Notfall, jedem Lessons Learned, jeder (IT-)Krise oder jeder Änderung der ISO-Norm verändern können, aber nicht müssen. Das ist eine große Herausforderung an uns alle im ITSCM. Aber dank unseren Wiedervorlagen sind wir dort aktuell sehr gut aufgestellt. (FM)

6: Sensibilisierung und Akzeptanz

An der Stelle habe ich in der Policy betont, dass ein ITSCM ohne Commitment aus dem Top-Management nicht funktionieren wird. Nach Rücksprache mit dem ITSCM-Owner wird er das dem Top-Management noch mal verdeutlichen.

Denn es ist noch Luft nach oben, was diese Unterstützung betrifft. Denn das Commitment sollte vom Top-Management über das mittlere Management bis in die operative Ebene runter »wandern«. (FM)

7: Inkraftsetzung und Aktualisierung

Alle zwei Jahre sollte eine Policy spätestens überarbeitet werden. Sollte etwas dazwischenkommen, wie z. B. eine neue ISO-Norm 27031, KRITIS, NIS 2 etc., müssen wir die Policy natürlich früher anpacken.

Wir möchten unser Top-Management aber nicht mit unseren Überarbeitungen überstrapazieren. Also lasst uns bitte erst sammeln und es bei der nächsten Version einpflegen. Ich habe schon einige Sachen, die ich gerne verändern möchte. Die Infos dazu führe ich unter den To-Dos aus. Bitte dann eurerseits ergänzen. (FM)

8: Mitgeltende Unterlagen

In diesem Abschnitt der Policy wurden der BSI-Standard 200-4, die ISO 27031-2011-3, die ISO 27001 (nach der wir als Organisation zertifiziert sind), die ISO 22301 und das ITSCM-Lösungskonzept V1.0 aufgeführt.

In der nächsten Policy (2026) möchte ich aber nur noch Normen und Standards aufzählen, die auf das ITSCM einen unmittelbaren Einfluss haben. Alles andere wird entfernt. (FM)

2. Kapitel: Original

In diesem Teil wird das jeweilige Originaldokument abgelegt. Wie Sie in Abbildung 19.6 sehen, kann man sich auch ein tolles Logo bauen lassen oder selber erstellen. Das steigert den Wiedererkennungswert.

Abbildung 19.6: ITSCM-Policy V1.0

3. Kapitel: To-Dos

Im dritten Kapitel folgen die offenen Aufgaben. Für unser Policy-Beispiel können das sein:

- **Zweck der Policy:** Es wird nur noch von der »ITSCM-Policy« gesprochen, nicht mehr von »Leitlinie« oder »Richtlinie«. (FM)

- **Geltungsbereich:** Noch deutlicher ausführen, dass wir nur organisationsintern arbeiten. (FM)
- **Definition:** Darauf achten, ob die neue ISO 27031 große Änderungen aufweist, gegebenenfalls einarbeiten. (FM)
- **Übersicht der Klassifikationen von IT-Störungen:** Zeitkritische Geschäftsprozesse mit IT-Notfall und (IT-)Krise verbinden. Störung eines zeitkritischen Geschäftsprozesses = IT-Notfall, Störung von zwei oder mehr zeitkritischen Geschäftsprozessen = (IT-)Krise. Das muss mit dem BCM und/oder Incident-Mangement final gestimmt werden und in die Störungsklassifizierung aufgenommen werden. (FM)
- **Zielsetzung:** Weiter die Aufgabentrennung von BCM und ITSCM verfolgen und sauber dokumentieren. (FM)
- **Prozessbeschreibung und Abhängigkeiten:** Nur noch die Namen der aktiven und finalisierten Prozesse nennen. (FM)
- **Risikoniveau und Risikoappetit:** Unsere IT-Risiken komplett neu aufnehmen und beschreiben. Dazu die Grafik des Risikomanagements nutzen. (FM)
- **Unter Organisation (AAO+BAO) rausnehmen:** Wird in der BCM-Policy und im Krisen-Management sehr ausführlich erklärt. (FM)
- **Rollen und Verantwortlichkeiten:** Es fehlen noch der ITSC-Sponsor, die ITSCM-Mitarbeiter, das ITSCM-Backoffice, die Reaktions- bzw. Notfallteams. Ich möchte alle ITSCM-Rollen in einer Art Pyramide grafisch darstellen. Das erleichtert dem Top-Management die Einsortierung der Rollen in operativ, taktisch und strategisch. Sie sehen sofort, welche Rolle auf welcher Ebene tätig ist und wie die Rolle heißt. (FM)
- **Worst-Case-Szenarien:** Cyberthematik vorbereiten, aber noch nicht in die Policy mit aufnehmen. (FM)
- **Out-of-Scope:** Cyberthematik rausnehmen? (FM)
- **Sensibilisierung und Akzeptanz:** Wir sollten unsere Awareness-Strategie kurz erklären, inklusive passender Grafik. (FM)
- **Mitgeltende Unterlagen:** Nur noch Unterlagen mit reinem ITSCM-Bezug aufführen, alles andere entfernen. (FM)
- **Überblick:** Die kritischen IT-Services und IT-Ressourcen sollten wir für die zeitkritischen Geschäftsprozesse aufzählen, am besten als kleine Excel Liste. (FM)

Aus diesem Beispiel konnten Sie hoffentlich mitnehmen, welche Informationen und Themen für Ihr Handbuch relevant sein können und dass die Vermittlung keinesfalls nur in Stichpunkten und in einer trockenen Fachsprache erfolgen muss. Trauen Sie sich ruhig, dieses Dokument so lebendig und praxisnah zu gestalten, wie es zu Ihrem Team und Ihrer Organisation passt.

19.2.3 Weitere Themen für das ITSCM-Handbuch

Das, was ich Ihnen hier für die Policy beispielhaft vorgeführt habe, wurde natürlich bei allen anderen Themen genauso dreiteilig aufgebaut, z. B.:

- Organisation des ITSCM: alle Rollen, Rollenbeschreibungen, Verantwortungen, Befugnisse
- alle internen Schnittstellen (ISM, BCM, SLM, CM, RM, PM, IM, IAM etc.)
- alle Worst-Case-Szenarien (aktuell nur unsere drei Standard-WCS)
- das WAP/WHP-Template und seine Inhalte (eventuell mit Ausfüllanleitung)
- alle Gap-Analysen und Ergebnisse (Gaps), inklusive Gesamtaufstellung aller Analysen
- Lösungskonzept(e)
- Schulungen (Strategie, Konzept, Jahresplanung)
- Prozesse/alle Teilprozesse
- Awareness (Strategie, Konzept, Kampagne und Maßnahmen)
- Übungen und Tests (Strategie, Konzept, Jahresplanung)
- IT-Notfallvorsorge (technisch und organisatorisch)
- Resilienzaufbau
- etc.

19.3 Notfallbackup des ITSCM-Handbuches

Wenn Sie schon so viel Arbeit in Ihr ITSCM-Handbuch gesteckt haben oder gerade reinstecken, speichern Sie es mehrfach ab und verfolgen Sie ein Datensicherheitskonzept. Idealweise nutzen Sie das praxiserprobte Konzept Ihrer Organisation.

Sie könnten sich z. B. eine PDF-Datei (wenn möglich) aus Ihrem genutzten Tool erstellen lassen. Dieses PDF können Sie dann auf einem Gruppenlaufwerk und auf einer externen Notfallbackup-Website speichern. Wenn das Handbuch komplett fertig ist, bietet sich zusätzlich ein Ausdruck auf Papier an. Hinterlegen Sie diesen dann im ITSCM-Büro und zusätzlich im Notfalltresor. Damit wären Sie schon mal sehr gut aufgestellt.

19.4 Weitere Vorgehensweise

Im nächsten Kapitel betrachten wir das Thema »Tools für das ITSCM«. Sie haben nun schon viele Erkenntnisse im Tagesgeschäft gesammelt und wissen jetzt auch genau, ob ein Tool Sie unterstützen würde – und vor allem wobei.

Das ist eine Voraussetzung für die Auswahl des richtigen Tools. Sonst wird man nämlich von dem Funktionsumfang der Tools abgelenkt und eher erschlagen. Wenn Sie direkt beim Aufbau eines ITSCM auch noch ein Tool beschaffen und einführen – dann Prost,

Mahlzeit. Das wird definitiv nicht funktionieren oder nur mit immensen und zusätzlichen Anstrengungen! Schonen Sie Ihre Nerven und die Ihrer Mitarbeiter. Sie werden sie noch brauchen.

F-19-1: Braucht man ein ITSCM-Handbuch?

a) Nein, das ist viel zu zeit- und personalaufwendig.

b) Ja, Policy nehmen und ausarbeiten, und fertig ist man.

c) Nein, das ITSCM hat so viele Konzepte, Strategien, Templates und Pläne. Da braucht man nicht noch ein dickes und unnötiges Handbuch dazu.

d) Auf jeden Fall. Das Handbuch als Kompendium ist für alle Mitarbeiter des ITSCM das zentrale Nachschlagewerk mit allen wichtigen Themen und vielen Antworten und Ideen für das ITSCM.

F-19-2: Wie umfangreich sollte das Handbuch sein?

a) Es sollte nicht größer als die ITSCM-Policy sein, 10 bis 15 Seiten.

b) In der Kürze liegt die Würze. Das Top-Management würde sich eh nichts über zehn Seiten durchlesen.

c) Mindestens 500 Seiten, das schindet mächtig Eindruck beim Top-Management. Man wird besser wahrgenommen und bekommt dann auch mehr Budget.

d) Es sollte so ausführlich sein, wie Sie es in Ihrer Organisation im ITSCM brauchen. Hier gibt es keine definierten Vorgaben!

F-19-3: Was sollte nicht in das ITSCM-Handbuch?

a) ITSCM-Definition und -Erklärung

b) ITSCM-Orga und Rollenbeschreibung

c) ITSCM-Übungen und -Tests (Strategie, Konzept, Planung)

d) Alle Kunden-SLAs

Kapitel 20
Das Tool

In diesem Kapitel geht es um die Frage, ob ein spezielles Tool eines Drittanbieters Sie bei Ihrer Arbeit unterstützen kann. Was sind die Vor- und Nachteile, und was müssen Sie bei der Informationsbeschaffung, der Einführung, beim Betrieb, bei der Optimierung und beim Customizing beachten? Und, ganz wichtig: Wie sehen die Abhängigkeiten aus? Haben Sie auch eine Exit-Strategie?

> *»Alles sollte so einfach wie möglich gemacht werden, aber nicht einfacher.«*
> *(Albert Einstein)*

Das Wichtigste zuerst: Warum kommt das Tool erst jetzt? Wäre es nicht besser gewesen, sich diese Unterstützung gleich zu Beginn zu holen, bevor man den Aufbau eines ITSCMs angeht?

20.1 Das Tool den Prozessen anpassen oder die Prozesse dem Tool?

Wenn Sie bereits einmal die Einführung einer ERP-Software oder eines vergleichbaren Tools in einer Organisation erlebt haben, wird Ihnen aufgefallen sein, dass dies fast immer bedeutet, dass die neue Software ändert, wie gearbeitet wird: Es ist oft einfacher, die Prozesse dem Tool anzupassen als andersherum.

Das halte ich für das ITSCM aber für den falschen Weg: Stattdessen sollten Sie (bzw. Ihre Organisation) sich zunächst sehr intensiv mit dem ITSCM auseinandersetzen. Es müssen Personen eingestellt oder geschult werden und es muss eine komplette Organisationsstruktur (inklusive Rollen und Tätigkeiten) aufgebaut werden. Erst dann fängt man mit dem Tagesgeschäft (dem eigentlichen Doing, also dem Daily Business) an.

Sie können von einem Zeitraum von einem bis drei Jahren ausgehen, bis dies geschafft ist, abhängig davon, welche Ressourcen (Personal, Zeit, Budget etc.) zur Verfügung stehen. Ein tieferes Gesamtverständnis für ein ITSCM entwickeln Sie erst, wenn Sie sich selbst mit dem Erstellen der Dokumentation, dem Durchführen von Awareness-Maßnahmen, dem Üben und Testen der Pläne und der Teams usw. beschäftigt haben. Erst wenn Sie die ersten IT-Notfälle oder (IT-)Krisen samt aller Nacharbeiten durch Lessons Learned bestanden haben, haben Sie die nötige Erfahrung gesammelt, um zu wissen, was für Sie bzw. Ihre Organisation wichtig ist. Und genau diese Erfahrung brauchen Sie, um aus der Vielzahl von möglichen Tools dasjenige auszuwählen, das für Sie optimal passt. Wenn Sie also die Einrichtung eines Tools erst spät angehen, sind Sie in der Lage, schneller und effektiver die oft sehr komplexe Organisationsstruktur rund um das ITSCM zu beherrschen.

Wenn Sie hingegen ohne solides Grundwissen mit der Beschaffung eines beliebigen Tools starten, wird die Implementierung nicht erfolgreich und zielführend sein. Sie sind dann zu sehr auf die Aussagen von Beratern, Consultants oder Vertriebsmitarbeitern angewiesen, die Ihnen immer das Blaue vom Himmel versprechen. Wenn Sie selbst nicht wissen, was Sie genau wollen und brauchen, wird kein sinnvoller Dialog zustande kommen und Sie bekommen nur die 08/15-Lösung übergestülpt, die dann auf Jahre hinweg Ihr ITSCM einengt und definiert. Und da Sie mit hohen Investitionssummen und/oder Lizenzkosten rechnen müssen und der Austausch eines gekauften Tools mit hohem Aufwand verbunden ist, werden Sie sich langfristig an das ausgewählte Tool binden.

Eben das ist der Grund, warum ich erst jetzt auf dieses Thema zu sprechen komme: Die Anschaffung eines Tools bedeutet Kosten (*Personal*, *Material*) und einen enormen zeitlichen Aufwand. Sie (bzw. Ihr ITSC-Manager) müssen genau wissen, was Sie wollen (*Anforderungen*) und was das Tool Ihnen bringen soll bzw. muss (*Nutzen und Mehrwert*). Und um dazu verbindliche Aussagen treffen zu können, muss der ITSC-Manager schon länger im ITSCM-Umfeld tätig und sattelfest sein.

Erst wenn Sie über das Praxiswissen verfügen, das ich in den bisherigen 19 Kapiteln umrissen habe, können Sie ein *Lastenheft* mit allen Anforderungen für den möglichen Anbieter oder für eine Ausschreibung erstellen. Ohne dieses Vorwissen sind Sie als Organisation von den Aussagen des Anbieters abhängig. Das kann funktionieren – oder aber beim Customizing (nicht eingeplante) Kosten verursachen.

Letztendlich entscheiden Sie. Aber entscheiden Sie bitte erst, wenn Sie es auch wirklich können, also wenn Sie einen sehr guten Überblick haben.

[!]

Abhängigkeit betrachten und beachten

Bevor Sie sich für ein Tool entscheiden, müssen Sie einschätzen können, was diese Abhängigkeit für Sie und Ihre Organisation bedeutet. Sie machen sich nämlich total vom jeweiligen Anbieter abhängig. Das muss Ihnen klar sein.

Aber was heißt das jetzt genau?

Sie lagern Ihre wichtigen Daten aus und geben die Hoheit über Ihre Daten an einen externen Anbieter ab. Sie vertrauen auf den Datenschutz und die Hochverfügbarkeit des Anbieters. Sie vertrauen darauf, dass Sie immer an Ihre Daten kommen, rund um die Uhr. Und Sie hoffen auf ein gutes Identitäts- und Zugriffsmanagement mit Mandantentrennung.

Alles schön und gut, man muss es nur wissen und auch beachten. Daher überlegen Sie sich wirklich genau, was Sie auslagern möchten. Sind es höchst sensible und rein interne Organisationsdaten oder eher unkritische Arbeitsdaten, von denen Sie ein oder mehrere Backups haben?

Sie merken: Es muss schon ein sehr fundiertes und praxiserprobtes Wissen vorhanden sein, um ein Tool auszuwählen und mit einem Implementierungsprojekt gewinnbringend in die eigene Organisation zu integrieren. Ohne dieses Wissen machen Sie sich schlimmstenfalls von einer Software abhängig, die nicht das leistet, was Sie brauchen.

20.2 Warum brauchen Sie ein Tool?

Wenn Sie bereits seit einigen Jahren im ITSCM arbeiten, werden Ihnen viele Aufgaben auffallen, bei denen ein spezialisiertes Werkzeug Ihnen eine spürbare Arbeitserleichterung sein könnte, damit alles schneller geht und Informationen zentral und standardisiert abgelegt werden. Das Erstellen unterschiedlicher Reports (Auswertungen) sollte beispielsweise jederzeit per Knopfdruck möglich sein; und ein Tool wird auch gerne genutzt, um mit seiner Hilfe einer möglichen revisionssicheren Dokumentationspflicht im »regulierten Umfeld« nachzukommen. Vielleicht wünschen Sie sich auch eine Suchfunktion, die den hinterlegten Daten- und Dokumentenbestand des ITSCM durchsucht.

Das wird besonders dann der Fall sein, wenn im Laufe der Jahre der Arbeitsaufwand, die Aufgabennachverfolgung, die Dokumente, die Reviews, die Pläne, die Übungen und Tests, die Protokolle, die Anforderungen etc. eine Größe oder Komplexität annehmen, die ohne ein spezialisiertes Tool nicht mehr zu bewältigen ist: Es laufen später zu viele Sachen gleichzeitig ab.

Ohne eine Spezialsoftware wird es ab einem bestimmten Zeitpunkt, ab einer bestimmten Größe bzw. einem bestimmten Arbeitsaufwand fast unmöglich, ein funktionierendes ITSCM aufrechtzuerhalten.

Betrachten Sie aber immer auch den *Kosten-Nutzen-Faktor*: Der Kauf einer Spezialsoftware kann inklusive Einführungsprojekt, Customizing, Schulung von Personal, Hardwareanschaffung schnell mehr als 100.000 € kosten und bis zu einem Jahr Umsetzungszeit in Anspruch nehmen.

Und das gilt auch für SaaS-Lösungen, die man monatlich mieten kann (siehe Abschnitt 20.3). Bei diesen gibt es zwar in der Regel eine recht günstige Einführungsphase als Migrationsprojekt inklusive erste Admin- und User-Schulungen, aber dann müssen Sie ein besonderes Augenmerk auf die Customizing-Kosten haben.

Es gibt genug Beispiele, bei denen die eigentliche Software schon fast umsonst ist, aber das Customizing exorbitant teuer ist. Sie müssen sich also vorab sehr genau überlegen, ob Sie die entsprechende Infrastruktur (inklusive Software, Lizenz(en), Hardware, Personal, Schulungen, Support etc.) selbst betreiben möchten oder ob Sie diese Aufgabe komplett auslagern.

Eine Übersicht über unterschiedliche Anbieter finden Sie in Abschnitt 20.7.

[»] **Eigenentwicklung statt ein Tool von der Stange?**

Natürlich steht es Ihnen auch frei, sich selbst ein Tool passgenau programmieren zu lassen. Aber dann müssen Sie Ihre Anforderungen noch viel genauer kennen und müssen noch viel besser formulieren können, was *Ihre* Software leisten soll. Der Aufwand wird sehr wahrscheinlich noch größer sein und ebenfalls enorme zeitliche, personelle und finanzielle Ressourcen verschlingen.

Ganz gleich, wofür Sie sich entscheiden: Ein angeschafftes, aber ungenutztes Tool nützt niemandem etwas – außer dem Verkäufer. Planen Sie daher zunächst, was Sie brauchen, und machen Sie sich erst dann Gedanken darüber, wie die Umsetzung aussehen soll.

[»] **Für welche Teams ist ein Tool sinnvoll?**

Ich habe mich in den letzten Jahren intensiv mit diesem Thema auseinandergesetzt, und dabei bin ich zu einer Ansicht gelangt, die vielleicht zunächst überraschend ist. Denn es scheint ja zunächst naheliegend zu sein, dass bei einer großen Organisation mit vielen ITSCM-Mitarbeitern und komplexen Prozessen ein Tool immens wichtig und zwingend nötig ist. Ja, da haben Sie recht.

Aber ich bin der Meinung, dass gerade bei einem kleinen ITSCM-Team (bis drei Mitarbeiter) die Unterstützung noch wichtiger ist. Wenn in einem Dreier-Team jemand ausfällt (wegen Urlaub, Schulung, Krankheit), sind die Auswirkungen wesentlich dramatischer als in einem großen Team. Dort kann man das entstandene Vakuum mit dem vorhandenen Personal füllen. Daher bin ich der festen Überzeugung, dass gerade kleine Teams von dem Tool am meisten profitieren könnten, weil so viele administrative Tätigkeiten automatisiert werden und die Mitarbeiter sich auf das Wesentliche konzentrieren können.

In größeren Teams (etwa ab fünf Personen) kann noch relativ lange ohne Tool gearbeitet werden, *wenn* genau definiert und dokumentiert ist, wie gearbeitet wird und wie eine für alle nachvollziehbare Ablage der Dokumente, Pläne, Aufgabenverfolgung etc. erfolgt. Aber auch hier stößt man irgendwann an seine Grenzen.

Bei kleineren Teams (bis drei Personen), die auch auf lange Sicht personell klein bleiben sollen, ist ein Tool, das den Mitarbeitern lästige und zeitraubende Routinearbeiten abnimmt, umso wichtiger.

Wenn Sie z. B. eine 100 Mitarbeiter starke, aber KRITIS-eingestufte Organisation sind, würde der Einsatz eines Tools (in meinen Augen) sinnvoller sein als bei einer 2000 Mitarbeiter großen Organisation im unregulierten Umfeld.

Zum Abschluss der Warum-Frage liste ich Ihnen noch einmal die Vor- und Nachteile einer Spezialsoftware für das ITSCM auf. Prüfen Sie, welche dieser Punkte für Sie besonders wichtig sind. Vielleicht können Sie diese Liste nutzen, um auf dieser Basis Ihre Anforderungen und Wünsche zu formulieren:

- **Vorteile**
  - umfassende Unterstützung aller wichtigen ITSCM-Aufgaben
  - Vermeidung von doppelter Datenpflege (beim BCM, ISM und ITSCM)
  - Unterstützung bei der Erfassung von Stammdaten
  - standardisierte Schnittstellen zu anderen Systemen (API, LDAP etc.)
  - geringer Ressourcenbedarf für die Datenpflege
  - Suchfunktion über den gesamten ITSCM-Datenbestand
  - Aufgabentracking (Aufgabenerstellung, Verfolgung, Eskalation und Wiedervorlage)
  - Vorbereitung, Steuerung und Verwaltung von Übungen und Tests
  - Durchführung und Auswertung von Gap-Analysen
  - Durchführung und Auswertung der RA (Risiko-Analyse, Risk Assessement)
  - ITSCM-Dokumentationen an einem zentralen Ort erstellen und verwalten
  - Berichtseditor, Reporting und Auswertung per Knopfdruck (zig Formate und Ansichten), wodurch eine adressatengerechte Informationsverteilung möglich ist
  - standardisierte und (später) optimierte Arbeitsvorgänge
  - Zeitersparnis aufgrund von Automatisierung von Aufgaben (als sogenannte Tasks)
  - paralleles und sequenzielles Arbeiten möglich
  - automatisierte Schnittstellen (für Datenimport und -export)
  - Plausibilitätsprüfungen möglich
  - jederzeit den ITSCM-Gesamtüberblick behalten
  - Erinnerungen und Wiedervorlagen jeglicher Art nutzen
  - Unterstützung bei der Darstellung einer Notfall-Lage
  - Kopplung mit vorhandenen Alarmierungstools
  - etc.
- **Nachteile**
  - starke Abhängigkeit
    - der Erreichbarkeit und Verfügbarkeit
    - der Bandbreite
    - der Geschwindigkeit
  - Datenschutz (Sie lagern Ihre wichtigen und hoch sensiblen Daten aus.)
  - starke Abhängigkeit von der Technik
    - Der Import von vorhandenen Daten ist nicht immer 1:1 möglich.
    - Der Datenexport ist nicht immer in der gewünschten Form möglich.
    - Es gibt vorgegebene und feste Supportzeiten (z. B. 7 bis 20 Uhr).
    - Änderungswünsche sind oft nur zeitversetzt umsetzbar.

20.3 SaaS oder On Prem?

Grundsätzlich gibt es zwei Arten von Angeboten auf dem Markt:

- cloudbasierte-Systeme (*SaaS*)
- serverbasierte-Systeme (*On Premises*)

Die Unterschiede werden in den folgenden Abschnitten erklärt. Eine Hybridlösung, also ein Mix aus beidem, ist bisher noch nicht auf dem Markt zu finden bzw. mir nicht bekannt.

Meine Empfehlung lautet ganz klar, möglichst eine SaaS-Version zu nutzen. Natürlich bietet auch der Betrieb im eigenen Rechenzentrum Vorteile; in den meisten Fällen wird dieser Aufwand aber einfach zu groß sein.

20.3.1 Cloudbasierte Systeme: Software-as-a-Service (SaaS)

Cloudbasierte Systeme, auch *Software-as-a-Service* (SaaS) genannt, sind meist webbasierte Mietanwendungen. Sie zahlen eine monatliche Gebühr (über einen Zeitraum von meist drei Jahren als Mindestvertragslaufzeit) für die Nutzung der Software. Diese Gebühr ist meist abhängig vom:

- Umfang des Tools (Module)
- den benötigten Lizenzen
- der Anzahl der User

Die ganze Technik (Hardware und Software) liegt beim Anbieter. Er sorgt dafür, dass diese Systeme immer auf dem aktuellen Software- und Hardwarestand und hochverfügbar (> 99,9 %) zur Verfügung stehen.

Er kümmert sich auch um die Datensicherheit (z. B. Mandantenfähigkeit, Zugriffsrechte, Rollenkonzepte, Login-Protokollierung, Firewall etc.) und um die IT-Notfallvorsorgemaßnahmen (Backup etc.).

Hierbei ist zu beachten, ob die infrage kommende Cloudlösung in Deutschland, der EU oder in Nicht-EU-Ländern gehostet und betrieben wird. Dies müssen Sie unbedingt im Vorfeld mit Ihren organisatorischen und rechtlichen Bestimmungen, Vorgaben und geltenden Gesetzen abgleichen. Es gibt Organisationen, die nur Cloudanbieter mit Standorten in Deutschland bzw. in der EU nutzen dürfen. International aufgestellte Organisationen (Konzerne) sind hier meist etwas freier in der Auswahl ihrer Cloudstandorte. Dabei geht es hauptsächlich um den Punkt *Gerichtsstandort* und *geltendes Recht*.

Der Zugriff auf dieses SaaS-System erfolgt meist über einen einfachen Webbrowser wie den Mozilla Firefox, Microsoft Edge oder Chrome. Seltener gibt es eigene Zugriffssoftware oder einen Client. Für den Datenimport gibt es definierte Standardschnittstellen oder die Daten werden vom Dienstanbieter eingepflegt.

Bei diesem Modell geben Sie als Organisation die komplette Verantwortung für das Tool an den Anbieter (Dienstleister oder Provider) ab.

Er stellt Ihnen dafür Folgendes zur Verfügung:

- das Tool (Software, Hardware, Lizenzen, Customizing, Rechte, Mandantenfähigkeit etc.)
- eine hohe Verfügbarkeit von > 99,9 % an 365 Tagen im Jahr und rund um die Uhr
- den benötigten Speicherplatz (inklusive Backup)
- einen definierten Support (mit festen Supportzeiten)

Sie als Kunde haben nur die Hoheit über Ihre Daten. Jegliche Änderungswünsche müssen zwischen Ihnen und dem Anbieter abgesprochen, verhandelt und meist per (hoffentlich) integriertem Change-Management umgesetzt werden.

Der dadurch entstehende Kommunikations- und Abstimmungsaufwand ist nicht zu unterschätzen. Es ist meist nicht möglich, mal eben eine Änderung am Freitagnachmittag einpflegen zu lassen. Listen Sie für sich die Vor- und Nachteile auf, und entscheiden Sie dann, ob ein solcher Support sinnvoll ist oder nicht.

Die Auslagerung in die Cloud ist für Organisationen auf jeden Fall ratsam. Der ganz große Vorteil von SaaS-Systemen ist, dass Sie sich von vornherein ein hoch performantes und mehrfach (oft geo)-redundant ausgelegtes Cloud-System mieten, das man sich kaum selbst aufbauen kann. Sie betreiben also schon aktive IT-Notfallvorsorge, da Sie auf ein örtlich verteiltes System setzen. Sehr gut!

20.3.2 Serverbasierte Systeme: On Premises

Bei einer Lösung *On Premises* (also vor Ort) wird alles bei Ihnen, in Ihrer Organisation aufgebaut und betrieben.

Sie können vieles schnell selbst ändern. Sie haben die volle Kontrolle, da Hardware, Software, Personal und Lizenzen bei Ihnen im Haus sind. Sie bestimmen, in welcher Niederlassung (oder welchen Niederlassungen) das System aufgebaut wird, wer das System betreut und wann welche Änderungen eingepflegt werden.

Dafür müssen Sie natürlich Personal haben, das sich mit dem System auskennt. Oft werden vom Anbieter spezielle Admin-Schulungen (für den Aufbau und Betrieb) angeboten. Damit ist auch oft schon ein internes Troubleshooting (Support) bei kleineren Problemen, Störungen oder Änderungswünschen möglich.

Sie sind in Ihrer Organisation dann aber auch dafür verantwortlich, dass das System performant, gut gepatcht auf dem aktuellen Softwarestand und redundant zur Verfügung steht. Der Support des Anbieters wird nur noch bei schwerwiegenden Problemen kontaktiert, die die eigenen Administratoren nicht mehr lösen können. Welche Rückmeldung Sie bekommen, hängt von der Art des Supports ab, den Sie eingekauft haben.

Der Anbieter des Tools wird Ihnen eine Hardware-Empfehlung für die Serversysteme geben, auf denen das Tool installiert werden soll. Diese Art von Tool ist nur für mittlere bis große Organisationen sinnvoll, weil sie die entsprechenden Ressourcen (Personal, Hardware, Räumlichkeiten, finanzielle Mittel etc.) zur Verfügung haben und den Betrieb in die vorhandene Infrastruktur eingliedern können.

20.4 Einführung eines Tools

Um ein ITSCM-Tool für Ihre Organisation zu beschaffen, sind einige sehr zeitintensive und wichtige Vorarbeiten notwendig. Diese möchte ich Ihnen vorstellen und erklären.

20.4.1 Die Vorplanung

Unter den Punkt Vorplanung fällt alles, was Sie im Vorfeld machen sollten. Das wären beispielsweise:

- **Markanalyse:** Welche Tools gibt es aktuell überhaupt auf dem Markt?
  - Welche Tool-Art ist für Sie interessant: SaaS oder On Premises?
  - Welche Tools fallen für Sie raus? Und warum?
  - Welche Kosten können anfallen? Anschaffung, Betrieb, Support, Customizing etc.
- **Empfehlungen:** Haben Sie schon Empfehlungen aus Ihrem Netzwerk, von Kollegen, Informationen aus Schulungen oder Messen?
- **Zeitplanung:** Klären Sie, ab wann das Tool genutzt werden soll bzw. muss!

Das Lastenheft (vor der Beauftragung)

Ein *Lastenheft* ist ein wesentliches Instrument im Projektmanagement, um die Projektziele und Anforderungen vor dem Projektstart festzulegen und dem Auftragnehmer eine klare Ausgangsbasis zu bieten. Wenn es gut formuliert und strukturiert ist, sorgt es für Transparenz und verhindert Missverständnisse sowie Funktionsmängel.

Der Inhalt eines Lastenhefts ist gemäß DIN 69901-5 standardisiert und umfasst Punkte wie den Ist- und den Soll-Zustand, Funktionalitäten, Rahmenbedingungen und den Lieferumfang. In Kombination mit dem Pflichtenheft bildet es die vertragliche Grundlage für große Projekte.

Die Einführung eines ITSCM-Tools stellt ein bedeutendes Projekt mit zahlreichen Abhängigkeiten dar. Lastenhefte finden vor allem in technischen Projekten und in der IT Anwendung. Per Definition wird ein Lastenheft im Rahmen des Projektmanagements vom Auftraggeber erstellt. Das Dokument enthält je nach Projektauftrag und Branche die für den Auftraggeber wichtigsten Informationen, wie:

- Projektvorgaben
- Leistungen
- Liefervorgaben
- Anforderungen

Das Lastenheft kann ebenfalls als Grundlage für Ausschreibungen, Angebote und Verträge genutzt werden. Es wird auch als *Anforderungsspezifikation*, *Anforderungskatalog* oder *Anforderungsdokument* bezeichnet. Durch ein sorgfältig erstelltes Lastenheft lassen sich Missverständnisse, Fehlplanungen und auch die unzureichende Funktionalität des Endprodukts in der Regel effektiv vermeiden. Daher stellt es eine wesentliche Basis für Verträge dar. Es sorgt dafür, dass Sie rechtlich abgesichert sind, falls der Auftragnehmer die vereinbarten Leistungen nicht erbringt.

20.4.2 Organisatorisches

Unter dem organisatorischen Part fasse ich Folgendes zusammen:

- Wie und von wem wird das Tool finanziert (Budget, Etat, Topf etc.)?
- Wer soll das Tool später administrieren (Abteilung, Personal, intern oder extern)?
- Wo soll das Tool betrieben werden?
  - Niederlassung/Standort/Land/Kontinent
  - Abteilung/Gebäude/technischer Bereich
- Wer führt das Tool ein? (ITSCM, BCM oder ein technischer Bereich?)
- Wer importiert die notwendigen Daten in das Tool? (Der Dienstleister oder die eigene Organisation?)
  - Und wenn, über welche Schnittstelle?
  - Und in welchem Format?
- Wer schult die Anwender?
- Wer schult die Administratoren des Tools?
- Wer soll alles mit dem Tool arbeiten? (BCM, ITSCM, ISM ...)
- Wäre ein kostenloser Test des Tools möglich, etwa als Testzugang bei einem SaaS? Dann könnten Sie sich in Ruhe in dem Tool umschauen und ein Gespür für sein *Look and Feel* bekommen.[1] Sie können gezielt die Struktur und Inhalte des Tools erkunden.

Das Pflichtenheft (nach der Beauftragung)

Das Pflichtenheft wird vom Auftragnehmer für den Auftraggeber erstellt und beschreibt alle Aufgaben eines Projekts. Es bildet die Grundlage für die Projektplanung und trägt maßgeblich zum Projekterfolg bei. Im Pflichtenheft erläutert der Auftragnehmer, wie er den Auftrag konkret umsetzen wird. Das Pflichtenheft wird auch als *Gesamtsystemspezifikation*, *fachliche Spezifikation* oder *Fachfeinkonzept* bezeichnet.

---

1 *Look and Feel* bezeichnet das visuelle Erscheinungsbild (*Look*) und die Benutzererfahrung (*Feel*) einer Software, Website oder eines Produkts. Es umfasst Designaspekte wie Farben, Schriftarten, Icons, Layouts sowie die Interaktionsweise, also wie sich das Produkt bei der Nutzung anfühlt. Ein gelungenes Look and Feel sorgt dafür, dass eine Anwendung nicht nur optisch ansprechend, sondern auch angenehm und effizient zu bedienen ist.

Ein Pflichtenheft ist ein wichtiges Instrument für zielorientiertes Qualitätsmanagement. Es sorgt dafür, dass die gewünschte Qualität gewährleistet wird und das Projekt bzw. die Einführung des Tools erfolgreich verläuft, indem es folgende Vorteile bietet:

- **Vereinfachte Kommunikation:** Alle Absprachen zwischen Auftraggeber (Kunde) und Auftragnehmer (Lieferant) werden schriftlich dokumentiert.
- **Langfristige Planung:** Das Pflichtenheft stellt sicher, dass alle Beteiligten wissen, welche Aufgaben bis wann erledigt sein müssen. Der Zeitplan bleibt eingehalten und Missverständnisse werden minimiert.
- **Reibungsloser Projektablauf:** Durch detaillierte Beschreibungen der Aufgaben und Prozesse können Engpässe und Probleme frühzeitig erkannt und behoben werden.

[»]

Last- und Pflichtenheft

Ich weiß, dass das Verfassen von Lasten- und Pflichtenheften etwas »oldschool« ist und oft als zu aufwendig betrachtet wird. Natürlich können Sie alle wichtigen Punkte auch in detaillierte Verträge aufnehmen. Nutzen Sie das, was für Sie am sinnvollsten und vor allem in Ihrer Organisation gängig ist. Wichtig ist nur, dass es klar und deutlich abgestimmt ist und sauber dokumentiert wird.

20.4.3 Das Implementierungsprojekt

Bei einem Implementierungsprojekt geht es darum, das Tool so ressourcenschonend wie möglich und ohne große Störungen Ihrer vorhandenen Produktivumgebung einzuführen und es für die geplanten User (Anwender) nutzbar zu machen. Auch hier gibt es dann wieder zwei Ansätze mit unterschiedlichem Arbeitsaufwand: SaaS oder On Premises.

- **SaaS:** Bei dem Implementierungsprojekt eines SaaS-Systems geht es hauptsächlich um das Importieren der Kundendaten und das Customizing des Tools für die Anwender (User, Nutzer).

  Die Masken bzw. Unterseiten müssen eingerichtet werden und das Tool muss an die eigene Organisation angepasst werden. Manche Organisationen haben strikte Vorgaben bezüglich der *Corporate Identity*.[2]
- **On Premises:** Bei einer On-Premises-Variante ist wesentlich mehr Aufwand nötig. Sie müssen die vom Anbieter empfohlenen Systeme beschaffen, aufbauen und nach den Anbietervorgaben einrichten. Dann muss das Tool installiert und angepasst werden.

2 Der Begriff *Corporate Identity* (kurz: *CI*) steht für einen einheitlichen Organisationsauftritt nach innen und außen. Das Ziel einer Corporate-Identity-Strategie ist es, eine eigenständige und unverwechselbare Organisationspersönlichkeit mit hohem Wiedererkennungswert zu schaffen. CI-Vorgaben helfen Organisationen dabei, überall wiedererkannt zu werden und ein einheitliches Markenbild zu präsentieren. Für das Tool heißt das übersetzt, dass es an das Farbkonzept der Organisation, ihr Logo, ihr Layout, ihre Typografie, ihre Bildsprache und ihre Icons angepasst werden muss.

Anschließend geht es um die Sicherheit: Es muss ein Rollen- und Rechtekonzept erstellt und implementiert werden, und es müssen Proxy- und Firewall-Regeln angepasst werden.

Und dann geht es wie beim SaaS-System mit dem Datenimport und dem Customizing weiter. Auch hier können Sie natürlich für technische Redundanzen sorgen – aber ist wirklich auch eine echte Geo-Redundanz möglich, wie das BSI sie fordert? Hierzu werden Sie viele Gespräche mit dem technischen Support des Anbieters führen müssen, und der Abstimmungsaufwand wird sehr hoch sein.

[«]

Automatisieren Sie so viel wie möglich

Sie sollten darauf achten, dass so viele Daten wie möglich automatisiert eingelesen werden können, z. B. Userprofile per Anbindung ans Active Directory (AD) oder Importe aus der CMDB etc. Dann haben Sie tagesaktuelle Daten im Tool, und idealerweise können Sie die Zugriffsrechte aus einem Identity-Management übernehmen. Diese können Sie bei Bedarf ergänzen, etwa mit den BCM- oder ITSCM-Rollen, wenn diese nicht im AD gepflegt werden.

Ebenso wäre es gut, wenn Sie Ihre ganzen Prozesse aus der Prozesslandkarte einbinden könnten oder Daten aus dem Service Level Management (SLM) automatisch integrieren könnten. Durch diesen Import haben Sie eine aktuelle Datenbasis und minimieren Eingabefehler. Grundsätzlich sollte es so wenig manuelle Dateneingabe wie möglich geben, gerade beim Datenimport. Niemand will schließlich tagelang per Hand Infos in eine Oberfläche eingeben!

20.4.4 Das Customizing

Unter *Customizing* versteht man die Anpassung von Produkten an die individuellen Bedürfnisse von Kunden. Auch bei Software wie ERP-Systemen hat Customizing hohe Relevanz, da es die Abbildung organisationsindividueller Anforderungen ermöglicht.[3] Und wie ich in Abschnitt 20.1 bereits geschrieben habe: Das geht nur, wenn Sie Ihre Anforderungen selbst genau kennen und wissen, was Sie brauchen.

Customizing wird einem Kunden immer mit dem Versprechen verkauft, dass der Verkäufer die Software zu 100 % (und immer und überall) nach den Wünschen des Kunden und seinen Anforderungen anpasst, sodass sich ein Kunde sofort wohlfühlt und direkt mit der Software arbeiten kann.

Aber wie sieht die Realität aus? Man merkt sehr schnell, dass viele Systeme doch nicht so einfach anpassbar sind, wie es die Kunden brauchen und wie es die Verkäufer angeprie-

3 Der Anglizismus *Customizing* wird im deutschsprachigen Raum verwendet. Er leitet sich vom englischen Wort »custom« ab, was im Deutschen »maßgefertigt« bedeutet. Der Begriff kann demnach auch mit *Individualisierung* oder *Personalisierung* übersetzt werden.

sen haben. Dann versteckt man sich aufseiten des Anbieters schnell hinter Aussagen wie »Das ist bei der Architektur nicht möglich« oder »Das ist aber total unüblich, das macht kein Mensch so«.

Lassen Sie sich daher vor dem Kauf bzw. vor der Anmietung eines Tools genauestens erklären, was alles machbar ist und was nicht! Je mehr Transparenz Sie dort bekommen, desto besser ist es für Sie.

Eventuell können Sie sich vor der Entscheidung ein komplett implementiertes System bei einem anderen Kunden anschauen. Das erspart allen Beteiligten lange Diskussionen, Ärger, graue Haare und mögliche Gerichts- und Anwaltskosten.

In Tabelle 20.1 habe ich ein paar Beispiele gesammelt, was man alles »customizen« kann.

Konfigurationsbereich	Beispiele
Organisationsstruktur	Standorte, Niederlassungen, Vertriebsstruktur, Einkaufsorganisation, Produktion, Lager etc.
Prozesse	Einzelschritte von Workflows wie der Beschaffung oder der Rechnungsbearbeitung
Schnittstellen	für die Anbindung von Drittsystemen
Länderspezifische Einstellungen	Sprache, Währung, Uhrzeit, Kalender, Feiertage
Oberflächen	Anpassung der Darstellung, Aktivierung oder Deaktivierung einzelner Funktionen, Farben, Logos (CI), Design
Formulare	Anpassung des Layouts von Rechnungen, Lieferscheinen und weiteren Dokumenten
Benutzergruppen und Berechtigungen	zur Steuerung des Zugriffs auf das System, auf Teile des Systems, Prozesse und Daten

Tabelle 20.1: Einige Customizing-Beispiele

20.5 Betrieb eines Tools

Wer betreibt das Tool? Wenn das Tool extern über den Anbieter als SaaS-Lösung betrieben wird, ist das für Sie kein Thema. Aber wenn Sie eine Lösung eingekauft haben, die On Premises läuft, müssen Sie festlegen, wer dieses Tool installiert und dauerhaft administriert.

Gibt es in Ihrer Organisation Fachpersonal dafür? Das ist natürlich eine elementare Frage. Fragen Sie dann Admin-Schulungen vom Anbieter an.

Des Weiteren müssen die Nutzer (User) geschult werden. Oft können das nicht die Administratoren machen, da sie einen rein technischen Fokus haben. Admins müssen die

Technik »unter der Haube« verstehen und störungsfrei am Laufen halten, aber nicht den Umgang mit dem Tool verstehen.

Üblich ist, dass entweder ein User direkt beim Anbieter geschult wird und dann in Ihrer Organisation als eine Art Multiplikator dient, oder alle User werden direkt vom Anbieter geschult.

Idealerweise geschieht diese Schulung direkt an Ihrem Live-System vor Ort, also in der eigenen Organisation. Meist gibt es noch ein gewisses Kontingent für Nachschulungen jeglicher Art in dem Gesamtpaket.

20.6 Exit-Strategie festlegen

Wie kommt man z. B. nach Vertragsende, nach der Insolvenz des Anbieters oder schlicht, weil man mit der Leistung unzufrieden ist, wieder an seine Daten?

Sollten Sie also jetzt, da Sie gerade die Einführung eines tollen Tools planen, bereits schon wieder an den Ausstieg denken? Unbedingt, denn wenn nicht jetzt, wann dann?

Ich weiß, das klingt provokant, aber es ist definitiv notwendig. Auf dem Marktplatz für SaaS-Systeme herrscht viel Bewegung, da dort gute bis sehr gute Gewinne eingefahren werden können, und zwar mit relativ wenig Aufwand. Viele Anbieter wittern schnelles Geld und wollen Sie zum Abschluss eines Vertrags bewegen, denn sie wissen genau, dass Sie – wenn Sie erst einmal von einem solchen Tool abhängig sind – Preiserhöhungen oder schlechtem Service alternativlos ausgeliefert sind. Aber was machen Sie, wenn es trotz angeblich mandantenfähiger Systeme zu Datenlücken, Datenlecks oder zum Zugriff auf fremde Daten kommt? Oder wenn Ihr Anbieter in Konkurs geht?

Glauben Sie daher nicht blind den Werbeaussagen, sondern hinterfragen Sie wirklich alles gründlich. Selbst wenn Sie alles geregelt und abgestimmt haben, kann immer noch etwas schieflaufen. So ist das halt bei IT-gestützten Systemen, aber dann haben Sie wenigstens alle Eventualitäten bestmöglich betrachtet und alle bekannten IT-Risiken, so gut es geht, minimiert.

»Wie komme ich wieder an meine Daten?« Reiten Sie ruhig auf diesem Punkt herum, bis eine zufriedenstellende und nachvollziehbare Antwort vom Anbieter vorliegt. Von einem Anbieter, der nicht auf Ihre Fragen nach der Exit-Strategie eingeht und keine Antworten liefert, würde ich die Finger lassen!

20.7 Einige Anbieter

Mir ist aktuell kein reines ITSCM-Tool bekannt, denn diese Funktionalität wird zumeist im Rahmen des BCMs behandelt. Es ist daher sinnvoll, wenn Sie die Auswahl zusammen mit den Kollegen aus dem BCM (und vielleicht dem ISM) angehen.

Eine kleine (und nicht vollständige) Liste von Anbietern habe ich Ihnen zum Abschluss zusammengestellt. Ich habe mich auf die bekanntesten fokussiert:

Abbildung 20.1: Controllit AG mit dem Tool »[alive-IT] V7« (Quelle: Controllit AG, https://www.controll-it.de/de/software)

Abbildung 20.2: Fuentis mit dem Tool »fuentis suite« (Quelle: fuentis, https://fuentis.com/isms-tool/)

Abbildung 20.3: HiScout GmbH mit dem Tool »HiScout ISM« oder »HiScout BCM« (Quelle: HiScout GmbH, https://www.hiscout.com/en/bcm/)

Abbildung 20.4: RSA Security LLC mit dem Tool »RSA Archer« (Quelle: RSA Security LLC, https://www.archerirm.com/it-security-risk-management)

Abbildung 20.5: CONTECHNET Ltd. mit dem Tool »INDART Professional« (Quelle: CONTECHNET Ltd., https://www.contechnet.de/produkte/it-notfallplanung)

Abbildung 20.6: GRC Partner GmbH mit dem Tool »DocSetMinder« (Quelle: GRC Partner GmbH, https://www.docsetminder.de/it-notfall-management-software)

Außerdem gibt es auch noch SAI360 (*https://www.sai360.com/*) und TopEASE (*https://topease.f24.com/de/*).

Ich möchte Ihnen hier ein paar Bilder aus einem BCM- und ITSCM-Tool zeigen, die mir von der Controllit AG zur Verfügung gestellt wurden. Dabei handelt es sich um *[alive-IT]* in der Version 7.

Anhand dieser Screenshots können Sie sich schon mal einen groben Überblick verschaffen, wie so ein Werkzeug aussehen kann. Aber wie gesagt: Das ITSCM wird noch sehr stiefmütterlich behandelt, denn meist wird es einfach unter dem BCM verortet. Daher ist die Auswahl an Tools, die für das ITSCM zu nutzen sind, noch sehr überschaubar. Aber auch das wird sich in den nächsten Jahren definitiv ändern, denn ITSCM wird immer wichtiger werden.

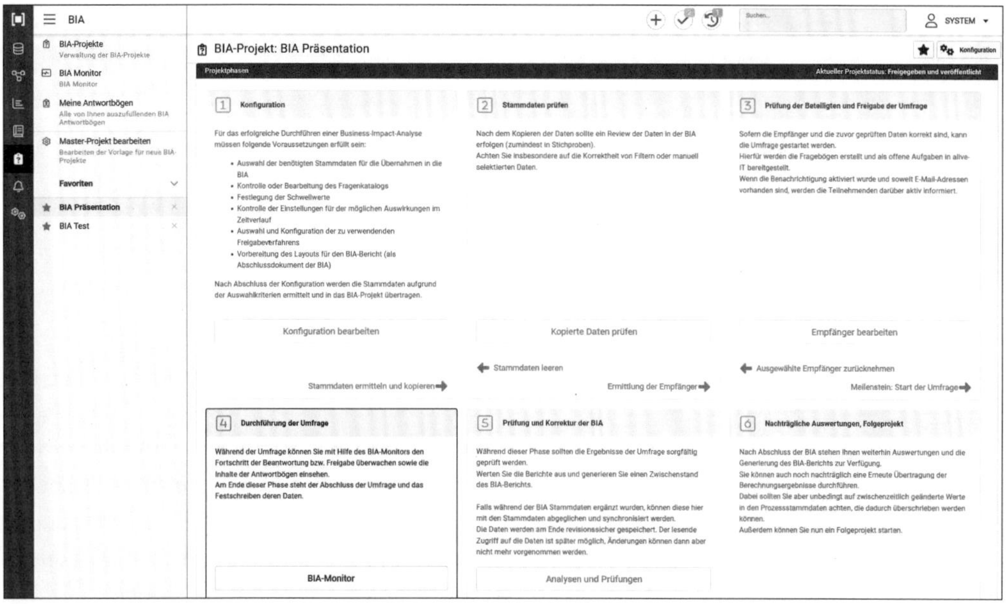

Abbildung 20.7: BIA-Projekt und Präsentation (Quelle: Controllit AG)

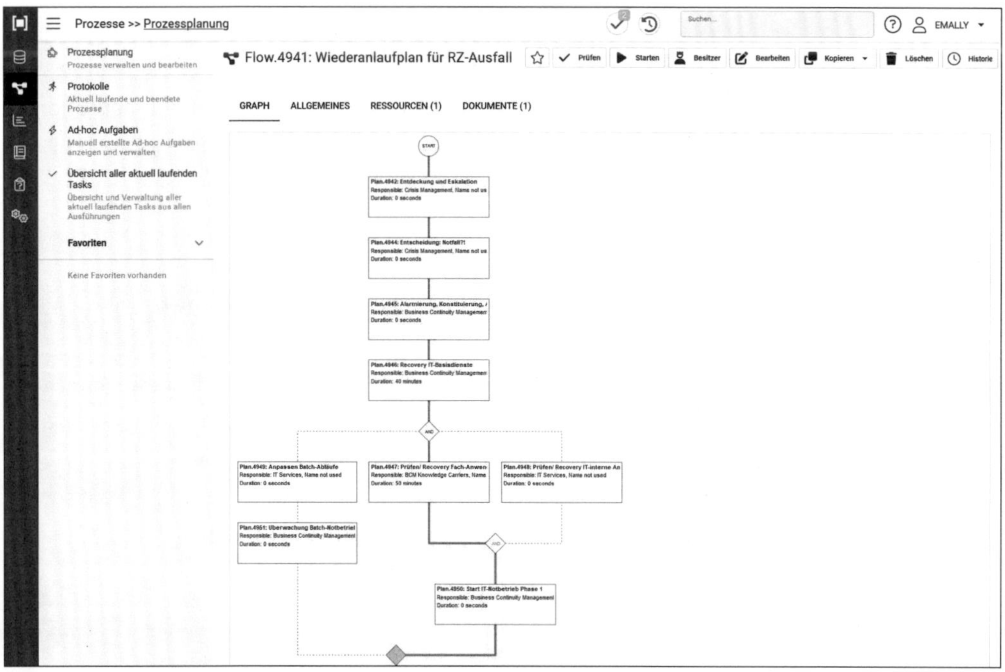

Abbildung 20.8: Wiederanlaufplan für einen RZ-Ausfall (Quelle: Controllit AG)

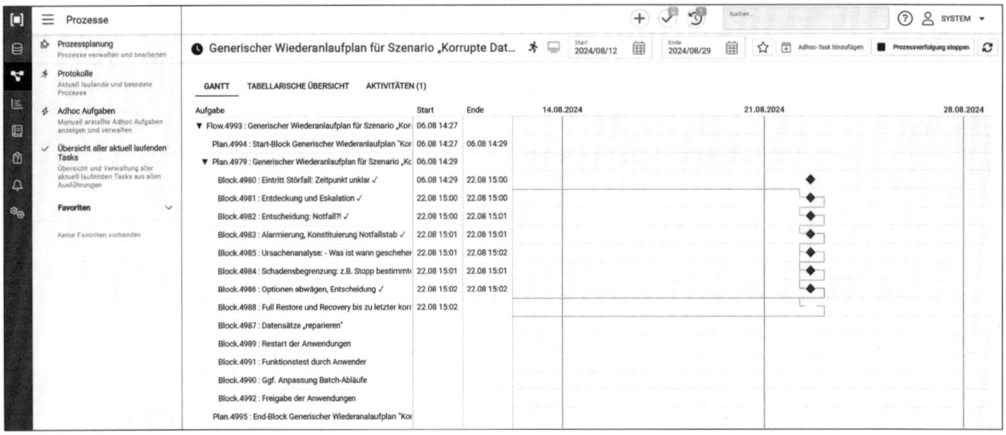

Abbildung 20.9: Der Wiederanlaufplan »Korrupte Daten« (Quelle: Controllit AG)

Was bei [alive-IT] sehr gut gelungen ist: Sie können es wie mit einem Baukastensystem selbst erweitern: Sie können Reports selbst designen oder eine komplette IT-Risikoanalyse oder Bedrohungsanalyse aufbauen und nutzen. Das klappt durch die sehr modulare Aufbauweise, die andere Tools nicht in diesem Umfang anbieten. Außerdem wird dieses Tool permanent weiterentwickelt und es werden auch Kundenwünsche berücksichtigt und wenn möglich implementiert. Dieses Tool ist meine ganz klare Empfehlung!

20.8 Weitere Vorgehensweise und Übungen

Im nächsten Kapitel befassen wir uns noch einmal mit dem Thema Dokumentationen. Aber jetzt in sehr kompakter Form. Dann sehen Sie alles Notwendige gesammelt auf einem Blick.

F-20-1: Braucht man ein ITSCM-Tool?

a) Unbedingt, ohne Tool kann man kein ITSCM aufbauen und betreiben.

b) Nein, ohne Tool geht alles irgendwie schneller.

c) Ein Tool kann für das ITSCM sehr nützlich sein um zeitraubende administrative Aufgaben automatisiert zu erledigen. Man kann dort zentral alle wichtigen Dokumente ablegen, eine Gap-Analyse durchführen und eine Aufgabenverfolgung nutzen. Es wäre super, aber nicht direkt am Anfang.

d) Nein, man kann ja das Tool von der Informationssicherheit nutzen.

F-20-2: Welche Tool-Arten gibt es aktuell?

a) On Premises und SaaS

b) Hybride Systeme

c) Systeme auf USB-Sticks

d) Notsysteme bei der Telekom

F-20-3: Was versteht man unter »Customizing«?

a) Das Abbauen eines vorhandenen ITSCM-Tools.

b) Unter Customizing wird allgemein die Anpassung von Produkten an die individuellen Bedürfnisse von Kunden verstanden. Der Begriff kann demnach auch mit »Individualisierung« oder »Personalisierung« übersetzt werden.

c) Die Installation eines ITSCM-Tools auf den eigenen Servern.

d) Eine Exit-Strategie eines ITSCM-Tools.

Kapitel 21
Dokumentationen

In diesem Kapitel geht es sehr kompakt um alle notwendigen ITSCM-Dokumentationen, um Arten von Dokumenten, um das Backup von Dokumenten und um Aufbewahrungsorte, inklusive Notfallbackup und Notfallzugriff.

> *»Eine Investition in Wissen bringt noch immer die besten Zinsen.«*
> *(Benjamin Franklin)*

Die Dokumentationen im ITSCM sind keine statischen, unveränderbaren Dokumente, sondern müssen stets dynamisch auf ihre Wirksamkeit, Aktualität und die ordnungsgemäße Umsetzung in der täglichen Praxis überprüft und angepasst werden. Die entsprechenden Dokumente werden also entweder anlassbezogen oder in regelmäßigen Abständen per Wiedervorlage überprüft.

Die Wirksamkeit und Angemessenheit von IT-Notfallvorsorgemaßnahmen müssen regelmäßig überprüft werden. Je nach Ergebnis müssen entsprechende Gegenmaßnahmen eingeleitet werden, denn die schnelle und effektive Handlungsfähigkeit während eines IT-Notfalls oder einer (IT-)Krise hängt entscheidend von der vorhandenen Dokumentation ab.

Neben der Qualität und Aktualität der Dokumente spielt ihre Verständlichkeit und Verfügbarkeit eine entscheidende Rolle. Die Mitarbeiter, die in die Bewältigung eines Notfalls oder einer Krise involviert sind, benötigen schnellen Zugriff auf die für sie relevanten Dokumente. Tabelle 21.1 ordnet die Dokumente des Normal- und Notbetriebs den entsprechenden Ebenen zu.

Ebene	Normalbetrieb	Notbetrieb
Strategisch	– ITSCM-Policy – ITSCM-Vorgehensmodell	– Reaktionsplan – Koordinationspläne (Notfallpläne für jedes Worst-Case-Szenario)
Taktisch	– ITSCM-Handbuch – Bericht(e) zur Gap-Analyse(n) – ITSC-Lösungskonzept – Teststrategie – Testkonzept	– Definierte IT-Risiken

Tabelle 21.1: Alle wichtigen Dokumente auf einem Blick

Ebene	Normalbetrieb	Notbetrieb
Taktisch (Forts.)	- Schulungsstrategien und Schulungsprogramme - Awareness-Strategie und Umsetzungsprogramm - Worst-Case-Szenarien	
Operativ	- Testplan pro Jahr - Checklisten - AUs - FAQs - WAP - WHP - DRP	- Disaster-Recovery-Pläne pro IT-Service/Basis-Service

Tabelle 21.1: Alle wichtigen Dokumente auf einem Blick (Forts.)

Die ITSCM-Dokumente müssen nicht immer in Papierform vorliegen. Zur Dokumentation können Software-Tools, Internet-Technologien, Notebooks, USB-Sticks oder Smartphones/Tablets genutzt werden, die alle nötigen Informationen speichern und die von verschiedenen Standorten aus zugänglich sind.

Die erforderliche Dokumentation muss redundant und auf unterschiedlichen Medien (z. B. Festplatte, USB-Stick) und in verschiedenen Formaten (digital und Papier) vorliegen. Die Unterlagen sollten so formuliert sein, dass fachkundige Dritte, auch *wissende Dritte* genannt, IT-Notfälle und (IT-)Krisen bearbeiten können.

Es ist entscheidend, dass die Lösung die Verfügbarkeit der Dokumente bei kritischen Vorfällen sicherstellt, einschließlich Stromausfällen, Brandschäden und anderen Risiken, die die Dokumente unbrauchbar machen oder den Zugriff verhindern könnten. Daher müssen unbedingt Kopien an einem oder mehreren Standorten aufbewahrt werden, und diese Standorte müssen allen betroffenen Mitarbeitern bekannt sein.

[»]

Tipp aus der Praxis

Sie sollten Ihre wichtigsten ITSCM-Notfallunterlagen tagesaktuell an zwei bis drei verschiedenen Orten vorliegen haben. Lassen Sie uns einmal den Idealfall skizzieren:

- **Confluence (intern) oder Ihr genutztes Kollaborationstool:** Dort könnten Sie wirklich alles hinterlegen: beispielsweise alle finalen Dokumente, aber auch sehr wichtige Dokumente, an denen Sie noch arbeiten. Hinzu könnte eine Unmenge an Informationen, Ideensammlungen, Videos, Links, Schulungsunterlagen, Plänen, Gap-Analysen, Buchtipps, Blogs, Glossaren etc. kommen. Der gesamte Confluence-Bereich sollte täglich mehrfach im Organisations-Backup gespeichert werden. Der Datenbestand ist daher meist tagesaktuell.

- **Website (extern)**: Auf einer externen und hochverfügbaren Notfall-Website (per Provider mit Multi-Cloud-Technik) könnten Sie alle wichtigen ITSCM-Notfallunterlagen wie z. B. alle WAP, WHP, den Reaktionsplan, Koordinationspläne und einige Netzstrukturpläne bzw. Netzwerkpläne ablegen. Diese Website ist rund um die Uhr an 365 Tagen im Jahr von überall her erreichbar. Das heißt, dass Sie sowohl mit dienstlichem als auch mit privatem Equipment darauf zugreifen (per PC, Handy, Tablet) können. Der Datenbestand ist normalerweise wochenaktuell.
- **Laptop (als zusätzliches Backup) und nur für Sie (intern)**: Auf Ihrem Laptop oder Arbeits-PC werden per windowsinternem RoboCopy-Befehl die wichtigsten IT-SCM-Notfallunterlagen in einen bestimmten Bereich auf der internen Festplatte gespiegelt. Der Datenbestand ist stundenaktuell. Sollte einmal ein Arbeiten im Organisationsnetzwerk nicht möglich sein, habe Sie diese wichtigen Daten auf dem Laptop oder Arbeits-PC lokal vorliegen und können diese nutzen. Der Datenbestand ist (je nach Aufruf) dann stundenaktuell.
- **Notfalltresor (intern, Notfallbackup)**: Im zentralen Notfalltresor Ihrer Organisation (inkl. AIM und Zugriffsmanagement) könnten Sie einen passenden USB-Stick hinterlegen. Auf ihm sind alle Informationen, die Sie benötigen. Das kann sogar bis zu einem Vollbackup des gesamten ITSCM gehen. Der Datenbestand sollte dabei maximal eine Woche alt sein.

Auch das ITSCM-Handbuch sollte als Papierversion an mindestens zwei Standorten (einmal im Notfalltresorsystem oder einem vorhandenen Sicherheitsbereich und einmal im eigenen ITSCM Büro) hinterlegt werden.

Sie merken: Hier muss man einiges organisieren. Die Hauptarbeit besteht nämlich darin, diese Daten immer und überall aktuell und auch verfügbar zu halten.

Und ganz wichtig: Die Daten müssen überall konsistent sein. Es nützt Ihnen nichts, wenn Sie vier Kopien mit unterschiedlichen Inhalten haben! Daher müssen Sie sich eine gute Systematik und Wiedervorlagen einrichten. Und es muss eine verantwortliche Person geben, die sich verbindlich um diese Aktualisierungen kümmert. Denn das ist ebenfalls aktive IT-Notfallvorsorge und Erhöhung der Resilienz des ITSCM.

Notfalltresor [«]

In Abbildung 21.1 sehen Sie ein Beispiel ein Notfalltresor-System. Es sorgt dafür, dass wichtige Dokumente oder Datenträger sicher abgelegt werden, im IT-Notfall oder in einer (IT-)Krise aber auch schnell verfügbar sind. Diese Tresore gibt es in verschiedenen Varianten: Sie unterscheiden sich in der Größe, in der Anzahl der Fächer und in der Zugriffssteuerung per Fingerabdruck, PIN oder Token. Man kommt bei diesen Tresoren auch nur an die Fächer heran, für die man explizit freigeschaltet wurde. Hier existiert eine sehr gute Nutzer- bzw. Rollentrennung.

Abbildung 21.1: ecos-Notfalltresor (Quelle: ecos systems GmbH, https://www.ecos-systems.com/de/)

21.1 Notfallbackup der wichtigsten ITSCM-Dokumente

Es sollte definitiv mindestens ein Notfallbackup Ihrer wichtigsten ITSCM-Dokumente geben, besser wären aber mehrere. Aber welche Dokumente sind das, bei der Menge von erstellten Unterlagen im ITSCM-Umfeld? Wie und wo sollte man diese Daten ablegen? Wie hält man sie aktuell? Sollen sie in digitaler Form oder in Papierform gespeichert werden? In diesem Abschnitt finden Sie ein paar praktische Tipps dazu.

21.1.1 Wichtige Dokumente identifizieren

Aus meiner Sicht müssen Sie nicht alle Dokumente aus dem ITSCM zu 100 % und überall redundant vorhalten. Das wird allerdings von Organisation zu Organisation unterschiedlich gehandhabt und hängt davon ab, ob man im regulierten oder im unregulierten Umfeld tätig ist.

Eine sinnvolle Auswahl der Dokumente für den IT-Notfall oder die (IT-)Krise ist:

- Der Reaktionsplan (für den Krisenstab)
- alle Koordinationspläne (für den Krisenstab)
- alle WAP-Pläne (für die technischen Bereiche, den Krisenstab, das (IT-)Lagezentrum)
- alle WHP-Pläne (für die technischen Bereiche, den Krisenstab, das (IT-)Lagezentrum)
- das ITSCM-Handbuch (für das gesamte ITSCM-Team und den ITSCM-Owner)

[!]

Aktualität der Pläne

Die WAP/WHP-Pläne werden immer von den technischen Bereichen zur Verfügung gestellt. Im ITSCM sind sie als reines Backup zu betrachten!

Daher kann es sein, dass die ITSCM-Versionen den Plänen der technischen Bereiche etwas hinterherhinken, denn die technischen Bereiche sind ohne organisationsweite Reglung nicht verpflichtet, sofort und bei jeder Änderung dem ITSCM etwas Neues zukommen zu lassen. Im Laufe der Zeit, wenn das ITSCM zur Organisationskultur gehört, werden auch diese Updates von den technischen Bereichen viel schneller kommen.

21.1.2 Wie und wo sollte man diese Unterlagen ablegen?

Ich würde vorschlagen, diese Unterlagen mindestens einmal in digitaler und einmal in Papierform vorzuhalten, und zwar an zwei verschiedenen Lagerorten, damit Redundanz gegeben ist. Sie können die Unterlagen also etwa einmal als Papierversion im Büro und einmal in digitaler Form (auf einem USB-Stick) im Notfalltresorsystem deponieren. Oder einmal als digitale Kopie auf der externen Website und einmal als Papierversion in der Zentrale, am Empfang bzw. an der Rezeption. Suchen Sie sich eine Kombination aus, die Sie auch verwalten können. Ich habe das so geplant:

- 2× digital, auf unseren beiden Laptops (Home-Office und vor Ort)
- 2× digital (1× externe Notfall-Backup-Seite, 1× in Confluence)
- 2× in Papierform, 1× im Notfalltresor im Hauptgebäude und 1× im ITSCM-Büro

21.1.3 Wie hält man all diese Dokumente aktuell?

Um die Dokumente aktuell zu halten, können Sie einfach auf eine digitale und automatisierte Aufgabenverfolgung bzw. Wiedervorlage zurückgreifen, um den Arbeitsaufwand (für Sie) so gering wie möglich zu halten. (Man kann das mittels Outlook oder Confluence einrichten; schauen Sie, was in Ihrer Organisation vorhanden und für Sie nutzbar ist.)

Sie sollten sich für diese Aktualisierung einen festen Zeitblocker einrichten. Dies wäre eine sinnvolle Aufgabe für Ihr ITSCM-Backoffice. Von Excel-Tabellen (als Vorlagetool) würde ich persönlich Abstand nehmen.

21.1.4 Sollen die Dokumente in digitaler Form oder in Papierform vorgehalten werden?

Klare Antwort: beides! Um eine bestmögliche Redundanz zu haben, legen Sie die Dokumente mindestens einmal in Papier- und einmal in digitaler Form ab, denn beide haben ihre Vor- und Nachteile. Bei einem großflächigen Stromausfall oder beim Ausfall von IT-Infrastrukturen (IT-Basisdienste) nützen Ihnen die digitalen Formate meist nichts mehr.

Dann sind Sie froh, eine Papierversion vor sich zu haben. Anders herum können digitale Formate schnell per E-Mail oder per Signal-Nachricht verschickt werden. Da hilft Ihnen die ausgedruckte Papierversion nicht weiter. Wenn Sie beides haben, sind Sie hier einfach flexibler.

21.2 Dokument-Arten

Es gibt im ITSCM zwei Arten von Dokumenten, die Sie zur Verfügung stellen: Dokumente für die Vorsorge (*Normalbetrieb*) und Dokumente für die Bewältigung (*Notbetrieb*). Tabelle 21.2 listet die Dokumente auf. Zum ITSC-Plan gehört alles, was unter den **Notbetrieb** fällt.

	Normalbetrieb	Notbetrieb
Strategisch (Gold)	- ITSCM-Policy (Aufsattelnd auf BCM-, ISM- und Unternehmens-Sicherheits-Policy) - ITSCM-Prozessmodell (z. B. Wandbild) - Krisenorganisations-Handbuch (»gehört« CM)	- Reaktionsplan
Taktisch (Silber)	- ITSCM-Handbuch (Prozesse) - Gap-Analyse-Bericht - ITSC-Lösungskonzept - Teststrategie - Testkonzept - Schulungs-/Awarenessprogramm	- Koordinationspläne (Notfallpläne je Ausfallszenario)
Operativ (Bronze)	- Testplan je Jahr - Arbeitsanweisungen	- Recovery-Pläne je IT-Service bzw. Basisdienst - Wiederherstellungsplan

Tabelle 21.2: Alle ITSCM-Dokumente im Überblick (Quelle: BCM Academy GmbH, Lehrgang »Certified IT Service Continuity Manager, CITSCM«, https://www.bcmacademy.de/de/citscm#/de/classes?course_category_id=9&hide_search_form=1)

[»]

Unterschiede zwischen den Dokumenten

Normalerweise unterscheiden sich diese Arten von Dokumenten stark voneinander. Während wir bei den Dokumenten für die Vorsorge noch sehr ausführlich, detailliert und mit vielen Beispielen arbeiten, sind die reinen Notfalldokumente sehr stark komprimiert und aufs Wesentliche fokussiert (siehe Abschnitt 7.7.1 zum Exkurs über die veränderte Wahrnehmung unter Stress).

Da in einem IT-Notfall der Zeitfaktor den größten Druck und Stress verursacht, sollten Sie dort alles Unnötige entfernen. Alles in ausführlicher Prosa Geschriebene muss raus, die Beispiele werden auf ein Minimum reduziert, wichtige Pläne werden noch mal vereinfacht und die Schriftgröße und der Zeilenabstand wird erhöht. Mehrfach verschachtelte Sätze werden, soweit es geht, umformuliert. Und setzen Sie auf einfache und sprechende Grafiken.

Zu den Vorsorge-Dokumenten für den Normalbetrieb zählen:

- die Policy (oder Richtlinie, Leitlinie, Strategie genannt)
- das IT-Notfallvorsorgekonzept (siehe BSI-200-4) (kein Muss)
- das IT-Notfallhandbuch (kein Muss)
- IT-Notfallpläne
- Wiederanlaufpläne (WAP) (vorbereitet für IT-Notfall/Krise)
- Wiederherstellungspläne (WHP) (vorbereitet für IT-Notfall/Krise)
- Desaster-Recovery-Pläne (DRP) (vorbereitet für IT-Notfall/Krise)
- der Reaktionsplan (vorbereitet für den Krisenstab)
- Koordinationspläne (vorbereitet für den Krisenstab)

Zu den Bewältigungsdokumenten für den Notfall gehören:

- der Reaktionsplan (für den Krisenstab)
- die Koordinationspläne (vom Krisenstab aktivieren lassen)
- die Notfallpläne
  - Wiederanlaufpläne (WAP) (vom Krisenstab aktivieren lassen)
  - Wiederherstellungspläne (WHP) (vom Krisenstab aktivieren lassen)
  - Desaster-Recovery-Pläne (DRP) (vom Krisenstab aktivieren lassen)

Lassen Sie mich im Folgenden noch einmal alle Dokumente des ITSCM aufzählen und kurz erklären.

21.2.1 Policy (Richtlinie)

Die Policy ist der eigentliche Arbeitsauftrag des Top-Managements an das ITSCM. In ihr werden die Erwartungen, die Ziele und der Geltungsbereich festgehalten. In der Policy werden die ITSCM-Orga kurz beschrieben und die ITSCM-Rollen und der ITSCM-Prozess erklärt.

21.2.2 IT-Notfallvorsorgekonzept

In einem Notfallvorsorgekonzept überlegt man sich proaktiv Vorsorgemaßnahmen, um sich bestmöglich vor IT-Notfällen und (IT-)Krisen zu schützen bzw. auf sie vorzubereiten. Das Ziel ist, die Ausfallzeit(en) so gering wie möglich zu halten (siehe dazu auch BSI Standard 100-4[1],Punkt 5.5. auf Seite 57.).

21.2.3 ITSCM-Handbuch

Das ITSCM-Handbuch ist das Kompendium für den ITSC-Manager und das gesamte IT-SCM-Team. Dort findet man alles Wichtige für das ITSCM. Es dient als Nachschlagewerk oder auch als Einarbeitungshilfe (On-Boarding) bei neuen Mitarbeitern oder Hospitanten im ITSCM.

21.2.4 Reaktionsplan

Der Reaktionsplan wird vom ITSCM einem aktiven Krisenstab zur Verfügung gestellt. Hier werden Dinge beschrieben wie: Was ist ein IT-Notfall? Wer darf ihn ausrufen? Welche Sofortmaßnahmen gibt es? Welche Koordinationspläne sind vorhanden?

21.2.5 Koordinationspläne

Der Koordinationsplan ist eine Sammlung mehrerer Pläne (siehe Abbildung 21.2).

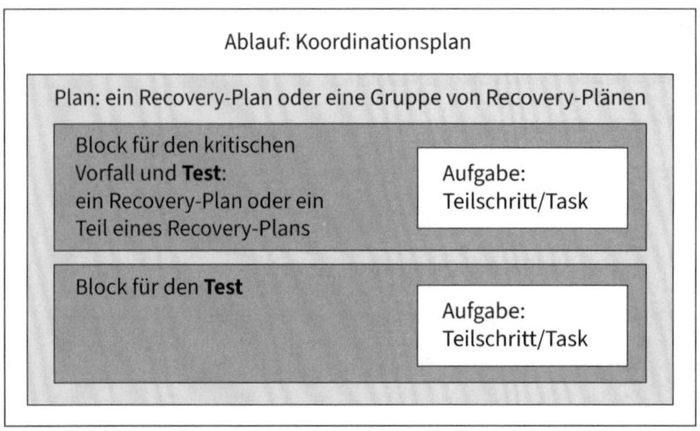

Abbildung 21.2: Koordinationsplan (Quelle: BCM Academy GmbH, Lehrgang »Certified IT Service Continuity Manager, CITSCM«, https://www.bcmacademy.de/de/citscm)

Abbildung 21.3 zeigt einen Koordinationsplan in etwas komplexerer Form.

1 Siehe: *https://www.bsi.bund.de/SharedDocs/Downloads/DE/BSI/Publikationen/ITGrundschutzstandards/BSI-Standard_1004.pdf?__blob=publicationFile&v=2.*

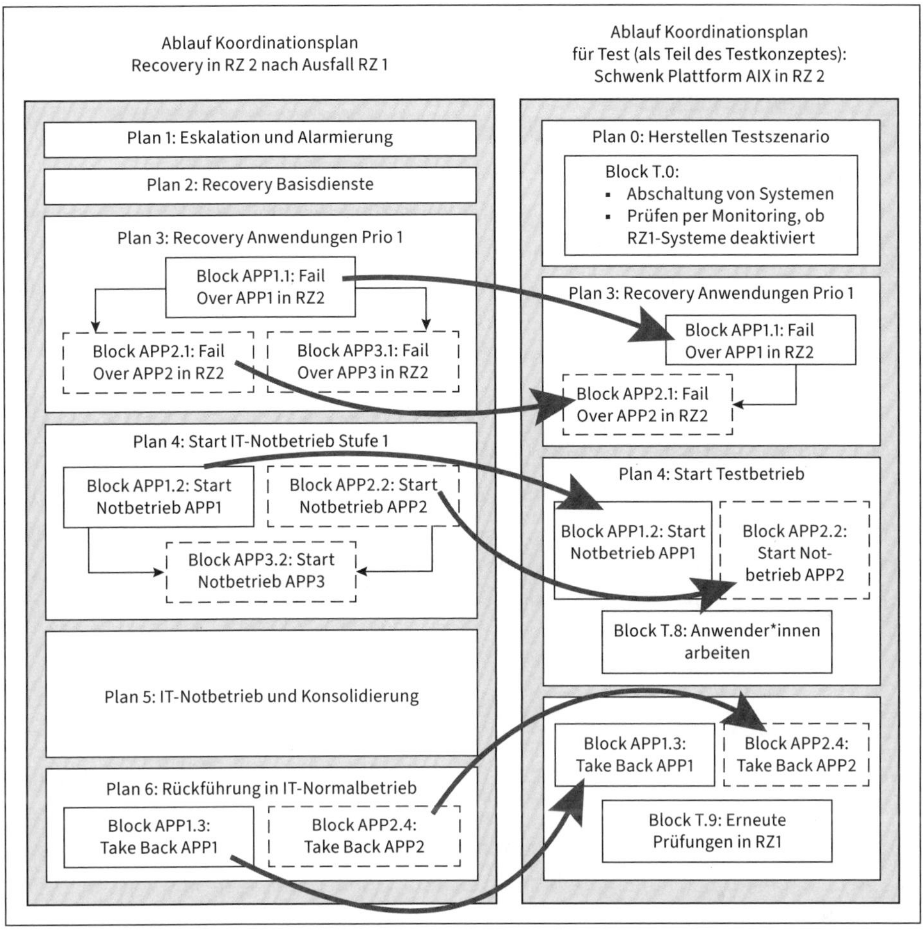

Abbildung 21.3: Inhalt eines Koordinationsplans (Quelle: BCM Academy GmbH, Lehrgang »Certified IT Service Continuity Manager, CITSCM«, https://www.bcmacademy.de/de/citscm)

21.2.6 Wiederanlaufpläne (WAP)

WAP beschreiben die Anschaltreihenfolgen von technischen Systemen. Welche IT-Systeme müssen nacheinander angeschaltet werden und welche können parallel angeschaltet werden? Und das bis zum *Notbetriebsniveau (MBCO)*.

Wiederanlaufpläne ergänzen die Geschäftsfortführungspläne (GFP) bzw. die Business-Continuity-Pläne (BCP). Sie beschreiben auf operativer Ebene für einzelne IT-Ressourcen, was in welcher Reihenfolge zu tun ist, um nach dem Ausfall einer IT-Ressource die Wiederaufnahme und Fortführung der Betriebsfunktion in einem Notbetrieb zu ermöglichen. Auch sollte definiert werden, welche Maßnahmen die Wiederherstellung abschließen und welche Bedingungen erfüllt sein müssen, damit ein Notbetrieb als beendet bzw. ein Normalbetrieb als wieder aufgenommen gilt.

21.2.7 Wiederherstellungspläne (WHP)

WHP beschreiben die Anschaltreihenfolgen von technischen Systemen. Welche IT-Systeme müssen nacheinander angeschaltet werden und welche können parallel angeschaltet werden? Und das bis zur *vollständigen Wiederherstellung (Zustand vor der Störung)*.

Ein WHP ist ein strategischer Leitfaden, der gezielte Maßnahmen beschreibt, um den Betrieb einer Organisation nach einem Störfall schnell und effizient wieder aufzunehmen. Typischerweise umfasst er Notfallpläne für IT-Systeme, Kommunikationsstrategien und Anleitung zum Ressourcenmanagement, um die Auswirkungen auf den Betrieb zu minimieren. Die regelmäßige Überprüfung und Aktualisierung dieses Plans ist entscheidend, um sicherzustellen, dass er im Ernstfall effektiv und umsetzbar ist.

21.2.8 Desaster-Recovery-Pläne (DRP)

Ein DRP, auch *Notfallwiederherstellungsplan* genannt, ist ein dokumentierter und strukturierter Ansatz, der beschreibt, wie eine Organisation nach einem ungeplanten Zwischenfall schnell wieder die Arbeit aufnehmen kann. Ein DRP ist ein wesentlicher Bestandteil eines Business-Continuity-Plans (BCP bzw. GFP). In ihm geht es auch um das Zurückspielen von Nutzdaten.

21.2.9 Arbeitsunterlage

Unter einer *Arbeitsunterlage (AU)* versteht man formale Anweisungen, wie genau Arbeiten auszuführen sind. Damit möchte man eine Standardisierung von Arbeitsschritten erreichen. Alle Mitarbeiter sollen eine bestimmte Arbeit immer gleich ausführen, um immer das gleiche (bestmögliche) Ergebnis zu erreichen. Arbeitsunterlagen sind z. B. im öffentlichen Dienst sehr verbreitet.

21.2.10 Templates

Unter einem *Template* versteht man vorgefertigte und standardisierte Vorlagen. Diese sollten mit Beispieltexten befüllt sein, damit jeder weiß, wie er sie auszufüllen hat. Denn oft sind die Fragen nicht selbsterklärend.

21.2.11 Checklisten

Unter *Checklisten* versteht man Listen, die »abzuhaken« sind. Der Vorteil dabei ist: Selbst in stressigen Situationen wird nichts vergessen (siehe die Checklisten der Piloten in der Luftfahrt.)

21.3 Kontinuierlicher Verbesserungsprozess (KVP) für die Dokumentation

Die Dokumente im ITSCM werden jährlich sowie anlassbezogen aktualisiert. Anlässe sind z. B. Änderungen der Rahmenparameter, der Aufgaben, der Organisationsstrategien, der BCM-Vorgaben, Erkenntnisse aus Übungen und Tests sowie Lessons Learned. Sollten Fehler und Schwachstellen erkannt werden, müssen diese zügig beseitigt werden. Aufgrund der Prüfungsergebnisse sind Entscheidungen über das weitere Vorgehen zu treffen. Insbesondere müssen Sie alle erforderlichen Verbesserungsmaßnahmen festhalten und dokumentieren. Benennen Sie die Zeitrahmen und die Verantwortlichen für die Umsetzung der Korrekturmaßnahmen und sorgen Sie dafür, dass die notwendigen Ressourcen zur Verfügung gestellt werden. Setzen Sie einen Prozess auf, der die Umsetzung der Verbesserungsmaßnahmen steuert und überwacht. Der aktuelle Stand sowie Probleme bei der Umsetzung sind zu dokumentieren. Werden notwendige Korrekturen zum Schließen von Schwachstellen nicht planmäßig durchgeführt, so müssen Sie sie gegebenenfalls eskalieren und/oder als IT-Risiko dokumentieren.

Das Ziel des KVP ist, stets aktuelle und in der Praxis nutzbare Dokumente zu haben.

21.4 Abhängigkeit der Dokumente (Dokumentenpyramide)

Die Dokumente im ITSCM sind untereinander abhängig. Um hier den Überblick zu behalten, würde sich eine Visualisierung in Form einer einfachen *Dokumentenpyramide* anbieten. Sollten Sie ein *Dokumentenmanagementsystem* im Einsatz haben, sollten Sie das natürlich nutzen.

Einen aktuellen Überblick über die Abhängigkeiten zu behalten, ist oft sehr schwer. Das Schlimmste, was passieren kann, ist, dass sich wichtige Informationen, Vorgaben, Festlegungen, Vorgehensweisen, Benennungen etc. nicht weitervererbt haben. Da kann es dann schon mal passieren, dass Sie eine neue Policy vom Top-Management unterzeichnet bekommen haben, aber deren Anforderungen – auch Wochen später – immer noch nicht in den nachgelagerten Dokumenten angepasst wurden.

Um das im Auge zu behalten, können Sie eine Dokumentenpyramide nutzen. In Abbildung 21.4 sehen Sie ein mögliches Beispiel dazu. Dort habe ich mit verschiedenen Farben gearbeitet, sodass man anhand der Farbe schon erkennen kann, worum es überhaupt geht.

- Rot (oder dunkel) = Notbetrieb = alle Notfalldokumente
- Gelb (oder normal) = alles zu Übungen und Tests
- Grün (oder hell) = Normalbetrieb = alle Dokumente für das Tagesgeschäft
- Blau (oder grau) = Alles, was Rot, Gelb und Grün unterstützt: IT-Notfallvorsorgemaßnahmen, Resilienzmaßnahmen, KPIs, Awareness-Maßnahmen, Gap-Analysen etc.

Ich habe in Abbildung 21.4 versucht, alle Dokumente inklusive ihrer Abhängigkeiten und Wechselwirkungen zu visualisieren. Vielleicht stimmen Sie mir zu, dass das noch nicht gut gelungen ist: Alles ist irgendwie voneinander abhängig und kreuz und quer miteinander verwoben. Ergebnisse aus Übungen und Tests können sich z. B. auf die Resilienzmaßnahmen oder auf IT-Notfallvorsorgemaßnahmen auswirken, die Lessons Learned auf die WCS, WAP, WHP, DRP und das ITSCM-Handbuch. Alles kann sich auf die Ziele in der Policy auswirken.

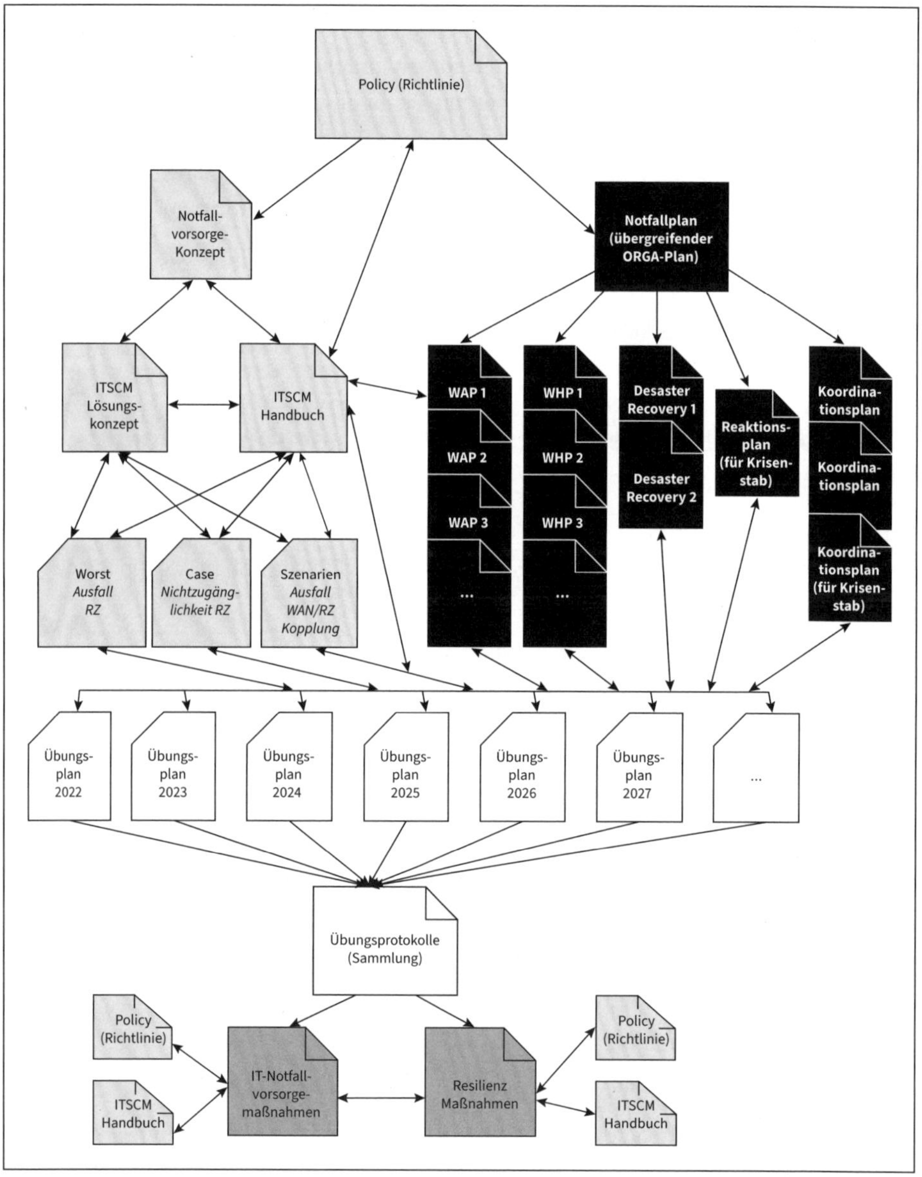

Abbildung 21.4: ITSCM-Dokumentenpyramide mit allen Dokumenten und deren Abhängigkeiten

Es ist nicht einfach, hier den Überblick zu bewahren. Daher arbeite ich gerade an einer Möglichkeit, sich diese Verknüpfungen mithilfe von KI anzeigen zu lassen (siehe Abschnitt 27.3).

[«]

Tipp aus der Praxis

Wenn Sie Ihre ITSCM-Dokumente verbessern wollen, was ja ein sehr gutes Ziel ist, sollten Sie nicht in einer hochmotivierten »Frühjahrsputzaktion« alles auf einmal anpacken. Denken Sie an die Wechselwirkungen. Es wird hier locker zwei bis drei Jahre dauern, bis Ihnen diese in Fleisch und Blut übergehen und Sie alle auf dem Schirm haben. Daher sollten Sie lieber etwas vorsichtiger agieren und die Dokumente schön nacheinander (von oben nach unten in der Hierarchie) überarbeiten.

21.5 Die Dokumentenablage (Wo?, Wer?, Aktualität?)

Bei der Ablage aller ITSCM-Dokumente müssen Sie unbedingt Folgendes klar und transparent für alle regeln:

- **Wo werden die ITSCM-Dokumente abgelegt (digital und in Papierform) und wie werden sie an mehrere Standorte oder Niederlassungen verteilt?**

  Dies muss allen betroffenen Mitarbeitern auch bekannt sein!

  Sie können die Dokumente entweder in Confluence, SharePoint, auf einem Gruppenlaufwerk bzw. in einem ITSCM-Tool ablegen. Dann sollten Sie noch alternative Ablageorte haben, egal ob in digitaler Form (USB-Stick, externe Website, lokale Kopie auf dem eigenen PC oder Laptop) oder als Papierversion an mindestens zwei Orten.
- **Wer ist verantwortlich?**
  - Für die Ablage beim ITSCM? (Benennen Sie einen Verantwortlichen.)
  - Für die einzelnen Dokumente bzw. Pläne? Gibt es z. B. einen Gesamtdokumentenverantwortlichen oder eine Person pro technischem Bereich? (Das ist hängt von der Größe Ihrer Organisation ab.)

[!]

Achten Sie auf die Zuständigkeiten

Das ITSCM ist nur und wirklich nur für seine eigenen Dokumente verantwortlich! Zugelieferte Dokumente und Pläne müssen von den Zulieferern gesichert werden. Das sind in der Regel die anderen technischen und organisatorischen Bereiche.

Beim ITSCM liegen nur reine Backups dieser Dokumente und Pläne vor. Und wie ich schon erwähnt habe, können die etwas älter und daher überholt bzw. dann inhaltlich eventuell sogar falsch sein.

Ich habe in meinem Team einen Mitarbeiter bestimmt, der für das Einsammeln dieser Unterlagen und die Wiedervorlagen verantwortlich ist. Damit unterstützen wir die technischen Bereiche, denn deren Mitarbeiter haben oft ganz andere Sachen im Kopf.

- **Wer hat Zugriff auf die Dokumente?**

  Bei dieser Frage müssen Sie unterscheiden, welcher Personenkreis die Dokumente für seine Arbeit braucht. Nutzen Sie also das Need-to-know-Prinzip: Die ITSCM-Policy kann und sollte allen Mitarbeitern einer Organisation zugänglich gemacht werden. Bestimmte Pläne (Reaktionsplan, Koordinationsplan) sollten nur dem Krisenstab oder dem (IT-)Lagezentrum zugänglich sein. Übungsprotokolle sollten allen beteiligten Übenden zur Verfügung stehen. Der Rest der Dokumente geht nur das ITSCM-Team etwas an.

  Achten Sie hier auf die Sicherheit der Dokumentenablage: In den WAP, WHP und DRP sind oft hochsensible Informationen zu finden. In der Praxis ist es nicht ungewöhnlich, dass man zur Einsicht in diese Dokumente erst eine Erlaubnis einholen muss. In den Organisationen sollten die ITSCM-Mitarbeiter SÜ2-überprüft sein.

  Für den Austausch zwischen dem BCM, ISM und ITSCM können Sie temporäre Freigaben einrichten. Wir haben noch zusätzlich einen internen und offenen Austauschbereich für diese drei Aufgabengebiete eingerichtet.

- **In welchem Turnus (Zeitvorgabe) werden diese Dokumente bzw. Pläne spätestens überarbeitet (Review)?**

  Vergessen Sie nicht die Reviews der Dokumente! Das Schlimmste, das Ihnen im Notfall passieren kann, sind hoffnungslos veraltete, überholte oder schlichtweg falsche Pläne. Die nützen niemandem etwas!

  Sie müssen darauf achten und auch aktiv darauf einwirken, dass sämtliche Pläne, alle Unterlagen und alle notwendigen Dokumente immer (und ich wiederhole) *immer* auf dem aktuellen Stand sind. Das ist eines der wichtigsten Erfolgsgeheimnisse. Sind Ihre Pläne auf dem aktuellen Stand, ist die halbe Miete schon im Sack, wie man so schön sagt.

[!]

Achtung!

Nur ein aktueller, verständlicher und vollständiger Plan ist ein guter Plan! Alles andere sind nur fromme Wünsche!

Falls Pläne außerhalb Ihres Verantwortungsbereichs fehlen, müssen Sie die Verantwortlich darauf hinweisen und zur Not auch über den ITSCM-Owner eskalieren. Verwechseln Sie »eskalieren« aber nicht mit »an den Pranger stellen« oder »anschwärzen«: Sie teilen den aktuellen Missstand nur einer höheren Stelle mit. Entschieden wird dann letztendlich dort, also außerhalb des ITSCMs.

[»]

Tipp aus der Praxis

In der Praxis hat sich bei den eher dynamischen Dokumenten wie z. B.

- WAP,
- WHP,
- DRP,

- Reaktionsplan und bei den
- Koordinationsplänen

ein Überarbeitungszeitraum von einem Jahr bewährt. Eher statische Dokumente wie beispielsweise

- die Policy,
- das IT-Notfallvorsorgekonzept,
- die Übungs- und Teststrategie,
- das ITSCM-Lösungskonzept,
- die Worst-Case-Szenarien und
- die Awareness-Strategie

werden alle zwei bis maximal drei Jahre überarbeitet.

21.6 Reporting an Prozess-Owner, Prozess-Sponsor, BCM und ISM

Eine weitere Form der Dokumentation sind die Berichte oder das Reporting »nach oben«. Sprechen Sie im Vorfeld ab, wer von Ihren Stakeholdern wann welche Berichte haben möchte. Klären Sie auch das Format und wie die Inhalte übermittelt werden sollen: persönlich oder einfach per E-Mail? Vielleicht ist es auch eine Option, dass Sie alle Informationen auf einer Website oder in Confluence ablegen und alle Stakeholder sich die Informationen dann abholen, wenn sie sie brauchen.

Meine Vorschläge für die Berichte finden Sie in Tabelle 21.3.

Rolle	Zeitraum	Was?
ITSCM-Sponsor	1× im Jahr (1 Stunde)	– Sie geben dem Sponsor einen groben Überblick per PowerPoint-Präsentation mit persönlicher Vorstellung.
ITSCM-Owner	1× pro Halbjahr (je 2 Stunden)	– Was wurde erledigt? – Woran arbeitet man gerade? – Probleme, Chancen etc. (per PowerPoint-Präsentation mit persönlicher Vorstellung)
BCM	1× pro Halbjahr	– grober Überblick per Austauschtermin
ISM (ISB)	1× pro Halbjahr	– grober Überblick per Austauschtermin
ITSCM-Team	1× wöchentlich	– Sprechen Sie per Jour Fixe oder Austauschtermin über alles Wichtige.

Tabelle 21.3: Reporting-Zeiträume und mögliche Inhalte

21.7 Weitere Vorgehensweise und Übungen

Im nächsten Kapitel befassen wir uns mit den Themen Datensicherheit und Datenschutz und Sie erfahren, warum es im ITSCM so wichtig ist.

F-21-1: Wer hat die aktuellsten WAP- und WHP-Pläne?

a) Immer das ITSCM
b) Immer die technischen Bereiche
c) Immer das BCM
d) Immer die Informationssicherheit (ISM)

F-21-2: In welcher Form sollte man Notfalldokumente vorhalten?

a) Nur digital, das spart wertvolles Papier und ist *state of the art* und nachhaltig.
b) Auf Papier und digital!
c) Nur auf Papier, das funktioniert immer, in jeder Situation.
d) Nur auf dem USB-Stick. Den hat man immer dabei.

F-21-3: Gibt es Abhängigkeiten unter den Notfalldokumenten?

a) Ja, diese müssen permanent beobachtet werden, da diese Dokumente meist Querverkettungen haben und Änderungen an einem Dokument auch Auswirkungen auf andere Dokumente haben.
b) Nein, jedes Dokument ist nur für sich gültig, ohne Abhängigkeiten.
c) Die Notfalldokumente sind untereinander abhängig. Die Normalbetrieb-Dokumente sind unter sich abhängig.
d) Papierdokumente sind untereinander abhängig. Digitale Dokumente sind untereinander abhängig.

Kapitel 22
Datenschutz und Datensicherheit

In diesem Kapitel geht es um den Schutz der ITSCM-Dokumente und der in ihnen enthaltenen (teilweise hochsensiblen) Informationen sowie um die Archivierung und Aufbewahrungsfristen.

> *»Die Angst vor der Gefahr ist schlimmer als die Gefahr selbst.«*
> *(Tacitus)*

Es ist offensichtlich, dass die Dokumente und Pläne, über die Sie im ITSCM verfügen, eine Menge sensibler Informationen enthalten: IT-Komponenten, Strukturen, Basisdienste, Kommunikationswege, Netzwerke. Diese Infos liegen nicht nur abstrakt vor, sondern werden mit ganz konkreten Namen, Adressen und Daten gepflegt – alles andere wäre ja auch nicht sinnvoll. Daher sind die Informationen in Ihren Dokumenten hochsensibel und sehr gut zu schützen!

Stimmen Sie sich dazu unbedingt mit den Kollegen aus der Informationssicherheit ab, denn wenn diese Informationen in falsche Hände geraten, kann das sehr weitreichende Auswirkungen für die eigene Organisation haben. Bei uns sind daher viele Dokumente mit hohem Schutzbedarf gekennzeichnet und müssen entsprechend behandelt werden. Wenn das bei Ihnen auch so ist, müssen Sie ein umfassendes Sicherheitskonzept für die Dokumente erstellen.

22.1 Das Sicherheitskonzept

Stellen Sie sich vor, Ihre Dokumente wären wie wertvolle Schätze, die in einem Tresor aufbewahrt werden müssen. Nicht jeder braucht den Schlüssel, und genau darum geht es auch hier: Es gilt, die Integrität, Authentizität und vor allem die Vertraulichkeit der Informationen zu sichern.

Kümmern Sie sich dabei um folgende Punkte:

- **Sorgfältige Einstufung und Kennzeichnung:** Jedes Dokument wird gemäß den Regelungen klassifiziert, die in Ihrer Organisation zur Dokumentation gelten. Durch eine klare Kennzeichnung können Sie sofort erkennen, wie sensibel die enthaltenen Daten sind und welche Schutzmaßnahmen erforderlich sind.
- **Gezielte Zugriffskontrolle:** Das sogenannte *Need-to-Know-Prinzip* stellt sicher, dass nur diejenigen Personen Zugang zu den Informationen erhalten, die diese für ihre Ar-

beit wirklich benötigen. So wird verhindert, dass zu viele Augen auf kritische Daten blicken. Denn nicht jeder muss, soll oder darf alles wissen.

- **Modulare Verteilung:** Durch eine Modularisierung der Dokumente können Sie die Informationen passgenau an die jeweiligen Empfänger oder Stakeholder verteilen. Denn nicht jeder muss alles wissen. Vielmehr geht es darum, genau die richtigen Daten zur richtigen Zeit bereitzustellen.
- **Schreibschutz vor Manipulationen:** Neben der Verfügbarkeit ist es ebenso wichtig, dass die Integrität und die Authentizität der Daten gewährleistet sind. Nur so können Sie sicherstellen, dass Ihre ITSCM-Dokumentation stets zuverlässig und unverfälscht ist und auch bleibt.

Mit diesen Maßnahmen schaffen Sie nicht nur eine robuste ITSCM-Dokumentation, sondern auch eine widerstandsfähige Organisation, die sich gegen potenzielle Angriffe und ungewollte Datenzugriffe schützt.

22.2 Archivierung und Aufbewahrungsfristen

Die Archivierungspflichten von reinen ITSCM-Dokumenten sind aktuell nicht explizit definiert oder geregelt.

Um einen organisationsweiten Standard zu erreichen, fordern die meisten Organisationen, dass sechs bis zehn Jahre Rückverfolgbarkeit sichergestellt ist. Um diese Anforderungen zu erfüllen, müssen alle ITSCM-Dokumentationen und -Nachweise über die Implementierung mindestens über diesen Zeitraum aufbewahrt werden. Das gilt insbesondere für die Ergebnisse von Gap-Analysen, für Trainingsnachweise sowie für Übungs- und Testergebnisse. Besonders diese Übungs- und Testprotokolle sind bei Auditoren immer gern gesehen und ein wichtiger Bestandteil dieser Dokumentation.[1]

Als grobe Orientierung zu den Aufbewahrungsfristen kann Ihnen diese Liste dienen:

- **Datenschutzrechtliche Vorgaben (DSGVO und BDSG)**
  - Laut *Datenschutz-Grundverordnung (DSGVO)* dürfen personenbezogene Daten nur so lange gespeichert werden, wie sie für den Zweck erforderlich sind.
- **IT-relevante Aufbewahrungspflichten**
  - E-Mails mit geschäftlichem Inhalt: 6 oder 10 Jahre (steuer- bzw. handelsrechtlich).
  - Logfiles (z. B. Zugriffsprotokolle, Firewall-Logs): meistens 6 Monate, es sei denn, sie dienen der IT-Sicherheit.
  - Software-Lizenzverträge und SLAs (*Service Level Agreements*): 10 Jahre nach Vertragsende (empfohlen)

1 Zudem ist es auch für Sie als umsetzungsverantwortlicher ITSC-Manager immer sehr interessant, nach vielen Jahren durch Ihre Historie und Ergebnisse zu blättern. Sie sehen dann praktisch die Geschichte Ihres ITSCMs. 😊

- Backup-Daten: Es gibt keine gesetzliche Pflicht, aber eine DSGVO-konforme Löschung ist nach Ablauf der Aufbewahrungsfrist erforderlich.

[!]

Rechtsberatung

Ich kann Ihnen nur raten, sich unbedingt an einen Fachanwalt oder an Ihre Rechtsabteilung zu wenden. Beim Datenschutz gibt es zu viele Fallstricke, die man als Laie unmöglich im Blick haben kann, und Archivierungs- und Aufbewahrungsfristen gehört nicht zu den Kernaufgaben des ITSCM.

Trotzdem sollten Sie wissen, worauf Sie achten müssen. Sammeln Sie diese Informationen unbedingt im ITSCM-Handbuch, am besten in einem Bereich wie »Rechtliches«.

[!]

DSGVO

Achten Sie besonders auf die DSGVO-Vorgaben. Versuchen Sie, so wenige personenbezogene Daten wie möglich in Ihre ITSCM-Dokumente aufzunehmen, um Problemen mit den gesetzlichen Löschfristen und -forderungen aus dem Weg zu gehen. Arbeiten Sie daher stark mit Rollen oder Funktionen. Um sich hier aber ganz sicher zu sein, sollten Sie sich mit Ihrem DSGVO-Zuständigen oder mit der Rechtsabteilung vernetzen. Weiterführende Informationen dazu finden Sie unter *https://dsgvo-gesetz.de/*.

22.3 Weitere Vorgehensweise und Übungen

Im nächsten Kapitel geht es um das Thema »Outsourcing eines ITSCM«. Es kann ja sein, dass Sie sich dieses Buch durchlesen und sich dann sagen, dass der Aufbau, der Betrieb und die Optimierung eines eigenen ITSCM zu teuer für Ihre Organisation ist und Sie auch gar keine zusätzlichen Räumlichkeiten haben. Dafür möchte ich Ihnen gern eine mögliche Alternative an die Hand geben. Entscheiden Sie danach, was für Sie die bessere Wahl ist.

[/]

F-22-1: Ist Datenschutz beim ITSCM wichtig?

a) Nein, die technischen Bereiche haben ihre Dokumente eh schon durch die ganze Organisation getragen.

b) Nein, nur die Dokumente vom Datenschutz werden besonders gesichert.

c) Ja, aber nur bei neuen Dokumenten. Alles, was jünger als ein Jahr ist. Da muss man aufpassen.

d) Ja, weil in den Dokumenten und Plänen organisationsinterne Bezeichnungen in Realnamen eingepflegt sind. Und weil dort personenbezogene Daten zu sehen sind. Diese gilt es besonders zu schützen!

[/] **F-22-2: Ist die DSGVO für das ITSCM wichtig?**

a) Nein.

b) Warum sollte sie wichtig sein? Das ITSCM hat doch nur technische Pläne und keine personenbezogenen Daten.

c) Die DSGVO ist egal. Wie eine Organisation Ihre Dokumente lagert und löscht, ist ihre Sache.

d) Ja, die Löschfristen für personenbezogene Daten sind einzuhalten. Diese Daten sind in verschiedenen Dokumenten und Plänen zu finden. Für die Einhaltung muss das ITSCM verbindlich sorgen.

[/] **F-22-3: Kann sich jeder die ITSCM-Dokumente anschauen?**

a) Ja, alle Dokumente einer Organisation sind für alle internen Mitarbeiter frei zugänglich.

b) Nein, nur die ITSCM-Mitarbeiter haben permanenten Zugriff.

c) Nein, nur das Top-Management darf auf sie zugreifen.

d) Nein, hier greift das Need-to-know-Prinzip. Nur ausgesuchte Personen mit einem triftigen Grund dürfen auf ausgewählte Dokumente zugreifen.

Kapitel 23

Outsourcing eines ITSCM

In diesem Kapitel geht es um das mögliche Outsourcen eines kompletten ITSCM und um die Vor- und Nachteile des Outsourcings.

> *»Jeder Mensch strebt nach einem Ziel, doch wer keins hat, wird zum Werkzeug derer, die eines besitzen.« (Arthur Schopenhauer)*

Wenn Sie den Kapiteln bis hierhin gefolgt sind, werden Sie gemerkt haben, wie viel Aufwand der Aufbau eines ITSCM bedeutet. Geht das nicht einfacher?

Outsourcing kann bei Zeitdruck oder als Übergangslösung eine Option darstellen.

Dazu müssen Sie für Ihre Organisation einen Ansprechpartner (inklusive Vertretung) benennen, der für den externen Dienstleister dauerhaft als Kontaktperson zur Verfügung steht.

Zudem muss – genauso wie beim Aufbau eines internen ITSCM – der Scope abgesteckt werden: Es muss geklärt werden, in welchen Situationen der Dienstleister wie und über welche Wege eingreifen soll: z. B. per Remotezugriff oder vor Ort bzw. per Hybrid-Einsatz. Welche Befugnisse bekommt der Dienstleister, und wie hat er wen über welchen Kommunikationskanal zu informieren? Welche genaue Aufgabe bekommt er? Und soll das ausgelagerte ITSCM nur zu normalen Büroarbeitszeiten (z. B. werktags von 7 bis 18 Uhr) arbeiten oder sogar rund um die Uhr an 365 Tagen im Jahr genutzt werden?

[«]

Achten Sie auch beim Outsourcing auf SPoFs

Natürlich sollte der Dienstleister mindestens einen Mitarbeiter haben, der als ITSC-Manager zertifiziert ist und langjährige Praxiserfahrung vorweisen kann. Können Sie aber auch sicherstellen, dass es eine personelle Redundanz beim Dienstleister gibt, dass also weitere Personen verfügbar sind, die diese Aufgaben in vollem Umfang übernehmen können, falls es Probleme gibt? Sonst bauen Sie sich direkt wieder einen Single Point of Failure (SpoF) auf.

Es müssen also zwingend eine Menge Organisationstätigkeiten vorab abgestimmt werden, die den Vorteil »geringerer Aufwand durch Outsourcing« gar nicht mehr so rosig aussehen lassen. Trotzdem möchte ich versuchen, die Vor- und Nachteile möglichst objektiv miteinander zu vergleichen.

23.1 Vorteile

Outsourcing bietet Organisationen viele strategische Vorteile, insbesondere in Bezug auf Kostenersparnis, Zugriff auf Spezialwissen und Flexibilität. Es kann jedoch auch Herausforderungen mit sich bringen, wie etwa die Kontrolle der Qualität oder Kommunikationsbarrieren. Organisationen sollten daher die spezifischen Anforderungen und Risiken bzw. Chancen sorgfältig abwägen, bevor sie sich für ein Outsourcing entscheiden.

Ich möchte das jetzt etwas detaillierter ausführen. Zu den Vorteilen zählen folgende Punkte:

- **Kein eigenes und teures Personal notwendig**

  Einsparungen bei der Personalsuche, dem Recruitment, der Stellennachbesetzung; keine Kosten bei Krankheit oder Urlaub etc.

- **Keine zusätzliche Bürofläche notwendig**
  - Externe arbeiten komplett remote.
  - Externe sind nur bei besonderen Terminen vor Ort (z. B. bei RZ-Übungen und Tests).
- **Keine zusätzlichen Schulungskosten und Reisekosten**
  - Ein externer Dienstleister kann sofort arbeiten.
  - Er ist selber für sein praxisnahes Fachwissen verantwortlich und muss Up-to-date bleiben.
- **Kein langjähriger Aufbau von Praxiserfahrungen nötig**
  - Outsourcing-Partner bieten häufig hochqualifizierte Fachkräfte und spezialisierte Kenntnisse, die intern möglicherweise nicht vorhanden sind oder nur schwer aufzubauen wären.
  - Externe Anbieter haben oft Zugang zu neuesten Technologien und Best Practices, die Organisationen helfen, wettbewerbsfähig zu bleiben.
  - Beim Dienstleister liegen schon viele Jahre praktische Erfahrungen vor.
- **Keine zusätzliche Hardware nötig**

  Der Dienstleister stellt seine Arbeitsmittel (PC, Handy, Tablet, Laptop) zur Verfügung.

- **Bessere Qualität und besserer Service**

  Outsourcing-Partner, die auf ein bestimmtes Fachgebiet spezialisiert sind, bieten häufig eine höhere Qualität und bessere Dienstleistungen als interne Teams, die noch mit anderen Aufgaben betraut sind.

- **Flexibilität**
  - Sie können schnell auf Veränderungen reagieren und Fachkräfte nach Bedarf hinzuziehen.
  - Skalierbarkeit: mehr oder weniger Personal je nach Arbeitsaufwand

- **Geringeres Risiko**
  - Weniger Verantwortung für Mitarbeiterführung und weniger arbeitsrechtliche Vorgaben
  - Dienstleister sind oft vertraglich an Ergebnisse gebunden.
- **Fokus auf das Kerngeschäft**
  - Sie sparen Zeit und können sich auf Ihr Hauptgeschäft konzentrieren.
  - Externe Dienstleister übernehmen zeitaufwendige Nebenaufgaben.
- **Der Prophet im eigenen Land**

  Leider hören viele Organisationen eher auf externe Berater und Consultants als auf die eigenen Mitarbeiter. Das stärkt auch die Wahrnehmung des Outsourcings. Es ist wie mit dem sprichwörtlichen Propheten, der im eigenen Land nicht gehört wird, obwohl er etwas Wichtiges sagt. Erst mit Unterstützung aus der Fremde wird er ernstgenommen.

23.2 Nachteile

Obwohl Outsourcing viele strategische Vorteile bieten kann, muss eine Organisation sorgfältig abwägen, ob sie die potenziellen Nachteile in Bezug auf Kontrolle, Abhängigkeit, Kommunikation, Sicherheit und Kosten verkraften kann. Eine gut durchdachte Outsourcing-Strategie und eine klare Kommunikation mit den Anbietern sind entscheidend, um diese Nachteile zu minimieren und den Erfolg der Auslagerung sicherzustellen.

Einige Beispiele für die Nachteile des Outsourcings sind:

- **Hochsensible Informationen werden an eine externe »unbekannte« Organisation ausgelagert**

  Passt das zur Strategie Ihrer Organisation und zu Ihrem Datenschutzkonzept? Ihr Dienstleister wird unweigerlich Einblicke in organisatorische Interna bekommen.
- **Kontrollverlust**
  - Beim Outsourcing gibt die Organisation Kontrolle über bestimmte Geschäftsprozesse an einen externen Dienstleister ab. Das kann dazu führen, dass interne Abläufe weniger direkt beeinflussbar sind.
  - Mangelnde Kontrolle über die Qualität der gelieferten Dienstleistungen oder Produkte kann zu Problemen führen, wenn der Anbieter die vereinbarten Standards nicht einhält.
  - Externe Dienstleister arbeiten nach eigenen Prozessen – nicht immer genau nach Ihren Vorstellungen.
- **Mögliche Kernkompetenz wird ausgelagert**
- **Abhängigkeit vom Dienstleister**
  - Eine starke Abhängigkeit von einem externen Anbieter kann riskant sein, insbesondere wenn dieser Dienstleister ausfällt, seine Preise erhöht oder die Qualität nachlässt.

  - Wenn Ihre Organisation den Anbieter wechseln möchte, kann dies kompliziert und teuer werden, da der Übergang von einem Dienstleister zum anderen oft mit vielen Risiken, Herausforderungen und möglichen Blockaden verbunden ist. (Auch hierfür müssen Sie Exit-Strategien entwickeln.)
- **Zusätzlicher und oft hoher Kommunikations- und Abstimmungsbedarf**
  - Bei internationalen Outsourcing-Vereinbarungen können Kommunikationsprobleme auftreten, etwa aufgrund von Sprachbarrieren, unterschiedlichen Arbeitszeiten oder kulturellen Missverständnissen.
  - Unterschiedliche Zeitzonen oder fehlende direkte Kommunikationswege verzögern die Bearbeitung von Anfragen oder die Lösung von Problemen.
- **Der Dienstleister identifiziert sich oft nicht mit dem Auftraggeber und dessen Kunden**
- **Mangelnde Flexibilität**
  - Outsourcing-Vereinbarungen sind oft langfristig und können die Organisation an den Dienstleister binden, was die Flexibilität einschränkt, falls sich Geschäftsstrategien oder Anforderungen ändern.
  - Ein externer Anbieter kann weniger flexibel reagieren, um kurzfristige Änderungen oder individuelle Anpassungen zu liefern, besonders wenn diese nicht im Vertrag vorgesehen sind.
- **Verlust von eigenem Know-how**
  - Wenn eine Organisation bestimmte Prozesse und/oder Tätigkeiten auslagert, kann sie wertvolles internes Wissen verlieren, das für ihre eigene Weiterentwicklung und Innovation wichtig ist.
  - Das Outsourcing kann dazu führen, dass die Organisation weniger in die Ausbildung und Weiterentwicklung eigener Fachkräfte investiert, was langfristig zu einem Verlust von Kompetenzen führt.
- **Demotivation der eigenen Mitarbeiter, weil sie die Aufgaben gern selbst übernommen hätten**
  - Outsourcing kann bei den eigenen Mitarbeitern Ängste auslösen, vor allem, wenn sie befürchten, dass ihre Arbeitsplätze durch ausgelagerte Prozesse gefährdet sind und sie abgelöst werden könnten.
  - Mitarbeiter könnten sich weniger mit der Organisation identifizieren, wenn wesentliche Arbeitsbereiche von externen Dienstleistern übernommen werden.
- **Datenschutz und Sicherheitsbedenken**
  - Das Outsourcing von Prozessen, die mit sensiblen Daten arbeiten (z. B. Kundeninformationen, Finanzdaten), erhöht das Risiko von Datenmissbrauch oder -verlust, besonders wenn der Dienstleister nicht über ausreichende Sicherheitsvorkehrungen verfügt.
  - Das Risiko von Datenlecks oder Sicherheitsverletzungen steigt.

- Bei Outsourcing in andere Länder können unterschiedliche Datenschutzgesetze und -vorschriften gelten, was rechtliche Unsicherheiten schaffen kann.

- **Qualitätsrisiko**
  - Nicht alle Dienstleister arbeiten mit der gleichen Sorgfalt wie eigene Mitarbeiter.
  - Eventuell sind zusätzliche Kontrollen oder Nachbesserungen nötig.
- **Versteckte Kosten**
  - Obwohl Outsourcing zu Beginn kostengünstig erscheinen mag, können versteckte Kosten für Verwaltung, Vertragsverhandlungen, Qualitätssicherung und mögliche Vertragsstrafen anfallen.
  - Manche Dienstleister erhöhen mit der Zeit ihre Preise.
  - Manchmal entstehen zusätzliche Kosten durch unvorhergesehene Probleme, zum Beispiel durch die Notwendigkeit von häufigen Anpassungen oder Korrekturen im Service, oder durch Personalwechsel beim Outsourcing-Dienstleister.

23.3 Ist Outsourcing eine Alternative?

Ob das Outsourcing des ITSCM eine Alternative für Sie ist, müssen Sie natürlich selbst entscheiden. Für mich als Entscheider im mittleren Management und als Führungskraft ist es ein klares No-Go.

Der ITSC-Manager ist in meinen Augen eine zentrale und wichtige Schlüsselposition in der eigenen Organisation. Dieses Know-how muss in der eigenen Organisation bleiben.

Das liegt besonders daran, dass der ITSC-Manager – dank seiner organisationsweiten Vernetzung und seiner persönlichen Kontakte sowie seiner Identifizierung mit seinen Aufgaben und der eigenen Organisation – viel näher an der Organisation ist, als es der externe Dienstleister jemals sein wird. Und gerade die persönlichen, oft langjährigen Kontakte öffnen dem ITSC-Manager viele Türen, die Externen meist verschlossen bleiben.

Auch der Austausch mit BCM und ISM wird mit eigenem Personal immer besser funktionieren, denn eigene Mitarbeiter werden unter den Kollegen eher akzeptiert. Denn, wie ich schon schrieb, der ITSC-Manager sollte auf der zwischenmenschlichen Ebene sehr empathisch agieren, und diese Beziehungsebene sorgt für eine gute Zusammenarbeit, nicht die fachliche Expertise. Das inkludiert für mich auch das ganze ITSCM-Team. Zusammengefasst lauten meine Argumente gegen ein Outsourcing:

- Organisationsgeheimnisse und wichtige Daten bleiben intern.
- Wichtige Entscheidungen und Prozesse bleiben innerhalb der eigenen Organisation.
- Wissen bleibt im Unternehmen und kann weiterentwickelt werden.
- Eigene Mitarbeiter haben Ideen und Verbesserungen, die externen Partnern fehlen.

Falls Sie es trotzdem in Erwägung ziehen wollen, brauchen Sie unbedingt eine gute Exit-Strategie, denn sonst machen Sie sich vollkommen von Ihrem Dienstleister abhängig.

[»] **Exit-Strategie**

Eine Exit-Strategie beim Outsourcing beschreibt den planmäßigen und strukturierten Prozess, mit dem eine Organisation die Geschäftsbeziehung mit einem externen Dienstleister beendet oder den Outsourcing-Vertrag nicht verlängert. Diese Strategie ist besonders wichtig, um sicherzustellen, dass der Übergang reibungslos verläuft und die Organisation nach der Beendigung der Zusammenarbeit weiterhin in der Lage ist, ihre Prozesse ohne größere Störungen fortzuführen. Eine gut durchdachte Exit-Strategie hilft, Risiken wie Datenverlust, Betriebsunterbrechungen oder unerwartete Kosten zu minimieren. Sie sollte im Voraus entwickelt und im Vertrag klar für beide Seiten geregelt werden

23.4 Weitere Vorgehensweise und Übungen

Ich möchte Ihnen im nächsten Kapitel mögliche »Stolpersteine« bei der Einführung eines ITSCM aufzeigen, erklären und (hoffentlich) aus dem Weg räumen.

[/] **F-23-1: Ist das Outsourcen eines ITSCM möglich?**

a) Ja, es spricht rechtlich nichts gegen eine Auslagerung eines kompletten ITSCM. Es muss nur vertraglich sauber geregelt sein (Zugriffe, Arbeitszeiten, Erreichbarkeit, Leistungen etc.).
b) Nein, das darf man nicht.
c) Ja, gerade in Urlaubs- und Krankheitszeiten ist das doch super.
d) Nein, laut BCM und ISM ist das nicht erlaubt.

[/] **F-23-2: Was ist ein großer Vorteil beim ITSCM-Outsourcing?**

a) Man hat einen Schuldigen, wenn etwas nicht funktioniert.
b) Es ist kein eigenes Personal mit den dazugehörigen Kosten nötig (Bewerbungskosten, Lohnkosten bei Krankheit, Urlaubsgeld, Schulungskosten etc.), und vorhandenes Know-how kann direkt genutzt werden.
c) Man kann durch Druck den externen Partner zu Mehrarbeit zwingen.
d) Externe arbeiten immer schneller als interne Mitarbeiter.

[/] **F-23-3: Was ist ein großer Nachteil beim ITSCM-Outsourcing?**

a) Man kommuniziert fast immer extrem zeitverzögert.
b) Man kann dem Dienstleister nicht auf die Finger schauen.
c) Wichtiges und zentrales Schlüssel-Know-how wird ausgelagert.
d) Man kennt sich nicht.

Kapitel 24
Stolpersteine bei Einführung und Betrieb eines ITSCM

In diesem Kapitel geht es um mögliche Probleme bzw. Herausforderungen und Stolpersteine bei der Einführung eines ITSCM.

»Auch ein Stolperstein – kann zum Grundstein taugen.«
(Heinz Stein)

In diesem Kapitel möchte ich Sie auf einige typische und auch versteckte Stolpersteine aufmerksam machen, die sowohl die Einführung als auch den Betrieb eines ITSCM erheblich erschweren können. Wenn Sie diese Stolpersteine kennen, können Sie ihnen aktiv entgegenwirken. Ich habe Ihnen bei jedem Problem eine mögliche Gegenmaßnahme aufgeführt. Es gibt natürlich meist mehrere Optionen, aus denen Sie auswählen könnten. Diese können Sie für Ihre Organisation selbst entwickeln. Betrachten Sie meinen Vorschlag als Idee, Input, Anregung oder – Achtung, Buzzword – als Impuls. 😉

24.1 Falsche Erwartungshaltungen

Ein sehr großes Problem sind falsche Erwartungshaltungen von den Stakeholdern, dem Top-Management, den Bereichen BCM und ISM etc.

Daher ist es so immens wichtig, die Erwartungen des Top-Managements (als Auftraggeber) einzufangen, sie realistisch abzustimmen, sie zu dokumentieren und sie dann auch in der Policy verbindlich unterschreiben zu lassen. Damit sind sie offiziell und werden zum eigentlichen Arbeitsauftrag des ITSCM.

Optimalerweise sollten Sie die vereinbarten Erwartungen in der Policy des ITSCM festhalten und danach allen Mitarbeitern der Organisation zur Verfügung stellen. Damit sind dann alle (Top-Management, ITSCM und alle Mitarbeiter) auf dem gleichen Wissensstand.

Achten Sie unbedingt darauf, dass die Erwartungen mit dem vorhandenen Personal auch zu schaffen sind! Als ITSC-Manager sollten Sie aktiv darauf hinwirken, zuerst lieber mit wenigen Aufgaben anzufangen, schließlich muss am Anfang noch das ganze ITSCM aufgebaut und Personal geschult werden. Sonst sorgt das nur für Frust bei allen Beteiligten. Und die Ziele werden auch nicht erreicht. Die Aufgaben können dann von Policy zu Policy weiter geschärft und/oder ergänzt werden.

24.2 Zu viele parallele Aufgaben

Gerade am Anfang kann es sehr schnell passieren, dass Sie sich zu viel auf einmal aufhalsen. Natürlich möchte man in seinem neuen Bereich schnell durchstarten und »viele PS auf die Straße bringen«.

Konzentrieren Sie sich aber gerade am Anfang auf die wichtigsten Sachen, sonst verstricken Sie sich sehr schnell in Unwichtigem. Welche Aufgaben und Tätigkeiten das sind, legen Sie für Ihre Organisation fest. Die Ausbildung des ITSC-Managers, die Aufbau der IT-SCM-Organisationsstruktur (inklusive der Erstellung der Rollenbeschreibungen) und die Policy sollten ganz weit oben auf Ihrer Agenda stehen.

Fangen Sie also langsam und gezielt an, und erweitern Sie den Aufgabenbereich abhängig von den vorhandenen Ressourcen. Dazu ist es auch wichtig, dass Sie schauen, was schon da ist und was von dem Vorhandenen genutzt werden kann. Richten Sie aktiv Vernetzungen und Austauschtermine mit BCM und ISM ein, und sorgen Sie dafür, dass Ihr IT-SCM-Team weiter ausgebaut und geschult wird.

Und schließlich kann es auch sein, dass Sie Themen, die gar nicht funktionieren, in Abstimmung mit dem ITSCM-Owner beenden und eventuell später noch mal neu angehen müssen.

24.3 Unklarer Auftrag bzw. unklare Aufgaben

Ich komme ja aus dem Projektmanagement, und dort lernt man ganz schnell: Ohne klaren und verstandenen Auftrag darf man nicht anfangen!

Achten Sie also immer darauf, dass der Arbeitsauftrag, die Aufgabe, das Projekt etc. deutlich ist und auch ganz klar von allen verstanden wurde.

Wer kennt das nicht? In einer Besprechung mit dem Top-Management wird mal in einem Nebensatz eine unklare oder unspezifische Aufgabe in den Raum gestellt.

Was tun? Natürlich könnten Sie jetzt sofort losrennen und den möglichen Arbeitsauftrag interpretieren und anfangen zu arbeiten. Aber wer sagt Ihnen, dass das, was Sie da machen, auch das ist, was gefordert ist? Ist es wirklich zielgerichtet, was Sie da gerade machen?

Also tun Sie sich selbst einen Gefallen und holen Sie sich einen richtigen Auftrag bei der richtigen Stelle ab. Geben Sie am besten kurz den mündlichen Auftrag mit eigenen Worten wieder oder (noch besser) schicken Sie den Auftrag per E-Mail zur Bestätigung. Dann sind Sie sicher und sparen sich wertvolle Arbeitszeit.

Durch dieses Spiegeln können Sie so lange nachbohren, bis Sie einen klaren, deutlichen und vor allem verständlichen Auftrag in der Tasche haben: »Herr Müller, habe ich Sie richtig verstanden, dass ich Folgendes machen soll? Sie möchten, dass wir in 2027 einen kompletten RZ-Schwenk durchführen? Ist das so richtig?«

Das mag sich penetrant anhören, aber das Übernehmen von Aufträgen aus dem Top-Management muss auf einem gegenseitigen Verständnis beruhen, und auch das muss sich erst richtig einspielen. Und ein nettes Nachfragen, wenn man mal einen möglichen Auftrag nicht verstanden hat, sollte kein Beinbruch sein. Zur Not kann hier auch der ITSCM-Owner noch mal bei seinen Kollegen im Top-Management nachfragen.

24.4 Doppelrollen

Doppelrollen funktionieren in der Praxis nie! Alle, die etwas anderes behaupten, vernachlässigen eine der Rollen. Denn für eine der Rollen schlägt das Herz einfach immer etwas mehr. Das ist menschlich und nur normal.

Ich habe in jetzt fast 40 Jahren IT-Tätigkeit noch nicht einmal eine funktionierende Doppelrolle in der Praxis kennengelernt. Daher tun Sie sich und dem ITSC-Manager einen Gefallen: Lassen Sie ihn nur ITSC-Manager sein.

ITSCM ist eine hochkomplexe und sehr herausfordernde Aufgabe, die man letztendlich nur in einem guten Team erledigen kann. Sonst brennt Ihnen diese Person aus. Man kann als Einzelkämpfer zwar kurzfristig anfangen, aber allerspätestens nach einem halben Jahr muss Unterstützung folgen. Denn eine »One-Man-Show« kann auch nur den Output einer »One-Man-Show« liefern. Denken Sie auch daran, dass dieser wichtige Mitarbeiter Urlaub hat, zur Schulung fährt oder einfach mal krank ist. Wenn dann mehrere Rollen bei einer Person konzentriert sind, haben Sie ein echtes Problem.

Sie bauen sonst eine Rolle auf, die für Redundanz und Resilienz sorgen soll, selbst aber nicht redundant ist!

Wenn Ihnen eine solche Doppelrolle angetragen wird, sollten Sie sie direkt ablehnen oder nur für einen sehr begrenzten und kurzen Zeitraum übernehmen. Denn egal, wie sehr Sie sich auch anstrengen, Sie können als Einzelkämpfer keine zwei oder drei vollwertigen Stellen ausfüllen. Hier gilt: Selbstschutz vor Profilierung!

Die einzige Ausnahme wäre, wenn diese Mehrfachrollen nie gleichzeitig ausgeführt werden, wenn man also zuerst als ITSC-Manager arbeitet und dann als Krisenmanager. Das könnte funktionieren. Ich bin da aber trotzdem immer noch sehr skeptisch. Denn letztendlich geht es hier an das Nervenkostüm, und dieser Person droht absehbar ein Burnout. Dem vorzubeugen, hat mit der Fürsorgepflicht des Arbeitgebers zu tun!

Fürsorgepflicht

Die *Fürsorgepflicht* bedeutet, dass der Arbeitgeber (z. B. der Staat, eine Behörde oder ein Unternehmen) für das Wohl seiner Beschäftigten sorgen muss.

Im öffentlichen Dienst gibt es eine besondere Fürsorgeflicht des Dienstherrn. Was bedeutet das konkret?

- **Gesundheit und Sicherheit**
  Der Arbeitgeber muss für sichere Arbeitsbedingungen sorgen.
  Schutzmaßnahmen gegen Unfälle oder Gefahren müssen vorhanden sein.

- **Finanzielle Absicherung**

  Beamte haben Anspruch auf Besoldung und Pension.

  Angestellte im öffentlichen Dienst bekommen soziale Absicherung wie Kranken- und Rentenversicherung.
- **Schutz vor Überlastung und Diskriminierung**

  faire Arbeitszeiten und Schutz vor Überarbeitung

  kein Mobbing und keine Benachteiligung am Arbeitsplatz
- **Unterstützung in schwierigen Lebenslagen**

  Hilfe bei dienstlichen oder privaten Problemen, z. B. durch Sozialberatungen

  Bei Krankheit oder Unfällen gibt es besondere Schutzregelungen.

Die Fürsorgepflicht stellt sicher, dass Beschäftigte im öffentlichen Dienst geschützt und gut versorgt sind. Der Staat als Arbeitgeber übernimmt eine besondere Verantwortung für seine Mitarbeiter.

24.5 Nebenbei arbeiten

»Nebenbei« arbeiten ist auch etwas, was gerne in der Praxis gefordert wird. Sie haben das bestimmt auch schon mal gehört: »Komm stell dich nicht so an, dass bisschen ITSCM, BCM, ISM etc. machst du doch locker nebenbei.«

Ja klar, aber dann ist das Ergebnis auch genauso. »So nebenbei« kann man im ITSCM so gut wie gar nichts machen. Entweder man macht es richtig oder man lässt es, denn sonst machen Sie wohlmöglich mehr kaputt als der Organisation zu nützen.

Beziehen Sie in diesem Fall ganz klar Stellung: Entweder bekommen Sie ausreichend Zeit und die notwendigen Ressourcen, wie in der Policy vorgesehen und freigegeben – oder halt nicht. Dann lassen Sie es lieber und bleiben bei Ihrer Haupttätigkeit.

Hier muss sich das Top-Management klar entscheiden, positionieren und Sie auch entsprechend unterstützen. Entweder – oder!

24.6 Fehlendes Commitment

Obwohl Ihnen in der Policy Unterstützung beim ITSCM zugesagt wird, ist die Unterstützung in der Praxis nicht spürbar bzw. nicht vorhanden. Das ist natürlich sehr schlecht. Ohne diese – gerade am Anfang extrem wichtige – Unterstützung kann es sein, dass Sie als ITSC-Manager mit dem ITSCM nicht richtig in Fahrt kommen oder das ITSCM sogar ganz scheitert.

Suchen Sie auf jeden Fall das Gespräch mit dem ITSC-Owner und binden Sie eventuell auch den ITSCM-Sponsor ein. Sie müssen bei beiden aktiv die Unterstützung einfordern und sie bitten, dieses Thema im Top-Management auch noch mal deutlich zu adressieren. Dabei können Sie als ITSC-Manager den Owner bzw. den Sponsor gern mit Argumenten unterstützen. Dieses Commitment muss aber von oben nach unten in der Organisationshierarchie transportiert werden! Also Top-Down.[1]

24.7 Die häufigsten Probleme im ITSCM

Im laufenden Betrieb des ITSCM gibt es einige kritische Punkte, die sehr oft übersehen oder einfach unterschätzt werden. Hier sind die häufigsten Versäumnisse:

1. **Unterschätzte Abhängigkeiten**

   Viele Organisationen konzentrieren sich nur auf ihre Kernsysteme, vergessen aber abhängige IT-Systeme oder Schnittstellen. Beispiel: Ein CRM-System ist abgesichert, aber das dazugehörige Datenbank-Backend nicht. Ein Ausfall des Backend macht das gesamte CRM daher nutzlos.

2. **Unzureichende Tests der Notfallpläne**

   Notfallpläne werden oft nur theoretisch erstellt, aber nie oder nur selten real getestet. Häufige Fehler sind:

   - Tests werden nicht regelmäßig wiederholt.
   - Tests simulieren keine realistischen Szenarien (z. B. Cyberangriffe, Totalausfälle etc.).
   - Die Reaktionszeit von Lieferanten und Dienstleistern wird nicht geprüft.

3. **Keine Berücksichtigung von Personal und Know-how**

   ITSCM-Pläne setzen oft voraus, dass die richtigen Leute verfügbar sind, was in einem echten IT-Notfall oder in einer (IT-)Krise nicht immer der Fall ist. Was fehlt oft?

   - Vertreterregelungen für das Schlüsselpersonal
   - eine Dokumentation von kritischen Abläufen, sodass auch andere Teams einspringen können
   - Notfall-Trainings für die Mitarbeiter

4. **Fehlende Kommunikation im Ernstfall**

   Wer informiert wen und wie? Oft fehlen klare Kommunikationspläne für Krisenfälle. Typische Probleme sind:

---

1 Diese Vorgehensweise, bei der man mit einem übergeordneten Konzept oder einer Gesamtstruktur beginnt und dann schrittweise in detailliertere Ebenen vordringt, heißt im konkreten Fall, dass Entscheidungen von der Führungsebene (strategische Ebene) getroffen werden und über die taktische Ebene nach unten (operative Ebene) weitergegeben werden.

- Es existiert kein zentraler Krisenstab mit klaren Zuständigkeiten.
- Die Kommunikationswege sind nicht unabhängig von der IT. (Was passiert, wenn z. B. der interne Mailserver mit ausfällt?)
- Externe Partner oder Behörden (z. B. Datenschutzbehörden) werden nicht mit eingeplant.

5. **Unterschätzte Cyberbedrohungen**

   Das ITSCM wurde früher stark auf physische Ausfälle (z. B. durch Feuer oder Stromausfall) ausgerichtet. Risiken der IT-Sicherheit (wie Ransomware- oder DDoS-Angriffe) werden oft zu spät oder gar nicht integriert. Fehlende Maßnahmen sind häufig:

   - eine Incident Response für Cyberangriffe
   - Offline-Backups und Recovery-Strategien für Ransomware-Angriffe
   - die Trennung zwischen Produktions- und Backup-Systemen

6. **Vernachlässigung der Cloud- und Hybrid-Umgebungen**

   Viele ITSCM-Konzepte sind noch auf On-Premises-Rechenzentren ausgelegt und Cloud-Dienste werden nicht ausreichend berücksichtigt. Häufige Versäumnisse sind:

   - Es wurden keine klaren Wiederherstellungszeiten für Cloud-Dienste definiert.
   - Eine Absicherung gegen Cloud-Anbieter-Ausfälle fehlt.
   - Es gibt keinen Plan B für Multi-Cloud- oder On-Premises-Fallbacks.

7. **Fehlende regelmäßige Aktualisierung der ITSCM-Pläne**

   ITSCM ist kein einmaliges Projekt, sondern ein kontinuierlicher Prozess. Das häufigste Problem beim ITSCM ist, dass es als *One-and-done*-Projekt[2] behandelt wird statt als kontinuierlicher Prozess mit regelmäßigen Tests, Anpassungen und der Einbeziehung aller relevanten Systeme und Personen. Typische Fehler sind:

   - Pläne werden nach ihrer Erstellung nicht aktualisiert: Sie erstellen einen Notfallplan, testen ihn vielleicht einmal und lassen ihn dann unverändert.
   - Sie haben engagiert begonnen, aber prüfen im Laufe der Zeit nicht mehr regelmäßig, ob der Plan noch aktuell oder wirksam ist. Der Notfallplan enthält dann veraltete Kontaktdaten, Systeme oder Prozesse.
   - Änderungen in der IT-Infrastruktur (z. B. Homeoffice-Szenarien), neue Bedrohungen oder personelle Wechsel werden nicht mehr berücksichtigt.

Das Problem dabei ist, dass ein ITSCM-Plan ständig aktualisiert und getestet werden muss, um im Ernstfall wirklich zu funktionieren. Ein One-and-done-Ansatz führt dazu, dass Notfallpläne im entscheidenden Moment nutzlos sind!

---

2 Der Ausdruck *One-and-done* bedeutet, dass eine Aufgabe oder ein Projekt einmal erledigt wird und dann als abgeschlossen gilt, ohne es später noch einmal zu überprüfen oder anzupassen.

24.8 Weitere Vorgehensweise und Übungen

Nun sind wir an einem Punkt angelangt, an dem wir das ITSCM auch mal auf den Prüfstand stellen wollen. Ist der Zustand bzw. ist die Qualität des ITSCM messbar? Können wir gegebenenfalls gegensteuern, wenn es in die falsche Richtung läuft? Können wir dazu KPIs nutzen? All das wollen wir uns im nächsten Kapitel einmal genauer anschauen.

F-24-1: Was ist kein Stolperstein bei der Einführung eines ITSCM?

a) Zu viele parallele Aufgaben
b) Unklarer Arbeitsauftrag
c) Zu viel Gehalt für den ITSC-Manager
d) Falsche Erwartungshaltungen an das ITSCM

F-24-2: Ist fehlendes Commitment ein Problem?

a) Nein, wir arbeiten nur ohne Commitment. Was soll denn dieser neumodische Quatsch?
b) Nein, wir machen in der Technik doch eh, was wir wollen. Das Management hält sich da schön raus!
c) Ja, ohne entsprechendes hierarchieübergreifendes Commitment sind die Einführung und der Betrieb eines neuen ITSCM unmöglich!
d) Ja, man versteht oft diese akademische Managementsprache nicht.

F-24-3: Man kann doch als ITSC-Manager auch mehrere Rollen ausüben, oder?

a) Nein, das ist laut ISO 27031-2011-3 verboten.
b) Ja, klar. Man kann noch locker den BC-Manager und den ISB machen. Das passt schon.
c) Nein, man sollte sich besser auf eine Rolle fokussieren. Einzige Ausnahme: wenn die zweite Rolle nie gleichzeitig zur ersten Rolle aktiv ist.
d) Ja, man könnte noch ITSC-Mitarbeiter und ITSC-Koordinator sein. Ist ja eh alles das Gleiche.

Kapitel 25
Qualitätsmessung und Controlling

In diesem Kapitel geht es um Qualität und die Sicherung der Qualität. Wie kann man die Qualität eines ITSCM überhaupt messen, bewerten und dauerhaft sichern? Und dann führen wir ein letztes Check-up durch, ob Sie bereit für die Einführung eines ITSCM sind: Ist alles da oder fehlt noch etwas?

> *»Die Tendenz der Herde ist auf Stillstand und Erhaltung gerichtet, es ist nichts Schaffendes in ihr.« (Friedrich Nietzsche)*

Sie dürfen nie aufhören, im ITSCM nach Verbesserungsmöglichkeiten zu suchen! Wer zu suchen aufhört, erlebt und fördert den Stillstand. Lernen Sie aus Erfolgen, Misserfolgen und aus gesammelten Erfahrungen. Setzen Sie sich immer wieder neue Ziele. Behalten Sie auch die alten Ziele im Auge und kontrollieren Sie, wie nah Sie diesen schon gekommen sind.

Da die IT der Bereich einer Organisation mit den dynamischsten Änderungen ist, muss sie permanent überwacht werden. Dokumente, Pläne und Notfallunterlagen müssen sich daher immer sehr dynamisch und fast zeitgleich mit ihr verändern.

Qualitätssicherung heißt auch, sich selbst immer wieder kritisch zu hinterfragen. Wurden die angestrebten Ziele vollständig, teilweise oder gar nicht erreicht? Was waren die Gründe dafür? Was funktioniert in der Praxis und was nicht? Bieten sich Chancen an? Wie könnte man Themen am besten angehen? Dazu werde ich Ihnen jetzt fünf Möglichkeiten vorstellen, wie Sie ihre Qualität im ITSCM messen könnten: durch Self-Assessment, über eine Kennzahlen-Erhebung, mit Metriken, mithilfe eines Reifegradmodells oder per Audit.

25.1 Self-Assessment

Bei einem klassischen Self-Assessement geht es darum, sich selbst (oder ein ITSCM-Team) auf den Prüfstand zu stellen und zu bewerten. Hier müssten Sie sich selbst einige Fragen stellen und diese wahrheitsgemäß (ohne irgendwelche Beschönigungen) beantworten. Je näher an der Realität Sie dabei bleiben, desto besser ist dies für die Ausrichtung Ihres ITSCM. Diesen Fragenkatalog sollten Sie in Abständen von einem Jahr erneut abarbeiten. Sinnvoll wäre es, hierfür entweder Zahlenwerte zu nehmen (wie z. B. Schulnoten von 1 bis 6) oder Prozentwerte.

Diese Werte können Sie am besten miteinander vergleichen und in eine Grafik übertragen. Sehen wir uns einige mögliche Fragen und *Antworten* an:

- Wie und wann haben Sie mit dem ITSCM angefangen?

  Antwort: bei 0 oder 0 %, am 10.01.2024.
- Wo stehen Sie jetzt (aktuelles Jahr)?

  Antwort: bei 93 % von dem, was wir als ITSCM im Jahr 2024 erreichen wollten (Stand 13.12.24).
- Wo stehen Sie jetzt, im Blick auf das gesamte ITSCM?

  Antwort: bei etwa 33 % für das gesamte ITSCM, mit einer Planung bis 2026 (Stand 13.12.24).
- Wo möchten bzw. müssen Sie noch hin?

  Antwort: ITSCM bis Ende 2025 auf mindestens 75 % bringen
- Haben Sie Ihre (zeitlich) gesetzten Ziele erreicht?

  Antwort: Von vier Zielen mit der Deadline Ende 2024 haben wir drei erreicht. Ein Ziel wird Q2 2025 erreicht. Dies wurde so mit dem ITSCM-Owner abgestimmt und freigegeben.
- Was hat gar nicht funktioniert?

  Antwort: Das Ausfüllen der notwendigen WAP/WHP-Pläne (aktuell 36 von geplanten 124) und eine RZ-Notfallübung in 2024 (siehe Protokoll vom 16.05.24).
- Wo brauchen wir Unterstützung? (Und von wem?)

  Antwort: Das Top-Management muss das Ausfüllen von WAP/WHP verpflichtend machen. Am besten per Intranet-Meldung oder per E-Mail (an alle Mitarbeiter).

Sie könnten auch eine Skala wie in Abbildung 25.1 benutzen und die Punkte nur positiv, neutral oder negativ bewerten.

Abbildung 25.1: Gefühlsbarometer

Aber Sie haben es bestimmt schon bei dem ersten Beispiel gemerkt: Mit Zahlen und/oder Prozenten kann man die Werte besser vergleichen und später auch für managementtaugliche Grafiken nutzen. Das Gefühlsbarometer misst eher nach dem sehr tagesformabhängigen »Bauchgefühl«. Wir wollen aber möglichst harte, stabile und wenn möglich nüchterne Werte zur Bewertung nutzen.

25.2 Kennzahlen-Erhebung (KPIs)

KPI ist eine Abkürzung für den englischen Begriff *Key Performance Indicator*, auf Deutsch *Leistungskennzahl*. Ein KPI ist also eine Kennzahl, die verwendet wird, um den Erfolg einer Organisation, eines Projekts, eines Prozesses, eines Aufgabengebiets oder eines

Mitarbeiters zu messen. Die Verwendung von Kennzahlen bietet eine Möglichkeit, die Leistung zu quantifizieren und somit effektiv zu bewerten. Dazu sollte man KPIs über mehrere Jahre sammeln und auswerten. KPIs könnten auch für verschiedene Aspekte des Geschäfts verwendet werden, z. B. für Umsatz, Rentabilität, Kundenzufriedenheit und Mitarbeiterzufriedenheit.

Ich persönlich habe ein sehr gespaltenes Verhältnis zu KPIs. Es gab eine Zeit in der IT, im Prozessmanagement und im Projektmanagement, zu der KPIs als »das Allheilmittel, das Wundermittel« überhaupt verkauft wurden. Es wurden auf Biegen und Brechen KPIs aus dem Boden gestampft, ob sie sinnvoll waren oder nicht, war dabei vollkommen egal. KPIs mussten her. Je mehr, desto besser.

Generell sind echte Kennzahlen sehr gut. Mit ihnen kann man arbeiten und auch wirklich etwas messen, verbessern oder sogar steuern. Dazu muss man aber auch erst mal belastbare KPIs definieren.

Funktioniert eine KPI nicht in der Praxis, dann weg damit! Das Festhalten an Werten, mit denen man letztendlich nichts anfangen kann, ist pure Ressourcenverschwendung. Nützliche KPIs müssen her.

Grundsätzlich wird zwischen zwei unterschiedlichen KPIs unterschieden: Informations-KPIs und Steuerungs-KPIs.

25.2.1 Informations-KPIs

Wie ihr Name es schon vermuten lässt, sind Informations-KPIs Kennzahlen, die rein zu Ihrer Information dienen. Oft sind es Zahlen, die erst im Nachgang (aus verschiedenen Quellen) zusammengeführt werden. Meist wird dabei rückwirkend ein bestimmter Zeitraum betrachtet und ausgewertet, z. B. das erste Halbjahr 2022, Q3 in 2024 oder 01.01.2024 bis 31.06.2024.

Hier sind einige Beispiele dazu:

- Anteil der geschulten IT-Notfallteam-Mitglieder bzw. Mitarbeiter aus der ITSCM-Organisation in 2024: *Soll = 100, Ist = 87*
- Anzahl der Findings zum ITSCM aus internem Audit: *2022 = 5, 2024 = 1*
- Anzahl erfolgreicher und nicht erfolgreicher Tests in 2025[1]: *Erfolgreich = 13/nicht erfolgreich = 3*
- Aktualität der Dokumentation (Alter der Pläne im ITSC-Plan): *IST = Alle Stand Q2 2024 (Stand 03.06.2024)*
- Abdeckungsgrad der IT-Services mit IT-Recovery-Plänen in 2024: *Ist = 44 %*
- Abdeckung der Dienstleisterverträge mit ITSCM-Klauseln in 2024: *Ist = 27 %*

1 Dabei müssen Sie vorab sehr genau definieren, ab wann ein Test für Sie erfolgreich ist und ab wann nicht! Das reine Durchführen eines Tests oder einer Übung ist noch kein Erfolg.

- Anteil der SLA mit RTO/RPO-Definitionen zum IT-Notbetrieb in 2024: *Ist = 95 %*
- Anzahl geplanter IT-Notfall-Übungen, also die Anzahl der durchgeführten IT-Notfall-Übungen in 2024: *Soll = 24/Ist = 14*
- Anzahl identifizierter Defizite im Rahmen von IT-Notfall-Übungen in 2024, also die Anzahl identifizierter Defizite, die in Vorbereitung auf den IT-Notfall im Rahmen praktischer Übungen identifiziert wurden: *Ist = 36*

25.2.2 Steuerungs-KPIs

Bei Steuerungs-KPIS geht es um Kennzahlen, mit denen Sie wirklich Ihr ITSCM steuern können. Da wird die »Luft schon wesentlich dünner«. Ich kenne wirklich nur sehr wenige echte und belastbare KPIs, die in der Praxis hilfreich sind.

Hier sind einige Beispiele dazu:

- Anteil der Tests mit eingehaltenem RTO-Wert, je IT-Service: *Ist = 88 %*
- Anteil der Tests mit eingehaltenem RPO-Wert, je IT-Service: *Ist = 76 %*
- Abdeckungsgrad kritischer IT-Services durch Übungen und Tests: *Ist 2024 = 45 %*
- Anzahl kritischer IT-Services mit aktuellen WAP/WHP: *Ist 2024 = 92 %*
- IT-Services mit Kontinuitätsvereinbarungen, also der Prozentsatz von IT-Services, die durch explizite IT-Service-Kontinuitätsziele abgedeckt werden: *Ist = 33 %*
- Anzahl der Vorsorge-Lücken (Gaps), also die Anzahl identifizierter Lücken (Gaps) bei der IT-Notfall-Vorsorge in 2024: *Ist = 18*
- Umsetzungsdauer der IT-Notfall-Vorsorgemaßnahmen, also die Dauer von der Identifizierung eines (mit einem möglichen IT-Notfall verbundenen) IT-Risikos bis zur Umsetzung einer entsprechenden IT-Notfall-Vorsorgemaßnahme: *Ist = im Durchschnitt 66 Tage*

An dieser Stelle sind Sie gefordert, Ihre KPIs, die in Ihrer Organisation sinnvoll sind und einen echten Mehrwert liefern, zu definieren und zu erproben. Seien Sie dabei mutig. Es gibt hier keine genauen Vorgaben oder Best Practices. Es gibt auch kein Falsch oder Richtig. Probieren Sie sich einfach aus.

Und tun Sie sich selbst einen Gefallen: Wenn eine KPI nicht funktioniert, verbrennen Sie keine weitere Arbeitszeit mit ihr. Dokumentieren und beenden Sie das Experiment.

25.3 Metriken

Metriken liefern die Voraussetzung dafür, dass ein konsequentes Controlling sehr klare Aussagen über den Zustand der IT-Notfall-Vorsorge treffen kann. Auch hier müssten Sie Metriken definieren, die zu Ihrer Organisation passen und sinnvoll sind.

Beispiele für Metriken sind etwa:

- Für 10 von 20 IT-Services lohnt sich eine Aufnahme ins IT-Notfall-Handbuch nicht, weil sie nicht hinreichend kritisch sind.
- Für 33 % aller kritischen IT-Services (IT-Ressourcen für die zeitkritischen Geschäftsprozesse) gibt es aktuell keine IT-Notfall-Vorsorge.
- Bei 90 % dieser IT-Services liegt es daran, dass es keine umfassende Servicebeschreibung gibt. (Das heißt, Sie müssen noch definieren und zusammenstellen, was alles zu dem IT-Service gehört.)

Diese Erkenntnisse werden dann ohne jede Beschönigung präsentiert. Weil dies auf der Grundlage objektiver Fakten und nachvollziehbarer Bewertungen geschieht, sind Ihre Erkenntnisse daher auch nicht angreifbar oder wegdiskutierbar.

25.4 Reifegradmodell

Um die Qualität des ITSCM-Systems messen zu können und den Fortschritt transparent zu machen, könnte ein Reifegradmodell verwendet werden, das jährlich den Umsetzungsstand ermittelt und darstellen soll. Dies ist die Grundlage für die kontinuierliche Verbesserung des ITSCM-Systems. Der Reifegrad wird regelmäßig gemessen und im Rahmen des jährlichen ITSCM-Reportings kommuniziert. Der Umsetzungsstand des ITSCM wird anhand eines umfassenden Fragebogens ermittelt und anschließend in einem *Capability Maturity Model (CMM)* mit unterschiedlichen Reifegraden dargestellt.

Es gibt verschiedene Reifegradmodelle am Markt. Sie können z. B. das CMM (für das BCM) von Gartner (*https://www.gartner.com/en/information-technology/research/gartner-it-score*) als Grundlage für die Darstellung eines Reifegrads verwenden. Die fünf Level nach Gartner sind:

- **Level 1 (Aware) – Bewusstsein:** Auf dieser Ebene ist der Organisation bewusst, welche Probleme und Herausforderungen sie hat. Aufgrund von Faktoren wie Budgetmangel oder fehlender Führung ist sie jedoch momentan nicht in der Lage, wirkliche Veränderungen herbeizuführen.
- **Level 2 (Reactive) – Reaktiv:** Reaktive Organisationen unternehmen keine proaktiven, geplanten Verbesserungen. Stattdessen reagieren sie auf akute Vorfälle, wie eine Datenschutzverletzung oder einen schwerwiegenden Vorfall in der Datenqualität, um ihre Daten-Governance-Richtlinien zu korrigieren und zu stärken. Obwohl dies besser ist, als nichts zu tun, kann ein reaktiver Ansatz dennoch zu entgangenen Einnahmen und verlorenem Kundenvertrauen führen.
- **Level 3 (Proactive) – Proaktiv:** Auf diesem Niveau strebt die Organisation bewusst an, ihre Datenmanagement-Strategien aktiv zu verbessern, indem sie zumindest einige Initiativen ergreift. Diese Bemühungen werden jedoch häufig nicht effektiv über verschiedene Programme und Abteilungen innerhalb der Organisation hinweg koordiniert.

- **Level 4 (Managed) – Verwaltet:** Organisationen erreichen Stufe 4, wenn sie mehr als zwei Informationsmanagement-Initiativen koordinieren und die Aktivitäten über die gesamte Organisation hinweg organisieren.
- **Level 5 (Optimized) – Optimiert:** Auf dieser Stufe koordiniert die Organisation alle ihre Informationsmanagement-Initiativen effektiv und optimiert ihre Aktivitäten unternehmensweit, um höchste Effizienz und Wert zu erzielen.

25.5 Audit

Ein Audit ist eine systematische, unabhängige Untersuchung und Bewertung von Prozessen, Systemen, Finanzdaten oder anderen relevanten Aspekten einer Organisation. Das Ziel eines Audits ist es, festzustellen, ob die überprüften Bereiche den festgelegten Standards, gesetzlichen Anforderungen, internen Richtlinien oder vereinbarten Kriterien entsprechen. Wenn ein Audit richtig durchgeführt wird, hilft er dabei, Schwachstellen oder Unregelmäßigkeiten aufzudecken, Risiken zu minimieren, Chancen zu erkennen und die Effizienz zu steigern.

[»]

> **Hinweis**
> Alle ITSCMler können sich hier noch entspannt zurücklehnen, da das ITSCM aktuell im unregulierten Umfeld noch nicht von außen auditiert wird. Sie sollten sich hier aber nicht zu sehr auf Ihren Lorbeeren ausruhen. Das Rad dreht sich immer weiter. Und auch das ITSCM kommt (bestimmt) mal dran.

Audits werden in der Regel von unabhängigen Auditoren durchgeführt, die objektiv und unparteiisch arbeiten müssen. Am Ende eines Audits wird ein Bericht erstellt, der die Ergebnisse und gegebenenfalls einige Verbesserungsvorschläge enthält. Dieser Bericht wird dann als Abschlussbericht dem Top-Management zur weiteren Bearbeitung übergeben.

25.5.1 Audits planen

Audits können von externen Beratern durchgeführt werden, Sie können aber auch rein interne Audits nutzen, um ein ITSCM zu überprüfen und dessen Qualität festzustellen. Um gut aufgestellt zu sein, sollte man idealerweise einmal pro Jahr ein internes Audit durchführen und alle drei Jahre ein externes Audit.

Für ein internes Audit sollten Sie einige Parameter festlegen. Das Audit

- sollte mindestens alle *zwei* Jahre durchgeführt werden,
- sollte von einer unabhängigen und neutralen Position durchgeführt werden (QM oder Revision) oder wenn gewünscht auch durch einen BC-Manager,
- erfolgt auf Grundlage der aktuell gültigen ITSCM-Policy und
- beinhaltet eine Soll-gegen-Ist-Prüfung.

Im unregulierten Umfeld können Empfehlungen aus Normen und/oder Standards hinzugezogen werden. Hier sind Sie absolut frei in der Auswahl der Mittel, die Sie nutzen möchten.

[!]

Normen und was sie implizieren

Um es hier noch mal ganz deutlich und klar zu kommunizieren: Eine Norm (z. B. die ISO 27031) oder ein Standard (BSI-Standard 200-4) ist im ITSCM-Kontext eine reine Empfehlung: *Sie können das so machen, Sie müssen es aber nicht!* Das missverstehen leider noch viele Menschen. Gerade im unregulierten Umfeld sind Sie (noch) sehr frei unterwegs.

Verwechseln Sie das aber nicht mit verbindlichen Standards, die konkret für Ihre Organisation oder Ihre Branche gelten! In manchen Fällen können Normen nämlich gesetzlich oder vertraglich verbindlich sein. Dann wird der Standard nicht nur als Empfehlung betrachtet, sondern als Anforderung, die definitiv erfüllt werden muss!

Sie müssen also vor einem Audit prüfen, welche Vorgaben zwingend einzuhalten sind, was als Best Practice eine gute Orientierung darstellt und welche Vorgaben ignoriert werden können.

Wenn es also überhaupt keine zwingenden Vorgaben oder Regularien gibt, muss das ITSCM nur Ihren Anforderungen gerecht werden und mit dem BCM oder ISM harmonieren.

In der Praxis wird es aber nur sehr wenige Organisationen geben, die freiwillig den ressourcenfressenden und kostspieligen Weg gehen und ein ITSCM ohne Not betreiben. Meistens ist doch irgendein Leidensdruck der Auslöser für die Einführung eines ITSCM. Informieren Sie sich daher vor einem Audit genau, was die eigentlichen Ziele Ihres ITSCM sind und was daher überprüft werden muss.

25.5.2 Ablauf eines Audits

Der Ablauf eines Audits ist fast überall gleich. Stellen Sie sich es wie einen immerwährenden Kreislauf vor. Er beinhaltet folgende Phasen:

- Vorbereitung
- Recherche in den Dokumenten
- Prüfung (meist vor Ort)
- Analyse
- Bericht
- Re-Audit oder Re-Visit

Bei einem internen ITSCM-Audit sollten Sie schrittweise so vorgehen:

1. **Zielsetzung definieren:** Bestimmen Sie, ob das Audit Schwachstellen aufdecken, die Wirksamkeit der Notfallpläne überprüfen oder die Einhaltung interner Vorgaben sicherstellen soll.
2. **Geltungsbereich festlegen:** Entscheiden Sie, welche Systeme, Prozesse und Standorte geprüft werden.
3. **Notfallpläne überprüfen:** Stellen Sie sicher, dass Notfallpläne existieren, aktuell sind und regelmäßig getestet werden.
4. **Technische und organisatorische Maßnahmen prüfen:** Kontrollieren Sie Backup-Strategien, Redundanzen und Verantwortlichkeiten.
5. **Testverfahren bewerten:** Untersuchen Sie, ob regelmäßige Tests durchgeführt werden und ob aus ihnen Maßnahmen abgeleitet werden.
6. **Dokumentation und Schulungen kontrollieren:** Prüfen Sie, ob Mitarbeiter über den ITSCM-Prozess informiert sind und ob die notwendigen Unterlagen vorhanden sind.
7. **Ergebnisse dokumentieren und Maßnahmen ableiten:** Halten Sie fest, welche Schwachstellen gefunden wurden, und leiten Sie Verbesserungen ab.

Punkt 7 verdient noch ein wenig mehr Aufmerksamkeit: Es gibt bei den meisten Audits drei Arten von sogenannten *Findings*:

- **Verbesserungspotenzial**

  Die Normkonformität ist gegeben, die Umsetzung in der Praxis kann noch optimiert werden. (Dieser Punkt ist also nur ein reiner Hinweis.) Hier muss noch nichts gemacht werden. Aber behalten Sie den Hinweis bitte unbedingt im Hinterkopf. Das heißt, hier können Sie sich noch (wenn Sie dafür freie Ressourcen haben) aktiv verbessern. Diese Abweichung wird auch manchmal »geringfügig« genannt.
- **Nebenabweichung (Minor)**

  Dies sind einzelne Abweichungen oder Mängel, die die Fähigkeit der Organisation nicht beeinträchtigen (verschärfter und schon sehr deutlicher Hinweis). Hier sollte man besser aktiv werden. Bei einigen Audit-Formen und Vorgaben muss man es sogar. Diese Abweichung wird auch »schwerwiegend« genannt.
- **Hauptabweichung (Major)**

  Hier wurde eine Nichteinhaltung von Normforderungen festgestellt, die an der Fähigkeit des Managementsystems zweifeln lassen. Eine Hauptabweichung führt in der Regel (ohne Nacharbeiten) zum Nichtbestehen einer Zertifizierung oder eines Audits. (Es liegt ja ein grober Fehler mit oft weitreichenden Folgen vor.) Hier muss man dringend und sehr schnell aktiv werden. In so einem Fall werden nur (wenn überhaupt) sehr kurze Fristen zur Nachbesserung gewährt. Es gibt aber auch Auditoren, die diese Hauptabweichung als klares Nichtbestehen werten, und erst danach erfolgt eine weitere Nachbearbeitung. Das kann ein Auditor machen, muss er aber nicht. Der Zeitraum für diese Nacharbeiten wird dann mit dem Auditor abgestimmt. Diese Abweichung wird auch »kritisch« genannt.

Abweichungen

Eine *Nebenabweichung* aus der vorangegangenen Auditierung, die nicht beseitigt wurde, wird in der Regel dann als *Hauptabweichung* eingestuft. Ein *Verbesserungspotenzial* aus der vorangegangenen Begutachtung, das nicht bewertet wurde, wird dann als *Nebenabweichung* eingestuft.

Findings müssen zeitnah behoben werden. Sind es nur kleinere Findings, wird das beim nächsten Audit überprüft. Sind es größere Findings, müssen diese Mängel abgestellt werden, und es folgt (unter Umständen) ein Re-Audit. Bei einem rein internen Audit könnte man auch auf das Re-Audit verzichten. Es sollte dann aber klar sein, dass alle Mängel bis zum nächsten internen Audit behoben werden müssen.

Stufen Sie Findings nicht als Versagen der eigenen Organisation ein, sondern betrachten Sie sie als Verbesserungspotenziale. Verstehen Sie sie also auch als echte Chancen, und nutzen Sie diese. Die Ergebnisse sind aber letztendlich auch immer vom Auditor und dessen »Tagesform« abhängig bzw. davon, ob dieser Auditor schon mehrfach bei Ihnen war und Ihre Organisation gut kennt oder nicht.

ITSCM auf den (Zwischen-)Prüfstand stellen

Sie können Ihr ITSCM auch unterjährig immer mal wieder kritisch infrage stellen und prüfen. Zu den Prüfpunkten könnten dann z. B. folgende zählen:

- Wurden die Anforderungen aus der BIA (BCM) im ITSCM umgesetzt?
- Wurden die Gaps zur BIA identifiziert und behoben?
- Sind die ITSCM- und BCM-Strategien aufeinander abgestimmt?
- Sind die Pläne von BCM und ITSCM aufeinander abgestimmt und konsistent?
- Sind die geplanten BCM-Übungen und Tests mit dem ITSCM abgestimmt?

25.6 Finaler Check-up

Jetzt möchte ich mit Ihnen zusammen als Abschluss noch einen kurzen *Check-up* als eine Art Mini-Controlling durchführen.

Was ist das denn schon wieder? Ganz einfach: Wir gehen jetzt zusammen noch mal alles kurz (im Checklistenformat) durch: Wurden alle wichtigen Bereiche des ITSCM bearbeitet oder fehlt noch etwas? Dabei schauen wir, ob Sie schon alles umgesetzt haben und ob uns nicht doch noch irgendetwas irgendwie »durchs Raster« gefallen ist.

Dann fällt uns das jetzt auf. 😉

Beantworten Sie einfach diese Checkliste in den *Ja/Nein*-Feldern. Unter *Zusatzinformationen* können Sie dabei für Sie nützliche Informationen hinterlegen. Diese Checkliste finden Sie auch beim Download-Material.

Vorhanden?	Ja	Nein	Zusatzinformationen
Offizieller Arbeitsauftrag			
Policy	×		*Die aktuelle und gültige Version ist die V5.0. Sie wurde vom Top-Management am 02.01.2024 freigegeben.*
ITSCM-Orga und Personal			
Rollen-beschreibungen	×		*Ist für alle ITSCM-Rollen vorhanden. Wurde am 14.02.2024 vom ITSCM-Owner freigegeben. Erstellung durch ITSC-Manager Hr. Marks.*
ITSCM-Sponsor	×		*Ist aktuell Hr. Dr. Müller (Vorstand).*
ITSCM-Owner	×		*Ist aktuell Hr. Meier (Techn. Leiter).*
ITSC-Manager	×		*2 ITSC-Manager (Hr. Marks, Fr. Schneider)*
ITSCM-Koordinator	×		*14 Mitarbeiter aus den verschiedenen technischen Bereichen (drei weitere noch in Ausbildung). Liste liegt im ITSCM-Confluence.*
ITSCM-Mitarbeiter	×		*3 Mitarbeiter, Liste liegt im ITSCM-Confluence.*
ITSCM-Backoffice	×		*1 Mitarbeiter fürs Backoffice (Fr. Wagner)*
IT-Spezialisten	×		*Vollständige Liste (etwa 30 Mitarbeiter) liegt im ITSCM-Confluence.*
IT-Notfallteams	×		*Vollständige Liste (etwa 100 Mitarbeiter) liegt im ITSCM-Confluence.*
Personal allgemein	×		*2 neue ITSCM-Stellen für 2025 vorplanen*
Ist-Stand			
Ist-Aufnahme	×		*Wurde am 02.05.2025 vom ITSCM erstellt. Abgleich mit der CMDB läuft aktuell noch.*
Prozess und Teilprozesse			
ITSCM-Prozess		×	*Es wurde noch kein Gesamtprozess erstellt, sondern nur mehrere Teilprozesse.*
IT-Notfallvorsorge (Teilprozess)	×		*Die V1.0 ist final und mit dem PR abgestimmt. (PV = Hr. Marks)*

Tabelle 25.1: Checkliste für den finalen Check-up

Vorhanden?	Ja	Nein	Zusatzinformationen
Gap-Analyse (Teilprozess)		×	*Die V1.0 wird gerade finalisiert. (PV = Hr. Weber)*
Üben und Testen (Teilprozess)		×	*Wird aktuell noch erstellt. (PV = Fr. Bauer)*
KVP für ITSCM-Prozesse einrichten	×		*Wurde vom zentralen Bereich der »Betriebsprozesse« eingerichtet. Sitzung findet jeden 1. Mittwoch im Monat statt. Das ITSCM hat aktuell 2 Prozesspaten.*
Wichtige Dokumente und Pläne			
ITSC-Lösungskonzept	×		*Liegt in der Version V4.0 vor. Freigabe durch ITSCM-Owner, am 02.01.2024 erfolgt.*
Worst-Case-Szenarien (WCS)	×		*Finale Version ist die V3.0. Dort sind die drei Standard-ITSCM-WCS beschrieben. Ein weiteres WCS »Cyberszenario« wird aktuell mit dem ISM und CERT vorbereitet.*
ITSC-Plan	×		*Liegt vor, aktuelle Version ist die V4.0. Freigabe durch ITSCM-Owner am 02.01.2024 erfolgt.*
WAP-Template	×		*Wir nutzen das aktuelle BSI-Template und haben dies an unsere Organisation angepasst. Wird als Standard genutzt. Liegt in der V2.0 vor.*
WHP-Template	×		*Wir nutzen das aktuelle BSI-Template und haben dies an unsere Organisation angepasst. Wird als Standard genutzt. Liegt in der V2.0 vor.*
DRP-Template		×	*Wird aktuell von Abteilung C erstmalig erstellt.*
Reaktionsplan	×		*Liegt in der Version V4.0 dem Krisenstab vor. Freigabe durch ITSCM-Owner ist am 13.02.2024 erfolgt.*
Koordinationspläne	×		*Liegen vor. Werden aber alle aktuell (Stand 03.2025) überarbeitet und angepasst.*
ITSCM-Handbuch		×	*Liegt noch in der Finalisierung dem ITSC-Manager, Hr. Marks, vor. Geplante Fertigstellung bis zum 31.10.2025*
Alle eingehenden WAP/WHP der technischen Bereiche	×		*Werden als Backup im ITSCM-Confluence passwortverschlüsselt gesichert und auf einer externen Notfall-Backup-Seite zusätzlich gespeichert.*

Tabelle 25.1: Checkliste für den finalen Check-up (Forts.)

Vorhanden?	Ja	Nein	Zusatzinformationen
Übungen und Tests			
Übungs- und Test-strategie	×		*Liegt in der Version V3 vor. Freigabe durch den ITSCM-Owner am 25.07.2024 erfolgt.*
Übungs- und Test-konzept	×		*Liegt in der Version V3 vor. Freigabe durch den ITSCM-Owner am 26.07.2024 erfolgt.*
Übungs- und Test-planung	×		*Liegt in der Version V3 vor. Freigabe durch den ITSCM-Owner am 27.07.2024 erfolgt.*
Wichtige Tätigkeiten			
Awareness-Strategie erstellt	×		*Bis 2027 vorgeplant und gültig. Vom ITSCM-Owner am 28.01.2024 freigegeben.*
Gap-Analyse	×		*Am 16.06.2024 durchgeführt. Vorbereitungen für 2025 laufen schon. Wird dann vollautomatisiert am 01.06.2025 erfolgen. Die Betroffenen wissen Bescheid.*
Notfallbackup für ITSCM-Dokumente	×		*2 digitale Versionen (Confluence, externe Notfall-Website) und 2 Papierversionen (im ITSCM-Büro und im Notfalltresor im Hauptgebäude)*
Controlling/Quali-tätsmessung	×		*Wir haben 6 Informations- und 3 echte Steue-rungs-KPIs definiert. Freigabe durch den ITSCM-Owner am 22.08.2024 erfolgt.*
Reporting	×		*Mit ITSCM-Owner und ITSCM-Sponsor geklärt. 1× pro Jahr durch persönliche Präsentation (online oder in Präsenz, Dauer maximal 1 Stunde). Termine etwa einen Monat vorher abstimmen. Im Q4 eines Jahres.*
IT-Risiken melden	×		*Ab sofort meldet das ITSCM IT-Risiken über den ITSCM-Owner an das Risikomanagement. Das Vorgehen ist mit dem ITSCM-Owner und den Risikomanagement so abgestimmt.*
IT-Notfall-Vorsorge-maßnahmen	×		*Nach allen Übungen, allen Tests, allen Lessons Learned, allen IT-Notfällen und allen (IT-)Krisen werden mögliche Maßnahmen erarbeitet. Diese werden im ITSCM-Confluence gesammelt.*

Tabelle 25.1: Checkliste für den finalen Check-up (Forts.)

Vorhanden?	Ja	Nein	Zusatzinformationen
Vernetzung mit anderen Orga-Einheiten (wenn vorhanden)			
BCM	×		*Seit dem ersten Tag des ITSCM vorhanden. Sehr enge Zusammenarbeit. Wöchentlicher Austauschtermin ist immer Montag.*
ISM	×		*Seit dem 02.03.2023 im regelmäßigen Austausch mit dem ISM. Austauschtermin 1× pro Monat (wechselnde Tage).*
SLM	×		*Seit dem 01.02.2024. Das ITSCM arbeitet aktuell bei dem neuen Notfallpart in den SLAs mit.*
IM	×		*Haben eine eigene View für Incidents zur Verfügung gestellt bekommen (seit dem 01.03.2024). Austausch nur bei Bedarf.*
CM	×		*Mit dem Change-Management sind wir seit dem 01.03.2024 sehr eng verbunden. Wir sind auch als ITSCM schon im RfC-Formular eingebaut.*
RM	×		*An das Risikomanagement meldet das ITSCM jetzt direkt die IT-Risiken. Nicht mehr über das BCM oder ISM. Wir besprechen aber vorab die Risiken, um unnötige Doppelarbeiten zu vermeiden.*
ReM		×	*Eine Vernetzung mit dem Resilienz-Management wird ab Q3 2026 angestrebt. Aktuell wird dieser Bereich noch weiter personell und strukturell aufgebaut.*
Resilienz			
Technische Resilienz	×		*Das ITSCM hat alle technischen Resilienz-Steigerungsmaßnahmen mit den technischen Bereichen abgesprochen und dokumentiert. Liegen im ITSCM-Confluence. Reporting an ITSCM-Owner erfolgt in den nächsten Wochen.*
Organisatorische Resilienz		×	*Hier ist das ITSCM noch am Sammeln. Erste Ideen liegen im ITSCM-Confluence. ISM und BCM senden uns ihre Ideen auch noch zu.*

Tabelle 25.1: Checkliste für den finalen Check-up (Forts.)

Vorhanden?	Ja	Nein	Zusatzinformationen
Tools			
ITSCM-Tool		×	*Ein ITSCM/BCM-Tool wird Mitte 2026 angeschafft. Finanzierung über das BCM und ITSCM. Dafür schreibt das ITSCM das Sicherheitskonzept (SiKo) und erstellt eine Schutzbedarfsfeststellung. Es wird ein SaaS-Tool sein, sehr wahrscheinlich das Tool [alive-it] V7 von der Controllit AG Hamburg.*
Weitere Tools	×		*Aktuell wird per Confluence, Kanban-Board, Excel, Word, SharePoint und MS Project gearbeitet.*

Tabelle 25.1: Checkliste für den finalen Check-up (Forts.)

25.7 Weitere Vorgehensweise und Übungen

Im nächsten Kapitel geht es um ein noch recht neues Thema: ITSCM und die Cloud. Da wir mit unserem ITSCM ja immer *up to date* sein und bleiben wollen, sollten wir uns auch diesem immer wichtiger werdenden Thema zuwenden. Hier ist aktuell noch viel sehr Dynamik zu erwarten, bis sich dann eine Art der Cloud-Nutzung durchsetzen wird. Aktuell scheint es wohl die *Hybrid-Cloud* oder *Multi-Cloud* zu sein.

F-25-1: Muss man die Qualität im ITSCM kontrollieren?

a) Definitiv, das Ziel sollte ja sein, immer besser zu werden. Wie will man das ohne Vergleiche und Kontrolle steuern?
b) Nö, ist ja alles neu und daher nicht kontrollierbar.
c) Ja, aber eine gute Policy reicht doch, oder?
d) Qualität kann man nicht kontrollieren, man muss sie in der Praxis spüren.

F-25-2: Was ist keine Qualitätsmessung im ITSCM?

a) Schätzen
b) Self-Assessement
c) Reifegradmodell
d) KPIs

F-25-3: Was macht man im ITSCM mit den ganzen KPIs?

a) Einige KPIs sind nur als reine Information zu werten, und mit den wenigen echten Steuerungs-KPIs kann man das ITSCM in die richtige Richtung steuern oder wenn nötig auch gegensteuern, bevor man in die völlig falsche Richtung läuft.

b) Nix, sie werden einmal erhoben und dann nie wieder.

c) Die muss man bei jedem Managementbericht präsentieren, das schindet mächtig Eindruck.

d) Die sind nur für das BCM interessant.

Kapitel 26

Cloud-Systeme im ITSCM

In diesem Kapitel betrachten wir zunächst folgende Fragen: Was ist überhaupt eine Cloud und wie hilft sie uns, unsere IT-Services resilienter zu machen? Dann sehen wir uns an, welche Aufgaben auf uns im ITSCM zukommen, wenn IT-Ressourcen ausgelagert werden.

> *»Nichts Großes in der Welt ist ohne Leidenschaft vollbracht worden.«*
> *(Friedrich Hegel)*

Eine Cloud ist im Prinzip ein Netzwerk von Servern, das über das Internet zugänglich ist. Anstatt Daten, Anwendungen oder Software lokal auf Ihrem Computer oder auf den Servern Ihrer eigenen Organisation zu speichern, lagern Sie Ihre Daten in die Cloud aus, also auf externe und fremde Server, die von spezialisierten und großen Anbietern zur Verfügung gestellt und betrieben werden. In der Praxis sind das oftmals die Cloud-Giganten wie Microsoft, Amazon, Google, Oracle oder IBM mit ihren Angeboten *Azure*, *Amazon Web Services (AWS)*, *Google Cloud Platform (GCP)*, *Oracle Cloud* und *IBM Cloud*.

Kleinere Anbieter für mehr Datenschutz

Neben den Platzhirschen aus den USA gibt es auch einige kleinere Anbieter aus Deutschland bzw. Europa, die Sie sich anschauen sollten, wenn Datenschutz und DSGVO-Konformität für Sie eine große Rolle spielen. Vorranging sind dabei *Open Telekom Cloud*, *Hetzner* oder *IONOS* zu nennen.

Es gibt sehr formale und umständliche Definitionen, um »die Cloud« zu beschreiben. Anschaulicher gesagt, bringt die Cloud-Nutzung folgende Vorteile:

- **Ortsunabhängigkeit:** Sie können von überall aus auf Ihre Daten zugreifen, solange Sie eine stabile Internetverbindung haben. Diese uneingeschränkte Erreichbarkeit erleichtert die Bereitstellung von Diensten und ermöglicht es Ihren Mitarbeitern, effizient zu arbeiten, egal wo Sie sich befinden. (Das kennen Sie vielleicht schon, wenn Sie Angebote wie die *Apple Cloud* oder *Garmin Cloud* nutzen – Ihre Urlaubsfotos oder Trainingsdaten sind überall verfügbar.)
- **Speicherung:** Die Dateien werden auf externen und fremden Servern abgelegt. Wenn Sie z. B. *Google Drive*, *Microsoft OneDrive* oder *Dropbox* nutzen, speichern Sie Ihre Dokumente, Informationen oder sonstige Daten in einer Cloud.

- **Verarbeitung:** Anwendungen können direkt auf den Servern der Cloud-Betreiber laufen. Das kennen Sie wahrscheinlich schon von den Angeboten der *Microsoft 365*-Suite; es wird aber besonders wichtig bei Aufgaben, die sich von eigener Hardware kaum abdecken lassen. Wenn es etwa darum geht, KI-Modelle oder sogar eigene Algorithmen zum maschinellen Lernen (ML) zu nutzen, ist es oftmals günstiger und einfacher, Systeme in der Cloud zu mieten, als sie selbst aufzubauen.
- **Pay-as-you-go:** Viele Cloud-Anbieter (z. B. *Amazon Web Services*, *Microsoft Azure* oder *Google Cloud*) bieten flexible Preismodelle an. Man zahlt nur für das, was man auch wirklich nutzt – sei es Speicherplatz, Rechenleistung oder Bandbreite.
- **Verbesserte Sicherheit und einfachere Compliance:** Cloud-basierte Lösungen gelten als sicherer als traditionelle On-Premises-Systeme, denn die Cloud-Anbieter müssen erhebliche Ressourcen in fortschrittliche Sicherheitsmaßnahmen investieren, darunter in *Intrusion-Detection-Systeme (IDS)* und *Intrusion-Prevention-Systeme (IPS)*. Ihre Sicherheit wird regelmäßig überprüft, und zudem stellen sie in der Regel leistungsstarke Compliance-Management-Tools bereit, die Sie bei der Einhaltung branchenspezifischer Vorschriften unterstützen und das Risiko von Sanktionen bei Verstößen minimieren. (Denken Sie zum Beispiel an die Meldepflichten ans BSI.)
- **Skalierbarkeit und Flexibilität:** Wenn das IT-System Ihrer Organisation an eine physische Infrastruktur (eigene Server) gebunden ist, haben Sie ständig mit deren Anpassungsfähigkeit und Skalierbarkeit zu kämpfen. Das Cloud-Computing ermöglicht Ihrer Umgebung eine Skalierbarkeit und Flexibilität, die Sie mit On-Premises-Lösungen niemals so kostengünstig erreichen könnten. Sie können Ihre Ressourcen schnell an Ihre geschäftlichen Anforderungen anpassen (z. B. Überlast[1] und Unterlast[2] kompensieren), was zu einer Kostenoptimierung und einer verbesserten betrieblichen Effizienz führt.

26.1 Resilienz durch die Cloud

Wenn Sie sich die Vorteile der Cloud anschauen, die ich gerade aufgelistet habe, wird Ihnen auffallen, dass diese Eigenschaften perfekt zu den Methoden der Resilienz-Steigerung passen, die ich Ihnen in Kapitel 17 vorgestellt habe: Sie sind nicht mehr abhängig von Ihren eigenen IT-Ressourcen, sondern arbeiten mit Spezialisten zusammen, die Ih-

---

1 In der IT bezeichnet der Begriff *Überlast* eine Situation, in der ein technisches System – beispielsweise ein Server oder ein Netzwerk – mehr Anfragen oder Daten verarbeiten muss, als es bewältigen kann. Dies führt dazu, dass das System langsamer wird, Fehler auftreten oder es im schlimmsten Fall vollständig ausfällt.

2 In der IT beschreibt der Begriff *Unterlast* eine Situation, in der ein technisches System – wie ein Server, ein Netzwerk oder eine Anwendung – deutlich weniger beansprucht wird, als es eigentlich leisten könnte. Das bedeutet, dass die vorhandenen Ressourcen nicht effizient genutzt werden, was zu unnötigen Kosten und geringer Produktivität führen kann.

nen Redundanz und Ausfallsicherheit, Automatisierungsmöglichkeiten und eine aktive Überwachung versprechen – natürlich gegen ein entsprechendes Entgelt.

Wenn Sie die Cloud richtig nutzen, sind Sie deutlich besser auf zukünftige Bedrohungen und Störungen vorbereitet als andere Organisationen.

Immer mehr Organisationen verlagern ihre kritischen Systeme deshalb in die Cloud, um ihre (IT-)Resilienz zu erhöhen. Eine Cloud wird durch ihre garantierte sehr hohe Verfügbarkeit als Grundstein für die eigene Geschäftskontinuität genutzt. Und genau dort liegt der Mehrwert. Die Flexibilität der Cloud macht sie zu einem wichtigen Bestandteil der aktuellen ITSCM-Strategien und -Pläne.

Allerdings erfordert die Integration von Cloud-Diensten in das ITSCM eine sorgfältige Planung und Umsetzung, um sicherzustellen, dass Kontinuität und Verfügbarkeit von IT-Services auch in Notfällen und in Krisensituationen gewährleistet sind. Denn das oberste ITSCM-Gebot lautet: Egal welche Technik man einsetzt, die zeitkritischen Geschäftsprozesse dürfen durch sie nicht gefährdet werden.

Übersetzt heißt das: Nutzen Sie neuen Techniken nur, wenn sie zuverlässig und praxiserprobt sind und Ihnen einen deutlichen Mehrwert liefern. Spielen Sie nicht den Beta-Tester[3] in Ihrer Organisation.

Wie die Integration Ihrer IT-Services in eine Cloud aussehen kann, ist sehr individuell – bei kleinen Startups kann es sinnvoll sein, überhaupt keine eigenen IT-Systeme zu pflegen und alles in die Cloud auszulagern, während etablierte Konzerne in einem regulierten Umfeld bei diesen Fragen viel vorsichtiger sein müssen.

26.1.1 Die Vor- und Nachteile der Cloud

Natürlich bietet die Cloud-Nutzung viele Vorteile, das liegt ganz klar auf der Hand. Es gibt aber durchaus auch ein paar deutliche und bekannte Schattenseiten.

Daher müssen bei der Entscheidungsfindung alle Fakten auf den Tisch, und Sie müssen alles hinterfragen, was Ihnen die Cloud-Dienstleister versprechen.[4] Nehmen Sie nichts als gegeben hin!

Lassen Sie sich Cloud-Features wie eine automatisierte Disaster Recovery oder eine Skalierung unter erhöhter Last vom Cloud-Anbieter live vorführen. Auch das sorgt für ein besseres und gegenseitiges Verständnis.

---

3 Ein *Beta-Tester* ist eine Person, die eine Software ausprobiert, bevor sie offiziell für alle Nutzer veröffentlicht wird. Die Software wird getestet, um Fehler (sogenannte *Bugs*) zu finden und zu verbessern. Beta-Software ist spannend zum Ausprobieren, aber nicht geeignet für alles, was fehlerfrei und sicher laufen muss!

4 Hinterfragen heißt aber nicht, alles zu sezieren oder zu Tode zu analysieren, sondern einfach mit gesundem Menschenverstand Behauptungen infrage zu stellen: Ist das auch wirklich so? Warum ist das so? Wie kann man das beweisen? Kann man das besser machen? Wie kann ich das optimieren?

Als Entscheidungshilfe habe ich Ihnen die Vor- und Nachteile noch einmal zusammengefasst:

- **Vorteile**
  - hohe Verfügbarkeit (>99,9 %)
  - hohe Ausfallsicherheit durch technische Redundanzen und meist echte Geo-Redundanz(en)
  - Zugriff von überall aus möglich
  - gutes und schnelle Patchmanagement (Security-Patches, Hotfixes etc.)
  - Die Software ist dadurch immer *up to date*.
  - Die Hardware ist auf dem *Stand der Technik*.
  - Virtuelle Server können sehr schnell und vollautomatisiert hochgefahren und/oder neu erstellt werden (nach z. B. Störungen, Ausfällen, Defekten).
  - Automatisierte Backups können sehr schnell (nach einer Störung) die Daten zurückspielen und dem Nutzer wieder zur Verfügung stellen.
  - Nachhaltigkeit durch optimale Ausnutzung der einzelnen IT-Komponenten
- **Nachteile**
  - **Datensicherheit und Datenschutz:** Besonders in Europa, wo strenge Vorschriften wie die DSGVO gelten, gibt es Bedenken, sensible Daten extern und zentral zu speichern, insbesondere wenn diese in Ländern wie den USA gehostet werden. (Stichwort *US Cloud Act*[5])
  - **Abhängigkeit von Anbietern bzw. Abhängigkeit von Drittanbietern:** Wenn Sie auf eine Cloud setzen, binden Sie sich an einen Anbieter. Ein Wechsel kann teuer, sehr komplex, problematisch und zeitintensiv sein. Haben Sie eine Exit-Strategie?
  - **Komplexität:** Die Verwaltung einer hybriden oder Multi-Cloud-Infrastruktur erfordert spezialisiertes Wissen, das viele Organisationen oft erst noch aufbauen oder separat einkaufen müssen.
  - **Kosten:** Es ist durchaus möglich, dass Sie mit einer Cloud-Migration Ihre IT-Ausgaben senken können. Wahrscheinlicher ist jedoch, dass es teurer wird. Prüfen Sie genau, welche Features und wie viel Redundanz Sie brauchen. Theoretisch ließe sich sicherlich ein quasi ausfallsicherer IT-Service aufbauen, die Kosten wären aber genauso unbezahlbar. (Als Faustregel gilt: Jede weitere »9« in der Zuverlässigkeit ist

5 Der *US Cloud Act* verpflichtet amerikanische Unternehmen, auf Anforderung US-Behörden Zugriff auf gespeicherte Daten zu gewähren, und zwar unabhängig davon, ob sich die Server in den USA oder in Europa befinden. Das bedeutet, dass selbst Daten, die in europäischen Rechenzentren gespeichert sind, von US-Behörden eingesehen werden können, wenn der Cloud-Anbieter ein US-Unternehmen ist. Ich glaube, das möchte niemand. Daher gewinnen *Sovereign Clouds* – lokale Cloud-Dienste, die strengen Datenschutzstandards entsprechen – an Bedeutung, besonders in Europa.

eine neue Größenordnung in den Kosten. Reichen Ihnen 99,9 % Zuverlässigkeit oder müssen es wirklich 99,999 % sein?)

- **Latenzen:** Anwendungen, die geringe Latenzzeiten (Antwortzeiten) erfordern, sind nicht optimal für die Cloud geeignet. Hier müssen Sie vorab überprüfen, ob Ihre IT-Services, IT-Infrastrukturen und IT-Systeme mit diesen Latenzen überhaupt klarkommen. Hierbei spielt das sogenannte *Edge-Computing* eine wichtig Rolle.

26.2 Die Aufgaben des ITSCM

Seien wir mal ehrlich: Die Nutzung einer Cloud-Technologie oder der Aufbau einer eigenen Cloud ist so gut wie immer eine strategische Entscheidung und/oder Vorgabe aus dem Top-Management, von einem Mutterkonzern oder eine Anforderung aus der Politik (beispielsweise aus einem Ministerium oder per Gesetz). Es wird nur in absoluten Ausnahmefällen so sein, dass Sie bei der Entscheidung, ob Daten und Dienste in die Cloud ausgelagert werden, ein Mitspracherecht haben.

Sie sollten sich daher auf zwei Punkte konzentrieren:

1. Ab wann ist das ITSCM gefordert?
2. Wie können Sie die Zuverlässigkeit Ihrer Dienste gewährleisten, wenn sie auf Cloud-Ressourcen beruhen?

   Es geht dabei um die gleichen Fragen wie bisher: Wie können Sie die Soll-Vorgaben des BCM (RTO, RPO, eventuell auch einen MBCO) auch bei einer ausgelagerten Dienstleistung (einem IT-Service bzw. einer ganzen IT-Umgebung) gewährleisten und sicherstellen, dass Ihre zeitkritischen Geschäftsprozesse oder kritischen IT-Services alle Vorgaben erfüllen?

Die Antwort auf die erste Frage ist einfach: Wenn ein zeitkritischer Geschäftsprozess in der Cloud liegt oder die Cloud als IT-Ressource einen zeitkritischen Geschäftsprozess oder zeitkritischen IT-Service unterstützt, ist das ITSCM gefordert und muss auf jeden Fall aktiv werden.

Es reicht nämlich nicht aus, den Versprechungen (und auch den Verträgen) der Cloud-Anbieter blind und vollkommen zu vertrauen. Sie müssen Unterlagen des Anbieters einfordern, um die Absicherung auch mit der ITSCM-Brille nachvollziehen zu können.

Die Antwort auf die zweite Frage ist schwieriger. Die Zuverlässigkeit lässt sich leider nur sehr schwer bzw. mit erheblichem Aufwand gewährleisten!

Hier kommen nämlich zu den Herausforderungen einer On-Premises-Lösung in der eigenen Organisation die zusätzlichen Anlaufstellen eines oder mehrerer externer Cloud-Dienstleister hinzu: Sie müssen weitere Ansprechpartner und Prozesse kennenlernen und verwalten. Das erhöht die Komplexität sowie die Kommunikation und Koordination.

Zwei Aufgaben sollten Sie unbedingt sofort angehen:

- Sorgen Sie dafür, dass sehr detaillierte und aussagekräftige SLAs und auch gegebenenfalls OLAs mit dem Cloud-Anbieter abgestimmt werden.
- Zusätzlich sollten Sie zusammen mit dem BCM ein Worst-Case-Szenario »Cloud« erarbeiten: Was macht man, wenn die komplette Cloud-Umgebung ausfällt, und zwar über Stunden oder Tage?

[!]

Die Cloud ist down!

Ein kompletter Ausfall eines Cloud-Angebots mag unwahrscheinlich klingen, denn die Cloud-Anbieter werben ja gerade damit, dass ihre Systeme stets erreichbar sind und zuverlässig laufen. Die Realität hat uns aber schon eines Besseren belehrt. Allein die letzten Monate, während ich an diesem Buch gearbeitet habe, gab es einige Beispiele »frei Haus«:

- Am 25. Januar 2023 kam es weltweit zu einer größeren Störung der Microsoft-Cloud-Dienste (insbesondere von *Outlook* und *Teams*). Ab ca. 8 Uhr morgens deutscher Zeit waren diese Dienste für viele Nutzer nicht oder nur sehr langsam erreichbar.
- An einem Wochenende Ende September/Anfang Oktober 2024 erlitt die Cloud-Infrastruktur von SAP einen signifikanten Ausfall, der 12 Stunden lang dauerte. Auch *S/4HANA* war betroffen.
- Am 23. Oktober 2024 kam es zu einem schweren Ausfall der *Google Cloud* in der Region `europe-west3` (Frankfurt). Die Störung begann gegen 02:30 Uhr MESZ und dauerte insgesamt 12 Stunden und 39 Minuten.
- Am 21. März 2024 fiel die Umgebung des Hosting-Anbieters *Server4You* (eine Marke der *PlusServer GmbH*) ab ca. 11:50 Uhr komplett aus.

Sie sehen, Sie müssen definitiv einen »Plan B« haben. Das kann bedeuten, dass die ausgelagerten IT-Services doch wieder per Fallback auf eigene Server zurückfallen oder (wenn möglich) im Rahmen einer Multi-Cloud-Strategie flexibel in einen anderen Bereich oder sogar zu einem ganz anderen Anbieter umziehen.

[!]

Multi-Cloud-Strategie

Viele Organisationen setzen auf mehrere Anbieter, um Abhängigkeiten zu vermeiden und redundant aufgestellt zu sein. Eine Multi-Cloud-Strategie gibt Ihnen also mehr Kontrolle, Sicherheit und Flexibilität für Ihre IT-Landschaft.

Es ist nicht einfach, eine solche Multi-Cloud-Strategie zu erarbeiten, denn es wird kaum möglich sein, eine komplexe IT-Infrastruktur per Knopfdruck von einem Anbieter zum anderen zu schwenken, da sich die Verwaltungstools und grundsätzlichen Konfigurationen unterscheiden. Ein solches Unterfangen ist mindestens so komplex und anspruchsvoll wie ein vollständiger Schwenk von einem RZ ins andere.

Sie sollten daher zumindest prüfen, ob Ihr Cloud-Anbieter unterschiedliche Hosting-Standorte (also eine *Geo-Redundanz*) anbietet: Wenn beispielsweise die Systeme ausfallen, die in Frankfurt gehostet werden, wird automatisch nach Irland, in die USA oder nach Asien geschwenkt. Die Zugriffszeiten werden wachsen, aber zumindest bleibt der Dienst erreichbar. Aber: Wäre so ein (Not-)Schwenk ins Ausland rechtlich überhaupt erlaubt? Das müssen Sie unbedingt vorab klären.

Natürlich lassen sich die Anbieter eine solche Option gut bezahlen, und die Auswahl der richtigen Konfiguration ist eine Wissenschaft für sich. Als Verantwortlicher für die Zuverlässigkeit sollten Sie die Kollegen und Kolleginnen in der Technik dabei unterstützen und mit Ihnen planen, wie die Vorgaben aus den SLAs umgesetzt und eingehalten werden können.

26.3 Cloud-Systeme überwachen

Für das ITSCM bedeutet die Cloud-Nutzung einen Paradigmenwechsel[6]: raus aus den eigenen und gut bekannten vier Wänden einer Organisation, in denen ein ITSCM eigentlich arbeitet, in die große weite und unbekannte Welt. Nun müssen diese neuen und wichtigen externen Kontakte, Arbeitsweisen und neuen Arbeitsumgebungen in das bisherige ITSCM integriert werden.

Dabei spielt es offensichtlich eine sehr große Rolle, wie und wo die Daten gespeichert und verarbeitet werden. Daher unterscheidet man drei Angebotstypen:

- Eine **Public Cloud** wird von großen Technologieunternehmen betrieben (z. B. *Amazon Web Services (AWS)*, *Microsoft Azure* oder *Google Cloud*). Diese Dienste werden dann zentral vielen Nutzern gleichzeitig zur Verfügung gestellt. Die genutzten IT-Systeme werden vom Betreiber permanent up to date gehalten (durch Patches, Sicherheitsupdates, Hotfixes etc.).

  Dies ist der übliche Ansatz, wenn man von einer Cloud-Nutzung spricht.
- Eine **Private Cloud** wird exklusiv für eine einzelne Organisation oder einen Personenkreis eingerichtet. Sie haben die volle Kontrolle über Zugriffe, Mandantentrennung, Sicherheit, Datenschutz und Konfiguration der eigenen Systeme.

  Wenn Ihre Organisation selbst eine Private Cloud anbietet, ist das umso besser für das ITSCM. In diesem Fall können Sie sich in die Entwicklung und den Betrieb der Cloud integrieren und sie wie einen kritischen Dienst betrachten. Das heißt dann natürlich auch: Sollten keine nachvollziehbaren Unterlagen vorliegen, müssen Sie dies dem RM

6 *Paradigmenwechsel* bedeutet, dass sich die grundlegende Denkweise oder Sichtweise in einem bestimmten Bereich stark verändert. So etwas passiert zum Beispiel in der Wissenschaft, Technik oder Gesellschaft. Der Übergang von Papierakten zu digitalen Daten war/ist ein Paradigmenwechsel im Büroumfeld.

als IT-Risiko melden. Zudem sollten Sie ein neues und abgestimmtes Worst-Case-Szenario »Cloud« erstellen. Dieses Szenario muss, wie alle anderen WCS auch, geübt und getestet werden. Dazu unterliegt es ebenfalls einem permanenten KVP.

- Eine **Hybrid-Cloud** ist eine Kombination aus Public Cloud und Private Cloud, um die Vorteile beider Ansätze zu verbinden und zu nutzen. Das bedeutet z. B., dass Sie bestimmte IT-Ressourcen oder Dienste (wie z. B. *Microsoft 365*) in einer öffentlichen Cloud nutzen, während sensible oder geschäftskritische Daten und/oder Anwendungen in einer privaten Cloud oder im eigenen Rechenzentrum bleiben.

  Eine hybride Cloud bedeutet dann auch ein hybrides ITSCM, nämlich die Integration von On-Premises- und Cloud-Umgebungen. Das ITSCM muss daher flexibel genug sein, um in beiden Umgebungen effektiv zu funktionieren und seine Vorgaben (Notfallvorsorge und Resilienz-Steigerung) erfüllen zu können.

- Eine **Community Cloud** ist eine besondere Form der Cloud-Umgebung. Sie ist nicht für die breite Öffentlichkeit gedacht (wie eine Public Cloud), aber auch nicht nur für eine einzelne Organisation (wie eine Private Cloud). Stattdessen wird sie von mehreren Organisationen gemeinsam genutzt, die ähnliche Anforderungen haben. Das bedeutet: Eine Gruppe teilt sich die gleiche Cloud-Infrastruktur. Dadurch können sie Kosten sparen, gemeinsame Sicherheits- und Compliance-Anforderungen erfüllen und trotzdem unter sich bleiben. Sie haben mehr Kontrolle und Sicherheit als in einer Public Cloud, müssen die Infrastruktur aber nicht allein aufbauen wie bei einer Private Cloud.

  Typische Einsatzbereiche sind:

  - Behörden und Verwaltung: Wenn mehrere staatliche Einrichtungen zusammenarbeiten und sensible Daten austauschen.
  - Gesundheitswesen: Mehrere Krankenhäuser nutzen eine Community Cloud, um Patientendaten sicher und nach gleichen Regeln zu verwalten.
  - Finanzbranche: Banken oder Versicherungen, die einheitliche regulatorische Vorgaben (z. B. Datenschutz, Aufsichtsvorschriften) erfüllen müssen.

  Man könnte sagen: Die Community Cloud ist ein Cloud Typ, während die Hybrid-Cloud eher eine Architektur-Mischform ist.

Cloud-Technologien verändern die Art und Weise, wie IT-Services bereitgestellt und betrieben werden, denn sie gehen weg von den eigenen und selbstadministrierten Servern und hin zu einem gemieteten IT-Service oder Dienst. Man bewegt sich also von der vollen Kontrolle hin zu einem Bereich, in dem man kaum bis gar keine Kontrolle mehr hat.

Dass dieses neue und ungewohnte Spannungsfeld für ein ITSCM schwierig zu bearbeiten ist, habe ich bereits angedeutet. Wie kann man dem BCM stabile IT-Services garantieren, wenn das ITSCM gar nicht mehr die Zügel in der Hand hält, also zu einem gewissen Grad fremdbestimmt ist?

Grundsätzlich gehen Sie natürlich genauso vor wie bei einer lokalen IT-Infrastruktur: Suchen Sie Ansprechpartner und klären Sie folgende Punkte:

- **Verfügbarkeit kontrollieren:** Auch wenn man bei den Cloud-Systemen oft von 99,9 % bis 99,99 % Verfügbarkeit spricht, sollten Sie dies nicht einfach glauben. Klären Sie Folgendes:
  - Wie wird diese Verfügbarkeit technisch überhaupt ermöglicht und garantiert?
  - Wie sehen die technischen Redundanzkonzepte in der Cloud aus?
  - Wie schnell könnten diese Cloud-Systeme nach einem (möglichen) Totalausfall wieder anlaufen? (Stichwort: RTO/RTA)
  - Wie ist die Datensicherung gelöst? (Stichwort: RPO/RPA)
  - Auf welchen Medien wird wann gesichert? Wird das Zurückspielen der Daten auch getestet?

  Lassen Sie sich vom Cloud-Anbieter einen Netzwerkplan oder Übersichtsplan zeigen, um an ihm auch die Geo-Redundanz zu überprüfen.
- **Kann Disaster-Recovery-as-a-Service (DRaaS) genutzt werden?** Stellen Sie sich vor, Ihre wichtigsten Systeme könnten bei einem Ausfall in kürzester Zeit wieder online gehen. Unabhängig davon, ob es sich um einen Cyberangriff, einen Bedienungsfehler oder sogar eine Naturkatastrophe handelt.

  Die meisten Cloud-Anbieter ermöglichen es, Wiederherstellungspläne (WHP) flexibel und effizient zu gestalten. Dieses Angebot wird *Disaster-Recovery-as-a-Service* genannt und bietet die Möglichkeit, Daten und IT-Services im Störfall schnell, sicher und zum Teil (voll-)automatisiert wiederherzustellen.

  Genau dieses Versprechen sollten Sie sich von Ihrem Anbieter vorstellen lassen, denn es hat natürlich einen direkten Einfluss auf die WAP/WHP-Pläne und auf die Frage, was geübt und getestet werden muss. Idealerweise können Sie dann in der Praxis eine hybride Vorgehensweise dauerhaft etablieren und die Vollautomatisierung da einsetzen, wo sie sinnvoll und ungefährlich ist und funktioniert.
- **Infrastructure-as-Code (IaC) verantwortungsvoll nutzen:** IaC bedeutet, dass Ihre IT-Infrastruktur durch Konfigurationsdateien beschrieben ist und sich mit speziellen Werkzeugen wie *Ansible*, *Terraform* oder *Puppet* verwalten lässt. Durch die Automatisierung von Infrastrukturänderungen können Wiederherstellungsmaßnahmen im Krisenfall dann viel schneller umgesetzt werden.

  Das bedeutet aber auch, dass auch fehlerhafte Konfigurationen schnell über die ganze Cloud-Infrastruktur hinweg automatisiert werden können! Eine sehr sorgfältige Arbeit des Change Mangements bei Änderungen an Produktivsystemen ist dann umso wichtiger: Änderungen müssen sorgfältig mit RfCs geplant werden.

  Achten Sie penibel darauf, dass solche Änderungen nicht einfach Ihre ganze Cloud-Infrastruktur zerstören können! Was früher nämlich einen ganzen Brand im RZ benötigte, lässt sich in der Cloud mit dem Abschicken einer einzigen falschen Konfiguration erledigen. Daher muss es unbedingt Prozesse geben, die definieren, wie Änderungen an den Cloud-Systemen nach dem Vier-Augen-Prinzip überwacht werden. Gibt es Backups und können Fehler notfalls rückgängig gemacht werden?

26.4 Weitere Vorgehensweise und Übungen

Im nächsten Kapitel wagen wir einen kleinen Ausblick in die Zukunft. Keine Angst, jetzt wird es nicht esoterisch, sondern eher futuristisch. Star Wars, Kapitän Kirk, Pille und Mister Spock lassen grüßen. 😉

[/]

F-26-1: Was ist eine Cloud?

a) Die Cloud ist out. Sie wird im professionellen Umfeld nicht mehr genutzt.
b) Eine Cloud ist ein internes Netzwerk, also ein anderes Wort für das LAN.
c) Eine Cloud ist ein Verbund aus Heim-PCs.
d) Eine Cloud ist im Prinzip ein Netzwerk von Servern, das über das Internet erreichbar ist.

[/]

F-26-2: Welche Arten von Clouds gibt es?

a) Private Cloud, Public Cloud, Hybrid Cloud und Community Cloud
b) Es gibt nur Public Clouds.
c) Es gibt nur Private Clouds.
d) Alle Clouds sind immer hybride Clouds.

[/]

F-26-3: Was ist ein hybrides ITSCM?

a) Das ITSCM arbeitet nur in der Cloud-Umgebung.
b) Das ITSCM kann nicht hybrid arbeiten.
c) Das ist ein ITSCM, das sowohl in Cloud-Umgebungen als auch On-Premises in der eigenen Organisation arbeitet.
d) Das ist ein ITSCM, das nur remote arbeiten kann.

Kapitel 27
Ausblick: To the future ...

In diesem Kapitel geht es um ein paar zukünftige und sehr interessante neue Themen. Jetzt heißt es am »Ball bleiben«, innovativ und neugierig sein und vor allem auch bleiben.

»Die Zukunft basiert auf dem, was wir heute tun.« (Mahatma Gandhi)

Sicher, das Tagesgeschäft ist wichtig und das, worauf es eigentlich ankommt. Wer aber nie den Blick nach außen wagt, wird zum Fachidioten und verpasst wichtige Trends und Entwicklungen.

Dies ist meiner Meinung nach etwas, was bei der täglichen Arbeit im ITSCM oft zu kurz kommt: der Blick über den Tellerrand und die Beschäftigung mit neuen Fragen und Problemen, die derzeit vielleicht noch keine Relevanz für Ihre Organisation haben.

Jetzt werden Sie direkt aufspringen und rufen: »Aber der Marks hat gesagt, dass ein ITSCM nur organisationsintern arbeitet!« Das stimmt, aber um *up to date* zu bleiben, gehört eine Portion zielgerichtete Neugier zu Ihrem Job, auch wenn sie nicht explizit in der Stellenbeschreibung stand.

Bereits zu Beginn habe ich Ihnen empfohlen, dass Sie die Themen NIS 2 und KRITIS im Blick behalten sollten, auch wenn Ihre Organisation im Moment noch nicht unter diese Bestimmungen fällt.[1] Das gilt genauso für Trends und Megatrends, die Sie nicht kalt erwischen sollten, denn das kann unter Umständen viel mehr Geld und Zeit kosten. Denn es ist eine Binsenweisheit, dass sich die IT stark verändert und wie kaum ein anderer Bereich Trends und Hypes unterworfen ist. Daher ist es sehr wichtig, dass Sie auch gesellschaftliche Entwicklungen im Blick behalten. 😊

Stellen Sie sich vor, dass bald wieder ein ganz toller neuer IT-Trend kommt. Ihr Top-Management will First Mover[2] sein und dort sofort aufsatteln und loslegen. Sie legen sich

1 Zum Glück erlebe ich diese Veränderung auch bei meinen aktuellen Schulungen zu KRITIS, NIS 2, den dazugehörigen Umsetzungsgesetzen und gerade auch beim Resilienzmanagement: Das Interesse ist groß und beschränkt sich erfreulicherweise nicht nur auf Kraftwerksbetreiber und Admins mit der Verantwortung für ein Wasserwerk.

2 Der Begriff *First Mover* bezeichnet eine Organisation, die als erste eine neue Technologie, ein innovatives Produkt oder ein einzigartiges Geschäftsmodell auf den Markt bringt. Durch diesen Vorsprung kann sie sich Wettbewerbsvorteile sichern, z. B. durch Markenbekanntheit, Kundenbindung oder technologische Führerschaft. Ich verspreche Ihnen, jetzt nicht zu sehr abzuheben, aber Sie werden sehen: Was ich gleich anspreche, kommt Ihnen bestimmt schon bekannt vor.

entspannt zurück und sagen: »Kein Thema, das ITSCM hat das schon auf dem Schirm.« – Schuss, Tor, versenkt. Das wird Ihrem Top-Management in Erinnerung bleiben.

Aber zuerst ein bisschen Theorie. Wir unterscheiden zwei Arten von Trends:

- Trends
- Megatrends

27.1 Trends

Unter dem Begriff *Trend* versteht man einen Sachverhalt, der seit einiger Zeit zu beobachten ist, sich entwickelt und nicht zyklisch ist. Bei einem Trend kann es sich um eine kurzfristige Erscheinung oder um einen langfristigen Wandel handeln. Trends können sowohl das Konsumverhalten als auch gesellschaftliche Einstellungen, etwa zum Umweltschutz, widerspiegeln. Sie entstehen, wenn neue gesellschaftliche, wirtschaftliche oder technologische Entwicklungen aus Nischen oder Randbereichen allmählich in den Mainstream übergehen.

Gesellschaftlich bezeichnet *Mainstream* die vorherrschenden Strömungen, Werte, Meinungen und kulturellen Praktiken, die von der Mehrheit einer Gesellschaft geteilt und als normal oder etabliert angesehen werden. Sie umfassen oft Bereiche wie Medien, Mode, Musik, Politik und Lebensstile, in denen die populären Inhalte und Trends den breiten Geschmack und die Akzeptanz widerspiegeln. Im Gegensatz dazu stehen subkulturelle oder alternative Strömungen, die nicht unbedingt dem Mainstream entsprechen und oft als Randerscheinungen wahrgenommen werden.

Der genaue Ursprung eines Trends lässt sich oft nur schwer bestimmen. Häufig sind Trends für eine gewisse Zeit deutlich wahrnehmbar, bevor sie allmählich an Bedeutung verlieren. Sie entstehen durch das Zusammenspiel mehrerer ähnlicher, parallel verlaufender Phänomene, die sich gegenseitig verstärken.

Was bedeutet das für uns in der IT? Welche Trends und neuen Entwicklungen können Sie ausmachen, die vielleicht in drei, in fünf oder in zehn Jahren in den Mainstream übergehen?

Mir fallen folgende Beispiele ein:

- **Zentralisierung und Dezentralisierung in der IT:** Das ist ein Trend, den ich seit über 30 Jahren in der IT immer wieder erlebe. Es gibt Phasen, in denen alles zentralisiert in einem großen RZ verarbeitet wird, nur um dann wieder dezentralisiert in zig kleinere und verteilte Rechenzentren (also in einen *RZ-Verbund*) zu wandern.

  Für das ITSCM bedeutet das unmittelbar, dass sowohl die Worst-Case-Szenarien als auch die Übungen und Tests (inklusive Strategie und Konzept) an den jeweiligen Trend angepasst werden müssen. Denn es ist ein entscheidender Unterschied, ob Sie ein zentrales RZ und eine 1:1-Kopie im Hot-Standby haben oder ob Sie es mit mehreren verteilten RZs zu tun haben, die als ein RZ-Verbund arbeiten.

Je nachdem, welchen Ansatz Ihre Organisation gerade verfolgt, haben Sie es mit ganz unterschiedlichen Herausforderungen zu tun: Auf der einen Seite mit dem immensen *Single Point of Failure*, weil alles zentralisiert ist, auf der anderen Seite mit dem (potenziellen) Chaos, das erfahrungsgemäß in verteilten RZs im Laufe der Zeit durch zu unterschiedliche Hardwareausstattungen und Konfigurationen entsteht. Das bedeutet für Sie dann auch, dass Sie Notfallunterlagen in den RZs synchron halten müssen und genau im Blick haben müssen, wie die Ausstattung, die Räumlichkeit und das Personal aussehen. Für den Fall, dass das Pendel also wieder in Richtung Dezentralisierung ausschlägt, muss die CMBD unbedingt sauber gepflegt werden, sonst driften Sie in ein paar Jahren in einen nicht mehr überschaubaren (Chaos-) Zustand ab.

- **Green-IT:** Unter diesem Schlagwort versteht man Bestrebungen, die Nutzung von IT über deren gesamten Lebenszyklus hinweg umwelt- und ressourcenschonend zu gestalten. Dies beinhaltet die Optimierung des Ressourcenverbrauchs während der Herstellung, des Betriebs und der Entsorgung der Geräte und umfasst auch Maßnahmen wie energieeffiziente Hardware, nachhaltige Softwareentwicklung, verlängerte Nutzungsdauer von Geräten sowie die Nutzung erneuerbarer Energien, um den ökologischen Fußabdruck der IT zu minimieren.

  Bedeutet dieser Trend, dass das ITSCM nun »grün« wird? Sparen wir uns redundante Hardwareausstattungen und fahren wir unsere Server nur noch auf Sparflamme? Sehr gute Frage!

  Die klare Antwort lautet: Nein! Das ITSCM wird an der Verfügbarkeit der IT-Services gemessen. Es ist also die Aufgabe des ITSCM, diese Verfügbarkeit bestmöglich zur gewährleisten: Wenn es zu einer Störung oder Unterbrechung kommt und schnell wieder etwas hochgefahren und vielleicht sogar defekte Hardware ausgetauscht werden muss, ist das oberste Ziel, dies in den vorgegebenen RTO-Zeiten zu ermöglichen. Daher handelt man auf den ersten Blick und primär sogar völlig konträr zu den Zielen von Green-IT.

  Trotzdem wird dieser Trend mittelfristig Auswirkungen auf das ITSCM haben. Ich betrachte das ITSCM dabei als zusätzliche Kontrollinstanz, die bei allen IT-Notfallvorsorgemaßnahmen den Gedanken hinter der Green-IT konsequent mitverfolgt und ihn so weit wie möglich unterstützt. Sie können beispielsweise darauf hinwirken, dass in der CMDB auch Green-IT-Daten wie der Stromverbrauch von Geräten, Energieeffizienzkennzahlen, direkte und indirekte Emissionen, die Nutzungsdauer von Hardware, der Kühlenergiebedarf, die Abwärmenutzung, Gerätenutzungszeiten etc. aufgenommen werden.

Mit Inhalten füllen müssen das dann aber die technischen Bereiche, denn Green-IT kann nur funktionieren, wenn sie als ganzheitlicher Ansatz gedacht wird, bei dem alle Bereiche einer Organisation mithelfen.

[»]

Ganzheitlicher Ansatz

Ein ganzheitlicher Ansatz bedeutet, dass man ein Thema oder ein Problem nicht nur aus einer einzelnen Perspektive betrachtet, sondern alle wichtigen Bereiche und Zusammenhänge berücksichtigt. Statt also nur ein einzelnes Detail zu sehen, schauen Sie auf das »große Ganze«. Dabei werden verschiedene Faktoren wie Menschen, Prozesse, Technik, Umwelt oder auch rechtliche Rahmenbedingungen zusammen gedacht. Das Ziel ist, keine einseitigen Lösungen zu schaffen, sondern etwas, das dauerhaft wirkt und verschiedene Abhängigkeiten berücksichtigt. Einfach gesagt: Man schaut nicht nur auf einen Baum, sondern auf den ganzen Wald.

Das ITSCM kann seinen Teil dazu beitragen, indem es diesen wichtigen Trend mit den ITSC-Koordinatoren zusammen in der Organisation bekannt macht und propagiert. Durch seine gute Vernetzung mit vielen Teilen der Organisation ist das ITSCM hierfür sehr gut geeignet.

[»]

Green-IT in der Praxis

Ich sehe beispielsweise erhebliche Synergieeffekte in der Reduzierung des Energieverbrauchs, etwa durch den Einsatz neuer, energieeffizienter Hardware oder durch die Optimierung der Kühlung im Rechenzentrum. Eine weitere Möglichkeit ist die Verlängerung der Lebensdauer von IT-Komponenten durch eine optimierte Auslastung, beispielsweise mittels Loadbalancer, oder durch die Wiederverwertung von Hardware durch Refurbishment.[3] Dabei sollte jedoch geprüft werden, ob dies technisch umsetzbar und im Rahmen von Garantien und Supportbedingungen erlaubt ist.

Dennoch: Es lässt sich nicht wegdiskutieren, dass es eine Diskrepanz zwischen den Vorgaben und Zielen von Green-IT und der Realität in den allermeisten Organisationen gibt. Unternehmerische Ziele wie Gewinnmaximierung und Betriebsstabilität haben Vorrang gegenüber einer grüneren IT, die Umweltbelastungen minimieren, Ressourcen effizient nutzen und Nachhaltigkeit fördern will. Um eine Balance zu erreichen, müssen konkrete und vor allem erreichbare KPIs definiert und abgestimmt werden. Im Rechenzentrumsumfeld gibt es bereits grobe Vorgaben, die weiter präzisiert werden sollten.

3 *Refurbished* sind generalüberholte, gereinigte und geprüfte Geräte, die häufig aus beendeten Leasingverträgen stammen und meist Business-Geräte umfassen.

Ich bin daher sehr gespannt, wie in Zukunft KI und Green-IT zusammenpassen. Aktuell verbrauchen viele Komponenten noch sehr viel Energie, was dem Green-IT-Gedanken in die Parade fährt – denken Sie beispielsweise an den Stromhunger der KI-Modelle. Hier sind aber zukünftig noch weitere Optimierungspotenziale vorhanden, weil sich auch die KI-Systeme permanent verbessern.

- **Klimaneutralität:** Eng verbunden mit der Green-IT ist die Frage nach der Klimaneutralität. Dieser Trend hat zum Ziel, dass menschliches Handeln das Klima nicht beeinflussen soll. Eine klimaneutrale Wirtschaft setzt also entweder keine klimaschädlichen Treibhausgase frei oder gleicht die Emissionen vollständig aus. Ich finde die Idee sehr gut, die Umsetzung ist aber nur sehr schwer richtig zu messen.

  Kann man ein komplettes RZ überhaupt klimaneutral planen und dauerhaft betreiben? Oder ist das nur ein Wunsch? Als Ziel ist es auf jeden Fall sehr erstrebenswert! Weitere Informationen dazu finden Sie unter:

  https://www.hknow.de/rechenzentren-klimaneutral-und-fit-fuer-die-zukunft-machen/

  Auch hier sehe ich das ITSCM als zusätzliche Kontroll- und Unterstützungsinstanz. Beispielsweise bin ich aktuell in meiner Funktion als ITSC-Manager in den Neubau eines RZ involviert und konnte diese Anforderungen einbringen. Es ist sehr interessant zu sehen, was bei einem RZ-Neubau heute alles möglich ist, was vor 10 Jahren noch undenkbar war. Wichtig ist nur: Es muss auch gemacht werden! Und das geht nur, wenn man diese Punkte auf dem Schirm hat und wenn alle zusammen dieses Ziel verfolgen und an einem Strang ziehen.

- **Remote arbeiten:** Seit der Corona-Pandemie ist die Remote-Arbeit in aller Munde. Natürlich gab es schon vorher Organisationen, in denen remote gearbeitet wurde, sei es in einer Form der Telearbeit, im mobilen Arbeiten oder im vollen Home-Office. Wegen der Pandemie mussten sich ganze Firmen neu organisieren und schauen, wie organisationsweite Remote-Arbeit möglich ist. Das hat einiges in der Arbeitswelt umgekrempelt: Führung und Zusammenarbeit liefen plötzlich anders ab, alle mussten sich auf diese neue Arbeitsform einstellen. Jetzt ist es aber das Normalste der Welt und bedeutet weniger Fahrtzeiten, weniger Spritverbrauch, Schonung der Umwelt und oftmals mehr Zeit für die eigene Familie.

  Die Auswirkungen auf das ITSCM sehe ich ganz klar darin, dass diese elementar wichtige Telearbeitsstruktur dauerhaft und bestmöglich abgesichert werden muss. Überlegen Sie, ob dieser Trend in Ihrer Organisation eine so große Rolle spielt, dass auch die IT-Infrastruktur, die mobiles Arbeiten ermöglicht, zu einem wichtigen und kritischen IT-Service erklärt werden muss. Können Sie den Geschäftsbetrieb aufrechterhalten, wenn Ihr VPN-Server ausfällt und sich drei Viertel der Belegschaft nicht mehr in ihre Arbeitsplätze einwählen können?

  Vielleicht ist dieses Problem groß genug, dass Sie ein neues WCS definieren sollten, das dann auch entsprechend geübt und getestet wird. Erarbeiten Sie dann auch zusätzliche Alternativen mit den technischen Bereichen, damit Sie abgesichert sind, wenn die Telearbeit mal komplett ausfällt.

Denken Sie ebenfalls daran, dass Sie im ITSCM handlungsfähig bleiben müssen, auch wenn die Mitarbeiter nicht im Büro sind.

Vielleicht ist es sinnvoll, dass die Mitarbeiter sofort ins Büro kommen müssen, wenn es eine Störung der Home-Office-Infrastruktur gibt? Und ist auch festgelegt, dass das Personal für einen Notbetrieb immer vor Ort tätig muss? Was machen Sie, wenn der private Internetzugang eines wichtigen Mitarbeiters genau dann gestört ist, während er im Home-Office an einer Störung arbeitet und sich Hunderte Kilometer entfernt vom Büro befindet?

Hier gibt es potenzielle Probleme und Fallstricke, die Sie sich individuell anschauen müssen. Den Trend zum mobilen Arbeiten (und damit auch zu mehr Work-Life-Balance) drehen wir nicht mehr um, daher muss das ITSCM prüfen, wie es diesen Herausforderungen begegnet und diese Risiken bestmöglicht absichert.

- **Cloud-Services:** Bereits 81 % der deutschen Organisationen nutzen Cloud-Dienste und es werden in Zukunft nur noch mehr werden. Daraus entstehen eine Vielzahl neuer Chancen und Risiken für das ITSCM, die ich bereits in Kapitel 26 skizziert habe.

27.2 Megatrends

Ein Megatrend ist ein langfristiger und weitreichender Wandel in Bereichen wie Gesellschaft, Wirtschaft, Technologie oder Umwelt, der globale Auswirkungen hat und über viele Jahre oder sogar Jahrzehnte hinweg spürbar bleibt. Diese Trends sind so prägend, dass sie das Verhalten und die Lebensweise vieler Menschen beeinflussen und die Entwicklung ganzer Industrien und Märkte maßgeblich gestalten.

Ganz einfach können Sie sich einen Megatrend so erschließen: Wenn Dinge, die gestern noch Zukunftsmusik waren, morgen wie selbstverständlich in unseren Alltag übernommen werden, hat man es mit einem Megatrend zu tun.

Das beste Beispiel ist die Nutzung von KI. Was wir inzwischen mit ChatGPT, Midjourney und anderen Tools machen können, war vor fünf Jahren noch fast unvorstellbar, heute ist es das Normalste der Welt und wird in viele alltägliche Arbeiten integriert. Wir nutzen diese Angebote inzwischen wie selbstverständlich und sind verwundert, wenn die KI-Dienste mal ausfallen.

Merkmale von Megatrends sind:

- **Langfristigkeit:** Sie entfalten sich über viele Jahre oder Jahrzehnte.
- **Globalität:** Sie haben Auswirkungen auf die ganze Welt oder auf sehr viele Länder.
- **Wandel der Gesellschaft:** Sie beeinflussen Werte, Normen und das Verhalten von Individuen und ganzen Gesellschaften.
- **Technologische Innovationen:** Sie stehen häufig in Zusammenhang mit bahnbrechenden Technologien, die neue Möglichkeiten schaffen.
- **Transformation und Disruption:** Sie führen häufig zu grundlegenden Veränderungen in bestehenden Strukturen und Prozessen.

- **Ökonomische Veränderungen:** Sie können die Wirtschaft grundlegend umgestalten, z. B. durch neue Geschäftsmodelle oder Märkte.
- **Innovationsmotor:** Megatrends fördern technologische Fortschritte und Innovationen, indem sie neue Bedürfnisse und Herausforderungen schaffen.

Diese Merkmale machen Megatrends zu wichtigen Faktoren, die langfristig strategische Entscheidungen in Politik und Wirtschaft und auch in Ihrer Organisation prägen. Sie müssen sie im ITSCM auf dem Schirm haben, aber solche Megatrends sind gar nicht so einfach zu identifizieren, denn sie sind per Definition äußerst umfassend und riesig – erklären Sie mal einem Fisch, was Wasser ist. Daher müssen Sie hier umso genauer hinschauen, denn Megatrends sind oftmals wie der Wald, den man durch die vielen Bäume vor dem eigenen Gesicht nicht mehr sieht. Folgende Beispiele gehören für mich dazu:

- **Digitalisierung:** Die fortschreitende Digitalisierung verändert alle Bereiche des Lebens, von der Arbeit über die Bildung bis hin zu privaten Interaktionen. Die Digitalisierung durchdringt alle Lebens- und Geschäftsbereiche, was die Erwartungen an die Verfügbarkeit von IT-Services erhöht. Kunden und Mitarbeitende setzen heute nahezu rund um die Uhr verfügbare digitale Dienste voraus – und dabei handelt es sich um nichts anderes als die IT-Services, für die Sie verantwortlich sind. Ausfälle werden deutlich weniger toleriert als früher.

  Für uns bedeutet das: Machen Sie sich bewusst, dass Ihre Arbeit nicht nur abstrakte Dienste in irgendeinem IT-System betrifft. Wenn kritische IT-Services nicht mehr verfügbar sind, werden Rechnungen und Gehälter nicht bezahlt, fällt der Strom aus und der Verkehr steht still. Die Digitalisierung bedeutet, dass die Verantwortung des ITSCM mitten im Leben verortet ist.
- **KI-Systeme:** Zunächst war ChatGPT für viele nur eine Spielerei, aber es ist offensichtlich, dass KI-Dienste Teil aller Geschäftsprozesse werden. Das bedeutet für das ITSCM: Auch diese Systemumgebungen müssen abgesichert werden. Gehören sie offiziell zu den zeitkritischen Geschäftsprozessen Ihrer Organisation, ist das selbstverständlich. Aber auch reine Testlabore sollte man (nach meiner Meinung) entsprechend absichern – natürlich in Abstimmung mit dem ITSCM-Owner und dem Top-Management.
- **Umwelt und Klimawandel:** Umwelt- und Klimaveränderungen entwickeln sich zu einem maßgeblichen Risikofaktor für die IT-Kontinuität. Deutschland verzeichnet bereits heute vermehrt extreme Wetterereignisse infolge des Klimawandels, etwa eine deutliche Zunahme von Hitzewellen und langanhaltenden Hitzeperioden über 30 C. Solche Temperaturen bringen Kühlungen von Rechenzentren an ihre Grenzen und können zu hitzebedingten Hardware-Ausfällen führen. Gleichzeitig steigt durch klimawandelbedingte Wetterverschiebungen regional die Wahrscheinlichkeit von Starkregen und Überschwemmungen (wie die Flutkatastrophe im Ahrtal 2021). Solche Ereignisse können ganze Rechenzentren und/oder Netzinfrastrukturen lahmlegen.

Das ITSCM muss daher stärker als bisher naturbedingte Gefahren berücksichtigen: Notfallpläne umfassen zunehmend Szenarien wie die Überschwemmung von Serverräumen, längere Stromausfälle, Sturmschäden oder sogar vorsorgliche Abschaltungen bei Extremwetter. Aktuelle Empfehlungen gehen in Richtung klimaresiliente IT-Infrastruktur. Dazu zählen z. B. redundante Rechenzentren in verschiedenen Regionen, Notstrom- und Kühlkonzepte für Hitzeperioden, regelmäßige Klima-Risikoanalysen sowie die enge Zusammenarbeit mit dem unternehmensweiten Krisenmanagement und Behörden für den Katastrophenschutz. Solche Maßnahmen stellen sicher, dass auch unter erschwerten Umweltbedingungen die kritischen IT-Services möglichst unterbrechungsfrei weitergeführt oder schnell wiederhergestellt werden können.

Ganz praktisch heißt das: Weg von den oft genutzten Wiederanlaufplänen und einen großen Schritt hin in Richtung Wiederherstellungspläne. Und es bleibt nicht nur bei den Plänen, sondern geht auch in den Bereich der Notfallbeschaffung (siehe dazu auch Kapitel 17).

- **Cybercrime:** Cybercrime (auch als Cyberkriminalität bekannt) bezeichnet alle kriminellen Aktivitäten, die mit Computern, Netzwerken oder digitalen Technologien in Verbindung stehen. Sie stellen eine ernsthafte Bedrohung für die digitale Gesellschaft, die fortschreitende Digitalisierung und die digitale Souveränität dar, weshalb präventive Maßnahmen und effektive Bekämpfungssysteme von sehr großer Bedeutung sind. Durch viele neue Trends ist es schwieriger denn je, diesen Gefahren richtig zu begegnen: Mithilfe von KI können täuschend echt wirkende Phishing-Mails geschrieben werden, und wenn Ihre Mitarbeiter mit ihren privaten Geräten arbeiten, wachsen die Herausforderungen der IT-Sicherheit.

  Die aktuell größte Gefahr geht von *Ransomware* aus. Bei einer Ransomware-Attacke wird ein ganzes IT-System oder eine Datei verschlüsselt, und der Täter fordert ein Lösegeld, um den Zugang wieder freizugeben. Dies ist besonders gefährlich für Organisationen, die ihre Daten verlieren könnten.

  Natürlich ist dies vorrangig eine Aufgabe für die IT-Sicherheitsteams, aber es betrifft natürlich auch die Verfügbarkeit der Services – wenn erst mal alle Ihre Systeme russisch oder chinesisch sprechen, ist an eine zuverlässige Bereitstellung nicht mehr zu denken. Sie müssen daher einen sehr engen Austausch mit den Kollegen aus dem Backup- und Storage-Bereich pflegen: Sind ihre aktuellen Backup-Strategien gegen dieses Angriffsszenario gewappnet? Wird oft genug gesichert, und haben sie RPO und RPA im Blick? Kann man das per Übungen und Tests überprüfen? Sind alle Notfallunterlagen dazu vorhanden und auch aktuell? Auch dieses Szenario bietet das Potenzial für einen weiteren WCS!

  Daher sollten Sie im ITSCM (und auch die ganze Organisation) sehr froh sein, wenn Sie ein kompetentes ISM oder CERT (inklusive SOC) an der Seite haben, mit dem Sie sich diesen immensen Bedrohungen gemeinsam entgegenstellen können. Als echtes Team ist ein BCM, ISM und ITSCM definitiv unschlagbar. 😉

Aber wie bekommt man solche wichtigen Megatrends überhaupt mit?

Bleiben Sie auf dem Laufenden, in dem Sie Online-Portale, Bücher, Zeitschriften und Newsletter lesen und Schulungen, Konferenzen und Messen besuchen. Vielleicht möchten Sie auch Netzwerke aufbauen oder sich in Communitys engagieren. Online werden Sie eine Vielzahl an Forschungsberichten und Marktanalysen finden, die in Kooperation mit Hochschulen und Forschungseinrichtungen entstehen.

Schauen Sie sich beispielsweise folgende Informationsquellen an:

- Das Trendradar des Zukunftsinstituts: *https://www.zukunftsinstitut.de/trendradar*
- Trendforschung – Das gezielte Aufspüren von Trends: *https://vonneuem.de/trendforschung-das-gezielte-aufspueren-von-trends/*
- Megatrend-Map: *https://sachsen.tourismusnetzwerk.info/download/zukunft/MegatrendMapZukunftsinstitut_120918.pdf*

Aber dann stellt sich die Frage: Was machen Sie mit dieser Informationsflut, und wie trennen Sie die Streu vom Weizen? Auch dazu gibt es Methoden, die dabei helfen können. Ich möchte Ihnen dazu kurz die *PESTEL-Analyse* vorstellen.

PESTEL-Analyse

Eine PESTEL-Analyse prüft politische, wirtschaftliche, soziokulturelle, technologische, ökologisch-geografische und rechtliche Faktoren, die von außen auf eine Organisation wirken.

Das Akronym PESTEL setzt sich aus den folgenden englischen Wörtern zusammen:

- **p**olitical (politisch)
- **e**conomic (wirtschaftlich)
- **s**ocial (soziokulturell)
- **t**echnological (technologisch)
- **e**nvironmental (ökologisch-geografisch)
- **l**egal (rechtlich)

Durch diese Kategorien haben Sie ein erstes Schema, um den Einfluss von Faktoren aus sechs verschiedenen Bereichen auf eine Organisation zu verstehen.

Abbildung 27.1 zeigt Ihnen beispielsweise, wie Sie ganz unterschiedliche Trends und Entwicklungen so strukturiert erfassen können. Auf dieser Basis können Sie besser entscheiden, welche Trends und Megatrends für Ihre Organisation relevant sind und wie sie zu ihren Stärken und Schwächen passen.

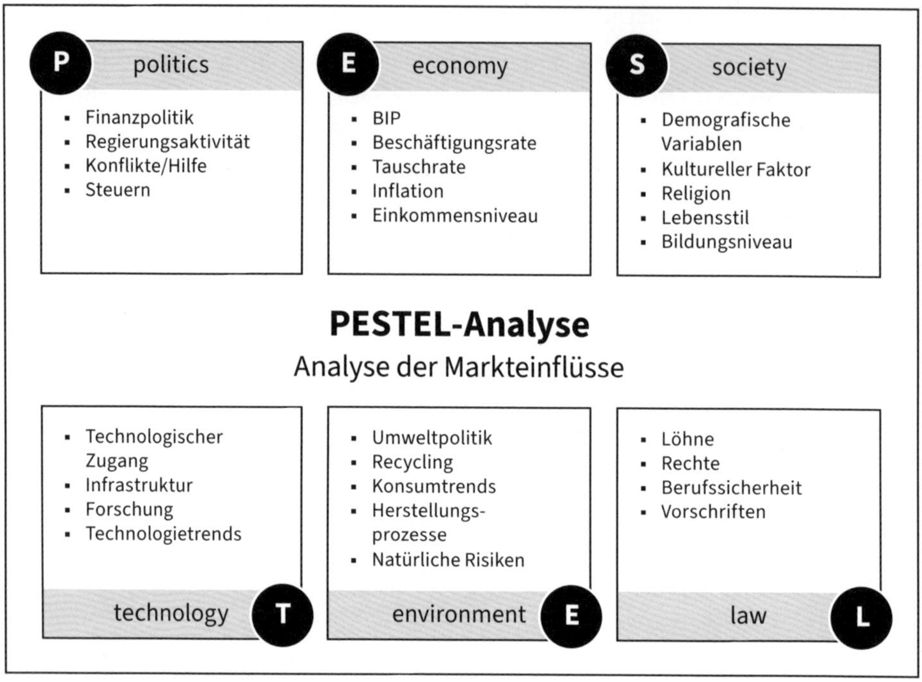

Abbildung 27.1: Deutsche Beschreibung der PESTEL-Analyse

27.3 ITSCM und KI

Künstliche Intelligenz (KI) ist in aller Munde und es ist absehbar, dass kein Bereich unseres Lebens davon unberührt bleibt – schon gar nicht in der IT.[4] Daher sollten Sie sich darüber Gedanken machen, ob und wie Sie KI in Ihrem ITSCM nutzen können. Das bedeutet: Sie müssen identifizieren, welche Anwendungsfälle sinnvoll sind und wo die KI einen echten Mehrwert generieren kann.

27.3.1 Was kann KI leisten?

Dazu möchte ich Ihnen kurz einige Einsatzmöglichkeiten aufzählen. Später komme ich dann noch auf meine geplanten drei Use-Cases mit KI-Unterstützung zu sprechen. Diese liegen dem KI-Labor vor, das meiner Organisation angeschlossen ist, und werden aktuell bewertet.

---

4 Ich habe schon zig Schulungen und Workshops rund um das Thema KI besucht und möchte bei diesem Thema auf jeden Fall am Ball bleiben. Ich kann daher aber auch sagen: Es tut sich unglaublich viel, und es ist immens schwer, den Überblick zu behalten. Was gestern noch unmöglich erschien, ist heute bereits ein erster Prototyp und morgen schon im Alltag angekommen … und vielleicht übermorgen schon wieder verschwunden.

Die Integration von KI bietet viele Möglichkeiten, um Prozesse und Tätigkeiten effizienter, präziser und proaktiver zu gestalten. Hier sind einige konkrete Einsatzmöglichkeiten:

- **Anomalie-Erkennung:** KI kann mithilfe von Algorithmen ungewöhnliche Aktivitäten in IT-Systemen erkennen, die auf mögliche Ausfälle oder Sicherheitsprobleme hinweisen.

  Sie können dann im Idealfall eingreifen, bevor es zu einer größeren Störung, Unterbrechung oder sogar zu einem Angriff kommt, indem Sie laufend einen hochsensiblen Soll/Ist-Abgleich per KI durchführen lassen, der dann *just in time* automatisierte Tickets für die technischen Bereiche erstellt. Das kann bis zum Major-Incident gehen. Es werden schon erste KI-Modelle bei IDS/IPS eingebunden. Ein ideales Umfeld für KI und seine Mustererkennung.
- **Dynamisches Risikomanagement:** KI-basierte Tools können IT-Risiken in Echtzeit analysieren und bewerten, um Maßnahmen schneller zu priorisieren und zu aktivieren.

  KI-Systeme können in einem vorab abgestimmten Rahmen automatisierte Entscheidungen fällen, etwa wenn die verantwortlichen Mitarbeiter nicht verfügbar sind: Tritt ein bekanntes IT-Risiko ein, gibt es einen hinterlegten Katalog mit möglichen Optionen, die vom KI-System aktiviert werden können. Wenn die Latenzzeiten sich beispielsweise bei einer bestimmten Netzwerkroute erhöhen, wird eine andere Route für den Datenverkehr (automatisiert) gewählt, damit es nicht zu Latenzproblemen bei IT-Services kommt. Das mindert das Risiko, dass ein zeitkritischer Geschäftsprozess negativ beeinflusst wird.
- **Backups automatisieren:** KI-Systeme können Wiederherstellungsprozesse und Backup-Mechanismen automatisieren oder sogar komplette Wiederherstellungsprozesse automatisiert durchführen. Beispielsweise könnte außerhalb der normalen Geschäftszeiten ein KI-System die hinterlegten Runbooks starten, um somit Teil- oder Vollbackups anzustoßen.
- **Simulationen:** KI-gesteuerte Simulationen können für einen Stresstest von IT-Systemen genutzt werden, z. B. um eine Notfallwiederherstellung zu üben. Oder Sie nutzen KI, um einen erweiterten Penetrationstest durchzuführen. Vielleicht mischen Sie auch verschiedene Test-Arten, um dadurch eine wesentlich genauere Aussage zur Stabilität und Sicherheit von IT-Systemen treffen zu können.
- **Schwachstellenanalyse:** Wenn KI-Systeme entsprechend trainiert sind, können sie Schwachstellen in der IT-Infrastruktur erkennen. Das sind natürlich wertvolle Informationen in der IT-Notfallvorsorge.
- **Überwachung in Echtzeit:** KI-Systeme können in Echtzeit Systeme überwachen und Unterbrechungen oder Kapazitätsprobleme vorhersagen: Das wird in der Industrie schon lange unter dem Schlagwort *Predictive Maintenance* eingesetzt. Auch in IT-Systemen kann KI das Monitoring ergänzen und aus der Datenflut Prognosen und Hochrechnungen erstellen, um Störungen vorauszusagen.

- **Self-Healing-Systeme:** Einen Schritt weiter gehen Systeme, die nicht für das Monitoring genutzt werden, sondern auch automatisiert Maßnahmen einleiten, um Vorfällen vorzubeugen oder sie zu beheben. Das kann schon ein simpler Neustart eines Systems sein, der hängen gebliebene Prozesse sauber beendet und das System wieder in einen definierten Zustand versetzt.
- **Höhere Ausfallsicherheit:** IT-Risiken werden frühzeitig erkannt, dokumentiert, adressiert, eskaliert und, wenn machbar, mit einer oder mehreren möglichen Risikobehandlungsstrategien hinterlegt, sodass ein KI-System die bestmögliche Entscheidung treffen kann, und das zu jeder möglichen Tages- und Nachtzeit.
- **Verbesserte Entscheidungsfindung:** Ein wirklicher Meilenstein wäre erreicht, wenn KI-Systeme dazu beitragen würden, dass bessere Entscheidungen getroffen werden, indem sie datenbasierte Lösungsvorschläge zu den vorliegenden Problemen machen. Gerade in Krisensituationen könnte das zu optimierten Maßnahmen führen und einen Krisenstab unterstützen. Die KI wäre dann eine Art virtuelle Assistenz, die jederzeit und egal unter welchem Druck immer die besten Lösungsoptionen anbieten kann. Und das rund um die Uhr, an 365 Tagen, ohne Pausen und ohne Urlaub.

  Aktuell ist das noch Fiktion, aber in drei bis fünf Jahren könnte so etwas schon gelebte Normalität sein. Stellen Sie sich ein KI-System vor, das alle Ihre Übungen und Tests inklusive aller Ergebnisse und Protokolle genauso kennt wie die Dokumentation aller Major-Incidents, aller IT-Notfälle und aller IT-Krisen. Es ist zudem mit der »allwissenden« CMDB verbunden und kennt daher genau Ihre Infrastruktur.

  Sie können diese Datenbasis nun nutzen, um konkrete Fragen zur aktuellen Krise zu stellen und sich mit neuen Ideen und Lösungen unterstützen zu lassen. Das kann von Ratschlägen zur Problembehebung, über Hochrechnungen bis zur Formulierung der Notfallkommunikation alles beinhalten. Wenn Sie so etwas hätten, würden Großstörungen und IT-Notfälle/Krisen ihren Schrecken verlieren!

[»]

Hinweis

Das liest sich alles super, ist aber auch mit enormen zeitlichen Aufwänden verbunden. Das Anlernen einer KI kann, je nach Komplexität der Aufgabe, ein bis zwei Jahre und länger dauern.

Das Anlernen kann aktuell nur durch entsprechend geschulte Spezialisten erfolgen und benötigt unglaublich teure und stromhungrige Spezialhardware. Das notwendige Know-how muss also entweder in der Organisation vorhanden sein oder es müssen anfallende Schulungskosten und die komplette KI-Umgebung kalkuliert und budgetiert werden. Da kommt schnell eine Summe im ein- bis zweistelligen Millionenbereich zusammen.

Jedoch könnte es auch bald viel schneller und einfacher gehen. Die Technik schreitet blitzschnell voran und es werden immense Gelder in die KI-Entwicklung gesteckt. Es ist zu erwarten, dass die Technik mittelfristig günstiger wird und das Anlernen viel schnell vonstatten geht.

27.3.2 »Wo Licht ist, ist aber auch Schatten«

Die Vorteile der KI sind zwar erheblich, aber die Risiken und Herausforderungen müssen auch sorgfältig abgewogen und gemanagt werden, um sicherzustellen, dass KI in einer verantwortungsvollen und vor allem ethischen Weise eingesetzt wird. Daher muss ich Ihnen auch einige Nachteile von KI auflisten. Das wären z. B.:

- **Arbeitsplatzverlust:** KI und Automatisierung können Arbeitsplätze in verschiedenen Branchen ersetzen. Dies kann zu Arbeitslosigkeit und wirtschaftlicher Ungleichheit führen.
- **Datenschutz und Sicherheit:** KI-Systeme sammeln und analysieren eine sehr große Menge an Daten, was Bedenken hinsichtlich des Datenschutzes und der Datensicherheit aufwirft. Missbrauch, Datenlecks oder unerlaubter Zugriff auf sensible Informationen können schwerwiegende Folgen haben, da alle wichtigen Informationen an einer zentralen Stelle vorliegen.
- **Abhängigkeit von Technologie:** Eine zunehmende Abhängigkeit von KI kann dazu führen, dass Menschen ihre Fähigkeit verlieren, selbstständig zu denken oder Probleme zu lösen. Vielleicht beobachten Sie bei sich (oder bei Ihren Mitmenschen 😉) eine Art »Denkfaulheit«, weil man sich zu 100 % auf die Ergebnisse der KI verlässt: Wenn alle ihre Hausaufgaben von ChatGPT machen lassen, lernt niemand mehr was.
- **Verlust von Kontrolle:** In komplexeren Anwendungen von KI besteht die Gefahr, dass die Systeme unvorhersehbar oder schwer kontrollierbar werden. Dies kann zu ungewollten oder schädlichen Ergebnissen führen, besonders in Bereichen wie autonomes Fahren oder militärische Anwendungen.

  Stellen Sie sich vor, dass eine KI für Sie entscheidet, wie Sie versichert werden. Oder dass eine KI einem Arzt vorgibt, bei welchen Krebspatienten eine Chance auf Hoffnung besteht und welche Patienten hoffnungslose Fälle sind.
- **Ethik und Verantwortung:** KI wirft komplexe ethische Fragen auf, etwa wer für die Entscheidungen einer KI verantwortlich ist.

  Wenn ein KI-System fehlerhafte Entscheidungen trifft, kann es schwierig sein, die Verantwortlichkeit zuzuordnen. Soll der Mensch der KI »verbieten«, besser (also klüger) als der Mensch zu werden? Kann er das überhaupt?[5]

5 Aktuell nehme ich Folgendes wahr: Man möchte mit der KI eine Art »Superintelligenz« aufbauen, die sehr schnell und selbstständig denkt, schwierigste Entscheidungen in Sekundenbruchteilen fällt und den Menschen damit weit voraus sein wird. Gleichzeit werden KI-Systeme jedoch »vermenschlicht«, man baut also bewusst kleinere Fehler ein und man erwartet von der KI eher menschliche Entscheidungen und Kreativität als rein rationelle und maschinelle Entscheidungen. Aber warum? Traut man der KI doch nicht über den Weg? Hat man Angst, dass KI später den Menschen ersetzen will? Solche Horrorszenarien kennt man aus Sci-Fi-Filmen wie der Terminator-Reihe; sie könnten aber bald erschreckend real werden.

- **Bedrohung durch Missbrauch:** KI kann in den Händen von Kriminellen oder böswilligen Akteuren missbraucht werden, etwa durch automatisierte Cyberangriffe, Fake News und Deepfakes oder gezielte Desinformationen und Manipulationen.
- **Stromverbrauch:** Der Stromverbrauch von KI-Systemen ist unglaublich hoch, besonders bei leistungsintensiven Anwendungen wie dem Training großer Modelle (z. B. für das Machine Learning oder Deep Learning). Es gibt zwar zunehmend Bemühungen, die Energieeffizienz durch neue Hardware, Optimierungstechniken und umweltfreundliche Praktiken (wie den Einsatz von erneuerbaren Energien für Rechenzentren) zu verbessern, dieser hohe Stromverbrauch steht aber dennoch im Gegensatz zu Green-IT und Klimaneutralität.

27.3.3 Use-Cases im ITSCM

Nach der ganzen Theorie möchte ich Ihnen jetzt aber meine geplanten Use-Cases im ITSCM vorstellen, die mir schon seit einiger Zeit im Kopf herumgeistern:

- IT-Notfall-Prognosen erstellen lassen
- Abhängigkeiten und Inhalte der ITSCM-Dokumente abgleichen
- Übungen und Tests per KI zusammenstellen lassen, inklusive Simulationen

Ich möchte diese drei Use-Cases für Sie jetzt etwas genauer unter die Lupe nehmen und erklären. Dazu teile ich diese Use-Cases in drei Bereiche auf:

- Anforderung,
- zu nutzende Datenquellen und
- Erwartungen an das Ergebnis.

Gerade wenn es um ein vollkommen neues und fremdes Thema geht, ist eine Struktur nützlich, um die Ausgangssituation, das Material und überhaupt das Ziel zu definieren. Damit ein solcher Use-Case nicht nur für viel Aufwand sorgt und keine Ergebnisse liefert, sollten Sie ihn entsprechend ausformulieren. Vielleicht gibt es dazu in Ihrer Organisation bereits Vorlagen, auf die Sie zurückgreifen können. Andernfalls können Sie sich an meinem Template orientieren. Es sieht so aus:

- **Titel:** »Sprechender und eindeutiger Name für den Use-Case«
- **Anforderung:** Hier führe ich in ein oder zwei Sätzen aus, was ich überhaupt möchte. Dabei bin ich bewusst eher grob und oberflächlich, denn ich sehe mich als reiner Ideengeber.
- **Zu nutzende Datenquellen:** Hier benenne ich alle zu nutzenden Datenquellen (soweit mir diese bekannt sind).
- **Erwartung an das Ergebnis:** Nun formuliere ich genau das Ergebnis, das ich mir erwarte. Ich beschreibe also (in normaler Sprache), welche Leistungen ich mir von der KI erhoffe und wie ich mir die Umsetzung vorstelle.

- **Erklärung:** Einige Hintergrundinformationen liefern Hinweise und erläutern den Use Case.

Dann ist das KI-Team dran: Die Kollegen bearbeiten gerade schon einen ersten Use-Case und überlegen, wie er sich in die Praxis umsetzen lässt. Ich bin sehr gespannt ...

Use-Case 1: »Notfall-Prognosen erstellen lassen«

- **Anforderung:** Das ITSCM möchte, dass aus den vorhandenen Daten Prognosen erstellt werden, wann wir in der Organisation mit einem möglichen IT-Notfall oder einer (IT-) Krise zu rechnen haben.
- **Zu nutzende Datenquellen:**
  - CMDB
  - Incident-Management (Datenbank des Incident-Ticketsystems)
  - Daten aller Major-Incidents
  - Change-Management (Datenbank mit allen RfCs, Change-Freeze, Infos aus dem CAB etc.)
  - alle Daten des Monitorings
  - SLA-Management (Daten aus dem SLM, alle SLAs und OLAs und Informationen zu allen SLA-Verletzungen)
  - Problem-Management (Daten zu den Known Errors und allen Workarounds)
  - Daten zu IT-Notfällen und (IT-)Krisen (aus Confluence importieren)
  - zentrale Datenbank des Risikomanagements
  - Ergebnisse aus bisherigen Lessons Learned
- **Erwartung an das Ergebnis:** Ich erwarten durch die Verknüpfung der vorliegenden Datenquellen eine automatisierte Prognose (Hochrechnungen) mit der Information, wann wir mit möglichen IT-Notfällen oder (IT-)Krisen rechnen könnten. Diese Information soll mit einer Alarmierungsfunktionen verknüpft werden:
  - **Roter Alarm:** sofortige Benachrichtigung des Krisenstabs
  - **Gelber Alarm:** Information an den zuständigen technischen Bereich und den zuständigen ITSC-Koordinator
  - **Grüner Alarm:** Meldung an das Problemmanagement und das Incident-Management, dass sich gerade ein Problem entwickelt
- **Erklärung:** Es kam schon mehrfach vor, dass zu einem Zeitpunkt mehrere sehr aufwendige Changes mit weitreichenden Auswirkungen gleichzeitig durchgeführt wurden.

  Jeder RfC – für sich allein betrachtet – wurde ordentlich und rechtzeitig gestellt, Rückfragen wurden geklärt, und der RfC wurde vom Bestätigungsnetzwerk offiziell freigegeben. Aber diese Anhäufungen von großen RfCs und deren Querverkettung (*Cross-*

over-Effekt[6]) sorgten für Ausfälle, was vorher nicht erkennbar war, denn es fehlten die Erfahrungswerte. Daher kam es schon mehrfach zu erheblichen Störungen: zweimal zu Major-Incidents und einmal sogar zu einem IT-Notfall.

In den angegebenen Datenbanken sind diese Informationen gespeichert. Daher sollte es möglich sein, basierend auf den bisherigen Erfahrungen und den vorliegenden Informationen Prognosen mit gekoppelten Alarmierungen anzubieten. Natürlich müssen die Schwellenwerte oder eine Baseline[7] zuerst händisch vorgegeben und später dann dynamisch angepasst werden.

Use-Case 2: »Abhängigkeiten und Inhalte der ITSCM-Dokumente abgleichen«

- **Anforderung:** Das ITSCM möchte, dass alle vorhandenen Dokumente (alle Pläne zu Übungen und Tests, Strategien, Konzepte, Protokolle, Berichte etc.) und deren Abhängigkeiten erfasst und grafisch dargestellt werden. Dazu sollen die Inhalte aller Dokumente durchsuchbar sein, egal welches Format (z. B. Word, Excel, PDF, PowerPoint etc.) vorliegt.
- **Zu nutzende Datenquellen:**
  - Confluence-Bereich des ITSCM mit allen relevanten Dokumenten
  - CMDB
  - Lessons Learned
  - Datenbank des Dokumentenmanagements
- **Erwartungen an das Ergebnis:** Wir erwarten durch die Visualisierung der Verknüpfung aller ITSCM-Dokumente, dass wir nachverfolgen können, wenn Dokumente geändert werden und welche Wechselwirkungen daraus entstehen: Wenn in einem Dokument oder einem Plan eine Änderung vorgenommen wird, möchten wir eine Aufstellung bekommen, welche weiteren Dokumente ebenfalls angepasst werden müssen.

  Zusätzlich möchte das ITSCM mit einer Suchfunktion (wie bei Google) nach allen Inhalten und Informationen in den Dokumenten suchen können.
- **Erklärung:** Ich möchte Ihnen als Erklärung nur meinen schlechten Versuch der Visualisierung aller möglichen Querverknüpfungen der ITSCM-Dokumente zeigen. Und ich hatte nur die einfachen Verknüpfungen eingezeichnet! Wer soll da noch den Überblick behalten? Ich hatte nach dem Zeichnen auf jeden Fall einen mächtigen Knoten im Kopf. 😉

---

6 *Crossover-Effekt* bezeichnet eine Wechselwirkung oder ein Phänomen, bei dem zwei oder mehr Dinge (z. B. RfCs) sich gegenseitig beeinflussen oder überschneiden.

7 Eine Baseline in der KI (und auch in der IT allgemein) ist eine Art Ausgangspunkt oder Vergleichswert. Sie können sich das wie eine »Null-Linie« vorstellen, von der aus alles andere bewertet wird. Eine Baseline ist Ihr Startpunkt, Ihr Maßstab, um den Nutzen und die Verbesserung durch KI-Systeme messbar zu machen.

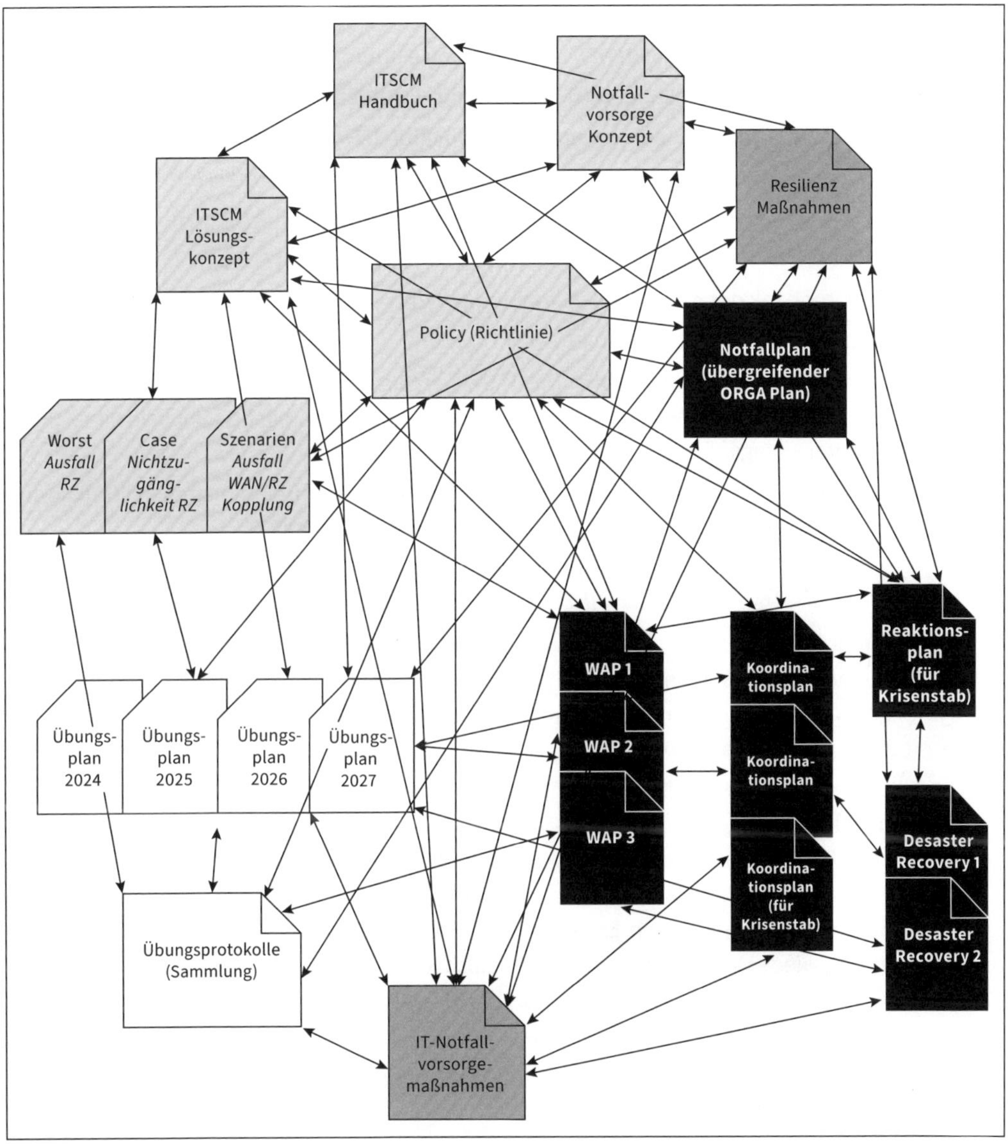

Abbildung 27.2: Die Abhängigkeiten aller ITSCM-Dokumente untereinander

Use-Case 3: »Übungen und Tests per KI zusammenstellen lassen«

- **Anforderung:** Das ITSCM (und später auch die technischen Bereiche) möchte zukünftig Übungs- und Testszenarien per KI erstellen lassen.
- **Zu nutzende Datenquellen:**
  - Übungs- und Testszenarien des ITSCM
  - Übungs- und Testszenarien aller technischen Bereiche
  - Übungs- und Testszenarien des BCM inklusive Jahresplanung

  - CMDB
  - Daten aller Major-Incidents (aus Confluence importieren)
  - Daten zu IT-Notfällen und (IT-)Krisen (aus Confluence importieren)
  - Incident-Management (Datenbank des Incident-Ticketsystems)
  - Change-Management (Datenbank mit allen RfCs, Change-Freeze, Infos aus dem CAB)
  - SLA-Management (Daten aus dem SLM mit allen SLA-Verletzungen)
  - Problem-Management (Known Errors und Workarounds)
  - Datenbank des zentralen Risikomanagements
  - Ergebnisse aus bisherigen Lessons Learned
- **Erwartungen an das Ergebnis:** Das ITSCM erwartet, dass uns die KI nach Eingabe einige Grundparameter Vorschläge für Übungen und Tests macht, inklusive eines Drehbuchvorschlags:
  - »Wenn Sie eine Übung zu einem RZ-Schwenk durchführen möchten, sollten vorher die folgenden vier Übungen durchgeführt werden: A, B, C, D.«
  - »Wenn Sie eine aufbauende Übung zum Thema Simulation haben möchten, die auf die letzte Krisenstabsübung aufsetzt, müssen Sie folgende Parameter verändern: X, Y, Z.«
- **Erklärung:** Mein Wunsch ist, dass man Übungen und Tests immer wieder neu und interessant für alle Beteiligten gestaltet, indem unvorhergesehene kleine Änderungen eingebaut werden. Auch kann die KI dafür sorgen, dass Komplexität und Umfang der Übungen und Tests stufenweise gesteigert werden.

  Die technischen Abteilungen könnten dieses System nutzen, um sehr detaillierte und hochkomplexe Übungen und Tests für den internen Gebrauch zu erstellen. So könnten einzelne Arbeitsschritte immer wieder durchlaufen werden oder auch mögliche Verkettungen mit deren spezifischen Auswirkungen geübt werden. Und da dieses System immer wieder mit neuen Erkenntnissen und Erfahrungen gefüttert wird, kann man immer wieder Neues erproben. Es wird also nie langweilig.

  Stellen Sie sich diesen Use-Case wie eine Simulation im Flugsimulator vor. Es gibt gewisse Grundszenarien, dann kommen Aufbauszenarien dazu, Expertenszenarien runden dies ab, und am Schluss gibt es noch besondere Herausforderungen.

[»]

Weitere Use-Cases

Es gibt noch weitere Use-Cases, die mir noch ganz vage im Kopf herumschwirren:

- Ich würde gern eine Simulationsumgebung aufbauen, in der Einzelpersonen oder Teams Übungs- und Testszenarien selbst definieren und durchführen lassen können. Man gibt also vor, in welchem Bereich man noch nicht sattelfest ist, und bekommt dann eine Simulation genau dieser Situation in verschiedenen Ausprägungen, um sie zu üben. Gerade für die Einarbeitung von neuen Mitarbeitern wäre diese Simulation bestens geeignet, denn man kann auch eine ganze Übungs- und Testreihe vorgeben.

- Die Königsdisziplin wäre erreicht, wenn man einen kompletten, sehr komplexen IT-Notfall per KI inszenieren und ihn durchspielen könnte. Das ist momentan nicht machbar, weil eine solche Übung extrem aufwendig ist und sehr viele Bereiche involviert. Aber auch in diesem Bereich steht die Entwicklung nicht still. Erste, aber noch recht starre Labs (Übungen) sind vereinzelt schon auf dem Markt zu finden.

27.4 Weitere Vorgehensweise und Übungen

Jetzt kommen wir leider zum Ende unserer langen, intensiven und gemeinsamen ITSCM-Reise. Ich hoffe, ich konnte Sie begeistern, mitnehmen und Ihnen auch vieles verständlich erklären.

F-27-1: Ist KI ein Trend oder ein Megatrend?

a) KI ist ein Megatrend, der zukünftig die komplette Arbeitswelt und das private Umfeld massiv und über Jahrzehnte hinweg verändern wird.

b) KI ist ganz klar ein Trend.

c) KI ist Stand heute noch nichts davon.

d) KI ist nur ein kurzer und teurer Hype.

F-27-2: Was ist ein Trend?

a) Immer nur etwas sehr Kurzes.

b) Trends gibt es in der Mode, aber nicht in der IT.

c) Unter Trends werden wichtige IT-Technologien ab 2024 zusammengefasst.

d) Unter einem Trend versteht man einen Sachverhalt, der seit einiger Zeit zu beobachten ist, sich entwickelt und nicht zyklisch ist. Bei einem Trend kann es sich um eine kurzfristige Erscheinung oder um einen langfristigen Wandel handeln. Trends können zum Beispiel das Konsumverhalten, aber auch Einstellungen zur Umwelt beschreiben.

F-27-3: Kann man KI im ITSCM nutzen?

a) Ja, es gäbe einige Einsatzmöglichkeiten, von Notfallprognosen über Abhängigkeiten von Dokumenten, oder man lässt sich KI-gesteuert Übungen und Tests vorschlagen bzw. generieren etc.

b) Nein, warum sollte man?

c) Ja, aber nur im Notfall.

d) Nein, das ITSCM ist für KI viel zu komplex.

Kapitel 28

Schlussworte: Danke, und bis bald!

»Wer immer tut, was er schon kann, bleibt immer das, was er schon ist.« (Henry Ford)

28.1 Danksagungen

So ein Buch schreibt sich natürlich nicht von allein. Ich möchte mich von ganzem Herzen und ausdrücklich bei den folgenden Menschen und Organisationen bedanken, die mich während der fast zweijährigen Arbeit begleitet und unterstützt haben.

Vielen, vielen Dank an den Rheinwerk Verlag in Bonn, ohne den dieses Buch so nie erschienen wäre. Und ein ganz besonderer Dank geht an Dr. Christoph Meister, der mich professionell und trotzdem immer entspannt und Mut machend durch das ganze Buchprojekt geführt und begleitet hat. Danke für deine ganzen redaktionellen Tipps und Tricks und dafür, dass du immer für mich ansprechbar warst. Du bist echt eine Wucht! 😉

Abbildung 28.1: Der Rheinwerk Verlag aus Bonn

Vielen Dank an Birthe Christiansen, die Geschäftsführerin und Dozentin für Krisenmanagement und Resilienz-Management der BCM Academy GmbH (Hamburg). Danke für deinen Rat, für die Tipps, Tricks und Kniffe und auch für die Erlaubnis, Teile deiner genialen Schulungsunterlagen nutzen zu dürfen.

Danke für die super Ausbildung zum Krisenmanager, Resilienz-Manager und für die Abwendung des Fast-Schiffsbruchs bei der Krisenstabsübung »MS Antwerpen«. Ich freue mich immer wieder, wenn ich zu euch nach Hamburg kommen kann. Grüße gehen auch an Jasmin, Nancy und Jessica: »We are family!«

Abbildung 28.2: Die BCM Academy GmbH (Hamburg)

Vielen Dank an Matthias Rosenberg, Vorstand der Controllit AG und Dozent für BCM und Resilienz-Management. Du bist für mich der »BCM-Papst« in Deutschland. Danke für deine sehr fundierte Ausbildung zum BC-Manager und zum Resilienz-Manager, und danke für deinen tollen E-Mail-Support. Aber ganz wichtig: »Immer schön im Takt bleiben!«

Danke an Jörg Kobeleff für die ITSCM-Ausbildung und das Cyber Response Planning.

Danke an Andre Bohlens für die sehr interessante ATO-Ausbildung.

Danke an Eileen Mally für deine superschnellen Rückantworten zu [alive-IT] und allem anderen.

controllit

Business Continuity Management

Abbildung 28.3: Die Controllit AG (Hamburg)

Auch möchte ich meinen Mitstreitern in der ersten und bisher einzigen deutschsprachigen ITSCM-Gruppe auf LinkedIn für den Input und die tollen Diskussionen danken. Ihr habt mir das eine oder andere Mal super geholfen. Merci!

Außerdem möchte ich mich bei Csaba Mezei bedanken, der mich in das Thema ITSCM hineingezogen (bzw. dazu überredet oder besser gesagt einfach verhaftet) hat. Anständigen »Metal-Faust-Gruß« an dich!

Bei Gerrit Fischer möchte ich mich für unseren permanenten Austausch außerhalb des gesamten ITSCM bedanken, der mir geholfen hat, immer wieder den Kopf frei zu bekommen. Dank dir, meen Jung!

Und zu (fast) guter Letzt möchte ich meiner Frau Anka und unseren beiden Main-Coon-Ladys Fee und Luna danken. Danke für euer grenzenloses Verständnis und die permanente Rückendeckung. Ohne die wäre ich mit dem Buch wohl nie fertig geworden. Jetzt haben wir wieder viel mehr Zeit für Unternehmungen jeglicher Art. 😉

Einen Riesendank geht an mein absolute Lieblingsgruppe: *The Cure* für das tolle Album »Anniversary 1978–2018 – LIVE in Hyde Park London«. Ich habe dieses Album während des Schreibens dieses Buches gehört – und auch nur dieses eine Album! Das waren bestimmt mehrere Hundert Mal. Das war wie Meditation. I love it …

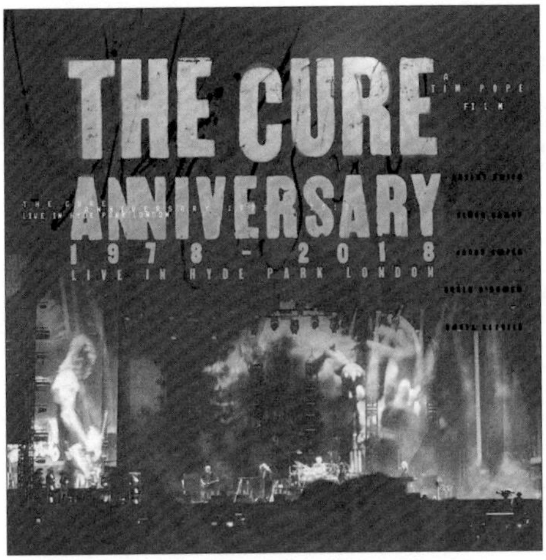

Abbildung 28.4: The Cure: Anniversary

Herzlichen Dank an Sie, lieber Leser und liebe Leserin

Jetzt hätte ich fast jemanden vergessen!

Ich möchte mich aus ganzem Herzen bei Ihnen bedanken. Danke, dass Sie sich die Zeit genommen haben, meiner Vorstellung des Themas ITSCM zu folgen. Ich hoffe, Sie haben nutzbaren Input für die Praxis bekommen. Vielleicht ist es mir ja gelungen, Sie für das immer wichtiger werdende Thema zu begeistern und auch ein bisschen »anzuzünden«. Also, Ärmel hochgekrempelt und los geht es. Sie werden das schaffen!

28.2 Feedback

Ich möchte Sie dazu ermutigen, mir Ihre Anregungen, Ideen, konstruktive Kritiken, Lob, Tadel etc. zukommen zu lassen. Ich möchte mit diesem Ratgeber nämlich kein statisches Buch anbieten, sondern eines, das stets an die Praxis und die Anforderungen dynamisch angepasst wird. Sie sind also ein Teil des wichtigen KVPs. 😉

28.3 Fazit

> *»ITSCM lernt man nur, indem man es macht!«*

ITSCM kann vieles, es ist aber nicht das umfassende Allzweckmittel, mit dem per Knopfdruck für Zuverlässigkeit und Resilienz gesorgt wird. Es ist auch keine Eier legende Wollmilchsau, die alle Probleme von der IT-Sicherheit bis zum Katastrophenschutz abdecken kann. Damit ein ITSCM den optimalen Mehrwert liefert, darf es nicht als Einzeldisziplin in Ihrer Organisation betrieben werden. Ein ITSCM fühlt sich in der Gesellschaft von einem BCM, ISM, SLM, CH, ReM etc. am wohlsten und ist dann auch am effektivsten.

Auf den letzten gut 500 Seiten haben Sie erfahren, wie ein ITSCM aufgebaut und in einer Organisation etabliert werden kann. Der Weg, den ich beschrieben habe, stellt natürlich nur eine Möglichkeit dar, wie ein ITSCM aussehen kann, und natürlich wird es bei Ihnen und in der Praxis noch andere Herangehensweisen geben, die sich sogar radikal unterscheiden können.

Aber wissen Sie was? Solange es bei Ihnen der Organisation funktioniert, ist alles gut. Wie heißt es doch so schön? Es führen immer viele Wege nach Rom.

28.3.1 Veränderung von unten: Das Mindset ändern!

Eines ist aber immer gleich: Das Mindset einer ganzen Organisation muss sich ändern, damit ein ITSCM, BCM oder ISM richtig ankommt, optimal genutzt wird und zu einem festen Bestandteil der Organisationskultur wird.

Was meine ich damit? »Das Mindset ändern« bedeutet, zunächst die eigene Denkweise oder Einstellung bewusst zu verändern. Konkret heißt das:

- **Alte Überzeugungen hinterfragen:** Man überprüft, welche festen Glaubenssätze und Denkmuster einen im Alltag leiten, und überlegt, ob diese wirklich hilfreich oder förderlich sind oder einen eher blockieren und ob man sogar eine innere Abwehrhaltung aufbaut.
- **Neue Perspektiven einnehmen:** Es geht darum, alternative Sichtweisen zu entwickeln, die oft zu mehr Kreativität, Flexibilität und Problemlösungsfähigkeiten führen können. Dazu muss man aber auch bereit sein und sich selbst immer wieder ermutigen und es weiter ausprobieren.
- **Offen für Veränderungen sein:** Ein verändertes Mindset bedeutet, bereit zu sein, neue Ideen, Gewohnheiten und Denkansätze auszuprobieren, selbst wenn das zunächst ungewohnt, falsch oder herausfordernd erscheint.
- **Persönliches Wachstum fördern:** Indem man sein Mindset ändert, kann man die persönliche und berufliche Entwicklung vorantreiben, da man sich selbst und seine Möglichkeiten besser einschätzen und nutzen lernt.
- **»Wir wollen besser werden!«:** Für mich ist das die wichtigste Änderung im Mindset. Alle Mitarbeiter wollen sich und die von ihnen genutzte IT ständig verbessern. Diese Haltung muss aber vom Top-Management auch vorgelebt werden.

Sein Mindset zu ändern, ist ein intensiver Prozess der Selbstreflexion und des bewussten Umdenkens, der dazu führt, dass man offener für Neues wird, Hindernisse eher als Chancen sieht und insgesamt eine positivere Einstellung zu Herausforderungen entwickelt. Und dazu sind leider nicht immer alle Mitarbeiter einer Organisation bereit. Die paar Blockierer muss man dann am Ende sanft zu ihrem Glück »zwingen«.

Das Ändern eines Mindsets ist jedoch eine sehr große Herausforderung, weil es tief verwurzelte Denkmuster und Überzeugungen betrifft. Hier sind einige der größten Probleme:

- **Gewohnheiten und Komfortzone:** Menschen neigen dazu, in bekannten Denkmustern zu bleiben, weil es bequem und bekannt ist. Veränderungen erfordern bewusstes Handeln, was oft unangenehm ist.
- **Unterbewusste Glaubenssätze:** Viele Überzeugungen sind tief im Unterbewusstsein verankert und beeinflussen unser Verhalten, ohne dass wir es bewusst wahrnehmen. Das ist schwer zu verändern.
- **Soziales Umfeld:** Familie, Freunde oder Kollegen können Veränderungen unbewusst behindern, weil sie gewohnt sind, Sie auf eine bestimmte Weise zu sehen und zu erleben.
- **Angst vor Unsicherheit:** Ein neues Mindset bedeutet oft, alte Denkmuster loszulassen, ohne genau zu wissen, was kommt. Diese Unsicherheit kann abschreckend wirken. Viele Menschen sehnen sich aber nach Sicherheit.
- **Selbstzweifel:** Die Angst, zu scheitern oder nicht gut genug zu sein, kann den Wandel ausbremsen. Ein negatives Selbstbild steht einem oft im Weg.
- **Fehlende Geduld:** Veränderung geschieht nicht über Nacht. Viele Menschen geben auf, bevor sie nachhaltige Erfolge sehen. Hier muss man dranbleiben und Ausdauer besitzen.
- **Kognitive Dissonanz:** Wenn neue Überzeugungen nicht mit bisherigen Erfahrungen oder dem eigenen Selbstbild übereinstimmen, entsteht eine innere Spannung, die Widerstand erzeugt. Man muss lernen, damit umzugehen.

Der Schlüssel zur Veränderung liegt in Bewusstsein, Geduld und aktiver Praxis. Kleine Schritte, regelmäßige Reflexion und ein unterstützendes Umfeld helfen, das Mindset nachhaltig zu ändern.

28.3.2 Veränderung von oben: Das Commitment durch die Führung

Wenn das Mindset in Ihrer Organisation bereit dazu ist, sich auf die Herausforderungen des ITSCMs einzulassen, ist viel gewonnen. Aber ohne das Commitment aus dem Top-Management wird die Umsetzung nichts werden! Die Rückendeckung durch die Führungskräfte bis hoch zur höchsten Entscheiderposition ist die allerwichtigste Voraussetzung für den Erfolg!

Diese Unterstützung müssen Sie immer wieder aktiv einfordern. Die anfängliche Euphorie und Unterstützung schläft nämlich leider im Daily Business schnell wieder ein. Sie müssen am Ball bleiben und über den ITSCM-Owner immer wieder die notwendige Rückendeckung einfordern. Auch wenn es nervt: Sie werden sehen, wenn Sie das zwei bis drei Jahre durchalten, wird es zur neuen Normalität.

Daher schließt sich hier der Kreis für den ITSC-Manager. Ich schrieb ja, unter seinen Skills sollte auf jeden Fall so etwas zu finden sein wie:

- Er besitzt langes Durchhaltevermögen (er muss Leid ertragen können).
- Er muss belastbar sein.

Wenn diese beiden Schlüssel-Skills fehlen, wird es mit dem ITSCMS nichts werden.

Wie Sie bestimmt beim Lesen gemerkt haben, entspringt dieser Ratgeber einem unregulierten Umfeld. Während es im regulierten Umfeld viele Vorgaben aus den entsprechenden Standards, Normen, Vorschriften etc. gibt, auf die Sie sich berufen können und auf deren Umsetzung Sie drängen können, stehen Sie in einem unregulierten Umfeld oftmals allein da und müssen viel mehr Überzeugungsarbeit leisten. Ohne die Unterstützung durch ihre Vorgesetzten und Kollegen wird die Arbeit eine ständige Herausforderung sein.

28.4 Bis bald!

Ich hoffe, das Lesen hat Ihnen genauso viel Freude bereitet wie mir das Schreiben. Auch hoffe ich, dass die Einblicke in die anderen Bereiche und in andere Themen hilfreich waren, denn ich finde diese Schnittstellen sehr wichtig. Ohne ein tiefes Verständnis für die Fragen »Wer erhält was vom ITSCM?« und »Wer liefert was dem ITSCM?« kann man im ITSCM nicht weit kommen.

Das Schreiben war eine spannende Erfahrung, und es hat fast zwei Jahre in Anspruch genommen. Dabei konnte ich meine organisatorische Leidenschaft voll ausleben: planen, vorausdenken, strukturieren, umgestalten, verbessern, anpassen und optimieren. Ich freue mich sehr auf die Veröffentlichung und bin gespannt auf Ihre Rückmeldungen. Jetzt brauche ich erst einmal etwas Abstand ... aber nur kurz, versprochen. 😉

Ihr Frank M. Marks

Anhang

Anhang A
Wichtige Links

Leider werden sich Links immer mal wieder verändern. Das habe ich beim Schreiben des Buches mehrfach erlebt. Dann bitte auf den Betreiberseiten aktiv suchen. Dort haben fast alle Webseiten eine Suchfunktion auf ihrer Website eingebunden.

Was?	Link
Adonis von BOC Group (Prozessmanagement)	*https://www.boc-group.com/de/adonis/*
BHKG: Gesetz über den Brandschutz, die Hilfeleistung und den Katastrophenschutz	*https://recht.nrw.de/lrgv/gesetz/01072021-gesetz-ueber-den-brandschutz-die-hilfeleistung-und-den-katastrophenschutz-bhkg/*
BIC von GBTEC (Prozessdesign)	*https://www.gbtec.com/software/bic-process-design/*
BSI (Bundesamt für Sicherheit in der Informationstechnik)	*https://www.bsi.bund.de/DE/Home/home_node.html*
BSI-Standard 200-3: Risikoanalyse auf der Basis von IT-Grundschutz	*https://www.bsi.bund.de/SharedDocs/Downloads/DE/BSI/Grundschutz/BSI_Standards/standard_200_3.html?nn=128620*
BSI-Standard 200-4: Business Continuity Management	*https://www.bsi.bund.de/DE/Themen/Unternehmen-und-Organisationen/Standards-und-Zertifizierung/IT-Grundschutz/BSI-Standards/BSI-Standard-200-4-Business-Continuity-Management/bsi-standard-200-4_Business_Continuity_Management_node.html*
Confluence von Atlassian (Kollaboration)	*https://www.atlassian.com/de/software/confluence*
DSGVO (Datenschutz-Grundverordnung)	*https://dsgvo-gesetz.de/*
ISO/IEC FDIS 27031:2011-03 (alt): Die ISO-Norm für ITSCM	*https://www.dinmedia.de/de/norm/iso-iec-27031/140332996*
ISO/IEC 27031:2025-05 (neu): Die ISO-Norm für ITSCM	*https://www.dinmedia.de/de/norm/bs-iso-iec-27031/393170188*

Tabelle A.1: Wichtige Links und Informationsquellen

Was?	Link
ISO-27001 Zertifizierung auf Basis von IT-Grundschutz: ISO-Norm für Informationssicherheit	*https://www.bsi.bund.de/DE/Themen/Unternehmen-und-Organisationen/Standards-und-Zertifizierung/Zertifizierung-und-Anerkennung/Zertifizierung-von-Managementsystemen/ISO-27001-Basis-IT-Grundschutz/iso-27001-basis-it-grundschutz_node.html*
IT-SIG 2.0: IT-Sicherheitsgesetz V2.0	*https://www.bsi.bund.de/DE/Das-BSI/Auftrag/Gesetze-und-Verordnungen/IT-SiG/2-0/it_sig-2-0_node.html*
ITIL 4 (Allgemeine Informationen)	*https://de.wikipedia.org/wiki/ITIL*
Kanban Tools (Jira) von Atlassian	*https://www.atlassian.com/de/agile/kanban*
KRITIS (Gesetzestext: BSI-KritisV)	*https://www.gesetze-im-internet.de/bsi-kritisv/BJNR095800016.html*
KRITIS-Informationen des BSI	*https://www.bsi.bund.de/DE/Themen/Regulierte-Wirtschaft/Kritische-Infrastrukturen/Allgemeine-Infos-zu-KRITIS/allgemeine-infos-zu-kritis_node.html*
KRITIS-Informationen von OpenKRITIS	*https://www.openkritis.de/it-sicherheitsgesetz/*
KRITIS-Informationen der Bundesregierung	*https://www.bundesregierung.de/breg-de/suche/kabinett-kritis-dachgesetz-2383682*
NIS-2-Richtlinie (Informationen des BSI)	*https://www.bsi.bund.de/DE/Das-BSI/Auftrag/Gesetze-und-Verordnungen/NIS-2-Richtlinie/nis-2-richtlinie_node.html*
NIS-2-Umsetzungsgesetz (Informationen bei OpenKRITIS)	*https://www.openkritis.de/it-sicherheitsgesetz/nis2-umsetzung-gesetz-cybersicherheit.html*

Tabelle A.1: Wichtige Links und Informationsquellen (Forts.)

Anhang B
Glossar

Damit Sie bei den ganzen Abkürzungen und Fachausdrücken noch den Überblick behalten, möchte ich Ihnen in einem Glossar Definitionen zu Begriffen geben, die Ihnen bei Ihrer Arbeit im ITSCM sehr wahrscheinlich begegnen werden.

Abkürzung oder Begriff	Erklärung
2FA	2FA steht für *Zwei-Faktor-Authentifizierung* (engl. *Two-Factor Authentication*). Es handelt sich um eine Sicherheitsmaßnahme, die den Zugang zu einem System oder Dienst zusätzlich absichert. Dabei wird der Benutzer nicht nur mit einem Passwort (dem ersten Faktor) authentifiziert, sondern muss auch einen zweiten Faktor nachweisen. Dieser zweite Faktor kann eine der folgenden Methoden sein: – ein Passwort oder eine PIN – ein Gerät wie ein Smartphone, das einen einmaligen Code (z. B. per SMS, Authentifizierungs-App oder Hardware-Token) generiert – biometrische Daten wie Fingerabdruck oder Gesichtserkennung Ziel der 2FA ist es, die Sicherheit zu erhöhen und es für Angreifer schwieriger zu machen, auf ein Konto zuzugreifen, selbst wenn sie das Passwort kennen.
AAO	Die *Allgemeine Ablauf- oder Aufbauorganisation* (AAO) ist eine ständige Organisationsform, in der die täglichen Aufgaben (das Tagesgeschäft) einer Organisation nach folgenden Kriterien strukturiert sind: – hierarchischer Aufbau – geklärte Zuständigkeiten – etablierte Kommunikations- und Entscheidungswege
Appliance	Ein *Appliance* ist ein speziell entwickeltes Gerät, das eine bestimmte IT-Funktion erfüllt. Dabei ist Hardware und Software in einem vorkonfigurierten Paket integriert, sodass das Gerät oft per Plug-and-play funktioniert. Anstatt einen allgemeinen Computer zu nutzen, der für viele Aufgaben konfiguriert werden muss, kommt man mit einer Appliance direkt zu einer Lösung, die einfach zu installieren und zu verwalten ist. Beispiele: – **Firewall-Appliance:** Sie schützt Netzwerke, indem sie unerwünschten Datenverkehr filtert.

Abkürzung oder Begriff	Erklärung
Appliance (Forts)	– **Storage-Appliance:** Speichert und verwaltet Daten effizient. – **Backup-Appliance:** Vereinfacht und automatisiert Datensicherungen. Durch diese Spezialisierung wird der Aufwand für Einrichtung und Wartung reduziert, was insbesondere in Organisationsumgebungen sehr vorteilhaft ist.
AST	Das *Assistent- und Serviceteam* (AST) wird vom (IT-)Lagezentrum und/oder vom Krisenstab genutzt. Dabei handelt es sich um Mitarbeiter für die verschiedensten Tätigkeiten wie Besorgungen, Aufgabenverfolgung, Informationsbeschaffung, Recherche etc.
Awareness	*Awareness* bedeutet, sich einer Sache bewusst zu sein. Es geht darum, bestimmte Themen, Risiken oder Situationen bewusst wahrzunehmen und zu verstehen. In einer Organisation kann Awareness z. B. bedeuten, dass Sie sich der Bedeutung von IT-Sicherheit bewusst sind und darauf achten, sichere Passwörter zu verwenden oder verdächtige E-Mails zu erkennen. Awareness hilft Ihnen, Risiken zu vermeiden und verantwortungsvoll zu handeln.
BA	Das BCM führt eine BA durch, um mögliche Risiken zu identifizieren, die den Geschäftsbetrieb gefährden könnten. Dabei geht es darum, kritische Prozesse und Schwachstellen im Unternehmen zu erkennen, die durch Bedrohungen wie Naturkatastrophen, Cyberangriffe, technische Ausfälle oder Personalausfälle beeinträchtigt werden könnten. Ziel der Bedrohungsanalyse im BCM ist es, präventive Maßnahmen zu entwickeln, um den Betrieb auch in Krisensituationen aufrechtzuerhalten oder schnell wiederherstellen zu können (BCM-Fokus).
Backup	*Backup* bezeichnet das Erstellen von Kopien von Daten, um diese im Falle eines Datenverlusts wiederherstellen zu können. Die gesicherten Daten auf dem Speichermedium werden als *Sicherungskopie* (engl. *backup*) bezeichnet. Der Prozess, bei dem die Originaldaten aus einer Sicherungskopie wiederhergestellt werden, wird als *Datenwiederherstellung*, *Datenrücksicherung* oder *Restore* bezeichnet.
BaFin	Die *Bundesanstalt für Finanzdienstleistungsaufsicht* (BaFin) reguliert den Banken- und Finanzsektor und soll für ein »funktionsfähiges, stabiles und integres deutsches Finanzsystem« sorgen. (Quelle: BaFin, *https://www.bafin.de/DE/DieBaFin/AufgabenGeschichte/aufgabengeschichte_node.html*)

Abkürzung oder Begriff	Erklärung
BAO	Die *Besondere Ablauf- oder Aufbauorganisation* (BAO) ist im IT-Notfall oder in einer (IT-)Krise eine zeitlich begrenzte Organisationsform für umfangreiche und komplexe Aufgaben, insbesondere für Maßnahmen aus besonderen Anlässen, die im Rahmen der AAO nicht bewältigt werden können. In dieser Organisationsform gelten temporäre Zuständigkeiten, Hierarchien sowie Kommunikations- und Entscheidungswege, die vom Normalbetrieb erheblich abweichen können (siehe auch den BSI-Standard 200-4, Punkt 5: Aufbau und Befähigung der BAO, *https://www.bsi.bund.de/SharedDocs/Downloads/DE/BSI/Grundschutz/BSI_Standards/standard_200_4.pdf?__blob=publicationFile&v=8*).
BC	*Business Continuity* (BC) (übersetzt *Geschäftsfortführung* oder *Geschäftskontinuität*) befasst sich mit der Fortführung oder Wiederaufnahme aller zeitkritischen Geschäftsprozesse nach Schadensereignissen, um die Arbeitsfähigkeit und die wirtschaftliche Existenz einer Organisation zu sichern. Der Begriff *Business Continuity* bezeichnet dabei Strategien, Pläne, Maßnahmen und Prozesse, die in Krisensituationen dafür sorgen, dass der IT-Betrieb nicht unterbrochen wird beziehungsweise dass IT-Prozesse nach einem Ausfall direkt und problemlos wieder anlaufen.
BC-Koordinator	Der *Business-Continuity-Koordinator* ist auf der operativen Ebene für die Umsetzung der in der Policy beschriebenen BC-Maßnahmen verantwortlich. Er sollte über gute Kenntnisse der BC-Methoden, -Werkzeuge und deren Anwendung verfügen.
BC-Manager	Der *Business-Continuity-Manager* ist zuständig und verantwortlich für den Aufbau, Betrieb und die permanente Verbesserung eines BCM-Systems. Der BC-Manager ist dabei auf der taktischen Ebene angesiedelt.
BCM	*Business Continuity Management* (BCM) (auf Deutsch etwa: »betriebliches Kontinuitätsmanagement« oder »Geschäftskontinuität«) ist ein Werkzeug, mit dem Organisationen den Betrieb auch in Krisenzeiten sicher weiterführen können. Es geht hierbei nicht darum, Gefahren fernzuhalten. Vielmehr sorgt gutes BCM dafür, dass eine Organisation bei plötzlichen Notfällen und Krisen nicht in sich kollabiert, sondern durch Kursanpassung die Gefahren aushalten kann.

Abkürzung oder Begriff	Erklärung
BCM (Forts.)	BCM bedeutet, Sie haben im Vorfeld Notfallpläne erstellt, auf die Sie sich in Krisensituationen verlassen können. Dabei stellen diese Pläne nur einen Rahmen dar. Keine Herausforderung ist wie die andere und Sie können nicht für jedes Worst-Case-Szenario eine eigene Anleitung ausarbeiten. Ein *Business-Continuity-Plan* bildet eine sichere Basis, auf der Sie dann flexibel reagieren können. Richtiges BCM sorgt dafür, dass sich Kosten in Ausfallszenarien minimieren lassen, denn dank eines vorgefertigten Plans fällen Sie Entscheidungen schnell und entschieden. Anstatt also immer mehr unter der Ausnahmesituation zu leiden, bringt man den Betrieb in kürzester Zeit wieder auf produktive Bahnen.
BCMS	Ein *Business Continuity Management System* (BCMS) ist ein systematischer Ansatz, um die Geschäftskontinuität eines Unternehmens zu gewährleisten. Es umfasst Prozesse, Richtlinien und Maßnahmen, mit denen sich ein Unternehmen auf Störungen oder Krisensituationen vorbereitet, um den Betrieb schnellstmöglich wiederherzustellen. Ein BCMS hilft dabei, – Risiken und Bedrohungen frühzeitig zu erkennen (Bedrohungsanalyse), – Notfall- und Wiederherstellungspläne zu entwickeln, – Mitarbeitende zu schulen und Übungen durchzuführen sowie – Geschäftsprozesse auch in Krisenzeiten stabil zu halten. Viele Unternehmen setzen ein BCMS nach ISO 22301 um, einer internationalen Norm für das Business Continuity Management (BCM).
BCP	Ein *Business-Continuity-Plan* (BCP) ist ein Dokument, das beschreibt, wie eine Organisation bei einer ungeplanten Betriebsunterbrechung weiterarbeitet. Er wird auch *Geschäftsfortführungsplan* (GFP) genannt. Darin werden praxiserprobte Überbrückungsmaßnahmen beschrieben.
BHKG	Gesetz über den Brandschutz, die Hilfeleistung und den Katastrophenschutz (BHKG)
BIA	Die *Business-Impact-Analyse* (BIA; auch *Schadensausmaßanalyse* genannt) ist eine strukturierte Untersuchung mit dem Ziel, zeitkritische Geschäftsprozesse und deren unterstützende IT-Services (inklusive unterstützende IT-Ressourcen und deren Abhängigkeiten) zu identifizieren.

Abkürzung oder Begriff	Erklärung
BIA (Forts.)	Hierzu werden diejenigen direkten und indirekten potenziellen Folgeschäden für die Organisation ermittelt, die durch den Ausfall verursacht werden. Daraus werden die Anforderungen an den Wiederanlauf abgeleitet. Eine BIA definiert die Werte RTO, RPO, MBCO und MTPD. Als Nebenprodukt fallen all die Geschäftsprozesse und IT-Services ab, die in einem IT-Notfall oder einer (IT-)Krise vernachlässigt werden können.
BOS	Eine *Behörde und Organisation mit Sicherheitsaufgaben* (BOS) ist eine Einrichtung, die für die Sicherheit und den Schutz der Bevölkerung zuständig ist. Dazu gehören z. B.: - Polizei - Feuerwehr - Rettungsdienste (z. B. Notarzt, Rotes Kreuz) - Technisches Hilfswerk (THW) Diese Organisationen helfen in Notfällen, Katastrophen oder Gefahrensituationen, um Menschen zu schützen und Schäden zu verhindern.
BSI	Das *Bundesamt für Sicherheit in der Informationstechnik* (BSI) wurde am 01. Januar 1991 gegründet und gehört zum Geschäftsbereich des Bundesministeriums des Innern. Es ist eine unabhängige und neutrale Stelle für Fragen zur IT-Sicherheit in der Informationsgesellschaft. Als Behörde ist es damit im Vergleich zu sonstigen europäischen Einrichtungen einzigartig. Das BSI gibt Sicherheitsempfehlungen, warnt vor Gefahren wie Hackerangriffen oder Schadsoftware und entwickelt Standards für die IT-Sicherheit. Ein bekanntes Beispiel ist der *BSI-Grundschutz*, ein Regelwerk für sichere IT-Systeme.
CAB	Das Change Management Board besteht aus einer Gruppe von Fachleuten aus verschiedenen Bereichen einer Organisation, die Änderungsmanagement-Teams beraten und leiten. Vom Start eines Änderungstickets bis hin zur Phase nach der Implementierung liefert das CAB unterschiedliche Perspektiven, Empfehlungen und Anpassungen. Dies trägt zu einem effektiven Änderungsmanagement in der gesamten Organisation bei.

Abkürzung oder Begriff	Erklärung
CAB (Forts.)	Das CAB fungiert als Entscheidungsgremium, das Änderungen an der IT-Infrastruktur bewertet und genehmigt. Sein Hauptziel ist es, reibungslose Übergänge zu gewährleisten und Störungen zu minimieren. Heute wird das CAB nicht mehr als strikte Kontrollinstanz, sondern als strategischer Berater betrachtet, der aktiv Veränderungsmuster verfolgt, anpassungsfähige Praktiken vorschlägt und Teams dabei unterstützt, Mehrwert zu schaffen, während Risiken gleichzeitig verringert werden.
CBCM	Der *Certified Business Continuity Manager* (CBCM) ist ein internationaler Zertifizierungsgrad der *BCM Academy GmbH Hamburg*, der durch die Teilnahme am Lehrgang »Zertifizierter Business Continuity Manager« und das Bestehen der abschließenden Prüfung erlangt wird. Das Zertifikat ist in Business-Continuity-Fachkreisen und bei vielen Prüfinstanzen sehr anerkannt. Die Zertifizierungen sind in den Niederlanden, in Belgien und in Deutschland möglich.
CEO	CEO ist die Abkürzung für *Chief Executive Officer*. Jemand in dieser Position ist die oberste Führungskraft und gesetzliche Vertretung einer Organisation. Der CEO ist somit für die strategische Führung und Gesamtentwicklung der Organisation verantwortlich. Im deutschsprachigen Raum entspricht der CEO je nach Organisationsform der Rolle des *Geschäftsführers* bzw. des *geschäftsführenden Vorstandsmitglieds*. Während der CEO in einer GmbH in der Regel als *Geschäftsführer* bezeichnet wird, nimmt er in einer Aktiengesellschaft (AG) häufig die Position des *Vorstandsvorsitzenden* ein. Manchmal wird der CEO auch als *Chairman of the Board* (gemeint ist das sogenannte *Board of Directors*) bezeichnet. Üblicher ist allerdings (insbesondere in Deutschland und den USA), dass der CEO als oberster Manager die Organisation leitet, während der Chairman of the Board den Vorsitz eines Aufsichts- oder Kontrollgremiums hat und nicht operativ tätig ist.
CI	*Configuration Items* (CIs) sind alle IT-Betriebsmittel, wie Server, Computer, IT-Services, Telefone und Netzwerkinfrastrukturen.
CIO	Ein *Chief Information Officer* (CIO) ist die Führungskraft in einer Organisation, die für die Strategie und Implementierung der Informationstechnologie (IT) zuständig ist. Neben der Überwachung der Hardware, Software und der Daten, die andere Mitglieder der Geschäftsleitung unterstützen, ihre Arbeit effektiv zu erledigen, muss der CIO neue Technologien erforschen, Strategien entwickeln, wie Technologie einen geschäftlichen Nutzen bringen kann, und sich mit den Risiken befassen, die mit digitalen Informationen verbunden sind.

Abkürzung oder Begriff	Erklärung
CIO (Forts.)	In vielen Organisationen ist der CIO direkt dem *Chief Executive Officer* (CEO) unterstellt, und in einigen Organisationen sitzt der CIO im Vorstand.
CITSCM	Der *Certified ITSC-Manager* (CITSCM) ist ein internationaler Zertifizierungsgrad der *BCM Academy GmbH Hamburg*, der durch die Teilnahme am Lehrgang »Zertifizierter ITSC-Manager« und das Bestehen der abschließenden Prüfung erlangt wird. Das Zertifikat ist in Business-Continuity-Fachkreisen und bei vielen Prüfinstanzen anerkannt. Die Zertifizierungen sind in den Niederlanden, in Belgien und in Deutschland möglich.
CMDB	Die *Configuration-Management-Datenbank* (CMDB) ist eine Datei oder Datenbank, die die Verbindungen zwischen der Hardware, Software und den Netzwerken einer IT-Organisation darstellt. Sie wird im Rahmen von ITIL genutzt, um Informationen über Hardware- und Software-Assets zu speichern, die als *Configuration Items* (CI) bezeichnet werden. Die *Configuration-Management-Datenbank* (CMDB) stellt das zentrale Fundament für die IT-Servicemanagement-(ITSM)-Prozesse dar und dient als unterstützendes Werkzeug für diese Prozesse.
Compliance	*Compliance* bedeutet, dass eine Organisation alle geltenden Gesetze, Vorschriften und internen Richtlinien einhält. Es geht darum, regelkonformes Verhalten zu gewährleisten und damit Risiken zu minimieren. Vereinfacht gesagt, sorgt Compliance dafür, dass alle Beteiligten sich an die Regeln halten.
CRT	Ein *Cyber Response Team* (CRT) ist darauf spezialisiert, Cyberangriffe und Sicherheitsvorfälle schnell zu erkennen, einzudämmen und zu bekämpfen. Wenn ein Angriff auf Ihre IT-Systeme erfolgt, analysiert das Team die Bedrohung, setzt Gegenmaßnahmen ein und hilft dabei, den normalen Betrieb wiederherzustellen. Außerdem untersucht es die Ursachen des Vorfalls und verbessert die Sicherheitsmaßnahmen, um zukünftige Angriffe zu verhindern. Kurz gesagt: Das Cyber Response Team ist Ihre digitale Einsatztruppe, die im Notfall sofort reagiert und Ihr Unternehmen vor weiteren Schäden schützt.

Abkürzung oder Begriff	Erklärung
Datenspiegelung	Eine *Datenspiegelung* (auch *Mirroring* genannt) bedeutet, dass Daten in Echtzeit auf eine zweite Festplatte oder einen zweiten Server kopiert werden. Das hat den Vorteil, dass die Daten immer doppelt vorhanden sind. Wenn die erste Festplatte ausfällt, sind die Daten auf der zweiten noch verfügbar. Beispiel: Stellen Sie sich vor, Sie schreiben ein wichtiges Dokument und speichern es gleichzeitig auf zwei USB-Sticks. Fällt einer aus, haben Sie noch die Kopie. Datenspiegelung wird oft genutzt, um Datenverluste zu verhindern und Systeme ausfallsicher zu machen.
DB	Eine *Datenbank* (DB) ist ein digitales System, in dem Daten gespeichert, organisiert und verwaltet werden. Stellen Sie sich eine Datenbank wie einen elektronischen Aktenschrank vor, in dem Informationen geordnet abgelegt und schnell wiedergefunden werden können. Beispiele für Datenbanken sind: - Eine *Kundendatenbank* speichert Namen, Adressen und Bestellungen. - Eine *Bibliotheksdatenbank* verwaltet Bücher und deren Verfügbarkeit. - Eine *Bankdatenbank* speichert Kontostände und Transaktionen. Datenbanken helfen dabei, große Mengen an Informationen effizient zu speichern und abzurufen.
DDoS-Angriffe	*Distributed Denial of Service* (DDoS) ist eine Form von Cyberangriff, bei dem ein Angreifer eine Vielzahl von Computern oder anderen internetfähigen Geräten verwendet, um eine Website, einen Server oder ein Netzwerk mit übermäßigem Datenverkehr zu überlasten. Ziel ist es, die betroffene Infrastruktur unzugänglich zu machen, indem sie durch die hohe Anzahl an Anfragen oder Datenpaketen überlastet wird. Bei einem DDoS-Angriff kommen in der Regel viele verschiedene Geräte gleichzeitig zum Einsatz, die über das Internet miteinander verbunden sind. Diese Geräte können sowohl von den Angreifern selbst kontrollierte Systeme als auch Geräte sein, die durch Malware kompromittiert wurden und als sogenannte *Bots* in einem Botnetz agieren. Durch diese Verteilung des Angriffs über viele Geräte wird es für die Zielinfrastruktur schwieriger, den Angriff abzuwehren. Ein DDoS-Angriff kann mehrere Stunden oder sogar Tage andauern und erhebliche Schäden an der Verfügbarkeit von Online-Diensten verursachen. Organisationen, die von einem solchen Angriff betroffen sind, können finanzielle Verluste durch Betriebsunterbrechungen erleiden oder auch dadurch, dass in der Folge Ihr Ruf beschädigt ist.

Abkürzung oder Begriff	Erklärung
Deep Learning	*Deep Learning*, auch als *tiefes Lernen* oder *mehrschichtiges Lernen* bezeichnet, ist eine Methode des *maschinellen Lernens*, bei der *künstliche neuronale Netze* (KNN) mit mehreren Zwischenschichten zwischen der Eingabeschicht und der Ausgabeschicht verwendet werden, um eine komplexe innere Struktur zu bilden. Diese Technik ermöglicht die Analyse und Verarbeitung von komplexen Datenmustern, indem sie tiefe, hierarchische neuronale Netze nutzt, die automatisch abstrakte Merkmale aus den Daten extrahieren. Dadurch können komplexe Informationen effizient verarbeitet werden, was zu präziseren Vorhersagen und Entscheidungen in verschiedenen Anwendungsbereichen führt.
DIN	Das *Deutsche Institut für Normung e. V.* (DIN) ist die unabhängige Plattform für Normung und Standardisierung in Deutschland und weltweit.
DNS	Das *Domain Name System* (DNS) verknüpft eine URL (Webseiten-Namen mit Buchstaben und gegebenenfalls Zahlen) mit einer IP-Adresse. DNS wird daher häufig auch das »Telefonbuch des Internets« genannt.
DR	Im IT-Umfeld lautet die Definition für *Disaster Recovery* (DR): Maßnahmen zum Wiederherstellen gelöschter Dateien oder anderer IT-Dienste, die durch eine Katastrophe wie Brände, Überschwemmungen, Stromausfälle oder Cyberangriffe (zum Beispiel durch Erpressertrojaner) gelöscht, verschlüsselt oder unbrauchbar geworden sind. DR umfasst IT-Technologien und bewährte Verfahren zur Vermeidung oder Minimierung von Datenverlusten und Betriebsunterbrechungen infolge von Katastrophenereignissen. Diese Ereignisse reichen von Geräteausfällen und lokalen Stromausfällen bis hin zu Cyberattacken, zivilen Notfällen, kriminellen oder militärischen Angriffen.
DRaaS	*Disaster-Recovery-as-a-Service* (DraaS) ist ein Servicemodell des Cloud-Computings, mit dem sich in Notfällen IT-Infrastrukturen, Anwendungen und ihre Daten wiederherstellen und weiterbetreiben lassen. Im Gegensatz zu *Backup-as-a-Service* (BaaS) sichert und schützt DRaaS nicht nur die Daten, sondern auch den Weiterbetrieb der Datenverarbeitung. Die für die Notfallwiederherstellung benötigten Ressourcen wie virtuelle Server, Cloud-Storage oder Backup-Services werden von einem Cloud-Anbieter auf seiner Cloud-Plattform als Dienstleistung bereitgestellt und gemanagt. DRaaS-Kunden müssen keine eigene Hard- und Software oder IT-Infrastruktur für das Disaster Recovery vorhalten. Es lassen sich zum Beispiel physische Server auf virtuelle Server einer Cloud-Plattform replizieren und im Notfall in der Cloud betreiben.

Abkürzung oder Begriff	Erklärung
Edge Computing	*Edge-Computing* bezeichnet die Verarbeitung von Daten in der Nähe des Ortes, an dem sie erzeugt werden, anstatt sie zur Verarbeitung an eine zentrale Stelle zu senden. Dies bedeutet, dass die Daten in Echtzeit verarbeitet werden, ohne dass eine Hochgeschwindigkeits-Internetverbindung erforderlich ist. Dies ist sehr wichtig für latenzanfällige Anwendungen oder IT-Services. Zu hohe Latenzzeiten führen dann zu Problemen bei der Datenverarbeitung.
End-to-End-Dienst	*End-to-End* bezeichnet die Bereitstellung komplexer Systeme oder Dienste in funktionsfähiger Form, nachdem diese von Anfang bis Ende entwickelt wurden. End-to-End ist im IT-Sektor am gebräuchlichsten und wird während der Planungs-, Implementierungs- und Evaluierungsphasen verwendet. Man könnte es aber auch so übersetzen, dass man alles von Anfang bis Ende eines Dienstes (IT-Services) zusammenfasst – also alles, was zu diesem Dienst dazugehört, damit er überhaupt funktioniert.
Failover-System	Ein *Failover-System* ist ein Backup-System, das automatisch einspringt, wenn das Hauptsystem ausfällt. Dadurch bleibt der Betrieb ohne größere Unterbrechungen erhalten. Beispiel: Stellen Sie sich vor, Sie haben zwei Internetanschlüsse, einen Hauptanschluss und einen Ersatzanschluss. Wenn der Hauptanschluss ausfällt, wechselt Ihr Router automatisch auf den Ersatzanschluss, sodass Sie weiter im Internet surfen können. Einsatzgebiete: – **Server:** Wenn ein Server abstürzt, übernimmt ein zweiter Server seine Aufgaben. – **Datenbanken:** Falls eine Datenbank nicht mehr erreichbar ist, wird eine Kopie genutzt. – **Netzwerke:** Wenn eine Netzwerkverbindung ausfällt, wird eine alternative Verbindung genutzt. Failover-Systeme sind besonders wichtig für Unternehmen, um Ausfallzeiten zu minimieren und einen reibungslosen Betrieb sicherzustellen.
FORDEC	*FORDEC* ist eine Methode zur strukturierten Entscheidungsfindung in einem Krisenstab. Sie besteht aus einem sechsstufigen Handlungszyklus, um schnelle und sachorientierte Entscheidungen in komplexen Umfeldern treffen zu können. Der Zyklus beginnt mit einer Bestandsaufnahme. Der Methodenname leitet sich von den Anfangsbuchstaben der sechs Stufen ab:

Abkürzung oder Begriff	Erklärung
FORDEC (Forts.)	- Facts - Options - Risks (and Benefits) - Decision - Execution - Check
Gamechanger	Ein *Gamechanger* ist eine Person, eine Idee oder eine Veränderung, die etwas so stark beeinflusst, dass sie die bisherigen Regeln oder Abläufe grundlegend verändert. Es geht darum, dass etwas Neues oder Ungewöhnliches eingeführt wird, das den bisherigen Ablauf oder den Status quo in einer bestimmten Situation oder Branche auf den Kopf stellt. Beispiel: Entwickelt ein Unternehmen eine völlig neue Technologie, die die Art und Weise revolutioniert, wie alle anderen Unternehmen arbeiten, ist diese Technologie ein Gamechanger.
Gap-Analyse	Die *Gap-Analyse* ist der Soll/Ist-Vergleich zwischen den Soll-Vorgaben der BIA (BCM) und den tatsächlich abbildbaren technischen Möglichkeiten (dem Ist) in der Praxis. Sie ist eine Methode, um Lücken (engl. *gaps*) zwischen dem aktuellen Zustand der IT-Notfallvorsorge und den gewünschten Zielen zu finden. Beispiel: Stellen Sie sich vor, Ihr Unternehmen möchte sicherstellen, dass alle IT-Systeme nach einem Ausfall schnell wieder funktionieren. Die Gap-Analyse hilft dabei, Folgendes zu prüfen: - Wo stehen wir aktuell? → Welche Schutzmaßnahmen gibt es bereits? - Wo wollen wir hin? → Welche Standards oder Ziele sollen erreicht werden? - Was fehlt noch? → Welche Sicherheitslücken oder fehlende Maßnahmen gibt es? Das Ergebnis der Gap-Analyse zeigt auf, welche Verbesserungen nötig sind, um die IT nach einem Notfall schnell und sicher wiederherstellen zu können.
Geo-Redundanz	Der Begriff *Geo-Redundanz* beschreibt den Einsatz von zwei oder mehreren vollständig funktionsfähigen RZ an entfernten Standorten. Beeinträchtigungen durch Wartungen oder andere Faktoren, die für Unterbrechungen sorgen, sollen vermieden werden. Die Einrichtung einer Geo-Redundanz ist also eine präventive Maßnahme zur Ausfallsicherheit: Bei einem Ausfall eines RZ übernimmt ein anderes.

Abkürzung oder Begriff	Erklärung
Geo-Redundanz (Forts.)	Hierbei sind gesetzliche Regularien zu beachten. Laut BSI ist ein Abstand zwischen den Rechenzentren von mindestens 200 Kilometern vorgegeben. In Ausnahmefällen sowie nach einer ausführlichen und dokumentierten Risikoanalyse ist auch eine Verringerung möglich. Diese Ausnahmegenehmigung muss beim BSI beantragt werden.
Geschäftskritischer IT-Service	Ein *geschäftskritischer IT-Service* ist kritischer IT-Service, der einen zeitkritischen Geschäftsprozess unterstützt.
GFP	Ein *Geschäftsfortführungsplan* (GFP), auch *Business Continuity Plan* (BCP) genannt, dokumentiert, wie eine Organisation auf der Prozessebene auf eine Geschäftsunterbrechung nach einem Ressourcenausfall reagiert.
Governance	Der Begriff *Governance* beschreibt im Wesentlichen die Regeln, Verfahren und Strukturen, die festlegen, wie Entscheidungen in einer Organisation oder in einem Unternehmen getroffen, gesteuert und kontrolliert werden. Es geht dabei um die Art und Weise, wie Macht verteilt wird, wer verantwortlich ist und wie Transparenz sowie Rechenschaftspflicht sichergestellt werden. Kurz gesagt: Governance sorgt dafür, dass ein Unternehmen oder eine Institution ordnungsgemäß geführt wird.
Green-IT	*Green-IT* oder *Green Computing* ist das Konzept, den weltweit zunehmenden Energiebedarf durch digitale Geräte mit einem Fokus auf umweltfreundliche und energieeffiziente Lösungen unter Kontrolle zu halten. Die Frage nach der Nachhaltigkeit in unserem Umgang mit dem Planeten ist die Basis für das Konzept um Green-IT. Alle Aspekte rund um die Informationstechnologie sind auf Ressourcen, Materialien und Energie angewiesen; diese möglichst effizient und somit umweltfreundlich einzusetzen, ist der Grundgedanke von Green-IT.
Hot/Warm/Cold Site	Eine *Site* ist in diesem Zusammenhang ein RZ-Ort, der in unterschiedlichen Ausbaustufen ausgestattet ist: – **Cold Site:** Es stehen Räumlichkeiten mit der Grundversorgung zur Verfügung, also z. B. Klimaanlage, Heizung, Wasser, Strom etc. – **Warm Site:** Neben den Basics steht auch Hardware zur Verfügung, also Tische, Stühle, Server etc. – **Hot Site:** Ein Hot-Site-RZ ist ein Ersatz-Rechenzentrum, das sofort einsatzbereit ist, wenn das Haupt-Rechenzentrum ausfällt. So funktioniert eine Hot Site:

Abkürzung oder Begriff	Erklärung
Hot/Warm/Cold Site (Forts.)	- Sie enthält alle wichtigen Server, Programme und Daten. - Sie ist ständig aktualisiert und betriebsbereit. - Bei einem Ausfall kann die Organisation ohne lange Unterbrechung weiterarbeiten. - Hot Sites sind schnell und sicher, aber auch teuer, weil sie rund um die Uhr bereitgehalten werden müssen.
Hot-Swap	*Hot-Swap* bezeichnet die Möglichkeit, Hardwarekomponenten (wie beispielsweise Festplatten, Netzteile oder andere Module) auszutauschen oder zu wechseln, während das System noch in Betrieb ist – also ohne es herunterzufahren. Dies ermöglicht Wartungen, Upgrades oder Reparaturen, ohne dass es zu Ausfallzeiten kommt. Ein praktisches Beispiel ist ein Server, bei dem man eine defekte Festplatte während des laufenden Betriebs austauschen kann, sodass der Betrieb nicht unterbrochen wird.
Hyperscaler	Ein *Hyperscaler* ist eine Organisation, die sehr große Mengen an Rechenressourcen bereitstellt und verwaltet, wie Server, Speicher und Netzwerke – oft in gigantischen Rechenzentren. Diese Organisationen bieten Cloud-Dienste an, die flexibel und skalierbar sind, sodass Unternehmen ihre IT-Ressourcen schnell anpassen können, wenn der Bedarf steigt oder sinkt. Bekannte Beispiele für Hyperscaler sind *Amazon Web Services (AWS)*, *Microsoft Azure* und *Google Cloud Platform*.
ICT	Information and Communication Technology (ICT)
IDS	siehe *Intrusion-Detction-Systeme*
IKT	Informations- und Kommunikationstechnologie (IKT)
Incident (Minor Incident)	Ein *Incident* ist die Störung des Geschäftsbetriebs, die durch kleinere Maßnahmen der *AAO* behoben werden kann oder weiter eskaliert wird.
Internet	Das *Internet* ist ein weltweites Netzwerk von Computern, das den Austausch von Daten und Informationen über große Entfernungen hinweg ermöglicht. Es verbindet Milliarden von Geräten, wie Computer, Smartphones und Tablets, und bietet Zugang zu zahlreichen Diensten wie E-Mail, Webseiten, sozialen Netzwerken, Online-Shopping, Streaming und vielem mehr.

Abkürzung oder Begriff	Erklärung
Internet (Forts.)	Technisch basiert das Internet auf dem *Internet Protocol (IP)*, das die Kommunikation zwischen den Geräten steuert. Es nutzt verschiedene Technologien, einschließlich des *World Wide Web (WWW)*, um Webseiten und Inhalte anzuzeigen, sowie *Kommunikationsprotokolle*, die dafür sorgen, dass die Informationen richtig übertragen werden. Das Internet hat die Art und Weise, wie wir kommunizieren, arbeiten, lernen und uns unterhalten, grundlegend verändert und ist heute ein unverzichtbarer Bestandteil unseres Alltags.
Intranet	Ein *Intranet* ist ein internes Netzwerk, das auf denselben Technologien wie das Internet basiert, jedoch nur innerhalb einer bestimmten Organisation zugänglich ist. Es dient dazu, Daten, Informationen und Ressourcen zu teilen und zu verwalten, jedoch in einem geschlossenen, gesicherten Rahmen. Im Gegensatz zum öffentlichen Internet ist ein Intranet nur für berechtigte Benutzer zugänglich, was es zu einem sicheren Raum für die Kommunikation und Zusammenarbeit innerhalb einer Organisation macht. Intranets bieten den Vorteil einer besseren Kontrolle über Daten und Kommunikation, da sie nicht öffentlich zugänglich sind und somit das Risiko von Sicherheitslücken verringert wird. Oftmals ist das Intranet einer Organisation auch in andere Systeme der Organisation integriert, wie in ihre ERP- oder CRM-Systeme.
Intrusion-Detection-Systeme	*Intrusion-Detection-Systeme* (IDS) sind Sicherheitslösungen, die darauf abzielen, unbefugte Zugriffe, verdächtige Aktivitäten oder potenzielle Sicherheitsverletzungen in einem Computernetzwerk oder auf einem Computersystem zu erkennen. Sie überwachen den Datenverkehr und die Systemaktivitäten und warnen Administratoren, wenn ein ungewöhnliches Verhalten festgestellt wird, das auf einen möglichen Angriff hinweisen könnte. Intrusion-Detection-Systeme sind wichtig, weil sie dazu beitragen, frühzeitig auf Sicherheitsprobleme aufmerksam zu machen, und es Administratoren ermöglichen, schnell zu reagieren, bevor ein Angriff Schaden anrichten kann. Sie sind ein wichtiger Bestandteil der Netzwerksicherheit, ergänzen jedoch oft andere vorhandene Sicherheitsmechanismen wie Firewalls und Antiviren-Software.
Intrusion-Prevention-Systeme	*Intrusion-Prevention-Systeme* (IPS) sind Sicherheitslösungen, die Netzwerke und Systeme überwachen, um potenzielle Angriffe oder unbefugte Zugriffsversuche zu erkennen und zu verhindern. Sie arbeiten in Echtzeit und analysieren den Datenverkehr, um ungewöhnliche Muster oder verdächtige Aktivitäten zu identifizieren, die auf eine Sicherheitsbedrohung hinweisen könnten.

Abkürzung oder Begriff	Erklärung
Intrusion-Prevention-Systeme (Forts.)	Intrusion-Prevention-Systeme sind ein wichtiger Bestandteil der IT-Sicherheitsarchitektur und werden oft in Kombination mit Firewalls und anderen Sicherheitslösungen eingesetzt, um ein möglichst hohes Schutzniveau zu gewährleisten. Sie bieten Schutz vor verschiedenen Bedrohungen, wie z. B. Viren, Würmern, DDoS-Angriffen (*Distributed Denial of Service*), und anderen Cyberangriffen.
IRBC	*IT Readiness for Business Continuity* (IRBC) ist ein neuer Begriff aus dem ISO-Standard 27031, der aber dasselbe meint wie der Begriff *ITSCM*.
ISB	Ein *Informationssicherheitsbeauftragter* (ISB) ist für alle Fragen rund um die Informationssicherheit in einer Institution zuständig. Zu seinen Aufgaben gehört es, – den Sicherheitsprozess zu steuern und zu koordinieren, – die Leitung bei der Erstellung der Sicherheitsleitlinie zu unterstützen, – die Erstellung des Sicherheitskonzepts und zugehöriger Teilkonzepte und Richtlinien zu koordinieren, – Realisierungspläne für Sicherheitsmaßnahmen anzufertigen sowie ihre Umsetzung zu initiieren und zu überprüfen, – der Leitungsebene und anderen Sicherheitsverantwortlichen über den Status der Informationssicherheit zu berichten, – sicherheitsrelevante Projekte zu koordinieren, – sicherheitsrelevante Vorfälle zu untersuchen sowie – Sensibilisierungen und Schulungen zur Informationssicherheit zu initiieren und zu koordinieren.
ISM	Ein *Information Security Management* (ISM) ist ein systematisches Konzept, das darauf abzielt, die Informationssicherheit in einer Organisation zu gewährleisten. Es umfasst die Planung, Umsetzung und Überwachung von Maßnahmen, die die Vertraulichkeit, Integrität und Verfügbarkeit von Informationen und IT-Systemen schützen. Dabei geht es nicht nur um technische Schutzmaßnahmen, sondern auch um organisatorische Richtlinien und Prozesse. Ein ISM hilft dabei, Risiken zu erkennen, Sicherheitsvorfälle zu vermeiden und die Rechtmäßigkeit und Sicherheit von Informationen in der gesamten Organisation sicherzustellen. Die globalen Standards liefern dabei wertvolle Orientierungshilfen, während die ISO/IEC 27001 häufig als Grundlage für externe Zertifizierungen dient.

Abkürzung oder Begriff	Erklärung
ISMS	*Information Security Management System* (ISMS), auf Deutsch *Informationssicherheitsmanagementsystem*. Dieses Managementsystem ist eine Aufstellung von Verfahren und Regeln innerhalb einer Organisation, die dazu dienen, die Informationssicherheit dauerhaft zu definieren, zu steuern, zu kontrollieren, aufrechtzuerhalten und fortlaufend zu verbessern. WICHTIG: Es geht bei der Informationssicherheit nicht nur um digitale Informationen!
ISO 27031	Die Norm *ISO/IEC 27031* beschreibt die Konzepte und Prinzipien der Bereitschaft der *Informations- und Kommunikationstechnologie* (IKT) für die Geschäftskontinuität und bietet einen Rahmen von Methoden und Prozessen zur Identifizierung und Spezifizierung aller Aspekte (z. B. Leistungskriterien, Design und Implementierung), um die IKT-Bereitschaft einer Organisation zu verbessern und die Geschäftskontinuität zu gewährleisten. Sie gilt für alle Organisationen (private, staatliche und nichtstaatliche Organisationen, unabhängig von ihrer Größe), die ein *ICT Readiness Program for Business Continuity* (IRBC) entwickeln und verlangen, dass ihre IKT-Dienste bzw. -Infrastrukturen darauf vorbereitet sind, den Geschäftsbetrieb im Falle von auftretenden Ereignissen und Vorfällen und den damit verbundenen Störungen, die die Kontinuität (einschließlich der Sicherheit) kritischer Geschäftsfunktionen beeinträchtigen könnten, zu unterstützen. Darüber hinaus ermöglicht sie es einer Organisation, Leistungsparameter, die mit ihrem IRBC korrelieren, auf konsistente und anerkannte Weise zu messen. Der Geltungsbereich der ISO/IEC 27031 umfasst alle Ereignisse und Vorfälle (auch sicherheitsrelevante), die Auswirkungen auf die IKT-Infrastruktur und -Systeme haben könnten. Sie umfasst und erweitert die Praktiken für den Umgang und das Management von Informationssicherheitsvorfällen sowie die Planung und Dienstleistungen der IKT-Bereitschaft. Die ISO 27031 ist der einzige und gültige ITSCM-Standard.
IT-Middleware	In der IT sorgt eine *Middleware* dafür, dass verschiedene Programme oder Systeme miteinander kommunizieren können. Man kann sich Middleware wie einen Übersetzer oder Vermittler vorstellen, der dafür sorgt, dass zwei Programme, die auf unterschiedlichen Systemen laufen, miteinander »sprechen« können, auch wenn sie unterschiedliche Sprachen (Protokolle) benutzen.

Abkürzung oder Begriff	Erklärung
IT-Middleware (Forts.)	Beispiel: Wenn Sie mit einer App auf Ihrem Handy eine Bestellung in einem Online-Shop aufgeben, könnte Middleware dafür sorgen, dass die Informationen von Ihrem Handy zum Shop-Server geschickt werden, auch wenn beide unterschiedliche Technologien verwenden.
IT-Service	Ein *IT-Service* ist eine Dienstleistung, die Technologie und Software bereitstellt, um bestimmte Aufgaben oder Bedürfnisse in einem Unternehmen oder für den Endnutzer zu erfüllen. Das kann alles Mögliche umfassen, zum Beispiel: – E-Mail-Dienste – Cloud-Speicher – Netzwerkzugang – Helpdesk-Support Ein IT-Service sorgt dafür, dass diese technischen Dienste zuverlässig und sicher zur Verfügung stehen, damit die Nutzer ihre Arbeit erledigen können, ohne sich um die Technik kümmern zu müssen.
IT-Verfahren	Ein *IT-Verfahren* ist ein bestimmter Prozess oder eine Methode, die mithilfe von Informationstechnologie (IT) durchgeführt wird, um eine Aufgabe zu erledigen oder ein Ziel zu erreichen. Es geht also um eine festgelegte Vorgehensweise, wie man mit Computern, Software oder anderen IT-Systemen eine Aufgabe löst. Beispiele: – Ein Buchungssystem in einem Hotel ist ein IT-Verfahren, das den Prozess der Zimmerreservierung verwaltet. – Ein Lohnabrechnungsverfahren in einer Firma berechnet automatisch, wie viel Gehalt jeder Mitarbeiter bekommt, und erstellt die Gehaltsabrechnungen. Kurz gesagt: Ein IT-Verfahren ist eine Art »Arbeitsablauf« oder »Vorgehensweise«, bei dem bzw. der Technik eingesetzt wird, um bestimmte Aufgaben zu automatisieren oder zu erleichtern.
ITIL	Die *Information Technology Infrastructure Library* (ITIL) ist ein weltweit anerkanntes Best-Practice-Framework für das IT-Servicemanagement. Es stellt eine Sammlung verschiedener Methoden und Praktiken bereit, durch die Organisationen digitale Services und neue Technologien effektiv managen können.
ITSC	Unter *IT Service Continuity* (ITSC) versteht man alle Maßnahmen zur Planung, Organisation und Koordination von IT-Notfallvorsorgemaßnahmen, die im Vorfeld (also rein proaktiv) ergriffen werden, um bestmöglich auf IT-Notfälle und/oder (IT-)Krisen vorbereitet zu sein und entsprechend reagieren zu können.

Abkürzung oder Begriff	Erklärung
ITSC-Lösungen	*ITSC-Lösungen* sind die vom Top-Management freigegebenen ITSC-Lösungsoptionen; sie finden Einzug in das Dokument »ITSC-Lösungskonzept«.
ITSC-Lösungskonzept	Das *ITSC-Lösungskonzept* (auch als *ITSC-Strategie-Handbuch* bekannt) beschreibt die gewählten WCS und die vom Top-Management freigegebenen ITSC-Lösungen. Die ITSC-Lösungen sollten alle zu definierenden Szenarien abdecken. Es dient als Grundlage für die Erstellung der ITSC-Pläne sowie als Grobkonzept für technische Maßnahmen, die sich aus den Gap-Analysen ergeben.
ITSC-Lösungsoption(en)	Als *ITSC-Lösungsoptionen* bezeichnet man die verschiedenen Möglichkeiten, die sich dem ITSC-Manager bieten, um die IT nach einer Unterbrechung aufrechtzuerhalten. Für jedes Ausfallszenario (WCS) gibt es spezifische Lösungsoptionen, die dem Top-Management zur Freigabe vorgelegt werden müssen.
ITSCM	*IT Service Continuity Management* (auch *IT-Notfallvorsorge*) ist ein Managementprozess, der sich mit Worst-Case-Szenarien beschäftigt, die gravierende Auswirkungen auf die IT-Services haben können. Es stellt sicher, dass der IT-Service-Provider bzw. IT-Bereich auch im Falle außergewöhnlicher Ereignisse die in den Service-Levels vereinbarten Minimalanforderungen bereitstellen kann. Dies geschieht durch risikomindernde Maßnahmen und durch eine gezielte Wiederherstellungsplanung für die IT-Services. Das ITSCM sollte in einer Weise gestaltet sein, das es das *Business Continuity Management* (BCM) unterstützt und sich diesem anpasst. Das ITSCM ist für den IT-Part zuständig und muss die Vorgaben des BCM zur Geschäftskontinuität erfüllen.
ITSCM-Lebenszyklus	Der *ITSCM-Lebenszyklus* ist die schematische Anordnung verschiedener Phasen, die ITSCM in einen kontinuierlichen Prozess integrieren.
kanten- und knotendisjunkt	Im Kontext der Leitungsverlegung (z. B. beim Entwurf von Kommunikationsnetzen oder in der Elektronik) beziehen sich die Begriffe *kanten- und knotendisjunkt* auf die Unabhängigkeit von Verbindungen (Leitungen) und Knoten (z. B. Schnittstellen oder Verbindungspunkte) in einem Netzwerk oder System. Hier geht es darum, wie Leitungen und Knoten so verlegt werden können, dass sie bestimmte Anforderungen erfüllen, wie etwa Fehlertoleranz oder Minimierung von Interferenzen.

Abkürzung oder Begriff	Erklärung
kanten- und knotendisjunkt (Forts.)	**Knotendisjunkt bei der Leitungsverlegung** Wenn zwei Leitungsverbindungen *knotendisjunkt* sind, bedeutet das, dass sie keinen gemeinsamen Knoten (Verbindungspunkt) haben. Mit anderen Worten: Die Leitungen, die durch das Netzwerk verlaufen, sollten so verlegt werden, dass sie sich nicht an denselben Knoten treffen. Dies kann wichtig sein, um die Zuverlässigkeit des Systems zu erhöhen oder um Störungen zu vermeiden, wenn beispielsweise mehrere Verbindungen in einem Punkt zusammenlaufen. **Kantendisjunkt bei der Leitungsverlegung** Wenn zwei Verbindungen *kantendisjunkt* sind, bedeutet das, dass sie keine gemeinsamen Leitungen oder Kabel verwenden. Jede Leitung verläuft auf einer eigenen Route, ohne eine andere Leitung zu kreuzen oder zu teilen. Dies ist besonders wichtig, wenn man sicherstellen möchte, dass ein Fehler (z. B. ein Kabelbruch oder ein Kurzschluss) nur eine einzelne Leitung betrifft und nicht beide. **Kanten- und knotendisjunkt bei der Leitungsverlegung** Wenn eine Leitung sowohl *kanten-* als auch *knotendisjunkt* verlegt wird, bedeutet dies, dass - keine Knoten (Verbindungspunkte) von mehreren Leitungen gemeinsam genutzt werden und - keine Kanten (Verkabelungen oder Leitungen) gemeinsam genutzt werden. In diesem Fall ist die gesamte Infrastruktur so angelegt, dass keine Überschneidung oder Abhängigkeit zwischen den verschiedenen Leitungen besteht. Dies ist besonders nützlich, wenn man ein hohes Maß an Ausfallsicherheit gewährleisten möchte, etwa in kritischen Versorgungsnetzen oder in redundanten Kommunikationssystemen.
KMU	*Kleine und mittlere Unternehmen* (KMU) sind eine Bezeichnung für Betriebe, die bestimmte Höchstgrenzen in Bezug auf Mitarbeiterzahl, Umsatz oder Bilanzsumme nicht überschreiten. Diese Klassifizierung erfolgt unabhängig von der Rechtsform oder Eigentümerstruktur. Unternehmen, die diese Schwellenwerte überschreiten, werden als Großunternehmen eingestuft. International sind die Begriffe *Small and Medium-sized Enterprises* (SME) sowie *Small and Medium-sized Businesses* (SMB) gebräuchlich.

Abkürzung oder Begriff	Erklärung
Known Error	Ein *Known Error* beschreibt ein Problem, dessen zugrunde liegende Ursache identifiziert wurde und für das ein Workaround definiert wurde. Ursache und Workaround des Known Errors wurden dokumentiert. *Known Error Records* sind in der *Known-Error-Datenbank* (KEDB) zu speichern und dadurch dem Service-Desk zur Verfügung zu stellen, um eine schnelle Diagnose und Behebung von Störungen sicherzustellen. Das Problemmanagement ist für die Erfassung und Verwaltung von bekannten Fehlern während ihres gesamten Lebenszyklus verantwortlich. Bekannte Fehler können auch von der Entwicklung identifiziert werden.
Known Error Database (KEDB)	Eine *Known Error Database* bzw. *Known-Error-Datenbank* (KEDB) ist eine Sammlung von bekannten Problemen (Fehlern) und deren Lösungen oder Workarounds, die in einem IT-System aufgetreten sind. Sie hilft dabei, Fehler schnell zu erkennen und zu beheben, indem sie auf frühere Probleme zurückgreift. Beispiel: Stellen Sie sich vor, in einer Organisation tritt immer wieder der gleiche Fehler bei einem Computerprogramm auf. Die KEDB ist wie ein Notizbuch, in dem dieser Fehler dokumentiert wird, zusammen mit einer Beschreibung, wie er auftritt und wie man ihn beheben kann. Wenn der Fehler erneut auftaucht, kann die IT-Abteilung sofort nachsehen und die Lösung schnell anwenden, ohne den Fehler von Grund auf neu untersuchen zu müssen.
KPI	*Key Performance Indicators* (KPI), auf Deutsch *Kennzahl*: Für das Monitoring von Prozessen lassen sich verschiedene Schlüsselindikatoren festlegen. Diese geben Auskunft über die Effizienz des Prozesses. Prozesse werden durch KPIs mess- und steuerbar.
Krise/(IT-)Krise	Eine *Krise* ist ein Schadensereignis, das sich in massiver Weise negativ auf eine Organisation auswirkt und dessen Auswirkungen nicht im Normalbetrieb bewältigt werden können Im Gegensatz zu einem *Notfall* liegen zur Bewältigung einer Krise jedoch *keine* spezifischen Notfallpläne vor. Vorhandene Notfallpläne können nicht oder nur bedingt adaptiert werden oder greifen schlicht nicht. Oder aber es passieren mehrere Notfälle parallel. Eine Krise ist also ein eskalierter kritischer Vorfall (IT und Nicht-IT), der den Fortbestand der Organisation gefährdet. Für einige Organisationen sind Krisen ein meldepflichtiger Zustand.

Abkürzung oder Begriff	Erklärung
Krise/(IT-)Krise (Forts.)	Es gibt Krisen mit Bezug zu den proaktiven Prozessen BCM und ITSCM; es gibt aber auch Krisen, die nichts mit Continuity-Plänen zu tun haben (z. B. Medienkrise, Reputationskrise, Veruntreuungen, Betrug etc.). Für diese Krisen können jedoch auch spezielle Dokumente (Pläne und Handbücher) vorbereitet werden (z. B. ein Krisenkommunikationsplan, Krisenreaktionsplan etc.)
Krisenbewältigung	Zur *Krisenbewältigung* zählen alle Tätigkeiten, die dazu dienen, mit einer Krise zurechtzukommen, nachdem sie eingetreten ist.
Krisenkommunikation	Kommunikation zu externen und internen Stellen, die nicht direkt an der Krisenbewältigung beteiligt sind. Die *Krisenkommunikation* ist ein wesentliches Element des Krisenmanagements. Sie verlangt klare Strukturen und vorbereitete Strategien. Bereits im Voraus müssen die Kommunikationskanäle und Abläufe mit anderen von der möglichen Krise betroffenen Behörden, Organisationen sowie den Medien abgestimmt sein.
KVP	Der *Kontinuierliche Verbesserungsprozess* (KVP) ist ein Konzept, das darauf abzielt, die Wettbewerbsfähigkeit einer Organisation durch stetige, schrittweise Optimierungen zu steigern. Dabei liegt der Fokus auf der Verbesserung von Produkten, Prozessen und Servicequalität. KVP wird in Teams umgesetzt, indem kontinuierlich kleinere Anpassungen vorgenommen werden – im Gegensatz zu disruptiven Innovationen. Als zentrales Prinzip des Qualitätsmanagements ist KVP ein wesentlicher Bestandteil der Norm ISO 9001. Die Entwicklung von Verbesserungsvorschlägen durch KVP-Teams wird häufig gemeinsam mit dem *Betrieblichen Vorschlagswesen* unter dem Begriff *Ideenmanagement* zusammengefasst.
Lage	Die *Lage* ist eine zielgruppenspezifische, sachliche und auf die wesentlichen Aspekte reduzierte Beschreibung der vorliegenden Situation. Die Beschreibung gliedert sich in: – die allgemeine Lage (äußere Rahmenbedingungen) – die Schadenslage (konkreter Schaden) – die eigene Lage (konkrete Situation der betrachteten Organisation) Die Schadenslage und die eigene Lage können sich inhaltlich überschneiden.
Lagebild	Das *Lagebild* ist das Ergebnis der Aufbereitung von Informationen zu einem Schadensereignis in textlicher und/oder visualisierter Form.

Abkürzung oder Begriff	Erklärung
LAN	Ein *Local Area Network* (LAN) bzw. *lokales Netzwerk* ist in seiner Ausdehnung ohne Zusatzmaßnahmen auf 500 Meter beschränkt und wird in der Regel z. B. in Heimnetzen oder kleinen Organisationen eingesetzt.
Layer-4-Loadbalancer	Ein *Layer-4-Loadbalancer* (oder *Transport Layer Load Balancer*) ist ein Loadbalancer, der auf der vierten Schicht des OSI-Modells (*Transport Layer*) arbeitet. Diese Schicht ist verantwortlich für die Kommunikation zwischen Endpunkten über Netzwerkprotokolle wie TCP (*Transmission Control Protocol*) und UDP (*User Datagram Protocol*). Der Layer-4-Loadbalancer verteilt eingehende Netzwerkverbindungen auf verschiedene Server, basierend auf Informationen wie der IP-Adresse und dem Transportport, ohne den Inhalt der Datenpakete zu analysieren. Er agiert also auf der Transportebene und entscheidet, wie Datenströme weitergeleitet werden, indem er den Netzwerkverkehr effizient auf die verfügbaren Server verteilt.
Lean Management	*Lean Management* ist ein Ansatz, bei dem Sie Ihre Arbeitsprozesse ständig daraufhin überprüfen, wie Sie unnötige Schritte und Verschwendung vermeiden können. Sein Ziel ist es, mit weniger Aufwand mehr Wert für den Kunden (intern und extern) zu schaffen. Dabei konzentrieren Sie sich auf das Wesentliche und streben nach kontinuierlicher Verbesserung in allen Bereichen Ihres Unternehmens.
Least Connection	Eine *Least Connection* (auf Deutsch: »wenigste Verbindungen«) ist eine Lastverteilungsstrategie, die von Loadbalancern verwendet wird, um eingehende Verbindungen an den Server weiterzuleiten, der aktuell die wenigsten aktiven Verbindungen hat. Diese Methode sorgt dafür, dass die Server im Netzwerk gleichmäßig ausgelastet werden und keine einzelnen Server überlastet werden, während andere kaum beansprucht sind. Zusammengefasst ist die Least-Connection-Methode eine einfache und effektive Technik zur Lastverteilung, insbesondere in Umgebungen, in denen Verbindungen unterschiedlich lange dauern und eine gleichmäßige Verteilung der Last wichtig ist.
Lifecycle	Ein *Lifecycle* oder *Lebenszyklus* ist im ITSCM ein sich jährlich wiederholender Prozess, der das BCM stützt und den von der BCM-Policy geforderten Output leistet. Die BCM-Policy ist auch für das ITSCM relevant – die Lifecycles sind aufeinander abgestimmt!

Abkürzung oder Begriff	Erklärung
Lifecycle (Forts.)	Der Begriff *Product Lifecycle Management* bezieht sich auf die gesamte Lebensdauer eines Produkts. Der Zeitraum erstreckt sich von der Planung, Konzeption und Entwicklung über die Fertigung, den Vertrieb bis hin zur Retoure und der Wartung.
Machine Learning	*Machine Learning* (ML) oder *maschinelles Lernen* ist ein Teilbereich der künstlichen Intelligenz (KI). Beim ML liegt der Schwerpunkt auf dem Trainieren von Software, damit sie aus Daten und Erfahrungen lernt und sich stets verbessert, anstatt explizit dafür programmiert zu werden.
Major-Incident	*Major-Incidents* oder *Großstörungen* sind Störungen, die große und erhebliche Auswirkungen auf die Organisation und deren Kunden haben.
MAN	Ein *Metropolitan Area Network* (MAN) ist ein Netzwerk, das sich über ein größeres geografisches Gebiet als ein LAN (*Local Area Network*) erstreckt, aber über ein kleineres als ein WAN (*Wide Area Network*). Ein MAN wird häufig verwendet, um mehrere Gebäude oder Standorte innerhalb einer Stadt oder einer Metropolregion miteinander zu verbinden. Dazu verbindet man mehrere LANs innerhalb einer bestimmten geografischen Region so, dass das entstehende MAN eine hohe Geschwindigkeit und Kapazität bietet, um den Bedarf an Datenkommunikation zu decken.
MBCO	Das *Minimum Business Continuity Objective* (MBCO) oder *Notbetriebsniveau* für zeitkritische Geschäftsprozesse und IT-Services ist das Niveau, das mindestens erforderlich ist, um die definierten Geschäftsziele bei Störungen, IT-Notfällen oder (IT-)Krisen der Organisation zu erreichen. Übersetzt heißt das, dass der Service in einer verminderten Qualität angeboten wird, z. B.: – weniger Zugriffe – langsamere Verarbeitung – schlechtere Performance – Funktionen der Test-, Schulungs- und Entwicklungsumgebung sind deaktiviert.
MTA	*Maximal tolerierbare Ausfallzeit* (MTA). Siehe auch MTPD.
MTBF	Die *mittlere ausfallfreie Zeit* (engl. *Mean Time Between Failure*, MTBF) ist ein Maß für die Zuverlässigkeit eines IT-Systems oder einer IT-Komponente. Sie ist ein entscheidendes Element des Wartungsmanagements, da sie die durchschnittliche Zeit angibt, die ein System oder eine Komponente bis zu einem Ausfall in Betrieb ist.

Abkürzung oder Begriff	Erklärung
MTPD	Die *Maximum Tolerable Period of Disruption* (MTPD) ist die vom Verantwortlichen festgelegte maximal tolerierbare Ausfallzeit eines zeitkritischen Geschäftsprozesses, bis ein nichttolerierbarer Schaden auftritt. Das heißt, sie ist eine zeitliche Obergrenze, bis zu der ein Geschäftsprozess maximal ausfallen darf, bevor nicht mehr tolerierbare Auswirkungen (finanzieller Verlust, Reputationsschaden etc.) für eine Organisation auftreten. Die Obergrenze wird anhand einer Schadensbewertung des betreffenden Geschäftsprozesses (BIA) ermittelt. Beim Erreichen der MTPD kann eine Organisation so stark gestört sein, dass ein Konkurs die Folge sein kann.
Multi-Cloud-Strategien	Als *Multi-Cloud-Strategie* wird im Allgemeinen ein Ansatz bezeichnet, bei dem eine Organisation Cloud-Computing-Services von mehreren öffentlichen Cloud-Anbietern nutzt, um spezifische Geschäftsanforderungen und Kundenwünsche zu erfüllen.
Multiscaler	Ein *Multiscaler* in der IT beschreibt in der Regel Systeme, Architekturen oder Algorithmen, die auf mehreren Skalierungsstufen arbeiten. Das Konzept wird im Computing, in Netzwerken und in der Datenanalyse genutzt, um Effizienz, Flexibilität und Performance zu maximieren.
NAS	*Network Attached Storage* (NAS) ist ein Gerät, das in einem Netzwerk angeschlossen ist und als zentraler Speicherort für Daten dient. Sie können auf dieses Gerät von verschiedenen Computern und Geräten aus zugreifen, solange sie mit dem gleichen Netzwerk verbunden sind. Ein NAS ermöglicht es Ihnen, Daten wie Dokumente, Bilder oder Videos sicher zu speichern, zu teilen und darauf zuzugreifen, ohne dass Sie dafür spezielle Serverlösungen benötigen. Es ist somit besonders nützlich für Haushalte oder Unternehmen, die ihre Daten zentral speichern und mit mehreren Nutzern gleichzeitig auf diese Daten zugreifen möchten.
NEA	*Netzersatzanlagen* (NEA) sind Stromversorgungen für ausgewählte Verbraucher oder Anlagenteile, die beim Ausfall der allgemeinen Stromversorgung einspringen. Die Weiterversorgung wird von Akkumulatoren, Batterien oder Notstromaggregaten übernommen. Die Umschaltung kann von Hand oder automatisch erfolgen. Ein kurzzeitiger Spannungsabfall ist möglich, somit ist ein Flackern der Leuchtmittel oder ein Absturz eines Computers möglich.

Abkürzung oder Begriff	Erklärung
Normalbetrieb	Als *Normalbetrieb* bezeichnet man die alltägliche Durchführung der Geschäftsprozesse außerhalb eines kritischen Vorfalls (IT oder Non-IT) oder einer Krisensituation. Man könnte dazu auch »das normale Tagesgeschäft« sagen.
Notbetrieb	Der *Notbetrieb* ist ein nach einem Schadensereignis stattfindender, gegebenenfalls eingeschränkter Geschäftsbetrieb, der aber die erforderlichen sowie zeitkritischen Funktionen der betroffenen zeitkritischen Geschäftsprozesse (inklusive der IT-Services) sicherstellt. Er ist somit ein zeitlich begrenzter Betrieb mit eingeschränkter Funktionalität und eingeschränkten IT-Ressourcen.
Notbetriebsniveau	Als *Notbetriebsniveau* definiert man die Leistungsfähigkeit, die im Notfall gebraucht wird, um einen angemessenen Geschäftsbetrieb gewährleisten zu können Das Notbetriebsniveau wird je nach Geschäftsprozess, IT-Service oder IT-Ressource individuell (zwischen Kunde und Dienstleister) festgelegt. Siehe auch MBCO.
Notfall	Als *Notfall* bezeichnet man eine Unterbrechung mindestens eines zeitkritischen Geschäftsprozesses, der nicht im Normalbetrieb wiederhergestellt werden kann, wenn Sie z. B. den Notfall mit Ihren zeitkritischen Geschäftsprozessen verbunden haben. Abgrenzung: – Im Gegensatz zu *Störungen* wird zur Bewältigung von Notfällen eine *BAO* benötigt. – Im Gegensatz zur *(IT-)Krise* ist ein Notfall ein Schadensereignis, für dessen Bewältigung entweder geeignete Pläne vorliegen oder bestehende Pläne adaptiert werden können. Notfälle können auch eintreten, bevor das Schadensereignis tatsächlich zu einer Unterbrechung des Geschäftsbetriebs führt. Es genügt die Gefahr, dass durch das Schadensereignis der Geschäftsbetrieb unterbrochen wird.
Notfallbewältigung	Zur *Notfallbewältigung* zählen alle organisationsinternen Tätigkeiten, die dazu dienen, nach Eintritt eines Notfalls in einen Notbetrieb zu gelangen, den Notbetrieb aufrechtzuerhalten und schnellstmöglich wieder in den Normalbetrieb zu gelangen.
Notfallhandbuch	Das *Notfallhandbuch* ist ein Dokument mit allen Informationen, die für die Notfallbewältigung benötigt werden Das Dokument umfasst z. B. alle Notfallpläne, die Geschäftsordnung des Krisenstabes und das Kommunikationskonzept.

Abkürzung oder Begriff	Erklärung
Notfallmaßnahmen	Als *Notfallmaßnahmen* gelten alle Maßnahmen, die präventiv erarbeitet und bei Eintritt eines Notfalls umgesetzt werden, um den Schaden zu begrenzen und zeitkritische Geschäftsprozesse und zeitkritische IT-Services fortzuführen.
Notfallpläne	*Notfallpläne* sind Dokumente innerhalb des Notfallhandbuchs, mit denen planbare Ereignisse innerhalb eines vorab definierten Notbetriebs bewältigt werden können. Zu diesen Dokumenten zählen z. B. die Geschäftsfortführungs-, Wiederanlauf- und Wiederherstellungspläne.
Notfallteam	Ein *Notfallteam* ist ein Team von Spezialisten für den Wiederanlauf sowie für die Umsetzung der operativen Arbeitsaufträge während eines kritischen Vorfalls (IT oder Non-IT), eines IT-Notfalls oder während einer (IT-)Krise. Die Notfallteams oder *Continuity Teams* sind Bestandteil der Krisenorganisation und konstituieren sich im Zuge eines Alarmverfahrens in der Krise.
Notfallvorsorge	Zur *Notfallvorsorge* zählen alle technischen, organisatorischen und personellen Maßnahmen, um sich proaktiv bestmöglich auf IT-Notfälle und/oder (IT-)Krisen vorzubereiten.
NuK-Kommunikation	Zur *Notfall- und Krisen-(NuK-)Kommunikation* zählen alle Tätigkeiten, die vor oder während einer Krise oder eines IT-Notfalls und gegebenenfalls auch nach deren Bewältigung ausgeführt werden, um relevante Informationen zu sammeln, zu verifizieren sowie zielgruppengerecht nach innen und außen zu kommunizieren. Für die Notfall- und Krisenkommunikation werden vorab entsprechende Konzepte zum Umgang mit den verschiedenen Interessengruppen (z. B. mit den Mitarbeitenden und den Medien) erarbeitet. Falls nötig werden diese Konzepte im Rahmen der Bewältigung angepasst und fortlaufend überarbeitet. Meist wird diese Kommunikation zentral in einer Organisation gesteuert.
Offsite-Backup	Ein *Offsite-Backup* ist eine Sicherheitskopie von Daten, die an einem anderen (externen) Standort gespeichert wird. Dadurch sind die Daten auch dann geschützt, wenn der Hauptstandort durch Feuer, Diebstahl oder technische Defekte betroffen ist. Beispiel: Stellen Sie sich vor, Sie speichern Ihre wichtigsten Dokumente nicht nur auf Ihrem Computer, sondern zusätzlich auf einer externen Festplatte, die an einem anderen Ort aufbewahren. Falls Ihr Computer kaputtgeht oder gestohlen wird, haben Sie immer noch eine Sicherung.

Abkürzung oder Begriff	Erklärung
Offsite-Backup (Forts.)	Möglichkeiten für Offsite-Backups sind: – **Cloud-Backup:** Daten werden in einem Online-Speicher wie Google Drive oder Dropbox gesichert. – **Externe Server:** Unternehmen speichern Backups in einem Rechenzentrum an einem anderen Standort. – **Physische Medien:** Festplatten oder Bänder werden an einem sicheren Ort außerhalb des Unternehmens aufbewahrt. Offsite-Backups sind wichtig, um Datenverlust durch Katastrophen oder Angriffe zu vermeiden.
OLA	Ein *Operational Level Agreement* (OLA) ist eine interne Vereinbarung innerhalb einer Organisation, die zwischen verschiedenen Abteilungen oder Einheiten getroffen wird. Es dient dazu, die Einhaltung eines übergeordneten *Service Level Agreements* (SLA) mit externen Partnern oder Kunden sicherzustellen. Im Gegensatz zum SLA ist das OLA keine rechtlich bindende Vereinbarung, sondern eine interne Regelung zur Sicherstellung der Servicequalität. Beide Dokumente folgen in der Regel einer ähnlichen Struktur und enthalten detaillierte Absprachen über die Erbringung definierter Dienstleistungen, insbesondere im IT- und Telekommunikationsbereich.
OSI-Modell	Das OSI-Modell (*Open Systems Interconnection Model*) ist ein Konzept, das die Kommunikation in einem Netzwerk in sieben verschiedene Schichten unterteilt. Jede Schicht beschreibt einen spezifischen Teilprozess der Netzwerkkommunikation. Das Ziel des Modells ist es, komplexe Netzwerkprotokolle und -technologien zu standardisieren, um die Interoperabilität zwischen verschiedenen Systemen und Netzwerken zu gewährleisten. Das OSI-Modell dient mehr als ein theoretisches Framework, um zu verstehen, wie Netzwerke funktionieren. In der Praxis wird es oft mit dem TCP/IP-Modell verglichen, das nur vier Schichten umfasst, aber auch auf den OSI-Schichten basiert. Beide Modelle haben ähnliche Ziele, aber unterschiedliche Detaillierungsgrade und Anwendungen.
Outsourcing	Beim *Outsourcing* werden (interne) Aufgaben an externe Organisationen delegiert. Teilweise werden sogar komplette Abteilungen ausgelagert. Die Vorteile von Outsourcing bestehen darin, dass mehr Zeit für die Kernaufgaben in der Organisation bleibt und keine bzw. weniger Ressourcen für das »Drumherum« verloren gehen. Der Nachteil ist, dass wichtiges und explizites Expertenwissen ausgelagert wird. Dieses Wissen geht der Organisation meist verloren und sie macht sich von Dienstleistern abhängig.

Abkürzung oder Begriff	Erklärung
PDCA	Mit *Plan – Do – Check – Act* (PDCA), auch als *Deming Circle* bekannt, ist eine zyklische, immer wiederkehrende Bearbeitung gemeint. Bei jedem Durchlauf dieses Kreises wird der Reifegrad erhöht bzw. verbessert. Idealerweise geschieht das mit einer Art Rücksicherung, sodass man sich nicht verschlechtert.
Policy	Eine *Policy* wird auch *Richtlinie*, *Leitlinie*, *Rahmenwerk*, *Strategie*, *Arbeitsauftrag*, *Leitplanke* oder *Vorgabe* genannt. Oft ist damit der Arbeitsauftrag für eine Organisationseinheit oder ein Aufgabengebiet gemeint. In einer *ITSCM-Policy* beschreibt man die grundsätzliche Umsetzung der regulatorischen und unternehmenseigenen Anforderungen an das ITSCM, um bei einem IT-Notfall oder während einer (IT-)Krise einen den Anforderungen genügenden Geschäftsbetrieb der Organisation oder einzelner Organisationsteile sicherzustellen. Die ITSCM-Policy beschreibt das ITSCM-System. Sie ist somit das Grundregelwerk zum ITSCM und darüber hinaus der Auftrag des Top-Managements, ein IT-SCM zu etablieren und zu pflegen.
Power User	Ein *Power User* ist jemand, der sehr gut mit einem bestimmten Computerprogramm oder IT-System umgehen kann und oft Funktionen nutzt, die über das normale Maß hinausgehen. Power User haben mehr Wissen und Erfahrung als die meisten Benutzer und können Aufgaben schneller und effizienter erledigen. Beispiel: Stellen Sie sich vor, Sie verwenden eine Software und kennen nur die grundlegenden Funktionen. Ein Power User hingegen kennt alle erweiterten Optionen und Tricks und kann das Programm optimal ausnutzen. Power User sind oft in der Lage, Probleme selbst zu lösen oder kompliziertere Aufgaben zu erledigen, ohne auf die Hilfe des Supports angewiesen zu sein.
RA	Bei der *Risikoanalyse* (RA, oder *Risk Assessment* bzw. *Risiko-Management*) werden zunächst Risiken ermittelt und bewertet. In nächsten Schritt wird ein Plan entwickelt, um diese Risiken und ihre potenziellen Auswirkungen für Organisationen zu minimieren, zu managen oder zu kontrollieren.

Abkürzung oder Begriff	Erklärung
Reifegrad	Ein *Reifegrad* bzw. ein *Reifegradmodell* beschreibt die Güte und die Qualität der Etablierung eines ITSCM. Mit dem Begriff Reifegrad wird gemeinhin die Fähigkeit einer Organisation hinsichtlich einer bestimmten Methode oder eines Handlungs- und Führungsmodells beschrieben. Am bekanntesten ist die Verwendung des sogenannten Reifegrads im *Capability Maturity Model* (CMM) des Software Engineering Institute. Das *Project Management Maturity Model* verallgemeinert das CMM auf den gesamten Bereich des Projektmanagements. Darüber hinaus ist der Begriff Reifegrad auch im Zusammenhang mit Risikomanagement, Qualitätsmanagement und in anderen Managementbereichen zu finden.
Ressource	Als *Ressource* gelten alle physischen und digitalen Werte, die erforderlich sind, um Geschäftsprozesse durchführen zu können. *Werte* im betriebswirtschaftlichen Sinne sind z. B. Personal, IT-Systeme, Gebäude, Dienstleister, Maschinen oder Betriebsmittel.
RM	*Resilienz-Management* (RM) bezeichnet sämtliche Maßnahmen, die darauf abzielen, die Widerstandsfähigkeit eines organisatorischen oder wirtschaftlichen Systems (wie etwa einer Organisation) gegenüber externen Einflüssen zu erhöhen. *Resilienz* beschreibt die Fähigkeit eines Systems, Störungen und Veränderungen zu bewältigen. Dabei wird zwischen einer reaktiven Ausprägung (Agilität) und einer proaktiven Herangehensweise (Robustheit) unterschieden.
RMS	Ein *Resilience Management System* (RMS) ist ein systematischer Ansatz zur Stärkung der Widerstandsfähigkeit (*Resilienz*) einer Organisation gegenüber internen und externen Störungen, Krisen oder Veränderungen. Es umfasst Strategien, Prozesse und Maßnahmen, die darauf abzielen, Risiken frühzeitig zu erkennen, sich schnell an neue Gegebenheiten anzupassen und den Geschäftsbetrieb auch unter widrigen Umständen aufrechtzuerhalten. Das Hauptziel eines RMS ist es, Organisationen widerstandsfähiger gegen unerwartete Herausforderungen zu machen, ihre Betriebsfähigkeit zu sichern und langfristige Nachhaltigkeit sowie Wettbewerbsfähigkeit zu gewährleisten.

Abkürzung oder Begriff	Erklärung
Round Robin	*Round Robin* ist eine einfache und weit verbreitete Lastverteilungsstrategie, bei der eingehende Anfragen oder Verbindungen gleichmäßig und in der Reihenfolge an eine Gruppe von Servern oder Ressourcen verteilt werden. Bei diesem Verfahren wird die Anfrage nacheinander an jeden Server weitergegeben, und wenn alle Server einmal bedient wurden, beginnt der Loadbalancer wieder beim ersten Server. Es handelt sich somit um ein zyklisches Verfahren, bei dem die Reihenfolge der Server immer wieder von vorne beginnt. Round Robin ist eine einfache, effiziente Methode zur Lastverteilung, die in vielen Szenarien gut funktioniert, aber für komplexere oder heterogene Umgebungen möglicherweise Anpassungen benötigt.
Router	Ein *Router* ist ein Gerät, das in einem Netzwerk verwendet wird, um Daten zwischen verschiedenen Geräten zu übertragen und diese Geräte zu verbinden. Der Router sorgt dafür, dass Daten, die von einem Computer, Smartphone oder einem anderen Gerät kommen, an das richtige Ziel im Netzwerk oder sogar im Internet weitergeleitet werden. Zusätzlich kann ein Router auch dafür sorgen, dass mehrere Geräte gleichzeitig ein Netzwerk nutzen können, indem er ihre Verbindungen verwaltet und den Internetzugang bereitstellt.
RPA	Der *Recovery Point Actual* (RPA) ist der tatsächlich zu erwartende Datenverlust im Falle eines Schadensereignisses. Der RPA wird in der Regel als tatsächlicher Datensicherungszyklus je Anwendung, IT-System oder Geschäftsprozess angegeben.
RPO	Der Wert *Recovery Point Objective* (RPO, auf Deutsch *maximal zulässiger Datenverlust*) gibt an, wie viele Daten verloren gehen dürfen, bis ein signifikanter Schaden für die Organisation entsteht. Je niedriger der RPO ist, desto geringer ist der tolerierbare Datenverlust. RPO = 0 bedeutet, dass kein Datenverlust hinnehmbar ist. Aus dem RPO ergibt sich der maximal erlaubte Zeitraum zwischen zwei Datensicherungen.
RTA	Die *Recovery Time Actual* (RTA, auf Deutsch *tatsächlich zu erwartende Wiederanlaufzeit*, WAZ) beschreibt den Zeitraum vom Zeitpunkt des Ausfalls einer IT-Ressource bzw. eines zeitkritischen Geschäftsprozesses bis zum Zeitpunkt der tatsächlichen Inbetriebnahme der Notfall-Lösung, z. B. durch einen Schwenk auf eine Ausweich- oder Ersatzressource.

Abkürzung oder Begriff	Erklärung
RTO	Die *Recovery Time Objective* (RTO, auf Deutsch *Wiederherstellungszeit*) ist eine wichtige Kenngröße eines Desaster-Recovery-Plans. Sie gibt die Zeit vor, die benötigt werden darf, um den Betrieb von IT-Systemen oder IT-Services nach einer Störung oder einem Ausfall wieder aufzunehmen. Je nach Wichtigkeit und Kritikalität eines IT-Systems oder IT-Service für die Organisation liegt die RTO in einem Bereich von wenigen Sekunden bis zu mehreren Tagen oder Wochen. Erstellt wird die Vorgabe im Rahmen einer BIA durch das BCM.
Runbook	Ein *Runbook* ist ein Dokument oder eine Sammlung von Anweisungen, die detailliert die Schritte und Prozesse beschreiben, die bei der Durchführung von bestimmten Aufgaben oder bei der Lösung von Problemen in einem IT-System erforderlich sind. Es handelt sich dabei oft um eine standardisierte Anleitung, die es IT-Teams ermöglicht, wiederholbare Aufgaben effizient und konsistent auszuführen, insbesondere in einer Produktionsumgebung. Runbooks sind äußerst hilfreich in IT-Umgebungen, um die Effizienz, Fehlerbehebung und Wartung von Systemen zu verbessern. Sie bieten eine systematische Herangehensweise an wiederkehrende Aufgaben und helfen dabei, unerfahrenen Teammitgliedern klare, nachvollziehbare Anweisungen zu geben, um kritische Probleme schnell zu lösen.
RZ	Ein *Rechenzentrum* (RZ) ist eine zentralisierte Lagerstätte für Daten und Informationen (Speicherung, Verwaltung, Verarbeitung). Ein RZ kann virtuell oder physisch ausgestaltet sein. In einem RZ ist die zentrale Rechentechnik (Rechner und notwendige Infrastruktur) einer oder mehrerer Organisationen untergebracht. Beispiele für Sonderformen sind verteilte Rechenzentren (*Distributed DC*), mobile Rechenzentren etc.
RZ-Verbund	Ein *RZ-Verbund* (also *Rechenzentrumsverbund*) ist eine Vernetzung oder ein Zusammenschluss mehrerer Rechenzentren, die miteinander kommunizieren und zusammenarbeiten, um eine hohe Verfügbarkeit, Redundanz und Skalierbarkeit von IT-Diensten sicherzustellen. In einem solchen Verbund können Daten und Anwendungen über verschiedene Standorte hinweg verteilt werden, was für Organisationen, die auf kontinuierlichen Betrieb angewiesen sind, von großer Bedeutung ist. Aber Achtung: Ein RZ-Verbund ist im Grunde genommen, nur ein räumlich verteiltes Rechenzentrum! Sie haben hier keine vollständige RZ-Redundanz! Das bitte immer beachten.

Abkürzung oder Begriff	Erklärung
SaaS	*Software-as-a-Service* (SaaS) ist ein Teilbereich des Cloud-Computings. SaaS basiert auf dem Grundsatz, dass die Software und die IT-Infrastruktur bei einem externen IT-Dienstleister betrieben und vom Kunden als Service genutzt werden. Der Zugriff auf die Software wird meist über einen Webbrowser realisiert. Für die Nutzung und den Betrieb zahlt der Servicenehmer eine nutzungsabhängige Gebühr, zum Beispiel »pro Benutzer« und »pro Monat«.
SAN	Ein *Storage Area Network* (SAN) ist ein spezielles, leistungsstarkes Netzwerk, das Sie zur Verbindung von Servern mit Speichergeräten nutzen. Es ermöglicht den zentralen Zugriff auf große Datenmengen, indem es Speicherressourcen wie Festplattenarrays oder Bandbibliotheken von Ihrem normalen Computernetzwerk getrennt verwaltet. Dadurch erzielen Sie eine höhere Geschwindigkeit, bessere Skalierbarkeit und oft auch eine verbesserte Ausfallsicherheit. SANs sind ideal für den Betrieb von Datenbanken oder virtualisierten Umgebungen.
Schulungs- und Awareness-Programm	Das *Schulungs- und Awareness-Programm* vermittelt Sinn, Zweck, Grundsätze und Umsetzung des ITSCM. Es soll durch eine kontinuierlich zielgerichtete Sensibilisierung der Mitarbeiter auf allen Ebenen für die Integration von ITSCM in die Organisationskultur sorgen und die Mitarbeiter trainieren.
Sicherheits-überprüfung	Durch die *Sicherheitsüberprüfung* soll individuell festgestellt werden, ob einer Person eine sogenannte *sicherheitsempfindliche Tätigkeit* übertragen werden kann oder ob tatsächlich Anhaltspunkte vorliegen, die die Betrauung mit einer solchen Tätigkeit aus Gründen des Sabotageschutzes verbieten (sogenannte »Sicherheitsrisiken«). Es gibt SÜ1, SÜ2 und SÜ3.
Six Sigma	*Six Sigma* ist ein Managementkonzept, das Sie dabei unterstützt, Prozesse zu optimieren und Fehler systematisch zu reduzieren. Dabei setzen Sie statistische Methoden und datengestützte Analysen ein, um Ursachen für Fehler in Ihren Abläufen zu identifizieren und zu beheben. Das Ziel ist es, eine nahezu fehlerfreie Leistung zu erreichen. Konkret streben Sie an, höchstens 3,4 Fehler pro Million Möglichkeiten zu haben. Dies führt zu höherer Qualität, geringeren Kosten und einer gesteigerten Kundenzufriedenheit. Die Six Sigma-Methodik wurde in den 1980er-Jahren von Motorola entwickelt und später von Unternehmen wie General Electric erfolgreich übernommen. Sie basiert auf der Idee, dass durch die genaue Analyse von Prozessen und die Beseitigung von Schwachstellen signifikante Verbesserungen erzielt werden können.

Abkürzung oder Begriff	Erklärung
Skills	Der englische Begriff *Skills* wird als Synonym für das deutsche Wort *Fachkompetenzen* verwendet. In der Regel gehören fachliche Kenntnisse dazu, die man in der Schule, Ausbildung oder im Studium erworben hat, sowie die Erfahrungen aus der beruflichen Laufbahn. Es gibt *Hard-Skills* und *Soft-Skills*.
SLA	Ein *Service Level Agreement* (SLA), auch bekannt als *Kundenvertrag*, *Dienstgütevereinbarung* (DGV) oder *Dienstleistungsvereinbarung* (DLV), ist eine Vereinbarung zwischen einem Dienstleister und einem Kunden, die detailliert festlegt, welche spezifischen Eigenschaften eine erbrachte Leistung erfüllen muss. Dazu gehören unter anderem Schnittstellen, Leistungsniveaus und Qualitätsstandards. Das Ziel ist es, dem Kunden eine transparente Kontrolle über die zugesicherte Leistung zu ermöglichen, indem zentrale Parameter wie Leistungsumfang, Reaktionszeiten und Bearbeitungsgeschwindigkeit klar beschrieben werden. Ein zentraler Bestandteil eines SLAs ist der *Servicelevel*, der die vereinbarte Qualität der Leistung definiert. Charakteristisch für ein SLA ist, dass der Dienstleister verschiedene Qualitätsstufen für einzelne Leistungsparameter anbietet, aus denen der Kunde basierend auf wirtschaftlichen Überlegungen wählen kann. Dies unterscheidet ein SLA von einem klassischen Dienstleistungsvertrag, bei dem solche Auswahlmöglichkeiten in der Regel nicht bestehen. Gängige Stufen sind Gold, Silber und Bronze.
SOC	Ein *Security Operations Center* (SOC) überwacht, analysiert und schützt Ihre IT-Systeme rund um die Uhr vor Cyberangriffen. Das SOC-Team besteht aus Sicherheitsexperten, die verdächtige Aktivitäten in Netzwerken und Systemen erkennen, Angriffe abwehren und Sicherheitsvorfälle untersuchen. Es nutzt spezielle Tools, um Bedrohungen frühzeitig zu identifizieren und geeignete Gegenmaßnahmen einzuleiten. Kurz gesagt: Das SOC ist Ihre digitale Sicherheitszentrale, die dafür sorgt, dass Ihre IT-Infrastruktur jederzeit geschützt bleibt.
Sovereign Cloud	Eine *Sovereign Cloud* bzw. *souveräne Cloud* wird den Anforderungen an Security, Privacy, digitale Souveränität, gesetzliche Vorgaben und weiteren Anforderungen gerecht. Damit wird die öffentliche Verwaltung unabhängig von einzelnen Cloud-Anbietern.

Abkürzung oder Begriff	Erklärung
SPoF	Ein *Single Point of Failure* (SPoF) ist eine einzelne Fehlerquelle, die unter Umständen ein ganzes System lahmlegen kann. Als SpoF bezeichnet man eine Person oder eine technische Ressource innerhalb einer Organisation, die ein Wissensmonopol hat oder sehr spezielle Prozess-Schritte unterstützt. Wenn diese Person die Organisation verlassen würde oder wenn diese technische Ressource ausfallen würde, könnten Prozesse nur noch schwerlich oder gar nicht mehr laufen. Bei einem SPoF als technische Ressource kommt noch hinzu, dass diese nur sehr schwer neu beschafft werden kann, da es sich um z. B. eine Spezialanfertigung handelt (z. B. um eine Abfüllanlage in einer Brauerei).
SPoK	Als *Single Point of Knowledge* (SPoK) bezeichnet man eine Person innerhalb einer Organisation, die ein Art Wissensmonopol hat. Wenn diese Person die Organisation verlassen oder ausfallen würde, könnten Prozesse nur noch schwerlich oder gar nicht mehr laufen.
Stakeholder	Der Begriff *Stakeholder* bezeichnet Einzelpersonen oder Gruppen mit einem spezifischen Informationsbedarf. Ein Stakeholder ist somit eine Person oder Organisation, die ein direktes oder indirektes Interesse am Verlauf und Ausgang eines Prozesses oder Projekts hat. Ursprünglich bezog sich der Begriff auf Personen, die einen eigenen Einsatz (engl. *stake*) oder eine Investition geleistet haben. Heute wird er jedoch umfassender verwendet und schließt beispielsweise auch Kunden, Mitarbeiter oder andere Beteiligte ein. Eine exakte deutsche Entsprechung für »Stakeholder« existiert nicht, jedoch werden in der Literatur Bezeichnungen wie *Anspruchsträger*, *Interessenten* oder *Betroffene* genutzt. Im Projektmanagement spricht man zudem von *Interessengruppen*, *interessierten Parteien*, *Anspruchsberechtigten* oder *Anspruchsgruppen*, um alle Beteiligten mit einem Interesse am Projekterfolg zu beschreiben.
SWOT-Analyse	Unter einer SWOT-Analyse (die häufig fälschlicherweise auch als SWAT-Analyse bezeichnet wird) versteht man ein strategisches Instrument zur Bewertung der Wettbewerbsposition eines Unternehmens oder Projekts. Dabei werden vier wesentliche Bereiche betrachtet: – **Stärken (Strengths):** interne Faktoren, die einen Wettbewerbsvorteil bieten – **Schwächen (Weaknesses):** interne Bereiche, in denen Verbesserungen nötig sind

Abkürzung oder Begriff	Erklärung
SWOT-Analyse (Forts.)	– **Chancen (Opportunities):** externe Möglichkeiten, die genutzt werden können – **Risiken/Bedrohungen (Threats):** externe Faktoren, die negative Auswirkungen haben könnten Diese Analyse hilft dabei, strategische Entscheidungen zu treffen, indem sie einen klaren Überblick über interne Ressourcen und externe Marktbedingungen bietet.
Szenario	Der Begriff *Szenario* bezeichnet ganz allgemein den groben Entwurf einer Handlung. Im ITSCM spricht man von fünf großen *Szenarien*, sogenannten *Worst-Case-Szenarien* (WCS): – Ausfall eines Rechenzentrums – Nichtzugänglichkeit eines RZ – Ausfall der WAN-RZ-Kopplung – Ausfall durch kompromittierte IT-Infrastruktur – Ausfall Cloud Ein *Ausfallszenario* beschreibt mögliche Störpotenziale für kritische IT-Ressourcen, die zu einem Totalausfall führen. Diese Szenarien werden in dem ITSCM-Handbuch konkretisiert.
Template	Ein *Template* ist ein Muster-Dokument, das als Kopiervorlage oder »Blaupause« genutzt wird. Es dient zur Vereinheitlichung von Dokumenten und zur Vereinfachung der entsprechenden Auswertung. Templates gibt es zum Beispiel für BC-Pläne, Berichte etc.
Teststrategie	Die *Teststrategie* definiert die notwendigen Aktivitäten zur Überprüfung der Effektivität der ITSCM-Maßnahmen. Dabei zeigt sie den geplanten Entwicklungsweg von einfachen Übungen über funktionale Tests von Ausweich-Ressourcen bis zur Vollübung auf und definiert die Inhalte der einzelnen Testklassen.
Top-Management	Unter *Top-Management* versteht man die oberste Führungsebene einer Organisation. Diese Gruppe ist verantwortlich für die strategische Ausrichtung, die langfristige Planung und die Entscheidungsfindung auf höchster Ebene. Das Top-Management hat die Aufgabe, die Organisation langfristig zu steuern und mit den richtigen strategischen Entscheidungen auf Veränderungen im Markt, in der Technologie und in der Gesellschaft zu reagieren. Es ist auch dafür verantwortlich, die Organisationskultur zu prägen und eine effektive Führung zu gewährleisten, die die Organisation zum Erfolg führt.

Abkürzung oder Begriff	Erklärung
Topologie	Unter *Topologie* versteht man die Art und Weise, wie verschiedene Elemente in einem Netzwerk oder System miteinander verbunden sind. Die Topologie beschreibt also die Struktur oder Anordnung der Verbindungen zwischen den einzelnen Geräten oder Komponenten. Es gibt verschiedene Arten von Netzwerktopologien, z. B.: – die *Stern-Topologie*, bei der alle Geräte über einen zentralen Punkt (z. B. einen Switch oder Router) miteinander verbunden sind, – die *Bus-Topologie*, bei der alle Geräte an ein einziges Kabel angeschlossen sind, – die *Ring-Topologie*, bei der jedes Gerät mit dem nächsten in einer geschlossenen Schleife verbunden ist. – Und es gibt auch hybride Formen, in denen man diese Topologien mischt.
Training on the Job	*Training on the Job* bedeutet, dass Sie während Ihrer regulären Arbeitszeit direkt am Arbeitsplatz lernen und neue Fähigkeiten erwerben. Anstatt in einem separaten Seminar oder einer Schulung außerhalb Ihres Arbeitsplatzes die Theorie zu erlernen, wenden Sie das Gelernte sofort in der Praxis an. Dies ermöglicht Ihnen, durch »Learning by Doing« schneller und effizienter auf neue Herausforderungen zu reagieren und sich kontinuierlich weiterzuentwickeln. Beispiel: Ein neuer Mitarbeiter wird von einem erfahrenen Kollegen in die Benutzung eines Softwareprogramms eingewiesen, während er gleichzeitig an echten Projekten arbeitet.
Türme von Hanoi	Im Bereich der Datensicherung bezeichnet das *Türme-von-Hanoi-*Backup-Prinzip eine intelligente Strategie zur Sicherung von Daten in einem rotierenden System. Dabei werden mehrere Speichermedien (z. B. Festplatten, Bänder) in einem bestimmten Muster genutzt, um eine optimale Balance zwischen Speicherplatz und Wiederherstellungsmöglichkeiten zu erreichen.
Überbrückungsmaßnahmen	*Überbrückungsmaßnahmen* sind vorübergehende Lösungen, die ergriffen werden, um eine Unterbrechung oder Störung zu überstehen, bis eine dauerhafte Lösung gefunden ist. Sie helfen dabei, den normalen Betrieb aufrechtzuerhalten oder Risiken zu minimieren, wenn etwas Unvorhergesehenes passiert, wie z. B. ein Ausfall eines Systems oder eine technische Störung.

Abkürzung oder Begriff	Erklärung
Überbrückungsmaßnahmen (Forts.)	Beispiel: Wenn ein Server ausfällt, könnten Überbrückungsmaßnahmen darin bestehen, eine Notlösung wie einen Ersatzserver zu nutzen oder die betroffenen Dienste auf eine andere Plattform zu verlagern, bis der eigentliche Fehler behoben ist. Diese Maßnahmen sind temporär und sollen helfen, den Schaden zu begrenzen, bis eine langfristige Lösung umgesetzt werden kann. Überbrückungsmaßnahmen werden vom BCM in den GFP oder BCP definiert und vorgegeben.
Übung	Eine *Übung* findet in der Regel auf Grundlage eines Szenarios statt, um komplexe Prozesse oder Situationen zu simulieren und Entscheidungsfähigkeiten zu trainieren. Eine Übung hat auch immer das Ziel, die Fähigkeiten der Übungsteilnehmer in Krisensituationen zu verbessern (*Soft-Skills*). Da nahezu jedes Szenario die Aktivierung bestehender Notfallpläne vorsieht, ist somit die Übung auch gleichzeitig ein Test des entsprechenden Plans oder der entsprechenden Pläne.
Use Case	Ein *Use Case* beschreibt, wie ein Benutzer (oder ein System) mit einem Produkt oder einer Anwendung interagiert, um ein bestimmtes Ziel zu erreichen. Ein Use Case zeigt also auf, wie und warum Sie ein System in einer bestimmten Situation nutzen würden. Beispiel: Stellen Sie sich vor, Sie nutzen eine Online-Banking-App. Ein Use Case könnte beschreiben, wie Sie sich anmelden, Ihr Konto überprüfen und eine Überweisung tätigen. Es werden also der Ablauf und das Ziel Ihrer Handlung beschrieben sowie alle Schritte und möglichen Alternativen. Ein Use Case hilft also dabei, die Funktionen und Anforderungen eines Systems klar zu definieren und zu verstehen, wie es den Benutzer unterstützt. Man kann das aber auch so übersetzen: In einem Use Case kann man eine Anforderung beschreiben. Ich nutze z. B. einen Use Case, um unserem KI-Labor zu erklären, was ich gerne mit der KI im ITSCM machen möchte.
USV	Die *unterbrechungsfreie Stromversorgung* (USV), ist dazu da, um bei einem Ausfall des regionalen Stromnetzes die Stromversorgung sensibler IT-Systeme in Organisationen sicherzustellen und kurzzeitige Unter- und Überspannungen abzufangen. Sie arbeitet dann wie eine Art Netzfilter.
Verfügbarkeit	Die *Verfügbarkeit* ist ein Bewertungsparameter im ITSCM-Lösungskonzept: Wie schnell steht eine Option bei einem kritischen Vorfall (IT und Non-IT) zur Verfügung?

Abkürzung oder Begriff	Erklärung
VLAN	Ein *Virtual Local Area Network* (VLAN) ist ein logisches Subnetz innerhalb eines physischen Netzwerks, das es ermöglicht, Geräte unabhängig von ihrer physischen Position zu einem Netzwerk zu gruppieren. VLANs werden verwendet, um die Netzwerkverwaltung, Sicherheit und Effizienz zu verbessern, indem sie den Datenverkehr isolieren und bestimmte Kommunikationspfade festlegen.
VM	Eine VM (*Virtual Machine* bzw. *virtuelle Maschine*) ist ein softwarebasiertes Abbild eines physischen Computers, das es Ihnen ermöglicht, ein vollständiges Betriebssystem sowie Anwendungen unabhängig vom zugrunde liegenden physischen System auszuführen. Mithilfe von Virtualisierungssoftware können Sie mehrere VMs auf einer einzigen Hardware betreiben, was zu einer effizienteren Nutzung der Ressourcen führt und Ihnen mehr Flexibilität bei der Verwaltung Ihrer IT-Infrastruktur bietet.
Vollübung	Eine *Vollübung* ist eine der ITSCM-Test- und -Übungsklassen. Sie ist eine szenariobasierte Echtzeitübung zur Überprüfung des Zusammenwirkens mehrerer Notfallpläne. Geleitet wird sie vom Krisenstab aus dem Krisenstabsraum, zumeist werden auch Evakuierungsmaßnahmen und Vergleichbares trainiert.
Vorsorgemaßnahme	Als *Vorsorgemaßnahmen* gelten alle Maßnahmen, die präventiv erarbeitet und umgesetzt werden, um die Wahrscheinlichkeit eines IT-Ressourcenausfalls zu reduzieren oder zu verhindern.
WAK	*Wiederanlaufklassen* (WAK) werden zur vereinfachten Erhebung der Wiederanlaufanforderungen von Organisationsfunktionen und IT-Anwendungen verwendet. Jede Klasse ist durch eine bestimmte Zeitspanne charakterisiert, innerhalb derer der Wiederanlauf erfolgt sein muss (z. B. 3 Arbeitstage). Bei IT-Anwendungen enthält jede Klasse zusätzlich eine Angabe zur maximal akzeptablen Datenverlustzeit (*RPO*; z. B. 24 Stunden). Die Klassen müssen mit technischen und organisatorischen Lösungsmöglichkeiten korrespondieren.
Walkthrough-Test	Ein *Walkthrough-Test* ist eine Teststufe, auf der sich die beteiligten Personen zusammensetzen und einen Plan gemeinsam kritisch überprüfen und besprechen.
WAN	Ein *Wide Area Network* (WAN), auch *Weitverkehrsnetz* genannt, ist ein Rechnernetz, das sich im Gegensatz zu *Local Area Networks* (LANs) oder *Metropolitan Area Networks* (MANs) über eine große geografische Distanz erstreckt – von nationaler bis hin zu kontinentaler Reichweite.

Abkürzung oder Begriff	Erklärung
WAN (Forts.)	Ein WAN verbindet verschiedene LANs sowie einzelne Computer und ermöglicht die Kommunikation über große Entfernungen. Die Anzahl der angeschlossenen Geräte kann dabei das Maximum der Adressierungsmöglichkeiten der Protokolle IPv4 oder IPv6 erreichen. Während einige WANs ausschließlich von bestimmten Organisationen genutzt werden, betreiben Internetdienstanbieter (ISPs) andere WANs, um den Zugang zum Internet bereitzustellen oder bestehende Netzwerke zu erweitern.
WAP	Der *Wiederanlaufplan* (WAP) ist eine Dokumentation, die beschreibt, wie eine Organisation ausgefallene Ressourcen kompensieren kann, z. B. durch umgesetzte Business-Continuity-Lösungen oder Ersatzlösungen. Das Ziel der Kompensation ist ein Notbetrieb (*Notbetriebsniveau*), der die Geschäftsfortführung sicherstellt. Ein WAP gibt eine klare Reihenfolge der IT-Systeme an, in der sie eingeschaltet werden müssen. Die Dokumentation zum WAP enthält alle wichtigen Informationen, um nach dem Eintritt eines kritischen Vorfalls bzw. kritischen IT-Vorfalls oder einer Krise gezielt und angemessen zu reagieren und den Produktionsbetrieb wiederherzustellen. Typische Inhalte des WAP sind Alarmverfahren, Aktionspläne, Personenverzeichnisse usw. Es ist darauf zu achten, dass der Zugriff auf den Wiederanlaufplan nach dem Eintritt eines kritischen Vorfalls, eines kritischen IT-Vorfalls oder einer Krise auf jeden Fall möglich ist. Dazu sollte der WAP in Papierform und gegebenenfalls auch elektronisch zur Verfügung stehen.
Wartungsfenster	*Wartungsfenster* sind vorab festgelegte Zeiträume, in denen bestimmte IT-Systeme, IT-Infrastrukturen oder IT-Services für Wartungsarbeiten oder Aktualisierungen »offline« genommen oder ausgesetzt werden. Diese Fenster sind besonders in der IT und in Bereichen wie Telekommunikation, Energieversorgung und Webdienste wichtig. Der Zweck eines Wartungsfensters ist es, notwendige Arbeiten wie Software-Updates, Fehlerbehebungen, Hardware-Austausch oder Systemoptimierungen durchzuführen, ohne die gesamte Funktionsfähigkeit des Systems zu gefährden. Während eines Wartungsfensters kann es zu Einschränkungen oder Ausfällen von Diensten kommen. Ein typisches Wartungsfenster wird im Voraus angekündigt, um den betroffenen Nutzern oder Kunden Zeit zu geben, sich darauf vorzubereiten, z. B. durch Sicherung von Daten oder Anpassung ihrer Arbeitsabläufe. Das Wartungsfenster wird häufig in Zeiträume mit geringer Auslastung gelegt, um die Auswirkungen auf die Nutzer zu minimieren, etwa auf die Nacht oder auf Wochenenden. Wartungsfenster werden typischerweise mit dem Kunden abgestimmt und in den SLAs dokumentiert.

Abkürzung oder Begriff	Erklärung
WAZ	Bei der *Wiederanlaufzeit* (WAZ) wird unterschieden zwischen: – geforderte Wiederanlaufzeit (siehe *RTO*) – tatsächliche Wiederanlaufzeit (siehe *RTA*)
WCS	Das *Worst-Case-Szenario* (WCS) ist die Annahme, dass das schlimmstmögliche Ereignis eintritt. Sie gehen gedanklich davon aus, dass alles schiefgeht, was schiefgehen kann, und dass das schlechteste Ergebnis zur Realität wird. Von allen möglichen Folgen kommt es zu den negativsten Konsequenzen. Der Grund für das WCS ist dabei egal, und man geht immer vom Totalausfall aus. Im ITSCM gibt es fünf WCS und im BCM auch fünf WCS.
WHP	Der *Wiederherstellungsplan* (WHP) ist eine Dokumentation, die beschreibt, wie ausgefallene IT-Ressourcen in den Normalbetrieb (Ursprungszustand) zurückversetzt werden können. Es wird also das Notbetriebsniveau (MBCO) übersprungen und man stellt den Zustand her, der vor der Störung bestand und erfüllt die SLA wieder zu 100 %.
Wiederanlauf	Unter *Wiederanlauf* versteht man alle Maßnahmen, um strukturiert in einen (vorab geregelten) Notbetrieb wechseln zu können. Der Wiederanlauf bezeichnet den Prozess, Organisationsressourcen und Dienstleistungen nach einem Ausfall den Anwendern wieder zur Verfügung zu stellen.
Workaround	Ein *Workaround* (dt. »Umgehungslösung«) ist eine Maßnahme zur Reduzierung oder Beseitigung der Auswirkungen eines Incidents oder Problems, für die noch keine vollständige/endgültige Lösung zur Behebung verfügbar ist. Beispiel: der Neustart eines ausgefallenen Configuration Items (CI) oder die Umleitung einer Druckerwarteschlange auf einen anderen Drucker, während das ursprüngliche Gerät untersucht und repariert wird. Workarounds für Probleme werden in der *Known-Error-Datenbank* dokumentiert.
WORM-Technologie	Das Kürzel WORM steht für *Write Once, Read Many* (dt. »einmal schreiben, mehrfach lesen«). Das bedeutet, dass Sie Daten einmal auf ein Speichermedium schreiben können, diese aber danach nicht mehr verändern oder löschen können. Stellen Sie sich eine CD vor, auf die Sie Daten brennen. Nach dem Brennen können Sie die Daten nur noch lesen, aber nicht mehr überschreiben oder löschen. Einsatzgebiete sind:

Abkürzung oder Begriff	Erklärung
WORM-Technologie (Forts.)	– **Archivierung:** wichtige Dokumente oder E-Mails, die nicht verändert werden dürfen – **Rechtliche Vorgaben:** Finanz- oder medizinische Daten, die laut Gesetz unveränderbar gespeichert werden müssen – **Cyber-Sicherheit:** Schutz vor Manipulation oder Löschung durch Hacker oder Malware. Typische WORM-Medien sind spezielle Festplatten, optische Discs (z. B. DVDs) oder WORM-fähige Speicherlösungen in der Cloud. Diese Technologie sorgt dafür, dass Daten langfristig sicher und unverändert bleiben.
Zeitkritisch	Als *zeitkritisch* gelten alle Geschäftsprozesse oder Ressourcen, deren Ausfall innerhalb eines zuvor festgelegten Zeitraums zu einem nicht tolerierbaren, unter Umständen existenzgefährdenden Schaden für eine Organisation führen kann. Die Einordnung von Ressourcen wird dabei von der Einordnung der Geschäftsprozesse abgeleitet, die die jeweiligen Ressourcen benötigen.
Zwei-Knoten-System	Der Begriff *Zwei-Knoten-System* bezieht sich auf eine Netzwerk- oder Computerarchitektur, die aus zwei unabhängigen Knoten besteht, die miteinander kommunizieren und zusammenarbeiten, um eine Aufgabe zu erfüllen oder eine Ressource bereitzustellen. Ein *Knoten* kann dabei entweder ein physischer oder virtueller Computer, ein Server, ein Netzwerkgerät oder ein anderer Teilnehmer in einem System sein. Ein Zwei-Knoten-System ist eine einfache, aber effektive Architektur, die häufig in Szenarien verwendet wird, in denen Redundanz, Verfügbarkeit und Lastverteilung erforderlich sind. Es bietet eine gute Möglichkeit, die Zuverlässigkeit und Skalierbarkeit von Systemen zu verbessern, insbesondere in Bereichen wie Web-Hosting, Datenbankverwaltung und Cluster-Computing.

Anhang C
Lösungen zu den Übungsaufgaben

Frage	Antwort			
	A	B	C	D
F-01-1		X		
F-01-2				X
F-01-3			X	
F-02-1	X			
F-02-2			X	
F-02-2			X	
F-03-1	X			
F-03-2				X
F-03-3		X		
F-04-1			X	
F-04-2		X		
F-04-3	X			
F-05-1				X
F-05-2			X	
F-05-3				X
F-06-1				X
F-06-2			X	
F-06-3				X
F-07-1	X			
F-07-2		X		
F-07-3			X	

Frage	Antwort			
	A	B	C	D
F-08-1		X		
F-08-2				X
F-08-3		X		
F-09-1				X
F-09-2				X
F-09-3				X
F-10-1	X			
F-10-2		X		
F-10-3			X	
F-11-1			X	
F-11-2			X	
F-11-3			X	
F-12-1	X			
F-12-2	X			
F-12-3				X
F-13-1				X
F-13-2			X	
F-13-3			X	
F-14-1	X			
F-14-2	X			
F-14-3		X		

Frage	Antwort			
	A	B	C	D
F-15-1				X
F-15-2	X			
F-15-3				X
F-16-1	X			
F-16-2			X	
F-16-3		X		
F-17-1		X		
F-17-2		X		
F-17-3		X		
F-18-1	X			
F-18-2			X	
F-18-3		X		
F-19-1				X
F-19-2				X
F-19-3				X
F-20-1			X	
F-20-2	X			
F-20-3		X		
F-21-1		X		
F-21-2		X		
F-21-3	X			

Frage	Antwort			
	A	B	C	D
F-22-1				X
F-22-2				X
F-22-3				X
F-23-1-	X			
F-23-2		X		
F-23-3			X	
F-24-1			X	
F-24-2			X	
F-24-3			X	
F-25-1	X			
F-25-2	X			
F-25-3	X			
F-26-1				X
F-26-2	X			
F-26-3			X	
F-27-1	X			
F-27-2				X
F-27-3	X			

Index

J

K

L

M

N

O

P

Q

R

S

T

U

V

W

Z